论语正解

LUNYU ZHENGJIE

王道正／注释

四川大学出版社
SICHUAN UNIVERSITY PRESS

项目策划：何　静
责任编辑：何　静
责任校对：周　颖
封面设计：墨创文化
责任印制：王　炜

图书在版编目（CIP）数据

论语正解 / 王道正注释. — 成都：四川大学出版社，2021.12
ISBN 978-7-5690-2741-9

Ⅰ.①论… Ⅱ.①王… Ⅲ.①儒家②《论语》-注释 Ⅳ.① B222.22

中国版本图书馆 CIP 数据核字（2019）第 016177 号

书　名	论语正解
注　　释	王道正
出　　版	四川大学出版社
地　　址	成都市一环路南一段24号（610065）
发　　行	四川大学出版社
书　　号	ISBN 978-7-5690-2741-9
印前制作	四川胜翔数码印务设计有限公司
印　　刷	郫县犀浦印刷厂
成品尺寸	185mm×260mm
印　　张	40.5
字　　数	888 千字
版　　次	2021年12月第1版
印　　次	2021年12月第1次印刷
定　　价	168.00 元

◆ 版权所有　◆ 侵权必究

◆ 读者邮购本书，请与本社发行科联系。
电话：(028)85408408/(028)85401670/(028)86408023　邮政编码：610065
◆ 本社图书如有印装质量问题，请寄回出版社调换。
◆ 网址：http://press.scu.edu.cn

四川大学出版社微信公众号

序　言

　　孔子名丘，字仲尼，春秋末期思想家、政治家、教育家，儒家的创始者。

　　孔子是鲁国陬邑（今山东曲阜东南）人，祖籍河南商丘（"丘，殷人也"）。据推算，孔子生于公元前551年9月28日（夏历八月二十七日）。孔子时代，正值春秋后期，天下滔滔，诸侯各自为政，礼崩乐坏，邪说暴行。老子倡导绝仁弃义，绝圣去智；少正卯聚众结社，鼓吹异端；邓析操两可之说，设无穷之辞；宫廷臣弑其君，子弑其父；贵族世卿专权窃国，把持朝政，以致天下无道，社会动荡无序。

　　孔子先世是宋国贵族。孔子三岁时，父亲叔梁纥（hé）去世。十五岁时，有志于学。十七岁时，母亲颜徵在去世。十九岁时，迎娶宋国人亓（qí）官氏之女。二十岁时，得子孔鲤。孔子小时候，生计艰难，干了很多粗活，学会了很多技艺。及至年长，做过丧事的吹鼓手和司仪，当过会计，管理过仓库和牧场。五十一岁时，任鲁国中都宰。五十二岁时，任鲁国小司空（"小司空"是掌握水利、工程建设的副职），不久升任鲁国大司寇（"大司寇"统管国家司法、狱政、刑罚）而位列大夫。齐鲁两君在夹谷盟会，孔子担任傧相，屈强国，正典仪，折服齐国，使齐国归还了侵占鲁国的土地。五十三岁时，由大司寇行摄相事，协助季氏处理鲁国国政，鲁国大治。五十五岁时，离开父母之邦鲁国而周游卫、曹、宋、郑、陈、蔡、齐、楚等国，游学游仕，栖栖遑遑，奔走游说，传布治国安邦之道，志在政治改良，希冀得君行道，历时十四载而未见用。六十七岁时，妻子亓官氏去世，孔子立于墓前，虔诚地对妻子行以额触地的稽颡（qǐ sǎng）重礼，深致哀伤。六十八岁时，孔子被执政鲁国的季康子召迎回国，尊为"国老"，开始整理《诗》《书》等，删修鲁国史官所记《春秋》。六十九岁时，得孙孔伋。七十岁时，享年五十岁的独子孔鲤去世。七十一岁时，孔子培养的接班人、得意门生颜回去世，孔子仰天嚎啕。同年鲁君西狩获麟，仁兽被杀，孔子自怨道穷，慨然绝笔《春秋》。七十二岁时，鲁莽好勇的忠实门徒仲由在卫国宫廷政变中被刺伤，结缨而死，孔子再次痛失爱徒。公元前479年3月4日（夏历二月十一日），孔子与世长辞，寿享七十有三，木坏山颓，哲人其萎。弟子公西赤掌殡葬，葬夫子于鲁国城北泗水之上（今山东曲阜孔林），墓而不坟，众多弟子为老师守丧三年，子贡筑室于场，为老师再独居守墓三年。

　　孔子学无常师，相传他曾问礼于老聃，学乐于苌弘，学琴于师襄，以博学知礼、讲学修德而载誉世界。蔡元培《中国伦理学史》："孔氏系出于殷，而鲁为周公之后，礼文最富。故孔子具殷人质实豪健之性质，而又集历代礼乐文章之大成。"孔子晚年整理古代经典，删述"六经"，是中国最早的文献学家。孔子聚徒讲学，打破了学在官府的传统，开了平民教育的先河。他大概三十岁时开始授徒，传授六艺，弟子三千，身通六艺者七十二人，培养出德行、言语、政事、文学四科十哲。孔子是伟大的教育家，被尊称为"至圣先师""万世师表"。他生活在文化落后的奴隶制时期，却建立起了一个博大精深的思想体系，创立了儒学，成为弘道典范，是世界文化轴心时代伟大的思想家。自汉以后，两千多年来，孔子学说成为中国传统文化的主流，儒家思想成为中国主流思想，是以德治国的重要思想来源，孔子因此被称为有王者之道而无王者之位的"素王"，被誉为"天纵之圣""天之木铎"。

孔子的思想集中体现在《论语》一书里。《论语》是孔子及其弟子论学、论政、论人的近乎原始的言论记录，口语风格浓郁，是倡导仁爱的首部经典，是做人、治学、为师、交友、齐家、睦邻、育德、从政、治国的首学之书。孔子主张仁，仁者爱人；主张德，正人先正己，以德教化人民；主张礼，序尊卑，定人伦，以礼治理国家。其核心思想和主要观点大致如下：

孔子的核心思想是"仁"，又认为孝悌是仁之本。《论语》一书中提到"仁"字达108次之多。"仁"就是爱人，是人与人之间的相互亲爱，既要爱家人，如孝悌，也要爱众人，如忠恕；老百姓要培养仁德，执政者要施行仁政。如书中所言"博施于民而能济众""己欲立而立人，己欲达而达人""己所不欲，勿施于人"。

孔子的执政观是正名、德治、教化和富民。如言"必也正名乎""为政以德，譬如北辰，居其所而众星共之""君子之德风，小人之德草。草上之风，必偃""百姓足，君孰与不足；百姓不足，君孰与足"等。

孔子的法治观是德教为先、刑罚得当。如言"道之以政，齐之以刑，民免而无耻；道之以德，齐之以礼，有耻且格""刑罚不中则民无所措手足""不教而杀谓之虐"等。

孔子的治国理想是庶富教，即人口多、人民富、受教化。

孔子的修养观是正己、自省、改过。如言"其身正，不令而行；其身不正，虽令不从""政者，正也。子帅以正，孰敢不正""吾未见能见其过而内自讼者也""过则勿惮改""过而不改，是谓过矣""修己以敬""修己以安人""修己以安百姓"等。追求温良恭俭让，恭宽信敏惠。

孔子的价值观是笃定志向、坚守节操、有所作为、重义轻利。如言"岁寒，然后知松柏之后凋也"，"三军可夺帅，匹夫不可夺志也""老者安之，朋友信之，少者怀之""富而可求也，虽执鞭之士，吾亦为之""不义而富且贵，于我如浮云""君子喻于义，小人喻于利"等。

孔子的处事理念是中庸之道、守经达权。如言"中庸之为德，其至矣乎""子绝四：毋意，毋必，毋固，毋我""君子无可无不可"等。

孔子的学习理念是学思结合、温故知新。如言"学而时习之""学而不厌""不耻下问""三人行，必有我师焉""学而不思则罔，思而不学则殆"等。

孔子的教育思想是普教、引导、求实。如言"有教无类""不愤不启，不悱不发""举一隅不以三隅反""循循善诱""敏而好学，不耻下问""知之为知之，不知为不知"等。

孔子的美学思想是形式和内容统一、文和质协调、文以载道。如言"子谓《韶》：'尽美矣，又尽善也'""文质彬彬，然后君子""乐而不淫，哀而不伤""诗，可以兴，可以观，可以群，可以怨"等。

孔子的孝顺观是先尊次养，不违礼制。如言"至于犬马，皆能有养；不敬，何以别乎""生，事之以礼；死，葬之以礼，祭之以礼""夫三年之丧，天下之通丧也"等。

孔子的宗教思想是重视祭祀，但又怀疑鬼神的存在。如言"未能事人，焉能事鬼""敬鬼神而远之""子不语怪力乱神"等。

孔子的天命观是相信天命，强调"知命"，但又不屈从于命运。如言"道之将行也，命也""五十而知天命""小人不知天命而不畏也""知其不可为而为之"等。

孔子的交际观是谨慎择交、取人之长、保持距离。如言"益者三友""损者三友""三人行必有我师焉""以文会友，以友辅仁""事君数，斯辱矣；朋友数，斯疏矣"等。

孔子的养生思想是粗淡限酒、寡言养神、亲近自然。如言"疏食饮水""唯酒无量，不及乱""知者乐水，仁者乐山；知者动，仁者静；知者乐，仁者寿"等。

全书内容宏富，以上仅是概举，未能尽言。

《论语》一书在秦朝遭焚毁，西汉初复出。版本有鲁人的《鲁论语》、齐人的《齐论语》和出自孔子旧宅墙壁中的《古论语》。西汉末年，汉成帝的老师张禹综合《鲁论语》《齐论语》编订而成的《张侯论语》得以通行。

历代注本中，主要有东汉经学家郑玄的《论语注》，原书久佚，部分成果被三国时期魏国玄学家何晏编撰的《论语集解》吸收而流传至今。何晏《论语集解》是现存最古的注本，杂采汉魏经师孔安国、马融、包咸、周氏、郑玄、陈群、王肃、周生烈八家之说，并加己意而成。南朝梁代经学家皇侃为何晏《论语集解》作义疏——《论语集解义疏》（简称《论语义疏》）。该书搜罗了十三家解说，对《论语》详加注解，惜南宋时亡佚，清乾隆年间由日本觅回中国。北宋经学家邢昺的《论语注疏》（又称《论语正义》），是邢昺奉诏校定而颁列学官的著作。该书荟萃前人群言，改定旧疏，剪削枝蔓，创通大义，"是疏出而皇疏微"（《四库全书总目》）。南宋理学家朱熹的《论语集注》，历时四十余年，辑宋儒十一家学说而成经典之作，将训诂学与义理学熔为一炉，是元明清科举考试采用的版本，影响很大。清代经学家刘宝楠的《论语正义》，博取众长，注重考据，全书垂成之际刘宝楠卒，其子刘恭冕续写，十年后成书，父子历时三十八年始完成，是清代最完备的《论语》注本。现代有1943年由东北印书局出版的程树德的《论语集释》，该书集历代注解之大成，所引书目达六百八十种。当代杨伯峻的《论语译注》，白话翻译，对诸说择善而从；钱穆的《论语新解》，解说平实，多有新义。

《论语》一书，纯文本一万五千九百余字。本书按传统分为二十篇，五百一十二章（节），宗承经师朱熹之旨，择采古今方家之说，尤赖程树德之《集释》。上编是正文译解，每一章节按正文、注释、今译、成语、解难、参考、延伸阅读的顺序排列，对文本详注详解。下编是《论语》重要词句简释、《论语》名句、《论语》成语、《论语》中的孔门弟子简介等，计九百二十三条，使读者回味咀嚼，加深对全书的理解。

民族经典，是文化自信的底气；礼敬经典，是对优秀文化应有的态度；学习经典，是传承发展传统文化的基础。马克思说："宗教是人民的鸦片。"儒学有教化的功能，但儒学不是真正意义上的宗教。朱熹曾说，五经好比是粗禾，四书好比是熟食。作为四书之一的《论语》，它是最温润的营养餐，最放心的绿色菜，谁也离不开。因为它已经被我们吃了几千年，流淌在我们的血液里，固化在我们的思维里，传承在我们的基因里。

由于作者识见有限，难以尽善，幸得见教，将不胜感谢！

是为序！

王道正

2021年11月于四川达州州河之滨

目　录

上　编

学而篇第一（共十六章）……………………………………………（ 3 ）
为政篇第二（共二十四章）…………………………………………（ 21 ）
八佾篇第三（共二十六章）…………………………………………（ 47 ）
里仁篇第四（共二十六章）…………………………………………（ 76 ）
公冶长篇第五（共二十八章）………………………………………（100）
雍也篇第六（共三十章）……………………………………………（133）
述而篇第七（共三十八章）…………………………………………（167）
泰伯篇第八（共二十一章）…………………………………………（207）
子罕篇第九（共三十一章）…………………………………………（232）
乡党篇第十（旧不分章，此篇凡一章，今分为二十七节）………（267）
先进篇第十一（共二十六章）………………………………………（298）
颜渊篇第十二（共二十四章）………………………………………（329）
子路篇第十三（共三十章）…………………………………………（355）
宪问篇第十四（共四十四章）………………………………………（387）
卫灵公篇第十五（共四十二章）……………………………………（435）
季氏篇第十六（共十四章）…………………………………………（477）
阳货篇第十七（共二十六章）………………………………………（497）
微子篇第十八（共十一章）…………………………………………（528）
子张篇第十九（共二十五章）………………………………………（544）
尧曰篇第二十（共三章）……………………………………………（570）

下 编

《论语》重要词句简释 …………………………………………（579）
《论语》名句 ……………………………………………………（620）
《论语》成语 ……………………………………………………（625）
《论语》中的孔门弟子 …………………………………………（631）

参考书目 …………………………………………………………（636）
后　记 ……………………………………………………………（638）

上编

学而篇第一

（共十六章）

【1·1】

子曰：“学而时习之，不亦说（yuè）乎？有朋自远方来，不亦乐乎？人不知而不愠（yùn），不亦君子乎？”

【注释】

①子曰：子，男子的尊称，犹今之先生。《论语》中"子曰"的"子"，都指孔子。曰，说，发语之端。

②学而时习之：学，初学，对孩子进行启蒙教育，使之觉悟。《说文》："学，觉悟也。"时，以时，按时。习，练习，复习。"习"的本义是小鸟拍打翅膀反复练习飞翔，引申为练习、复习，偏重技能。

③不亦说乎：亦，也，表示委婉的语气。说，愉悦，后来作"悦"。乎，语气的余声。段玉裁《说文解字注》（以下简称段《注》）："意不尽，故言乎以永之。"

④有朋自远方来：朋，同师门为朋，同志为友，泛指朋友。

⑤不亦乐乎："乐"是外表快乐，"说（悦）"是内心愉悦。

⑥人不知而不愠：愠，发怒，生闷气，心中略有不平而发牢骚。

⑦不亦君子乎：君子，道德高尚的人。

【今译】

孔子说："学了以后又按时练习，不也是愉悦吗？有朋友从远方来，不也是快乐吗？人家不懂而我也不生气，不也是有君子修养吗？"

【成语】

不亦乐乎：不也是很快乐的吗？现常用来表示程度极深（多用在"得"字后做补语）。

【解难】

开篇问学

建国君民，教学为先；立身立品，学习为要，所以《论语》开篇问学。"学"是初学，启蒙；"习"是复习，练习。此章连续三问，层层递进：一是验证所学。学了礼、乐、射、御、书、数"六艺"之后还要实习、复习，使知识和实践相互印证，是践学之乐。二是切磋所学。朋友从远方来，"奇文共欣赏，疑义相与析"，是互学之乐。三是分享所学。把所获知识传授于人，别人暂时听不懂，而我也不生气，继续诲人不倦，是传学之乐。践学是一人初学，互学是相互研学，传学是众人皆学。

"人不知而不愠"是克己，这种修养最难。弟子之中，有的孺子可教，老师乐得英才而教之；有的下愚不移，顽石不化，而老师善待弟子，平视学生，不骂人，不生气，平和雍容。非君子能如此乎？

【延伸阅读】

读书对联

读书取正，读易取变，读骚取幽，读庄取达，读汉文取坚，最有味卷中岁月；与菊同野，与梅同疏，与莲同洁，与兰同芳，与海棠同韵，定自称花里神仙。

——清·陆润庠

论文章

文章是案头之山水，山水是地上之文章。（清·涨潮《幽梦影》）

【1·2】

有子曰："其为人也孝弟（tì），而好犯上者，鲜（xiǎn）矣；不好犯上，而好作乱者，未之有也。君子务本，本立而道生。孝弟也者，其为仁之本与（yú）！"

【注释】

①有子：姓有名若，字子有，小孔子三十三岁，孔子的学生，勤学重孝。《论语》中孔子的学生一般称字；整部《论语》中，只有"曾参"和"有若"被尊称为"子"，即曾子、有子。称"子"有尊敬之意，因此，《论语》一书可能是曾子、有子的学生编辑而成。

②孝弟：孝，敬顺父母。弟，同"悌"，敬顺兄长。

③犯上：冒犯上级或长辈。

④鲜：寡，少。

⑤而好作乱者，未之有也：作乱，发动叛乱，造反。未之有，即"未有之"。
⑥务本：致力于根本。
⑦本立而道生：本，指孝悌。本立，根基树立，根本确立。道，道德。
⑧其为仁之本与：其，恐怕，大概。为仁，即"为人"，"仁"通"人"，是承上文"其为人也孝弟"而言；或解作"行仁"，追求仁道，亦可。与，同"欤"，表示疑问，相当于"吧"。礼尚谦让，不敢直言，故用"与"。

【今译】

有子说："那些做人敬顺父母、敬顺兄长，却喜欢冒犯上级或长辈的，是很少的；不喜欢冒犯上级或长辈却喜欢发动叛乱的，更是没有的。君子致力于根本，根本确立了，做人的道德就产生了。敬顺父母、敬顺兄长，大概是做人的根本吧！"

【成语】

犯上作乱：过去指对抗朝廷发动叛乱。后来指触犯上级或长辈。

【解难】

有子：孝悌是为人的根基

善事父母为孝，善事兄长为悌。孝悌根其本性，无孝悌则失其本性；孝悌首在爱亲，爱莫大于爱双亲。忠臣出于孝子之门，治国安邦必重孝悌。孝悌居诸德之首，乃立身之基，立身一败，万事瓦裂，故君子应着力于根基建设。

【延伸阅读】

延笃论孝

夫仁人之有孝，犹四体之有心腹，枝叶之有本根也。圣人知之，故曰："夫孝，天之经也，地之义也，人之行也。""君子务本，本立而道生，孝悌也者，其为仁之本与！"然体在难备，物性好偏，故所施不同，事少两兼者也。如必对其优劣，则仁以枝叶扶疏为大，孝以心体本根为先，可无讼也。……夫曾、闵以孝悌为至德，管仲以九合为仁功，未有论德不先回、参，考功不大夷吾。（《后汉书》卷六十四《吴延史卢赵列传第五十四》）

【1·3】

子曰："巧言令色，鲜矣仁。"

【注释】

①巧言令色：巧言，好听而虚伪的言辞。巧，好，虚伪。令色，伪善而谄媚的脸色。令，美好。
②鲜：寡，少。

【今译】

孔子说:"花言巧语,假装和善,这种人很少有仁德。"

【成语】

巧言令色:指花言巧语和假装和善来讨好别人,也指讨好别人的花言巧语和伪善态度。

【解难】

孔子:巧言令色,缺少仁德

巧言,顺人之意,悦人之耳,听之甘美。令色,脸色和悦,顺逆无怒,观之谄媚。此种人竭力骗取别人信任,以排斥忠良,攫取禄位。口言善,身行恶,国之妖也,是伪君子,何来仁德?巧言者能高谈仁理,但行为无法掩盖其不仁;令色者能骗取仁名,但行为违背仁。仁德是不能凭声音笑貌获得的,故花言巧语少仁德。如白居易诗《放言》:"王莽谦恭未篡时。"人与人相处,巧诈不如拙诚,利口不如讷言。巧言、令色、足恭,是乱德之所生,君子之所耻,故君子不以言取人,不以色亲人。

【延伸阅读】

孔子姓名

孔子姓孔,是因为他六世祖公孙嘉字孔父。古人有以祖先的"字"为姓的,孔子以孔为姓,表示继承先祖的血缘。孔子的父亲叫叔梁纥,母亲叫颜徵在,所以,孔子未随父母姓。

孔子名丘,一是传说孔子出生在尼丘山,二是孔子头顶像尼丘山一样,中间低四周高。

孔子字仲尼,"仲"表示排行第二,"尼"是因为孔子的父母多次到曲阜的尼丘山祈福生子。

孔子父名读音

鲁臧武仲名纥。孔子之父,鄹人。纥,乃叔梁纥也。皆音恨发反,而世人多呼为核。(宋·马永卿《懒真子录》卷五)

注释 叔梁纥,孔子的父亲。"纥"旧注音 hé(核),与宋本《广韵》注音"胡结切"同。此处说应读"恨发反",即音 hā(哈),可参考。

【1·4】

曾子曰:"吾日三省(xǐng)吾身:为(wèi)人谋而不忠乎?与朋友交而不信乎?传不习乎?"

【注释】

①曾子：姓曾名参（shēn），字子舆，鲁国人，小孔子四十六岁，孔子的学生，著名教育家，据传著《孝经》《大学》。曾子名参，"参"音cān时，有"古代车战的一种阵名"之义；曾子字子舆，"舆"是车。曾子的名和字义近。

②三省吾身：三，多次。省，察、反省。身，自身。

③为人谋而不忠：忠，尽心。《说文》："忠，敬也。尽心曰忠。"

④传不习：传，传授。习，复习，学懂。明代哲学家王阳明的心学经典著作《传习录》，书名即源于此。

【今译】

曾子说："我每天多次反省自己：为别人谋划不尽心吗？和朋友交往不诚实吗？老师传授给我的学业没学懂吗？"

【成语】

三省吾身：多次反省自己。

一日三省：每天多次反省自己。

【解难】

曾子：三省吾身

反省是对自己的再认识，是在宁静的状态下观照内心、检视自我，擦拭心灵尘埃，使德行日臻圣域，寡过不贰过。曾子一日三省，先反省内心——忠，其次反省言语——信，最后反省行为——传，由内到外，由己到人。"三省"既不限于三次，也不限于这三件事，所列三件事只是与"三"巧合。

《论语》中直接引用曾子之言的有十处，见《学而篇》《泰伯篇》《子张篇》，此章或系其弟子所记。

【延伸阅读】

国　学

"国学"这个词是从日本传过来的，日本最初是用来对抗中国学问的。中国人一向以为我们的学问是"天下"的，不属于中国一国，所以并无"国学"之名称。二十世纪以后，我们借用了"国学"的概念，这其实是用西方的分类来代替或者说标书中国传统学问，这中间就会出现问题。我们放弃了中国过去经史子集的分类，而将传统学问分配在西方各种学科（如哲学、宗教、文学……）之中，其结果往往是不恰当的。一切传统的中国事物都成为"国学"的研究对象，远远超出了传统的经史子集"四部之学"。"国粹"也是从日本来的。中国人章炳麟自创一个名词"国故"，这个词在价值上是中立的，就是说中国过去的老东西不一定是"粹"或"渣"。（摘编自《余英时访谈录》）

"国学"的前身是"中学"，有"西学"才有"中学"，而把"中学"改称"国

学"。国学的主流是儒学,儒学的核心是经学。(摘编自李学勤《三代文明研究》)

【1·5】

子曰:"道(dǎo)千乘(shèng)之国,敬事而信,节用而爱人,使民以时。"

【注释】

①道千乘之国:道,治理。千乘之国,拥有一千辆兵车的国家。春秋时期,指中等的诸侯国。"千乘"指兵力时,是千辆兵车;指富裕时,是四千匹马。四匹马拉一辆车为一乘。《先进篇》(11·26):"千乘之国,摄乎大国之间。"

②敬事:敬业。敬,严肃,认真;事,职责,工作。

③节用而爱人:节约费用,爱护官员。用,财政开支费用。人,指官员,与下句"民"相对。

④使民以时:按照农时征调百姓,不误耕种和收割。使,役使,征调。以,按照,顺。

【今译】

孔子说:"治理一个有千辆兵车的国家,要敬业守信,节约费用,爱护官员,征调百姓要在农闲之时。"

【成语】

节用爱人:节省费用,爱惜人力。

【解难】

孔子:三项原则,一个中心

孔子认为,治国应遵循三项原则:敬事而信,节用爱人,使民以时。敬业则为民做事有成,诚信则能兑现承诺于民,节用则轻徭薄赋以养民,爱人则"己所不欲,勿施于人",使民以时则不误人民耕种。三项原则围绕一个中心,即爱民。

此章用"道"而不用"治",道者,引导也,体现执政者的仁义;治者,治理也,体现管理的强制性。"敬事"是严肃对待政事,即工作敬业。《逸周书·谥法解》:"夙兴夜寐曰敬。"

【延伸阅读】

诸德共出于俭

《左氏·庄二十四年传》:"御孙谏曰:'臣闻之,俭,德之共也;侈,恶之大也。先君有共德而纳诸大恶,无乃不可乎?'"……共,同也,言有德者,皆由俭来也……近读顾仲恭《炳烛斋随笔》而只之义益明其言云:"共之为义,盖言诸德共

出于俭，俭一失，则诸德皆失矣。"（清·王应奎《柳南续笔》卷四）

【1·6】

子曰："弟子入则孝，出则弟（tì），谨而信，泛爱众，而亲仁。行有余力，则以学文。"

【注释】

①弟子入则孝，出则弟：弟子，指为人弟、为人子，泛称年轻人，晚辈。弟，同"悌"，敬顺兄长。

【今译】

孔子说："年轻人回家就敬顺父母，出门就敬顺兄长，谨慎诚信，博爱众人，亲近仁人。做到这些还有多余的精力，就用来学习文化。"

【成语】

入孝出弟：回家敬顺父母，出外敬顺兄长。也作"入孝出悌"。

【解难】

孔子：德育第一，智育第二

孔子主张先德行，后智艺。孝悌是为人之本，爱众是行仁之本，文化是人生之次，没有余力而学文则以文灭质，有余力而不学文则质胜而野。修德行事之余，应学习六艺之文，德才双修，学以进德。

【延伸阅读】

《弟子规》选

入则孝：父母呼，应勿缓；父母命，行勿懒；父母教，须敬听；父母责，须顺承。冬则温，夏则清（qìng，冷，凉）；晨则省（xǐng），昏则定。出必告，反必面；居有常，业无变。……亲有过，谏使更，怡吾色，柔吾声；谏不入，悦复谏；号泣随，挞无怨。亲有疾，药先尝；昼夜侍，不离床。丧三年，常悲咽；居处变，酒肉绝。丧尽礼，祭尽诚；事死者，如事生。

出则悌：兄道友，弟道恭；兄弟睦，孝在中。财物轻，怨何生；言语忍，忿自泯。（节选自清李毓秀《弟子规》）

【1·7】

子夏曰："贤贤易色，事父母能竭其力，事君能致其身，与朋友交言而有信。虽曰'未学',吾必谓之'学矣'。"

【注释】

①子夏:姓卜名商,字子夏,卫国人,比孔子小四十四岁,孔子的学生,以文学著称。

②贤贤易色:前一"贤",重视;后一"贤",贤能的品德;易,怠慢、轻视;色,外貌。

③事父母:事,侍奉,服侍。

④能致其身:致,献出。

【今译】

子夏说:"(对妻子)重品德不重容貌,侍奉父母能竭尽全力,侍奉君主能献出生命,与朋友交往说话有信用。即使说他'没有学习',我也一定说他'学过了'。"

【成语】

贤贤易色:对妻子重视品德不重视容貌。后来引申为尊重贤人,不好女色。

言而有信:说话有信用。

【解难】

子夏的人伦观

子夏认为,看中妻子品德而不看重其外貌,是重德;侍奉父母尽心尽力,是孝顺;侍奉君主舍生忘死,是忠诚;对朋友真诚厚道,是坦诚。能有如此修养,即使他未曾读书,也等于读过书、受过教育了。

【延伸阅读】

糟糠之妻不下堂

湖阳公主新寡,帝与共论朝臣,微观其意。主曰:"宋公威容德器,群臣莫及。"帝曰:"方且图之。"后弘被引见,帝令主坐屏风后,因谓弘曰:"谚言'贵易交,富易妻',人情乎?"弘曰:"臣闻贫贱之知不可忘,糟糠之妻不下堂。"帝顾谓主曰:"事不谐矣!"(宋·司马光《资治通鉴》卷四十《汉纪》三十三)

大意 光武帝的姐姐湖阳公主新近守寡,光武帝和她一块儿谈论朝臣,暗中揣摩她的心意。公主说:"宋弘有威严的容貌、良好的品德以及宽宏的器量,群臣没有人赶得上他。"光武帝说:"我正在谋划这事呢。"后来宋弘被召见,光武帝让湖阳公主坐在屏风后,就对宋弘说:"谚语说'贵易交,富易妻',这是人之常情吗?"宋弘说:"我听说:贫贱之知不可忘,糟糠之妻不下堂。"光武帝回头对湖阳公主说:"这事办不成了!"

【1·8】

子曰:"君子不重则不威,学则不固。主忠信,无友不如己者,过则勿惮改。"

【注释】

①不重则不威:重,庄重。威,威仪。
②学则不固:固,固陋,孤陋寡闻。
③主忠信:坚守忠诚信实。主,守,坚守。《广雅·释诂三》:"主,守也。"
④无友不如己者:无友,不结交。友,结交朋友。如,类似,相似。
⑤勿惮改:勿,不要。惮,害怕。

【今译】

孔子说:"君子不庄重就没有威仪,学习不要固陋。坚守忠诚信实,不结交与自己不同道的人,有了过错就不要怕改正。"

【成语】

不重不威:不庄重就没有威仪。指做人要庄重自持。
过勿惮改:有了过错就不要怕改正。

【解难】

孔子对君子的要求

此章孔子对君子提出了要求:庄重,不固,忠信,交贤,改过。其中自重放在了首位。"山自重,不失之威峻;海自重,不失之雄浑;人自重,不失之尊严。"君子在容貌上要庄重严肃,否则就没有威严的仪表。在学习上不要固塞鄙陋,浅薄无知。要学而不厌,择人之善,博学多才。在修德上要坚持忠信立身,内尽于心,外不欺物。不结交与自己道不相同的人,即道不同则不相为谋;还要勇于改过,不要文过饰非。

"勿"字解

勿者,不也,象形字,表禁止。《说文》:"勿,州里所建旗。"此旗一挥,皆禁止。马建忠《马氏文通》:"'勿''毋'二字,禁戒之词。"

【延伸阅读】

君子仪容

君子之容舒迟,见所尊者齐遬(sù,局促不安的样子),足容重,手容恭,目容端,口容止,声容静,头容直,气容肃,立容德,色容庄,坐如尸,燕居告温温。(《礼记·玉藻》)

大意　君子平常神态闲雅，从容不迫，见到尊长要恭敬收敛，举步要稳重，抬手要恭敬，目不斜视，口不妄言，音量适度，头不偏斜，气息平静，站立时显得有修养，面色庄重，要像祭祀中装扮的受祭祀人那样坐得端正，闲居教导别人时要温和可亲。

【1·9】

曾子曰："慎终追远，民德归厚矣。"

【注释】

①慎终追远：慎终，居丧尽礼。终，指父母去世。追，追祭，追念。远，指祖先。

②民德归厚：民德，老百姓的道德，即民风。归，趋向。厚，厚道，忠厚。

【今译】

曾子说："慎办父母丧事，祭祀久远祖先，民风就会日趋厚道了。"

【成语】

慎终追远：慎重办理父母的丧事，追祭久远的祖先。指父母去世，以及祭祀祖先，都要依礼尽哀。后也指谨慎从事，追念前贤。

【解难】

曾子：慎终追远，民德归厚

"慎终"是丧尽其哀；"追远"是祭尽其敬。通过在家庙、祠堂等祭祀，饮水思源，不忘祖宗已远，不欺死者无知。丧葬与祭祀既是礼，也是培养孝道的途径和教化人民的手段。君子亲于内，则民兴于仁。通过修宗庙，敬祀事，教化人民，敦厚风俗，使人民日趋忠厚淳朴。

【延伸阅读】

孝子三件事

孝子之事亲也，有三道焉：生则养，没则丧，丧毕则祭。养则观其顺也，丧则观其哀也，祭则观其敬而时也。尽此三道者，孝子之行也。（《礼记·祭统》）

大意　孝子侍奉父母，有三件事：生前要供养，死后要服丧，服丧期满就祭祀。供养看他是否孝顺，服丧看他是否哀伤，祭祀看他是否虔诚和准时。这三件事都做得很好，才配称作孝子的行为。

【1·10】

子禽问于子贡曰："夫子至于是邦也，必闻其政，求之与（yú），抑与（yǔ）之与（yú）?"子贡曰："夫子温良恭俭让以得之。夫子之求之也，其诸异乎人之求之与?"

【注释】

①子禽：姓陈名亢（kàng），字子禽，孔子的学生。古代"禽"是鸟、兽的总称，如《论衡·遭虎》："虎也，诸禽之雄也。"鸟兽皆有野性，"亢"有高傲、刚强之义，所以子禽的名与字义近。

②子贡：复姓端木名赐，字子贡，在卫国经商，小孔子三十一岁，孔子的学生。

③夫子至于是邦：夫子，老师。至于，到达。邦，诸侯的封地，即诸侯国。

④求之与：求，设法得到，求取。与，同"欤"。

⑤抑与之与：抑，还是；前一"与"，给予，主动告诉；后一"与"，同"欤"。

⑥其诸：或者，表示猜度。

【今译】

子禽向子贡问道："老师到达这个国家，一定听到这个国家的政事，这是老师求得的，还是人家主动告诉老师的呢?"子贡说："老师是靠温和、善良、恭敬、节俭、谦让获得的。老师获得政事的方法，或者不同于别人获得政事的方法吧?"

【成语】

温良恭俭让：温和、善良、恭敬、节俭、谦让。后泛指态度谦恭，举止文雅。现在也形容态度温和而缺乏斗争性。

【解难】

子贡答陈子禽：以德知政

孔子在当时，如祥麟威凤，所在倾动，各国邦君无不访以外事、咨以国政、问以人才，孔子因此尽闻国事。圣人以德知政，不是有心求政，更不是谄媚求政。子贡总结了孔子以温、良、恭、俭、让"五德"知政。如玉之色和曰温，行不犯物曰良，待人有礼曰恭，节用曰俭，不争曰让，五者统一于仁。此为圣人之德，以此闻政，无须主动求得。

【延伸阅读】

杨徽之

杨侍读徽之，太宗闻其诗名，尽索所著，得数百篇奏御，仍献诗以谢，卒章曰："十年牢落今何幸，叨遇君王问姓名。"上和之以赐，谓宰臣曰："真儒雅之士，操履无玷。"拜礼部侍郎，御选集中十联写于屏。（宋·文莹《玉壶清话》卷五）

注释 杨侍读徽之，即宋初诗人、官员杨徽之，官至翰林侍读学士，为人淳厚清介。侍读，陪侍帝王读书论学或为皇子等讲学，后为官名。牢落，孤寂。

【1·11】

子曰："父在观其志，父没（mò）观其行，三年无改于父之道，可谓孝矣。"

【注释】

①父没：没，去世。

②无改于父之道：道，善道，好的政治措施。

【今译】

孔子说："父亲在世时观察他的志向，父亲去世后观察他的行为，三年不改变父亲生前好的政治措施，可以说是孝顺了。"

【解难】

孔子：三年不改父道可谓孝

父死三年，孝子不敢改父之道，源于儒家的三年之丧。"不改父道"强调的是孝心。父死若生，事亡若存，儿子在三年守丧之期，只是思慕而已，以持盈守成为主。三年之丧在西周之初已不推行。《子张篇》（19·18）中，曾参谈到孟庄子的孝道时说："其不改父之臣，与父之政，是难能也。"见《阳货篇》（17·21）"三年之丧"。

【延伸阅读】

君、亲孰重

齐宣王谓田过曰："吾闻儒者丧亲三年，丧君三年，君与父孰重？"田过对曰："殆不如父重。"宣王忿然，曰："曷为士去亲而事君？"田过对曰："非君之土地无以处吾亲，非君之禄无以养吾亲，非君之爵无以尊显吾亲。受之于君，致之于亲。凡事君，以为亲也。"宣王悒（yì）然无以应之。《诗》曰："王事靡盬（gǔ），不遑将父。"（汉·韩婴《韩诗外传》卷七）

注释 丧亲三年，丧君三年，指死了父母服丧三年，死了国君服丧三年。殆，恐怕。曷，为什么。去亲，离开父母。处亲，安置父母。致，给。悒然，忧愁不安的样子。"王事"二句，出自《诗经·小雅·四牡》，意思是天子的劳役无休无止，没有时间侍奉父母。靡，无。盬，止。遑，闲暇。将，养。

【1·12】

有子曰："礼之用，和为贵。先王之道，斯为美，小大由之。有所不行，知和而和，不以礼节之，亦不可行也。"

【注释】

①礼之用：礼，古代行为准则和道德规范的总称。

②和为贵：和，恰当，恰到好处，不过不及。贵，重要。

③先王：古代君王，指尧、舜、禹、汤、文、武、周公等古代圣明的君王。

④小大由之：小大，小事情、大事情。由，遵照。

⑤知和而和：前"和"指和为贵；而，就；后"和"指迁就来达到和，即为和谐而和谐。

【今译】

有子说："礼的运用，恰当为贵。古代圣明君王的治国方法，这个方面是做得很好的，小事、大事都遵照这个原则。有行不通的地方，只知道为了恰当就一味追求恰当，不用礼来节制，也是不可行的。"

【成语】

小大由之：小事大事都须遵照礼节而行。

【解难】

有子：礼之用，和为贵

礼以制中，礼的运用，贵在恰到好处。但是，"礼"非万能，秀才遇到兵，有理说不清。有的胡搅蛮缠，无礼更无理；有的以强凌弱，以致伏尸百万。这时，用礼无效，只能用规则约束，用法律治理，用军事对抗。

【延伸阅读】

刘祁《归潜志》书选

凡将迎交接之际，礼貌、语言过则为谄、为曲；不及，则为亢、为疏，所以贵乎得中也。如或失中，与其谄也宁亢，与其曲也宁疏。

宁使敬而疏，毋使狎而亲。

分人以财，有时而尽；分人以善，百世不磨。

贤人君子得志，可以养天下；如不得志，天下当供养之。

凡事宁失之缓，勿失之急；宁失之不及，无失之过。急者古人以为病。前辈有云："优柔和缓。"又云："天下事孰不因忙里错了？曷尝令君缓不及事？"宜深思之。

注释 曷尝，即何尝。

【1·13】

有子曰："信近于义，言可复也；恭近于礼，远耻辱也；因不失其亲，亦可宗也。"

【注释】

①信近于义：约定是合宜的。信，约定。近于，接近于，符合。义，合宜，正当，正义。

②可复：可以兑现。复，践行，兑现。朱熹《集注》："信，约信。""复，践言也。"约信，即约定；践言，即兑现诺言。

③因不失其亲：因，依靠，凭借。亲，亲近的人。

④可宗：可以依靠。宗，主，可靠。

【今译】

有子说："约定是合宜的，说过的话才可以兑现；谦恭是合礼的，才能远离耻辱；依靠而且不失去亲近的人，也就可靠了。"

【解难】

有子的处世之道：约定要合宜，谦恭要合礼，施政要用亲

约定是合宜的，正当的，正义的，合法合理的，才能兑现得了诺言，否则再动听的约定最终是愚弄对方；恭敬合礼则远离耻辱，不被羞辱才会有威仪，若诺声连连，卑躬屈膝，就会自取其辱；依靠关系亲近的人，做事就可靠了。这是有子的处世之道，也可能是其人生经验。（参见王泽春：《"信近于义，言可复也"再议》，载《孔子研究》2017年第2期，第87页）

【延伸阅读】

论父母兄弟

父不慈，则子不孝；兄不友，则弟不恭；夫不义，则妇不顺。（北齐·颜之推《颜氏家训·治家篇》）

无父何怙（hù），无母何恃？（《诗经·小雅·蓼莪》）

兄弟虽有小忿，不废懿（yì）亲。（《左传·僖公二十四年》）

兄弟谗阋（xì），侮人百里。（《国语·周语中》）

打虎还得亲兄弟，上阵须教父子兵。（《增广贤文》）

注释　怙，靠。懿，至。谗阋，攻击短处，相互争吵。侮，抵御。

【1·14】

子曰："君子食无求饱，居无求安，敏于事而慎于言，就有道而正焉，可谓好学也已。"

【注释】

①居无求安：安，安逸，舒适。

②敏于事：敏，审慎。

③就有道而正焉：就，接近，从。道，道德。正，匡正，指正。

【今译】

孔子说："君子吃饭不追求饱足，居住不追求舒适，做事审慎说话谨慎，跟随有道德的人从而得到指正，可以说是好学了。"

【成语】

食无求饱：吃饭不追求饱足。

居无求安：居住不追求舒适。

敏于事，慎于言：做事审慎，说话谨慎。

就正有道：向有道德的人请教从而得到指正。

【解难】

孔子：不仅仅向书本学习

好学，不仅仅是学习书本知识。孔子说，君子非恶饱而欲饥，恶安而欲危，只是君子志在求道，道之外无所求，所以淡薄物质享受；君子作风严谨，所以做事审慎，说话小心；君子虚怀若谷，所以善于向有道德的人请教来匡正自己，跟着一帮靠谱的人进德修业。这种富有修养的人，善于在实践中学习，向榜样学习，当然也说得上是"好学"。《孟子·告子上》："《诗》云：'既醉以酒，既饱以德。'言饱乎仁义也，所以不愿人之膏粱之味也。令闻广誉施于身，所以不愿人之文绣也。"

"就正"解

原指到有道德和有学问的人那里去匡正自己。后用作谦辞，称向人请求指正。

【延伸阅读】

名　字

古人生三月而命名，二十岁冠而取字。名有一个，字可有两个。孔子的父亲叔梁纥有名无姓，"叔梁"不是姓，而是字；"纥"是名。春秋时的男子取字，常在字的前面加"子"，"子"即先生，是对男子的尊称，如子渊（颜回）、子有（冉求）、子夏（卜商）、子我（宰予）、子贡（端木赐）；但在称呼时，常省去"子"而直接称颜渊、冉有、宰我。名和字，有的意义相近，如颜回，字子渊，"渊"是回水的意思。有的意义相同，如宰予，字子我，"予"和"我"同义；樊须，字迟，"须"和"迟"都有等待之义。有的意义相反，如曾点，字晳，"点"是小黑的意思，"晳"是肤色白的意思。名是大名，如父；字是副名，小字如子。

《论语》里，孔子对弟子一般称名；若称字，则是《春秋》之法，以示褒奖，

即"字以褒之"。如:"贤哉回也","赐也,可与言《诗》","偃之言是也","雍也可使南面"。

【1·15】

子贡曰:"贫而无谄,富而无骄,何如?"子曰:"可也。未若贫而乐道,富而好礼者也。"

子贡曰:"《诗》云,'如切(qiē)如磋,如琢如磨',其斯之谓与?"子曰:"赐也!始可与言《诗》已矣,告诸往而知来者。"

【注释】

①贫而无谄:谄,用卑贱的语言、态度巴结人、奉承人。

②富而无骄:骄,马高六尺为骄。马高大则难以控制,引申为傲慢、盛气凌人。

③切、磋、琢、磨:指加工材料成宝器,比喻学习时相互讨论,取长补短。"如切如磋,如琢如磨"出自《诗经·卫风·淇奥(yù)》。

④其斯之谓与:其,大概。谓,说。与,同"欤",语气词,吧。

⑤赐:子贡名,孔子对学生直称其名。

⑥告诸往而知来者:诸,代词,相当于"之"。往,过去。来,未来。

【今译】

子贡说:"贫穷却不谄媚,富有却不傲慢,怎么样?"孔子说:"可以啊。但比不上贫穷而乐于正道,富有而爱好礼仪的人。"

子贡说:"《诗经》说,'如切割,如削锉,如雕琢,如打磨',大概说的这个意思吧?"孔子说:"端木赐呀!开始可以同你讨论《诗经》了,因为告诉你过去的就能推知未来的。"

【成语】

贫而无谄:虽然贫穷却不谄媚。

贫而乐道:贫穷但乐于追求正道。

富而好礼:富有而爱好礼仪。

如切如磋:好像把骨、角加工成器物那样。比喻学习上相互讨论。

切磋琢磨:好像把玉、石加工成器物那样。比喻道德上自我修养。

告往知来:告诉过去的就能推知未来的。形容领会能力强,能举一反三。

【解难】

子贡和孔子:讨论穷人和富人的境界

"贫"是钱少,"富"是钱多。"贫"的低境界是贫而无谄,高境界是贫而乐道。

"富"的低境界是富而无骄,高境界是富而好礼。"穷"指仕途坎坷,"达"指仕途通达。"穷"的高境界是独善其身,"达"的高境界是兼济天下。《吕氏春秋·慎人篇》:"子贡曰:古之得道者,穷亦乐,达亦乐,所乐非穷达也。道得于此,则穷达一也。"

"未若贫而乐道"一句,定州汉墓竹简本、阮元《十三经注疏》本"乐"下皆无"道"字,皇疏、邢疏、孔安国注、《史记·仲尼弟子列传》、高丽本皆有"道"字。

"切磋琢磨"解

古人加工材料有不同的方法:金谓之镂,木谓之刻,骨谓之切,象谓之磋,玉谓之琢,石谓之磨。一说"切磋琢磨"是指加工玉石的四个环节,好比一个人的成长过程:"切"是剖开,"磋"是用锉子把石头锉去,"琢"是雕琢成器物,"磨"是磨光。

《大学》:"如切如磋者,道学也;如琢如磨者,自修也。"如切如磋,说的是学习讨论;如琢如磨,指的是自我修养。

【延伸阅读】

古诗联选

经纶犹有待,吐属已非凡。(清·庄滋圃《春蚕作茧》)
道通月窟天根里,人在清泉白石间。(清·李光坡题仁庙赐联)
一粒粟中藏世界,二升铛(chēng)内煮山川。(吕洞宾诗)
荷心出水终无定,萝蔓从风莫自持。(宋·刘筠《无题》)
此夜一月满,清光何处无。(佚名《中秋》)

注释 经纶,整理蚕丝。引申为规划、治理国家大事。吐属,谈吐。天根,星名,即氐宿。铛,锅的一种。萝蔓,松萝的藤蔓,比喻攀附。

【1·16】

子曰:"不患人之不己知,患不知人也。"

【今译】
孔子说:"不担心别人不了解自己,担心自己不了解别人。"

【解难】

孔子:莫担心人不知己,而担心己不知人

一是人不知己。人海茫茫,知人何难。虽知人才能善任,但人上有人,天外有天。若逢小人逸言,就是贤才也会成为闲才。君子不必长戚戚,不必怨天尤人。二

是己不知人。古人云：画虎画皮难画骨，知人知面不知心。人与人相交，有的交之以言，有的交之以心。有的人如一泓清泉，游鱼细石，直视无碍；有的如潭水千尺，岸花葱茏，神秘莫测。君子要察言观行以知人。

参阅　《里仁篇》（4·14）："不患莫己知，求为可知也。"《宪问篇》（14·30）："不患人之不己知，患其不能也。"《卫灵公篇》（15·19）："君子病无能焉，不病人之不己知也。"

【延伸阅读】

哲　言

世界上唯有两样东西能让我们内心感到深深震撼：一是我们头顶浩瀚灿烂的星空，一是我们心中崇高的道德法则。（〔德〕康德）

为政篇第二

（共二十四章）

【2·1】

子曰："为政以德，譬如北辰，居其所而众星共（gǒng）之。"

【注释】

①为政：治理国家政事。为，治理。

②北辰：指北极星（不是北斗星，也不是天球北极），见孙诒让《周礼正义》卷八十二。

③居其所而众星共之：居，处。所，处所，位置。共，同"拱"，环绕。

【今译】

孔子说："用道德治国理政，统治者如北极星一样，处在自己的位置而群星环绕着它。"

【成语】

众星拱北：天上众星拱卫北极星。旧指有道德的国君在位，得到天下臣民的拥戴。

【解难】

孔子：为政以德

"为政以德"即德治，仁政。古人认为，北极星处在天的中心，如同天帝，可以运天下，正四时，天上的星辰皆围绕着北极星运转。这里，孔子把执政者比作北极星，强调道德在治国理政中的核心作用，他希望国君要效法北极星，以身作则，当好表率，用道德鼓舞群众。"居其所"言不出位，不是一无所为。

"北辰"后来比喻帝王或者受到大家尊敬的人。

【延伸阅读】

为政箴言

我认为一个国家的伟大，不在于它的人民富有，而在于它的人民幸福。

国家的最大问题就是政治,如果政治不良,在国家里头无论什么问题都不能解决。

政治两个字的意思,浅而言之,政就是众人的事,治就是管理,管理众人的事便是政治。有管理众人之事的力量,便是政权。

用武力去征服人,完全是假的;用主义去征服人,那才是真的。(摘选自《孙中山箴言录》)

【2·2】

子曰:"《诗》三百,一言以蔽之,曰'思无邪'。"

【注释】

①一言以蔽之:言,句子。蔽,盖,概括。

②思无邪:直接表达感情。思,句首语助辞,无实义;邪,通"斜";"无邪"是不倾斜,即直接表达感情。"思无邪"出自《诗经·鲁颂·駉(jiōng)》。

【今译】

孔子说:"《诗经》三百零五篇,一句话来概括它,就是无不出自真情。"

【成语】

一言以蔽之:用一句话来概括。

【解难】

孔子:《诗经》都是真情表达

《诗》三百,一言以蔽之,曰"思无邪";《礼》三百三千,一言以蔽之,曰"毋不敬"。

古有采诗之官,君王用其所采之诗来观风俗、知得失、自考正。孔子把民间诗歌分类删定成三百零五篇,此即《诗经》。《诗经》尽管有相思苦闷、君臣恩怨、离人眼泪、战争痛苦、政治怨刺,但每一篇都是真情表达,直抒胸臆,是作者内心感情的宣泄,不是无病呻吟。

"思无邪"的旧注是:"思想感情没有邪念。"或:"没有邪恶。"此处未用此二解。

【延伸阅读】

论《诗经》

《诗》,可以兴,可以观,可以群,可以怨。迩之事父,远之事君,多识于鸟兽草木之名。(《论语·阳货篇》)

不学《诗》,无以言。(《论语·季氏篇》)

入其国，其教可知也。其为人也温柔敦厚，《诗》教也。（《礼记·经解》）

《诗》三百篇，大抵圣贤发愤之所为作也。（西汉·司马迁《报任少卿书》）

《诗》无达诂，《易》无达占，《春秋》无达辞，从变从义，而一以奉人。（西汉·董仲舒《春秋繁露》）

饥者歌其食，劳者歌其事。（东汉·何休《春秋公羊传解诂》）

【2·3】

子曰："道（dǎo）之以政，齐之以刑，民免而无耻。道之以德，齐之以礼，有耻且格。"

【注释】

①道之以政：道，同"导"，引导。政，政策法令，行政手段。

②齐之以刑：齐，整齐，约束。刑，刑罚，法律手段。

③民免而无耻：免，逃避，免除刑罚。无耻，不顾羞耻。

④有耻且格：有耻，有羞耻之心。《子路篇》（13·20）："子曰：'行己有耻，使于四方，不辱君命，可谓士矣。'"格，正，纠正。

【今译】

孔子说："用政策法令来引导他们，用刑事惩罚来约束他们，人民只求免除刑罚但不顾羞耻。用道德来引导他们，用礼教来约束他们，人民就会有羞耻之心而且纠正自己的行为。"

【解难】

孔子：治国四种模式——政治，法治，德治，礼治

此章提出了治国的四大手段，从而有治国四种模式：一是政，即行政管理，通过等级差别来管理人民，以权压下。二是刑，即法律治理，通过惩罚治罪来震慑人民，以罚治下。三是德，即道德引领，通过统治者修身修德、率先垂范来带领人民，以德率下。四是礼，即礼制约束，通过统治者推行礼乐来感化人民，以礼化下。

道之以政、齐之以刑是硬手段，百姓虽不犯罪，但踩着法律的边沿。法律之外，还有很大的空间是道德约束的，法律鞭长莫及，虽违背公序良俗，但不违法犯罪，这些人照样逍遥，没有羞耻之心。道之以德、齐之以礼是软手段，百姓知荣耻，辨雅俗，就会依礼行事，自我约束。我国历来是礼法相依，礼法合治。礼是积极主动管束，对犯罪起预先防范作用；法是事后消极制裁，对犯罪起事后惩戒作用。德礼是本，禁于将然之前；政刑是末，禁于已然之后。胡适《中国哲学史大纲》："礼是防恶于未然，礼是卫生书，法是医药书。"

南北朝时期北魏贾思勰写的农学著作《齐民要术》，其书名出自此章之"齐之以刑，民免而无耻"。

【延伸阅读】

治国各有所尚

古今治天下各有所尚，唐虞尚德，夏尚功，商尚老，周尚亲，秦尚刑名，西汉尚材谋，东汉尚节义，魏尚辞章，晋尚清谈，周、隋尚族望，唐尚制度文华，本朝尚法令议论。（宋·张瑞义《贵耳集》卷中）

注释 本朝尚法令议论，宋·陈世崇《随隐漫录》卷五为"宋尚道理纪纲"。

【2·4】

子曰："吾十有（yòu）五而志于学，三十而立，四十而不惑，五十而知天命，六十而耳顺，七十而从心所欲，不逾矩。"

【注释】
①十有五而志于学：有，通"又"。志，立志，念兹在兹，心之所之也。
②三十而立：立，成，有所成就。既立德又立业。
③四十而不惑：不惑，遇事能明辨不疑。
④五十而知天命：天命，上天的命令，上天的安排。
⑤六十而耳顺："耳顺"之义，至今没有共识，姑且解作：听到别人说的话，就能理解微妙的含义。
⑥七十而从心所欲：从心所欲，顺从本心所愿。
⑦不逾矩：逾，超越。矩，规矩，法度。

【今译】
孔子说："我十五岁就立志于学习，三十岁就有所成就，四十岁就不被迷惑，五十岁就懂得了天命，六十岁能理解别人说话微妙的含义，七十岁就能随心所欲，不会超越规矩。"

【成语】
三十而立：三十岁就有所成就。
而立之年：有所成就的年龄，三十岁的代称。
不惑之年：不被迷惑的年龄，四十岁的代称。
知命之年：懂得上天对自己安排的年龄，五十岁的代称。
耳顺之年：能深刻理解别人说话微妙含义的年龄，六十岁的代称。与花甲之年义同。

从心所欲：完全随自己的心意去做事。也作"随心所欲"。

【解难】

孔子年谱

此章堪称最短之名人自传。从孔子年谱，看出孔子一生日臻圣境，足见其日新之功，未曾稍有懈怠。

十五有志于学。古人十岁曰幼，读书和学习礼仪；十三岁学《乐》和《诗》；十五岁以上谓成童，"十五成童志明，入大学，学经术"。孔子此时有志于学似嫌稍晚。杨树达《疏证》认为，孔子有志于学即有志于道，言"学"是自谦。

三十而立。三十有成能自立。《广雅·释诂三》："立，成也。"

四十不惑。四十明理不糊涂。《礼记·内则》："四十始仕，方物、出谋，道合则服从，不可则去。"方物，辨别事理。

五十知天命。孔子四十七岁学《易》，至五十穷理尽性以至于命，故曰"知天命"。

六十耳顺。六十岁时耳听其言而知其隐微的目的和微妙之意，判明是非真伪。

七十而从心所欲，不逾矩。人至古稀，阅人已无数，礼法熟于心，动念不离道，故能从心所欲，不逾矩。

【延伸阅读】

手写九经

唐张参为国子司业，手写九经，每言读书不如写书。高宗以万乘之尊，万机之繁，乃亦亲洒宸翰，遍写九经，云章烂然，终始如一，自古帝王所未有也。（宋·罗大经《鹤林玉露》卷一）

注释 九经，宋代指《易》《书》《诗》《左传》《礼记》《周礼》《孝经》《论语》《孟子》。宸翰，帝王的墨迹。

【2·5】

孟懿（yì）子问孝。子曰："无违。"

樊迟御，子告之曰："孟孙问孝于我，我对曰无违。"樊迟曰："何谓也。"子曰："生，事之以礼；死，葬之以礼，祭之以礼。"

【注释】

①孟懿子：鲁国大夫，鲁桓公的后代，也叫仲孙何忌，小孔子二十岁。"孟"是氏，即孟孙氏；"懿"是死后加的谥号；"子"是尊称。

②无违：指不违背礼。《为政篇》（2·9）"不违，如愚"的"不违"是不反对。

③樊迟御：樊迟，姓樊名须，字子迟，小孔子四十六岁（一说小三十六岁），孔子的学生。御，驾车。

④何谓：什么意思，什么叫做。

⑤事之以礼：事，服侍，侍奉。

【今译】

孟懿子请教孝道。孔子说："不要违背礼。"

樊迟给孔子驾车，孔子告诉他说："孟孙向我请教孝道，我回答说不要违背礼。"樊迟说："什么意思呢？"孔子说："父母在生时，服侍他们要按礼节；父母死后，安葬他们要按礼节，祭祀他们要按礼节。"

【解难】

孔子答孟懿子何谓孝道：服侍父母不违礼制

孔子说，尽孝道要事之以礼，葬之以礼，祭之以礼，从生到死，从葬到祭，都要按礼尽孝，不能违礼。如老百姓不能享用大夫之礼，大夫不能享用天子之礼。

孟懿子的父亲孟僖子临死前嘱咐孟懿子向孔子学礼。当时掌握鲁国实权的三家大夫常做出违礼之事，虽然是大夫，却常常摆出天子的排场，超越自己的地位和身份，所以孔子才有意对孟懿子发出委婉的警示。

孟 孙

《白虎通·姓名》："诸侯之子称公子，公子之子称公孙，公孙之子各以其王父字为氏。"孟懿子是孟孙氏的后代，是孟僖子的儿子，鲁桓公后代，是鲁国的贵族而位列大夫，姓仲孙，名何忌。他本出公子庆父之后，当称孟公孙，此处省略了"公"而称"孟孙"。鲁国出自桓公的三大公族即孟孙氏、叔孙氏、季孙氏。这三家把持鲁政，常违背礼制。孟懿子不是孔子的学生，只是遇到丧事时才来向孔子请教丧礼。

【延伸阅读】

不以己贵而加诸亲

父为大夫，子为士，葬以大夫，祭以士。父为士，子为大夫，葬以士，祭以大夫。（《中庸》第十七章）

大意 父亲是卿大夫，儿子是士，对父亲就用大夫的礼安葬，用士的礼祭祀。父亲是士，儿子是卿大夫，对父亲就用士的礼安葬，用大夫的礼祭祀。

【2·6】

孟武伯问孝。子曰:"父母唯其疾之忧。"

【注释】

①孟武伯:"孟"是氏,"武"是死后加的谥号,"伯"是行辈字。孟武伯是孟懿子的儿子,叫武伯彘(zhì),或仲孙彘。孟懿子、孟武伯父子皆鲁国大夫。

②唯其疾之忧:即"唯忧其疾"。唯,只,主要,特别。其,指父母。

【今译】

孟武伯请教孝道。孔子说:"对父母,要特别担心他们的疾病。"

【解难】

孔子答孟武伯孝道:担忧父母生病

父母担心生病会影响儿女的工作、生活,常常会小病瞒着,大病扛着,重病才相告。因此,儿女除了平时要问候父母外,在父母生病时,一定要伺候在侧,求医问药,端茶递水,使其尽快康复,莫待"良医不能措其术,百药无所施其功"时才追悔莫及。杜甫生病时很有感触,他说:"多病所需唯药物,微躯此外更何求。"

【参考】

"父母唯其疾之忧"一说解作"只是让父母在自己生病的时候担忧",其他如学习、工作、出行、交往等不要让父母操心,这才是孝。如果事事让父母操心、担忧,那就不是孝。"其"指儿女。此解亦通。

【延伸阅读】

家贫亲老　不择官而仕

曾子曰:"往而不可还者,亲也;至而不可加者,年也。是故孝子欲养而亲不待也,木欲直而时不待也。是故椎(chuí)牛而祭墓,不如鸡豚逮亲存也。故吾尝仕齐为吏,禄不过钟釜,尚犹欣欣而喜者,非以为多也,乐其逮亲也。既没之后,吾尝南游于楚,得尊官焉,堂高九仞,榱(cuī)题三围,转毂(gǔ)百乘,犹北乡而泣涕者,非为贱也,悲不逮吾亲也。故家贫亲老,不择官而仕。若夫信(shēn)其志,约其亲者,非孝也。"(《韩诗外传》卷七)

大意　曾子说:"逝去了就不能回来的,是父母;到了时候没法再增加的,是年龄。所以子女想奉养父母但父母不能等待他,长弯的树想要再长直但时间不能等待它。所以杀牛到墓地祭祀父母,不如赶在父母活着的时候杀只鸡、杀头小猪奉养他们。所以,我曾经做过小官,薪水不过一钟一釜,我还是沾沾自喜,不是认为薪水多,高兴的是赶得上用薪水来奉养父母。父母去世之后,我曾经游历到南方的楚国，在那里做了高官，殿堂高达九仞，屋檐的椽头有三围之粗，运货的车有百辆之多，这样我还朝北哭泣流泪，不是认为低贱，悲哀的是未及用薪水来奉养父母。所以若家境贫寒、父母年老，就要不加挑剔地去做官。至于那些为了伸展自己的志向，却约束了父母的人，不是孝子。"

注释 椎，杀。钟釜，古代度量单位。榱题，屋檐的椽子头。榱，椽子。信，通"伸"。

【2·7】

子游问孝。子曰："今之孝者，是谓能养。至于犬马，皆能有养；不敬，何以别乎？"

【注释】

①子游：姓言名偃，字子游，吴国人，比孔子小四十五岁，孔子的学生，长于文学。

②是谓能养：是，表示范围，相当于"只"。养，养活，饮食供奉。

③至于：即便，就连。

【今译】

子游请教孝道。孔子说："现在孝的意思，只是说能养活父母。就连狗和马，都能得到饲养；不尊敬父母，那与饲养狗和马又有什么区别呢？"

【成语】

犬马之养：狗和马的饲养。指只养活父母而没有尊敬之心。

【解难】

孔子答子游孝道：孝以敬为先

孝是诸德之本，历朝皇帝多尊奉《孝经》，标榜："我朝以孝治天下"。把山珍海味、美味佳肴进献给父母，这只是养。仅能供养还不算孝，因为不但人皆能养其亲，就连犬马也有人饲养。孝之先是敬，不尊敬父母，只供养父母，那跟饲养狗和马有啥区别呢？《礼记·祭义》引曾子曰："养可能也，敬为难；敬可能也，安为难；安可能也，卒为难。"卒，谓终己一生。

【延伸阅读】

犬之孝

淮安城中民家有母犬，烹而食之。其三子犬，各衔母骨抱土埋之，伏地悲鸣不绝。里人见而异之，共传为孝犬。（清·张潮《虞初新志》）

【2·8】

子夏问孝。子曰:"色难。有事,弟子服其劳;有酒食,先生馔(zhuàn),曾(céng)是以为孝乎?"

【注释】

①色难:脸色恭敬。难,通"戁",恭敬。

②弟子服其劳:弟子,年轻人,儿女。服其劳,从事他的工作,即给他效劳。服,从事,担任。

③先生馔:先生,长辈,此指父亲、兄长。馔,吃喝。

④曾是以为孝乎:曾,竟然,难道。是,这。

【今译】

子夏请教孝道。孔子说:"脸色要恭敬。有了事情,年轻人为他效劳;有了酒饭,年长者吃喝,难道这样就是孝吗?"

【解难】

孔子答子夏孝道:孝要脸色恭

出门看天气,进门看脸色。子女的脸色,决定父母的心情。脸色不好,即使鸡黍之膳父母也不开心;脸色恭敬,即使粗茶淡饭父母也高兴。因此,子女待父母,面色要愉悦。《礼记·祭义》:"孝之有深爱者,必有和气;有和气者,必有愉色;有愉色者,必有婉容。"意思是凡是孝子对父母有深爱的,必定有温和的语气;对父母有温和语气的,必定有愉悦的脸色;对父母有愉悦脸色的,必定有柔顺的仪容。

孔子对几个人的"问孝",回答各异,足见孔子之因材施教。

"色难"解

传统的解释是"对父母和颜悦色最困难","色"解作和颜悦色,属增字解释,似不妥。其实,"难"字也通"戁",音 nǎn,恭敬之义,《说文》:"戁,敬也。"这样将"色难"解作"脸色恭敬",既符合孔子孝以"敬"为先的思想,也紧承上章之义。

【延伸阅读】

曾子论孝

曾子曰:"孝有三:大孝尊亲,其次弗辱,其下能养。"(《礼记·祭义》)

大意 曾子说:"孝有三个层次:大孝是使双亲在社会上受到尊重,其次是不让父母蒙受耻辱,再次是养活父母。"

桓宽论孝

上孝养志，其次养色，其次养体。（汉·桓宽《盐铁论·孝养第二十五》）

大意 第一等的孝是顺从父母的意志，其次是对父母要和颜悦色，再次是保养父母的身体。

【2·9】

子曰："吾与回言终日，不违，如愚。退而省（xǐng）其私，亦足以发，回也不愚。"

【注释】

①回：姓颜名回，字子渊，小孔子三十岁，鲁国人，孔子最得意的学生。回水形成渊，故回与渊义近。

②不违：不反对，不提不同意见。违，反对。

③退而省其私：退，走开。省，视，观察。私，私下。

④亦足以发：足以，完全能。发，发挥，阐述。

【今译】

孔子说："我和颜回谈论一整天，他不反对，好像是愚笨。他走开后，我观察他私下发言，完全能发挥我讲的内容，颜回并不愚笨。"

【解难】

孔子：颜回萌萌，不违如愚

颜无繇、颜回父子皆为孔子弟子。颜回听课好学深思，领悟快，但只听不问，好像呆头呆脑没听懂。颜回视师如父，尊敬有加，对老师所讲从不顶嘴。就是老师和他谈论一整天，他也不提反对意见。孔子觉得他笨笨的、傻傻的，看似带有批评，实则是喜欢、欣赏颜回"有若无，实若虚"的谦虚。《先进篇》（11·4）："子曰：'回也非助我者也，于吾言无所不说。'"

【延伸阅读】

颜回不愿做官

孔子谓颜回曰："回，来，家贫居卑，胡不仕乎？"颜回对曰："不愿仕。回有郭外之田五十亩，足以给飦（zhān，稠粥）粥；郭内之田十亩，足以为丝麻。鼓琴足以自娱，所学夫子之道者足以自乐也。回不愿仕。"孔子愀（qiǎo，肃然）然变容曰："善哉，回之意！丘闻之：'知足者，不以利自累也；审自得者，失之而不惧；行修于内者，无位而不怍（zuò，惭愧）。'丘诵之久矣，今于回而后见之，是

丘之得也。"(《庄子·让王篇》)

大意 孔子对颜回说:"颜回,过来,你家里贫穷,地位低下,为啥不当官?"颜回回答说:"我不愿意当官。我在城外有农田五十亩,足够食粥了;城内有桑麻十亩,够年年穿衣之用了。弹琴足以自娱,从老师那里学来的大道足以自乐。我不愿意当官。"孔子一下变了脸色,说:"颜回,你的想法好啊!我听说:'知足的人,不被利益拖累;真正自我满足的人,失去了也不担忧;有内涵有修养的人,没有地位也不羞愧。'我念这些话很久了,今天在颜回身上看到了,这是我的收获啊。"

【2·10】

子曰:"视其所以①,观其所由②,察其所安③,人焉廋④(sōu)哉?人焉廋哉?"

【注释】
①所以:所作为的。以,为。
②所由:所经历的。由,经由,从。
③所安:所安心的。安,安心。
④廋:隐藏,隐匿。

【今译】
孔子说:"看他现在的所为,看他过去的经历,看他今后安心要做的事业,这个人怎能隐藏得了呢?这个人怎能隐藏得了呢?"

【解难】

孔子观人之法

孔子提出看一个人,需"视其所以,观其所由,察其所安",即看他现在的所为,看他过去的经历,看他今后的打算。过去的人生经历促成了现在的所作所为,现在的所作所为奠定了今后的职业规划。如果过去、现在、将来所做一致,则此人职业有专守,做事有恒心,必定有所作为;若三心二意,见异思迁,心浮气躁,必定成不了大器。从时间段上,现在、过去、未来都要了解;从观察的程度上,视、观、察逐渐加深,轻过去,重未来。

【延伸阅读】

人焉廋哉

一天傍晚,苏东坡邀约黄庭坚游西湖,两人带着酒食前往好友佛印处,但事先瞒着佛印。佛印打听到消息后便潜伏在船舱。游至湖中,明月初升,苏东坡说:"浮云拨开,明月出来。天何言哉!天何言哉!"一会儿游鱼在船边穿梭,黄庭坚说:"浮萍拨开,游鱼上来。得其所哉!得其所哉!"佛印听见后,从船舱出来,说道:"船板拨开,佛印出来。人焉廋(sōu)哉!人焉廋哉!"

注释 天何言哉,天说了什么呢?出自《论语·阳货篇》。得其所哉,到了该去的地方。出自《孟子·万章上》。廋,隐藏,藏匿。

【2·11】

子曰:"温故而知新,可以为师矣。"

【注释】

①温故而知新:温,复习。《慧琳音义》卷二十六注:"温,习也。"故,旧,学过的知识。

【今译】

孔子说:"温习旧知识而得到新体会,就可以当老师了。"

【成语】

温故知新:温习旧知识,得到新体会。

【解难】

孔子:悟新方可为人师

君子之学,不以记诵为工;记问之学,不足为人之师,可见为师之难。"温"是一团生气,忘则冷,助则热,千红万紫都从"温"中酝酿而来;"故"是旧时所闻所学,"新"是今日所悟所得,是"故"中之新,不是故外另有新。"温故"是月无忘其所能,"知新"是日知其所无。温习旧知识,悟出新道理,得到新收获,这种人方可为人师。

【延伸阅读】

冯元讲《易》

真宗尝读《易》,召大理评事冯元讲《泰》卦。元曰:"泰者,天气下降,地气上腾,然后天地交泰。亦犹君意接于下,下情达于上,无有壅蔽,则君臣道通。向若天地不交,则万物失宜;上下不通,则国家不治。"上大悦,赐元绯衣。(宋·司马光《涑水记闻》卷六)

注释 真宗,即赵恒,宋朝第三位皇帝。大理评事,大理寺的下属官员。冯元,宋朝学者、官员。壅蔽,隔绝、遮蔽。绯衣,古代朝官的红色品服。

【2·12】

子曰:"君子不器。"

【注释】

①不器:不像器皿一样,用途只是局限于一个方面。

【今译】

孔子说:"君子不是器具。"

【成语】

君子不器:君子博学多闻,多才多艺,能胜任各种工作,不是器具、器皿那样一物一用,作用有限。

【解难】

孔子:君子不器

一物有一用,器皿、器具皆定型、定量、定用途,各有专用。比之于人,是指只擅长某一业、某一方面,是专才。因为人的禀赋不同,或可小知,或可大受,各成一器。但是君子不器,君子是通才,能大能小,能文能武,能上能下,能屈能伸。《论语·公冶长篇》孔子说子贡是"瑚琏之器",瑚琏虽是用于庙堂的珍贵之器,但仍是器,还未达到"君子不器"的境界。程树德《集释》又引李氏《论语札记》曰:"器者,以一能成名之谓。如子路之治赋,冉有之为宰,公西华之治宾客,以至子贡之瑚琏皆是也。"

"君子不器"还有另解。"形而上者谓之道,形而下者谓之器""形乃谓之器。"《礼记·学记》:"大道不器。"是说圣人之道,不像器具那样用途有限。"道"是真理、大道、是无形的,"器"是器皿、器物、是有形的。因此,"君子不器"可以解读为"君子不要做一个没有思想的器皿。"

【延伸阅读】

奇 对

柴也愚,参也鲁,师也辟,颜氏其庶几乎;夷之清,尹之任,惠之和,孔子集大成也。

知我《春秋》,罪我《春秋》,谁誉谁毁;待以国士,报以国士,为己为人。

左氏、公羊、穀梁,《春秋》三传;卦爻、系辞、彖象,大易一经。

人有七情,喜怒哀惧爱恶欲;经存六艺,诗书礼乐易春秋。

九州既别,冀兖青徐扬荆豫雍梁;一道相传,尧舜禹汤文武周孔孟。(宋·周密《齐东野语》卷十七)

纪信、韩信，假帝假王；宣尼、牟尼，大圣大觉。（宋·周密《齐东野语》卷十七）

注释 汉代纪信曾假扮刘邦以诳项羽，韩信曾向刘邦请封假齐王。宣尼指孔子，孔子谥文宣，字仲尼。牟尼指佛祖释迦牟尼，佛的意译是大觉。

【2·13】

子贡问君子。子曰："先行其言，而后从之。"

【注释】

①先行其言：行，践行，做到。

②而后从之：从，随，顺。

【今译】

子贡问怎样做一个君子。孔子说："先践行你要说的话，然后随着说出来。"

【解难】

孔子：君子先干起来，后说出来

君子要先行动起来，做到以后再说出去，先行而后言，高调做事，低调做人。有人工作尚未开展，宣传已登两版；把计划写成变化，思路写成效果。好比有的商品房开发商，才开始挖坑打桩，售房广告就铺天盖地，用词极尽夸张。

【延伸阅读】

嘉 言

凡道理不可说得太高，太高则近于矫，近于伪。吾与僚友相勉，但求其不晏起、不撒谎二事，虽最浅近，而已大有益于身心矣。（晏，迟）

士人第一要有志，第二要有识，第三要有恒。有志则断不甘为下流，有识则知学问无尽，不敢以一得自足，有恒则断无不成之事。

不为圣贤，便为禽兽；莫问收获，但问耕耘。

小心安命，埋头任事。

千万忍耐！千万忍耐！"久而敬之"四字，不特处朋友为然，即凡事亦莫不然。

天下古今之庸人，皆以一惰字致败；天下古今之人才，皆以一傲字致败。

君子大过人处，只是虚心。（摘编自曾国藩著，梁启超辑录《曾文正公嘉言钞》）

【2·14】

子曰："君子周而不比，小人比而不周。"

【注释】

①周而不比：周，像四方田里长着的植物，本义是细密，引申为亲密、合群、团结。比，像两个人一前一后并靠着的样子，本义是并列，引申为紧靠、亲近、勾结。

【今译】

孔子说："君子团结而不勾结，小人勾结而不团结"。

【成语】

周而不比：团结但不勾结。

【解难】

团结与勾结

君子交人于义，小人交人于利。君子与人亲密，对人一视同仁，光明正大，明业明去，为公为民；小人与人亲密，但明修栈道，暗度陈仓，狼狈为奸，为私为己。君子言行一致，求同存异；同心同德，齐心协力；小人口是心非，暗中勾结，团团伙伙，结党营私。

另外，《说文》："密也。从用、口。"《段注》："按忠信为周。谓忠信之人无不周密者。从用口。善用其口则密。不密者皆由于口。"何晏《集解》："忠信为周，阿党为比。"则"君子周而不比，小人比而不周"可解读为君子言行忠信而不结党营私，小人结党营私而没有忠信。

参阅　《述而篇》(7·31)："吾闻君子不党。"《卫灵公篇》(15·22)："君子矜而不争，群而不党。"

【延伸阅读】

朋党论

大凡君子与君子以同道为朋，小人与小人以同利为朋，此自然之理也……故臣谓小人无朋，其暂为朋者，伪也。君子则不然，所守者道义，所行者忠信，所惜者名节。以之修身，则同道而相益；以之事国，则同心而共济。始终如一，此君子之朋也。(宋·欧阳修《朋党论》)

【2·15】

子曰："学而不思则罔（wǎng），思而不学则殆（dài）。"

【注释】

①罔：迷惘，迷惑。

②殆：惶恐不安。

【今译】

孔子说:"学习而不思考就会迷茫,思考而不学习就会惶恐。"

【解难】

孔子:学思兼顾

"罔"是因囫囵吞枣而迷惘困惑,"殆"是因疑惑重重而惶恐不安。心之官则思,"思之思之,鬼神通之",心是用来思考的,学而不思,不求甚解,不问几个"如之何",怎能有新意己出和独立判断?正如"矮子看戏何曾见,都是随人说短长"。

但是,只思考而不学习文献典籍,就会见识肤浅,目光短浅,就会惶恐不安。学、思皆须重,学以终身,思无不在。学而思,则知益精;思而学,则守益固。

【延伸阅读】

诗句七十二取义

《玉台》诗:"入门时左顾,但见双鸳鸯。鸳鸯七十二,罗列自成行。"孟东野《和蔷薇歌》:"仙机札札飞凤凰,花开七十有二行。"不知皆用"七十二",取义何也?(宋·何薳《春渚纪闻》卷七)

古人于浩繁之数,有不能确指其目者,则所举之数,或曰三十六,或曰七十二……不必泥定数以求也。(清·俞樾《古书疑义举例》)

【2·16】

子曰:"攻乎异端,斯害也已。"

【注释】

①攻乎异端:攻,攻击,整治。乎,于,对。异端,即异端学说,另一派学说,指不同于儒家的非正统学说、思想和主张,杨伯峻《论语译注》译成"不正确的言论"。

②也已:也,句中语气词。已,止。

【今译】

孔子说:"批判异端学说,危害就可以消灭了。"

【成语】

攻乎异端:批判不符合正统的学说、思想和主张。

【解难】

孔子:批判异端

非圣人之道而另立学说,谓之异端。异端蛊惑人心,混淆是非,危害深远。当时杨墨之道虽未盛行，但已现苗头，孔子预知此类之害而欲禁绝之，对异端予以批判、驳斥。张居正《直解》："自古圣贤继往开来，只是一个平正通达的道理。其伦则君臣、父子、夫妇、长幼、朋友，其德则仁义礼智信，其民则士农工商，其事则礼乐刑政。可以修己，可以治人，世道所以太平，人心所以归正，都由于此。舍此之外，便是异端，便与圣贤之道相悖。"

【延伸阅读】

异端邪说

假今之世，饰邪说，文奸言，以枭乱天下，矞宇嵬琐，使天下混然不知是非治乱之所存者，有人矣。……然而其持之有故，其言之成理，足以欺惑愚众。（《荀子·非十二子》）

大意 乘着当今这个时代，粉饰邪恶的学说，美化奸诈的言论，来搞乱天下，用诡诈、夸大、怪异、委琐的言论使天下人混混沌沌不知道是非标准、治乱原因的，大有人在。……然而他们持之有据，言之有理，足以欺骗迷惑愚昧的民众。

注释 枭乱，扰乱。枭，通"挠"。矞宇，谲诡。矞，通"谲"。宇，通"訏"。

【2·17】

子曰："由，诲女（rǔ）知之乎？知之为知之，不知为不知，是知也。"

【注释】

①由：姓仲名由，字子路，又称季路，今山东平邑县人。小孔子九岁，孔子的学生，性直爽，鲁莽好斗。"由"有经过之义，"路"是人们经过的主要之地，有成语"必由之路"，所以仲由的名与字有关联义。

②诲：教导。《说文》："诲，晓教也。"

【今译】

孔子说："仲由，教导你的你知道了吗？知道就是知道，不知道就是不知道，这才是真知道啊！"

【成语】

知之为知之，不知为不知：知道就是知道，不知道就是不知道。

【解难】

孔子教育子路学习：知之为知之，不知为不知

孔子教育子路做人要诚实，学习要踏实，知道就是知道，不知道就是不知道，不要不懂装懂。天下之道理无穷，世上之知识无边，知道了不要骄傲，不知道也不

以耻,关键在实事求是,做一个诚实的人。

【延伸阅读】

诚实的孔子

孔子是一个很切实的人,是一个诚实的学者。他对子路说:"知之为知之,不知为不知。"……他不说一句玄妙的话,不轻信宗教。他说:"敬鬼神而远之。""祭如在,祭神如神在。"当时人们对于孔子的传说有两个方面的发展,一是前知,二是博物。春秋时的孔子是君子,战国时的孔子是圣人,西汉时的孔子是教主,东汉后的孔子又成了圣人,到现在又快成君子了。孔子成为君子并不是薄待他,这是他的真相,是他自己愿意做的。(摘编自顾颉刚《春秋时代的孔子和汉代的孔子》)

【2·18】

子张学干(gàn)禄。子曰:"多闻阙疑,慎言其余,则寡尤;多见阙殆,慎行其余,则寡悔。言寡尤,行寡悔,禄在其中矣。"

【注释】

①子张学干禄:子张,姓颛(zhuān)孙名师,字子张。小孔子四十八岁,孔子的学生,性格偏激。干禄,求取官位。干,求。禄,官吏的俸禄,借指做官。
②阙疑:空着有疑问的不说。阙,空缺。
③寡尤:减少错误。尤,错误。
④阙殆:有疑惑的空着不做。殆,疑惑,不明白。
⑤寡悔:减少悔恨。悔,悔恨。其事已过,意有追悔。

【今译】

子张向孔子学习求取官位。孔子说:"多听,有疑问的空着不说,其他没有疑问的也要谨慎地说,就能减少过失;多看,有疑惑的空着不做,其他没有疑惑的做的时候也要谨慎,就能减少悔恨。言语少过失,行动少后悔,禄位就在这当中了。"

【成语】

多闻阙疑:多听,有疑问的空着不说,不做主观推测和判断;也指知识渊博而治学严谨。

言寡尤,行寡悔:言语少过失,行动少悔恨。

【解难】

孔子教育子张谋官:言寡尤,行寡悔,禄在其中矣

古之学者,修其言行,而禄自从之;后之学者,言德不立,而奔走钻营。孔子告诫子张,德行修炼好了,俸禄、官位就不远了。子张出身卑贱,素来勇武,《太平御览》九百一十五卷:"子路勇且力。其次子贡为智,曾参为孝,颜回为仁,子张为武。"勇武之人,容易犯事,子张犯过罪行,但后来有入仕从政的愿望。子张虽是孔子晚年学生,却学业出众,有做仕而获得俸禄的德才。古代崇尚学而优则仕,孔子告诫子张不要去钻营仕途。子张虽学干禄,但终身未仕。孔子死后,子张住在陈国,独立收徒讲学。朱熹《集注》引程颐曰:"修天爵则人爵至,君子言行能谨,得禄之道也。子张学干禄,故告之以此,使定其心而不为利禄动,若颜闵则无此问矣。"天爵,天然的爵位,指高尚的道德修养。人爵,人所授予的爵位。

【延伸阅读】

子张碰一鼻子灰

子张见鲁哀公,七日而哀公不礼。托仆夫而去,曰:"臣闻君好士,故不远千里之外,犯霜露,冒尘垢,百舍重趼(jiǎn),不敢休息以见君,七日而君不礼。君之好士也,有似叶公子高之好龙也。……君非好士也,好夫似士而非士者也。《诗》曰:'中心藏之,何日忘之。'敢托而去。"(西汉·刘向《新序·杂事》)

大意 子张去拜见鲁哀公,过了七天哀公也不以礼相待。他托仆人带话给鲁哀公后离去,说:"我听说您喜欢贤士,于是不远千里,顶着霜露,冒着尘土,旅途百日,手脚磨出层层老茧,不敢休息就来拜见您,可是等了七天都得不到您的礼遇。君主喜好贤士,就像叶公子高喜欢龙一样。……您不是真的喜欢贤士,而是喜欢像贤士而不是贤士的人。《诗经》中说:'心中喜爱这个人,没有一天会忘记。'我冒昧地托人向您告辞。"

注释 百舍,旅途百日。一宿为一舍。趼,同"茧"。

【2·19】

哀公问曰:"何为则民服?"孔子对曰:"举直错诸枉,则民服;举枉错诸直,则民不服。"

【注释】

①哀公:鲁哀公,姓姬名蒋,鲁国国君,鲁定公的儿子,谥号"哀"。

②何为则民服:何为,怎么做。服,服从,顺从。

③举直错诸枉:举直,选拔正直的人。举,推荐,选拔。错诸枉,教化不正直的人。错,磨,打磨玉石,引申为教化(一说通"措",置,放)。诸,众。枉,不正直的人,奸邪。

【今译】

鲁哀公问:"怎样做百姓才会服从呢?"孔子回答说:"选拔正直的人来教化不正直的人,百姓就服从;提拔不正直的人来教化正直的人,百姓就不会服从。"

【成语】

举直措枉:选拔正直的人来教化不正直的人。

【解难】

孔子答哀公如何得民心:选贤任能则民服

为政之要,首在用人;为官之要,首在公心。用人没有公心,就会唯亲唯利。公正用人,贤与不肖就会各得其位。因此孔子回答鲁哀公,必须选拔正直的人来教化奸邪的人,百姓才会服,民心才会顺。

【延伸阅读】

举措之政

举措之政,谓举直措诸枉也。夫治国犹于治身,治身之道,务在养神;治国之道,务在举贤。是以养神求生,举贤求安。……故治国之道,举直措诸枉,其国乃安。夫柱以直木为坚,辅以直士为贤;直木出于幽林,直士出于众下。故人君选举,必求隐处,或有怀宝迷邦,匹夫同位;或有高才卓绝,不见招求;或有忠贤孝弟,乡里不举;或有隐居以求其志,行义以达其道;或有忠质于君,朋党相谗。……是以聘贤求士,犹嫁娶之道也。未有自嫁之女,出财为妇。故女慕财聘而达其贞,士慕玄纁(xūn)而达其名,以礼聘士,而其国乃宁矣。(三国·蜀·诸葛亮《便宜十六策·举措》)

注释 未有自嫁之女,出财为妇:没有女子携财自嫁的先例。女慕财聘而过其贞,士慕玄纁而达其名:女子盼望明媒正娶才会坚守贞节,贤良盼望明君招用才会珍惜荣誉。玄纁:黑色和浅绛色的缯帛,后世常用作聘用贤人的礼品。

【2·20】

季康子问:"使民敬、忠以劝,如之何?"子曰:"临之以庄,则敬;孝慈,则忠;举善而教不能,则劝。"

【注释】

①季康子:姓季孙名肥,鲁哀公时正卿(最高执政大臣,权力仅次于国君,相当于宰相),谥号"康"。

②使民敬、忠以劝:敬,尊敬。忠,忠诚。以,与。劝,努力,尽力。

③临:治理。

④孝慈：孝顺仁爱，即对尊长孝敬，对下属或后辈慈爱。《说文》："慈，爱也。""慈"是上对下的爱，是爱之深。"慈"字上"兹"下"心"，是心里念兹在兹，时时牵挂，故曰"慈"。此处"慈"为仁爱。《新书·道术》："恻隐怜爱人谓之慈，反之为忍。"

⑤举善：提拔好人。

【今译】

季康子问："使百姓（对我）尊敬、忠诚和勤勉努力，该怎样做呢？"孔子说："庄重地对待他们，他们就会尊敬你；你孝顺尊长、仁爱百姓，他们就会对你忠诚；选拔好人而教化无能的人，他们就会勤勉努力。"

【解难】

孔子答季康子：如何使人民敬、忠、劝

用庄重的态度对待人民，执政者自有威仪，人民就会对你尊敬有加。孝以事亲，慈以使众，执政者德为民表，恩聚民心，力行孝慈，人民感化于下，就会对你忠诚，为你驱驰。执政者选贤任能，扶危济困，人民就会勤勉努力，奋发向上。

季康子

季康子即季孙肥，春秋时鲁国大夫季桓子之子，担任鲁哀公卿相，位高权重，曾备礼把孔子迎回了鲁国。季孙肥多次请教孔子治国之道和用人之道。《论语》里有"季氏将伐颛臾""季孙之忧""季孟之间""季氏旅于泰山"等章句。

【延伸阅读】

立身行事

无事不生事，绝无意外之变；有事不怕事，安度局中之危。（清·终归居士《反菜根谭》）

作德日休，为善最乐；知足不辱，能忍自安。（集句联）

从来有名士，不用无名钱。（宋·陈与义）

自己情虽切，他人未肯忙。（唐·朱湾）

以色事他人，能得几时好。（唐·李白）

宁可得罪君子，不可得罪小人。

可屈者气，不可屈者节。

【2·21】

或谓孔子曰："子奚不为政？"子曰："《书》云：'孝乎惟孝，友于兄弟。'施于有政，是亦为政，奚其为为政？"

【注释】

①子奚不为政:奚,为什么。为政,从政做官。"政"谓卿相大臣,以职言,不以事言。

②《书》:即《尚书》,也称《书经》,相传由孔子所授,记三代以上的典谟训语。原本百篇,亡于秦火,其后有今文、古文二种。以下两句是《尚书》的逸文。

③施于有政:施,施行。有,语助词,无实义。

④奚其为为政:奚,为什么;其,指做官;前"为",表判断,是。

【今译】

有人对孔子说:"您为什么不从政呢?"孔子说:"《尚书》中说:'孝是对父母孝敬,对兄弟友爱。'把这孝悌之道施行于政治,这也是从政呀,为什么做官才算是从政呢?"

【解难】

孔子答疑:我为什么不去从政?

定公初年,大概因季氏专权、阳虎作乱,孔子不愿求仕,但又难以告人,故托此以答之。孔子德才超拔、抱负宏伟,却不从政,人们对此疑惑。孔子回答说,《书经》中说:孝顺父母,友爱兄弟,修之于家,这也是间接从政,治家和治国道理相通。古代中国是家国同构,家是放大的国,国是缩小的家;家是最小国,国是千万家。一屋不扫,何以扫天下?一家不治,何以治国家?在家行孝悌,出门忠君上。因此,不一定做官才是从政。和睦了家庭,就是稳定了国家的基石,奠定了天下大治的基础,因此也是从政。

"孝友"是齐家之始,是从政之基。有"孝友"之德,在外可移孝作忠,必是忠臣;从政则为政以德,必是良吏。吕本中《官箴》:"居家理,故治可移于官,岂有二理哉?"

【参考】

"施于有政"一说解作"把这种风气影响到政治上去"(杨伯峻《论语译注》),也通。

【延伸阅读】

李康论命运

夫以仲尼之才也,而器不周于鲁卫;以仲尼之辩也,而言不行于定哀;以仲尼之谦也,而见忌于子西;以仲尼之仁也,而取仇于桓魋(huán tuí);以仲尼之智也,而屈厄于陈蔡;以仲尼之行也,而招毁于叔孙。夫道足以济天下,而不得贵于人;言足以经万世,而不见信于时;行足以应神明,而不能弥纶于俗;应聘七十国,而不一获其主;驱骤于蛮夏之域,屈辱于公卿之门,其不遇也如此。及其孙子思,希圣备体,而未之至,封己养高,势动人主。其所游历诸侯,莫不结驷而造门；虽造门，犹有不得宾者焉。其徒子夏，升堂而未入于室者也。退老于家，魏文侯师之，西河之人肃然归德，比之于夫子而莫敢间其言。故曰：治乱，运也；穷达，命也；贵贱，时也。而后之君子，区区于一主，叹息于一朝。屈原以之沉湘，贾谊以之发愤，不亦过乎？（三国·魏·李康《运命论》）

大意 像仲尼这样有才能，其才能却不合于鲁国、卫国的需要；像仲尼这样有辩才，其言论在鲁定公、鲁哀公那里却得不到施行；像仲尼这样谦逊，却被子西所嫉妒；像仲尼这样仁爱，却同桓魋结下了仇恨；像仲尼这样有智慧，却在陈国、蔡国遭受委屈困厄；像仲尼这样有德行，却从叔孙武叔那里招来了诽谤。仲尼的思想足以救济天下，却不能比别人更尊贵；言论主张足以治理万世，却不被当时的国君信任；行为足以应合神明，却不能统摄世俗；先后应聘于七十个国家，却没有遇上一个合适的君主；在各国之间到处奔走，在公卿之门遭受屈辱，仲尼就是不逢机遇。到了他的孙子子思，希望达到孔子的境界，具备圣人的美德，但没有达到。他壮大自己，保养高尚的气节，势力却能打动君主。他所游历过的诸侯国，没有哪一个诸侯不驾着四马大车登门拜访；即使是登门拜访的人，也还有不能成为宾客的。仲尼的弟子子夏，虽有成就，但还未达到最高境界。他隐退告老还家，魏文侯拜他为师，西河地区的人们恭恭敬敬地向其德行归附，把他同孔子相提并论而无人敢非议。所以说：治乱，是由命运决定；穷达，是由天命决定；贵贱，是由机遇决定。而后来的君子，固守着一个国君，叹息于一个朝廷，屈原因此而自沉湘水，贾谊因此而发愤，不是太过分了吗？

注释 器不周于鲁卫，器，才能；周，合。子西，楚国大臣。桓魋，春秋时期宋国（今河南商丘）人。弥纶，统摄。驱骤，奔走。蛮，指蔡、楚。子思，孔子之孙。希圣，希望达到圣人孔子的境界。备体，具备至人之德。封己，壮大自己。驷，用四马并驾一车。子夏，卜商，字子夏。升堂而未入于室，比喻学有成就但还未达到最高境界。魏文侯，魏国国君。西河，魏国地名，今陕西省东部黄河西岸地区。君子，指官长。区区，诚挚的样子。沉湘，自沉湘水，即投汨罗江。

【2·22】

子曰："人而无信，不知其可也。大车无輗（ní），小车无軏（yuè），其何以行之哉？"

【注释】

①大车无輗，小车无軏：大车，牛车。小车，马车。輗、軏，都是固定车杠与横木的插销、铆钉。后来用輗軏比喻事物的关键。韩愈《送文畅师北游》："已穷佛根源，粗识事輗軏。"

②何以：怎么。

【今译】

孔子说:"一个人如果不讲信用,不知道他可以做什么。就像大车没有𫐐,小车没有𫐈,它怎么行进呢?"

【成语】

人而无信,不知其可:一个人如果不讲信用,不知道他可以做什么。

【解难】

孔子:人而无信,其何以行

人无信无以交友,无以立身,无以成事。一个人应做到内不欺己,外不欺人,言而有信。否则,就像车子没有插销、铆钉而散架难行。在信用社会里,更是一处失信,处处受限,路路不通。

【延伸阅读】

失 信

天行不信,不能成岁;地行不信,草木不大。……君臣不信,则百姓诽谤,社稷不宁;处官不信,则少不畏长,贵贱相轻;赏罚不信,则民易犯法,不可使令;交友不信,则离散郁怨,不能相亲;百工不信,则器械苦伪,丹漆染色不贞。(《吕氏春秋·离俗览·贵信》)

大意 上天运行不守信用,就不能形成岁时;大地运行不守信用,草木就不能长大。……君臣不守信用,百姓就会批评指责,国家就不安宁。做官不守信用,那年轻的就不敬畏年长的,地位尊贵的和地位低下的就会互相轻视。赏罚不守信用,那么百姓就会轻易犯法,不可以役使。结交朋友不守信用,那么就会离散怨恨,不能互相亲近。各种工匠不守信用,那么器物就会粗劣作假,丹漆等颜料就不纯正。

【2·23】

子张问:"十世可知也?"子曰:"殷因于夏礼,所损益可知也;周因于殷礼,所损益可知也。其或继周者,虽百世,可知也。"

【注释】

①十世可知也:世,三十年为一世,引申为朝代。也,同"耶",表示疑问。
②殷因于夏礼:因,沿袭。
③损益:减少的和增加的。
④其或继周者:其,如果。或,有人。继,继承。

【今译】

子张问:"今后十代的礼仪制度可以知道吗?"孔子说:"殷朝沿袭了夏朝的礼

仪制度，所减少和增加的内容是可以知道的；周朝沿袭了殷朝的礼仪制度，所减少和增加的内容是可以知道的。将来如果有继承周朝而执政的人，就是以后一百代，也是可以预先知道的。"

【解难】

孔子答子张：礼乐代代传承，损益百世可知

礼之用，时为大，合时者益之，不合时者损之，与时俱进，礼之时义大矣哉！但文化的传承发展，不是全盘否定，也不是照抄照搬，而是去粗取精，去伪存真，因此水有源，礼有本，损益可知。周礼比殷礼更条理化、系统化，它将传统的以祭祀为主的礼仪扩展、规范为五种主要礼仪：吉礼，凶礼，嘉礼，宾礼，军礼。

【延伸阅读】

商　朝

不知在什么时候出来了一个称为商的部族。据他们自己说是上帝降下来的。《诗经》的《商颂》里说："天命玄鸟，降而生商。"……契是商人的始祖……契的孙儿相土（就是甲骨文中的土），始搬到商（今河南商丘），因此他们的国号就叫商，他是一个武功烈烈的国王……此后重要的商王是王亥，他发明了用牛驾车载重……又过了好几代到汤，他将都城建在商丘西北的亳。商和夏是同时存在的国家，其国力强弱差不多。商王不断迁都，原因不明。汤以前迁都八次，汤以后迁都六次。最后一次是盘庚迁都于殷（今河南安阳），直到亡国，共在殷建都二百七十五年。殷是商代持续时间最久的都城，所以古人就用殷来称商，或合称殷商。商人非常信鬼，国王做事必先占卜。商人称外邦常用"方"字，武丁时有鬼方、土方、吕方、羌方。（选编自顾颉刚《中国古代史述略》）

周　朝

周武王灭商建立周朝，定都于镐（今陕西西安长安区），史称西周。周平王迁都洛邑（今河南洛阳），史称东周。东周又分为春秋、战国两个时期。公元前256年，西周国被秦灭亡。七年后（前249年），东周国灭，周朝彻底灭亡。

【2·24】

子曰："非其鬼而祭之，谄也。见义不为，无勇也。"

【注释】

①鬼：人死后的灵魂称为鬼，此指死去的祖先。

【今译】

孔子说:"不是自己家的鬼神而去祭祀它,是谄媚。见到正义事情不做,是不勇敢。"

【成语】

见义勇为:见到正义的事情便勇敢地去做。

【解难】

孔子:淫祀鬼神是谄媚,见义不为是无勇

不祭祀别人的祖先,是礼;做应该做的事,是义。孔子在此教导人们,不该做的事别做,该做的事要大胆去做。每个人都有自己的祖先,鬼有自己的后代。祭祀自己的祖先,是为了感恩孝敬,自然可得到祖先的保佑。祭祀别人的祖先,是巴结邀福,鬼是不会保佑外人的。《左传·僖公十年》:"神不歆（xīn,飨）非类,民不祀非族。"《礼记·曲礼下》:"非其所祭而祭之,名曰淫祀,淫祀无福。""淫祀"是过度祭祀,不当祭的祭祀。

"非鬼而祭"后来成了"拍马屁"的代名词。

【延伸阅读】

联　语

清代梁章钜与林则徐是同窗好友,官至江苏巡抚,兼署两江总督。他赠林则徐联曰:"帝倚以为股肱耳目,民望之若父母神明。"题湖北江陵官署联曰:"政惟求于民便,事皆可与人言。"梁章钜七十诞辰,福州王叔兰以联寄祝:

二十举乡,三十登第,四十还朝,五十出守,六十开府,七十归田,须知此后逍遥,一代福人多暇日;

简如格言,详如随笔,博如旁证,精如选学,巧如联话,富如诗集,略数平生著述,千秋大业擅名山。

注释　还朝,返回朝廷。出守,由京官出为太守。开府,清代称出任外省的督抚为"开府"。擅,占有,据有。

八佾篇第三
（共二十六章）

【3·1】

孔子谓季氏：“八佾（yì）舞于庭，是可忍也，孰不可忍也？”

【注释】

①孔子谓季氏：谓，谈论。季氏，即春秋时鲁国季孙氏，史书未确指是何人。杨伯峻《论语译注》认为，古籍所指季康子或季桓子、季平子，恐皆不足信。

②八佾舞于庭：八佾，周代天子用的乐舞。舞队纵横各八人，共六十四人组成。佾，乐舞的行列。一行八人为一佾。乐舞用佾的多少，表示等级的差别。庭，院子，堂下阶梯前的平地。

③是可忍也，孰不可忍：是，这。忍，狠心，硬着心肠（一说当"容忍"讲。如朱熹《集注》）。孰，何，什么。王引之《经传释词》卷九："孰，犹何也。家大人曰，孰、谁一声之转，谁训为何，故孰亦训为何。"

【今译】

孔子谈到季氏时说："八佾乐舞在他的庭院中表演，这样的事他都狠心去做，还有什么事不能狠心去做呢？"

【成语】

是可忍，孰不可忍：这样的事都狠心去做，还有什么事情不能狠心去做呢？或：这都可以容忍，还有什么事不可容忍呢？意思是事情已经到了绝不能容忍的地步。

【解难】

孔子批评季氏：僭用八佾

舞有文舞和武舞之分。文舞歌颂以文德治天下，动作节奏缓慢，具有礼仪性。武舞歌颂以武功得天下。揖让得天下，则先奏文舞；征伐得天下，则先奏武舞。舞以象功德，功成而作乐。大夫、士无庙、无乐，用乡饮、乡射、笙歌、琴瑟。周公对周朝有贡献，所以用天子之礼的八佾乐舞祭祀，且八佾乐舞要在先君宗庙举行。

周代礼仪制度是周天子乐舞八佾，诸侯六佾，卿大夫四佾，士二佾。八音克谐，然后成乐，故每列八人。季氏是正卿（上卿，春秋时诸侯国的最高执政大臣，权力仅次于国君），只能用四佾三十二人的乐舞。但季氏几代人都操控着鲁国政权，国君实际上在他们的控制之下，所以他们轻慢国君，甚至自比天子，冒用天子之礼，设公庙于私家，在庭院用八佾。孔子治国，先正礼乐，对这种无君臣之义、无敬畏之心的僭越行为极为愤怒。

季氏越礼敢用八佾舞于庭，是冰冻三尺，非一日之寒。隐公开始僭用八佾于惠公庙，又僭用六佾于仲子之宫，从此群公之宫皆僭用八佾。所以正名分、讲规矩，必须防微杜渐。

【参考】

《白虎通·礼乐》："天子八佾，诸侯四佾，所以别尊卑。……歌者在堂上，舞在堂下何？歌者象德，舞者象功，君子上德而下功。"

汉代蔡邕《独断》卷上："天子八佾，八八六十四人。八者，象八风，所以风化天下也；公之乐六佾，象六律也；侯之乐四佾，象四时也。"

【延伸阅读】

八佾祭孔

汉武帝独尊儒术，后世尊崇孔子。唐朝孔子被封为文宣王，"王"只能用六佾乐舞。祭祀孔子用六佾乐舞，始于南朝宋。但天子祭孔必磕头，于是清朝顺治年间定谥称"大成至圣文宣先师孔子"，后改称"至圣先师孔子"。至清代光绪三十二年（1906年），朝廷升级祭孔为大祀，用八佾乐舞。

【3·2】

三家者以《雍》彻。子曰："'相（xiàng）维辟（bì）公，天子穆穆'，奚取于三家之堂？"

【注释】

①三家以《雍》彻：三家，指鲁国掌握政权的三卿。当时掌握鲁国政治实权的孟孙、叔孙、季孙，都是卿、大夫，皆鲁桓公的后裔，又称"三桓"，其中季氏权力最大。家，大夫称家。以，用。《雍》，《诗经·周颂》的一首诗，是周天子祭祀祖庙时演奏的歌颂先王功德的作品。祭祀时，周天子、诸侯和先王的直系后代皆参加，场面壮观、肃穆。彻，通"撤"，祭祀结束撤去祭品祭器。"彻"还是周代的田税制度，十分抽一的税率为"彻"。《颜渊篇》（12·9）："盍彻乎？"

②相维辟公，天子穆穆：这是《雍》篇的诗句。相，助祭者。维，语助词。辟公，泛指诸侯。辟，君主，诸侯；公，王公。天子，主祭者，指周王。古代称统治天下的帝王为"天子"。古代认为帝王是受天命而有天下，故帝王为上天的儿子，称为"天子"。穆穆，端庄恭敬。《广韵·屋韵》："穆，敬也。"

③奚取于三家之堂：奚，哪，表示反诘。堂，庙堂，宗庙，祭祀祖先的场所。

【今译】

鲁国三家大夫祭祖，最后演奏《雍》诗。孔子说："'《雍》诗中说，助祭的是诸侯高官，主祭的天子端庄恭敬'，这两句诗能取哪一点意义来用在这三家的庙堂呢？"

【解难】

孔子批评三家：越礼奏《雍》乐

周王朝衰颓，以致军卒凌将帅，胥吏凌长官，臣子凌天子，恶风相袭，未能尽除。三家越礼，家祭结束时用天子之礼，奏着《雍》乐来撤除祭品。有礼必有乐，不同的礼演奏不同的乐。礼支配着乐，乐服务于礼。自黄帝下至三代，乐各有其名，各用其等，绝不混乱。《雍》是周天子祭祀宗庙完毕撤去祭品、祭器时演奏的乐歌，非天子祭祀不敢用《雍》乐。孟、叔、季三家是鲁国卿大夫，却越礼用天子之乐，足见其心中无君。僭礼之行为，必出自篡权之野心，故孔子深斥之。三家都是鲁桓公的后代，在季氏家立桓公庙，祭祀时都到同一庙，故前章言舞于季氏之庭，此章言歌于三家之堂。公庙设于私家，已非礼也。越礼用舞，越礼用乐，一"庭"一"堂"，一字之贬斥，千秋所不齿。

"堂"之解

"堂"即前室，庙堂，是建筑在高台基上的厅房。古时整幢房子建筑在一个高出地面的台基上，前面是堂，是行吉凶大礼的地方，不住人；堂后面是室，住人。因此，庙制是室外为堂，即庙堂，堂下为庭。歌在堂上，舞在堂下（庭），故曰"八佾舞于庭"。后来，"堂"才泛指正房、大厅、高大的房子，如堂屋、礼堂。

"奚取于三家之堂"是说三家在家里庙堂祭祀，没有天子，也没有诸侯王公来参加，仅仅是自己家臣等几个人，歌词里的要求，你取哪一点呢？意思是三家的家祭根本不配演奏《雍》乐，严重僭越了礼制。

【延伸阅读】

三分公室

大夫有宠或有功或有权力，可以获得国君赏赐的田土、人丁，也可以向国君请赏，可以瓜分其他宗族的田土，甚至可以瓜分公室。大采邑一般拥有兵车一百乘，称百乘之家。鲁国在前562年，季孙、孟孙、叔孙三家三分公室，三军各得一军。到前537年，三家又四分公室，季孙得二，孟孙叔孙各得一，季孙私属甲士多达七

千人。(摘编自范文澜《中国通史》)

【3·3】

子曰:"人而不仁,如礼何?人而不仁,如乐何?"

【今译】

孔子说:"一个人如果没有仁德,怎么对待礼呢?一个人如果没有仁德,怎么对待乐呢?"

【解难】

孔子:人若不仁,礼乐何用?

礼乐本乎人心,一个人如果不仁,礼乐对他没有约束力,他怎么会推行礼乐呢?礼主敬,乐主和。不仁之人,礼乐对他还有什么上下尊卑之用呢?这章实际上是针对季氏说的。季氏越礼享用天子礼乐,不仁之至。人必先有恭敬之心,而后玉帛升降不为虚文;人必先有和平之心,而后钟鼓干戚不为虚器。人若不仁,则其心放荡不羁,纵使三揖九拜,纵有五音六律,心与礼背道而驰,心与乐不相共振,"礼"对他没有约束作用,"乐"对他没有感化效果,如对牛弹琴,不为其用。

【延伸阅读】

死者有知觉吗?

子贡问孔子:"死人有知无知也?"孔子曰:"吾欲言死者有知也,恐孝子顺孙妨生以送死也;欲言无知,恐不孝子孙弃不葬也。赐欲知死人有知将无知也?死徐自知之,犹未为晚也!"(汉·刘向《说苑·辨物》)

大意 子贡问孔子:"死人有知觉还是没知觉?"孔子说:"我要是说死人有知觉吧,就担心那些孝顺子孙伤害自己的生命去殉死;要是说没知觉吧,又担心那些不孝的子孙抛弃亲人而不埋葬。你想要知道死人有知觉还是没知觉,你死了以后就慢慢知道了,那时也不算晚。"

【3·4】

林放问礼之本。子曰:"大哉问!礼,与其奢也,宁俭;丧,与其易也,宁戚。"

【注释】

①林放:鲁国人。

②与其易也，宁戚：易，治，办理得周全。《左传·襄公三十一年》："司空以时平易道路。"杜预注："易，治也。"戚，哀戚，哀伤。

【今译】

林放问礼的根本。孔子说："这个问题重大啊！礼仪，与其奢侈，宁可节俭；丧事，与其办得周全，宁可哀伤。"

【成语】

礼奢宁俭：礼仪，与其奢侈，宁可节俭。

【解难】

孔子答林放问礼之本：礼奢宁俭，丧易宁戚

孔子之时礼仪繁琐，失之于奢，人们对此有些异议。所以林放问于孔子礼之本，孔子主张化繁为简，注重礼的实质，补偏救弊，移风易俗。孔子说：礼贵文质得中，举行礼仪要俭朴，不可过分讲排场；丧贵致哀思亲，不在乎丧事程序周到完备。

【延伸阅读】

事勤则成　事懒则败

《易》曰："吉凶悔吝，生乎动者也。"……余以为"天行健，君子以自强不息"，凡事皆从动而生，动而成者，未有不动而生，不动而成者也。所以仕宦要勤俭，种田要勤俭，工作要勤俭，商贾要勤俭。凡事勤则成，懒则败。故君子之动也以礼，自吉多而凶少；小人之动不以礼，自吉少而凶多。陆象先云："天下本无事，庸人自扰之。"所谓扰之者，庸人也，非君子也。无礼而扰之，小人之道也；有礼以当之，君子之道也。（清·钱泳《履园丛话》卷三）

【3·5】

子曰："夷狄之有君，不如诸夏之亡（wú）也。"

【注释】

①夷狄：古称东方部族为夷，北方部族为狄。用以泛称华夏族以外的各族。"夷"是"人"负"弓"而成，表示东方人善于射箭。"狄"是带着牧羊犬的游牧人。《子路篇》（13·19）："虽之夷狄，不可弃也。"

②不如诸夏之亡：诸夏，周代分封的中原各个诸侯国，指文明发达的中原地区。亡，同"无"。

【今译】

孔子说："夷狄有君主，不如中原各国没有君主。"

【解难】

孔子：夷狄有君主，不如中原各国没有君主

先秦时期，四周的少数民族部落尚未开化，文化落后，文明程度低；中原地区的汉民族世承先王教化，文化先进，文明程度高。因此，夷狄之有君，还不如诸夏之无君。《春秋繁露·竹林》："《春秋》之常辞也，不与夷狄而与中国为礼。"古代儒家提倡"用夏变夷"，虽然存在民族偏见，但其主张用先进的中原文化去影响落后的少数民族文化，用仁德去感化四方少数民族还是具有一定的积极意义。

【参考】

一说此章应解作："连夷狄都有君主，不像中原各国的君主已经名存实亡了。"因为春秋时期，周王朝由强转弱，王室日益衰微，大权旁落，诸侯不听从周天子号令，大夫专权，弑父弑君。礼乐失去约束，礼制形同虚设，君主地位动摇，孔子伤时乱而叹之。

【延伸阅读】

理藩院

理藩院为清代新创的中央行政机构之一。其前身为1636年设置的蒙古衙门，总理蒙古事务。1638年，改蒙古衙门为理藩院。理藩院后来成为总理外藩蒙古、内属蒙古、回部西藏以及西南地区土司事务的机关。理藩院有关各民族的交往之事，有关谕旨与奏折都用满、蒙、藏、维文书写。（摘编自王钟翰《清代官制简述》）

【3·6】

季氏旅于泰山。子谓冉有曰："女弗能救与？"对曰："不能。"子曰："呜呼！曾（céng）谓泰山不如林放乎？"

【注释】

①季氏旅于泰山：季氏，季孙氏，见3.1注释。旅，祭名，祭祀上帝、山川谓之旅。泰山，泰山神。

②冉有："冉子有"的简称，也称冉求，姓冉名求，字子有，尊称"冉子"。小孔子二十九岁，多才多艺，擅长理财，时任季氏家臣。《广雅·释诂一》："有，取也。"名"求"与"有"字义近。

③弗能救与：弗，不。救，禁，阻止。与，同"欤"。

④曾谓：难道说。曾，竟然，难道。

【今译】

季氏到泰山祭祀。孔子对冉有说："你不能阻止他吗？"冉有回答说："不能。"孔子说："唉！难道说泰山神竟然不如林放懂礼吗？"

【解难】

孔子批评季氏：越礼祭祀泰山

按照礼制，天子祭祀天下名山大川，诸侯祭祀自己封地之内，卿、大夫祭祀其亲，士祭祀其祖先。泰山在齐鲁之间，鲁君可祭之。季氏虽执政鲁国，但他只是大夫，他去祭祀泰山神，既超越了礼的规定，也暴露了他自比于鲁君、目无国君的政治野心。山神不享非礼，祭祀合礼，神会接受；祭祀不合礼，神会拒绝。泰山之神不会接纳没有祭祀资格的季氏前往祭祀。冉有当时做季氏的家臣，是孔子的学生，应当阻止此事，故孔子责问之。

周天子祭祀天地、四岳、名山大川时，四方诸侯前来朝贺，随王祭祀，并供奉祭祀用品。《诗经·大雅·下武》："受天之祜（hù，福），四方来贺。于斯万年，不遐有佐。"意思是承受天赐福气，四方诸侯来贺。周天子有万年的基业，诸侯不怕遥远而来辅佐。

【参考】

"旅"字另解。一说旅，是陈列祭品而祭。郑玄注："旅，陈也，陈其祭事以祈焉。"

【延伸阅读】

封　禅

封禅，是古代帝王在泰山祭祀天地的国家大典。古人认为泰山最高，帝王到泰山去祭过天帝，才算受命于天。帝王成功之后在泰山上筑土为坛祭祀上天，报天之功，叫封；在泰山下的梁父山上开辟场地，祭祀大地，报地之功，叫禅。只有功业卓著而又遇到吉祥福瑞的帝王在国运昌隆时才有资格封禅。周代只有周成王到泰山举行过封禅大典。封建帝王中，第一个到泰山封禅的是秦始皇，第二个是汉武帝。封禅的目的是强调君权神授。

【3·7】

子曰："君子无所争，必也射乎！揖让而升，下而饮，其争也君子。"

【注释】

①必也射乎：必，绝对肯定，只争于"射"。射，射箭，属于射礼，以射观德。《仪礼》一书里有《乡射礼》《大射仪》篇。

②揖让而升，下而饮：揖，拱手弯腰，互相谦让上场。升，登堂，走进赛场。下，下堂。饮，输了的人饮罚酒。

【今译】

孔子说："君子没有什么要争夺的，（如果认为有的话）一定只有射箭比赛吧！比赛前相互作揖谦让上场，然后才登堂比赛，结束后下堂还喝酒，这样的争夺才是有君子风度之争啊。"

【成语】

君子之争：君子之间的争夺。指比赛有礼貌、有规则。

【解难】

孔子：君子无所争，其争也君子

君子崇尚礼让，就是射箭比赛也要体现礼让。君子在堂上举行射箭比赛，登堂、下堂、饮酒三个环节都相互揖让，胜负皆饮，负者先饮罚酒，胜者作陪。君子仪容温恭，雍容优雅，输赢都互尊互让，争犹不争，这是君子之争。小人争权争位，争名争利，争功争能，争而不息，其争必攘臂厉色，拳脚相加，角之以力，以致中途出局，名利落空。《红楼梦》（第二回）："身后有余忘缩手，眼前无路想回头。"

【延伸阅读】

射　礼

古代重武习射，射箭为"六艺"之一，是古代集会、宴饮时必须有的娱乐节目。练习射箭，既是作战之备，也是比赛之需。平时用于比赛，就是射礼。射礼是周礼的一种，以此选士、聚民。天子通过射礼选诸侯。射礼分为宾射、燕射、乡射、大射。诸侯来朝，天子与之射为宾射；诸侯相朝，与之射为燕射；乡大夫州长所行之射为乡射，将祭择士为大射。

国君命士陪射，士人如果不会，就要借口有病，说"我有负薪之忧"。"负薪之忧"指背柴落下的伤病，这是一种委婉的说法。

《白虎通·乡射》："夫射，自内发外，贯坚入刚，象物之生，故以射达之也。《含文嘉》曰：'天子射熊，诸侯射麋，卿大夫射虎豹，士射鹿豕。'"

[3·8]

子夏问曰："'巧笑倩兮，美目盼兮，素以为绚兮。'何谓也？"子曰："绘事后素。"

曰："礼后乎？"子曰："起予者商也！始可与言《诗》已矣。"

【注释】

①巧笑倩兮，美目盼兮：见《诗经·卫风·硕人》篇。巧笑，美好的笑容。倩，笑时两颊出现的窝。盼，眼珠黑白分明。

②素以为绚兮：此句今本《诗经》没有，可能遗漏了。素，白色的绢。绚，绚丽而有文采的样子。

③绘事后素：绘画之事后于素色底子。即先有白色底子，然后才能绘画。朱熹《集注》："绘事，绘画之事也；后素，后于素也。"

④起予者商也：起，启发。予，我。商，子夏名商。者……也：判断句式，"者"有顿挫之功。

【今译】

子夏问道："'一对小酒窝笑起来真好看，黑白分明的眼睛啊顾盼流转，洁白的底子上图画多么绚烂。'什么意思呢？"孔子说："先有白色底子，然后才能绘成彩色。"

子夏又问："那么，礼也是后起的吗？"孔子说："启发我的人是商啊！可以开始同你讨论《诗经》了。"

【成语】

绘事后素：先有白色底子，然后才能绘成彩色。比喻人先有好的品德，然后才能有好的表现。

【解难】

孔子：绘事后素，先质后文

孔子借用形容女子容貌的诗，发挥出仪态必须用礼来熏陶；子夏由此引申出礼为立身之本。好比女人，先有美好的笑容和迷人的眼睛，然后薄施粉黛就楚楚动人了。好比绘画，先有白色底子，然后才能在白底上挥洒水墨丹青。对礼仪而言，忠信是本质、是素，在先；礼仪文明是文饰、是绘，在后。一个人具备了基本的道德品质，施以礼教即能温柔敦厚。绘画与做人两者道理相通，所以教学相长，子夏之言启发了孔子。

【延伸阅读】

谐趣联

出水青蛙穿绿袄，美目盼兮；
落汤虾子着红袍，鞠躬如也。

染坊联

青出于蓝；
素以为绚。

【3·9】

子曰:"夏礼吾能言之,杞(qǐ)不足征也;殷礼吾能言之,宋不足征也,文献不足故也。足,则吾能征之矣。"

【注释】

①杞不足征:杞,春秋时国名,是夏之后,其地今河南杞县一带。征,证明,印证。

②宋:春秋时国名,是殷之后,其地今河南商丘一带。

③文献:有关典章制度的文字资料和多见多闻熟悉掌故的人。"文"指典籍,"献"指贤人。

【译文】

孔子说:"夏朝的礼我能说出来,但夏朝的后代杞国的资料不能够印证;殷朝的礼我能说出来,但殷朝的后代宋国的资料不能够印证,这是文字资料和熟悉掌故的人不够的缘故。如果够,我就能用来印证它了。"

【成语】

杞宋无征:杞国、宋国没有证据证明夏代、商代的礼制。泛指资料不足,不能证明。

【解难】

孔子:史贵印证

一代有一代之典章制度,国可亡,但史不可亡。欲亡其国,先去其史。夏已亡,其后代杞国应知道夏朝礼乐;商已亡,其后代宋国应知道商朝的礼乐,但周室既微,典籍残缺,贤人难觅。孔子好古敏求,虽能言夏殷之礼,但没有人证物证,无法印证他之所言,不禁流连三叹。

关于夏朝的存在,学者余英时说:我们承认有个三代,夏大概是存在的,可是还没有找到夏朝有文字记载的证据,孔子说:"殷礼吾能言之,夏礼吾能言之。"这都是很确定的,中国自孔子以来,甚至在孔子之前都相信有夏朝,但是没有办法证实它。商朝是中国第一个文字记载的朝代。

【延伸阅读】

文化是民族的命根子

我们历史上有一个宋、元、金、辽时代,其中辽就是契丹人建立起来的。契丹人有自己的政权、自己的文字、自己的独特文化。契丹横亘在黄河流域诸民族和俄罗斯民族中间,当时交通不便,彼此了解很少,俄罗斯以为辽以南的地区都是契丹民族，所以就用契丹来统称中国。今天我们56个民族里没有契丹族。

到底是什么原因让契丹民族消失了呢？是文化。契丹人在与周边民族相处过程中，不注意保存自己民族固有的本位文化，而是处处羡慕别人的文化，处心积虑地仿效别人的文化。这种学习，不是为了丰富和完善自己，而是置换自己的文化，所以学一点等于是扔一点，久而久之，把民族内部彼此认同的东西扔光了，失去了凝聚人心的核心，就慢慢地消亡了。"消亡"不是"消灭"。消灭是在一个瞬间，时间很短促。消亡是一个过程，好比一个人血管破了，血不断地流，当时并不会死，等全身的血流失殆尽了，生命才会结束。我们说契丹人消亡了，是说作为文化意义上的一个种族，他们已经永远地消失了，其实他们的子孙还在我们这13亿人口当中，还在这960万平方公里的土地上生活着。文化是民族的命根子。一个民族，即使被占领军占领了，只要文化还在，就还有复国的希望；如果本位文化丧失了，即使没有人占领你，你也失去了再站起来的可能。（摘编自彭林《守住民族文化这道"万里长城"》）

【3·10】

子曰："禘（dì）自既灌而往者，吾不欲观之矣。"

【注释】

①禘自既灌而往者：禘，天子举行的极为隆重的祭典，包括祭天、祭地和祭祖先。既，已经，结束。灌，献，是洒酒于地以迎神。往，往后，以下。

【今译】

孔子说："禘祭从结束献酒往后的仪式，我就不想观看它了。"

【解难】

孔子评鲁国禘祭之礼：不欲观之

礼之大，莫过于禘。禘祭是配天而祭，天子把自己的祖先和天帝配在一起祭祀。禘祭本来是只有天子才能举行的祭典，鲁国是诸侯国不能用此。但鲁国是始祖周公旦的封地，周公旦辅佐周成王有功于天下，周成王特赐鲁国以天子礼乐祭周公，所以鲁国在周公庙可以举行禘礼。但后来鲁君僭用禘礼于群公之庙，非礼勿视，所以孔子不欲观之。

【延伸阅读】

灌

"灌"是献酒，在太祖庙祭祀时的第一次献酒，用香酒浇地，求神降临。古代祭祀，不立木主，用尸。祭祀仪式开始，先迎尸主入庙（尸是代替祖先受祭的活人，穿死者衣服，坐在灵前），然后主持祭祀的人奉上香酒给尸主闻一下香气。尸主将香酒浇灌在地上，表示天帝已经享用。献酒之后再进献牛羊。周人贵阴，所以香酒灌地先求诸阴。

皇《疏》："灌者，献也。酌郁鬯（chàng）酒献尸，灌地以求神也。""郁鬯"是香酒。

【3·11】

或问禘之说。子曰："不知也。知其说者之于天下也，其如示诸斯乎！"指其掌。

【注释】

①或问禘之说：或，有人。说，道理，意义。

②其如示诸斯乎：其，恐怕；示，展示，放置；诸，之于。

【今译】

有人问禘祭的道理。孔子说："不知道。知道禘祭道理的人他对于治理天下，恐怕像把东西放在手掌这里（一样容易）吧！"孔子指着他的手掌说。

【成语】

如指诸掌：好像指点手掌。比喻对事情熟悉了解或容易办成。

【解难】

孔子：懂得禘祭之理，治国如置物于掌

水有源，木有本，祭祖是为了报本。禘是国家之重典，王者之大祭。孔子不是真不知禘祭的道理，只是由于鲁国作为诸侯，不应禘祭，孔子为鲁国讳，不想明说这违背礼的做法，才装着不知。上章曰"不欲观之也"，此章曰"不知其说"，实则是孔子对鲁君僭用禘礼的讳言和不满。既然懂得了禘祭这个国家大典的道理，那治理天下还有什么困难的呢？就好比把东西放在自己手掌里那么容易做到。

祭祀是治国的手段，不是装神弄鬼，而是通过神道设教，化民育德，所以君子以为文，百姓以为神。

【延伸阅读】

祭祀是治国的手段

禘是宗庙大礼，国家是由对祖先的祭祀来维系。祖先往上追到头，是所谓帝，西周金文中的"禘"或作"帝"。祭帝，对延续国家命脉有象征意义。抗战时期，毛泽东率众祭黄陵，就是现代的禘祭。当时，中华民族到了最危险的时候这么做，有道理。《礼记·中庸》："明乎郊社之礼、禘尝之义，治国其如示诸掌乎？"说明禘

祭是治国的手段，懂得禘礼，治国也变得简单容易了。（摘编自李零《丧家狗——我读〈论语〉》）

【3·12】

祭如在，祭神如神在。子曰："吾不与（yù）祭，如不祭。"

【注释】

①祭如在：祭，指祭祖先。

②祭神：祭祀天神，百神。天地生万物，物之有主者曰"神"。在天曰神，在地曰祇（qí）。

③吾不与祭：与，参与，参加。

【今译】

孔子祭祀祖先时就像祖先在面前，祭祀神就像神在面前。孔子说："我不参加祭祀，就会觉得像没有祭祀一样。"

【成语】

祭神如神在：祭祀神灵时就像神灵在面前在一样。形容用心虔诚。

【解难】

孔子：祭祖如祖在，祭神如神在

祭祀贵诚。天子祭百神，诸侯在其封地祭祀，士祭祀自己祖先。祭鬼就是祭祀祖先，对祖先事死如事生，体现孝顺；祭神虽远亦如近，体现敬畏。祭祖、祭神皆须正心诚意，凝神观想，如鬼神就在面前般严肃诚心。"如不祭"是强调须亲自祭祀，若请人代祭，跟没祭祀一样。

儒家不深信鬼神，却深信祭祀。"如"表明不是鬼神真在面前，说明儒家的祭祀是一种道德行为而不是宗教仪式。胡适在《中国哲学史大纲》中感叹："一个'如'字，写尽了宗教的心理学。"

【延伸阅读】

祭祀鬼神

子曰："鬼神之为德，其盛矣乎！视之而弗见，听之而弗闻，体物而不可遗。使天下之人，齐明盛服，以承祭祀。洋洋乎！如在其上，如在其左右。"（《中庸》）

大意 孔子说："鬼神的德行，大得很啊！看它也看不见，听它听不到，但它却体现在万物之中使人无法离开它。天下的人为它斋戒净心，盛装祭祀。它无所不在啊！好像在你的头上，好像在你左右。"

注释 齐，音 zhāi，通"斋"。明，洁净。

【3·13】

王孙贾问曰:"与其媚于奥,宁媚于灶,何谓也?"子曰:"不然!获罪于天,无所祷也。"

【注释】

①王孙贾:卫灵公的大臣,时任大夫,孔子曾向他请教祭礼。

②与其媚于奥:媚,取悦讨好。奥,屋内西南角,此指奥神,比喻地位尊贵的人,但无实权,不能直接祸福于人,如国君或近臣。

③宁媚于灶:灶,炉灶,此指灶神,即灶王爷,灶台上管做饭的神。灶神地位低,但主饮食之事,祭祀灶神就有饭吃。此处灶神比喻有实权之臣。

④获罪于天:获罪,得罪。天,借指君王。《诗经》里有"敬天之怒"和"畏天之威"的诗句。

【今译】

王孙贾问道:"与其巴结奥神,不如巴结灶神,什么意思呢?"孔子说:"不能这样说!把上天得罪了,连祈祷的地方都没有啊。"

【成语】

背奥媚灶:比喻背离君上而依附权臣。

【解难】

孔子:靠山问题

找谁做靠山?是找国君夫人还是找实权大臣?孔子在卫国受到卫灵公尊敬,卫灵公的夫人南子召见孔子,以壮自己声势,孔子见之。大臣王孙贾以为孔子来卫国是为了求官,故对孔子说了一句古语"与其媚于奥,宁媚于灶",意在启发孔子:与其找地位高的奥神做靠山,不如找有实权的灶神做靠山。换句话说,你求国君老婆,还不如求我这个大臣,我会让卫灵公重用您。王孙贾以奥喻南子,以灶自喻。而孔子警告他:"你得罪了天,就没有地方祈祷了。""天"是百神之大君,是最大的神,借指君王。君王掌握着绝对的生杀大权,你若得罪了君王,你祭祀什么神都毫无作用。孔子强调尊君,臣不能背君而行不义之事。

【延伸阅读】

送 灶

一盏清茶一缕烟,灶君皇帝上青天。
玉皇若问人间事,为道文章不值钱。

——唐·罗隐

【3·14】

子曰:"周监(jiàn)于二代,郁郁乎文哉！吾从周。"

【注释】

①监:同"鉴",借鉴,参考。二代,夏、商。

②郁郁乎文:丰富多彩。郁郁,文采盛貌。

【今译】

孔子说:"周代的礼仪制度借鉴于夏、商二代,多么丰富多彩呀！我遵从周礼。"

【解难】

孔子:醉心周礼,郁郁乎文

西周制定礼仪制度,借鉴了夏商两代,通过损其太过,益其不足,使礼乐制度涵盖万有,文采斐然。西周礼仪文化的高度发达,抑制了宗教文化的滋生。鲁国是周文化的中心,称为"礼乐之邦",是周公旦之子伯禽的封地,对周代文物典籍、礼乐制度保存最为完备,所以周礼在鲁,正所谓"千年礼乐归东鲁,万古衣冠拜素王"。孔子已经周化,故遵从周礼。

萧公权《中国政治思想史·从周与正名》:"盖世所共喻……孔子生于此之旧国,其祖若父殆均仕为大夫,孔子本人显然已经周化。醉心周礼,事极自然。"

【延伸阅读】

论周礼

周监于二代,礼文尤具,事为之制,曲为之防,故称礼经三百,威仪三千。于是教化浃洽,民用和睦,灾害不生,祸乱不作,囹圄空虚,四十余年。孔子美之曰:"郁郁乎文哉！吾从周。"(东汉·班固《汉书·礼乐志》)

大意 周朝借鉴夏、商二代,礼制尤为齐全,每件事都设立制度,有偏邪就加以防止,所以称作礼节仪式有三百,礼仪细节有三千。于是教化遍及,民用和睦,灾害不生,祸乱不起,监狱空虚,这样的情况持续四十多年。孔子赞美它说:"丰富多彩呀！我主张遵从周礼。"

【3·15】

子入太庙,每事问。或曰:"孰谓鄹(zōu)人之子知礼乎？入太庙，每事问。"子闻之，曰："是礼也！"

【注释】

①太庙：也作大庙，此指周公庙。

②鄹人之子：指孔子。鄹：又作"陬"，春秋时鲁国地名，在今山东曲阜，孔子的出生地。"鄹人"指孔子的父亲叔梁纥，曾治鄹邑。叔梁纥有勇力，鲁襄公十年（公元前563年）从诸侯之师攻入逼阳（今山东枣庄南）城，悬门突然下坠，他奋力托住悬门，救出诸侯之师。

【今译】

孔子进入周公庙，每件事都问。有人说："谁说叔梁纥的儿子懂得礼呢？他进入周公庙，每件事都问。"孔子听到后，说："这正是礼呀！"

【解难】

孔子好礼：入太庙，每事问

鲁国太庙是祭祀开国之君周公旦的庙，庙宇恢宏，庄严肃穆，礼器齐备，钟磬声声；其仪式完备，程序规范，乐舞宏大，庄重典雅，祭祀活动比其他庙更复杂、更严谨。所以孔子进入太庙，遇事则问，谦虚好学，即使有人背后议论他不懂礼，他依然不耻下问，体现了孔子参加这种大型祭祀活动的谨慎态度。

太　庙

古代开国之君称太祖，太祖之庙称太庙。"太"是最高的意思。周公旦是鲁国最初受封之君，是鲁太祖，故鲁国的太庙是周公庙。鲁国的太庙建于周公长子伯禽就封于鲁时，位于今山东曲阜城东北，庙内的陈设均依周礼。《史记·周本纪》：周武王"封弟周公旦于曲阜，是为鲁"。

【延伸阅读】

礼以时为贵

太祖初即位，朝太庙，见其所陈笾豆簠簋（fǔ guǐ），则曰："此何等物也？"侍臣以礼器为对。帝曰："我之祖宗宁会识此？"命撤去。亟令进常膳，亲享毕，顾近臣曰："却令设向来礼器，俾儒士辈行事。"至今太庙先进牙盘，后行礼。（宋·邵伯温《邵氏闻见录》卷一）

注释　太祖，即宋代开国皇帝赵匡胤。笾豆簠簋：皆礼器。宁，难道。常膳，家常饭菜。顾，回头看。却，去掉，撤除。令设，让你们陈设。向来，从前。俾儒士辈行事：使这些读书人好好办事。牙盘，雕饰精美的盘子。"先进牙盘"是为了吃干吃尽。

【3·16】

子曰："射不主皮^①，为（wèi）力不同科^②，古之道也。"

【注释】

①射不主皮：射箭重在中与不中，不以穿破皮侯为主。射，礼射，按礼的仪式举行的射箭比赛。主，主张。皮，皮侯，即皮革做的箭靶。箭靶，古代叫"侯"，用布或皮做成。

②为力不同科：为，因为。同科，同等。科，等级。

【今译】

孔子说："射箭不主张穿破皮革做的箭靶，因为力气不一样，这是古时的规矩。"

【成语】

力不同科：力气不一样。

【解难】

孔子：射箭不穿靶，尚德不尚力

力气各有大小，所以射礼比的是能否射中靶心，而非能否射穿箭靶。能否射穿箭靶取决于体力，不值得看重；应当看重的是修养，因为心正则身正，身正则容易射中靶心。通过射礼观人品，养德行，寓教于射，而不是培养武士。武王克商以后，天下已平，圣王偃武修文，不再崇武尚力，息止贯革之射。至春秋末，周道衰微，各国争霸，又崇尚力射贯革，以斩获为荣，尚力不尚德。孔子思古伤今，有怀古之叹。

【延伸阅读】

睡 松

抱鹤卧长天，鞲轻云，镴碧烟。虬龙夜夜随展转。吼风云醉眠，挺雄襟笑颠。任他沧海桑田变。最堪怜，蜉蝣朝菌，敢说岁三千。（清·刘廷玑《在园杂志》卷四）

注释 镴，通"锁"。虬龙，传说中的一种龙，比喻盘屈的树枝。蜉蝣朝菌，形容寿命很短。

【3·17】

子贡欲去告朔（gù shuò）之饩（xì）羊。子曰："赐也，尔爱其羊，我爱其礼。"

【注释】

①告朔：古代每月初一祭祀祖庙的一种仪式。周制，天子在岁末把来年每月的历书颁给诸侯，历书包括有无闰月，每月初一是哪一天，称为"颁告朔"。诸侯拜受，将历书藏在祖庙，每月初一（朔日）杀一只活羊祭庙，祭祀完毕回到朝廷听政，称为"告朔"。告，祭告，祭神而告之。朔，夏历每月初一。

②饩羊：用作祭品的活羊。天子用牛，诸侯用羊。饩，生。

③赐也，尔爱其羊，我爱其礼：赐，即端木赐，字子贡。《尔雅·释诂》："贡，赐也。"端木赐的名"赐"与字"贡"义同。爱，爱惜。

【今译】

子贡打算取消每月初一用来祭告祖庙的那只羊。孔子说："端木赐啊，你爱惜那只羊，我爱惜告朔之礼。"

【成语】

告朔饩羊：原指鲁国自文公起，国君不亲临祖庙祭告，只供一只羊应付一下。比喻为了某种制度而保存形式。后比喻形同虚设，应付敷衍。

告朔之礼：鲁国每月初一祭告祖庙的礼。比喻虚应故事，或过分注重形式。

爱礼存羊：爱惜古礼，不忍使它废弛，因而保留祭羊。比喻为维护根本而保留有关仪节。

【解难】

孔子：不废告朔，存神爱政

"告朔"既是古代礼仪，也是古代制度。天子颁告朔，以示天下不忘尊君；告朔在祖庙举行，以示天下不忘尊祖。鲁国自文公始，告朔之礼废而不行。天子不举行告朔的礼仪，各诸侯国自颁历法，每月初一国君也不亲临祖庙祭祀，只是杀一只活羊由侍从供上，告朔之礼名存实亡，形同虚设。子贡认为天子不颁布历法了，鲁国国君也不亲临祖庙甚至不听政了，因此鲁国也不用在告朔礼仪上杀羊祭祀了，因为这是虚应故事，形式主义，也是白白浪费。但孔子认为节约不是最重要的，关键是不要废礼，不忘制定告朔之礼的初心。礼虽不行于朝廷，但羊之存即礼之存。若礼、羊并去，此礼就彻底亡了，故孔子惜之。

【延伸阅读】

袁简斋

袁简斋先生一生不信释氏，每游寺院，僧人辄请拜佛，先生以为可厌，乃自书五言四句于扇头云："逢僧必作礼，见佛我不拜。拜佛佛无知，礼僧僧见在。"似深通佛法者。

又先生一生不讲《说文》。一日宴会，家人上羊肉，客有不食者，先生曰："此物是味中最美，诸公何以不食耶？试看古人造字之由：'美'字从羊，'鲜'字从羊，'善'字从羊，'羹'字从羊，即吉祥字亦从羊，羊即祥也。"满座大笑，似又深通《说文》者，皆可以开发人之心思。（清·钱泳《履园丛话》卷二十三）

【3·18】

子曰："事君尽礼，人以为谄也。"

【注释】

①尽礼：竭尽礼仪，礼数周全。

【今译】

孔子说："侍奉君主竭尽礼仪，别人却以为这是谄媚呢。"

【解难】

孔子：事君尽礼，人以为谄

君臣之间，既有一定之分，也有一定之礼。讲忠诚，存敬畏，进善言，不苟且，是事君当然之礼。然而当时鲁国权臣骄横，三家强，公室弱，人们皆依附三家，不尽为臣之礼，孔子事君尽礼，却被讥为奉承献媚，这是颠倒是非。应敬而不敬，非礼也；不敬而敬之，非分也。

【延伸阅读】

君子事上

子曰："君子之事上也，进思尽忠，退思补过，将顺其美，匡救其恶，故上下能相亲也。《诗》云：'心乎爱矣，遐不谓矣，中心藏之，何日忘之。'"（《孝经·事君章》）

大意 孔子说："君子侍奉君王，在朝廷上，要思考如何竭尽忠心；退朝回家，要思考如何补救君王过失。顺从发扬君王的美德，匡正补救君王的错误，这样君臣上下才能相互亲爱。《诗经·小雅·隰桑》篇中说：'心里充满爱恋，不怕距离遥远，深藏对你的喜欢，不曾忘记一天。'"

【3·19】

定公问："君使臣，臣事君，如之何？"孔子对曰："君使臣以礼，臣事君以忠。"

【注释】

①定公：鲁君，姓姬名宋，昭公之弟，哀公之父，"定"是谥号。

【今译】

鲁定公问："国君使用臣子，臣子侍奉国君，该怎么做呢？"孔子回答说："国君按礼节使用臣子，臣子用忠心侍奉国君。"

【解难】

孔子的君臣观：君使臣以礼，臣事君以忠

孔子说，君臣之交应是君对臣以礼待之，臣对君以忠事上。君之待臣，义不可薄，使臣以礼，谦以接下，则臣情上达，咸思竭力，如草随风，出生入死；君简慢无礼，则臣下不忠，上暴下慢而邦国危。如刘备三顾茅庐，礼贤下士；孔明奉命驱驰，忠诚不贰。臣要主动认同君，君也要认同臣，一冷一热都会影响君臣关系。君臣之交的能否保持良性互动，主动权在君，正如《孟子·离娄下》所言："君之视臣如手足，则臣视君如腹心；君之视臣如犬马，则臣视君如国人；君之视臣如草芥，则臣视君如寇仇。"

梁启超《儒家哲学》："由此看来，儒家哲学也可以说是伸张民权的学问，不是拥护专制的学问；是反抗压迫的学问，不是奴辱人民的学问。""儒家以人作本位，以自己环境作出发点，比较近于科学精神，至少可以说不违反科学精神。"

【延伸阅读】

事君以忠

以德覆君而化之，大忠也；以德调君而辅之，次忠也；以是谏非而怒之，下忠也；不恤君之荣辱，不恤国之臧否，偷合苟容以之持禄养交而已耳，国贼也。（《荀子·臣道》）

大意 用道德覆盖君主而感化他，是头等的忠臣；用道德来调养君主而辅助他，是次一等的忠臣；用正确去劝阻君主的错误而触怒了他，是下等的忠臣；不顾君主的荣辱，不顾国家的好坏，只是苟且迎合、容身，以此保住俸禄、结交党羽的，这是国家的奸贼。

【3·20】

子曰："《关雎》，乐而不淫，哀而不伤。"

【注释】

①《关雎》：《诗经·国风·周南》的首篇。

②乐而不淫：淫，过多或过甚。

③哀而不伤：伤，伤心痛苦，哀之过而伤于中和。

【今译】

孔子说："《关雎》这首诗，快乐而不过度，悲哀而不伤害身心。"

【成语】

乐而不淫：快乐但不过度。指有节制，不过分。

哀而不伤：悲哀但不伤害身心。指有节制，不过分。后来形容诗歌、音乐优美雅致，感情适度。

【解难】

孔子评《关雎》：乐而不淫，哀而不伤

"乐而不淫，哀而不伤"是说《关雎》性情得正，感情适中，没有过度也没有不及，不失中和之美。乐不可极，快乐过度就会放荡不羁；哀不伤身，忧愁过度就会伤害身体，皆失性情之正。《关雎》一诗，歌唱一个贵族爱上一个美丽的姑娘，最后终成眷属。全诗声气和平，性情中正，温柔敦厚，体现了节制情绪、控制情感的"中庸"之德。

司马迁《屈原列传》："国风好色而不淫，小雅怨诽而不乱。"鲁迅《汉文学史纲要》第二篇："《诗》三百篇，皆出北方，而以黄河为中心……其民厚重，故虽直抒胸臆，犹能止乎礼义，忿而不戾，怨而不怒，哀而不伤，乐而不淫，虽诗歌，亦教训也。"

【延伸阅读】

诗如酒饭

李太白诗如酒，杜少陵诗如饭。

——清·李光地

注释 杜少陵，杜甫，字子美，号少陵野老。

心问身

心问身云何泰然，严冬暖被日高眠。
放君快活知恩否，不早朝来十一年。

——唐·白居易

【3·21】

哀公问社于宰我。宰我对曰："夏后氏以松，殷人以柏，周人以栗，曰使民战栗。"子闻之，曰："成事不说，遂事不谏，既往不咎。"

【注释】

①哀公问社于宰我：哀公，即鲁哀公，春秋末战国初鲁国君主，姓姬，名蒋，谥号"哀"。在位二十七年，公室衰弱，季孙、叔孙、孟孙三家势力超过公室，三家四分公室，季氏独得二分，执掌政权。哀公想借助外力消灭三家，结果被三家赶跑。社，地主，即土地神，这里指社主，即土地神的牌位，问的是周社。宰我，名予字子我，孔子的学生，长于语言，孔子曾批评他白天睡觉。

②夏后氏：夏朝的别名。禹受舜禅而建立的夏王朝，称夏后氏，也称"夏氏""夏后"。

③战栗：恐惧。栗子树上结的坚果栗子长有尖刺，令人恐惧。

④成事不说：成事，成为事实的事。说，评说，解释。

⑤遂事不谏：遂事，顺应事物发展的事。遂，顺应，符合。谏，止。

⑥既往不咎：既往，已经过去。咎，怪罪，追究。

【今译】

鲁哀公向宰我问土地神的牌位用什么木料。宰我回答说："夏朝用松木，商朝用柏木，周朝用栗木，说是取'使民战栗'之义。"孔子听到后，说："成为事实的事不评说，顺应事物发展的事不阻止，已经过去了的事不追究。"

【成语】

成事不说：对成为事实的事不评说。

既往不咎：对过去的错误不再责备。

【解难】

孔子批评宰我答哀公问社：穿凿附会

先王立社，原为祭地报功，所栽之树不过是因地制宜、水土适宜，没有什么强制要求或赋予某种树特别的含义。国君向宰我问土地神的牌位用什么木料去做，一般是就近方便、选好的木材，但宰我回答是：古时立社，都是种树，使神有所依附，夏人用松树，殷人用柏树，周人用栗树；松柏之义不可考，只有"栗"是取"战栗"之义，使老百姓望而生畏，战战兢兢。宰我的回答，一是言之无据，穿凿附会，胡编乱造，不符合立社的本意；二是"使民战栗"的说法，违背了国君的仁政、德治的思想；三是对一国之君的答问不严肃。宰我的回答被当成笑话传播，孔子知道后，觉得事情已经发生，无可挽回，所以没有批评宰我，给他一次改错的机会。

栗　树

孔广森《经学卮言》引徐巡（东汉济南人，师杜林、韩宏）说："木至西方战栗。""栗"从"西"，所以是西方所宜木。《白虎通》引《逸书》曰："太社唯松，东社唯柏，南社唯梓，西社唯栗，北社唯槐。"周初宅西，故社以栗。

【参考】

程树德《集释》引苏辙《古史》:"哀公将去三桓,而不敢正言。古者戮人于社,其托于'社'者,有意于诛也。宰我知其意,而亦以隐答焉。曰'使民战栗',以诛告也。"哀公想除去鲁国三家权臣,但不敢直说。古代杀人于社,因此哀公假托问社,是问能不能杀人,暗示欲除掉三桓。宰我知其意,也以隐语答复哀公。"使民战栗"即回答可以诛,劝哀公痛下决心,除去三桓。因此后面三句则理解为:凡是可能成功的事不要说出,凡是可能如愿的事不要劝阻,凡是过去了的事不要埋怨。

【延伸阅读】

桧　树

亳州太清宫方营前殿,匠氏深意老桧(guì)南枝碍殿檐,白官吏,欲斤斧去之。一夕大雷雨,明视,巨枝已转而北矣,何至神之灵感如此!真宗幸宫,见而叹异久之。后爱其茂盛甚于他桧,乃名为"御爱桧"。题者甚众,惟石曼卿为绝唱。今又得福唐林迥诗焉,真佳句也。诗曰:

古殿当年欲葺时,槎牙老桧碍檐低。

人间斤斧难容手,天上风雷为转枝。

烟色并来春益重,月华饶得夜相宜。

真皇一驻鸾舆赏,从此佳名万世知。(宋·刘斧《青琐高议》卷一)

注释　桧,即圆柏,寿命达数百年。白,告诉。槎牙,音 chá yá,树枝歧出貌。鸾舆,天子的乘舆,也借指天子。

【3·22】

子曰:"管仲之器小哉!"或曰:"管仲俭乎?"曰:"管氏有三归,官事不摄,焉得俭?""然则管仲知礼乎?"曰:"邦君树塞(sè)门,管氏亦树塞门。邦君为(wèi)两君之好,有反坫(diàn),管氏亦有反坫。管氏而知礼,孰不知礼?"

【注释】

①管仲之器:管仲,姓管名夷吾,字仲,春秋时齐国人,齐桓公的宰相,孔子对他有褒有贬。器,器量,格局。

②管氏有三归:三归,市租。"三归"指按齐国市税(商税)常例十分之三缴纳给公家。"管氏有三归"是说管仲将十分之三的市税收归自己。

③官事不摄:官事,官府的事。不摄,一人一职而不兼任。摄,代理。

④邦君树塞门：邦君，诸侯国国君。树，立。塞门，屏风，用以间隔内外视线。邢《疏》："塞犹蔽也。《礼》：天子外屏，诸侯内屏，大夫以帘，士以帷是也。"天子的照壁在门外，不让里面的人看到外面；诸侯的照壁在门内，不让外面的人看到里面。

⑤反坫：互相敬酒后，把空酒杯反置在坫上。反，反过来。坫，放还酒杯的土台。周代诸侯宴饮时，互相敬酒后，将空酒杯放在土台上，为当时的诸侯宴饮之礼。

【今译】

孔子说："管仲的器量狭小呀！"有人说："管仲节俭吗？"孔子说："管仲收取大量市租，他手下的官员不兼职，怎么谈得上节俭呢？"那人又问："既然这样，那么管仲知礼吗？"孔子说："齐君宫殿门前立一个照壁，管仲也在门前立一个照壁。国君为了两国友好，设宴招待外国的君主时在堂上设有放置酒杯的土台，管仲也有这样的土台。管仲如果懂得礼节，谁还不懂得礼节呢？"

【解难】

孔子评管仲：器量狭小

管仲有治国之才，成霸之术，辅佐齐桓公九合诸侯，一匡天下，但孔子还说他器小。因为管仲功有余而德不足，以道观之，故曰器小。管仲虽立大功，但是为了自己的权谋和功利，不是本于圣贤之道，故虽功盖天下，而其胸怀不广，缺乏正大光明的气象。孔子贬之：一是不节俭。"管仲有三归，官事不摄"，管仲多吃多占，下属人浮于事。二是不守礼。"树塞门""有反坫"已违礼，塞门、反坫皆国君专享，而管仲僭礼而为。

【参考】

"三归"历代注家有多解。一是三个府库。建三个府库藏钱。管仲筑三归之台（府库），自伤于民。二是三处封地。管仲身老，齐桓公赏之以三归，泽及子孙。三是三个家。管仲退朝而归，其家有三处。四是娶三个媳妇。妇人谓嫁曰归。五是市租常例。

【延伸阅读】

能人不可集权

齐桓公将立管仲……牙曰："以管仲之智，为能谋天下乎？"公曰："能。""以断，为敢行大事乎？"公曰："敢。"牙曰："若知能谋天下，断敢行大事，君因专属之国柄焉。以管仲之能，乘公之势以治齐国，得无危乎？"公曰："善。"乃令隰（xí）朋治内、管仲治外以相参。（《韩非子·外储说左下》）

大意 齐桓公将立管仲为仲父……东郭牙说："凭管仲的智慧，能谋取天下吗？"桓公说："能。""凭他的果断，敢做大事吗？"桓公说："敢。"东郭牙说："如果他的智慧能谋取天下，他的果断敢做大事，君主因此把国家的大权交给了一个人。凭管仲的才能，借助您的权势来治理齐国，能够没有危险吗？"桓公说："对。"于是命令隰朋管内政，管仲管外交。

注释　隰朋，春秋时齐桓公贤臣。相参，相互参证，相互制约。

【3·23】

子语（yù）鲁大（tài）师乐，曰："乐其可知也：始作，翕（xī）如也；从（zòng）之，纯如也，皦（jiǎo）如也，绎（yì）如也，以成。"

【注释】

①鲁大师：鲁国掌乐之官。大，同"太"。"大师"即太师，乐官名，是乐官之长。鲁大师可能与本书中的"师挚"（《泰伯篇》8·15）和"大师挚"（《微子篇》18·9）是同一个人。

②始作，翕如也：始作，开始演奏。翕，起，突然响起。《说文》："翕，起也。"本义是鸟敛翼将飞。从羽、从合。段《注》："翕从合者，鸟将起必敛翼也。"

③从之，纯如也：从，同"纵"，放开，展开。纯，精，无杂质，引申为音乐纯净。

④皦如也，绎如也：皦，清晰，这里指音节分明。绎，连续不断。

⑤以成：以，直到。成，演奏一个组曲结束。

【今译】

孔子告诉鲁国的太师关于音乐演奏的道理，说："音乐的演奏是可以知道的吧：开始演奏时，音乐突然响起；展开下去，音乐纯净，音节分明，连续不断，直到一组乐曲演奏完成。"

【解难】

孔子和鲁国乐师探讨音乐的演奏规律

鲁国衰微，礼坏乐崩，乐官多有失职。孔子精通音乐的演奏之道，告诉鲁国的大乐师，说音乐的演奏过程和规律是可以知道的：开始演奏时，音乐突然响起，声如裂帛，急管繁弦；接着展开下去，音乐纯净，音节分明，连续不断，一气呵成，曲尽其妙，乃成一曲。

【延伸阅读】

论旋律

故歌者，上如抗，下如坠，曲如折，止如槁木，倨中矩，句中钩，累累乎端如贯珠。故歌之为言也，长言之也。说之，故言之；言之不足，故长言之；长言之不足，故嗟叹之；嗟叹之不足，故不知手之舞之，足之蹈之也。（《礼记·乐记》）

大意 歌者的旋律，或上扬而高亢，或下降而低沉，或拐弯如物之折断般干脆，或停顿如枯树般沉寂，平直之音合乎曲尺，回环之音合乎圆规，连绵不断之音好比一串珍珠。所以唱歌也是说话，是拉长声调的说话。心里高兴就想说话；说话不足以表达高兴，就拖长声调来说；拖长声调不足以表达，就加上咏叹吁嗟；咏叹吁嗟不足以表达，就手舞足蹈。

注释 上如抗，歌声高亢如抗举。队，同"坠"。倨中矩，歌声直转如曲尺。倨，雅曲，正曲，即直转。句中钩，歌声曲转如弯钩。句，同"勾"。说，同"悦"。

【3·24】

仪封人请见，曰："君子之至于斯也，吾未尝不得见也。"从者见之。出曰："二三子何患于丧乎？天下之无道也久矣，天将以夫子为木铎（duó）。"

【注释】

①仪封人：仪，地名，今河南兰考县内，孔子到卫国经过仪。封人，官名，镇守边疆的小官。封，疆界。

②二三子何患于丧乎：二三子，诸位。丧，失道，丧失文明教化。

③木铎，金口木舌的大铃，天子用来发布政令，相当于号角。这里用"木铎"比喻孔子在传播文化、教化百姓方面的作用。

【今译】

仪这个地方的边防长官请求拜见孔子，他说："君子到这里来，我未曾不和他见面的。"随从孔子的人就让他见了孔子。他出来说："同学们何必担心礼乐文明会丧失断绝呢？天下没有正道的时间很长了，上天就是让你们老师来传播礼乐文明的啊。"

【成语】

金口木舌：以木为舌的铜铃，即木铎，古代施行政教传布命令时所用；又指宣扬教化的人。

【解难】

边防官感叹：孔子将是天下文明的传播者

天下无道虽久，但世不终乱，必有复治；天生斯人，并非偶然，必将使其得位行道，施政四方，号令天下。因此边防官初见孔子，观其德才，便知是能挽狂澜于既倒、扶大厦之将倾、导天下于正途者，故感叹"天将以夫子为木铎"——孔子将是天下文明的传播者，礼乐文明不会中断失传。钱穆《新解》："古者天子发布政教，先振木铎以警众。今天下无道，天意似欲以夫子为木铎，使其宣扬大道于天下，故使不安于位，出外周游。"

【延伸阅读】

木 铎

"铎"是大铃。木舌者为木铎，铜舌者为金铎；文事奋木铎，武事奋金铎。古代用铎来巡行振鸣，以宣布天子的政教法令或战事。太平天国领袖之一的冯云山筹划起义前，题广西桂平紫荆山孔子牌位对联曰："泗水文章流紫水，尼山木铎拯荆山。"联中嵌"紫荆"二字，表达了冯云山的志向。

【3·25】

子谓《韶》："尽美矣，又尽善也。"谓《武》："尽美矣，未尽善也。"

【注释】

①子谓《韶》：谓，谈论，评论。《韶》，虞舜时乐名。古代的乐，包括声乐、器乐、舞蹈、歌词。

②尽美矣，又尽善也：尽，极。美，指声音，乐音优美。善，指内容，乐德感人。"善"字在西周金文从誩（jìng），从羊，即"羊"在中间，"羊"字一竖下面左右各一"言"字，即䜁，本义是美味，美好。《说文》："善，吉也。"

③《武》：是周代贵族用于祭祀的"六舞"之一，是歌颂周武王战胜商纣王的乐舞。

【今译】

孔子评论《韶》这首乐曲时说："音律很优美，内容也很好。"评论《武》这首乐曲时说："音律很优美，但内容不是很好。"

【成语】

尽善尽美：最好最美。形容完美至极。

【解难】

孔子评经典乐曲：《韶》乐尽美尽善，《武》乐尽美不尽善

古代王者功成作乐，以歌当时盛况。《韶》是舜帝登基典礼时的音乐，也是舜禅让王位的音乐。舜以文德受尧禅让而得天下，改朝换代没有暴力，政权更迭和平进行，舜是德治，其乐和平，故曰《韶》乐尽美尽善。《武》是歌颂周武王暴力推

翻残暴的商纣王，以暴易暴，兵戎相见，是以征伐取天下，必有血肉横飞，武王是武治，其乐有杀伐之声，故曰《武》乐尽美而不尽善。《东坡志林》（卷五）："武王，非圣人也。"孔子以周德为至德，而说《武》尽美矣，未尽善也，见其立言婉约。

《春秋繁露·楚庄王》："舜时，民乐其昭尧之业也，故《韶》，韶者，昭（zhāo，光明）也。禹之时，民乐其三圣相继，故《夏》，夏者，大也。汤之时，民乐其救之于患害也，故《頀（hù）》，頀者，救也。文王之时，民乐其兴师征伐也，故《武》，武者，伐也。"

【延伸阅读】

舜作韶乐

《韶》是原始社会的大型乐舞。《太平御览》卷八十一引《乐动声仪》引孔子曰："《箫韶》者，舜之遗音也。温润以和，似南风之至。其为音如寒暑风雨之动物，如物之动人，雷动兽禽，风雨动龙鱼，仁义动君子，财色动小人，是以圣人务其本。"《韶》乐艺术水准最高，既是宫中有大事时必演的曲目，也是王子必修的科目。《韶》的主要伴奏是编管乐器排箫，故又称《箫韶》。乐舞的高潮为第九章，所以《尚书·益稷》："《箫韶》九成，凤凰来仪。"第九章歌声动听，舞蹈华丽，连凤凰也随之起舞，容仪非凡。孔安国《传》曰："备乐九奏，而致凤凰，则余鸟兽不待九而率舞。"所以孔子赞其尽善尽美。

古代乐舞反映先民的精神信仰和日常生活，黄帝时期的《云门》反映的是崇拜天神，唐尧时期的《咸池》反映的是崇拜星辰，夏禹时期的《大夏》是歌颂大禹，虞舜时期的《韶》乐是歌颂虞舜。郑玄《注》："韶之言绍也，言舜能继绍尧之德也。"

参阅　《卫灵公篇》（15·11）"延伸阅读"。

【3·26】

子曰："居上不宽，为礼不敬，临丧不哀，吾何以观之哉？"

【今译】

孔子说："处在上位的（胸怀）不宽广，举行礼仪时（言行）不恭敬，亲临丧事时（容貌）不悲哀，我怎么看得下去呢？"

【解难】

孔子：做人重本

做人重根本，守大节。"宽"是执政者之本。仁爱待人，举大德，赦小过，用晦而明，不求全责备，宽则得众。"敬"是礼之本。遵行礼制，上下有体，举止得当，出于心而化于行，敬则无失。"哀"是丧之本。吊丧有哀，不歌不舞，不言不笑，哀则心诚。居上不宽，为礼不敬，临丧不哀，已失其本，则余不足观。也可见当时礼崩乐坏，故孔子发此感慨。

阮葵生《茶余客话》卷五："哀，以衣掩口也。吊，以巾掩口也。凡临丧，为死无不哀者，为生无不吊者。"

【延伸阅读】

祭祀祖先

致齐于内，散齐于外。齐之日，思其居处，思其笑语，思其志意，思其所乐，思其所嗜。齐三日，乃见其所为齐者。祭之日：入室，僾（ài）然必有见乎其位；周还出户，肃然必有闻其容声；出户而听，忾（kài）然必有闻其叹息之声。是故先王之孝也，色不忘乎目，声不绝乎耳，心志嗜欲不忘乎心。（《礼记·祭义》）

大意 致斋戒时内心虔诚，表现斋戒虔诚在生活起居。在斋戒的日子里，思念亲人生前居住的地方，思念亲人的笑语，思念亲人的意志，思念亲人快乐的事，思念亲人爱好的事。斋戒三天，就可以看到为之斋戒的亲人。祭祀那天：进入庙室，仿佛看到亲人在神位上；转身要出门时，肃然动心，好像听到亲人的声音；出门细听，好像听到亲人的叹息。所以先王孝敬父祖，父祖的容貌总在眼前晃动，父祖的声音总在耳畔回响，父祖的心志爱好总是铭记在心。

注释 僾然，仿佛。忾，叹息声。

里仁篇第四

（共二十六章）

【4·1】

子曰："里仁为美。择不处（chǔ）仁，焉得知？"

【注释】

①里仁为美：里，本义是住处，从田、从土，有田有土可居住。

②择不处仁：处，居住。

【今译】

孔子说："住处有仁德风气才是好地方。选择住处却不居仁德之地，怎能是明智的呢？"

【解难】

孔子：何处选房？里仁为美

今人买房选好地段、选学区房赚钱，古人居必择乡，游必就士，千金买房，万金买邻，邻为重，房为轻，因为近朱者赤，近墨者黑。所以昔孟母，择邻处，子不学，断机杼。选择的住处要有仁义之人、有仁德之风，否则就不是明智的了。芳邻相伴，可遇难求。《弟子规》："能亲仁，无限好，德日进，过日少。"

后来，泛称风俗淳美的乡里为"仁里"。

【延伸阅读】

欲与元八卜邻先有是赠

平生心迹最相亲，欲隐墙东不为身。
明月好同三径夜，绿杨宜作两家春。
每因暂出犹思伴，岂得安居不择邻。
何独终身数相见，子孙长作隔墙人。

——唐·白居易

大意 平生我俩的志趣最相近,都想隐居起来,无官一身轻。

我们成为邻居后,明月同照两院庭,一株绿杨两家春。

每次暂时出门还想有个伙伴,长期定居怎能不选择芳邻。

成为邻居后,不仅我们总能见面,长久相处的还有我们的子孙。

注释 元八,名宗简,字居敬,排行第八,举进士,与白居易结交二十余年。卜邻,选择作邻居。心迹,心里的真实想法。墙东,指隐居之地。身,自己。三径,借指隐居的地方。

【4·2】

子曰:"不仁者不可以久处约,不可以长处乐。仁者安仁,知者利仁。"

【注释】

①处约:处于贫困。约,贫穷,穷困。

②仁者安仁:仁者,具有仁爱美德的人。安仁,安于仁道,安心于实行仁道。

③知者利仁:知者,聪明圆滑的人。利仁,利用仁道。

【今译】

孔子说:"没有仁德的人不能长久处于贫困,也不能长久处于安乐。仁德的人安于仁道,聪明的人利用仁道。"

【解难】

孔子:不仁者不可以久处贫约,长处安乐

没有仁德之人,长期穷愁潦倒就会为非作歹,长期安乐舒适就会骄奢淫逸。仁德之人,安心做仁德之事而不后悔,不因穷困而改节,不因通达而易志,其心三月不违仁;聪明的人,认为实行仁道对自己有利,就通过推行仁道来为自己服务,把利放在仁之上,仁是获利的手段,利是行仁的目的。

总之,不仁者,穷久了不行,富久了也不行;而仁者,贫富皆安之若素。在《论语》里,仁者和知者对举时,两者是对立的。朱熹认为,只有孔子能做到仁与智兼备:"唯圣人兼仁知,故乐山乐水皆兼之。自圣人而下,成就各有偏处。"(《语类第三十二·论语十四》)

参阅 《卫灵公篇》(15·2):"君子固穷,小人穷斯滥矣。"《礼记·坊记》:"子云:'小人贫斯约,富斯骄;约斯盗,骄斯乱。'"

【延伸阅读】

磨　诗

但存心里正，无愁眼下迟。
若人轻着力，便是转身时。

——宋·王禹偁

【4·3】

子曰："唯仁者能好人，能恶人。"

【今译】

孔子说："只有具有仁德的人才能真正喜好人，才能真正厌恶人。"

【解难】

孔子：仁者敢爱敢恨

爱之理是仁，宜之理是义，让之理是礼，知之理是智，万善皆归于此四德。而爱之理，是天地生物之心，故仁为四德之长，而又可以兼具义、礼、智。仁者无私，人心若为私欲所蔽，则善恶不分，亲恶疏善，非为仁者。仁者无畏，爱憎分明，其爱者定是好仁之人，其憎者定是不仁之人，而不会像乡愿那样四面讨好，八面玲珑。

【延伸阅读】

邵康节遗训

康节先公遗训尝曰："善人固可亲，未能知，不可急合；恶人固可疏，未能远，不可急去，必招悔吝也。故无名君序曰：'见善人未尝急合，见不善人未尝急去。'"伯温佩之，终身不敢忘。（宋·邵伯温《邵氏闻见录》卷十九）

【4·4】

子曰："苟志于仁矣，无恶也。"

【注释】

①苟志于仁：苟，如果。志，心之所主，存心。

【今译】

孔子说："如果立志于行仁，就不会有邪恶（的动机）了。"

【解难】

孔子：立志行仁者不作恶

志，是心之所主；仁，是心之向善。善恶皆出于心，既然一心要行仁善，那么善念则战胜了恶念，当然就不会考虑作恶了。况仁者爱人，恶者害人，二者水火不容。"观过，斯知仁矣。"观察他的过恶，就知道他行仁是真心还是假意了。

【延伸阅读】

桓宽论犯罪动机

法者，缘人情而制，非设罪以陷人也。故《春秋》之治狱，论心定罪，志善而违于法者免，志恶而合于法者诛。（西汉·桓宽《盐铁论·刑德》）

大意 法律是根据人之常情制定的，不是设下罪名去坑害人的。所以《春秋》审理案件，是根据内心的动机定罪。动机好的虽然犯了法可以免罪，动机坏的虽然没有犯法也要处以刑罚。

司马光论主谋与主犯

司马文正公议曰："杀伤之中，自有两等，轻重不同。其处心积虑、巧诈百端、掩人不备者，则谓之谋；直情径行、略无顾虑、公然杀害者，则谓之故。谋者尤重，故者差轻。"（宋·邵博《邵氏闻见后录》卷二十一）

【4·5】

子曰："富与贵是人之所欲也，不以其道得之，不处也。贫与贱是人之所恶（wù）也，不以其道得之，不去也。君子去仁，恶（wū）乎成名？君子无终食之间违仁，造次必于是，颠沛必于是。"

【注释】

①富与贵：富，富有，钱财多。贵，显贵，地位高。《玉篇·贝部》："贵，高也，尊也。"

②不以其道得之，不处也：道，正当的方法。处，停留，引申为接受。

③贫与贱：贫，钱财少。贱，地位低。《玉篇·贝部》："贱，低下也，不贵也。"

④不去也：去，逃避。

⑤恶乎：何所，怎么。

⑥无终食之间违仁：终食之间，吃完一顿饭的时间。违，离开。

⑦造次必于是：造次，"仓促"的转音，仓促，紧迫。于是，在此。"是"指

仁，与仁德同在。

⑧颠沛："颠仆"的转音，困顿，挫折。

【今译】

孔子说："发财和当官这是人们所想往的，不用正当的方法得到它，君子不接受。贫穷与下贱是人们所厌恶的，用不正当的方法摆脱它，君子也不会逃避。君子离开了仁德，怎么成就名声呢？君子就是在吃一顿饭的时间里也不离开仁德，在仓促紧迫的时候也一定与仁德同在，在颠沛流离的时候也一定与仁德同在。"

【成语】

终食之间：吃完一顿饭的时间，形容时间很短。

造次颠沛：在仓促不安定的时候。

【解难】

孔子：君子无终食之间违仁，造次必于是，颠沛必于是

行仁贵在坚守。君子守死善道，唯仁是求，虽处于贫贱而也不寻求摆脱。离开道、离开仁绝不可以为君子，哪怕在吃一顿饭的短暂时间也不离开仁，哪怕仓促紧迫无暇顾及也不离开仁，哪怕颠沛流离困顿不堪也不离开仁。不合于仁，虽富贵不接纳；合于仁，虽贫贱不摆脱。《礼记·儒行》："戴仁而行，抱义而处，虽有暴政，不更其所。"荀子曰："岁不寒无以知松柏，事不难无以知君子。无日不在是。"

【参考】

杨伯峻《论语译注》："'富与贵'可以说'得之'，'贫与贱'却不是人人想'得之'，这里也讲'不以其道得之'，'得之'应该改为'去之'。"去，摆脱。

【延伸阅读】

孟子：过分不过分

彭更问曰："后车数十乘，从者数百人，以传（zhuàn）食于诸侯，不以泰乎？"孟子曰："非其道，则一箪食不可受于人；如其道，则舜受尧之天下，不以为泰，子以为泰乎？"（《孟子·滕文公下》）

大意 弟子彭更问道："随从车辆几十部，带领的学生几百人，在诸侯的客馆里辗转受到款待，不以为过分了吗？"孟子说："如果不合理，即使是一碗饭也不接受；如果合理，那么舜从尧手里接过天下也不过分，你以为过分吗？"

注释 彭更，孟子的弟子。传，古代客馆。

【4·6】

子曰："我未见好仁者，恶不仁者。好仁者，无以尚之；恶不仁者，其为仁矣，不使不仁者加乎其身。有能一日用其力于仁矣乎？我未见力不足者。盖有之矣，我未之见也。"

【注释】

①无以尚之：无法超过他了。无以，无法。尚，高过，超过。

②我未之见：是"我未见之"的倒装。

【今译】

孔子说："我没有见过爱好仁德的人，或者厌恶不仁的人。爱好仁德的人，无法超过他；厌恶不仁的人，他行仁的时候，不会使不仁的事加在自己身上。有能一整天用力在行仁的吗？（如果这样做了），我没有见过力量不够的人。大概有这种人吧，但我没见过。"

【解难】

孔子：为仁在于自己，未见力不足者

为仁在我，欲之则至。用力行仁，莫找借口。此章先言未见爱好仁德者，次言未见用力行仁者，末言未见用力行仁而不足者。意在劝人行仁关键是要行动，主动权在自己；再说渐成仁德，不要借口"力不足"。我欲行仁，斯仁至矣，有心求仁，哪怕只花一天的时间也是可以的。非不能也，是不为也。

【延伸阅读】

曾国藩联

大处着眼，小处着手；
群居守口，独居守心。

——清·曾国藩《自箴七》

打仗不慌不忙，先求稳当，次求变化；
办事无声无息，既要老到，又要精明。

——清·曾国藩《箴沅弟》

【4·7】

子曰："人之过也，各于其党。观过，斯知仁矣。"

【注释】

①各于其党：各属于不同的类型。于，从。党，类。

②斯知仁矣：仁，仁德，指品德的优劣（一说"仁"通"人"，亦通）。

【今译】

孔子说："人们的过错，各属于不同的类型。观察他的过错，就能知道他是什

么样的人了。"

【成语】

观过知仁：观察一个人的过错，就能知道他的品德如何。或观察一个人的过错，就能知道他是什么样的人了（"仁"通"人"）。

【解难】

孔子：观过知仁

人非圣贤，孰能无过？但物以类聚，人以群分，哪一类的人，就会犯哪一类过错。有君子、小人，有官吏、百姓，有士农工商，有仁人志士，也有苟全性命者，其所犯错误都各自属于不同的类型。如颜回不贰过，孔子五十学《易》无大过。观察一个人过错的性质，就知道他是仁者还是不仁了。

参阅　《子张篇》(19·8)："小人之过也必文。"又 (19·21)："子贡曰：'君子之过也，如日月之食焉：过也，人皆见之；更也，人皆仰之。'"

【延伸阅读】

观过知仁

农夫孙性私下征收百姓的钱物，用来给父亲买了一件衣服。父亲非常生气，说："我们有吴祐这样的好官，你怎么忍心欺骗他？"逼着儿子去认罪伏法。孙性惭愧害怕，拿着衣服从小门进入官衙自首。吴祐支开左右人员，询问缘由，孙性如实告知父亲的话。吴祐说："你因为想孝顺父亲的缘故，结果得了不好的名声，所谓'观察一个人所犯的过错，就能知道他是什么样的人了'。"吴祐让他回去感谢父亲，并把衣服送给他的父亲。(参见南朝·宋·范晔《后汉书·吴祐传》)

【4·8】

子曰："朝闻道，夕死可矣。"

【注释】

①朝闻道：早上知道了真理。闻，知道。《吕氏春秋·异宝》："名不可得而闻。"高诱注："闻，知也。"道，真理。朱熹《集注》："道者，事物当然之理。"文艺理论家王朝闻之名即源于此。

②夕：晚上。《说文》："夕，莫也。从月半见。"

【今译】

孔子说："早上知道了真理，当晚死了也可以。"

【成语】

朝闻道，夕死可矣：早晨知道了真理，晚上死了也可以，形容对真理或某种信仰的迫切追求，也作"朝闻夕死"。

【解难】

孔子：朝闻道，夕死可矣

人所行之路曰道，事物皆由人所行，故亦曰道。道，理也，天地自然之理，事物当然之理。"道"虽是共同认可的真理，但不学习，也不知"道"。孔子说：若是早上知道了真理，晚上死亦无憾。人生匆匆，譬如朝露，务必抓紧时间学"道"。夫子之言，表露了对闻道的渴望。

宋罗大经《鹤林玉露》甲编卷五："惟达故舍，惟舍故达，达是智，舍是勇。夫子曰：'朝闻道夕死可矣。'使未闻道，必有贪生怖死之心，安能夕死而可哉！可者，委顺而无贪怖之心也。'朝闻道'是达，'夕死可矣'是舍；达须是平时做工夫，舍则临事自然如此。"委顺，顺从。

【延伸阅读】

吾爱吾师，但吾更爱真理

亚里士多德是古希腊美学的集大成者，被恩格斯称为"最博学的人"，著述400余部，给亚历山大大帝当过老师。亚历山大十分尊敬他，说："生我身者是父母，生我智慧者是亚里士多德。"亚里士多德拜柏拉图为师，但他并不盲目崇拜老师，他说："吾爱吾师，但吾更爱真理。""美是比任何语言都有力的推荐信。"

【4·9】

子曰："士志于道，而耻恶衣恶食者，未足与议也。"

【注释】

①志于道：道，真理。《述而篇》（7·6）："子曰：'志于道，据于德，依于仁，游于艺。'"

②恶衣恶食：衣着简朴，饮食简单。恶，粗劣，粗糙。

【今译】

孔子说："读书人志在追求真理，但又耻于粗衣粗食的话，就不值得与他谈论真理了。"

【成语】

恶衣恶食：粗劣的衣服和粗糙的饮食。形容衣着简朴，饮食简单。

【解难】

孔子：读书人追求大道，不追求吃穿

先要学道，再是知道，其次是立志于道，然后是行道，最后是弘道。读书人广誉加身则轻文绣，志在求道则轻衣食。衣食不过是身体口腹之欲，无论何其华美和精细，都对德才无所增加。倘若一个人追求享乐和追求真理而不可兼得，并认为粗衣粗食是耻辱，就不值得与此等读书人谈论道了。《子罕篇》(9·27)："子曰：'衣敝缊袍，与衣狐貉者立而不耻者，其由也与？'"

【延伸阅读】

嘲薄粥

薄粥稀稀碗底沉，鼻风吹起浪千层。

有时一粒浮汤面，野渡无人舟自横。

——佚名

【4·10】

子曰："君子之于天下也，无适也，无莫也，义之与比。"

【注释】

①无适无莫：没有恰当和不恰当。适，适合，恰当。莫，不适合，不恰当。

②义之与比：是"与义比"的倒装，与道义靠近，即合理。义，适宜，合理。比，接近，合乎。

【今译】

孔子说："君子对于天下的事，没有恰当，也没有不恰当，合乎道义就行了。"

【成语】

无适无莫：没有恰当和不恰当，指处事善用灵活权宜手段。

【解难】

孔子：君子无适无莫，义之与比

天下之事，没有规定君子应该这样做，或不该这样做。君子唯义是从，一切以"义"为标准，用义来衡量，合乎义则可。义，宜也，是道义，是正义，是真理。君子无可无不可，君子不是教条主义者，君子有经有权，遵守常规，又善于变通，"义"在我心中，行在我手中。《孟子·离娄下》："孟子曰：'大人者，言不必信，行不必果，惟义所在。'"孔子是"圣之时者"，他"可以仕则仕，可以止则止，可以久则久，可以速则速"（《孟子·公孙丑上》）。《微子篇》(18·8)："我则异于是，无可无不可。"

【参考】

一说"适"音dí，厚；莫，薄。"无适无莫"是说君子待人没有厚薄、亲疏之分。

【延伸阅读】

周公三变

孔子曰："昔者周公事文王，行无专制，事无由己，身若不胜衣，言若不出口，有奉持于前，洞洞焉若将失之，可谓子矣。武王崩，成王幼，周公承文武之业，履天子之位，听天子之政，征夷狄之乱，诛管蔡之罪，抱成王而朝诸侯，诛赏制断，无所顾问，威动天地，振恐海内，可谓能武矣。成王壮，周公致政，北面而事之，请然后行，无伐矜之色，可谓臣矣。故一人之身，能三变者，所以应时也。"诗曰："左之左之，君子宜之；右之右之，君子有之。"（西汉·韩婴《韩诗外传》卷七）

大意 孔子说："从前周公事奉文王，行动不敢独断专行，不敢自作主张，小心谨慎得好像连衣服都撑不起来，连话都说不出口。手里捧着东西，恭敬小心得好像怕丢掉一般。真可以说是尽到为子之责了。武王死后，成王年幼，周公继承文王、武王的事业，坐在天子的位置上，处理天下的政务。他平定东西方部族的叛乱，征讨管叔、蔡叔的叛乱，抱着成王接受诸侯的朝拜，诛杀赏赐的裁断都由自己决定。他的威力震动天地，使天下畏惧，这可以说具有军事才能了。到了成王长大成人，周公把朝政还给他，自己面向北侍奉成王。凡事先请示后办理，没有一点骄傲自夸的神色，可以说是能守为臣之节了。所以一个人能有三次重大变化，完全是为了顺应时势的要求。"《诗经》上说："左之左之，君子宜之；右之右之，君子有之。"

【4·11】

子曰："君子怀德，小人怀土；君子怀刑，小人怀惠。"

【注释】

①怀德：思德，考虑提高道德。怀，思，念念不忘。朱熹《集注》："怀，思念也。怀德，谓存其固有之善。"

②怀土：思田，考虑扩大田土（一说思念家乡）。

③怀刑：思法，考虑遵守法律。刑，法律制度。

④怀惠：思利，考虑得到实惠。朱熹《集注》："怀惠，谓贪利。"惠，实惠，好处。

【今译】

孔子说："君子想的是提高道德，小人想的是扩大田土；君子想的是遵守法律，

085

小人想的是得到实惠。"

【解难】

孔子：君子小人，各有所怀

君子考虑的是增进道德，提高修养；小人考虑的是多种田地，增加收益。君子考虑的是法律规定，依法办事；小人考虑的是钻法律的漏洞，获取好处。于此可见君子、小人起心动念之异。

【延伸阅读】

子思赞君子

君子动而世为天下道，行而世为天下法，言而世为天下则，远之则有望，近之则不厌。(《中庸》)

大意 君子的举动世代是天下的楷模，行为世代是天下的法度，言语世代是天下的准则，在远处仰慕他，在近处也不讨厌他。

【4·12】

子曰："放（fǎng）于利而行，多怨。"

【注释】

①放：同"仿"，依据。《广雅·释诂四》："放，依也。"一说读如字，作"放纵"解，亦通。

【今译】

孔子说："依据利益而行事，多招来怨恨。"

【解难】

孔子：依利而行，招怨必多

钱少则乐，无则忧，多则累。精致的利己主义者以利益为中心，无利不起早，无利不干事，损人利己，锱铢必较，这种人必定惹来是非、怨恨、嫉妒、仇视。怨之多，祸必大，会有性命难保之虞，身首异处之祸。财是催命鬼，利是杀人刀。为贪财求利，有人杀人越货、贩毒走私、背信弃义、忘恩负义、抛弃亲情，但结果常常是人财两空，黄粱一梦。"利"是双刃剑，为国为民求利，人君职责所系，君子义当而为。若为一己私利，以利交朋友，利尽则各奔东西；以利谈婚嫁，利尽则劳燕分飞；以利待亲人，利尽则视为寇雠；以利搞合作，利尽则形同陌路；以利谋职业，则这山还望那山高。囹圄之人多为好利之徒，坟冢之魂亦有贪财之鬼。官吏不与庶民争利，君子不与小人争利，富人不与穷人争利。对于好利之人，"见十金而色变，不可治一邑；见百金而色变，不可统三军"。贪荣好利者如蛾赴烛，青蝇逐臭，蜗牛升壁，所以康有为在《论语注》中深戒君子，警告小人："利则多怨……在天下则为乱源，而争始必以杀终。"

【延伸阅读】

难得糊涂

郑板桥尝书四字于座右，曰"难得糊涂"，此极聪明人语也。余谓糊涂人难得聪明，聪明人又难得糊涂，须要于聪明中带一点糊涂，方为处世守身之道。（清·钱泳《履园丛话》卷二十四）

【4·13】

子曰："能以礼让为（wéi）国乎？何有？不能以礼让为国，如礼何？"

【注释】

①为国：治国。为，治理。
②何有：何难之有，治国有什么困难，不难之辞。
③如礼何：如……何，对……怎么办。

【今译】

孔子说："能用礼让治国吗？治国还有什么困难呢？不能用礼让来治国，又怎样对待礼呢？"

【成语】

礼让为国：用礼所提倡的谦让精神治理国家。

【解难】

孔子：礼让治国

人之命在天，国之命在礼。礼是让的表现形式，让是礼的具体落实。如泰伯三让天下，尧舜禅让帝位。有礼则辨尊卑，正名分；有让则讲秩序，有和谐。礼让，使身修家齐，上下相洽。如此，君主躬己南面而已，垂衣裳而天下治，治国何难？如果不用礼让来治国，执政者又怎样对待礼呢？夫子言外之意不言而喻。

【延伸阅读】

《礼记》论礼

礼之于正国也，犹衡（秤）之于轻重也，绳墨之于曲直也，规矩之于方圆也。……故以奉宗庙，则敬；以入朝廷，则贵贱有位；以处室家，则父子亲，兄弟和；以处乡里，则长幼有序。（《礼记·经解》）

【4·14】

子曰:"不患无位,患所以立。不患莫己知,求为可知也。"

【注释】

①不患所以立:所以,用来。立,立足于官位。

②莫己知:"莫知己"的倒装。

③求为可知:求,想法。可,值得。

【今译】

孔子说:"不要担心没有官位,而要担心用来立足于官位的本领。不要担心没有人了解自己,而要想法成为值得别人了解的人。"

【解难】

孔子:不要急于想当官,想出名

天地之大德曰生,圣人之大宝曰位,何以守位曰仁,何以正人曰义。此章孔子说,不要担心做不成官,而是担心有什么本事在官位上立足;不要担心千里马遇不到伯乐,而要设法使成为一个有真才实学、值得别人了解的人。意在告诫人们不要急于功名,而要沉潜修炼,磨砺以须,藏器待时。黄式三《论语后案》:"位所以立,上则经天纬地,下则移风易俗,固难也。"《宪问篇》(14·30):"不患人之不己知,患其不能也。"

【延伸阅读】

袁 道

斯时天子方征北狄,道上奏云:"臣本书生,幸逢盛世。继叨(tāo)禄食,久冒官荣,素无敏才,不能图报。猥仕严近,承乏谏垣。敢竭愚衷,上补圣政。……故人谓御戎无上策,臣思之未为至论。臣以忠信结之为上策,择将守边为次策,以兵伏之为中策,以女妻之为下策,玉帛结之为无策。臣虽甚愚,不识忌讳,身有言责,固当上陈。"帝喜其奏,诏授中丞。危言鲠直,倾动朝野,奸邪沮气,中外属望。(宋·刘斧《青琐高议》卷二)

注释 袁道,慈云寺长老,益州人。叨,有愧于。猥仕,卑微做官。严近,接近尊位,即近侍郎。承乏,暂任某职务的谦称。谏垣,谏官官署,即专职谏官的办公场所。

【4·15】

子曰："参（shēn）乎，吾道一以贯之。"曾子曰："唯（wěi）。"子出，门人问曰："何谓也？"曾子曰："夫子之道，忠恕而已矣。"

【注释】

①参：曾子之名，姓曾名参，字子舆，小孔子四十六岁。古人以尊临卑，一般称呼其名。

②吾道一以贯之：道，学说。一以贯之，"以一贯之"的倒装。以，用。贯，贯穿，统领。

③唯：是，敬辞，表示答应，是应之速。

④忠恕：儒家的一种道德规范。忠，谓尽心为人；恕，谓推己及人。

【今译】

孔子说："曾参啊，我的学说有一个基本观念用来贯穿它。"曾子说："是。"孔子出去了，同学问曾子道："这是什么意思？"曾子说："老师的学说，就是忠和恕罢了。"

【成语】

一以贯之：孔子的忠恕思想贯穿于他的全部学说和行为之中，泛指某种理论或思想贯穿于事物的始终。

【解难】

曾子：夫子之道，忠恕而已矣

一理分万事，万事归一理。孔子的一贯之道是"仁"。天道行仁，人道尚仁，先王之道好仁，君子之道求仁。仁是一，曾子将一分为二，即忠和恕。内尽于心、尽己之心谓之忠，推己及人、将心比心谓之恕。忠以事上，恕以接下；忠来自内心为自守之德，恕是体谅对方为待人之德。孔子认为："忠"是"己欲立而立人，己欲达而达人"，"恕"是"己所不欲、勿施于人"。从字面看，中心为忠，中下从心，谓言出于心；如心为恕，谓待人如己之心。孔子对曾参说：世上万事万物，芸芸众生，何以处之？我就用一个基本理念贯通我的思想和言行。曾子对同学们说：老师的基本理念就是"忠恕"。这好比河流千万条，而发源必一处；千枝与万叶，生发于一根。孔子可谓高度概括其"仁"的核心，不思，无以有此言；不行，无以诲其徒。孔子的忠恕思想贯穿于他的全部学说，也贯通天下万理。

【延伸阅读】

袁宏急中生智

袁宏始作《东征赋》，都不道陶公。胡奴诱之狭室中，临以白刃，曰："先公勋业如是，君作《东征赋》，云何相忽略？"宏窘蹙（cù）无计，便答："我大道公，何以云无？"因诵曰："精金百炼，在割能断。功则治人，职思靖乱。长沙之勋，为史所赞。"（南朝·宋·刘义庆《世说新语·文学》）

大意 袁宏起初写《东征赋》时，完全没提到陶侃。陶侃的儿子陶范就把他骗到一个狭小的屋子里，拔出白晃晃的刀来指着他，说道："先父的功勋业绩这样大，您写《东征赋》，为什么忽略了他？"袁宏难堪紧迫，无计可施，便回答说："我是大大地称道了陶公的，怎么说没有写呢？"于是就朗诵道："精美的金属千锤百炼，天下物品切割就断。陶公的功业是安定百姓，一心想着平定叛乱。长沙郡公的伟大功勋，被史家赞颂。"

注释 都不道陶公：都，完全。胡奴，陶侃的儿子陶范，小字胡奴。治人，安定人心。职思靖乱，职，执掌，主管；靖，平定。长沙之勋，陶侃曾封长沙郡公。

【4·16】

子曰："君子喻于义，小人喻于利。"

【注释】

①喻：懂得，明白。

【今译】

孔子说："君子懂得大义，小人懂得财利。"

【解难】

孔子：君子喻于义，小人喻于利

义，是天地间的正道；利，是人世间的贪欲。君子懂得大义，小人懂得获利。君子求仁义，小人求财利；君子可舍身求义，小人愿舍命求利；君子担心损坏仁义的美名而小心翼翼，小人担心丧失钱财而无所不至。《孟子·尽心上》："鸡鸣而起，孳孳为善者，舜之徒也。鸡鸣而起，孳孳为利者，跖（zhí）之徒也。欲知舜与跖之分，无他，利与义之间也。"孳孳，同"孜孜"，勤勉。

【延伸阅读】

季羡林论国学

"国学"就是中国的学问，传统文化就是国学。国学蕴藏着恒久的治世之道与智慧，是中华民族绵延不绝的精神基因。国内各地地域文化和五十六个民族创造的文化，都包括在国学的范围之内。儒家、道家、佛家，包括敦煌学都是国学范围。吐火罗文最早在新疆发现，是中古时代的一种语言，是别的地方没有的。孝悌忠信是鲁文化，着重讲内心的，内在的；礼义廉耻是齐文化，讲外在的，约束人的地方

多。因为鲁国农业发达，人们日出而作，日落而息；齐国靠海，商业发达，有刻舟求剑的故事。（季羡林《国学二题》）

【4·17】

子曰："见贤思齐焉，见不贤而内自省也。"

【注释】
①见贤思齐：贤，本义是多财，引申为有才德的人。齐，相等，相同，看齐。
②自省：自行检查，自己反省。省，检查。

【今译】
孔子说："见到贤人就要想着向他看齐，见到不贤的人就该自我反省。"

【成语】
见贤思齐：看到贤人就向他看齐。

【解难】

孔子：见贤思齐，见不贤而内自省

贤不分古今，不及则思齐；省不分时处，有错自检查。看到贤于己的人，就想法追赶，向他看齐；看到不贤的人，就对照反省，及时匡正，避免犯跟别人同样的错误。君子踵圣贤之芳规，以狂愚为借鉴，见贤思齐则不断上进，见不贤自省而出污泥不染。

【延伸阅读】

家君之贤

客有问陈季方："足下家君太丘有何功德，而荷天下重名？"季方曰："吾家君譬如桂树生泰山之阿（ē），上有万仞之高，下有不测之深；上为甘露所沾，下为渊泉所润。当斯之时，桂树焉知泰山之高、渊泉之深？不知有功德与无也！"（南朝·宋·刘义庆《世说新语·德行》）

大意 有位客人问陈季方说："您的父亲太丘有什么功德而能在天下享有崇高的声名？"季方说："我父亲好像是生长在泰山山腰的一株桂树，上面是万丈高的陡壁山峰，下面有无法测量的深渊；树顶被雨露浇灌，树根有泉水滋润。在这种情况下，桂树又哪里会知道泰山有多高，深渊有多深呢？所以我不知道我父亲有没有功德。"

注释 家君，对人谦称自己父亲；前加"足下"，也用于称对方父亲。荷，担当。山之阿，山的弯曲处。此文用泰山之高、深渊之深来衬托陈太丘的学问之高和懂得的道理之深。

【4·18】

子曰:"事父母几谏(jī jiàn),见志不从,又敬不违,劳而不怨。"

【注释】

①几谏:婉言劝谏。几,微,婉转。
②见志不从:志,心意。
③劳而不怨:劳,劳苦,辛苦(一说忧)。

【今译】

孔子说:"侍奉父母要委婉规劝过失,看见自己的心意没有被听从,仍然要恭敬不去违抗,(按照父母的意思)辛苦去做而不埋怨。"

【成语】

劳而无怨:此章是指劳苦但不埋怨,形容孝子极力侍奉父母。后来指劳累而没有怨言。《尧曰篇》(20·2)的"劳而不怨"是指使百姓辛劳而不怨恨。

【解难】

孔子:规劝父母要委婉

"几"是轻微委婉,"几谏"是委婉规劝,柔声细语,既不彰亲之咎,又无进谏之名,使父母在不知不觉中接受子女的意见而改其过。父母有错而子女不谏,会陷父母于不义。子女要相机而谏,微谏不倦,谏而不逆。先顺承父母,再委婉劝说,态度不能强硬,语气不能生硬;若父母坚持己见,子女不要顶撞、抱怨,要另寻时机沟通。

《礼记·内则》:"父母有过,下气怡色,柔声以谏。谏若不入,起敬起孝。"

【延伸阅读】

孝子不从命有三

孝子所以不从命有三:从命则亲危,不从命则亲安,孝子不从命乃衷;从命则亲辱,不从命则亲荣,孝子不从命乃义;从命则禽兽,不从命则修饰,孝子不从命乃敬。(《荀子·子道》)

大意 孝子不服从命令的原因有三种:服从命令父母亲就会危险,不服从命令父母亲就会安全,那么孝子不服从命令就是忠诚;服从命令父母亲就会受到耻辱,不服从命令父母亲就会光荣,那么孝子不服从命令就是奉行道义;服从命令就会使父母亲的行为像禽兽一样野蛮,不服从命令就会使父母亲的行为富有修养而端正,那么孝子不服从命令就是恭敬。

【4·19】

子曰:"父母在,不远游,游必有方。"

【注释】

①不远游:游,流动,不固定,指离开家乡求学、求官、经商、创业等。

②游必有方:方,常所。

【今译】

孔子说:"父母在世,不到远处游历,到远处游历必须有确定的地方。"

【成语】

游必有方:外出游历必须有确定的地方。

【解难】

孔子:陪伴,是最大的孝顺

儿行千里母担忧,母行千里儿不愁;母疼儿是长江水,儿孝母是扁担长。子女背井离乡,父母牵肠挂肚。游子多有一日之游,就会少尽一日之养,父母少膝下之欢,缺天伦之乐。古时交通落后,别时容易见时难,若出门后辗转四处,更会音信杳然。况且寿夭生死无常,若父母一病不起,子女将遗憾终身。若近而有方,可急走急返,照料双亲。因此,父母老了,子女要行止有定,来去有时,常回家看看,尽量尽孝道。《礼记·玉藻》:"亲老,出不易方,复不过时。"是说父母年龄大了,出门后不要改变原来确定的地方,回家不要超过定好的时间,以免让父母担心。

【延伸阅读】

人子之礼

凡为人子之礼,冬温而夏清,昏定而晨省,在丑夷不争。……夫为人子者,出必告,反必面。所游必有常,所习必有业。恒言不称老。年长以倍则父事之,十年以长则兄事之,五年以长则肩随之。群居五人,则长者必异席。(《礼记·曲礼上》)

大意 凡做子女的侍奉父母的基本礼节是冬天让父母暖和,夏天让父母凉爽,晚上为父母铺好枕席,早晨要向父母问候请安,与平辈相处不发生争执。……做子女的,外出一定要禀告父母,回家一定和父母见面。出门在外的须有固定的地方,所学习的东西一定要有相对应的职业。平常讲话不可自称"老"。对于年长自己一倍的人应当待之如父,对于年长自己十岁的人应当待之如兄,对于年长自己五岁的人,虽可以并肩而行,但仍须略微退后。平辈五人同居一处,应让年长者另坐一席。

注释 清,凉。定,安。省,探望,问候。丑夷,犹侪辈,古称年辈相同、学行相类的人。

【4·20】

子曰:"三年无改于父之道,可谓孝矣。"

【注释】

此章重出,见《学而篇》(1·11)章。刘宝楠《论语正义》:"论语中重出者数章,自缘圣人屡言及此,故记者随文记之。"

【今译】

孔子说:"三年不改变父亲生前好的政治措施,可以说是孝顺了。"

【4·21】

子曰:"父母之年,不可不知也。一则以喜,一则以惧。"

【今译】

孔子说:"父母的年纪,不可不知道。一方面为他们添寿而欢喜,另一方面为他们的衰老而恐惧。"

【成语】

一则以喜,一则以惧:一方面因此而欢喜,另一方面因此而恐惧。后来形容那些既使人高兴又使人害怕的事。

【解难】

孔子:人生易老天难老,让人欢喜让人忧

堂上二老是活佛,何用灵山朝世尊。父母寿考,子女能承欢膝下则喜;父母衰老,来日不多去留难卜则惧。看自然界,林无静树,川无停流,风云不测,树欲静而风不止;看人世间,时光飞逝,生死难卜,旦夕祸福,子欲养而亲不待。因此,孝子事亲,要记住父母的年纪,居则致其敬,养则致其乐,病则致其忧。

【延伸阅读】

祝寿诗

贵溪陶集分教扬州,画葡萄一幅,并题诗给杨一清贺寿,杨见之大喜。诗云:
万斛骊珠带雨鲜,摘来浸酒荐春筵。
枝头剩有千千颗,一颗期公寿一年。

陈世崇《随隐漫录》卷三载:"史相生朝,寺观皆有厚馈,独无准献偈(jì)云:'日月两条烛,须弥一炷香。祝公千岁寿,地久与天长。'史大喜。"

注释 斛，量器，十斗为一斛。骊珠，古代传说中骊龙颔下的宝珠。后比喻为珍贵之物。此指葡萄。荐，献。春筵，酒席。偈，佛经中的唱词。须弥，古印度神话中的高山名。

【4·22】

子曰："古者言之不出，耻躬之不逮（dài）也。"

【注释】
①躬之不逮：自己不能做到。躬，身，自己。逮，及，做到。

【今译】
孔子说："古人话不轻易出口，他们耻于自己不能做到。"

【解难】

孔子：言不轻出，失言则耻

古人尚行，言不妄出，言不轻出，若言而无行，徒留笑柄，则深以为耻。言"古者"意即今不见也。君子要言行相顾，先行后言，力行寡言。《宪问篇》（14·27）："君子耻其言而过其行。"《老子》（六十三章）："轻诺必寡信，多易必多难。"《礼记·儒行》："忠信以为甲胄，礼仪以为干橹。"甲胄，铠甲和头盔。干橹，盾牌。

【延伸阅读】

周成王桐叶封弟

成王与唐叔虞燕居，援梧叶以为珪，而授唐叔虞曰："余以此封女。"叔虞喜，以告周公，周公以请曰："天子其封虞邪？"成王曰："余一人与虞戏也。"周公曰："臣闻之，天子无戏言。天子言，则史书之，工诵之，士称之。"于是遂封叔虞于晋。（战国·吕不韦《吕氏春秋·审应览·重言》）

大意 周成王与唐叔虞闲居时，摘下梧桐叶子当珪，交给唐叔虞说："我拿这个来封你。"叔虞很高兴，把这事告诉了周公。周公向成王请示说："天子您封叔虞了吧？"成王说："我是跟叔虞开玩笑呢。"周公说："我听说过，天子没有开玩笑的话。天子一说话，史官就记下来，乐人就吟诵，士就颂扬。"成王于是就把叔虞封在晋。

注释 周成王，姬姓，名诵，是周武王姬发之子，西周王朝第二位君主，在位二十一年。周成王继位时年幼，周公旦摄政，辅佐侄儿周成王七年。周成王亲政后，营造新都洛邑，享年三十五。周成王与其子周康王统治期间天下大治，"刑错四十余年不用"，被誉为"成康之治"。

【4·23】

子曰："以约失之者鲜（xiǎn）矣。"

【今译】

孔子说："因为约束自己而有过失的人是很少的。"

【解难】

孔子：约束自己过失少

"约"是约之以礼，用礼来约束管控、自我收敛。收敛内心，不胡思乱想；收敛行为，不张狂自大；收敛言语，不夸夸其谈。善于约束自我的人，其心谦卑，其言谦和，其行谦谨，敬慎不败，而过失鲜矣。

【延伸阅读】

噎 瓜

温仲舒第三人及第，官至尚书。公在龙门时，一日，行伊水上，见卖瓜者，意欲得之，无钱可买，其人偶遗一枚于地，公怅然取食之。后作相，买园洛城东南，下临伊水，起亭，以"噎瓜"为名，不忘贫贱之义也。（宋·邵伯温《邵氏闻见录》卷七）

【4·24】

子曰："君子欲讷（nè）于言而敏于行。"

【注释】

①讷于言而敏于行：讷，迟钝。《说文》："讷，言难也。"敏，审慎。

【今译】

孔子说："君子要说话谨慎，做事审慎。"

【成语】

讷言敏行：说话谨慎，做事审慎。

【解难】

孔子：君子讷于言而敏于行

放言容易故欲讷，力行困难故须敏。"讷言"是因为谨慎以至于言语迟钝，结结巴巴，不善表达的样子。《老子》（四十五章）："大巧若拙，大辩若讷。""敏行"是做事谨慎周密，不盲目草率，不马虎苟且。不仅如此，君子"讷言"，还因为隔墙有耳，小人藏奸。《易经·系辞上传》："言行，君子之枢机。枢机之发，荣辱之主也。"又："乱之所生也，则言语以为阶。"阶，台阶。

漫画家丁聪专注于漫画艺术，其夫人沈峻爽朗贤惠，勤于唠叨。画家黄永玉深知丁家趣事，于是作一幅鹦鹉画，赠给丁聪夫人，画上题曰："鸟是好鸟，就是话多！"善意调侃丁聪夫人。丁聪夫妇甚爱此作，裱挂于客堂。

参阅　《学而篇》(1·14)："敏于事而慎于言。"

【延伸阅读】

舌

口是祸之门，舌是斩身刀。
闭嘴深藏舍，安身处处牢。

——五代·冯道

闲居自述

花如解语还多事，
石不能言最可人。

——宋·陆游

【4·25】

子曰："德不孤，必有邻。"

【注释】

①邻：邻居，引申为亲近。《广韵·真韵》："邻，亲也。"

【今译】

孔子说："有道德的人不会孤立，一定会有人与你站在一起。"

【成语】

德不孤，必有邻：指有道德的人不会孤立，一定会有人与你站在一起。

【解难】

孔子：德不孤，必有邻

坚守道德的人，一定有人与他同声相应，同气相求，和他亲近，如水流湿，火就燥，这就是道德的感召，这就是人格的魅力，正所谓"得道多助，失道寡助"。道德的感召，不因距离而有阻隔，即使相距千山万水，依然会产生心灵共鸣，不能做地理位置上的朋友，但可以做心灵上的邻居，有邻则不孤。相反，若道德败坏，则万事瓦裂，人们唯恐避之不及，岂愿与之为邻？《易经·系辞上传》："君子居其室，出其言，善则千里之外应之，况其迩者乎？"

【延伸阅读】

论 德

生而不有，为而不恃，长而不宰。（《老子》第二章）

多行不义必自毙。（《左传》）

从善如登，从恶如崩。（《国语·周语下》）

善气迎人，亲如兄弟；恶气迎人，害于戈兵。（《管子·心术下》）

志士不饮盗泉之水，廉者不受嗟来之食。（《后汉书·乐羊子妻传》）

出淤泥而不染，濯清涟而不妖。（宋·周敦颐《爱莲说》）

金玉满堂莫收，古人安此尘丑。独以道德为友，故能延期不朽。（魏晋·嵇康）

勿以恶小而为之，勿以善小而不为。（《三国志·蜀书·先主传》）

【4·26】

子游曰："事君数（shuò），斯辱矣；朋友数（shuò），斯疏矣。"

【注释】

①子游：即言偃，字子游，孔子学生，长于文学，曾任武城县长。孔子死后，子游到南方大力传播孔学，有"南方夫子"之称。

②数：屡次，频繁，烦琐。《尔雅义疏·释诂上》："数，与屡同意。"

③斯：乃，就。

【今译】

子游说："侍奉君主烦琐了，就会招来羞辱；和朋友交往烦琐了，就会疏远。"

【解难】

孔子：保持距离，亲密有间

"保持距离"是交往原则，也是生存大道。事君交友，要亲密有间，不然事与愿违。常聚者，关系反而疏远；久违者，一直装在心间，这是交往的悖论。故一日不见，如隔三秋；一日三见，未曾怀念。中心藏之，何日忘之！

君臣以义合。合则相与，不合则不必强求。当以道事君，依礼而行，不要无事也登三宝殿，否则求荣而反辱，求亲而反疏。《先进篇》（11·24）："所谓大臣者，以道事君，不可则止。"

朋友以信合。重在诚信交往，雪中送炭，而不是群居终日，言不及义。开导朋友，善不纳，则当止。《颜渊篇》（12·23）："子贡问友。子曰：'忠告而善道之，不可则止，毋自辱焉。'"

就是父子之间也最好不要以善来要求，所以"古者易子而教之，父子之间不责善。责善则离，离则不祥莫大焉"（《孟子·离娄上》）。

【延伸阅读】

孟子论交友

万章问曰："敢问友。"孟子曰："不挟长、不挟贵、不挟兄弟而友。友也者，友其德也，不可以有挟也。……用下敬上，谓之贵贵；用上敬下，谓之尊贤。贵贵、尊贤，其义一也。"（《孟子·万章下》）

大意 万章问："请教一下交友之道。"孟子说："不能倚仗年龄长、不能倚仗官位高、不能倚仗兄弟有权势而交朋友。所谓交友，看中的是别人的品德，不能倚仗别的什么。……地位低的敬重地位高的，叫尊敬贵人；地位高的敬重地位低的，叫尊敬贤人。尊敬贵人和尊敬贤人，他们的道理是一样的。"

公冶长篇第五
（共二十八章）

【5·1】

子谓公冶长，"可妻（qì）也。虽在缧绁（léi xiè）之中，非其罪也。"以其子妻（qì）之。

【注释】

①子谓公冶长：谓，谈论，评论。公冶长，复姓公冶名长，字子长，齐国人，一说鲁国人，是孔子的学生和女婿，传说通鸟语。

②可妻：妻，嫁给他为妻。

③缧绁：捆绑犯人用的绳索，借指牢狱。缧，捆绑犯人的黑色绳索。绁，牵牲畜的绳索。

④以其子妻之：子，古代儿、女皆称"子"，这里指女儿。孔子的女儿，史载不详。

【今译】

孔子谈论公冶长，"可以把女儿嫁给他。他虽然曾被关在牢狱之中，但不是他的罪过。"孔子便把自己的女儿嫁给了他。

【成语】

缧绁之忧：指有坐牢的危险。

【解难】

孔子择婿公冶长

公冶长出身卑贱，但懂鸟语，特别懂麻雀和燕子的语言，因此被冤枉入狱，但孔子却把自己的女儿嫁给了他。结婚，是结异姓之好，上祭祀宗庙，下延续后代，所以君子重视婚礼。孔子不论门庭，不拘形迹，把女儿嫁给坐过牢的公冶长，为什么呢？一则公冶长虽坐过牢，但是无妄之灾，是无辜获罪，不是他的过错，不足为辱；二则公冶长被冤枉入狱，并未自暴自残，保有气节；三则公冶长平素的德才兼备，作为学生，孔子也对他很了解，不因他坐过牢而鄙视他；四则公冶长天赋异禀，有懂鸟语等过人之长。

后以"公冶罪"为无辜而遭罪的代称。

【延伸阅读】

奇人公冶长

据传，公冶长被老太太诬陷入狱。一次他游学回家，走到鲁国边境听到鸟儿们在说："有个地方死了人，已经穿肠烂肚了，大家伙赶紧去吃。"他再往国内走，碰到一位老太太在哭自己的儿子，公冶长因为懂得鸟语，就把鸟儿们说的具体地址告诉了老太太。老太太前往，果然找到了儿子的尸体。老太太把公冶长告到官府，说我找了这么久都没找到，他怎么就知道尸体的地方？肯定是公冶长杀害的。县官一听，就把公冶长逮捕入狱。

没过多久，麻雀飞临监狱上空鸣叫，公冶长听出它们是说"齐人出师侵我疆"，于是迅速报告监狱长，请他禀告鲁君。鲁君派人前往察看，果然是齐军将抵达鲁国边境，急忙发兵应敌，鲁国大获全胜。官府因此释放公冶长而厚赐之，欲赐爵为大夫，公冶长辞谢不受。可能耻于因禽语得禄，后世遂废其学。

【5·2】

子谓南容，"邦有道，不废；邦无道，免于刑戮"。以其兄之子妻之。

【注释】

①南容：复姓南宫名适（kuò），亦作南宫括，字子容，住在南宫，是孔子的学生和侄女婿。"括"和"容"都有包容之义。

②邦有道，不废：邦，诸侯国。有道，有好的政治局面，即政治清明。不废，不被废置，即有官做。

③刑戮：受刑和杀戮。

④以其兄之子妻之：兄，孔子的庶兄孟皮，早卒。子，女儿。

【今译】

孔子谈论南容，"国家政治清明时，他不被废置；国家政治黑暗时，他能免受刑杀"。孔子把便自己哥哥的女儿嫁给了他。

【解难】

孔子择侄女婿南容

南容崇尚道德，处事谨慎。孔子称赞他是君子，《宪问篇》（14·5）："君子哉若人！尚德哉若人！"欣赏他像玉石一样有洁白无瑕的品质，《先进篇》(11·6)："南容三复白圭，孔子以其兄之子妻之。"同时，南容处事灵活。孔子说他身在治世，才能不被埋没而被重用做官；身在乱世，能清廉自守，全身远祸，不受刑杀。体现了政治智慧和修养深厚。孔子择贤而配，把侄女嫁给了南容。如果孔子把侄女嫁给坐过牢的公冶长，把自己女儿嫁给贤能的南容，人们会对此非议，而孔子恰恰相反，足见圣人之心至正至公。

【延伸阅读】

情　诗

君生我未生，我生君已老。
君恨我生迟，我恨君生早。

——陈尚君辑校《全唐诗续拾》（卷五十六）

身在碧云西畔，情随陇水东流。

——宋·沈唐《雨中花》

【5·3】

子谓子贱，"君子哉若人！鲁无君子者，斯焉取斯？"

【注释】

①子贱：姓宓（fú）名不齐，字子贱，比孔子小三十岁，孔子的学生，曾任鲁国单父（Shàn Fǔ）的县长，有善政，他身不下堂，鸣琴而治，被后世地方官奉为楷模。古人见贤思齐，"不齐"是谦言不及贤人，故"贱"，名与字义近。

②若人：此人。若，此。

③斯焉取斯：前一"斯"指此人，即子贱；后一"斯"指此德，即君子之德。焉，哪里。取，汲取、获取。

【今译】

孔子谈论子贱，"这人是君子呀！鲁国如果没有君子的话，这个人从哪里汲取的这种美德呢？"

【解难】

孔子：鲁国多君子，子贱好学习

子贱为人低调，严于自修而已成君子，但其不求被人知道，故有夫子之叹："君子哉若人！"但君子之德除了自我修养外，还因为鲁国人才斯为盛，贤人君子多，使子贱能尊师取友、好学亲贤而成此美德。否则，虽欲请教而无师，虽欲切磋而无友。

【延伸阅读】

孔蔑之失，宓子贱之得

孔子的弟子孔蔑与宓子贱都做了官。孔子经过孔蔑处，问他道："你做官以后，得到了什么？损失了什么？"孔蔑说："自我做官以后，没有得到什么，反而损失了三样：公事缠身，所学内容无法实践，因此学习的知识不能透彻理解，这是第一个损失；俸禄很少，连稀饭都不能分享给亲戚，亲戚和我日益疏远了，这是第二个损失；公务紧急，我没有时间吊唁死者，探望病人，朋友和我日益疏远了，这是第三个损失。"

孔子听了不高兴，又去见宓子贱，说："你做官以后，得到了什么？损失了什么？"宓子贱说："自我做官以后，没有什么损失，而是有三个收获：起初学习的内容，现在能够实践推行它了，因此我对学习的知识理解得更加透彻，这是第一个收获；俸禄虽然少，但稀饭还是可以和亲戚分享，亲戚和我的关系更加亲近了，这是第二个收获；公务虽然紧急，夜间辛苦点去吊唁死者，探望病人，朋友和我的关系更加友好了，这是第三个收获。"孔子评论子贱说："这人是君子呀！鲁国如果没有君子的话，这个人从哪里汲取的这种美德呢？"（参见《说苑·政理》）

【5·4】

子贡问曰："赐也何如？"子曰："女，器也。"曰："何器也？"曰："瑚琏也。"

【注释】

①赐：端木赐，字子贡，长于外交和经商。

②女，器也：女，同"汝"。器，器具，器皿。

③瑚琏：瑚和琏都是祭祀时盛粮食的玉饰器皿，上下扣合。因其是贵重的宗庙礼器，用于比喻人有才能，堪当重任。

【成语】

瑚琏之器：瑚琏：瑚、琏都是古代祭祀时用以盛黍稷的器皿。因其贵重，常用以比喻才干高、能胜任大事的人。

【今译】

子贡问孔子："我怎么样？"孔子说："你呀，好比一个器皿。"子贡又问："什么器皿呢？"孔子说："是瑚琏。"

【解难】

孔子评子贡：珍贵的瑚琏之器

瑚和琏是宗庙祭祀时盛装粮食的器皿，夏曰瑚，商曰琏，周曰簠簋（fǔ guǐ）。

其器饰以玉，甚为贵重，用于重要的祭祀场合。故常以"瑚琏"比喻有用之才，堪当大任，能派上大用场。唐代李华《卢郎中斋居记》："公以瑚琏之器为郎官，以干将之断宰赤县。"但凡器，皆定型、定用，所以孔子说："君子不器。"君子不能只像一个器皿那样用途受限。子贡现在还是一个器皿，一个贵重但用途有限的瑚琏之器，还没有修成一个君子，君子则不器。贬中有褒，意在鼓励子贡，肯定子贡虽非全才，也是专才。

陆陇其《松阳讲义》："大抵天下人才最怕是无用。不但庸陋而无用，有一种极聪明极有学问的人，却一些用也没有。如世间许多记诵词章虚无寂灭之辈，他天资尽好，费尽一生心力，只做成一个无用之人。故这一个'器'字，亦是最难得的人。到了'器'的地位，便是天地间一个有用之人了。"

【延伸阅读】

凌云寺联

金钟大镛叩无不应；
泰山北斗仰之弥高。

——四川乐山

注释 镛，古代一种乐器。《说文》："大钟之谓镛。"

泰山平顶峰联

仰之弥高，钻之弥坚，可以语上也；
出乎其类，拔乎其萃，宜若登天然。

——清·徐宗干

注释 孔子的学问愈仰望愈觉得高，愈钻研愈觉得深，中等以上智慧的人可以告诉他高深的学问；孔子在他的同类中特别突出，在人群中特别拔尖，好像登上了青天一样。

【5·5】

或曰："雍也仁而不佞。"子曰："焉用佞？御人以口给（jǐ），屡憎于人。不知其仁，焉用佞？"

【注释】

①雍：姓冉名雍，字仲弓，孔子的学生，名列德行科，是孔子唯一推荐的可以做天子、诸侯、正卿这样的政治领袖的学生。《雍也篇》（6·1）："子曰：'雍也可使南面。'"

②仁而不佞：不佞，没有口才。旧时用"不佞"来谦称自己，犹言不才。佞，有口才。

③御人以口给：御，抵挡，对付。口给，口才好。给，敏捷，伶俐。

【今译】

有人说："冉雍有仁德但口才不好。"孔子说："要口才干什么？对付人靠口齿伶俐，常常被人讨厌，不知其仁。但也不要用口才来衡量人！"

【解难】

孔子评冉雍：靠人品道德，不靠耍嘴皮子

冉雍有仁德，为人重厚简默，但不善言辞，所以有人说他虽有优点，但也有缺点。孔子却说：一个人是靠才能和品德吃饭，哪里用得着靠会说话混饭呢？君子当用力于仁，不应用力于佞。仁者无言，其行足以率下，其德足以服众，如天不言自高，地不言自厚。而"佞"者，或巧言善辩，或婉曲隐晦，或善柔迎合，虽能屈人之口而不能服人之心，故被人憎恨。一个人重在修德，而不是善于言辞；重在观其行，而不是重在听其言。孔子厌恶利口覆邦，主张"讷"，少言寡语，言语谨慎；反对"佞"，花言巧语，谄媚迎合。

【延伸阅读】

解昭君怨

莫怨工人丑画身，莫嫌明主遣和亲。
当时若不嫁胡虏，只是宫中一舞人。

——唐·王睿

注释 工人丑画身，因王昭君未贿赂画工毛延寿，毛延寿便故意丑化其貌，故昭君未引起汉元帝的注意。胡虏，匈奴。

【5·6】

子使漆雕开仕。对曰："吾斯之未能信。"子说。

【注释】

①漆雕开，复姓漆雕名开，字子开，孔子的学生，小孔子十一岁，孔子之后"儒家八派"之漆雕氏之儒的创始者。漆雕开曾被牵连入狱，受膑刑而致残，但其身残志坚，学术成就颇高，著有《漆雕子》十三篇。

②未能信：信，自信。

【今译】

孔子让漆雕开去做官。漆雕开回答说："我对做官这事还没有自信。"孔子很

高兴。

【解难】

孔子评漆雕开：做官没自信，谦虚有自知

古代学而优则仕，"三年学，不至于谷，不易得也"（《泰伯篇》8·12）。孔子让漆雕开去做官，应该知道他德配其位，才任其职，但漆雕开说："当官这事，我还没有信心呢。"漆雕开不相信自己的从政能力。孔子听了很高兴，他高兴的是漆雕既谦虚又有自知之明。北京大学李零认为，战国齐陶有"漆雕里"，是制作漆器的工匠聚居地。漆雕开是鲁国人，鲁国也有这类漆匠聚居区。古代制造业经常使用劳改犯。漆雕开受过刑，是残疾人。古代工商业者地位低，不能做官，孔子叫漆雕开去做官，漆雕开说没有自信，大概是仍然有自卑感，信心不足。

【参考】

漆雕开，名开，但原名启，《史记》避景帝讳改，疑"开"为"启"之误。故宋人疑此章"吾"亦为"启"之误，"启"为漆雕开之名。孔子的弟子对老师都自称名，对师长称"吾"，礼所不许。

【延伸阅读】

喜子及第

御榜今朝至，见名心始安。
尔能俱中第，吾遂可休官。
贺客留连饮，家书反覆看。
世科谁不继，得慰二亲难。

——宋·张师锡

注释 世科，代代有人科举及第。

【5·7】

子曰："道不行，乘桴（fú）浮于海。从我者，其由与？"子路闻之喜。子曰："由也好勇过，我无所取材。"

【注释】

①道不行：不行，不能推行。
②乘桴："桴"是木筏或竹筏，小者曰桴，大者曰筏。
③其由与：其，恐怕，由，仲由，字子路，孔子直呼其名。"与"，同"欤"。
④由也好勇过：《经典释文》注另说曰："一读'过'字断句。"可从。
⑤无所取材：取材，没有可取的才能。"材"通"才"。"无所取材"诸解纷纭，

此解为上。

【今译】

孔子说:"我的治国之道不能推行,我就乘上木筏子漂浮到海岛上隐居。跟从我的人,恐怕是仲由吧?"子路听到这话沾沾自喜。孔子说:"仲由啊好勇过头,我对他没有什么可取的才能。"

【成语】

无所取材:没有什么可取的才能。

【解难】

孔子评子路:好勇过头,无所取材

孔子一生都在寻求施展抱负的机会,实现礼乐治国,复兴鲁国,但希望渺茫,于是无奈之中说出气话:如果我的主张不被推行,我将乘坐木筏子离开鲁国,到海岛上去隐居,但谁陪我同行呢?恐怕只有仲由了。仲由勇猛,但欠思考,未听懂老师说的是气话。老师心忧天下,志在行道,不会真的去海岛做隐士,但仲由听到老师带他同行的话后却沾沾自喜,所以孔子生气地说:仲由头脑简单,除了勇敢过头,其他没有什么可取之处。

【延伸阅读】

子路持剑

子路持剑,孔子问曰:"由,安用此乎?"子路曰:"善古者固以善之,不善古者固以自卫。"孔子曰:"君子以忠为质,以仁为卫,不出环堵之内,而闻千里之外;不善以忠化,寇暴以仁围,何必持剑乎?"子路曰:"由也请摄齐(zī)以事先生矣。"(西汉·刘向《说苑·贵德》)

大意 子路手持宝剑,孔子问他:"由,你怎么用得到这宝剑呢?"子路回答说:"对我友好的人我一定对他友好,对我不友好的人我用它来自卫。"孔子说:"君子以忠诚为本,以仁爱来防卫,不走出院墙,就能闻名于千里之外。对不友好的人用忠诚来感化,对强盗和残暴的人用仁爱来防卫,何必拿着宝剑呢?"子路说:"请允许我拜先生为师以侍奉先生。"

注释 摄齐,提起衣服下摆以防走路跌倒,此指子路行拜师礼。

【5·8】

孟武伯问:"子路仁乎?"子曰:"不知也。"又问。子曰:"由也,千乘(shèng)之国,可使治其赋也,不知其仁也。"

"求也何如?"子曰:"求也,千室之邑,百乘之家,可使为之宰也,不知其仁也。"

"赤也何如?"子曰:"赤也,束带立于朝,可使与宾客言也,不知其仁也。"

【注释】

①孟武伯:鲁国大夫,复姓仲孙名彘(zhì)。参见《为政篇》(2·6)的"注释"。

②千乘之国:有一千辆兵车的诸侯国。国,王、侯的封地。古代邦、国互训。

③可使治其赋:赋,兵,军队。古代按田赋出兵,故谓兵为赋。

④千室之邑:一千户人家的大邑。千室之邑是大邑,与都城相当。

⑤百乘之家:有一百辆兵车的国家。家,卿或大夫的封地,也称采邑、采地。这里"千室之邑"与"百乘之家"对举,"邑"应是公邑,由国君直接管辖;"家"是大夫的私邑。

⑥可使为之宰:宰,官名,卿大夫的家臣。古代长吏皆称宰,如一县的县长称宰,卿或大夫家的总管也称宰,因为卿或大夫本人要到天子那里去任职,所以必须聘请人来管理自己的封地。

⑦赤也何如:赤,复姓公西名赤,字子华,孔子的学生,小孔子四十二岁。

⑧束带立于朝:束带,束紧衣带,指穿上礼服,整饰衣冠,以示恭敬。朝,朝廷。

⑨可使与宾客言:宾客,贵客叫宾,一般客人叫客,散文则通,对文则异。

【今译】

孟武伯问:"子路做到了有仁德吗?"孔子说:"不知道。"孟武伯又问。孔子说:"仲由嘛,在一个有一千辆兵车的国家里,可以让他管理军事,但我不知道他是不是做到了仁。"

"冉求怎么样?"孔子说:"冉求嘛,在一个有千户人家的公邑,或者在有一百辆兵车的封地,可以让他当总管,但我也不知道他是不是做到了仁。"

"公西赤怎么样?"孔子说:"公西赤嘛,系上腰带站在朝廷,可以让他与外宾交涉,我也不知道他是不是做到了仁。"

【解难】

孔子评三人:子路治军,冉求主政,公西赤迎宾

此章孔子评论了子路、冉求、公西赤三弟子。孔子回答孟武伯说,子路适合掌管军事、兵役,做国防部长;冉求适合从政,到地方上工作,做行政首长;公西赤适合接待外宾,办理交涉,做外交部长。但有能力不等于有仁德,况且仁至重而至难,仁以为己任,是任之重;死而后已,是道之远;杀身成仁,是仁之难。仁道至大,仁德至高,仁人难及,唯有颜回三月不违仁,所以孔子不轻易肯定或称赞谁是"仁人",故答"不知也"。

此章亦看出孔门弟子的杰出才干，各有专擅。

"束带"解

刘宝楠《论语正义》："带，系缭于要，所以整束其衣，故曰束带。"缭，缠绕。古人无事则缓带，有事则束带。在腰为腰带，在胸为束带。腰带低缓，束带高紧。在正式场合，则高束至胸。

【延伸阅读】

盗亦有道乎？

陆长春《香饮楼宾谈》记载，江浙一带的大盗蔡牵伏诛后，余党仍往来劫夺，为害百姓，官府束手无策，总督遂单骑往抚招安。强盗们邀其上船，总督饮酒啖肉，苦心劝告，诱以富贵，而且拿出几十张空白任命书，要任命他们为官。强盗们跪拜投降，却有一个强盗立而不跪，总督这才看到那强盗背后的船窗上挂了一副对联：

道不行，乘桴浮于海；

人之患，束带立于朝。

【5·9】

子谓子贡曰："女与回也孰愈？"对曰："赐也何敢望回？回也闻一以知十，赐也闻一以知二。"子曰："弗如也，吾与女弗如也。"

【注释】

①孰愈：愈，胜，强。

②赐也何敢望回：赐，子贡自称。望，比。

【今译】

孔子对子贡说："你和颜回谁更强呢？"子贡回答说："我怎么敢和颜回相比呢？颜回听到一件事就能推知十件事，我知道一件事只能推知两件事。"孔子说："是不如他呀，我和你都不如他呀。"

【成语】

闻一知十：听到一点就能推知很多。形容十分聪明，善于类推。也说"闻一知二"。

【解难】

圣门高下：颜回闻一知十，子贡闻一知二

人有生而知之者、学而知之者、困而知之者。子贡和颜回皆受业于孔子，但天赋、造诣有高下，子贡自知不如颜回。颜回是生而知之，不但天资聪慧，而且谦虚好学，"以能问于不能，以多问于寡；有若无，实若虚"（《泰伯篇》8·5），"见其进也，未见其止也"（《子罕篇》9·21），故能始而见终，闻一知十，举一而类推无穷，若决江河。子贡是学而知之，孜孜以求，勤勉不已，告诸往而知来者，闻一知二，举一反三。

孔子说："吾与女弗如也。"何也？一是孔子自谦以安慰子贡——老师都觉得不如颜回，你不如颜回有啥羞愧的呢？二是弟子不必不如师，颜回将来可能超过老师。三是颜回还有一丝距离未及孔子，就是未到孔子"从心所欲不逾矩"的境界。

【参考】

"吾与女弗如也"另解。杨伯峻《论语译注》认为："与"是"动词，同意，赞同，这里不应该看作连词。"译为："赶不上他，我同意你的话，是赶不上他。"

【延伸阅读】

"弗""不"辨异

弗者，不之深也。凡经传言"不"者其文直，言"弗"者其文曲。"弗"与"不"不可互易。马建忠《马氏文通》："'弗'与'不'字无异，惟较'不'字辞气更遽耳。《论·公冶》：'弗如也，吾与女弗如也。'极言其不如之甚，有不待思索而急遽言之之状。"

【5·10】

宰予昼寝。子曰："朽木不可雕也，粪土之墙不可杇（wū）也，于予与何诛？"子曰："始吾于人也，听其言而信其行；今吾于人也，听其言而观其行。于予与改是。"

【注释】

①宰予：宰我，名予，字子我，孔子的学生，长于言语。名"予"与字"我"同义。

②粪土之墙：粪土，弃除的尘土，秽土。粪，抛弃，扫除。"粪"的本义是除（污秽、杂草等），扫除灰土污物，除去杂草。《说文》："粪：弃除也。"《段注》："古谓除秽曰粪。"《广雅·释诂三》："粪，除也。"王念孙疏证："粪，犹拂也，语之转耳。"《荀子·强国》："堂上不粪，则郊草不芸。"张岱《陶庵梦忆·梦与兰》：

"花谢，粪之满箕，余不忍弃。"

③圬：泥瓦工人用的涂抹泥巴的抹子，是涂墙的工具，木制曰圬，金制曰镘。往墙上涂抹泥巴，是防止风吹雨淋对墙体的侵蚀。这里作动词，指往墙上涂抹。

④于予与何诛：于，对于；予，宰予；与，语气词；何，什么；诛，责备，批评。

【今译】

宰予白天睡觉。孔子说："腐朽的木头不能雕刻，扫除的尘土不能涂墙，对宰予我还有什么可责备的呢？"孔子说："起初我对人，听了他的话就相信了他的行动；现在我对人，听了他的话还要观察他的行动。对宰予啊我改变了这种态度。"

【成语】

朽木不可雕：腐朽的木头不能雕刻成器。比喻人资质低劣，不可造就。

朽木粪墙：腐朽的木头，尘土筑的墙。比喻不可救药的人或事。

听其言而观其行：听了一个人说的话，还要观察他的行动。

【解难】

孔子骂宰予昼寝：朽木不可雕也，粪土之墙不可圬也

古人一日两餐，朝九晚四。第一顿饭叫朝食，上午九点左右；第二顿饭叫哺（bū）食，下午四点左右。古人日出而作，日入而息，无午睡的习惯。"昼"约是上午九点到下午四点，所以"昼寝"必在两餐之间，不久日落又要睡觉，一天的光阴就浪费了。宰予也是孔子的高足，但他白天睡觉，不惜光阴，志气昏惰，所以孔子生气，批评他不思进取，无所用处，犹如朽木不能用来雕刻，粪土不能用来刷墙。以往宰予或有高论，谁知旷课被夫子逮个正着，故老师说："我也要重新认识宰予了。"

认识一个人，有时真的需要一辈子。有的人高论忠诚，却散布谣言，投告阴状；有的人誓言铮铮，但临难偷生，逃之夭夭；有的人小时了了，大必未佳，一生平庸；有的人自言感恩，但过河拆桥，忘恩负义。世态万千，观人需慧眼，还需时间，更需经历事情来验证。

【延伸阅读】

昼寝诗

饱食缓行初睡觉，一瓯新茗侍儿煎。脱巾斜倚绳床坐，风送水声来耳边。（唐·裴度）

相对蒲团睡味长，主人与客两相忘。须臾客去主人觉，一半西窗无夕阳。（宋·陆游）

纸屏石枕竹方床，手倦抛书午梦长。睡起莞然成独笑，数声渔笛在沧浪。（宋·蔡持正）

注释 瓯，音ōu，杯。蒲团，用蒲草编的圆形垫子。沧浪，青色的水。

【5·11】

子曰:"吾未见刚者。"或对曰:"申枨(chéng)。"子曰:"枨也欲,焉得刚?"

【注释】

①申枨:又名申党,字周,鲁国人,孔子的学生,七十二贤之一。门两旁木柱曰"枨"。"周"有旁之义,如弃尸道周。

②枨也欲,焉得刚:也,语气词,表示停顿。欲,贪欲,贪心。焉得,怎么能。

【今译】

孔子说:"我没有见过刚强的人。"有人回答说:"申枨就是。"孔子说:"申枨欲望太多,怎么能够刚强呢?"

【解难】

孔子:多欲不刚

什么人是真正刚强的人?孔子认为,欲望多的人不是刚强的人。贪心太重谓之欲,坚强不屈之谓刚。有人认为申枨是刚强的人,但申枨只是刚愎自用,张狂无畏,不是正直之刚,所以孔子说:"我还没有见过真正刚强的人。"方正刚强的人无所求,不为五斗米折腰,不为名位所动,贫贱不能移,威武不能屈。想法太多的人必会有求于人,奴颜媚骨,昧心屈志,故多欲不刚。清代林则徐:"海纳百川,有容乃大;壁立千仞,无欲则刚。"人皆有欲望,正常的欲望合乎常情;太多的欲望则为贪欲,贪欲必出于私。

脾气大的人更不是刚强的人。脾气大者,本质上是自私自利的人,或逞淫威,耍霸气;或泄私愤,报私仇;或贪私利,图钱财。子路暴躁鲁莽,就被孔子批评了好几次。上等人有本领没脾气,中等人有本领有脾气,下等人没本领脾气大。

参阅 《论语》中,孔子提出了多种未见之人:一是"未见刚者",见本章。二是"吾未见能见其过而内自讼者也",见《公冶长篇》(5·27)。三是"吾未见好德如好色者也",见《子罕篇》(9·18)。四是"我未见好仁者,恶不仁者",见《里仁篇》(4·6)。

【延伸阅读】

性情缓急

西门豹之性急,故佩韦以自缓;董安于之心缓,故佩弦以自急。故以有余补不足,以长续短之谓明主(《韩非子·观行》)。

大意 西门豹性情急躁，常佩戴柔软的皮革来让自己性情舒缓一下；董安于的性情缓和，常佩戴绷紧的弓弦来让自己行动急跳一些。所以用有余来弥补不足，用长处来续补短处，就是英明的君主。

注释 西门豹，战国时魏国人，曾做邺令。韦，柔软的皮革。董安于，春秋时晋国赵简子的家臣。皮革加工后柔软，弦在弓上绷得很紧，两者佩在身上都可以提醒警示自己。因此"佩韦佩弦"形容随时警示自己，后来常比喻有益的规劝。

【5·12】

子贡曰："我不欲人之加诸我也，吾亦欲无加诸人。"子曰："赐也，非尔所及也。"

【注释】
①人之加诸我：加，诬，说假话冤枉别人。诸，于。
②赐也，非尔所及也：赐，端木赐字子贡。尔，你。所及，所能做得到。

【今译】
子贡说："我不想别人冤枉我，我也不想冤枉别人。"孔子说："端木赐啊，不是你个人所能做得到的。"

【解难】

子贡：人不加诸我，我不加诸人

古往今来，是恶人先告状，说话添盐加醋。子贡是孔门"十哲"之一，孔子的得意门生，善言辞、善外交、善货殖，曾任鲁国和卫国之相，被孔子喻为堪当大任的"瑚琏之器"。木秀于林，风必摧之；堆出于岸，流必湍之。于是有人对他添枝加叶，无中生有，造谣冤枉。对这些冤枉他的说法，子贡不想辩解，只是给老师倾诉："我不想别人冤枉我，我也不想冤枉别人。"我不想冤枉别人，是操之在我，子贡做得到；但不想别人冤枉我，这个子贡做不到，因为操之在人。

"加"字解

《说文》："加，语相增加也。从力从口。"加，就是说话尽力夸张。段《注》："增者，益也。譜、诬、加三字同义矣。诬人曰譜，亦曰加，故加从力。《论语》曰：我不欲人之加诸我也，吾亦欲无加诸人。袁宏曰：加，不得理之谓也。"所以，"加"的本义就是添枝加叶说假话，虚构夸张，冤枉别人。

【延伸阅读】

儒学给人的安全感

儒学不是宗教，却能取代宗教，它能像宗教那样给人以安全感和永恒感。孔子的伟大贡献是抢救出了中国文明的蓝图,通过挽救原有的文明图纸和设计,对文明的蓝图又做了一个全新的、综合的阐发,从而给中国人提供了一个真正的国家观念。就广义而言,我认为儒家学说是宗教,但欧洲意义上的宗教,企图使每一个人成为完人、圣者、天使和佛,儒教却仅仅限于使人成为一个好的百姓、孝顺的儿子和善良的臣民。孔子在他生命的最后日子里,写了《春秋》一书,在这部书里,孔子教导人们,人类社会的所有日常交往,除了利益和敬畏这种底层动机之外,还包含一种更高级、高贵的动机,它超越了对利益和恐惧的各种顾虑,这种高尚的动机就是责任感。孔子所传的宗教是一部国家名分荣誉法典,成文的君子法典,这就是周礼。孔子给予中华民族"忠诚于皇帝的神圣责任",正是这种效忠于皇帝的神圣责任的影响,正是这种绝对的、至高无上的、全能的皇权信仰,给予了中国人民一种绝对的安全感,就像其他国家因信仰上帝而得到安全感一样。(摘编自辜鸿铭《中国人的精神》)

【5·13】

子贡曰:"夫子之文章,可得而闻也;夫子之言性与天道,不可得而闻也。"

【注释】

①文章:古代文献,古代文明。皇《疏》:"文章者,六籍也。"六籍也称六艺(六经),即《易经》《尚书》《诗经》《礼记》《乐经》《春秋》。

②性与天道:人的本性和大自然规律。"天道"与"人道"相对,这里指自然和人类吉凶祸福的关系。天,指大自然。道,规律,法则。

【今译】

子贡说:"老师讲的文献,我们可以能够听到;老师讲的人性和天道,我们没能听到。"

【解难】

子贡:没有听到过老师讲人性与天道

人性与天道皆极其深微难知。就人性而言,多数人性经不起金钱的诱惑,甚至有人认为,金钱可以摧垮一切,包括正义、道德、人格、价值观、友情直至亲情,除非出的价不够高。所以不要轻易试探人性。希腊哲学家普罗提诺说:"人类处于神与禽兽之间,时而倾向一类,时而倾向另一类;有些人日益神圣,有些人变成野兽,大部分人保持中庸。"就天道而言,浩瀚的宇宙、遥远的星空实在超乎人类想象。位于贵州的中国最大的射电天文望远镜能接受137亿光年的天体电磁信号,但也尚未抵达宇宙边际;况风雨雷电、阴晴圆缺、地震海啸之规律难寻,人类在大自然面前显得十分渺小、无能，只能守望相助。人类探赜索隐，对天道的认识仍尚难确定，况在孔子时代。邵康节《天吟》诗："上天生我，上天死我。一听于天，有何不可？"所以，不是修养和学识深厚的弟子，孔子不会对其讲人性和天道；而孔子教弟子六艺之文，其述作、威仪、礼法皆有文采，可以耳听目视，依循学习，故可得而闻。孔子不语"怪力乱神"，重在仁义道德、礼乐制度，重在研究社会问题，重在现实关切、世俗困惑，他是一位政治家、社会学家。

周作人《〈论语〉小记》："《论语》二十篇所说多是做人处事的道理，不谈鬼神，不谈灵魂，不言性与天道，所以是切实。"

【延伸阅读】

题淮阴侯庙十首·其一

虽则有才兼有智，存亡进退处非真。
五湖依旧烟波在，范蠡无人继后尘。

——宋·邵康节

注释 范蠡（lí），春秋末期越国大夫，字少伯，楚国宛（今河南南阳）人。越被吴打败后，他随勾践到吴国做了三年人质。回越国后苦身戮力，帮助越王发愤图强，最终灭亡吴国，尊为上将军。蠡以大名之下，难以久居，且勾践为人，可与共患难，难与同安乐，后离开越国，周游齐国，变姓名为鸱（chī）夷子皮。至陶，操计然之术（发财致富之道）以治产，经商而成巨富，自号陶朱公。

【5·14】

子路有闻，未之能行，唯恐有闻。

【注释】

①未之能行：是"未能行之"的倒装。

【今译】

子路听到的道理，还没能践行，只怕又听到什么道理。

【解难】

子路：勤将道理付于行，未之能行恐又闻

颜回"讷于言"，子路"敏于行"，知行合一。子路性子急躁，但他执行力强，老师传授的道理，自己马上实行，积极付诸实践，担心听到了还没有来得及实践，又听到新的道理。知识、道理贵在学以致用，闻道而行，不仅是纸上谈兵、坐而论道，否则读书再多也无用，道理再好也无用。子曰："诵诗三百而不达，虽多，亦奚以为？"陆游："纸上得来终觉浅，绝知此事要躬行。"

此章看出子路言行并重，行重于言；也说明孔子道大德广，弟子不断获得新知。

【参考】

一说解作："子路有名望，没能做到的，只怕也有名望。"闻，声闻，名望。子路担心虚名加身，名不副实。

【延伸阅读】

周世宗不作诗

周世宗尝作诗，以示学士窦俨，曰："此可宣布否？"俨曰："诗，专门之学。若励精叩练，有妨几务；苟切磋未至，又不尽善。"世宗解其意，遂不作诗。（宋·曾慥《类说》）

注释 周世宗，后周世宗柴荣。窦俨，幼能属文，历仕后晋、后汉、后周各朝，屡任史官。几务，机要事务，指军国大事。

【5·15】

子贡问曰："孔文子何以谓之'文'也？"子曰："敏而好学，不耻下问，是以谓之'文'也。"

【注释】

①孔文子何以谓之"文"也：孔文子，卫国大夫孔圉（yǔ），"文"是谥号，"子"是尊称。"圉"的本义是牢狱。子路曾担任孔圉的家臣。何以，凭什么。《逸周书·谥法》："学勤好问曰文。"

②敏而好学，不耻下问：敏，聪明，聪慧（一说勤奋努力）。下问，即问下，问于在己之下者，即请教不如自己的人。

【今译】

子贡问道："孔文子凭什么称谥号为'文'呢？"孔子说："他头脑聪明，爱好学习，谦虚下问，不以为耻，因此他的谥号为'文'。"

【成语】

敏而好学：聪明好学。

不耻下问：不以向地位、学识不如自己的人请教而感到耻辱。

【解难】

谥"文"

《逸周书·谥法解》："谥者，行之迹也；号者，功之表也；车服，位之章也。"又，"经纬天地曰文，道德博闻曰文，学勤好问曰文，慈惠爱民曰文，愍（mǐn，同悯）民惠礼曰文，锡民爵位曰文。"这六种情况死后都可谥"文"。孔文子敏而好学，不耻下问，属于"学勤好问"，故死后卫国国君赐给他"文"的称号。虽有良玉，不刻镂则不成器；虽有美质，不勤学则不成君子。所以孔子在这里也是勉励子贡要好学下问。

【延伸阅读】

古代谥法

谥号大约始于西周初年。当时天子、诸侯死后，朝廷对死者给予褒贬、同情的称号，这便是谥号。有美谥、平谥、恶谥，带有评判性、结论性，一字定褒贬，劝善以惩恶。唐王彦威《赠太保于頔（dí）谥议》："古之圣王立谥法之意，所以彰善恶、重劝戒，使一字之褒宠，逾绂冕（fú miǎn，官服）之赐，片言之贬辱，过市朝之刑，此邦家之礼典，而陛下劝惩之大柄也。"

谥号来自谥法。谥法制度特点：谥号要符合死者生前的为人；谥号在死后由他人评定并授予。谥法规定了若干个有固定含义的字，这些字主要分为三类：褒扬性的，如文、武、景、烈、昭、穆等；属批评性的，如炀、厉、幽、灵等；同情性的，如哀、怀、愍、悼等。古代谥号一般用一个字，也有用两三个字的，如范仲淹和曾国藩皆谥"文正"，诸葛亮谥号"忠武侯"，后世常以武侯、诸葛武侯尊称诸葛亮。明清时期，各层级人员的谥号字数基本固定下来：明代皇帝谥号为十七字，大臣两字，亲王一字；清代皇帝二十一字，大臣两字，硕亲王一字。

《谥法解》记载，古代共有一百六十四个谥号。

【5·16】

子谓子产："有君子之道四焉：其行己也恭，其事上也敬，其养民也惠，其使民也义。"

【注释】

①子产：复姓公孙名侨，字子产，郑国大夫，贤相，比孔子早去世44年。《说文》："侨，高也。"公孙侨之"侨"取高之义。

②行己也恭：行己，立身行事。行，做。己，自身。"行己"即己行，属词序倒置，这里是主谓倒置。《子路篇》（13·20）："行己有耻。"钮琇《觚剩续编·简公雪冤》："士人行己，贵乎立品，即小可以见大，即穷可以征达。"

③使民也义：义，适宜，得当。

【今译】

孔子谈论子产,说:"他有君子的四种美德:立身行事谦恭,侍奉君主尊敬,养育百姓施惠,役使百姓得当。"

【解难】

孔子称赞子产:行己恭,事上敬,养民惠,使民义

子产是郑国的大政治家,孔子敬之。他执政二十六年,郑国路不拾遗,夜不闭户,人民不欺。他去世时,举国悲恸,丁壮号哭,老人儿啼,如丧至亲。孔子赞美子产有君子四个方面的美德:"其行己也恭"是说子产谦恭,虚怀若谷,恭谨待人。"其事上也敬"是说子产忠君,进思尽忠,退思补过。"其养民也惠"是说子产惠民,振乏周无,为民办实事。"其使民也义"是说子产爱民,征调民力,不妨农时。《学而篇》(1·5):"使民以时。"仁、义、礼、智备于一人,其生是国之幸,民之幸;其死是国之殇,民之哀。

【延伸阅读】

谦 让

简文作抚军时,尝与桓宣武俱入朝,更(gēng)相让在前。宣武不得已而先之,因曰:"伯也执殳(shū),为王前驱。"简文曰:"所谓'无小无大,从公于迈'。"(南朝·宋 刘义庆《世说新语·言语》)

大意 晋简文帝任抚军大将军时,一次和桓温一同上朝,两人互相谦让,要对方走在前面。桓温不得已只好走在前,于是一面走一面说:"手上拿着武器,为王打仗做先驱。"简文帝回答说:"这正所谓'无论大小官员,都随公侯向前'。"

注释 更相,互相。更,交替。"伯也执殳,为王前驱",出自《诗经·卫风·伯兮》。伯,原是妇人称其丈夫。殳,一种兵器,有棱无刃。"无小无大,从公于迈",出自《诗经·鲁颂·泮水》。于迈,以行。

【5·17】

子曰:"晏平仲善与人交,久而敬之。"

【注释】

①晏平仲:姓晏名婴,字仲,谥号"平",春秋时期齐国贤相,任三朝宰相,辅政长达五十余年,著名政治家、思想家、外交家,其事迹载于《晏子春秋》。古代仲和中互通。《释名·释亲属》:"仲,中也。位在中也。"

【今译】

孔子说:"晏平仲善于与人交往,越久人家越敬重他。"

【解难】

孔子称赞晏婴：善与人交，久而敬之

使人有面前之誉，不如使人无背后之毁；使人有乍交之欢，不如使人无久处之厌。人际交往的最高境界是久而敬之。一般而言，久处则敬衰，频来亲也疏。若别人对你久而不厌，反而愈加敬重，更是难得。齐国贤大夫、一代名相晏婴身材矮小，其貌不扬，但善于辞令和外交，敢于直谏，爱国忧民，声誉崇高。他善于和人打交道，即使交往很久，人家敬重如昔。皇《疏》引孙绰曰："交有倾盖如旧，亦有白首如新。隆始者易，克终者难；敦厚不渝，其道可久，所以难也。故仲尼表焉。"

【延伸阅读】

久而益敬的县长

陈元方年十一时，候袁公。袁公问曰："贤家君在太丘，远近称之，何所履行？"元方曰："老父在太丘，强者绥之以德，弱者抚之以仁，恣其所安，久而益敬。"袁公曰："孤往者尝为邺令，正行此事。不知卿家君法孤，孤法卿父？"元方曰："周公、孔子，异世而出，周旋动静，万里如一。周公不师孔子，孔子亦不师周公。"（南朝·宋·刘义庆《世说新语·政事》）

大意 陈元方十一岁时，有一次去拜访问候袁公。袁公问他："令尊在太丘任职时，远近的人都称颂他，他是怎么治理的呢？"元方说："老父在太丘时，对强者用恩德来安抚他，对弱者用仁爱来抚慰他，放手让他们安居乐业，时间久了，人们更加敬重他。"袁公说："我过去曾经做过邺县县令，正是用的这种办法。不知道是你父亲效法我呢，还是我效法你父亲？"元方说："周公、孔子，生在两个不同的时代，他们的礼仪举止，虽然相隔很远也如出一辙；周公没有效法孔子，孔子也没有效法周公。"

注释 贤家君，对对方父亲的敬称。绥，安抚。恣，听任。孤，王侯自称。周旋，应酬。

【5·18】

子曰："臧文仲居蔡，山节藻棁（zǎo zhuō），何如其知也？"

【注释】

①臧文仲：鲁国大夫，即臧孙辰，"文"是谥号，素以聪明而名。历仕鲁庄公、闵公、僖公、文公。

②居蔡：藏龟。居，家养。蔡，大乌龟，产于蔡地，故名"蔡龟"，简称蔡。

古人认为乌龟越大，占卜越灵。

③山节藻棁：山节，刻节成山，即将斗拱刻成山形。节，斗拱，柱上承梁的方木。藻棁，梁上短柱彩画水草。藻，水草有文。棁，梁上短柱。

【今译】

孔子说："臧文仲养大龟的房子，斗拱刻成山的形状，梁上短柱彩画水草，他的聪明如何呢？"

【成语】

山节藻棁：斗拱刻成山形，梁上短柱彩画水草，指天子的庙饰；后用以形容房屋装饰华丽，越等僭礼，超越自己的身份。

【解难】

孔子批评臧文仲：高官养宠物，不是明智的

孔子说：人们平常都说臧文仲有智慧，但他却修了一间房子专门饲养宠物龟，这件事就证明他的智慧不怎么样。

一是大夫是国家重臣，为国君所倚重，为百姓所期盼，责任重如泰山，事业无休无止，应以昼无为、夜难寝的精神，操劳于国家大事，奔波于庙堂江湖，哪有闲情逸致饲养宠物呢？糊涂！

二是占卜用的蔡龟尺有二寸，为国君专有，其他人家不宝龟，臧文仲只是大夫，何以有之？越礼！

三是建房养龟，雕梁画栋、山节藻棁、走鸾飞凤。奢靡！

高官重臣，民之表也，只言片语皆记入百姓心中，一举一动皆被百姓看在眼里，须臾之间、细末之事，皆须慎也。斗筲之人，藻棁之子，皆气量狭小之辈。

【延伸阅读】

范仲淹教子

常调官好做，家常饭好吃。

注释 常调官，指从小官正常晋升上调的官。北宋范仲淹出身贫寒，做官后依然简朴，遂以此二句教子。人能甘于吃家常饭，才能甘于做常调官。做官不要追求青云直上，要少吃公家饭，多穿自家衣。

题淮阴侯庙十首·其一

若履暴荣须暴辱，既经多喜必多忧。
功成能让封王印，世世长为列土侯。

——宋·邵康节

【5·19】

　　子张问曰："令尹子文三仕为令尹，无喜色；三已之，无愠色。旧令尹之政，必以告新令尹。何如？"子曰："忠矣。"曰："仁矣乎？"曰："未知。焉得仁？"

　　"崔子弑齐君，陈文子有马十乘（shèng），弃而违之。至于他邦，则曰：'犹吾大夫崔子也。'违之。之一邦，则又曰：'犹吾大夫崔子也。'违之，何如？子曰："清矣。"曰："仁矣乎？"曰："未知。焉得仁？"

【注释】

①令尹子文：令尹，春秋战国时期楚国的执政官，相当于宰相。令，发号；尹，治。后来泛称县、府的行政长官为令尹。子文，楚国著名宰相，斗穀於菟，字子文。令尹子文是个私生子，据说生下后被丢弃在云梦泽之北，被一只母虎抚育长大，当时楚国人把喂乳叫"穀"（gòu），把老虎叫"於菟"（wū tú），意思是"虎哺育的"。

②三已之，无愠色：已，罢免。愠，怒，怨。

③崔子弑齐君：崔子，齐大夫崔杼（zhù），齐惠公时为正卿。弑，下位者杀上位者。齐君，齐庄公。

④陈文子有马十乘：陈文子，齐国下大夫，名须无，谥"文"，先后侍奉齐灵、庄、景三公。十乘，四十匹马，下大夫的禄位。乘，四马为一乘，以马论贫富，"十乘"为富。

⑤弃而违之：违，离开。

⑥之一邦：到另一国。

【今译】

　　子张问道："宰相子文三次为官做楚国宰相，没有欢喜的神色；三次罢免他，也没有怨恨的神色。他旧时做宰相的执政经验，一定会告诉新宰相。这个人怎么样？"孔子说："忠于职守啊。"子张问："算得上仁吗？"孔子说："不知道。怎么才算得上仁呢？"

　　子张又问："崔子杀了齐庄公，陈文子家有四十匹马，舍弃马匹而离开崔子。到另一个国家，他说：'这里的执政者和我们崔子差不多。'就离开了。又到了另一个国家，又说：'这里的执政者也和我们的崔子差不多。'又离开了。这个人怎么样？"孔子说："清高啊。"子张说："算得上仁吗？"孔子说："不知道。这怎么算得上仁呢？"

【成语】

三仕三已：三次做官，又三次被罢免。形容心胸开阔，对做官和罢官都不在意。指人沉着而有涵养，感情不外露。

【解难】

孔子评二人：楚国子文尽忠职守，齐国崔杼清高之至，都算不上仁

楚国宰相子文三仕三已，三起三落，进无喜色，退无怨色，公家之事，知无不为，尽忠职守。齐国大夫崔子杀了自己国君齐庄公，陈文子无力讨伐，于是离开齐国到其他国家，前后三去乱邦，不恋十乘之富，弃其禄位如敝屣，清高之至。但当时天下乌鸦一般黑，去到哪里都黑暗。仁为全德，仁人为完人，今仅闻其忠、清之事，故孔子曰"焉得仁"。仁德之人，完美无瑕，无可挑剔，因此孔子不轻易以仁许人。

【延伸阅读】

田陈一家

此章的陈文子，是春秋时齐国大夫，是陈完的曾孙。陈完也叫田完。"完"是战国时齐国开国之君的名。春秋时陈国公子完为避祸逃到齐国，"陈为田氏"，这样陈完就成了田完，他这一支，就是春秋末期取代姜太公的后人成为战国时齐国统治者的田氏。古代田、陈二字不但同音，还同义。"陈"通田（tián），田野。《说文》："田，陈也。"这是声训，也保留了"陈"的古义。陈，陈列。"田"是种庄稼的地方，狩猎的场所。上古打猎和打仗一样都要队列整齐，摆开阵势。汉代以前没有"阵"字，"陈"就是"阵"。后代的"阵"就是军队陈列为一定的队形。"田"作"耕种"之义是后起的，因为打仗、狩猎早于耕种。我们常说五百年前是一家，而"田""陈"在二千五百年前确实是"一家"。

【5·20】

季文子三思而后行。子闻之，曰："再，斯可矣。"

【注释】

①季文子：季孙氏，字行父，春秋时鲁国执政。鲁成公、鲁襄公时任正卿，谥号"文"。孔子说这话的时候，季文子死了很久了。

②三思而后行：三，表示次数多。而，才。

③再，斯可矣：再，两次。斯，乃，就。

【今译】

季文子做事思考多次后才行动。孔子听到这事，说："思考两遍，就可以了。"

【成语】

三思而行：思考多次后才行动，形容行动谨慎。

【解难】

孔子批评季文子：不必三思而后行，两次就可以了

季文子是鲁国著名大臣，历仕鲁文公、宣公、成公、襄公诸代，在鲁襄公、成公时任正卿，其做事谋始虑终，素以稳重著称。《左传》记载，季文子出使晋国之前，先打听好如果遭遇到丧事该如何办。到了晋国，果遇晋国襄公的丧事，他作为鲁国的使者，处理得很周全，尽到了友国的礼仪。这里，孔子对季文子处理政事不够果断有微词。《雍也篇》（6·2）："由也果，于从政乎何有？"

做事之前反复考虑，周到严谨，百密不疏，力争圆满，本无可厚非。但有时反复过多，或世故太深，过于谨慎，或瞻前顾后，过于计较利害当断不断，影响效率，贻误时机。因此，凡事过犹不及。季文子生平美恶两不相掩，皆三思之病。五代后晋刘昫《旧唐书·孙思邈传》："胆欲大而心欲小，智欲圆而行欲方。"

【延伸阅读】

祝知府

南昌祝守以廉能名。宁府有鹤，为民犬咋死，府卒讼之云："鹤有金牌，乃出御赐。"祝公判云："鹤带金牌，犬不识字；禽兽相伤，岂干人事？"竟纵其人。又两家牛斗，一牛死，判云："两牛相争，一死一生；死者同享，生者同耕。"

大意 南昌的祝知府以廉洁能干出名。宁王府有一只仙鹤，被老百姓的狗咬死。宁王府的差役把狗的主人告到官府，说："仙鹤的脖子上套有金牌，金牌是皇帝所赐。"意思要重判此人以讨好宁王府。祝公判决道："鹤带金牌，犬不识字；禽兽相伤，岂干人事？"于是放了狗的主人。又有一次，两人的牛相斗，一头牛斗死了，两人告进官府，祝知府判决道："两牛相争，一死一生；死者同享，生者同耕。"

注释 宁府，宁王朱宸濠的府第。咋，音 zé，啮，咬。

【5·21】

子曰："宁（Nìng）武子，邦有道则知，邦无道则愚。其知可及也，其愚不可及也。"

【注释】

①宁武子：卫国大夫宁俞，"武"是谥号，有文韬武略，辅佐卫成公十余年。"俞"的本义是挖空树木做船。

②愚不可及：愚，装傻。不可及，不能赶上。

123

【今译】

孔子说:"宁武子这人,在国家政治清明时就发挥聪明才智,在国家政治黑暗时就大智若愚。他的聪明才智别人赶得上,他的大智若愚别人赶不上。"

【成语】

愚不可及:本义是大智若愚常人赶不上。后来形容愚蠢无比。

【解难】

孔子称赞宁武子:大智若愚,常人不及

常人都想表现智慧,施展才干,一个人表现智慧易,隐藏智慧难。孔子说宁武子"愚不可及",不是贬低而是赞许,表面是愚,实则是智,大智若愚,抱朴守拙,藏巧于拙。宁武子在国家有道时则尽忠竭智,国家无道时则装傻避祸,权以济变。缘有此智,故能有此愚,所以孔子赞之。皇《疏》引孙绰曰:"唯深达之士,为能晦智藏名,以全身远害。饰智以成名者易,去华以保性者难也。"《易经·系辞下传》:"尺蠖之屈,以求信也;龙蛇之蛰,以存身也。"信,伸。

【延伸阅读】

退休申请书

欧阳公《乞致仕表》云:"俾其解组官庭,还车故里。披裘散发,逍遥垂尽之年;凿井耕田,歌咏太平之乐。"客有面叹其工致平淡者。公曰:"也不如老苏秀才:'有田一廛,足以为养;行年五十,复将何求?'"盖苏明允《谢官笺》中语,公爱之尚不忘耳。(宋·邵博《邵氏闻见后录》卷十六)

注释 欧阳公,欧阳修。致仕,辞去官职。俾,使。解组,解下官印,辞官卸任。老苏秀才,即苏洵,字明允。谢官,辞官。廛,音 chán,此处指古代城邑中平民的住宅。

【5·22】

子在陈①,曰:"归与!归与!吾党之小子狂简②,斐然成章③,不知所以裁之。"

【注释】

①陈:古国名,其地约在今河南东和安徽北一带,春秋末被楚国灭。孔子周游列国,曾困于陈、蔡之间。

②吾党之小子狂简:吾党,我家乡。党,家乡,五百家为党。小子,弟子。狂,轻狂,指志向高远。简,简单,指处事草率。

③斐然成章:形成的花纹绚烂美丽;形容人文质彬彬,富有修养。斐然,显著

的样子。成章,形成的花纹。章,花纹,文彩。

④不知所以裁之:所以,用来。裁,剪裁,引申为教育、指导、约束。"不知所以裁之"一句,有的版本在"不"字前有"吾"字。

【今译】

孔子在陈国,说:"回家吧!回家吧!我家乡的弟子们轻狂草率,要使他们文质彬彬,我还不知道用什么来去指导他们。"

【成语】

斐然成章:形成的花纹绚烂美丽。形容人文质彬彬,富有修养。也形容对方的文章文辞生动,内容充实。

【解难】

弟子有才任性,孔子回乡调教

树高千丈,叶落归根,故土情结,植根于心,故乡永远是游子心灵宁静的栖息地。况且,孔子在陈思归,还因为孔子在陈国住了长达三年,陈国国君仍不想任用孔子,孔子知其所奉行的大道终不能推行,而年事已高,宏愿落空,于是晚年寄希望于学生,回家乡教育弟子,传大道于来世,故有思归鲁国之叹。两言"归与",表示思归的急切。在家乡的弟子有才就任性,他们志向高远,性格张扬,做事简单,考虑欠周,过中失正,正需要孔子回去引导裁正,抑过矫偏,引上正路。此事是在鲁哀公三年,时孔子已六十岁。后来,孔子退而居鲁,设教于曲阜杏坛。

此章"裁"字用得形象、贴切。老师育人,犹如裁缝剪裁。"裁"是剪布制衣,是制衣之始。一块布料无论何其华美、高贵,若不精心剪裁,量体裁衣,穿上就不合身,不得体,没品位。因此裁剪之功靠妙手。家乡的弟子们个个都是好布料,需要孔子回去精心剪裁,培养成才。

【延伸阅读】

八斗之才

一次,谢灵运一边喝酒,一边自夸,说:"天下才共一石(dàn),曹子建独得八斗,我得一斗,自古及今共用一斗。"(明·张岱《夜航船》)

注释 谢灵运,南北朝时期南朝文学家。石,十斗为一石。曹子建,三国时期曹植,字子建。

【5·23】

子曰:"伯夷、叔齐不念旧恶,怨是用希。"

【注释】

①不念旧恶：念，惦记。旧恶，旧怨。

②怨是用希：是用，是以，因此。用，以。希，同"稀"。

【今译】

孔子说："伯夷、叔齐不记过去的怨仇，因此怨恨他们的人很少。"

【成语】

不念旧恶：不计较过去的怨仇。

【解难】

孔子称赞伯夷、叔齐：不念旧恶，怨是用希

将相顶头堪走马，公侯肚内能撑船。夷、齐是清高狷介之士，豁达忘怀，他们捐弃前嫌，不记别人旧时之恶，不对别人怀恨在心，不算旧账，不打击报复，所以人们对他们敬重感佩，心悦诚服，很少有人怨恨他们。鲁迅《题三义塔》："度尽劫波兄弟在，相逢一笑泯恩仇。"

伯夷、叔齐是殷朝末年孤竹君的两个儿子，伯夷是哥，叔齐是弟，皆高洁之士。《释文》："夷、齐，谥也。"伯夷名允，字公信；叔齐名智，字公达。父亲死后，二人互相让位，闻听文王善养老，就都逃到周文王那里。文王死，周武王伐纣，他们"叩马而谏"，认为周武王"父死不葬，爰及干戈"是不孝，"以臣弑君"是不仁。武王灭殷，周统一中国，天下宗周，而伯夷、叔齐耻食周粟，隐于首阳山（今甘肃渭源县境内），采薇而食，终至饿死。

【延伸阅读】

以诗解怨

乾隆五十八年，百菊溪相国为浙江按察使，李晓园河帅为杭州太守，两公皆汉军，甚相得也。忽以事龃龉（jǔ yǔ），李大愠，同在一城，至一月不禀见，遂欲告病，文书已具矣。时方酷暑，相国遗以扇，并书一诗，有句云："我非夏日何须畏，君似清风不肯来。"李读诗不觉失笑，相得如初。（清·钱泳《履园丛话》卷二十一）

注释　龃龉，牙齿上下对不上，比喻意见不合。

【5·24】

子曰："孰谓微生高直？或乞醯（xī）焉，乞诸其邻而与之。"

【注释】

①微生高：复姓微生，名高，也叫尾生高，性格直率，以守信闻名，鲁国人，

孔子的学生。一说微生高即微生亩,"高"和"亩"形近而误,见《宪问篇》(14·32)。

②醯:醋。

③诸:"之于"的合音。

【今译】

孔子说:"谁说微生高直率?有人向他讨点醋,(他不直接说没有)而是到邻居家讨来给人家。"

【解难】

孔子批评微生高:辗转借醋,掠美市恩

微生高以信义著称,"尾生抱柱"被传为佳话。相传尾生与女子约定在桥梁相会,久等女子不来,水涨,乃抱桥柱而死。《庄子·盗跖》:"尾生与女子期于梁下,女子不来,水至不去,抱梁柱而死。"

人之生也直,直率是人与生俱来的个性。大家都说微生高是个直率之人,唯孔子非之。直与曲相反,直是美德,古"德"字金文作"悳",上直下心,心直为德。孔子善于从细微处观人,一眼看穿,他只从借醋一事就否定众人之说。有人来讨醋,有则说有,无则说无,有则与之,无则告之,谓之直率;若暗地里到邻居家讨来辗转送给别人,是借花献佛,转手为善,是掠人之美而市己之恩,以博人称誉,获得名声,不诚实,不耿直。微生高借醋乞诸其邻,虽是小事,以小观大,显得圆滑世故,因此掠美市恩不是直,君子不取。

【延伸阅读】

买盐吃醋

万历中,湖广张孝廉某奸李屠儿之妻。方执手调笑,屠儿适归,锁闭其门,用杖击孝廉胫,哀求得脱。告屠儿于官,称往渠家买盐,被殴。县令已悉前情,乃置一联于状尾云:"张孝廉买盐,自牖执其手;李屠儿吃醋,以杖叩其胫。"(清·褚人获《坚瓠集》)

注释 渠,他。自牖执其手,见《雍也篇》(6·10)。以杖叩其胫,见《宪问篇》(14·43)。

【5·25】

子曰:"巧言、令色、足恭,左丘明耻之,丘亦耻之。匿(nì)怨而友其人,左丘明耻之,丘亦耻之。"

【注释】

①巧言、令色、足恭：巧言，表面好听的话。巧，虚浮不实。令色，讨好别人的脸色。令，美好。足恭，十足的恭顺。足，过分，过头。朱熹《集注》："足，过也。"

②左丘明：一说复姓左丘名明，一说单姓左名丘明，与孔子同时代，与《左传》的作者左丘明不是同一人。杨伯峻《论语译注》认为，《左传》和《国语》的作者不是一人。

③匿：藏。

【今译】

孔子说："尽说好听的言辞、装出和颜悦色、十足的恭敬顺从，左丘明认为可耻，我也认为可耻。心藏怨恨却表面友好他人，左丘明认为可耻，我也认为可耻。"

【成语】

匿怨友人：心中隐藏怨恨，表面友好别人。

【解难】

孔子看不起四种人：巧言，令色，足恭，匿怨友人

上一章，孔子认为微生高辗转借醋给别人不是直，此章又说迎合世俗也不是直。直，正也，正直之人心中坦荡，无所隐藏，更不巧言谄媚，取悦于人。孔子当时，有人为了功名利禄而花言巧语、逢迎讨好，满脸堆笑而虚情假意，点头哈腰而卑躬屈膝；对他人怀恨在心，咬牙切齿，但表面上握手拍肩，关切问候。对这种世态丑相，孔子深以为耻，直言"左丘明耻之，丘亦耻之"。

【参考】

"足"字另解。一说"足恭"是两只脚做出恭敬逢迎的姿态来讨好别人，走路趑趄（zī jū，欲进又退）以谄媚，脚颤腿弯而猥琐。"足"即双脚。唐代韩愈《送李愿归盘谷序》："足将进而趑趄，口将言而嗫嚅（niè rú，欲言又止）。"

一说"足恭"应为"貌恭"。程石泉《读训》认为：貌曰恭，篆文"貌"和"足"形近而误。

【延伸阅读】

苦　恋

既然是同志、战友、同胞，
何必给我设下圈套？
既然打算让我带上镣铐，
又何必面带微笑？
既然你准备从我背后插刀，
又何必把我拥抱？

你们在我嘴上贴满封条，

我在自己的脑袋上挂满问号。

——白桦

【5·26】

颜渊、季路侍。子曰："盍各言尔志？"

子路曰："愿车马衣轻裘与朋友共，敝之而无憾。"

颜渊曰："愿无伐善，无施劳。"

子路曰："愿闻子之志。"

子曰："老者安之，朋友信之，少者怀之。"

【注释】

①颜渊、季路侍：季路，仲由，字子路，一字季路。侍，侍立，陪立在尊长身边。《论语》单用"侍"，是指孔子坐着，弟子站着。

②盍各言尔志：盍，"何不"的合音。后用"盍各"表示各抒其志，各怀己见。

③车马轻裘：裘，皮衣。

④敝之而无憾：敝，坏。憾，怨恨。

⑤无伐善，无施劳：伐，夸耀。善，长处。施劳，施加辛劳（一说表白功劳。施，表白）。

⑥老者安之，朋友信之，少者怀之：安，安乐。信，信任。怀，在衣为怀，引申为归依，得到关怀。

【今译】

颜渊、子路站在孔子身边。孔子说："何不各自说说你们的志向呢？"

子路说："希望我的车马、衣服能和朋友共用，用坏了我也不怨恨。"

颜渊说："希望不夸耀自己长处，不给别人施加辛劳。"

子路说："希望听到先生的志向。"

孔子说："使老年人过得安乐，使朋友们相互信任，使年轻人得到关怀。"

【成语】

安老怀少：安定老年人，关怀年轻人。

【解难】

师徒言志

子路、颜回、孔子师徒三人闲居言志，大小广狭各有不同，但没有揽辔澄清的大话，而是实话实说，恰如其人：子路说车马轻裘与朋友共用，敝之无憾。朋友有通财之义，子路又重情重义，故无所憾恨，这是义者之志。颜渊说不夸耀才能，不劳驾别人,这是仁者之志。孔子说老有所乐,人不独亲其亲;朋友有信,相互忠诚守信;少年有爱,人不独子其子,这是圣人之志。可见孔子气象阔大,志向最为崇高。朱熹《集注》:"老者养之以安,朋友与之以信,少者怀之以恩。一说:安之,安我也;信之,信我也;怀之,怀我也。亦通。"《孟子·梁惠王上》:"老吾老以及人之老,幼吾幼以及人之幼,天下可运于掌。"

【延伸阅读】

考 试

成化己丑会试题"老者安之……"三句。有举子破题云:"人各有其等,圣人等其等。"李西涯为主考,批曰:"若还如此等,著(zhuó)他等一等。"(清·赵翼《檐曝杂记》卷五)

注释 会试,科举制度中的中央考试,意思是共会一处比试。各省举人参考,录取者称为"贡士",第一名称为"会元"。会试后,贡士再由皇帝亲自御殿复试,殿试合格后称进士。人各有其等,人各有不同层次。等其等,属生造词语,义不可解。如此等,像这种层次。著,公文用语,表示命令的口气。

【5·27】

子曰:"已矣乎!吾未见能见其过而内自讼者也。"

【注释】
①已矣乎:算了吧,是绝望之辞。
②见其过而内自讼:自讼,自己跟自己吵架争辩,引申为自责。讼,以言相争,引申为责。

【今译】
孔子说:"算了吧!我没有见过能够发现自己的过错而能内心自责的人啊。"

【成语】
计过自讼:检讨自己的过错而内心责备自己。

【解难】

孔子:没见到发现过错而内心自责的人

内自讼者,口不言而心自咎也。一些名人通过日记反省过错,拷问灵魂,检讨自我,清洗灵魂的污垢,清扫心灵的尘埃,即是"内自讼"。这是心灵的自我疗法,非大丈夫、真豪杰所不能为也。能看见自己的过错难,自讼尤难;人有过而能有自知之明者少,知过而能内自讼者更少。见过自讼,是为了"见贤思齐焉,见不贤而内省焉"。以责人之心责己,以恕己之心恕人,是自讼的内因;人间私语而天闻若雷，暗室亏心而神目如电，是自讼的外因。发现过错，不怨天尤人，不自我宽慰，而是自悔自责，自救自改，孔子感叹自己没有见到这种人。其一声"已矣乎"，是带有绝望的叹息。

【延伸阅读】

范仲淹计过自讼

范文正公曰："吾遇夜就寝，即自计一日食饮奉养之费及所为之事，果自奉之费与所为之事相称，则鼾鼻熟寐。或不然，则终夕不能安眠，明日必求所以称之者。"（宋·邵博《邵氏闻见后录》卷二十二）

【5·28】

子曰："十室之邑，必有忠信如丘者焉，不如丘之好学也。"

【注释】

①十室之邑：十户人家的小村子。室，户，家。邑，村子，老百姓聚居的地方。

【今译】

孔子说："十户人家的小村子里，也一定有忠信如我的人，只是不像我这样好学啊。"

【解难】

孔子自言：在那遥远的小山村，没有像我这样好学的人

孔子说，十室之邑，必有忠信之人，但没有好学如我之人。忠信是质，学习是文，忠信而好学，则可文质彬彬。"不如丘之好学也"是圣人难得的"自我表扬"，孔子学而不厌，好古敏求，所以这不是吹嘘，而是事实，目的在于劝人学习，以扩充忠信美德。唯有学习，才能不断改变人的气质。古人说，好学者如禾如稻，不好学者如蒿如草。学之至则可以为圣人，不学则不免为乡人而已。关于忠信，卢照邻诗《中和乐九章·总歌第九》："武化偃兮文化昌，礼乐昭兮股肱良。若有人兮天一方，忠为衣兮信为裳。"

【延伸阅读】

读书方法

子序……尝教我云："用功譬如掘井，与其多掘数井而皆不及泉，何若老守一井，力求及泉，而用之不竭乎！"（清·曾国藩道光二十二年《家书》）

若问读书方法，我想向诸君上一个条陈：这方法是极陈旧的、极笨、极麻烦

的。然而实在是极必要的。什么方法呢？是抄录或笔记。（摘编自梁启超《治国学杂话》）

帘 赋

宋窦华《酒谱》有《帘赋》，警句云："无小无大，一尺之布可缝；或素或青，十室之邑必有。"（清·褚人获《坚瓠集》）

雍也篇第六
（共三十章）

【6·1】

子曰："雍也可使南面。"

【注释】

①雍：冉雍，字仲弓。《荀子》作"子弓"。"雍"是《诗经·周颂》中的一篇诗歌，是周天子祭礼结束后撤去祭品时唱的乐歌，见《八佾篇》（3·2）。"弓"为弯曲，引申为弯身，指行礼。冉雍的名与字有相近之处。

②可使南面：可以让他坐北向南听政，意即可以让他做官。南面，即面向南方，指做长官，当诸侯。南方为尊位，天子、诸侯听政皆坐北朝南。

【今译】

孔子说："冉雍可以让他做大官。"

【解难】

孔子：冉雍胜任"一把手"

冉雍（仲弓）、冉耕（伯牛）、冉求（子有）皆在孔门"十哲"之列，世称"一门三贤"，当地人称"三冉"。古以坐北朝南为尊位，人君向明而治，天子、诸侯之位皆南面，故"南面"引申指做天子、诸侯或卿大夫，也泛指做地方长官。《易经·说卦》："离也者，明也。万物皆相见，南方之卦也；圣人南面而听天下，向明而治，盖取诸此卦也。"

此章"雍也可使南面"，意即冉雍虽然出身卑贱，但宽宏简重，有人君之度、治国之才，堪当大任。孔子指的冉雍这个"长官"到底做到哪一级，学界未有定论，有人说只是卿大夫，不及诸侯、天子；有人说冉雍是大儒，三者皆可。《盐铁论·殊路》："七十子躬受圣人之术，有名列于孔子之门，皆诸侯卿相之才，可南面者数人云。"

【延伸阅读】

大儒孔子、冉雍

其言有类,其行有礼,其举事无悔,其持险应变曲当;与时迁徙,与世偃仰,千举万变,其道一也。是大儒之稽也。其穷也,俗儒笑之;其通也,英杰化之,嵬琐逃之,邪说畏之,众人愧之。通则一天下,穷则独立贵名。天不能死,地不能埋,桀跖之世不能污,非大儒莫之能立,仲尼、子弓是也。……

故人主用俗人,则万乘之国亡;用俗儒,则万乘之国存;用雅儒,则千乘之国安;用大儒,则百里之地久,而后三年,天下为一,诸侯为臣;用万乘之国,则举错而定,一朝而伯。(《荀子·儒效》)

大意 他说话有法则,行为有礼义,做事不后悔,处理危险、应付变化恰到好处。他能随时而变,外界千变万化,他的道术却始终如一,这就是大儒的准则。穷困时庸俗的儒生都耻笑他;通达时英雄豪杰都被他感化,不正派的人逃离他,坚持邪说的人惧怕他,众人也都愧对他。通达时能统一天下,穷困时能独树高声,上天不能使他死亡,大地不能将他埋葬,即使夏桀、盗跖的时代也不能玷污他,如果不是大儒,就不能这样立身处世,而孔子、冉雍就是这样的人。……

所以君主用庸俗的人,那么万乘之国也将被灭亡;用庸俗的儒士,万乘大国也仅能保存;用高雅的儒士,千乘之国家就能保平安;用大儒来,即使是百里之地的小国,也可以保持长久,三年之后,就可以统一天下,各国诸侯都来称臣;用大儒治理万乘大国,就会政令布施,国家安定,一朝称霸。

【6·2】

仲弓问子桑伯子。子曰:"可也,简。"仲弓曰:"居敬而行简,以临其民,不亦可乎?居简而行简,无乃大(tài)简乎?"子曰:"雍之言然。"

【注释】

①仲弓问子桑伯子:仲弓,即冉雍,字仲弓。子桑伯子,人名,不详。仲弓说:"以临其民。""临"是以上视下,说明子桑伯子官居卿大夫。

②居敬而行简:居敬,心存严肃。居,存。敬,严肃,认真,"敬"在内心。行简,做事简要,"行"在外面。简,简要,不烦琐,不扰民。

③以临其民:临,治理。

④无乃大简:无乃,岂不是。大,同"太"。

⑤雍之言然:然,正确,是。

【今译】

仲弓问到子桑伯子。孔子说:"他可以,做事简要。"仲弓说:"内心严肃而做事简要,以此治理老百姓,不也可以吗?如果内心简单草率而做事也简单草率,岂不是太简单草率了吗?"孔子说:"冉雍的话是对呀。"

【解难】

冉雍:治政贵简

治政贵简,就是思想上重视,程序上简化。"敬"是思想重视,严肃对待;"简"是简化简便,不烦琐,不扰民。孔子说,"出门如见大宾","使民如承大祭"是敬,"修己以敬"也是敬。不敬而简,是敷衍苟且;敬然后简,是简政便民。"居敬而行简"是可以的,"居简而行简"是不可以的。冉雍可谓"夫人不言,言必有中"(《先进篇》11·13)。

【延伸阅读】

古诗文选

万物不须雕琢巧,正如恭己布深仁。(宋·司马光立春帖子诗《皇帝阁》)
诸县丰登少公事,一家饱暖荷君恩。(宋·欧阳修《书王元之画像侧》)
独幸太平无一事,江南闲却老尚书。(宋·佚名诗)
普天之下,莫非王土;一毫以上,悉出君恩。(宋·方大猷联)
禄岂须多,防满则退;年不待暮,有疾便辞。(宋·洪庆善)

【6·3】

哀公问:"弟子孰为好学?"孔子对曰:"有颜回者好学,不迁怒,不贰过,不幸短命死矣。今也则亡(wú),未闻好学者也。"

【注释】

①颜回:字子渊,十四岁拜孔子为师,是孔门七十二贤之首。
②不迁怒:迁怒,转移愤怒,本怒此人,又移于他人。人在发怒时就做了情绪的奴隶。
③不贰过:贰过,重复犯错。贰,重复。
④不幸短命:短命,先于父母死为短命。颜回四十一岁卒,故曰短命。
⑤今也则亡:亡,同"无"。

【今译】

鲁哀公问孔子:"你的学生中谁是最好学的?"孔子回答说:"有一个叫颜回的学生好学,他不迁怒于别人,也不重犯同样的过错,不幸短命死了。现在就没有这样的人了，没有听说好学的人了。"

【成语】

迁怒于人：受了一个人的气向另一个人发泄，或者自己心情不愉快时拿别人出气。

行不贰过：做事不再犯同样的错误。

【解难】

孔子称赞颜回：好学，不迁怒，不贰过

孔门好学者众，颜回独得老师点名首肯，足见勤学超常。一个人至难是战胜自己，不能胜寸心，安能胜苍穹？颜回约情复性，克制自我，不迁怒于人，足见学养之高。颜回吃一堑长一智，不贰过，不重蹈覆辙，足见改过之勇。颜回如此贤能，却二十九岁头发尽白，四十一岁不幸短命，足见夫子之痛。颜回死后，孔子未闻好学能与颜回齐者。理学家马一浮先生感慨："颜子死后，无人好学；朱子死后，无人读书。"

明代叶子奇《草木子》卷一："有物命，一物一命也；有国命，万民一命也。一物一命，物之自生自死是也；万民一命，屠城坑卒是也。"白居易《浩歌行》："颜回短命伯夷饿，我今所得亦已多。功名富贵须待命，命若不来知奈何。"

张居正《四书直解》："圣贤之学不在词章记诵之末，而在身心性情之间矣。然是道也，在人君尤宜深省。盖人君之怒，譬如雷霆之震，谁不畏惧，若少有迁怒，岂不滥及于无辜。人君之过譬如日月之食，谁不瞻睹，若惮于改过，岂不亏损乎大德，故惩忿窒欲之功，有不可一日而不谨者。惟能居敬穷理涵养此心，使方寸之内，如秤常平，自然轻重不差；如镜常明，自然尘垢不深，何有迁怒贰过之失哉！所以说，圣学以正心为要。"

【延伸阅读】

论　怒

怨废亲，怒废礼。（明·冯梦龙《警世通言》）

众怒难犯，孤根易危。（宋·欧阳修《第二札子》）

喜怒不形于色。（《北齐书·王琳传》）

怒从心上起，恶向胆边生。（明·冯梦龙《喻世明言》卷十五）

一春情绪空缭乱，不是天生稳重花。（宋·韩琦《柳絮》）

野夫怒见不平事，磨损胸中万古刀。（唐·刘叉《偶书》）

注释　野夫，作者刘叉自称。"磨损"句谓愤怒郁积于胸，正义无法伸张。

【6·4】

子华使于齐，冉子为其母请粟。子曰："与之釜。"请益。曰："与之庾（yǔ）。"冉子与之粟五秉。子曰："赤之适齐也，乘肥马，衣（yì）轻裘。吾闻之也，君子周急不继富。"

【注释】

①子华：复姓公西名赤，字子华，又称公西华，鲁国人，小孔子四十二岁，孔子的学生，束带立朝，知宾主之义，擅长祭祀和诸侯盟会之礼。"华"是彩色，"赤"是红色，公西赤的名与字义近。

②冉子为其母请粟：冉子，即冉有，小孔子二十九岁，长于政事，在季氏家族担任总管期间，曾率鲁军击退侵犯之齐军，立下大功。粟，谷子，北方叫小米，古代以粮食作为官员的俸禄。《广雅·释诂四》："粟，禄也。"

③与之釜：与，给。釜，六斗四升。

④请益：益，增加。

⑤与之庾：庾，二斗四升。

⑥与之粟五秉：五秉，折合成八十斛或八十石或八百斗。秉，十六斛（十斗为一斛）。

⑦赤之适齐也：适，去。

⑧衣轻裘：衣，穿。裘，皮衣。

⑨周急不继富：周，救济。急，穷迫。继，接济，增益。

【今译】

公西赤替孔子出使到齐国，冉有替公西赤的母亲向孔子请求补助一些谷米。孔子说："给她六斗四升。"冉有请求增加一点。孔子说："再给她二斗四升。"冉有却给了她八百斗。孔子说："公西赤到齐国去，坐着肥马驾的车子，穿着轻便暖和的皮袍。我听说过，君子只救济急难而不接济富人。"

【成语】

肥马轻裘：乘坐肥马拉的车，穿着轻暖的皮袍。形容生活奢华。

周急继乏：接济急难的人，帮助贫穷的人。

【解难】

外交官公西赤的补助

此章系冉有弟子所记，故称"冉子"。古代以粮食为做官的薪酬。公西赤被孔子派到齐国做外交官，不能照顾母亲，冉有来向孔子请示，希望给公西赤的母亲补助谷米，以此增加公西赤的出差补助。孔子只同意补助六斗四升，冉有请求增加，孔子同意追加二斗四升，合计补助八斗八升。而冉有却从国库里给公西赤母亲补助了谷米八百斗。公西赤端的是"铁饭碗"，薪水足以养母尽孝。孔子给予补助的意见恰当，不吝不滥，而冉有自与之太多。冉有做过季氏家臣，曾为季氏聚敛钱财，现在掌握实权，为当官的同学的母亲争取大额补助，所以孔子对冉有的做法很生气：你看公西赤轻裘肥马，器宇轩昂，不是贫困户而是有钱人。君子做事要公平公正，只能周急继乏，雪中送炭，不能以权谋私，优亲厚友，继富加贵。"吾闻之也"是孔子的委婉表达。

【延伸阅读】

乘肥马

"乘肥马"意即乘肥壮的马所拉的车，古代车与马常连说。二马一车为骈，三马一车为骖（cān），四马一车为驷，也称乘。"驷"成了计数车马的单位。古代以四匹马拉一辆车最为普遍。《季氏篇》（16·12）："齐景公有马千驷。"既是说他有四千匹马，也是说他有一千辆车。春秋战国时期，天子是万乘之国，诸侯是千乘之国，卿大夫是百乘之家。

衣轻裘

"轻裘"是轻柔暖和的皮衣。古代没有棉布，凡布皆麻为之。裘之制，因贵贱而不同。古人穿裘，都是毛在外，裘上有衣，无袖。无衣为不敬。

【6·5】

原思为（wèi）之宰，与之粟九百，辞。子曰："毋！以与尔邻里乡党乎！"

【注释】

①原思为之宰：原思，姓原名宪，字子思，孔子的学生。孔子的孙子孔伋，也是字子思。"宪"有思虑之义。俞樾《群经平议·大戴礼记二》："《学记》以'发虑宪，求善良'为对文。良犹善也，则宪犹虑也。原宪字子思，是宪有思义。"宰，家臣，总管，大管家。

②与之粟九百：粟，谷米，给管家的俸禄。九百，后面量词不详（一说九百斗）。

③邻里乡党：泛称一乡的人。周制五家为邻，二十五家为里，一万二千五百家为乡，五百家为党。

【今译】

原思给孔子当管家,孔子给他俸米九百,原思推辞。孔子说:"不要推辞!多的就给你的乡亲吧!"

【成语】

邻里乡党:泛称一乡的人。

【解难】

总管家原思的薪水

原宪出身贫寒,一生安贫乐道;孔子去世后,原宪回家隐居,生活极为清苦。孔子做鲁国的司寇时位列大夫,领有封地,原宪做孔子封地的总管,居官则有俸禄,孔子给他的薪酬是粟米九百。这是常禄即固定工资,虽然九百之后没有单位,但数至极数"九",应该是很丰厚的。这九百是孔子自己出资,体现了孔子对生活清贫的管家的仁,与上章冉有给同学公西赤的母亲乱发补助相对照,孔子在工资和补贴、穷人和富人、当事人和非当事人之间的做法迥异。工资是劳动报酬,虽觉得多,但不该推辞。原宪认为俸禄太多,请求减少,被孔子劝止。孔子劝他粟米若有多余,可以周济乡亲。

刘宝楠《论语正义》认为,子华使于齐,原思为之宰,不必同在一时,弟子类记之,以见圣人取予之际各有所宜。

【延伸阅读】

看望老同学

原宪居鲁,环堵之室,茨以生草;蓬户不完,桑以为枢而瓮牖,二室,褐以为塞;上漏下湿,匡坐而弦歌。子贡乘大马,中绀(gàn)而表素,轩车不容巷,往见原宪。原宪华冠縰(xǐ)履,杖藜而应门。子贡曰:"嘻!先生何病?"原宪应之曰:"宪闻之,无财谓之贫,学道而不能行谓之病。今宪,贫也,非病也。"子贡逡巡而有愧色。原宪笑曰:"夫希世而行,比周而友,学以为人,教以为己,仁义之慝(tè),舆马之饰,宪不忍为也!"(《庄子·让王》)

大意 原宪住在鲁国,方丈小屋,茅草盖顶;用蓬草编织了一扇破门,用桑条做门轴,用坛子做窗户,用粗布衣隔成两间;屋顶漏雨,地下潮湿,他却端坐而弹琴唱歌。子贡骑着大马,穿着紫红色的内衣,外面罩着白色大褂,车马高大,开不进巷子,于是他步行去看望原宪。原宪戴着桦树皮做的帽子,拖着没有后跟的鞋,拄着藜木做的手杖出门迎接。子贡说:"唉!先生得的是什么病呢?"原宪回答说:"我听说,没有钱财叫作贫,有学问而不能施行叫作病。现在我是贫,不是病。"子贡进退不安,面有愧色。原宪笑着说:"见风使舵地行事,拉帮结派地交友,勤奋学习以求得别人夸奖,教诲别人以抬高自己,施行仁义以掩盖罪恶,装饰车马以自鸣得意,这一套我也会,只是我不忍心这样做罢了。"

注释 原宪，孔子的学生，是子贡（端木赐）的同学。匡，正。绀，深红带青。轩车，带顶盖的轿车。华冠，桦树皮做的帽子。縰履，无后跟的鞋。縰，通"屣"。逡巡，后退。希世而行，迎合世俗行事。希，望。慝，差错。

【6·6】

子谓仲弓，曰："犁牛之子骍（xīng）且角，虽欲勿用，山川其舍诸？"

【注释】

①子谓仲弓：谓，谈论。仲弓，即冉雍。

②犁牛之子骍且角：犁牛，耕牛，比喻劣父（一说杂色牛。犁，杂色）。骍，红色。角，牛角长得周正。

③虽欲勿用：用，重用，指用于祭祀。

④山川其舍诸：山川，山川之神，比喻上层统治者。其，难道。诸，"之乎"的合音。

【今译】

孔子谈到仲弓，说："耕牛生下的小牛红色毛发而且牛角周正，即使人们想不用它祭祀，但山川之神难道会舍弃它吗？"

【成语】

犁生骍角：耕牛生下毛发红色、角周正的小牛。比喻劣父生贤子。也比喻人出身卑微，难担大任。

【解难】

孔子称赞冉雍：犁生骍角，劣父贤子

周朝贵赤色，毛发红色而且牛角周正的牛才能用于祭祀，"骍且角"成了选用牺牛的标准，这种牺牛单独饲养。犁牛比牺牛低贱，不能用于祭祀。但如果犁牛能生下红色毛发而且牛角周正的小牛，即耕牛之子有骍角之材，那就够得上做牺牲的条件，即使不用于祭祀上帝、祖先，也可以退而求其次，用于祭祀山川，山川之神一定会接受这种祭享。人虽不用，神必不舍。

仲弓的父亲出身低贱而且做过恶，因此"犁牛"指仲弓的父亲，劣父；仲弓修成为大儒，是唯一被孔子推荐的可做政治领袖的学生，孔子称赞"雍也可使南面"，因此"犁牛之子"指仲弓，贤子；"骍且角"比喻仲弓形象端好、德才出众。自古明君立贤无方，用人不拘一格，出身并不重要，重在本人德才。无限朱门生饿莩，几多白屋出公卿；宰相必起于州郡，猛将必发于卒伍。瞽瞍为父而有舜，以鲧为父而有禹，所以即使父不善，也不损子之美。而且子能改父之过，变恶以为美。英雄不怕出身低，仲弓定能担大任。这里，既是孔子主张任人唯贤，也是勉励仲弓和其他弟子要修养才干。

王充《论衡》："母骊犊骍，无害牺牲；祖浊裔清，不榜奇人。鲧恶禹圣，瞍顽舜神。伯牛寝疾，仲弓洁全。颜路庸固，回杰超伦。"

【延伸阅读】

论人才

苟得其人，虽仇必举；苟非其人，虽亲不授。（晋·陈寿《三国志·蜀书·许靖传》）

试玉要烧三日满，辨材须待七年期。（唐·白居易《放言五首》）

玉经琢磨多成器，剑拔沉埋便倚天。（五代·王定保《唐摭言》）

何世无奇才，遗之在草泽。（晋·左思《咏史八首》）

天子好少年，无人荐冯唐。（唐·曹邺《捕渔谣》）

一视而同仁，笃近而举远。（唐·韩愈《原人》）

注释 沉埋，被埋在泥土中。倚天，即倚天长剑，此处指好剑。冯唐，汉文帝时一个年老的官，初以孝悌拜为中郎署。由于正直遭排挤，头发花白时也未能再次升迁。笃近，宽厚对待亲近的人。举远，举荐疏远的人。

【6·7】

子曰："回也，其心三月不违仁，其余则日月至焉而已矣。"

【注释】

①三月不违仁：三月，指时间长。违，离开。

②日月至焉：日月，指时间短。焉，代词，指仁。

【今译】

孔子说："颜回呀，他的心三个月不离开仁德，其余的学生就只能在短时间内做到仁罢了。"

【解难】

孔子称赞颜回：其心三月不违仁，其余则日月至焉

三月为一季，四季更替，天气都要变化，而颜回的仁心不随时间的推移而变化，以仁为宅，终身不离，可谓心不离道，道不离心；其余的弟子或即或离，只能在某时或某事做到仁，不能一以贯之。不违，是居仁；至焉，是欲仁。颜回与圣人还有一些差距，故"三月不违仁"是说颜回与仁偶有间断，不过马上又回归仁道，能够坚持与仁同在。"日月至焉"是说其余学生朝三暮四，偶尔做到仁，大部分时

间离开了仁。《朱子语类》:"以屋喻之:'三月不违'者,心常在内,虽间或有出时,然终是在外不稳便,才出即便入。盖心安于内,所以为主。'日月至焉'者,心常在外,虽间或有入时,然终是在内不安,才入即便出。盖心安于外,所以为宾。"

【延伸阅读】

孟子论仁

夫仁,天之尊爵也,人之安宅也。莫之御而不仁,是不智也。不仁、不智,无礼、无义,人役也。(《孟子·公孙丑上》)

大意 孟子说:"仁,是上天赐给的最尊贵的爵位,是人间最安逸的住宅。没有人阻挡却不选择仁,是不明智。不仁不智,无礼无义的人,只配被别人驱使。"

孟子曰:"三代之得天下也以仁,其失天下也以不仁。国之所以废兴存亡者亦然。天子不仁,不保四海;诸侯不仁,不保社稷;卿大夫不仁,不保宗庙;士庶人不仁,不保四体。恶死亡而乐不仁,是犹恶醉而强酒。"(《孟子·离娄上》)

大意 孟子说:"夏、商、周三代的开国之君禹、汤、文、武能够得天下是由于仁爱,末代君王桀、纣、幽、厉失天下是由于不仁。诸侯国家兴衰存亡的原因也是如此。天子不仁,不能保住天下;诸侯不仁,不能保住国家;公卿大夫不仁,不能保住祖先的宗庙;读书人和老百姓不仁,不能保住自身。现在有些人厌恶死亡但乐于干坏事,这就像厌恶喝醉酒却偏偏要勉强去喝酒一样。"

【6·8】

季康子问:"仲由可使从政也与?"子曰:"由也果,于从政乎何有?"曰:"赐也可使从政也与?"曰:"赐也达,于从政乎何有?"曰:"求也可使从政也与?"曰:"求也艺,于从政乎何有?"

【注释】

①季康子:春秋时期鲁国正卿。姬姓,季氏,名肥,谥号康,哀公时任宰相,史称"季康子"。曾派人迎孔子回鲁国。季平子生季桓子,季桓子生季康子。

②由也果,于从政乎何有:由,仲由,字子路。果,果断,决断。从政,指做官理政。何有,有什么呢?意思是不难。

③赐也达:赐,即子贡,复姓端木,名赐。达,通达,圆融。

④求也艺:求,即冉求。艺,技艺,才能。

【今译】

季康子问孔子:"仲由可以让他从政吗?"孔子说:"仲由果敢决断,对于从政有什么难的呢？"季康子又问："端木赐可以让他从政吗？"孔子说："端木赐通达事理，对于从政有什么难的呢？"季康子又问："冉求可以让他从政吗？"孔子说："冉求多才多艺，对于从政有什么难的呢？"

【解难】

推荐干部：子路果，子贡达，冉求艺

季康子位高权重，三问孔子，有求才之意；孔子向他推荐有从政才干的弟子，希望能位列大夫从事政治。孔子说：仲由果敢决断，能决大疑，定大计，可从政。端木赐通达事理，圆融灵活，不拘泥固执，可从政。冉求多才多艺，诗书陶冶情操，六艺皆助教化，可从政。古代有"为政者君，执政者卿，从政者大夫"之说，孔子言此三弟子都是政治英才。子路之"果"，子贡之"达"，冉求之"艺"，孔门从政三才各有千秋，孔子一字以蔽之。此三子之才，分之可以各奏一能，合之即以共成至理。国家量能授职，辨材定官，则有知人善任之英明，共治社稷之成效。

季康子事鲁哀公，鲁国后来公室衰弱，季氏宗主季康子。哀公二年，季桓子卒，立子肥，即季康子。哀公十一年，季康子派人以币迎孔子回鲁。至此，被三桓逐出鲁国的孔子得以回国，并完成他晚年删述六经的事业。季康子于此功不可没。哀公十六年，孔子卒。哀公二十七年，季康子卒。

【延伸阅读】

县长启事

龚圣任言，林德崇父，尝为剧县有声。其与监司启有云："鸣琴堂上，将贻不治事之讥；投巫水中，必得擅杀人之罪。"时以为名言。刘潜夫宰建阳，亦有一联云："每嗟民力，至叔世而张弓；欲竭吏能，恐圣门之鸣鼓。"语意尤胜，信乎治邑之难也。（宋·周密《齐东野语》卷八）

注释 鸣琴堂上，指宓不齐治单父。投巫水中，指西门豹治邺。叔世，衰乱将亡的时代。圣门之鸣鼓，孔子号召弟子声讨季氏。

【6·9】

季氏使闵子骞（qiān）为费（bì）宰。闵子骞曰："善为我辞焉！如有复我者，则吾必在汶（wèn）上矣。"

【注释】

①闵子骞为费宰：闵子骞，闵损，字子骞，小孔子十五岁，孔子的学生，名列德行科。"骞"有亏、损之义。《玉篇·马部》："骞，亏也。"闵损的名与字同义。费，季氏的封邑，在今山东费县西北一带。宰，采邑的长官，即县长。

②善为我辞：善，好。为，替。辞，推辞。
③如有复我者：复我，再来召我。
④必在汶上：汶，汶水，即今大汶河；汶上即汶水以北，暗指齐国。"在汶上"指离开鲁国到齐国去。

【今译】

季氏让闵子骞做他封地费的县长。闵子骞对来人说："好好替我推辞吧！如果有人再召我去，那我一定跑到汶水以北的齐国去了。"

【成语】

善为我辞：好好地替我推辞。后多用于请人代为说辞。

【解难】

闵子骞：不食污君之禄，拒做费地县长

闵子骞以孝闻名，浮云富贵，不愿意给僭越礼制、擅权专断的季氏当封地的长官。鲁国三家大夫目无鲁君，不听鲁君之命。费邑的长官亦屡次反叛季氏。听说闵子骞贤能，于是季氏想用闵子为费地的长官。闵子不愿臣于季氏，不食污君之禄，守死善道，高尚其事，所以告诉使者好好为其推辞。若再来召请，则将逃往齐国。后来经孔子劝说，闵子骞还是任了费宰，并把家迁到东蒙之阳，村名闵子庄（今闵家寨）。他治费成绩斐然，但看不惯季氏"陪臣执国命"，最终辞职。孔门弟子中做官者不少，如宰我仕齐，子贡、冉有、子游仕鲁，季路仕卫，子夏仕魏，仲弓曾为季氏家臣。唯有闵子骞，拒绝别人请他做官；被劝做了官，又辞职。朱熹《集注》引谢氏曰："盖居乱邦、见恶人，在圣人则可；自圣人以下，刚则必取祸，柔则必取辱。闵子岂不能早见而豫待之乎？"

闵子骞以德行与颜回并称，单衣顺母，以孝著称。闵损，字子骞。"损"是《易经》第四十一卦，讲损己利人之道。损卦之义与闵损之名相符。

"汶上"解

水以阳为北，凡言某水上者，皆谓水北。因此，"汶上"即汶水以北，汶河东北是齐国，故泛指春秋战国时期齐国之地。后人常用"汶上"为隐居的典故。

【延伸阅读】

古诗选

老僧斋罢关门睡，不管波涛四面生。（唐·罗隐《题金山》）
只待功成身退日，烟波深处是生涯。（宋·杨蟠）
高空有月千门闭，大道无人独自行。（宋·王衮）
坐对真成被花恼，出门一笑大江横。（宋·黄庭坚《王充道送水仙花五十支》）

【6·10】

伯牛有疾，子问之，自牖（yǒu）执其手，曰："亡之，命矣夫！斯人也而有斯疾也！斯人也而有斯疾也！"

【注释】

①伯牛：冉耕，字伯牛，生于山东陶（今山东定陶），小孔子七岁，孔子的学生，名列德行科。

②自牖执其手：牖，窗户，此指南边的窗户。执，握。

③亡之，命矣夫：亡，死。"亡之"的"之"，用在不及物动词后面补充音节。命，命运，指穷通寿夭。

【今译】

伯牛生病了，孔子去慰问他，从窗外伸手进去握住他的手，说："要死了，这是天命吧！这个人竟会得这种病啊！这个人竟会得这种病啊！"

【成语】

伯牛之疾：指无法医治的重病。

【解难】

孔子探望冉伯牛

孔子弟子中，一门三贤即冉伯牛、冉雍、冉求"三冉"，皆生于陶。冉伯牛以德行而称，仅亚于颜、闵，病重期间，孔子探视。冉伯牛危行正言而得不治之症，孔子虽是圣人，也无可奈何，叹息说这是天命注定。天命，就是人力无可奈何、主观无法把握而到来的一切。孔子再言复叹，蕴含着孔子对人生穷通夭寿的无奈。至亲如伯鱼，好学如颜子，有德如伯牛，皆属早夭，孔子除了伤痛之外亦无别法。颜子卒，孔子呼天；伯牛卒，孔子呼命。在天命面前，只能顺受，无法违抗。南唐李后主李煜小词《相见欢》："林花谢了春红，太匆匆。无奈朝来寒雨晚来风。"满林子红艳的春花都凋谢了，美好生命匆匆变成了一粒尘埃，更无奈的还有寒风冷雨的摧残。在不可治愈的重病面前，生命是如此脆弱无可奈何。

【参考】

孔子看望病人为何不进屋？

孔子去看望下了病危通知书的弟子冉伯牛，没有进入屋里，而是从窗子外伸手进去握握手而已，在今人看来，有点虚情假意，到底是怎么回事呢？

一说孔子圣无不通，也通医术。孔子握手切脉而知伯牛病不可治，故曰"亡之，命矣夫"。

一说是出于礼制规定，孔子不逾矩。朱熹《集注》："牖，南牖也。礼：病者居北牖下。君视之，则迁于南牖下，使君得以南面视己。时伯牛家以此礼尊孔子，孔子不敢当，故不入其室，而自牖执其手，盖与之永诀也。"

一说《淮南子·精神训》载伯牛得了癞病，即麻风病，容易传染，故孔子不敢靠近。

【延伸阅读】

客相欧阳修

六一为布衣，客相之曰："耳白于面，名则远闻；唇不贴齿，一生惹谤言语。"毁誉岂亦有命耶？（宋·陈师道《后山谈丛》卷二）

注释　六一，即欧阳修，号六一居士。布衣，平民。

【6·11】

子曰："贤哉，回也！一箪（dān）食，一瓢饮，在陋巷，人不堪其忧，回也不改其乐。贤哉，回也！"

【注释】

①一箪食：箪，用于盛饭的圆形竹器。

②在陋巷：陋巷，陋室，狭小的住宅。陋，狭小。巷，住宅，房子。古人里中道谓之巷，人所居亦谓之巷。这里"巷"指人所居，即颜回的住宅。

③人不堪其忧：堪，受得住。

【今译】

孔子说："贤人啊，颜回！一篮饭，一瓢水，住在狭小的房子里，别人都不能忍受这种愁苦，颜回却并没有改变他的快乐。贤人啊，颜回！"

【成语】

箪食瓢饮：一篮饭，一瓢水。形容生活贫苦，后也作为自奉俭约之辞。

陋巷箪瓢：住房狭小，竹篮盛饭，瓜瓢舀水；形容生活极为穷苦。

不改其乐：不改变自有的快乐。指处于困苦的境况仍然很快乐。

【解难】

孔子称赞颜回：箪食瓢饮，不改其乐

颜回乐道，得道则乐，故生活一箪食、一瓢饮也乐，居住一亩之宫、环堵之室也乐。而得道在学，故颜回所乐是学道，不是乐于贫寒简陋。俗人享物质，圣贤求闻道。故孔子疏食饮水，乐在其中；颜回箪食瓢饮，不改其乐。《吕氏春秋·慎大览》："古之得道者，穷亦乐，达亦乐。所乐非穷达也，道行于此，则穷达一也。"

【延伸阅读】

孟子赞颜回

禹稷当平世，三过其门而不入，孔子贤之。颜子当乱世，居于陋巷，一箪食，一瓢饮，人不堪其忧，颜子不改其乐，孔子贤之。孟子曰："禹稷颜回同道。禹思天下有溺者，由己溺之也。稷思天下有饥者，由己饥之也。是以如是其急也。禹稷颜子易地则皆然。"（《孟子·离娄下》）

大意 禹后稷生活在太平之世，多次路过家门却没有进去，孔子称赞他们。颜渊生活在乱世，居住在狭小的房子里，一箪饭，一瓢水，人们都不堪忍受那种忧患的生活，而颜渊却不改变他乐观的心态，孔子也称赞他。孟子说："大禹、后稷、颜渊走的是同样的人生道路。大禹想到天下有溺水的人，就像自己溺水一样；后稷想到天下有挨饿的人，就像自己也挨饿一样。所以才那样急人之急。大禹、后稷、颜渊，如果互相交换一下位置，也都会有同样的表现。"

【6·12】

冉求曰："非不说子之道，力不足也。"子曰："力不足者，中道而废，今女画。"

【注释】

①非不说子之道：说，同"悦"。道，学说。
②中道而废：中道，半路。废，停止。
③今女画：女，同"汝"。画，划定界限，引申为止，终止。《说文》："画，界也。象为四界。"

【今译】

冉求说："不是不喜欢您的学说，而是我能力不够。"孔子说："能力不够的人，走到半路才会停止，现在你是自己划了界限停止前进。"

【成语】

中道而废：半路就停止了。

【解难】

孔子批评冉求：画地自限

中道而废者，是心有余而力不足；画地而止者，是力有余而心已止，自己不愿进步。冉求多才多艺，其偏重于艺，局限于艺，故好学求道用心不够；且坚守夫子之道，需要一生的执着，冉求欲浅尝辄止，画地自限，以"力不足也"为托辞，实际上是畏难而止。孔子勉励冉求莫找借口，战胜自我。颜回是只见其进，未见其止；冉求是画地自限，不思上进，"求也退，故进之"。

冉求，通称"冉有"，以政事见称。多才多艺，擅长理财，曾担任季氏家臣，为之敛财，不能阻止季氏伐颛臾。曾率师抵抗齐军，身先士卒获胜。他说服季康子迎回了孔子。

【延伸阅读】

补子瞻赠姜唐佐秀才

沧海何曾断地脉，白袍端合破天荒。
锦衣他日千人看，始信东坡眼力长。

——宋·苏辙

注释 此诗系苏轼和苏辙合写而成。苏轼贬海南儋州，该地自古及今没有一个登科及第之士，苏轼开馆收姜唐佐为徒，教他读书，并在姜的纸扇上题了两句诗"沧海何曾断地脉，白袍端合破天荒"以资鼓励。姜后来考取了进士，但苏轼已去世，其弟苏辙闻此事，便补写了后两句。白袍，未做官的读书人。端合，应当。破天荒，指第一次出现。锦衣，文彩华贵的衣服，指显贵者的服饰。

【6·13】

子谓子夏曰："女为君子儒，无为小人儒。"

【注释】

①子夏：即卜商，名列文学科，是唯一被孔子称许能启发自己的学生。孔子死后，子夏被魏文侯请去做老师，是弟子中唯一的帝王师。

②君子儒：君子式的学者，指追求明道的学者。儒，学者的通称。《字汇·人部》："儒，学者之称。"

③小人儒：小人式的学者，指追求名望的学者。何晏《集解》引孔安国曰："君子为儒，将以明道；小人为儒，则矜其名。"邢《疏》："言人博学先王之道以润其身者，皆谓之儒。但君子则将以明道，小人则矜其才名。"

【今译】

孔子对子夏说："你要做君子式的学者，不要做小人式的学者。"

【解难】

孔子勉励子夏：女为君子儒，无为小人儒

"儒"是古代学者的通称，但"儒"有君子儒和小人儒的高下之分。君子儒其学为己，着力提高自己的道德修养和理论境界，追求真理，获得大道。无沽名钓誉之心，无干禄升位之举，无患得患失之忧。小人儒其学为人，心术不正，务在博取虚名，获得赞

誉，出言标新立异以吸引眼球；做事务虚不务实，爱搞花架子，没有功成不必在我的胸怀，而有揽功诿过之滑头。所以，人君用人当审慎明辨，亲君子儒，远小人儒。

【延伸阅读】

大儒气象

两汉之士，前惟张子房，后诸葛孔明，有洙泗大儒气象。子房既辞齐三万户封，又让相国于萧何，与之从容言天下事甚众。善乎太史公曰："运筹帷幄之中，制胜于无形。"子房计谋其事，无知名，无勇功，图难于易，为大于细，可谓尽之矣。（宋·邵博《邵氏闻见后录》卷九）

【6·14】

子游为武城宰。子曰："女得人焉耳乎？"曰："有澹台（Tántái）灭明者，行不由径，非公事，未尝至于偃（yǎn）之室也。"

【注释】

①子游为武城宰：子游，见《为政篇》（2·7）。武城，鲁国的小城邑，故城在今山东费县西南。宰，长官，县长，有行政权力，无军权。

②澹台灭明：复姓澹台名灭明，字子羽，比孔子小三十九岁，鲁国人。

③行不由径：由，经由。径，小路，引申为邪路。参见《雍也篇》（6·17）："出不由户。"

④至于偃之室：至于，到。偃，即言偃，字子游，这是他自称其名。"偃"是卧倒不动，"游"是漂浮游动，其义相反。

【今译】

子游做了武城县的县长。孔子说："你在那里得到贤人了吗？"子游说："有一个叫澹台灭明的人，走路不走小路，不是因公事，不曾到我屋里来过。"

【成语】

行不由径：走路不走小路，比喻不走歪门邪道，行动正大光明。

【解难】

县长称赞澹台灭明：不因公家事，不到我家来

为政之要，在于得人，所以孔子首问武城县长子游得人才否。子游回答说：澹台灭明是个正大光明的人。他行不由径，这既是说不走小路，行必大道，也是说动必公正；还介绍他非公事不见县长，私事不登县长家门，不搞昏夜干求、造门请托，方正不圆滑，清正能自守。

澹台灭明是孔子门生，武城人，字子羽，小孔子三十九岁，状貌甚恶，欲事孔

子，孔子认为他智力低下，退出孔子弟子行列，但为人方正无私，重义轻财，有君子之资。孔子去世后，他南游至长江，居于楚国，有弟子三百余人，享誉江南诸侯各国，老死于楚国，其弟子葬其于武城故里。

《大戴礼记·卫将军文子》评价澹台灭明"贵之不喜，贱之不怒"，孔子称赞他是一位对"独贵独富"认为可耻的君子。

《史记·仲尼弟子列传》载，孔子说："吾以言取人，失之宰予；以貌取人，失之子羽。"

孔子不止一次到武城看望子游。有一次，和子游开玩笑说：武城是个小县城，处处闻弦歌之声，割鸡焉用牛刀？参见《阳货篇》（17·4）。

陆陇其《松阳讲义》："子游方任政事而不尚权术，素好文学而不贵浮华，独取一等宁方无圆、宁朴无华、世俗所不喜之人，其见识力量加于人一等矣。""读书人甘心苟贱者有几人，只是不知世间方正一途为可贵，不免随波逐流，愈趋愈下。试观灭明，一径尚不肯由，一偃之室尚不肯私谒，何处可以苟且得？""人品虽不一，这个却是根本。根本一差，万事瓦裂。无论为狂、为狷、为政事、为文学，皆不足观也矣。"

【延伸阅读】

复姓与单姓

在姓氏异常礼制化的周代，为了避免姓名雷同而引起混乱，减少了单姓，增加了复姓。春秋末期，复姓逐渐增多。《论语》中孔子的弟子属于复姓的不少，如公冶、公西、端木、颛孙、澹台、南宫、漆彤、司马、巫马等。

明代朱元璋曾下令取消复姓，汉族双字复姓自此锐减。如：澹台改姓台，作家台静农（1902—1990），本姓澹台；公孙、叔孙、长孙、王孙，皆改姓孙；公羊、公沙、公乘，皆改姓公；亓官改姓亓（亓官是春秋战国时期负责给年满十五岁的成年女子盘发绾髻别簪的官员，"亓"是"其"的古字）；司徒、司空，皆改姓司，司马改姓司或马。但是，仍有少数人坚持不改，如司马光的后代。

澹台灭明

昔有一僧人与一士子同宿夜航船，士子高谈阔论，僧畏慑，拳足而寝。僧听其语有破绽，乃曰："请问相公，澹台灭明是一个人，是两个人？"士子曰："是两个人。"僧曰："这等，尧舜是一个人两个人？"士子曰："自然是一个人。"僧乃笑曰："这等说起来，且待小僧伸伸脚。"（明·张岱《夜航船·序》）

【6·15】

子曰："孟之反不伐。奔而殿，将入门，策其马，曰：'非敢后也，马不进也。'"

【注释】

①孟之反不伐：孟之反，鲁国大夫孟之侧，侧是名，反是字。伐，夸耀。

②奔而殿：奔，逃奔，败逃。殿，行军走在最后拒敌为殿，殿后为勇。苏轼诗《雨晴后步至四望亭下》："殷勤木芍药，独自殿余春。"木芍药是牡丹的别名，"殿"是结尾之意。

③策其马：策，鞭打。

④马不进：进，行。《广雅·释诂一》："进，行也。"

【今译】

孔子说："孟之反不夸耀功劳。鲁军逃奔时孟之反走在军队最后面，将要进鲁国城门时，他鞭打着马，说：'不是我敢于殿后，而是马不快跑。'"

【解难】

孔子称赞鲁国大夫孟之反：勇于殿后，不表功劳

《诗经·周南·兔置》："赳赳武夫，公侯干城。"说武士个个威武雄壮，是公侯的盾牌与城墙。

打仗以取胜为功，若军队战败而还，将军则以殿后为功。齐国入侵鲁国，交战于郊，鲁军右翼的军队溃退了。兵退之时，孟之反主动殿后，既掩护全军，又抵御敌军，将入鲁国城门时，故意高扬着鞭子打马而前，对国人说："不是因为我勇敢才走在最后抵御敌人，而是我的马跑得不快走不到前面去呀。"孟子反奔而殿，劳而不伐，不居其功，反而自掩其功。《旧唐书·杜伏威传》："出则居前，入则殿后，故其党咸服之，共推为主。"

【延伸阅读】

赵匡胤不再打猎

太祖猎近郊，所御马失，帝跃下，且曰："吾能服天下矣，一马独不驯耶？"即以佩刀刺之，既而悔曰："吾为天子，数出游猎，马失又杀之，其过矣。"自此终身不复猎。（宋·邵伯温《邵氏闻见录》卷一）

【6·16】

子曰："不有祝鮀（tuó）之佞，而有宋朝（zhāo）之美，难乎免于今之世矣。"

【注释】

①祝鮀之佞：祝鮀，字子鱼，卫国大夫，能言善辩。"祝"是官名，管宗庙之

官；也是姓氏，以官名为氏。"鮀"是名。佞，口才。何晏《集解》引孔安国曰："佞，口才也。"

②而有宋朝之美：宋朝，春秋宋国公子，名朝，以美男子称于世，出奔到卫国作大夫，因貌美被南子所爱而私通。参见《雍也篇》（6·28）。

③难乎免于今之世：乎，于。免，逃脱，免于灾祸。

【今译】

孔子说："没有祝鮀那样的口才，也没有宋朝那样的美色，也难于躲过当世的祸患。"

【成语】

祝鮀之佞：像祝鮀那样能言善辩，或巧言媚人。

【解难】

孔子感叹：唯佞色是尚

祝鮀有外交口才，凭口才而仕于卫灵公。宋朝本是宋国公子，英俊帅气，靠美色与国君老婆——卫灵公夫人南子私通而获宠，担任了卫国大夫。他和齐豹、北宫喜、褚师圃一同作乱，把卫灵公赶出卫国。后来卫灵公复国，宋朝逃亡到晋国。卫灵公却因为南子思念宋朝，再次把宋朝召了回来，纵容宋朝和南子在洮地相会。宋国老百姓将这两人比作猪。祝鮀是靠巧言，宋朝是靠令色，孔子痛恨卫国衰世浊乱，世道不古，唯佞色是尚，人们投时俗之好，好谀好色，以巧言令色邀宠免祸；而忠正之人，不容其身，贤能见弃，故发"难乎"之叹。

【参考】

定州汉墓竹简本作"祝鮀之仁"，不是"祝鮀之佞"。此章"仁"字比"佞"字好解多了。

【延伸阅读】

殷仲文之口才

桓玄既篡位后，御床微陷，群臣失色。侍中殷仲文进曰："当由圣德渊重，厚地所以不能载。"时人善之。（南朝·宋·刘义庆《世说新语·言语》）

大意 桓玄篡夺帝位以后，皇帝的宝座微微有些塌陷，群臣恐惧失色。侍中殷仲文进言道："这应当是因为圣上的德行很厚重，以至深厚的大地都承载不起了。"当时的人都很赞赏这句话。

【6·17】

子曰："谁能出不由户？何莫由斯道也？"

【注释】

①出不由户：由，经过。户，单扇的门，泛指门。

②何莫由斯道：莫，无定代词，没有谁。道，事物当然之理，大道，指仁道。

【今译】

孔子说："谁能走出房屋而不经过门呢？为什么没有人走这条仁义大道呢？"

【解难】

孔子感叹：礼门义路没人走

一个人立身成功当由正道，好比人出入必须经过屋门，而不是翻窗越墙。古代户是向内开，此章以户与仁道相比。对百姓而言，道指安身立命之道；对执政者而言，道指先王明君之道；另外还有待人接物的忠恕之道、孝亲敬老的孝悌之道、顺应自然的天地之道，等等，一切当然之理皆谓道。人应该走正门、走正道、走大道，堂堂正正，光明正大，而不应该走旁门左道、歪门邪道。孔子感叹当时一些人投机取巧，奔走钻营，放着大路不走而走"捷径"。《孟子·万章下》："夫义，路也；礼，门也。惟君子能由是路，出入是门也。"人是载道之器、行道之具，人自远道，非道远人。

【延伸阅读】

司马君实独乐园

青山在屋上，流水在屋下。
中有五亩园，花竹秀而野。

——宋·苏轼

道傍木

狂风拔倒树，树倒根已露。
上有数枝藤，青青犹未悟。

——唐·唐备

【6·18】

子曰："质胜文则野，文胜质则史。文质彬彬，然后君子。"

【注释】

①质胜文则野：质，质朴，本质。文，文采，文饰。野，粗野。

②史：浮夸，文多质少。

③彬彬：文质兼备的样子。何晏《集解》引包咸曰："彬彬，文质相半之貌。"

《说文》:"份,文质备也。彬,古文份。"《广雅·释诂三》:"彬,文也。"

【今译】

孔子说:"质朴超过文采就显得粗野,文采超过质朴就显得浮夸。文采和质朴配合恰当,然后才是个君子。"

【成语】

文质彬彬:文采和质朴配合恰当得体,形容人举止文雅。

【解难】

孔子:文质彬彬,然后君子

质与文相对,野与史相对。孔子尚中庸之道,要求君子既有文采又很质朴,既有外在美也有内在美,诚于中而形于外,两者和谐统一于一身,即文质彬彬。做人损有余,补不足,不过不及,文质彬彬,做到后天的教育与人性的敦厚和质朴均衡交融。

【延伸阅读】

表里不一

王文度、范荣期俱为简文所要(yāo)。范年大而位小,王年小而位大。将前,更相推在前,既移久,王遂在范后。王因谓曰:"簸之扬之,糠秕在前。"范曰:"洮(táo)之汰之,沙砾在后。"(南朝·宋·刘义庆《世说新语·排调》)

大意 王文度和范荣期一同受到简文帝的邀请。范荣期年纪大而职位低,王文度年纪小而职位高。到了简文帝那里,将要进去时,两人轮番推让,要对方走在前面。推让了很久,王文度方才走在范荣期的后面。王文度嘲笑说:"簸米扬米,秕壳和粗糠在前面。"范荣期反讽道:"淘米洗米,沙子和石子在后面。"

【6·19】

子曰:"人之生也直,罔之生也幸而免。"

【注释】

①罔之生也幸而免:罔,不正直。如"罔人"即不正直的人。《为政篇》(2·15)"学而不思则罔"的"罔"是迷惑之义。《雍也篇》(6·19)"可欺也,不可罔也"的"罔"是愚弄之义。幸而免,即幸免,侥幸地逃脱了灾祸。此章两个"也"字用于句中使句子跌宕起伏。

【今译】

孔子说:"人的生存是由于正直,不正直的人能生存,只是侥幸地逃脱了灾祸。"

【解难】

孔子告诫：为人要正直，人生莫侥幸

直是正直、正派，直于心为德，古"德"字是"悳"，上直下心。正直立身、正派做人是人的生存之道，正直的人内不自欺，外不欺人。一些不正直的人本应受到天人惩罚，虽然还没有被惩罚，也能生存，甚至比正直的人生存得更好，但这些人只是侥幸地逃脱了灾祸，因为善有善报，恶有恶报；而且这只是少数人，不是多数人，因为正直是普世价值，被绝大多数人推崇；还有，这些人的风光只是眼前的，不得善终，因为天网恢恢，疏而不漏，不是不报，时候未到。黄氏《后案》："人受生于天，全生于世，以直道为之主。失此直道，天威所必谴，王法所必诛，众怒所必加，免者幸而已，言其鲜也。"徐干《中论·修本》："施吉报凶谓之命，施凶报吉谓之幸。然行善而获福者犹多，为恶而不得祸者犹少。"

【参考】

定州汉墓竹简本是："人生之也直，亡生也幸而免也。"亡，通"罔"，不正直。

【延伸阅读】

幸运与不幸运

蝼蚁行于地，人举足而涉之。足所履，蝼蚁苲（疑作"笮"，音 zuó，压）死；足所不蹈，全活不伤……灾气加人，亦此类也。不幸遭触而死，幸者免脱而生，不幸者不侥幸也。孔子曰："人之生也直，罔之生也幸。"则夫顺道而触者为不幸矣。立岩墙之下，为坏所压；蹈坼（chè，裂）岸之上，为崩所坠，轻遇无端，故为不幸。（汉·王充《论衡·幸偶》）

大意 蝼蛄和蚂蚁在地上爬行，人抬脚走过它们，脚踩过的地方，蝼蛄和蚂蚁都被踩死；脚没有踩到的地方，它们全部活着没有受伤。……灾害之气施加给人，也是这类情况，不幸者遇到碰上就死，幸运者避免逃脱就活。所谓不幸，就是没有侥幸。孔子说："人能够生存是由于正直，不正直的人能生存，只是侥幸地逃脱了灾祸。"那么遵循正道而遭灾祸的，就是不幸了。好比站在高墙之下，被毁坏的墙体压在下面；踩在裂开的堤岸之上，因为河堤崩塌而落入河中，轻易遇上这种灾祸，就是不幸。

【6·20】

子曰："知之者不如好之者，好之者不如乐之者。"

【今译】

孔子说："懂得它的人不如喜好它的人，喜好它的人不如以它为乐的人。"

【解难】

孔子：知之不如好之，好之不如乐之

知学、好学、乐学是学习的三层境界，杨伯峻先生认为除了学习，还包括事业。知之者不如好之者自觉，好之者不如乐之者有恒。"乐"是兴趣，兴趣是最强劲、最持续的兴奋剂，以读书为乐者其学习必有进，以吃苦为乐者其做事必有成，以奉献为乐者其主政必有功。

【延伸阅读】

经曲阜城

行经阙里自堪伤，曾叹东流逝水长。
萝蔓几凋荒陇树，莓苔多处古宫墙。
三千弟子标青史，万代先生号素王。
萧索风高洙泗上，秋山明月夜苍苍。

——唐·刘沧

注释 阙里，孔子住地。逝水，孔子曾感叹时光像流水消逝。宫墙，孔庙的墙。素王，有王者之道但不居王位的人，指孔子。洙泗，洙水和泗水。洙水在北，泗水在南。洙泗之间是孔子聚徒讲学的地方。

【6·21】

子曰："中人以上，可以语（yù）上也；中人以下，不可以语上也。"

【注释】

①中人以上，可以语上也：中人，中等智力的人。语，讲。上，高深的学问。

【今译】

孔子说："中等智商以上的人，可以给他讲高深的学问；中等智商以下的人，不可以给他讲高深的学问。"

【解难】

孔子认为：智商有等，因材施教

人的天赋有上智、下愚和中人，"唯上智与下愚不移"（《阳货篇》）。教化之法，当因材而施：天资聪慧者，引领他向知识的深度和广度进军；智力平平者，引导他循序渐进，由浅入深，由低到高，下学上达。皇《疏》："上上则是圣人，圣人不需教也。下下则是愚人，愚人不移，亦不需教也。而可教者，上中下下，下中以上，凡七品之人也。"

【延伸阅读】

洗 儿

人皆养子望聪明，我被聪明误一生。
惟愿孩儿愚且鲁，无灾无难到公卿。

——宋·苏轼

弄猴丐

翻身筋斗星飞快，甘自一生从乞丐。
世间多少伶俐人，输他跳出圈子外。

——法雨大师

【6·22】

樊迟问知。子曰："务民之义，敬鬼神而远之，可谓知矣。"问仁。曰："仁者先难而后获，可谓仁矣。"

【注释】

①务民之义：务，致力于。"务民"即今日之为人民服务。义，宜。
②先难后获：难，艰难；获，收获。义近"先事后得""敬事后食"，参见《颜渊篇》（12·21）"先事后得"，《论语·卫灵公篇》（15·38）"敬其事而后其食"。

【今译】

樊迟请教智慧。孔子说："致力于人民合宜的事，尊敬鬼神但又远离它们，可以说是有智慧了。"樊迟又请教仁德。孔子说："有仁德的人先艰苦奋斗然后才有收获，可以说是仁德了。"

【成语】

敬而远之：表面上尊敬，实际上有所顾虑而远离。
先难后获：先要艰苦奋斗然后才有收获。

【解难】

孔子答樊迟问智：办好人民的事情，敬鬼神而远之

孔子认为，天道远，人道迩，有智慧的人要以人民是本，尽力做好人民认为合宜的事，即"务民之义"。《礼记·礼运》："父慈、子孝、兄良、弟弟、夫义、妇听、长惠、幼顺、君仁、臣忠十者，谓之人义。"

国将兴，听于民；将亡，听于神，人是神的主人。对鬼神，首先，存而不论。因为鬼神之状不可形容，鬼神之情不可验证。其次，敬而远之。迷信鬼神，就会痴

迷于怪力乱神；否认鬼神，就会亵渎不敬。

孔子答樊迟问仁：先要艰苦奋斗，然后才有收获

孔子认为，有仁德的人先要艰苦奋斗，然后才有收获，即一分耕耘，一分收获。"难"字者，艰难困苦，玉汝于成。"获"字者，辛勤耕耘，才有收获。"先难"是克己，克己则为仁。"后获"是不争利、不争功，也是仁。

【延伸阅读】

请假撒谎被杀

陈仲弓为太丘长，时吏有诈称母病求假。事觉，收之，令吏杀焉。主簿请付狱考众奸。仲弓曰："欺君不忠，病母不孝。不忠不孝，其罪莫大。考求众奸，岂复过此？"（南朝·宋·刘义庆《世说新语·政事第三》）

大意 陈仲弓任太丘县长官，当时有个小吏谎称母亲生病请假，事情被发觉后陈仲弓就逮捕了他，并命令狱吏处死他。主簿请求交给诉讼机关，查究其他的犯罪事实。陈仲弓说："欺骗君主就是不忠，诅咒母亲生病就是不孝。不忠不孝，罪状没有比这个更大的了。查究其他罪状，难道还能超过这个吗？"

【6·23】

子曰："知者乐（yào）水，仁者乐（yào）山。知者动，仁者静。知者乐，仁者寿。"

【注释】

①知者乐水：知，同"智"。乐，喜爱。

【今译】

孔子说："有智慧的人喜爱水，有仁德的人喜爱山。有智慧的人好动，有仁德的人好静。有智慧的人乐观，有仁德的人长寿。"

【成语】

乐山乐水：有人喜爱山，有人喜爱水。比喻各人的爱好不同。

智水仁山：有智慧的人喜爱水，有仁德的人喜爱山。

【解难】

孔子：智者乐水，仁者乐山

智慧变化万千，能应对万事万物，如水随物赋形，智者与水似，故智者乐水。仁者爱心常驻，博施济众，三月不违仁，造次必于是，颠沛必于是，如山巍然屹立，仁者与山似，故仁者乐山。智者利仁，应变万事，像水一样好动，注满了又前行；仁者安仁，清心寡欲，厚重不迁，像山一样沉静。智者用智决疑而快乐，仁者

安详而长寿。

乐山乐水，古音"乐"读 yào，喜好，欣赏；若读成 lè，则是以之为乐。读音不同，意义相近，此遵古音。

后来称山水宜人的住处为"仁智居"。

【延伸阅读】

论 寿

或问：孔子称仁者寿，而颜渊早夭。积善之家，必有余庆，而比干、子胥身陷大祸。……干以为：二论皆非其理也。夫寿有三：有王泽之寿，有声闻之寿，有行仁之寿。《书》曰："五福，一曰寿"，此王泽之寿也。《诗》云："其德不爽，寿考不忘"，此声闻之寿也。孔子曰："仁者寿"，此行仁之寿也。（汉·徐干《中论·论夭寿》）

注释 王泽，君王的德泽。

【6·24】

子曰："齐一变，至于鲁；鲁一变，至于道。"

【注释】
①齐一变，至于鲁：变，改变，进步。至于，达到，赶上。
②至于道：道，好的政治局面，这里指王道，先王之道，即仁政，与"霸道"相对。

【今译】
孔子说："齐国一进步，可以赶上鲁国；鲁国一进步，可以实现王道。"

【解难】

齐国，后进赶先进；鲁国，先进赶标兵

齐国是周朝的诸侯国，国力强大，是春秋五霸之一，但急功近利，有齐桓公霸政的余习。鲁国是周武王所封，都城在曲阜，周公旦是第一位被封的君主。鲁国是礼乐之邦，周礼尽在鲁，崇礼尚信，承周公、伯禽之教，有先王遗风。春秋后期公室为孟、叔、季氏三家所分，故人亡政息，国力弱小，礼崩乐坏；齐国比鲁国强大，鲁国比齐国文明；齐国可以先霸后王，鲁国可以复兴周礼。齐国改革政治、外交、风俗，始能化成民俗，赶上鲁国；而鲁国变革，就能实现先王之道。齐国未能用礼，要一变至于鲁，难；鲁国是周公的后裔，秉承周礼，要一变至于王道，易。

"霸"是假借字，"伯"是本字，伯，长也。春秋五霸是诸侯之长。"王，往也。天下所归往。"（东汉·班固《白虎通·号》）。

【延伸阅读】

齐不如鲁

此鲁有王迹者，仁厚也；齐有霸迹者，武政也。齐之所以不如鲁，太公之贤不如伯禽也。（汉·刘向《说苑·政理》）

大意 鲁国能成就王道，是因为推行仁政；齐国能成就霸道，是因为推行武力。齐国之所以不如鲁国，是因为姜太公不如伯禽贤明。

【6·25】

子曰："觚不觚，觚哉！觚哉！"

【注释】

①觚：酒器，周制一升曰爵，二升曰觚。其上圆下方，有棱，盛行于殷商、西周，到西周中期衰落，后来觚被改成无棱。

【今译】

孔子说："觚不像觚的形状，觚啊！觚啊！"

【解难】

孔子感叹：觚不觚，像啥话？

觚是酒器，上圆象天，下方象地，可容二升酒。"觚"即寡，顾名思义，君子自警，饮当寡少。古人量酒以二升为寡，三升为当，五升为过，周代制器者据此而造。但今人用觚饮酒却常过量，觚没有起到提醒、限制酒量的原初作用，名实不副，故孔子叹之。

孔子说："必也正名乎。"古代觚有棱，当时人们破觚为圆，失去棱角而仍称觚，实则非觚，应予正名；同时，孔子认为周礼尽善尽美，一切不可擅自改变，包括来源于周代的酒器；觚的形制变化也可见当时礼崩乐坏。轻变周制，离周礼愈来愈远，复兴周礼愈来愈难，故孔子亦叹之。

总之，不论觚之"寡"义丧失、作用消失，还是觚的形状改变、容量改变，孔子认为皆违背周礼，周礼是孔子心中圣洁的雪山，神圣不可亵渎。故对当时觚这种酒器、礼器的变化有"不叫话""像啥话"之叹。

昔有遗谚："尧舜千钟，孔子百觚。"形容尧舜和孔子酒量特别大。

【延伸阅读】

论器物之礼

夫礼，辨贵贱，序亲疏，裁群物，制庶事，非名不著，非器不形；名以命之，

器以别之，然后上下粲然有伦，此礼之大经也。名器既亡，则礼安得独在哉！（宋·司马光《资治通鉴》卷一）

大意 所谓礼，在于分辨贵贱，排比亲疏，裁决万物，处理日常事务。没有一定的名位，就不能显扬；没有器物，就不能表现。只有用名位来分别称呼，用器物来分别标志，然后上下才能井然有序。这就是礼教的根本所在。如果名位、器物都没有了，那么礼教又怎么能单独存在呢！

【6·26】

宰我问曰："仁者，虽告之曰'井有仁焉'，其从之也？"子曰："何为其然也？君子可逝也，不可陷也；可欺也，不可罔也。"

【注释】

①井有仁焉：有仁，有人，"仁"通"人"。

②何为其然：何为，为什么。然，这样。

③可逝也，不可陷也：逝，往。杨伯峻《论语译注》："往而不复返才用'逝'字。"陷，陷阱。

④可欺也，不可罔也：罔，同"网"，罗网（一说愚弄）。

【今译】

宰我问道："有仁德的人，假如别人告诉他说'井里有一个人'，那他会跟从跳下井去吗？"孔子说："为什么要这样做呢？君子可以前去救人，但不可以给他设置陷阱；可以被欺骗，但不可以给他布下罗网。"

【成语】

从井救人：跟着别人跳下井去冒险救人。比喻做事方法不当，不能救人反而危害自己。

【解难】

下井救人，宰我难倒老师了？

宰我长于思辨，他给老师出了一道仁者如何求仁和成仁，如何勇于追求仁和践行仁的难题。他采取设问辩难的方式对老师说：假说有一位仁者，别人告诉他，现在深井里掉下去一个人。井里的人，有救则生，无救则死。井上的仁者，能见死不救吗？去救则成全自己仁者之美名，不救则徒有仁者之虚名。但是，井内空间狭小，施救困难，自己和井里的人可能都会丧命。相反，仁者在井上，还可以设法营救井中之人；若从之投于井，则不复救之。孔子怎么回答这道进退两难的题呢？他说："君子可以前往救人，但不可以给他设置陷阱；可以被欺骗，但不可以给他布下罗网。"以救人为名而逼迫人下井，是设陷阱；以"仁者"必须下井救人，是布

罗网。君子可以杀身成仁,而不可被非礼陷害。"好仁不好学,其弊也愚。"(《阳货篇》)

【参考】

定州汉墓竹简本的末两句是:"君子可选,不可陷也;可欺,不可罔也。"

【延伸阅读】

荀子论君子

君子之求利也略,其远害也早,其避辱也惧,其行道理也勇。君子贫穷而志广,富贵而体恭,安燕而血气不惰,劳倦而容貌不枯,怒不过夺,喜不过予。(《荀子·修身》)

大意 君子追求利益也淡泊,远离祸害早预见,惶恐地避免耻辱,勇敢地奉行道义。君子即使贫困志向也远大,即使富贵体貌也谦恭,即使安逸闲适也精神不懒散,即使劳累疲倦也容貌不憔悴,发怒时也不过分处罚人,高兴时也不过分奖赏人。

【6·27】

子曰:"君子博学于文,约之以礼,亦可以弗畔矣夫。"

【注释】

①博学于文:博学,广泛地学习。文,文献典籍。

②约之以礼:约,约束。

③弗畔:不违背道。畔,同"叛",违背。

【今译】

孔子说:"君子博学文化经典,用礼约束自己,也就不会违背道了啊。"

【成语】

博文约礼:广泛学习,严守礼法。参见《子罕篇》(9·11):"博我以文,约我以礼。"

【解难】

孔子:君子博文约礼,才不离经叛道

古今文化,非学不知;道德仁义,非礼不成。博学则知圣贤之道,守礼则能智圆行方。博文就是格物致知,约礼就是修身齐家。博约并进,文礼兼修,视听言动皆不背离于道,物欲横流方能立定脚跟。

【延伸阅读】

诗选

世人不知心是道，只言道在西方妙。（唐·皎然禅师《赠吴凭处士》）

去国一身轻似叶，高名千古重如山。（宋·李师中《送唐子方》）

醉轻浮世事，老重故乡人。（宋·李度《句》）

两鸟各闭口，万象衔口头。（唐·韩愈《双鸟诗》）

昔如纵壑鱼，今如丧家狗。（唐·杜甫《将适吴楚留别章使君》）

十载相从应学得，怕人知事莫萌心。（宋·张载《送人》）

注释 纵壑鱼，比喻身处顺境，顺心如意。怕人知事莫萌心，怕人知道的事情心里想都不要去想。

【6·28】

子见南子，子路不说。夫子矢之曰："予所否者，天厌之，天厌之！"

【注释】

①南子：卫国灵公的夫人，把持卫国政权，有淫行。参见《雍也篇》(6·16)。

②矢之："矢"同"誓"，发誓。"之"用在不及物动词后表示停顿。

③予所否者：予，我。所，若，如果。清王引之《经传释词》卷九："所，犹若也，或也。"否，不对，不合于礼。

【今译】

孔子应邀去见了南子，子路不高兴。孔子发誓，说："我如果做了不对的事情，上天厌弃我，上天厌弃我！"

【解难】

孔子见南子：发誓证明自己清白合礼

子路勇猛，孔子周游列国，他一路驾车、保卫。访问卫国时，南子与孔子隔帐见面。古代男女之别，是国之大节。南子是国君夫人，但有淫行，名声不好。孔子去见她，南子隔着珠帘，穿着大礼服，向孔子行礼，极尊孔子。因为古人在某一国做官，有拜见国君夫人的礼节。南子据礼求见，孔子不得已而屈己以见。《仪礼》中有三辞：礼辞、固辞、终辞，南子两次邀请孔子，孔子固辞不得而见之，合礼。但子路以此为耻，认为既有失身份，又担心老师被南子强迫，一世的英名尽毁，所以不满老师。孔子无奈之下，只好用最原始、最简单的办法——对天发誓，证明自己的清白和合礼。自古人言可畏，众口铄金，积毁销骨。古人说：万事谁能知究竟？人生最怕是流言。此章圣人发誓，千载以下，仍如身在现场，若闻孔子严肃而生气地对着苍天喊冤。孔子见南子，足见其合而不流，能反经行权。子见南子一事，见《史记·孔子世家》。

【延伸阅读】

南　子

南子原是宋国公主，后嫁卫灵公为夫人。她不守妇道，与宋国公子朝私通。卫灵公不加阻止，反而纵容南子，召公子朝与其在洮地相会。太子蒯聩（kuǎi kuì）知道此事后非常愤怒，便和家臣戏阳速商量，在觐见南子时刺杀她。后来戏阳速反悔，没有行动。此事被南子察觉后，蒯聩逃亡宋国，卫灵公将蒯聩党羽全部驱走。公元前493年，卫灵公去世后，南子遵照卫灵公遗愿立公子郢，但公子郢推辞，于是改立蒯聩之子辄，即卫出公。前481年，蒯聩夺取卫国国君之位，即卫庄公，杀南子。

【6·29】

子曰："中庸之为德也，其至矣乎！民鲜（xiǎn）久矣。"

【注释】

①中庸：待人、处世不偏不倚，无过无不及。中，居中，不过不及。庸，平常。

②其至矣乎：其，恐怕。至，极致，极点。

【今译】

孔子说："中庸作为一种品德，恐怕是最高的了吧！人们缺少它很久了。"

【成语】

中庸之道：指待人、处事不偏不倚，无过无不及的方法。

【解难】

孔子感叹：中庸之德，是最高的道德

朱熹《集注》引程子曰："不偏之为中，不易之谓庸。中者，天下之正道；庸者，天下之定理。"中庸是儒家最高的道德标准，是不过不及的平常的处世原则。中庸之德，本于天命人心之正，既不过头，也无不及，不离开人们平时生活的常理。看是容易，做到实难。人们常常或左或右，不能拿捏好分寸，难于适中适当。中庸不是要滑头、和稀泥、骑墙派。天下万事做到中庸委实太难，只能接近，无法达到。

《中庸》说："天下国家可均也，爵禄可辞也，白刃可蹈也，中庸不可能也。"

"君子尊德性而道问学，致广大而尽精微，极高明而道中庸。"意思是天下国家可以治好，高官厚禄可以辞掉，白晃晃的刀刃可以踏上，但中庸不能做到啊！君子既要尊崇德性又要讲求学问，既要充实广大又要穷尽精微，既要有高明的理想，又要有符合中庸的行为。

《礼记·丧服四制》："此丧所以三年，贤者不得过，不肖者不得不及。此丧之中庸也。王者之所常行也。"

【延伸阅读】

古诗文选

千重浪里平安过，百尺竿头稳下来。（宋·陈知微《句》）
治世莫若爱民，养身莫若寡欲。（宋·王昭素）
力能胜贫，谨能胜祸。（北魏·贾思勰《齐民要术·序》）
其进锐者，其退速。（《孟子·尽心章句上》）

【6·30】

子贡曰："如有博施于民而能济众，何如？可谓仁乎？"子曰："何事于仁？必也圣乎！尧舜其犹病诸！夫仁者，己欲立而立人，己欲达而达人。能近取譬，可谓仁之方也已。"

【注释】
①何事于仁：何事，哪里只是，不止如此。事，止，只。
②尧舜其犹病诸：尧舜，唐尧和虞舜，远古部落联盟首领。其，恐怕。病，难。诸，"之乎"的合音。
③立人：使别人有成就。立，自立，成就。
④达人：使别人通达。达，遇事行得通，通达，显贵。
⑤能近取譬：近，就近，指自己。譬，比方。

【今译】
子贡说："如果有广泛地施恩于百姓又能救济众人，怎么样？可以算是有仁德吗？"孔子说："哪里只是有仁德呢？一定是圣人了吧！尧和舜恐怕还感到为难呢！有仁德的人，自己要建立功业也要帮助别人建功立业，自己要通达也要帮助别人通达。凡事能用自己打比方，（而推己及人），可以说就是实行仁道的方法。"

【成语】
博施济众：广泛施与，救济众人。
立人达人：帮助他人建立功业，提高地位。

能近取譬：能就自身打比方。比喻能推己及人，替别人着想。

【解难】

孔子答子贡：博施济众是圣人，己欲立而立人、己欲达而达人是仁人

子贡才大志高，认为"博施于民而能济众"能成仁。孔子说：博施济众是仁的最高层次了，是圣人了；况芸芸众生，货财有限，博施济众，孰能周遍？就是尧舜这样的圣人也感到为难啊！于是孔子给子贡指了一条成仁的途径：就是"己欲立而立人，己欲达而达人"。"己欲立而立人，己欲达而达人"是忠，"己所不欲，勿施于人"是恕。忠恕之道，是成仁之方。

"达人"在此章的意思，是使人遇事行得通，即帮助人通达显贵。"达人"还指通达事理的人。这个词被日语借入后发生了变化，如今又从日语传回来，指在某方面很擅长、很专业的人，如设计达人、健身达人、诗词达人等。

【延伸阅读】

无刀可杀人

尝闻先辈云："士君子无操刀杀人事，然有不手刃而甚于杀者二：一曰授徒，一曰行医。"言之凛然，不可不慎也。（清·梁绍壬《两般秋雨盦随笔》）

君子避三端

《韩诗外传》云："君子避三端，避武士之锋端，避辩士之舌端，避文士之笔端。"三端之中，笔端最烈，谓其冰霜一语，斧钺千秋也。（清·梁绍壬《两般秋雨盦随笔》）

述而篇第七
（共三十八章）

【7·1】

子曰："述而不作，信而好古，窃比于我老彭。"

【注释】

①述而不作：述，传述。作，创作。

②信而好古：信，相信。好古，爱好古代的事物。《述而篇》（7·20）："好古，敏以求之者也。"

③窃比于我老彭：窃，谦辞，私自，自己。比，比配，并列。于，如，好像。老彭，殷朝的贤大夫，好述古事。一说"老"是指《道德经》的作者老子李耳，"彭"是指传说中的长寿仙人彭祖。

【今译】

孔子说："传述而不创作，相信并且爱好古代事物，私下里把我自己比作老彭。"

【成语】

述而不作：只传述前人的学说，自己不创新创作。后表示仅仅传述别人的学说，自己无所创见。

信而好古：相信并且爱好古代文化。

【解难】

孔子：述而不作，信而好古

孔子的最大贡献，是保留、传承了一大批古典文献，其功倍于作。他说："我非生而知之者，好古，敏以求之者也。"孔子删诗书，定礼乐，赞周易，修春秋，不是誊抄刻录，而是对古籍去粗取精，去伪存真。因此，孔子既是传先王之旧，也有创新创作，融入了大量的心血。孔子自言"述而不作"是不敢自附于古代贤人，不敢当作者之圣，也是谦虚之辞。"信而好古"体现了孔子的文化自信和对祖国古代文化的热爱。老彭也是述而不作，好述古事，所以孔子私下里把自己比作老彭。

《中庸》："仲尼祖述尧、舜，宪章文、武。""非天子不议礼，不制度，不考文。""今天下车同轨，书同文，行同伦。虽有其位，苟无其德，不敢作礼乐焉。虽有其德，苟无其位，亦不敢作礼乐焉。"

【参考】

定州汉墓竹简本是"窃比我于老彭"，比传本更文从字顺，意即私下里我跟老彭相比。

【延伸阅读】

"述"与"作"

《礼记·乐记》篇说："作者谓之圣，述者谓之明。"凡是前无所承，而系一个人的创造，这才叫做"作"，也可称"著"；凡是前有凭借，但加以编次、整理的功夫，这自然只能叫做"述"。我国古代文献，其内容来源不外三大类，第一是著作，第二是编述，第三是抄纂。（摘编自张舜徽《中国文献学九讲》）

彭祖高寿

享寿最高的彭祖，姓彭，名翦，又名篯铿（jiān kēng），传说享寿八百岁。其在尧时受封于大彭（今江苏铜山附近），故世称彭祖。传说他是颛顼帝的玄孙，"常食桂芝，善导引行气"。"导引行气"即今之气功。今有祝寿对联云："福如王母三千岁，寿比彭祖八百春。"

彭祖养寿

彭祖《养寿》："服药百过，不如独卧。"顾况《宜城放琴客歌》："服药不如独自眠，从他更嫁一少年。"放翁云："九十老农缘底健，一生强半是单栖。"魏应璩《三叟》早云："住车问三叟：'何以得此寿？'上叟前致辞：'内中妪貌丑。'"。言外正是"独卧""单栖"也。（摘编自钱钟书《管锥编》）

【7·2】

子曰："默而识（zhì）之，学而不厌，诲人不倦，何有于我哉？"

【注释】

①默而识之：默，暗中。识，记。

②学而不厌：厌，满足。

③何有于我哉：对我来说还有什么呢？言此外无他，除此三件事，没有别

的了。

【今译】

孔子说:"默默记住知识,学习而不知满足,教诲别人不知疲倦,对我来说还什么呢?"

【成语】

学而不厌:学习上永不满足。

诲人不倦:教诲别人不知疲倦。

【解难】

孔子三问

默而识之,是温习已知;学而不厌,是学习新知;诲人不倦,是教别人知。这三件事,是不是都做到了呢?孔子说:"何有于我哉?"这既是自省,也是自勉。孔子如此,何况常人呢?

【延伸阅读】

孔子奔逸绝尘　颜回瞠若乎后

颜渊问于仲尼曰:"夫子步亦步,夫子趋亦趋,夫子驰亦驰,夫子奔逸绝尘,而回瞠若乎后矣。"(《庄子·田子方》)

大意　颜渊问孔子说:"先生慢慢走我也跟着慢慢走,先生快步走我也跟着快步走,先生跑我也跟着跑,先生飞奔起来、绝尘而去,我只好干瞪着眼睛落在后边。"

【7·3】

子曰:"德之不修,学之不讲,闻义不能徙,不善不能改,是吾忧也!"

【注释】

①德之不修:修,修炼,培养。初习谓之学,重习谓之修。

②学之不讲:学,学问。讲,练习,研讨。《玉篇·言部》:"讲,习也。"

③闻义不能徙:义,正义。徙,迁移,改变。邢《疏》:"闻义事当徙意从之。"

【今译】

孔子说:"道德不修炼,学问不研习,听到符合道义的事不能跟着去做,不好的地方不改正,这些我很忧虑啊!"

【成语】

闻义而徙:听到正义的事就跟着去做。

【解难】

孔子四忧

仁者不忧,是对自己无所忧,但对别人有忧。此章孔子的忧,是对弟子而言。弟子中有人在道德上不修炼,在学习上不讲习,闻义不徙,不善不改,故圣人忧之。修德,是正心诚意;讲学,是格物致知;徙义,是追求正义;改过,是止于至善。德是做人之本,德非天生,需修而后成;习是获知之途,古今知识非学不知;义是人心所向,闻义不从,则会渐行渐远;过是无心之失,但有过不改,则愈积愈多。此四者,须日新其德,终身不止,故圣人有终身之忧。生于忧患者,方可死于安乐。

【延伸阅读】

舜闻善则行

孟子曰:"舜之居深山之中,与木石居,与鹿豕游,其所以异于深山之野人者几希;及其闻一善言,见一善行,若决江河,沛然莫之能御也。"(《孟子·尽心上》)

大意 孟子说:"舜居住在深山之中,与树木石头为伴,与鹿和野猪同游,他用以区别于深山野人的方面很少。但他听说有一句有益的话,见到一种美好的行为,就立刻身体力行,像江河决堤,气势磅礴而没有任何东西能够阻挡。"

【7·4】

子之燕居,申申如也,夭夭如也。

【注释】

①燕居:闲居,闲暇无事之时。燕,安闲,也作"宴"。清沈初《〈西清笔记〉自序》:"入春雨雪匝旬,燕居多暇。"

②申申如也:申申,四肢舒展、怡然自得的样子。

③夭夭:仪态斯文、脸色和悦的样子。

【今译】

孔子闲居在家时,怡然自得,容色舒缓。

【解难】

圣人闲居气象:申申如也,夭夭如也

孔子闲居在家,从容、淡然、慈祥、安闲,显出一幅中和的气象:四肢舒展,怡然自得,不像上朝时那样正襟危坐;面色愉悦,容色舒缓,不像教育弟子时那样严肃认真。弟子记之,大概是印象深刻。

【延伸阅读】

申申　夭夭

忧国心情常悄悄，闲居容止自申申。（元·耶律楚材《和李世荣韵》）
夭夭邻家子，百花装首饰。（唐·张南容《静女歌》）
注释　悄悄，忧伤貌。

题严子陵钓台

生涯千顷水云宽，舒卷乾坤一钓竿。
梦里偶然伸只脚，渠知天子是何官。
——宋·佚名
注释　渠，音 jù，岂。

【7·5】

子曰："甚矣吾衰也！久矣吾不复梦见周公！"

【注释】
①甚：过分，厉害。
②周公：姓姬名旦，因封地在周城（今陕西岐山北），故称周公或周公旦、叔旦。

【今译】
孔子说："我衰老得很厉害啊！很久我没有再梦见周公了！"

【成语】
梦见周公：梦见到西周著名政治家周公。原为孔子仰慕周公之语，后用为瞌睡的代称。

【解难】

孔子不梦周公：心若在，梦就在

日有所思，夜有所梦。梦是人类所见所闻所思在睡眠状态下的反映，所以北人不梦乘船，南人不梦骑马。夏道尊命，殷人尊神，周人尊礼。孔子崇拜周公，崇尚周礼，年壮之时，志存高远，雄心大志，欲行周公之道，借鉴周礼复兴鲁国，梦寐中常见周公。后来年老渐衰，知晓周公之道难以推行，没有此心，遂无此梦。此是孔子叹其衰老，其道难行。心若在，梦就在；无心于此，则不梦于此。

后世诗文以"梦周"为缅怀先贤的典故。

【延伸阅读】

古诗选

功成不受赏,长揖归田庐。(晋·左思《咏史八首》)
事了拂衣去,深藏身与名。(唐·李白《侠客行》)
去矣英雄事,荒哉割据心。(唐·杜甫《峡口三首》)
白日尊中短,青山枕上高。(宋·颜几《题西湖寺壁》)
大江中夜满,双橹半空鸣。(宋·葛天民《访端叔提干》)

【7·6】

子曰:"志于道,据于德,依于仁,游于艺。"

【注释】

①志于道:志,心之所主为志,引申为立志,有志于。道,大道,正道。
②据于德:据,守。
③依于仁:依,遵循,按照。
④游于艺:游,游玩,游戏。艺,指礼、乐、射、御、书、数六艺。

【今译】

孔子说:"立志正道,坚守品德,遵循仁义,游玩六艺。"

【解难】

孔子育人之道:志据依游

"道"是大道,"大道之行也,天下为公","志于道"者高尚其志,志存高远,胸襟阔大。《礼记·学记》:"凡学,官先事,士先志。""德"是美德,"据于德"者守住美德,失守则道德瓦裂。"仁"者是仁爱、仁义,"依于仁"者居仁亲仁,须臾不离仁。"艺"是六艺,礼乐射御书数,它是生存的本领、立身的基础,可以以文会友,可以乐学怡情,"游于艺"者既有文化也有技能,身心得到全面修养。从位置来看,"志"最高,在山峰,不高不为"志";"据"其次,在半山腰可以盘踞坚守;"依"在山脚,依傍山麓,遵循仁义,则君子坦荡荡;"游"在最低洼,河流可游,游于六艺之中,适情逸致,可出可入。四者并列,却有高下、先后。道、德是体,仁、艺是用,用不离体。"志据依游"是孔子教给弟子的进德修业之法。既教又育,育人为本,这也是孔子教育思想的精髓。

【延伸阅读】

论书法

欲书，先散怀抱，任情恣性，然后书也。（汉·蔡邕《笔论》）

笔成冢，墨成池……笔秃千管，墨磨万锭。（苏轼《论书》）

点画皆有筋骨，字体自然雄媚。（唐·颜真卿《述张长史笔法十二意》）

脱帽露顶王公前，挥毫落纸如云烟。（唐·杜甫《饮中八仙歌》）

高低草木芽争发，多少龙蛇眼未开。（宋·郭贽《观草书》）

笔下龙蛇似有神，天池雷雨变逡巡。（唐·陆希声《寄蛩光上人》）

飘如游云，矫若惊龙。（南朝·宋·刘义庆《世说新语·容止》）

龙威虎振，剑拔弩张。（南朝·梁·袁昂《古今书评》）

或重若崩云，或轻如蝉翼；导之则泉注，顿之则山安；纤纤乎似初月之出天涯，落落乎犹众星之列河汉。（唐·孙过庭《书谱》）

少年上人号怀素，草书天下称独步；墨池飞出北溟鱼，笔锋杀出山中兔。（唐·李白《草书歌行》）

翰墨之美，多以身后腾声。（唐·张怀瓘）

注释 北溟鱼，北方大海里的鱼。《庄子·逍遥游》："北冥有鱼，其名为鲲。鲲之大，不知其几千里也。化而为鸟，其名为鹏。"

【7·7】

子曰："自行束脩（xiū）以上，吾未尝无诲焉。"

【注释】

①自行束脩以上：自行，自己做，即主动。束脩，十条干肉。束，十条为一束。脩，干肉。上，送上，进献。一说"束脩"是束带修饰。古代男子十五岁入学，束带修饰而从师。朱熹主张"束脩"为礼至薄者。

②吾未尝无诲焉：未尝，不曾。诲，晓教。焉，代词，他。

【今译】

孔子说："自己主动带着束脩送上的人，我不曾不教他的。"

【解难】

圣人教人也要钱

此章讲孔子有教无类，诲人不倦。古人读此章，戏谑道："圣人教人也要钱。"那圣人是怎样要钱的呢？

一是学生自愿送。"自行"是学生主动送礼。拜师送礼为古今通礼，既是尊师，也是表明求学的意愿。学生准备好了，老师就来了。如《易经》所言："匪我求童蒙，童蒙求我。"二是老师收礼薄。"束脩"是十条干肉，野生动物和家畜多，束脩是薄礼，厚礼有玉帛之类。因此，后来"束脩"泛指薄礼。三是孔子亲自教。"吾"字表明，孔子不是随便派个助教给学生上课，而是亲自执教。四是来者不拒。"未尝无"强调来者必教。因此，孔子弟子来自四面八方。但据考证三千弟子中没有一个女学生，因为当时女子地位低。五是教育质量高。"诲"是晓教，不是一般的照本宣科，而是让学生彻底弄懂。孔子教书甚早，梁启超在《老子、孔子、墨子及其学派》一书中认为，孔子教学在二十四岁，相当于现在的大学本科毕业时的年龄。

《朱子语类》："古人空手硬不相见。束脩是至不值钱底，羔雁是较值钱底。真宗时，讲筵说至此，云：'圣人教人也要钱'。"

东汉《幽州刺史朱龟碑》："仁义成于束脩，孝弟根其本性。"

【延伸阅读】

读经史的秘诀

穷经必专一经，不可泛鹜。读经以研寻义理为本，考据名物为末。读经有一"耐"字诀：一句不通，不看下句；今日不通，明日再读；今年不精，明年再读；此所谓"耐"也。读史之法，莫妙于设身处地。每看一处，如我便为当时之人酬酢笑语于其间。不必人人皆能记也，但记一人，则恍如接其人；不必事事皆能记也，但记一事，则恍如亲其事。经以穷理，史以考事，舍此二者，更别无学矣……是故经则专守一经，史则专熟一代，读经史则专主义理。此皆守约之道，确乎不可易者也。（清·曾国藩道光二十三年正月《家书》）

【7·8】

子曰："不愤不启，不悱（fěi）不发。举一隅（yú）不以三隅反，则不复也。"

【注释】

①不愤不启：愤，心求通而未得。启，开导。
②不悱不发：悱，口欲言而未能。发，启发。
③举一隅不以三隅反：举，提出。隅，角，物之方者皆有四角，引申为一个方面。以，凭。反，类推。

【今译】

孔子说："不到他想弄懂而还没有弄懂的时候不去开导，不到他想说却说不出来的时候不去启发。举出一个方面不能以此类推另外三个方面，就不再反复地给他举例了。"

【成语】

不愤不启：不到想弄懂而还没弄懂的时候不去开导。

不悱不发：不到想说却说不出来的时候不去启发。

一隅三反：从一个方面类推而知道其他方面。

举一反三：举出一个事理就能类推其他事理。

【解难】

孔子的启发式教学：不愤不启，不悱不发，一隅三反

此章是孔子自述教学之法。"愤"是愤懑、憋闷，郁结于心而不通，即思未得义。"悱"是口欲言而心未得，想说而说不出的样子，即言未得法。"不愤不启""不悱不发"是为了促使人深入思考，培养思考力；"一隅三反"是为了促使人类比推理，培养领悟力。"启"是开其意，好像有东西压在胸口，揭开就呼吸通畅了。"发"是达其辞，好像有东西堵着喉管，打开就表达自如了。学生思考在先，老师启发在后；学生主动在先，老师点拨在后。《孟子·尽心下》："君子引而不发，跃如也。"

【延伸阅读】

善于开导

君子之教喻也，道而弗牵，强而弗抑，开而弗达。道而弗牵则和，强而弗抑则易，开而弗达则思。（《礼记·学记》）

大意　君子的教育是晓喻别人，引导而不牵着别人走，严格要求但不抑制个性发展，开导而不把话说透。引导而不牵着别人走别人就不会抵触，严格要求但不抑制个性发展别人就容易接受，开导而不把话说透就能启发别人思索。

【7·9】

子食于有丧者之侧，未尝饱也。

【今译】

孔子在家有丧事的人的旁边，不曾吃饱饭过。

【解难】

孔子哀不饱饭

孔子临丧则哀，哀不思餐，故不饱。哀不饱饭既是情感相互濡染，也是共同营造哀伤的氛围，寄托对死者的相思。若于有丧者之侧推杯换盏、狼吞虎咽，既无恻隐之心，也是对其不尊重。

【延伸阅读】

葬 母

华亭民有母再醮（jiào，嫁）后生一子，母殁之日，二子争欲葬之。质之官，知县某判其状云："生前再醮，终无恋子之心；死后归坟，难见先夫之面。宜令后子收葬。"松庭叔父传道其事云。（明·陆容《菽园杂记》卷三）

【7·10】

子于是日哭，则不歌。

【今译】

孔子这一天哭过，就不唱歌。

【解难】

孔子哭日不歌

君子哀、乐不并行，临丧不笑，当食不叹，入临不翔，适墓不歌，哭日不歌。孔子吊唁而哭，因余哀未尽，亦遵礼节，是日不歌。否则一日之中，既哭又歌，悲喜无常，则性情不正。《白虎通·丧服》："服以饰情，情貌相配，中外相应，故吉凶不同服，歌哭不同声。所以表中诚也。"

【延伸阅读】

书苏州厅壁

孙集贤，江南端方之士，节概清直，晚守姑苏，曾写一诗于厅壁：
人生七十鬼为邻，已觉风光属别人。
莫待朝廷差致仕，早谋泉石养闲身。
注释 孙集贤，即北宋官员孙冕。致仕，即退休。

【7·11】

子谓颜渊曰："用之则行，舍之则藏，惟我与尔有是夫！"子路曰："子行三军，则谁与？"子曰："暴虎冯（píng）河，死而无悔者，吾不与也。必也临事而惧，好谋而成者也。"

【注释】

①用之则行,舍之则藏:行,做事。藏,隐退,指不做官。
②子行三军:行,带领。三军,当时大国军队,有一万二千五百人。
③暴虎冯河:暴虎,徒手搏虎。暴,空手搏击。冯河,徒步过河。冯,无舟渡河。
④临事而惧:惧,谨慎。

【今译】

孔子对颜渊说:"有人用我呢我就做事,不用我呢我就隐退,只有我和你有这种个性吧!"子路说:"您如果统帅三军,愿意和谁在一起呢?"孔子说:"徒手打老虎,徒步过河流,这样死了也不后悔的人,我不会和他一起的。我一定找遇事因为惧怕而谨慎,喜好谋划而能成功的人。"

【成语】

用行舍藏:得到重用我就做事,得不到重用我就隐退。
暴虎冯河:空手打老虎,徒步过河流。比喻有勇无谋,鲁莽冒险。
死而无悔:死了也不后悔。形容态度坚决。
临事而惧:遇事谨慎。
好谋而成:善于谋划,能够成功。

【解难】

孔子批评子路蛮干:暴虎冯河,死而无悔

孔子说:"有人用我,我就卖力地干;没人用我,我就只好隐退藏身。"子路马上说:"老师,假如有人重用您,委任您统帅三军,您愿意找谁给您打下手呢?"子路有军事才干,在千乘之国可以管理军队,故有此问。孔子说:"赤手空拳就跟老虎搏斗,徒步过河不借用船只,而且白白送死也不后悔的人,我不会要他的。我需要的是遇事谨慎,善于周密谋划以确保成功的人。"

暴虎冯河、死而无悔者,是蛮干的人;临事而惧、好谋而成者,是智勇双全的人。蛮干的,孔子不要!子路好勇、刚猛,孔子以此教育他。

读书人穷不失义,达不离道,穷则独善其身,达者兼济天下;穷则隐学授徒,达则致君泽民。用行舍藏是古代圣贤立身行事之道,孔子"用之则行"是行道于世,兼济天下;"舍之则藏"是隐居以求其志,独善其身。颜回龙德而隐,遁世不见知而不悔,此与孔子相同。孔子一生为推行治国之道,实现天下有道,栖栖遑遑,劳碌奔波,知其不可为而为之;同时,孔子可以仕则仕,可以止则止。苏东坡《病中闻子由得告不赴商州三首》:"惟有王城最堪隐,万人如海一身藏。"

参阅 《公冶长篇》(5·7):"道不行,乘桴浮于海。"《泰伯篇》(8·13):"天下有道则见,无道则隐。"

【延伸阅读】

用行舍藏

用之则行，于留侯、武侯见之；舍之则藏，于靖节、康节见之。古唯此二人才德及之，可以当此言也。（明·叶子奇《草木子》卷一）

注释 留侯，指汉初谋士张良，协助刘邦夺得天下。武侯，指三国蜀汉丞相诸葛亮，辅佐刘备建立蜀汉政权。靖节，指东晋田园诗人陶渊明，任彭泽县令八十余天即辞职。康节，指北宋理学家邵雍，两度被朝廷举用，皆称疾不赴。

林清八音诗言志

元朝建立后，宋代遗民福建林清无意仕途，隐居山寺。一次，知府来寺院检点花名册，别人介绍说林清会作诗，知府就让他以"八音"（金石丝竹匏土革木）为题吟诗一首。林清便作诗一首，将八音各字嵌于句首，表达自己的心志：

金紫何曾一挂怀，石田茅屋自天开。
丝竿钓月江头住，竹杖挑云岭上来。
匏实晓收栽药圃，土花春长读书台。
革除一点浮云虑，木笔题诗酒数杯。

【7·12】

子曰："富而可求也，虽执鞭之士，吾亦为之。如不可求，从吾所好。"

【注释】
①执鞭之士：拿着皮鞭为天子、诸侯出入开路的人（一说市场守门的人）。

【今译】
孔子说："财富如果可以求得，就是做一个拿着鞭子替人开路的人，我也会干。如果财富不能求得，就随我的爱好吧。"

【解难】

孔子：富贵不可求

仁义可以求富贵不可求。孔子说，如果财富可以求得，我也放低身段，屈身降志，愿意去当执鞭之士。执鞭之士是手拿皮鞭替人开路的人，是卑贱的差役。挥舞皮鞭替人开路能发财吗？不能！低贱的职业，只能有微薄的收入。古代正当的发财路径是什么呢？做官和经商，官员有稳定薪酬，可以累积而致小富，是不用推辞的合法收入。鲁国当时是陪臣执政，所以孔子不愿做官，那就干他自己所喜好的。孔子喜好什么呢？爱好学习。孔子学而不厌，信而好古，删述六经。财富本不可求之而得，孔子只是假设，希望弟子们不慕富贵。

【延伸阅读】

感　事

陋巷何须叹一瓢，朱门能守亦寥寥。
衲衣先世曾调鼎，野褐家声本珥貂。
若悟死生均露电，未应富贵胜渔樵。
千年回首俱陈迹，不向杯中何处消？

——宋·陆游

注释　衲衣，僧衣，代指僧人。调鼎，烹调食物，比喻宰相治国。野褐，粗布衣服，指平民。珥貂，冠上插貂尾为饰，指高官显贵。

【7·13】

子之所慎：齐（zhāi）、战、疾。

【注释】
①齐：同"斋"，古人祭祀前要斋戒。

【今译】
孔子所谨慎的是：斋戒、战争、疾病。

【解难】

孔子三慎：斋、战、疾

孔子三慎，慎斋是为了敬神。国之大事在祀与戎，祭祀前要斋戒，沐浴更衣为斋，不饮酒，不吃荤，不与妻妾同寝。斋戒体现了祭祀之诚，心不诚则神不享。慎战是为国为民，好战必亡国，不教而战是弃民。慎疾是为了孝亲，身体发肤受之父母，不敢毁伤。

《乡党篇》："齐必有明衣布。齐必变食，居必迁坐。"这是慎斋。《述而篇》子路曰："子行三军，则谁与？"子曰："暴虎冯河，死而无悔者，吾不与也。必也临事而惧，好谋而成者也。"这是慎战。《乡党篇》："康子馈药，拜而受之，曰：'丘未达不敢尝。'"这是慎疾。

【延伸阅读】

古诗词选

病药两非何足辨,死生双幻不须忙。(明·莲池大师临终诗)
荣华不是长生药,清闲不是死门风。(宋·韩世忠《临江仙》)
向空咄咄频书字,与世滔滔莫问津。(宋·徐铉《病中》)
世事乘除每如此,荣华到底是危机。(明·佚名《王文竹帘诗》)
注释 乘除,人事的荣衰、消长。

【7·14】

子在齐闻《韶》,三月不知肉味,曰:"不图为乐之至于斯也。"

【注释】

①《韶》:传说是舜所作的乐舞名,孔子赞《韶》乐尽善尽美。"闻《韶》"一词后来比喻听帝王的音乐。

②三月不知肉味:三月,这里指时间长。如《雍也篇》(6·7):"回也,其心三月不违仁。"

③不图为乐之至于斯:图,料想。为乐,创作音乐。至于,到达。斯,此。

【今译】

孔子在齐国听到了《韶》乐,三个月都尝不出肉的滋味,他说:"没有想到舜帝创作的《韶》乐达到了这种境界啊。"

【成语】

不知肉味:原指被美妙的音乐所陶醉,因而辨不出肉味。后形容专心学习,吃东西辨不出味道;也形容生活困难,无肉可吃。

【解难】

孔子痴迷《韶》乐:三月不知肉味

古代圣王作乐以象德,帝舜极治之时,所做《韶》乐最为美盛。舜的后代封于陈,陈敬仲奔齐,《韶》乐于是传至齐国。孔子周游列国,据考证,三十五岁时到了齐国,闻听《韶》乐尽善尽美,虽隔三月,仍然陶醉其中,吃饭都辨不出肉的美味。《韶》乐不只是声乐节奏,更是契合心灵,就好像目睹舜帝威仪,生活在舜帝盛世一般,足见其感受至深,刻骨铭心。这是对宫廷雅乐辉煌和磅礴的赞叹,也是对舜帝的仰慕和对盛世的期盼,同时体现了孔子极高的音乐鉴赏水平。

音乐是无法形成文字而又不愿沉默的表达,音乐是思维者的声音。贝多芬说:"音乐是比一切智慧、一切哲学更高的启示,谁能参透我音乐的意义,便能超脱寻常人无法自拔的苦难。"

【延伸阅读】

六代舞

周礼规定,宫廷祭祀活动须表演六代舞。六代舞相传为古代黄帝、唐、虞、夏、商、周六个时代的祭祀乐舞,又称六乐,分别是《云门大卷》《大章》《大韶》《大夏》《大濩（huò）》《大武》。六代舞开创了古代中国雅舞的先河,代表古乐舞的正统。周朝将六代舞分为文舞和武舞,黄帝、尧、舜、禹是以文德服天下,故将《云门大卷》《大章》《大韶》《大夏》列为文舞;商汤克桀,武王伐纣,是以武力取天下,故将《大濩》《大武》列为武舞。文舞雍容中和、文质彬彬,武舞刚健威猛、雄姿英发,但文而不弱,武而不野,表演时相互配合、相得益彰。

【7·15】

冉有曰:"夫子为（wèi）卫君乎?"子贡曰:"诺,吾将问之。"入,曰:"伯夷、叔齐何人也?"曰:"古之贤人也。"曰:"怨乎?"曰:"求仁而得仁,又何怨?"出,曰:"夫子不为也。"

【注释】

①夫子为卫君:为,为了,帮助,支持。卫君,卫国国君卫出公辄。

②伯夷、叔齐:孤竹国君的长子叫伯夷,第三子叫叔齐,他们反对周武王以暴易暴。

【今译】

冉有说:"老师会帮助卫国的国君吗?"子贡说:"嗯,我去问问他。"子贡进去,问道:"伯夷、叔齐是什么样的人呢?"孔子说:"古代的贤人。"子贡又问:"他们因互相谦让而都没有做成国君后悔吗?"孔子说:"他们求取仁德就得到了仁德,又后悔什么呢?"子贡出来,说:"老师不会帮助卫国的国君。"

【成语】

求仁得仁:求取仁德就得到了仁德,比喻如愿以偿。

【解难】

蒯聩与辄父子争位,孔子帮不帮辄的忙?

孔子周游列国,时在卫国,卫出公辄高规格礼遇孔子。辄是蒯聩（kuǎi kuì）的儿子,卫灵公的孙子。蒯聩得罪了卫灵公的夫人南子而逃亡晋国。卫灵公死后立辄为君——本该蒯聩继任,但蒯聩在外,便由其子继位。于是蒯聩在晋军的支持下回国与儿子争夺君位。不少人认为孔子受到过辄的礼遇,会帮助辄争位。冉有问子贡，子贡旁敲侧击地去问老师：古代伯夷、叔齐是什么人？他们互相辞让君位是否后悔？老师回答说伯夷、叔齐是贤人，他们以让国为是，以争国为非。孤竹君想立叔齐为国君，叔齐认为伯夷是兄长，要把君位让给伯夷，而伯夷认为父亲要立的是叔齐，也不愿接受，于是两人外逃躲藏起来，最后国人立中子做了国君。他们自愿追求道义，求仁得仁，故不怨不悔。蒯聩与辄是父子争位，没有一点礼让精神，与伯夷、叔齐兄弟的做法相反。父子争位是恶行，孔子不会支持任何一方以助长这种恶行，故子贡出来后肯定地告诉冉有："老师不会帮助卫出公辄。"孔子不助人为恶，不帮助卫出公争夺君位，可见他不是愚忠。

【延伸阅读】

孟子赞伯夷

孟子曰："伯夷，目不视恶色，耳不听恶声。非其君，不事，非其民，不使。治则进，乱则退。横政之所出，横民之所止，不忍居也。思与乡人处，如以朝衣朝冠坐于涂炭也。当纣之时，居北海之滨，以待天下之清也。故闻伯夷之风者，顽夫廉，懦夫有立志。"（《孟子·万章下》）

大意 孟子说："伯夷这个人，眼睛不看妖冶之色，耳朵不听靡靡之音。不是他认可的君主不事奉，不是他认可的百姓不支使。国家安定就出来做事，国家混乱就退避隐居。暴政之所出，暴民之所处，他都不能忍受在那里居住。想象着和乡下人相处，就像穿戴着上朝的衣帽坐在污泥炭灰之中一样。商纣王之时，他住在北海之滨，等待天下清明。所以听到伯夷这种风范的，贪婪的人也会变得清廉，怯懦的人变得坚强。"

【7·16】

子曰："饭疏食，饮水，曲肱（gōng）而枕之，乐亦在其中矣。不义而富且贵，于我如浮云。"

【注释】

①饭疏食：饭，吃。疏食，粗粮。古人称稻粱为细粮，称稷为粗粮。《宪问篇》（14·9）："饭疏食，没齿无怨言。"

②饮水：水，冷水，与汤（热水）相对。

③曲肱而枕之：曲，弯。肱，胳膊。枕，以头枕物，垫着。

④不义而富且贵：不义，不合乎道义，不正当。

⑤于我如浮云：浮云，飘浮在天上的云，比喻不值得重视。

【今译】

孔子说:"吃粗粮,喝冷水,弯着胳膊垫着睡,快乐也就在其中。不合道义得富贵,对我犹如白云飞。"

【成语】

饭疏饮水:吃粗粮,喝冷水。形容清心寡欲、安贫乐道的生活。

饮水曲肱:喝冷水,弯着胳膊当枕头。

曲肱而枕:枕着弯曲的胳膊而睡,形容人生活恬淡,无忧无虑。

乐在其中:快乐就在这中间,形容自得其乐。

富贵浮云:把金钱、地位看得像飘浮的云一样轻,不值得看重;也比喻功名利禄变幻无常。

【解难】

孔子诗意地栖居:疏食饮水,曲肱而枕,富贵浮云

《庄子·让王》:"古之得道者,穷亦乐,通亦乐,所乐非穷通也。"中国人自古就乐观、豁达。颜回箪食瓢饮,陋巷简居;孔子安于疏食饮水,乐于曲肱而枕。穷通亦乐,因为他们皆志在得道。孔子认为,贫穷不等于快乐,但贫穷之外照样有快乐,如得道之乐,讲学之乐。"饭疏食饮水"是食无求饱,"曲肱而枕之"是居无求安。通过不正义的手段攫取的富贵,孔子认为就像浮云在天,与我无关。

【延伸阅读】

傅逸人诗

傅逸人名嵓(yán),真庙时人。《赠张忠定》诗云:"忍把浮名卖却闲,门前流水对青山。青山不语人无事,门外风花任往还。"(宋·赵令畤《侯鲭录》卷六)

【7·17】

子曰:"加我数年,五十以学《易》,可以无大过矣。"

【注释】

①《易》:指《周易》,古代占筮之书。

②可以无大过:可以,不是绝对之词。无大过,不是无过,孔子自谦。

【今译】

孔子说:"我多活几年,五十岁时去学《易经》,今后就可以没有大的过错了。"

【解难】

孔子：五十学《易经》，可以无大过

孔子希望五十岁能学习《易经》，为什么呢？五十岁是知天命之年，知命之年读知命之书，能明吉凶消长之理，进退存亡之道，尽人事，听天命，从而可以不犯大过。学《易经》能知晓天地人三才之道，穷理尽性以至于命，从而趋吉避凶，自然可以无大过。如学习了谦卦，六爻非吉则利，就知道要做谦谦君子，卑以自牧。孔子晚而喜《易》，序彖、系、象、说卦、文言。读《易经》韦编三绝，足见痴迷之深，悟道之深。此处不说"无过"，而说"无大过"，体现了孔子的谦虚。

帛书《要》篇："夫子老而好《易》，居则在席，行则在橐。"意即孔子晚年喜好《易经》，居家时把《周易》放在席子上，出行时装在口袋里。又："君子德行焉求福，故祭祀而寡也；仁义焉求吉，故卜筮而希也。祝巫卜筮其后乎。"孔子强调，修德行、讲仁义比用《易经》占筮来趋吉避凶、减少过错更重要。

【延伸阅读】

韦编三绝

孔子读《易》，韦编三绝，铁挝（zhuā）三折，漆书三灭，今用"韦编三绝"一句。（清·梁绍壬《两般秋雨盦随笔》）

注释 韦，熟牛皮，皮绳。绝，断。铁挝，用来收紧皮绳的铁针。漆书，用漆写的字。

五十学《易》

《论语·述而篇》所载孔子自言"五十以学《易》"等语，是孔子同《周易》一书直接有关的明证。虽有作"亦"的异文，实乃晚起（注："易""亦"两字在上古音韵部并不相同，"易"在锡部，"亦"在铎部，到东汉，锡部、铎部之字才开始押韵），与作"易"的本子没有平等的价值。我们探讨《周易》与孔子的关系时，可以放心地引用《述而》这一章，不必顾虑种种异说的干扰。（李学勤《周易经传溯源》）

【7·18】

子所雅言，《诗》《书》、执礼，皆雅言也。

【注释】

①雅言：雅正之言，即标准语、普通话。雅，正。
②执礼：主持典礼。执，主持。

【今译】

孔子有时说雅言，（比如）诵《诗》、读《书》、主持典礼，都用雅言。

【解难】

孔子也说"普通话"

雅言与"方言"相对，是以陕西语音为标准通用的周王朝的官话，犹今之普通话。孔子日常和弟子交流说鲁国的方言，在诵读《诗经》《尚书》和主持典礼、礼仪时，因为公共场合庄重肃穆，孔子很讲究，必须读标准音，说"普通话"。《诗》《书》《礼》皆先王典法，临文教学，读之必正言其音。杨树达《疏证》："夫子生长于鲁，不能不鲁语。惟诵《诗》、读《书》、执礼必正言其音，所以重先王之训典，谨末学之流失也。"

"雅"与"夏"通，"夏"为中国人之称，故"雅言"即中国人之言。（刘师培《文章源始》）

【延伸阅读】

子夏论《书》

子夏读《书》既毕而见于夫子，夫子谓曰："子何为于《书》？"子夏对曰："《书》之论事也，昭昭然若日月之代明；离离然若星辰之错行。上有尧舜之道，下有三王之义。凡商之所受《书》于夫子者，志之于心弗敢忘。虽退而穷居河济之间，深山之中，作壤室，究蓬户，常于此弹琴以歌先王之道，则可以发愤慷慨，忘己贫贱，故有人亦乐之，无人亦乐之。上见尧舜之德，下见三王之义，忽不知忧患与死也。"夫子愀然变容曰："嘻！子殆可与言《书》矣。"（杨树达《论语疏证》）

大意 子夏读完《尚书》后见孔子，孔子问道："你为什么读《尚书》？"子夏回答说："《尚书》论事，就像日月那样光明，就像星辰那样井然有序，上可见尧舜之德，下可见夏、殷、周三王之义。凡是我从先生这里学习的《尚书》篇章，牢记在心不敢忘记。即使退隐穷居河济之间，深山之中，垒个土屋，用蓬草编成门户，常常在此弹琴以歌颂先王之道，就可以发愤学习，慨叹世事，忘掉自己的贫贱，所以有人知道我会快乐，没有人知道我也快乐。上见尧舜之德，下见三王之义，忽然忘记忧患与生死啊。"孔子的神色忽然变得严肃起来，说："啊！可以与你一起谈论《尚书》了。"

【7·19】

叶（shè）公问孔子于子路，子路不对。子曰："女奚不曰：'其为人也，发愤忘食，乐以忘忧，不知老之将至云尔。'"

【注释】

①叶公：姓沈，名诸梁，字子高，楚国的大夫，封地在叶城（今河南叶县南），是叶城的县长。楚君称王，县长称公，故曰叶公。

②子路不对：不对，没有回答。

③女奚不曰：奚，为什么。

④发愤忘食：发愤，自觉不满足，而奋力为之，即勤奋、用功。

⑤云尔：如此而已。云，如此。杨树达《词诠》卷九："云，如此也。"尔，而已，罢了。

【今译】

叶公向子路问孔子是个什么样的人，子路没有回答。孔子说："你为什么不说：'他做人啊，发愤起来就忘了吃饭，快乐起来就忘了忧愁，连自己快要老了都不知道，如此而已。'"

【成语】

发愤忘食：用功起来就忘了吃饭，形容十分勤奋。

乐以忘忧：快乐起来就忘记了忧愁，形容十分愉快。

不知老之将至：不知道衰老即将来临，形容人专心学习和工作，心情愉快，忘记了自己的衰老。

【解难】

孔子自评：学习狂，乐天派

叶公县长向子路问孔子是个什么样的人，子路不知如何回答。圣人道大德全，高山仰止，博学于文，无所不通，子路一时找不到合适的词语给老师下评论，老师便自己下评语：学习起来废寝忘食，快乐起来忘忧忘老。简言之，学习狂、乐天派。孔子说这话时已经六十四岁，故称"老"。钱穆《论语新解》："学有未得，愤而忘食。学有所得，乐以忘忧。学无止境，斯孔子之愤与乐亦无止境。如是孳孳，惟日不足，而不知年岁之已往，斯诚一片化境。"

明陆容《菽园杂记》卷十三："凡姓，叶音摄，屈音橘，费音秘，盖音割，雍去声之类，皆地名，古者因地受氏故。"

【延伸阅读】

延笃好学

吾少从峡州一老先生乐君嘉问学，乐君好举东海延笃，书语人曰："笃云：'吾昧爽栉栉，坐于客堂，朝则诵羲文之《易》，虞夏之《书》，历姬旦之典礼，览仲尼之《春秋》；夕则逍遥内阶，咏《诗》南轩，百家众氏，投闲而作。不知天之为盖，地之为舆；不知世之有人，己之有躯。'"（宋·叶梦得《避暑录话》卷上）

注释 延笃，东汉官员，自幼好学，博通经传。昧爽，黎明。栉栉，梳头。羲文，伏羲、文王。虞夏，虞朝和夏朝。姬旦，周公。百家众氏，投闲而作，即空闲之时也看看各家的书。舆，大地，疆域。古人言天为盖，地为舆，是说天地有覆载之功。

【7·20】

子曰："我非生而知之者，好古，敏以求之者也。"

【注释】

①敏以求之：敏，勤勉，努力。刘氏《正义》："敏，勉也。"求，探索，钻研。

【今译】

孔子说："我不是生来就知道一切的人，而是喜好古代事物，勤勉探索知识的人啊。"

【成语】

生而知之：生下来就知道一切，形容天资聪颖。

好古敏求：喜好古学而勤勉探索。

【解难】

孔子：我不是生而知之，而是好古敏求

孔子无所不通，世人说他是天才，孔子辟谣说："我非生而知之者，好古，敏以求之者也。"孔子尽管被称为圣人，但自己却从不承认是生而知之，而一直强调是学而知之。这虽是谦虚，但亦合事实，因为学习永远在路上，没有终点。生而知之可望而不可即，大概只有尧舜禹等天纵之圣才能有之。大道不是探囊可取的，必须发愤以求。没有"求之"，就没有"知之"。"求"是主动积极、用力用功。"看似寻常最奇崛，成如容易却艰辛。"正如马克思所言："在科学的道路上没有平坦的大道，只有不畏艰险沿着陡峭山路向上攀登的人，才有希望达到光辉的顶点。"《中庸》："或生而知之，或学而知之，或困而知之。及其知之，一也。"

【延伸阅读】

五种不祥

哀公问于孔子曰："寡人闻之，东益宅不祥，信有之乎？"孔子曰："不祥有五，而东益宅不与焉。夫损人而益己，身之不祥也；弃老取幼，家之不祥也；释贤用不肖，国之不祥也；老者不教，幼者不学，俗之不祥也；圣人伏匿，天下之不祥也。"

（西汉·刘向《新序·杂事》）

大意 鲁哀公向孔子问道："我听说，向东扩建住宅不吉祥，真有这回事吗？"孔子说："不吉祥的事有五件，但向东扩建住宅不在其中。损人利己，自身不吉祥；

弃老娶少，家庭不吉祥；不用贤人而用不正派的人，国家不吉祥；老年人不教育后代，年轻人不爱学习，风俗不吉祥；圣贤隐居，天下不吉祥。"

【7·21】

子不语怪、力、乱、神。

【注释】
①怪力乱神：怪，怪异。力，勇力，勇猛有气力。乱，叛乱，暴乱。神，鬼神，神奇之事，阴阳不测之谓神。

【今译】
孔子不谈怪异、勇力、叛乱、鬼神方面的事。

【成语】
怪力乱神：指有关怪异、勇力、叛乱、鬼神一类的事。

【解难】

孔子四不谈：怪力乱神

孔子教人文、行、忠、信，修德治学，对无益于教化、蛊惑人心志的怪力乱神不予谈论、辩诘。怪，荒诞之事。力，武力之事，如乌获举千钧之重。乱，民反德为乱，如犯上作乱，臣子弑君，儿子弑父。神，鬼神，人鬼。敬鬼神而远之，未知生焉知死？所以孔子重人文，对怪力乱神存而不谈。

朱熹《集注》引谢氏曰："圣人语常而不语怪，语德而不语力，语治而不语乱，语人而不语神。"《困学纪闻》引《子思子》曰："夫子之教必始于《诗》《书》而终于《礼》《乐》，杂说不与焉。"

【延伸阅读】

子不语

清朝文学家袁枚写了一部笔记体小说，专门讲鬼神怪异之事，其书名《子不语》，当是取自此章。孔子不语怪力乱神，袁枚专记怪力乱神。该书与蒲松龄的《聊斋志异》、纪昀的《阅微草堂笔记》鼎足而成清代三大笔记体文言小说。

【7·22】

子曰："三人行，必有我师焉。择其善者而从之，其不善者而改之。"

【注释】

①三人行：三人，虚指，"三"表示人少。朱熹《集注》解释"三人"是确指，其中一人是我，一人善，一人不善，这种解释似乎有些僵滞。

②必有我师焉：师，老师（一说效法、学习，亦通）。焉，犹"于是"，译为"在这当中"。

③择其善者而从之：善，好，优点。从，跟从，追随。参见《述而篇》（7·28）："多闻，择其善者而从之。"

【今译】

孔子说："几个人同行，一定有可以作我老师的人。选择他好的方面而学习，他不好的方面我如果有就改正。"

【成语】

三人行必有我师：几个人同行，一定有可以做我老师的人（或一定有值得我学习的人）。

择善而从：选择好的跟从学习，或采纳正确的意见。

【解难】

孔子：三人行，必有我师焉

孔子所处之时道消俗薄，人们很少能宗贤尚圣，所以孔子借此严肃指出：几人同行，应见贤思齐，见不贤而内自省，择善从之，不善改之，取善改恶，善恶皆我之师，因此，学于众人，学无常师。三人同行，都会有我的老师；何况四海之内，哪里没有贤人值得我们学习的呢？

【延伸阅读】

"三"也表示少

许嘉璐在《古语趣谈》一书中写道，"三"既表示多数，还表示少数。历来人们都不给"三人行，必有我师焉"的"三"字下注，似乎被视为确数。其实孔子是说学无常师，老师就在你身边，哪怕三个人在一起，另外两个人中也必有可学的。"三人"是可供选择的最低人数。如果说"二人行"，除去自己就剩对方一人了，无异于说"人人皆师"，这不符合孔子的社会观和伦理观。从表述上说，这里用"三"最准确。用"三"表示"少"，在今天的语言中也还有。比如三寸金莲，说旧社会妇女的脚缠得小。三天打鱼，两天晒网，"三天"言其少，"两天"反而显得多。还有，三斤半鸭子两斤半嘴——多嘴多舌，三两棉花四张弓——细细地弹（谈），等等。因此，"三"既表示多，也表示少，看似矛盾，但就古代汉语而言又是合理的。

【7·23】

子曰:"天生德于予,桓魋(huán tuí)其如予何?"

【注释】

①桓魋:宋国司马(主管军事行政的官)向魋,因是宋桓公的后代,所以又叫桓魋。桓魋嫉恨孔子,欲杀之,弟子担心孔子不免灾祸。

【今译】

孔子说:"上天降下美德在我身上,桓魋他能把我怎么样?"

【解难】

孔子给桓魋丢下的狠话:你能把我怎么样?

此章言上天降下孔子圣贤,赋予美德,上天都不灭孔子,桓魋也不敢违天杀害孔子;上天也会自天佑之,孔子一定平安无事。《史记·孔子世家》记载,孔子和弟子们在宋国境内的一棵大树下演习礼仪,桓魋竟然派几个流氓跑来砍倒大树,无理取闹,还想杀害孔子。孔子在弟子们的掩护下微服而去,匆匆离开了宋国。途中孔子说了这句狠话,意在消除弟子们的忧惧。明代周耽诗《孔子》:"愚哉宋司马,仲尼安可轻?欲害其如何,不知天所生。"

孔子和桓魋的恩怨纠葛,主要在于两人政见不合。孔子从卫国来到宋国,名望高、影响大,对桓魋构成了威胁。桓魋害怕大权旁落,因此心生嫉恨。直接原因正如《孔子家语·曲礼》所说:"孔子在宋,见桓魋自为石椁,三年而不成,工匠皆病。夫子愀然曰:'若是其靡也,靡侈死不如朽之速愈。'"孔子在宋国,看到桓魋为自己预先做石质棺椁,三年都还没修成,工匠都累倒了。孔子忧虑地说:像桓魋这样浪费钱财,奢侈而死还不如快点腐烂为好。谴责桓魋为了自己的奢侈享受而滥用民力。

【延伸阅读】

古诗文选

世乱奴欺主,年衰鬼弄人。(唐·杜荀鹤《感寓》)

县古槐根出,官清马骨高。(宋·谢希深)

将飞更作回风舞,已落犹成半面妆。(宋·宋祁《落花》)

人间路到三峰尽,天下秋随一叶来。(宋·钱昭度《秋日华山》)

南阳客自称龙卧,东鲁人应叹凤衰。(宋·焦宗古《赠周贤良》)

【7·24】

子曰:"二三子以我为隐乎?吾无隐乎尔。吾无行而不与二三子者,是丘也。"

【注释】

①二三子:诸位,几人。

②尔:你们。

③无行而不与二三子者:无行,没有行为。与,示,公开。者,表示停顿。在"者……也"句式中,"者"有顿挫之功。

【今译】

孔子说:"同学们以为我是有隐瞒吗?我对你们没有隐瞒。我没有哪一点行为不是向你们公开的,这就是我孔丘的为人啊。"

【解难】

孔子对学生的声明:吾无隐乎尔

孔子教弟子德行、言语、政事、文学四门课程,文、行、忠、信四项内容,弟子以言语求教于老师,老师平日所讲也平易,所说也常伦,其一以贯之者无非忠恕,但弟子认为老师还有更高深的圣贤之道有所保留而没有传授,甚至陈亢还问孔鲤是不是得到了父亲特别的教育:"子亦有异闻乎?"于是孔子特意发表声明:我对你们一点儿也没有隐瞒,这是我孔丘的为人。真传一张纸,假传万卷书。老师善于启发式教育,不是和盘托出,让学生全盘接受;老师的一举一动,都是在言传身教。其言语也教,立身也教。"以我为隐"说明学生求知欲强,愈学愈深,逼得老师要传授"秘诀",要把"真经"传给弟子。"无行不与"体现了孔子对弟子爱之真切、教之无私。

【延伸阅读】

吾无隐乎尔

黄龙寺晦堂老子尝问山谷以"吾无隐乎尔"之义,山谷诠释再三,晦堂终不然其说。时暑退凉生,秋香满院。晦堂因问曰:"闻木犀香乎?"山谷曰:"闻。"晦堂曰:"吾无隐乎尔。"山谷乃服。晦堂此等处,诚实脱洒,亦只是曾点见解,却无颜子工夫,此儒佛所以不同。(宋·罗大经《鹤林玉露》丙编卷三)

注释 晦堂,禅师名。山谷,黄庭坚。木犀,通称桂花。

【7·25】

子以四教（jiào）：文、行、忠、信。

【注释】

①文、行、忠、信：文，文化，指文献典籍、礼乐制度。行，实践。忠，忠诚。信，信用。

【今译】

孔子用四项内容教育学生：文化、实践、忠诚、信用。

【解难】

孔子的四项教学内容：文、行、忠、信

文、行、忠、信是孔子教育学生的主要内容，而不是四科。"文"是文献，博学于文，增加知识；"行"是实践，学而时习之，增长才干；"忠"是忠诚，尽心竭力，是事上的品质；"信"是信用，践诺履约，是为人的品质。教书以文、行，育人以忠、信，德才兼备，知行合一。

【延伸阅读】

神童汪洙诗

宋汪洙，字德温，鄞人。九岁善诗赋。牧鹅黉（hóng）宫，见殿宇颓圮（tuí pǐ），心窃叹之。题曰："颜回夜夜观星象，夫子朝朝雨打头。万代公卿从此出，何人肯把俸钱修？"上官奇而召见。时衣短褐以进，问曰："神童衫子何短耶？"应声曰："神童衫子短，袖大惹春风。未去朝天子，先来谒相公。"

注释　黉宫，古代的学校。颓圮，倒塌。短褐，粗麻布做的短上衣。

【7·26】

子曰："圣人，吾不得而见之矣；得见君子者，斯可矣。"子曰："善人，吾不得而见之矣；得见有恒者，斯可矣。亡（wú）而为有，虚而为盈，约而为泰，难乎有恒矣。"

【注释】

①圣人：德和智最高的人。

②君子：道德修养高的人。

③善人：善良的人，有道德的人，贤人。

④有恒者：有恒定操守、品行的人。
⑤亡而为有：亡，没有。为，如同，好像。
⑥虚而为盈：虚，空虚。盈，充实。
⑦约而为泰：约，穷困。泰，奢侈。

【今译】

孔子说："圣人，我不能见到他了；能见到君子的话，就可以了。"孔子又说："善人，我不能见到他了；能见到有恒定品行的人，就可以了。没有如同有，空虚如同充实，穷困如同奢侈，这样的人难以有恒定的品行了。"

【解难】

孔子：做圣人、善人不易，做君子、有恒者也难

圣人智慧通于大道，应变万事万物而无穷。君子躬行忠信仁义，闻志广博，虑深通敏。善人怀柔天下，仁爱万物。有恒者能恒久保持节操。常人无法成为像尧舜禹汤这样高山仰止的圣人，但如果无却装作好像有，虚空却装作好像满盈，贫约却装作好像奢侈，矫情虚伪，爱好虚荣，这种人能成为有恒定操守和基本品行的人也是很难的了。

【延伸阅读】

孔子"圣人"何来

孔子何以成为圣人？孔子的本质固然可以说是圣人，但何以孔子以前不用圣人的名称来称后世所承认的几个古帝王（如尧、舜、禹、汤、文、武、周公）？又何以孔子之后再没有圣人出来？可见，圣人出现不是偶然的，必须在孔子这个时候，就是春秋末期。

从《诗经》《尚书》看出，圣似乎只有聪明的意思，并没有道德如何好的意思。西周时，无论哪个人都可以以圣人自居，正如现在无论哪个人都可自居于聪明人一样。北京有句话，叫做"您圣明"，意思是"您是明白人"。圣人只是聪明人，是极普通的称呼，为什么后来会变成"神化无方"的不可捉摸的人呢？《论语》的中心问题是造就君子，书中提到君子的有七八十条，说到圣人的不过五条。君子，原始意义是国君之子，是一国中的贵族，与"公子""王孙"同义。因为是贵族，所以与野人（平民）对举。后来，凡是有贵族的优美风度和德行的都可称为君子，君子成了陶冶人格的目标。

《论语》中的圣人，比《诗》《书》中的圣人的确改变了意义，圣人置于君子之上了，圣人成了理想中的最高人格。圣在仁之上，圣人高不可攀。（摘编自顾颉刚《春秋时代的孔子和汉代的孔子》）

【7·27】

子钓而不纲，弋（yì）不射宿（sù）。

【注释】

①钓而不纲：钓，钓鱼。纲，大绳。用大绳横跨河流，绳上提起渔网，绝流捕鱼叫"纲"。

②弋不射宿：弋，用丝绳系在箭上射鸟。宿，止，指已经归巢休息或过夜的鸟。

【今译】

孔子钓鱼不用大绳拖网捕鱼，射鸟不射归巢休息的鸟。

【解难】

孔子注重生态保护：钓而不纲，弋不射宿

钓是以饵料、鱼钩取鱼，钓不必得，愿者上钩；纲是用大绳系网横遮流水取鱼，志在贪多，过者难逃，不论大小皆被钩取；弋是用绳系箭而射，在于练习眼力；宿是歇息的鸟，或孵化小鸟，或归巢过夜，毫无戒备。天地之大德曰生，天地与我并生，万物与我为一。万物生生不息皆养人，人类滥杀尽取是绝源。钓而不网，射不射宿，不赶尽杀绝，体现了孔子取物有节的仁心和可持续发展的生态理念。

孔子把砍树、杀生提高到"孝"的高度来认识了。人们不仅对父母要孝，对养活人类、满足口腹之欲的一切生物、植物也要孝。在幼小时，保护它们尽性成长；长成之时，用取有度，保证繁衍生息。《大戴礼记·曾子大孝》："夫子曰：伐一木，杀一兽，不以其时，非孝也。"日本物茂卿《论语征》："古者贵礼不贵财，不欲必获，故在天子诸侯则三驱，在士则不纲不射宿。"

【延伸阅读】

孟子论养民为先

不违农时，谷不可胜食也；数罟（cù gǔ）不入洿（wū）池，鱼鳖不可胜食也；斧斤以时入山林，材木不可胜用也。（《孟子·梁惠王上》）

大意 治国者只要兵役徭役不妨害农时，粮食便吃不完；不用细密的渔网到深池捕鱼，鱼鳖就吃不完；按季节拿着斧头入山林砍伐，木材就用不完。

鸟

谁道群生性命微,一般骨肉一般皮。
劝君莫打枝头鸟,子在巢中望母归。

——唐·白居易

【7·28】

子曰:"盖有不知而作之者,我无是也。多闻,择其善者而从之;多见而识(zhì)之,知之次也。"

【注释】

①不知而作:作,创作,创造,创新,义同"述而不作"的"作"。
②择其善者而从之:见《述而篇》(7·22)。
③多见而识之:识,记。
④知之次:知,此指生而知之。次,次一等,第二等。

【今译】

孔子说:"大概有没有搞懂就著书创作的人,(但)我不是这种人。多听,选择其中好的来学习;多看而且记住它,这是次一等的搞懂吧。"

【解难】

专家满天飞,不知而著作

春秋时异学争出,各行其说,穿凿附会,标新立异,不知道事情的真相和本源,没有真知灼见也著书立说,专家满天飞,邪说惑人心,冲击正统,所以孔子言此示戒。

生而知之者,上也;学而知之者,次也。孔子谦虚地说自己做学问是学而知之,好古敏求,择善而从,多见而识,述而不作。杨树达《论语疏证》:"礼乐从先进,纯冕从众,拜下从下,反哭从周,及答颜渊为邦之问,皆所谓择善而从也。"

【延伸阅读】

苏轼作文

苏子瞻自在场屋,笔力豪骋,不能屈折于作赋。省试时,欧阳文忠公锐意欲革文弊,初未之识。梅圣俞作考官,得其《刑赏忠厚之至论》,以为似《孟子》,然中引皋陶曰"杀之,三",尧曰"宥(yòu)之,三",事不见所据,亟以示文忠,大喜。往取其赋,则已为他考官所落矣,即擢(zhuó)第二。及放榜,圣俞终以前所引为疑,遂以问之。子瞻徐曰:"想当然耳,何必须要有出处?"圣俞大骇,然人

已无不服其雄俊。（宋·叶梦得《石林燕语》卷八）

注释 不能屈折于作赋，即不擅长铺陈辗转作赋。欧阳文忠公，欧阳修。革文弊，改革文风。梅圣俞，梅尧臣。宥，宽容。擢，提拔。

【7·29】

互乡难与言，童子见，门人惑。子曰："与其进也，不与其退也，唯何甚？人洁己以进，与其洁也，不保其往也。"

【注释】

①互乡难与言，童子见：互乡，地名，不详。童子，十五岁以下的少年。

②门人惑：门人，同在一个师门的人，即弟子。另外，"门人"还有"守门的人""食客"之义。

③与其进：与，赞成，赞许。

④唯何甚：唯，句首助词，无实义。甚，过分。

⑤洁己：清洁自己，即自己改正缺点。

⑥不保其往：不抓住他们过去的缺点不放。保，守着不放。"不保其往"也可解成"不保证他们往后如何"。

【今译】

互乡的人难以和人交谈，但有一个少年被孔子接见，学生们疑惑。孔子说："赞成互乡人的进步，不是赞成互乡人的倒退，何必过分呢？互乡人改正自己缺点以求进步，就应当赞成他们改正缺点，不要老是抓住他们的过去不放。"

【解难】

孔子接见互乡少年：不要纠缠过去，鼓励别人进步

互乡人说话自以为是，固执己见，常和别人发生言语冲突，但互乡的一个少年晋见孔子，孔子却意外地接见了他，弟子们对此疑惑不解。从这件事可以看出，孔子待人宽宏，与人交往不看历史，不纠缠过往错误，只要其虚心前来求教，都鼓励其改过迁善，不断进步。就连一个少年来求见，孔子也没有摆架子。"唯何甚"是宽容过去，"不保其往"是看重现在。与其进，不与其退；与其洁，不保其往。这是孔子提倡的两个重要观点。

【延伸阅读】

人生基业在童年

话说人生在世,不过是成立覆败两端,而成立覆败之由,全在少年时候分路。大抵成立之人,姿禀必敦厚,气质必安详,自幼家教严谨,往来的亲戚,结伴的学徒,都是些正经人家、恂谨子弟。譬如树之根柢,本来深厚,再加些滋灌培植,后来自会发荣畅茂。若是覆败之人,聪明早是浮薄的,气质先是轻飘的,听得父兄之训,便似以水浇石,一毫儿也不入;遇见正经老成前辈,便似坐了针毡,一刻也忍受不来;遇着一班狐党,好与往来,将来必弄的一败涂地,毫无救医。(清·李绿园《歧路灯》第一回)

【7·30】

子曰:"仁远乎哉?我欲仁,斯仁至矣。"

【今译】

孔子说:"仁远吗?我要仁,仁就来了。"

【解难】

孔子:仁德不远,欲仁则至

仁者,人也。人的本能就有仁爱、恻隐之心。所以,仁爱来自本心,不是遥不可及。为仁在于自己,在自身是否求仁,求则得之,克己复礼仁就来临;舍则失之,一念之私,仁则远离。伯夷、叔齐求仁而得仁,孔子欲仁则仁至,可见仁道不远,行之则至。

【延伸阅读】

仁心义路

孟子曰:"仁,人心也;义,人路也。舍其路而弗由,放其心而不知求,哀哉!人有鸡犬放,则知求之;有放心,而不知求。学问之道无他,求其放心而已矣。"(《孟子·告子上》)

大意 孟子说:"仁,是人的本心;义,是人的大道。放弃大道而不走,放弃良心而不知找回,悲哀啊!人有鸡狗丢了,知道找回来;丢了良心,却不知道找回来。学问之道路没有别的,只是找回那失去的善心而已。"

【7·31】

陈司败问："昭公知礼乎？"孔子曰："知礼。"孔子退，揖巫马期而进之，曰："吾闻君子不党，君子亦党乎？君取于吴，为同姓，谓之吴孟子。君而知礼，孰不知礼？"巫马期以告。子曰："丘也幸，苟有过，人必知之。"

【注释】

①陈司败：陈国的司法官。司败，春秋时陈、楚主管刑狱、司法的官职，同他国之司寇。一说"陈司败"是人名。

②昭公：鲁昭公。

③揖巫马期而进之：揖，拱手行礼。巫马期，姓巫马，名施，字子期，小孔子三十岁，孔子的学生，七十二贤之一。进，走上前去。

④君子不党：党，偏袒，包庇。

⑤君取于吴：取，同"娶"。

⑥为同姓：同姓，鲁国和吴国的国君都姓姬。

⑦谓之吴孟子：吴孟子，春秋时期，国君夫人的称号是她出生的国名加上她的姓，鲁昭公夫人是吴国人，姓姬，应称"吴姬"。鲁国和吴国皆姬姓，周礼规定"同姓不婚"，故避讳而称鲁昭公夫人为"吴孟子"，不称"吴姬"。"孟子"可能是她的字。

【今译】

陈司败问："鲁昭公懂礼吗？"孔子说："懂礼。"孔子出来后，陈司败向巫马期作了个揖，请他走近自己，说："我听说君子不会偏袒，难道孔子也偏袒人吗？鲁昭公娶了位吴国夫人，和鲁昭公都是姬姓，（不便称她吴姬），就称她为吴孟子。鲁昭公如果懂礼，谁不懂礼呢？"巫马期把这话告诉孔子。孔子说："我很庆幸，如果我有过错，人家一定会知道的。"

【解难】

孔子答陈司败之问：讳君之恶

《左传·僖公二十三年》："男女同姓，其生不蕃。"《白虎通·姓名》："不娶同姓者何，重人伦，防淫佚，耻与禽兽同也。"

鲁国是周公之后，吴国是泰伯之后，都是姬姓，同姓具有家族血缘，所以同姓不婚。鲁昭公娶同姓为妻不合礼。鲁国是周代礼乐文化的代表，国君敢冒天下之大不韪，足见当时之礼崩乐坏。陈司败问孔子鲁昭公知不知礼，这是明知故问，有讥讽之意；孔子知道鲁昭公娶同姓为妻不合礼但仍说昭公知礼，是因为昭公是鲁君，孔子要讳君之恶、讳尊之恶、讳国之恶，维护本国君主的尊严，所以孔子知礼、守礼。

古人善则称君，过则称己，居是邦，不非其大夫，不非其君，孔子偏袒昭公，为昭公受过。

《左传·哀公十二年》记载：夏季，五月，鲁昭公夫人孟子亡。昭公在吴国娶妻，所以《春秋》不记载孟子的姓。死后没有发讣告，所以记载时也不称"夫人"。安葬以后没有回到祖庙哭祭，所以记载时不称"葬小君"。孔子去吊唁，到了季氏那里。季氏不脱帽挽发，孔子就解下丧服下拜。

【延伸阅读】

鲁吴同姓

鲁国的开国之君是周公旦，即姬旦。周公旦是周文王（姬昌）的儿子，在哥哥周武王（姬发）夺取天下后，就辅佐哥哥执政。武王死后，成王（姬诵）继位，周公旦就辅佐侄儿周成王。周公旦功劳卓著，被分封到鲁国，成了鲁国的开国之君。由于成王年幼，周公旦虽然被封到鲁国，但还要辅佐成王，不能亲自处理鲁国政务，就把鲁国交给自己的儿子伯禽，于是人们继续称周公旦为周公，而称伯禽为鲁公。鲁昭公是周公的后代，当然是姬姓了。

吴国的开国之君是泰伯，也作太伯，姬姓，是周部落首领古公亶父（dǎn fǔ）的长子。太伯的母亲是太姜，是古公亶父的正妻，生泰伯、仲雍和季历。季历和他的儿子姬昌都贤明，古公亶父因此有立季历为继承人的想法，以便传位给姬昌（姬昌即后来的周文王，是周朝的奠基人）。泰伯知道父亲的心思，为成全父亲，便和二弟仲雍逃到今江浙一带，文身断发，表示不愿继承君位，以此来避让季历。他们以自己的德行很快就得到当地人的尊敬，大家推举泰伯为吴王，于是泰伯在吴越之地建立了吴国。泰伯无子，晚年让位给弟弟仲雍。春秋时期，吴国曾经辉煌，吴王阖闾成为春秋五霸之一。阖闾的儿子继位后和越国交战，打败越国。越王勾践卧薪尝胆十年，灭吴，吴王夫差被杀。追溯来源，鲁国和吴国都是姓姬。

【7·32】

子与人歌而善，必使反之，而后和（hè）之。

【注释】

①与人歌而善：善，唱得好。
②必使反之：反，重复，再唱。
③而后和之：和，唱和。

【今译】

孔子和别人唱歌，如果别人唱得好，一定要请他再唱，然后跟着唱和。

【解难】

孔子爱唱歌：必使反之，而后和之

孔子精通音乐，热爱唱歌，其主要成果是经其删定流传至今的《诗经》和已经失传的《乐经》。古代一般是歌、诗、乐、舞一体，古人常常取瑟而歌，弦歌不绝，孔子请歌者再唱一遍，是不掩别人之善，体现孔子的谦逊诚恳；待歌者一曲终了再应和着唱，以免混杂，干扰歌者，体现了孔子有礼。唱一首歌，孔子都要一反一和，再学、再和，体现了孔子的好学。

【延伸阅读】

孔子向师襄子学琴

孔子学鼓琴师襄子，十日不进。师襄子曰："可以益矣。"孔子曰："丘已习其曲矣，未得其数也。"有间，曰："已习其数，可以益矣。"孔子曰："丘未得其志也。"有间，曰："已习其志，可以益矣。"孔子曰："丘未得其为人也。"有间，曰"有所穆然深思焉，有所怡然高望而远志焉。"曰："丘得其为人：黯然而黑，几然而长，眼如望羊，如王四国，非文王其谁能为此也！"师襄子辟席再拜，曰："师盖云《文王操》也。"（汉·司马迁《史记·孔子世家》）

大意 孔子向师襄学弹琴，一首曲子学了十天也不往下学。师襄说："可以练点新曲了。"孔子说："我才熟悉它的曲调，还没有掌握方法。"过了几天，师襄又说："你已经掌握方法了，可以练点新曲了。"孔子说："我还没领会乐曲的意境。"又过了几天，师襄说："你已经领会到乐曲的意境了。"孔子说："我还没有体会到乐曲所歌颂的那个人。"又过了几天，孔子有了一种深刻严肃的理解，产生了一种心情舒畅、登高望远的感觉。他说："我体会到了乐曲所歌颂的那个人了：他黑黑的脸膛，高高的个子，目光炯炯，凝望远方，是一个统治天下四方的帝王，这个人不是周文王还能是谁呢！"师襄一听，立刻起身给孔子拜了两拜，说："我老师原来说过，这就是《文王操》呀。"

注释 师襄子，鲁国乐师，名襄。未得其数：数，规律，方法。未得其志：志，思想，意境。几然，身材高大的样子。几然而长，几通"颀"，长。望羊，通"望洋"，远视的样子。辟席，起身离席，表示对人的尊重。《文王操》，歌颂周文王的琴曲，后失传。操，琴曲。依据现有资料，《文王操》一曲最早出现于明代的《梧岗琴谱》。

【7·33】

子曰:"文,莫吾犹人也。躬行君子,则吾未之有得。"

【注释】

①莫吾犹人:莫,莫非,大概,表示推测。犹人,犹及人,还赶得上别人。

②躬行君子:躬行,亲自实践。

③未之有得:没有能够。得,能够。

【今译】

孔子说:"文化知识方面,大概我还赶得上别人。身体力行君子之道,那么我还没能做到。"

【解难】

孔子:文化知识还将就,躬行君子没做到

《述而篇》(7·25):"子以四教:文、行、忠、信。"其"文、行"与此章之"文、行"义同。成德的君子,不在于文,而重在于行。学习文化是闻道,身体力行是行道,二者目的是得道,获得君子之道。《宪问篇》(14·28):"子曰:'君子道者三,我无能焉:仁者不忧,知者不惑,勇者不惧。'"孔子说自己还没有达到君子应具备的三个条件,不完全是自谦,因为孔子曾说自己有忧。《述而篇》(7·3):"子曰:'德之不修,学之不讲,闻义不能徙,不善不能改,是吾忧也。'"此章亦足见孔子之实诚。

【延伸阅读】

知　行

博学而不穷,笃行而不倦。(《礼记·儒行》)

信书成自误,经事渐知非。(唐·柳宗元《三赠刘员外》)

纸上得来终觉浅,绝知此事要躬行。(宋·陆游《示儿》)

熟读王叔和,不如临症多。(清·吴敬梓《儒林外史》第三十一回)

注释　王叔和,魏晋间名医,整理编次张仲景的著作《伤寒杂病论》,著有《脉经》一书。

【7·34】

子曰:"若圣与仁,则吾岂敢?抑为(wéi)之不厌,诲人不倦,则

可谓云尔已矣。"公西华曰:"正唯弟子不能学也。"

【注释】

①若圣与仁:若,至于,用在句首,以引起下文。

②抑为之不厌:抑,不过。为,践行。厌,满足。

③云尔已矣:如此罢了。

【今译】

孔子说:"至于圣人与仁人,那我哪里敢当?不过是践行圣人和仁人之道而不厌倦,教诲别人而不知疲倦,那是可以这样说的罢了。"公西华说:"这正是弟子们没有学到的呀。"

【解难】

孔子:在追求圣与仁的道路上,为之不厌,诲人不倦

当时有称孔子为圣者和仁者,但孔子自谦,欲辞仁圣之名,说不敢以圣人和仁人自居,只是说在圣和仁方面,自己"为之不厌,诲人不倦",一直在路上,尚未到目的。圣人,是于事无所不通之人。仁人,是心怀慈爱、博施济众之人。南怀瑾《论语别裁》:"中国文化,在三代以后,便建立了一个做人的最高标准,就是圣。和印度的佛、中国的仙、西方文化的神,差不多同一个观念。圣之次为贤,贤者也就是君子。再下来是仁者。"俞樾《群经平议》:"圣与仁,犹言智与仁也。子贡曰:'学不厌,智也;教不倦,仁也。'盖诸弟子之称夫子如此。……圣与智古通称,故臧武仲多智,时人谓之圣人。"

【延伸阅读】

作诗协韵

安禄山亦好作诗,作《樱桃》诗云:"樱桃一篮子,半青一半黄。一半寄怀王,一半寄周贽。"或请以"一半寄周贽"句在上则协韵,禄山怒曰:"岂肯使周贽压我儿耶?"(宋·叶梦得《避暑录话》卷上)

注释 协韵,符合韵律。

【7·35】

子疾病,子路请祷。子曰:"有诸?"子路对曰:"有之。诔(lěi)曰:'祷尔于上下神祇(qí)。'"子曰:"丘之祷久矣。"

【注释】

①疾病:轻者为疾,重者为病。《经典释文》引郑玄注本和定州汉墓竹简本皆无"病"字。

②有诸：诸，"之乎"的合音。
③诔：祈祷文，悼词。后世则以"诔"为哀祭文的一种。
④祷尔于上下神祇：尔，您。神祇，天地，天曰神，地曰祇。

【今译】

孔子病重，子路请求祈祷。孔子说："有祈祷就可以治好病这回事吗？"子路说："有的。诔文上说：'为您向上下天地之神祈祷。'"孔子说："我很久以来就在祈祷了。"

【解难】

孔子告诉子路：病重也不求神

古人得病，既求医也求神，而孔子不准弟子为自己求神治病，为什么呢？圣人修身正行，有过则改，有善则迁，闻义则徙，素行合于神明，从未得罪鬼神，不需向鬼神祈祷以求转祸为福，故曰"祷久矣"，意思是说子路你不用祈祷了。孔子不同意子路祈祷，但尊习俗敬鬼神，只是存疑不谈鬼神，所以说"祭如在，祭神如神在"（《八佾篇》）；畏天命，顺应天命。《八佾篇》："获罪于天，无所祷也。"《颜渊篇》："死生有命，富贵在天。"程树德《集释》引尹会一《读书笔记》曰："天地神明，临之在上，质之在旁。身心、性情、作止、语默，无时无处而不悔过迁善，是乃平时之所以为祷，不待疾病而后然也。圣人之言，至为切实，勿徒作拒子之辞观。"

【参考】

"诔"是罗列死者生前功德以表达哀悼之情并据此给予谥号，相当于今天的致悼词。"讄"亦音 lěi，是为生者求福。段《注》："讄，施于生者以求福；诔，施于死者以作谥。"孔子在世，子路绝不敢引用哀死之"诔"作答，故学者认为此"诔"字当改作"讄"。

【延伸阅读】

诔以颂德

何用诔德？表之素旗。何以赠终？哀以送之。（三国·魏·曹植《王仲宣诔》）

周世盛德，有铭诔之文。大夫之材，临丧能诔。诔者，累也，累其德行，旌之不朽也。……详夫诔之为制，盖选言录行，传（zhuàn）体而颂文，荣始而哀终。（南朝·梁·刘勰《文心雕龙·诔碑》）

注释 传体而颂文，即主体是叙事，但接近颂体。

【7·36】

子曰："奢则不孙（xùn），俭则固。与其不孙也，宁固。"

【注释】

①奢则不孙：孙，同"逊"。

②俭则固：固，陋，寒酸。

【今译】

孔子说："奢侈就显得不谦虚，节俭就显得很寒酸。与其显得不谦虚，宁可显得寒酸。"

【解难】

孔子：宁可节俭而寒酸，不可奢侈而骄傲

过分奢侈和过分节俭都背离中道。《易经·节卦》："苦节不可贞。"挣钱犹如针挑土，用钱犹如水冲沙，所以奢侈铺张失人心之本；惜钱如命，一毛不拔，宁说千句话，不舍一文钱，过分吝啬失待人之道。两者皆过犹不及。两害相权取其轻，与其因奢侈炫富而傲气凌人，宁可因节俭而显得土气寒酸。

【延伸阅读】

皇帝不吃新蟹

仁皇帝内宴，十门分各进馔。有新蟹一品，二十八枚。帝曰："吾尚未尝，枚直几钱？"左右对："直一千。"帝不悦，曰："数戒汝辈无侈靡，一下箸为钱二十八千，吾不忍也。"置不食。（宋·邵博《邵氏闻见后录》卷一）

【7·37】

子曰："君子坦荡荡，小人长戚戚。"

【注释】

①坦荡荡：坦，平。荡荡，心胸宽广。

②长戚戚：戚戚，忧愁。

【今译】

孔子说："君子心胸平坦宽广，小人经常忧愁苦恼。"

【解难】

孔子：君子坦荡荡，小人长戚戚

君子喻于义，不为利役，不为物役，日月可鉴，心可示人，光明正大，仰不愧于天，俯不怍于人，利害不能为之惑，毁誉不能为之惊，坦坦荡荡，豁通万物，舒泰雍容，心广体胖。小人喻于利，为名利所绊，偷偷摸摸谋私利，投机取巧为功名，患得患失，怨天尤人，忧戚常在，惶恐不安。

【延伸阅读】

观诗识人

宋莒公庠知许州，开西湖，作诗曰："凿开鱼鸟忘情地，展尽江湖极目天。"识者观诗意，则知公位极一品矣。

白居易赋性旷达，其诗曰："无事日月长，不羁天地阔。"此旷达者之词也。孟郊赋性褊隘，其诗曰："出门即有碍，谁谓天地宽？"此褊隘者之词也。（节选自宋·吴处厚《青箱杂记》卷七）

注释 宋莒公庠，即宋庠，别号宋莒公，北宋宰相、文学家。

【7·38】

子温而厉，威而不猛，恭而安。

【注释】
①恭而安：恭，肃敬，严肃庄重。《说文》："恭，肃也。"安，安详。

【今译】
孔子温和而严厉，威严但不凶猛，严肃而又安详。

【解难】

孔子威仪：温而厉，威而不猛，恭而安

容貌者，德之符也。孔子内外兼修，具有中和之德，看上去温和而严厉，威严而不凶猛，严肃庄重而又内心安详，即《子张篇》（19·9）子夏所云："君子有三变：望之俨然，即之也温，听其言也厉。"既不过分张扬，也不过分内敛，使人既感敬畏，又感亲切。朱熹《集注》："圣人全体浑然，阴阳合德，故其中和之气见于容貌之间者如此。"

【参考】
一说"子"后应有"曰"，皇《疏》原本作"子曰"；汉墓定州竹简本有"曰"。
一说"恭而安"应置于"威而不猛"之前才更佳。

【延伸阅读】

经　解

孔子曰："入其国，其教可知也。其为人也，温柔敦厚，《诗》教也；疏通知远，《书》教也；广博易良，《乐》教也；洁静精微，《易》教也；恭俭庄敬，《礼》教也；属辞比事，《春秋》教也。故《诗》之失愚；《书》之失诬；《乐》之失奢；《易》之失贼；《礼》之失烦；《春秋》之失乱。"（《礼记·经解》）

大意 孔子说:"进入一个国家,只要看看那里的风俗,就可以知道该国的教化了。那里的人们如果温和柔顺、朴实忠厚,那就是《诗》教的结果;如果通晓远古之事,那就是《书》教的结果;如果心胸广阔坦荡,那就是《乐》教的结果;如果清洁沉静、洞察细微,那就是《易》教的结果;如果端庄恭敬,那就是《礼》教的结果;如果善于辞令和铺叙,那就是《春秋》教的结果。学者学《诗》学过了头,就会愚蠢;学《书》学过了头,就会狂妄;学《乐》学过了头,就会过分;学《易》学过了头,就会迷信;学《礼》学过了头,就会烦琐;学《春秋》学过了头,就会犯上作乱。

泰伯篇第八
（共二十一章）

【8·1】

子曰："泰伯，其可谓至德也已矣。三以天下让，民无得而称焉。"

【注释】
①泰伯：部落首领古公亶父的长子，也称"太伯"。
②可谓至德：至德，最高的道德。至，极，最。
③三以天下让：三，多次。以，把。天下，国家或国家的统治权，即王位。
④民无得而称焉：无得，无法，无从。焉，他。

【今译】
孔子说："泰伯，那可以说有最高的道德了。几次把天下让给弟弟季历，老百姓无法用合适的语言来称赞他。"

【解难】

孔子：泰伯有至德，三次让天下

泰伯作为嫡长子多次把王位君权让给贤能的弟弟季历，以成父志，其谦恭辞让，无迹可见，隐而不彰，当时无人知道让位之事，可谓至德，老百姓找不到合适的话来称赞他。"至德"在《论语》两次出现，一是本章，赞泰伯；二是《泰伯篇》（8·20）："周之德，其可谓至德也已矣！"，赞文王。孔子皆赞政权和平交接，是因为贤人能让天下。另外《雍也篇》（6·29）子曰："中庸之为德也，其至矣乎！""至德"二字分开言之，是赞美中庸这种美德。

孔子主张谦让，但不是无原则的谦让，如《卫灵公篇》（15·36）："当仁，不让于师。"泰伯三以让天下，人间何事不能让？

"泰伯"之得名

古公亶父，姓姬，名亶，上古周族领袖，周文王的祖父。他率领姬姓氏族迁居到今陕西岐山，岐山就是周的发源地。"古公"表示尊称，"父"表示尊敬。其后裔周武王姬发建立周朝后,追谥古公亶父为"周太王"。古公亶父有三个儿子,长子泰伯,次子仲雍,三子季历。

【延伸阅读】

让为至德

《书》首尧、舜,《诗》首文王,《春秋》首鲁隐公,《史记世家》首吴泰伯、《列传》首伯夷,让之为德也,大矣哉!(宋·邵博《邵氏闻见后录》卷二)

三让天下

据传,古公的长子泰伯理当继位,但古公认为三子季历贤能,季历的儿子姬昌(后来的周文王)有圣人之相貌和德才,便想打破长子继位的惯例,传位三子季历,以便季历再传位给姬昌,但没有下诏明确。泰伯明白父意,父亲生病时,借口到吴越采药而离家,二弟仲雍随行,留下三弟季历在家侍奉父亲。古公死,泰伯未返,让季历主持国丧,继续尽孝。守孝期满,泰伯断发文身,示不可用,绝不回来争夺王位,于是季历被立为国君。后来季历传位给儿子姬昌。姬昌的儿子姬发,即灭殷的周武王,尊姬昌为文王。只有把天下让位给圣贤,国家才能得到最好的治理。"三让天下"之佳话,体现了古公父子以国家利益为重的高风亮节。

【8·2】

子曰:"恭而无礼则劳,慎而无礼则葸(xǐ),勇而无礼则乱,直而无礼则绞。君子笃于亲,则民兴于仁;故旧不遗,则民不偷。"

【注释】

①慎而无礼则葸:无礼,没有礼的节制。葸,畏。
②勇而无礼则乱:乱,叛乱,犯上作乱。
③直而无礼则绞:绞,绞刺,尖刻刺人。
④君子笃于亲:笃,厚。亲,亲族,指宗族、母党、妻党、婚姻所涉及的社会关系。
⑤故旧不遗:故旧,故人和旧人,即老朋友。
⑥民不偷:偷,薄,淡薄,对人冷漠。

【今译】

孔子说:"恭敬而不遵礼就会疲劳,谨慎而不遵礼就会畏惧,勇猛而不遵礼就会叛乱,直率而不遵礼就会刺人。君子厚待亲戚,百姓就会兴起仁爱之风;君子不遗弃老朋友,百姓就不会对人冷漠。"

【成语】

故旧不弃：不抛弃老朋友。

【解难】

礼以制中

《孔子家语·论礼》："夫礼所以制中也。"礼是用来节制言行使之适中的，君子动必以礼，就能做到无过无不及，否则，谦恭而不遵礼，唯唯诺诺，虚伪矫饰，就会劳累不堪；谨慎而不遵礼，过分小心，就会畏缩不前；勇猛而不遵礼，有勇无谋，就会惹祸捣乱；心直口快而不遵礼，一吐为快，就会恶语刺人。恭、慎、勇、直本是四德，但若不合于礼，就变成了劳、葸、乱、绞四弊。因此，所行或不及，礼以文之；所行或太过，礼以节文。

【参考】

此章"君子笃于亲，则民兴于仁；故旧不遗，则民不偷。"与上文似不相关，可另成一章。这是说上行下效，在上位的君子要作为表率，以上率下，教化百姓，从而纯化风俗。

【延伸阅读】

"无"字解

《周易》"無"皆作"无"。王述曰："天屈西北为无。"盖东南为春夏，阳之伸也，故万物敷荣。西北为秋冬，阳之屈也，故万物老死，老死则无矣。此《字说》之有意味者也。（宋·罗大经《鹤林玉露》）

注释 天屈西北为无，"天"字的右下角一捺，在后天八卦方位上为西北角。这一捺弯曲为竖弯钩则为"无"。

【8·3】

曾子有疾，召门弟子曰："启予足，启予手！《诗》云：'战战兢兢，如临深渊，如履薄冰。'而今而后，吾知免夫，小子！"

【注释】

①曾子：即曾参，孔子的弟子，以孝著称。

②召门弟子：召，呼。门弟子，门下弟子，即学生。

③启予足，启予手：启，揭开。启手启足、启手足、启手、启足，后来皆为善终的代称。

④战战兢兢，如临深渊，如履薄冰：引自《诗经·小雅·小旻》。战战，恐惧。兢兢，谨慎。渊，潭，深水坑。

⑤而今而后：从今以后。

⑥吾知免夫，小子：免，逃脱，不受毁伤（一说免掉战战兢兢，亦通）。小子，弟子，老师对学生的称呼。

【今译】

曾子病了，叫弟子来到身边对他们说："看看我的脚，看看我的手（有没有损伤的）！《诗经》中说：'小心啊！谨慎啊！好像立在深渊旁，好像踩在薄冰上。'从今以后，我知道我的身体不会受到毁伤了，同学们！"

【成语】

战战兢兢：形容非常害怕而微微发抖的样子，也形容小心谨慎的样子。

如临深渊：好像来到深水坑的边上一样，比喻身处险境而十分小心。

如履薄冰：好像踩在薄薄的冰层上一样，比喻身处险境而十分小心。

如临如履：好像立在深渊旁，好像踩在薄冰上，形容做事十分小心。

【解难】

曾子临终之言：告诉弟子全身为孝

曾子之孝，保身为本。身体是自己的，也是父母的，自己是父母的延续。曾子认为身体发肤受之父母，不敢毁伤，不敢"以父母之遗体行殆"。文身、自残都是对父母不孝。父母全而生之，子全而归之，可谓孝；不亏其体，不辱其身，可谓全。故病重将死之际，曾子叫弟子揭开被子看看，喜免毁伤之祸。曾子以手足身体之全展示给弟子，一则言保全身体之难，不因疾病祸乱而有毁伤；一则叮嘱弟子一辈子要谨慎小心，终身守此战战，才能守身免毁。

《礼记·祭义》记曾子曰："身也者，父母之遗体也。行父母之遗体，敢不敬乎？居处不庄，非孝也；事君不忠，非孝也；莅官不敬，非孝也；朋友不信，非孝也；战阵无勇，非孝也。五者不遂，灾及于亲，敢不敬乎？"

【延伸阅读】

曾子挨打

曾子有过，曾晳引杖击之。仆地，有间乃苏，起曰："先生得无病乎？"鲁人贤曾子，以告夫子。夫子告门人："参来勿内也。"曾子自以为无罪，使人谢夫子。夫子曰："汝不闻昔者舜为人子乎？小棰则待，大杖则逃。索而使之，未尝不在侧，索而杀之，未尝可得。今汝委身以待暴怒，拱立不去，汝非王者之民邪？杀王者之民，其罪何如？"（汉·韩婴《韩诗外传》卷八）

大意 曾子犯错误，他的父亲曾晳拿棍子打他。曾子被打倒在地，过一会儿醒来，站起来问："父亲您没累坏吧？"鲁国人认为曾子孝顺，就告诉孔子。孔子转告弟子说："曾参来了不要让他进来。"曾子自认为没有过错，便让人告诉孔子自己拒绝接受处罚。孔子说："你没有听说过从前舜是怎样为人子的吗？小棍打就等着，大棍打就逃走。找他做事，他都在身边；找人把他杀了，却找不到他。现在你待在那里等待你父亲的暴怒，拱手站在那里不走，你难道不是君王的百姓吗？杀君王的百姓，该当何罪？"

注释 此章是说曾子的迂腐愚孝和孔子对孝的深刻理解。病，疲倦。内，通"纳"，入。梃，杖。

【8·4】

曾子有疾，孟敬子问之。曾子言曰："鸟之将死，其鸣也哀；人之将死，其言也善。君子所贵乎道者三：动容貌，斯远暴慢矣；正颜色，斯近信矣；出辞气，斯远鄙倍矣。笾（biān）豆之事，则有司存。"

【注释】

①孟敬子问之：孟敬子，鲁国大夫仲孙捷。问，探问，看望。

②曾子言曰：言，自言。曾子临终时力衰声微，提起精神说话，所以记录此事的人特下一"言"字（毛子水《论语今注今译》）。

③"其鸣也哀"和"其言也善"的"也"，是句中语气词，表示跌宕。

④所贵乎道者三：贵，重视。乎，在。道，道德，修养。者，译为"……的方面"。

⑤动容貌，斯远暴慢矣：动容貌，改变容颜相貌，使其庄重。动，改变，变化。暴慢，下陵上谓之暴，不恭不敬谓之慢，二字同义，皆轻侮，轻慢。

⑥正颜色，斯近信矣：正颜色，端正面容和神色，使其严肃。正，使严肃。

⑦出辞气，斯远鄙倍矣：出辞气，说出的话注重措辞和语气，使其得体。出，说出。鄙，粗俗。倍，同"背"，背理，蛮横。

⑧笾豆之事：借指礼仪中的具体细节。笾和豆皆是祭祀和宴会时用的礼器，竹制为笾，木制为豆。用法同"俎豆之事"。参见《卫灵公篇》（15·1）："俎豆之事，则尝闻之矣。"

⑨则有司存：有司，负责具体事务的小官。有，语助词。司，主。存，掌管，管理。

【今译】

曾子病了，孟敬子去探问他。曾子说道："鸟要死了，它的叫声是悲哀的；人要死了，他说的话是善意的。君子重视修养的方面有三个：容貌庄重，就远离凶暴轻慢；端正面容和神色，就接近诚信；说话的措辞和语气得体，就远离粗俗蛮横。至于祭祀等礼仪方面的细节，自然有专职人员掌管。"

211

【成语】

人之将死，其言也善：人在临终时，说的话往往是善意的。也表示人到了日暮途穷之时，往往有退让悔过之意。

【解难】

曾子告诫孟敬子：威仪辞令，君子所谨

君子之养成，自威仪辞令始。曾子以此告诫孟敬子。他说："人与人交往，先见容貌，次观颜色，次交言语，故三者相次而言。鸟儿怕死，故鸣哀；人穷反本，故言善。动容貌，正颜色，出辞气，是人之将死的善言，值得记取。君子应该着重加强道德修养，至于祭祀和礼仪的具体细节，有工作人员负责。"《礼记·玉藻》："君子之容舒迟，见所尊者齐。足容重，手容恭，目容端，口容止，声容静，头容直，气容肃，立容德，色容庄，坐如尸，燕居告温温。"

【延伸阅读】

辞气雅俗

孔子过康子，子张、子夏从，孔子入坐，二子相与论，终日不决。子夏辞气甚隘，颜色甚变。子张曰："子亦闻夫子之议论邪？徐言訚訚（yín yín），威仪翼翼，后言先默，得之推让。巍巍乎，荡荡乎，道有归矣。小人之论也，专意自是，言人之非，瞋目扼腕，疾言喷喷，口沸目赤。一幸得胜，疾笑嗌嗌（ài ài）。威仪固陋，辞气鄙俗，是以君子贱之也。"（汉·韩婴《韩诗外传》卷九）

大意 孔子去拜访鲁国大夫季康子，子张、子夏随从。孔子进去坐下，二人相互讨论，终日没完。子夏言谈狭隘，容易变脸。子张说："您也听过老师的议论吗？慢慢道来，谦和恭敬，威严仪表，庄重恭敬，先要沉默，然后再说，得理谦让，就像巍巍高山，就像荡荡江水，真理有所归依了！小人的议论是专心维护自己的主张，谈论别人的不对，瞪大眼睛，紧握手腕，说话快得像喷水，喋喋不休像开水翻滚，双眼血丝发红。偶然侥幸得胜，就哈哈大笑。威严和仪表丑陋，语言和口气庸俗，所以君子瞧不起他们。"

注释 訚訚，形容辩论时态度好。翼翼，严肃谨慎。嗌嗌，咽喉阻塞。

【8·5】

曾子曰："以能问于不能，以多问于寡，有若无，实若虚，犯而不校（jiào），昔者吾友尝从事于斯矣。"

【注释】

①犯而不校：犯，冒犯，触犯。校，计较。

②昔者吾友尝从事于斯矣：昔者，曾子说此话时，颜渊已卒，故称"昔者"。吾友，可能指颜渊。陆陇其《松阳讲义》："盖非颜子不能到此也。"从事，做。于斯，于此。

【今译】

曾子说："有能力请教于没有能力的人，知识多请教于知识少的人，有知识像无知识一样，满腹知识像腹中空空一样，被冒犯了也不计较，从前我的朋友颜渊曾经做到了这样。"

【成语】

犯而不校：受到别人的冒犯也不计较。

【解难】

曾子回忆颜回：以能问于不能，以多问于寡，有若无，实若虚，犯而不校

曾子与颜回是好朋友，颜回不幸早亡，曾子怀念他，回忆起他的好学和忍让品质。好问则裕，自用则小，喜欢向别人请教的人知识丰富，自以为是的人肚量狭小。孔门传授心法，颜回独得其宗。此章曾子高度赞扬颜回好学好问的美德、宽广忍让的胸襟，可见孔颜气象。

张伯行《困学录》："夫子告以视听言动，则请事斯语；诱以博文约礼，则欲罢不能，是何等力量？得一善则拳拳服膺，是何等持守？不迁怒不贰过，是何等克治？以能问于不能，以多问于寡；有若无，实若虚，犯而不校，是何等气度？学者能于此处求之，则颜子之学可得矣，亦可以学颜子之所学矣。"

《大戴礼记·曾子制言上》："良贾深藏如虚，君子有盛教如无。"

【延伸阅读】

孔子其圣何如

齐景公谓子贡曰："先生何师？"对曰："鲁仲尼。"曰："仲尼贤乎？"曰："圣人也，岂直贤哉！"景公嘻然而笑曰："其圣何如？"子贡曰："不知也。"景公勃然作色曰："始言圣人，今言不知，何也？"子贡曰："臣终身戴天，不知天之高也。终身践地，不知地之厚也。若臣之事仲尼，譬犹渴操壶杓（sháo），就江海而饮之。腹满而去，又安知江海之深乎？"景公曰："先生之誉，得无太甚乎？"子贡曰："臣赐何敢甚言？尚虑不及耳。臣誉仲尼，譬犹两手捧土而附泰山，其无益亦明矣。使臣不誉仲尼，譬犹两手杷（pá）泰山，无损亦明矣。"景公曰："善！岂其然？善！岂其然？"（汉·韩婴《韩诗外传》卷八）

注释 悖然，发怒变色。悖，通"勃"。杓，通"勺"。杷，两手扒。

【8·6】

曾子说:"可以托六尺之孤,可以寄百里之命,临大节而不可夺也,君子人与?君子人也。"

【注释】

①托六尺之孤:托,托付。六尺之孤,身高六尺的孤儿,指年幼之君。六尺约合今天的一百三十八厘米,"孤"指幼年死去父亲或父母双亡。

②寄百里之命:寄,托付、委托。百里之命,指诸侯国的政权。百里,指封地方圆一百里的诸侯国。命,令,国家政令。

③临大节而不可夺:大节,大事,关系生死安危的大事。夺,改变。

【今译】

曾子说:"可以托付年幼的君主给他,可以托付国家的政权给他,面临生死关头而不会改变节操,这样的人是君子吗?这样的人就是君子啊!"

【成语】

六尺之孤:身高六尺的孤儿,指未成年的孤儿。

托孤寄命:临终前把孤儿托付给人,把重要事宜委托给人。

大节不夺:面临生死关头,仍然不改变原来的志向。

【解难】

曾子气象:可以托六尺之孤,可以寄百里之命,临大节而不可夺

读《论语》,我们时常感受到孔颜人格、曾子气象。学而不厌,安贫乐道,怀仁履道,用行舍藏,是孔颜人格的重要特征。志向高远,治国安邦,从容悠然,向内涵养,是曾子气象的主要特征。读此章和下章,对曾子气象可以管中窥豹。曾子对君子的标准很高。德才出众谓之君子,有才无德无以立足,有德无才无以成事,而人格高尚是君子的首要条件。

可以托六尺之孤,足见其忠。忠为上德,君主在临终之际,委托忠臣辅佐幼君,称为"托孤"。比如:周武王托孤,周公辅佐年幼侄儿周成王六年;三国时蜀国刘备白帝城托孤,诸葛亮辅佐刘禅;汉武帝托孤,霍光辅政。可以寄百里之命者,足见其才。"寄命"意即代行皇权,代君管理国家。临大节不可夺者,足见其贞。具备辅幼君、摄国政之才,具备临难不苟、死不变节之德,方可谓君子。

君子人与?君子人也。自问自答,再言君子,赞美之深。

【延伸阅读】

对 联

可托六尺之孤,可寄百里之命,君子人与?君子人也。

隐居以求其志，行义以达其道，吾闻其语，吾见其人。

——诸葛武侯庙《论语》集句联

谜　语

可以托六尺之孤，可以寄百里之命；遇刚则铿尔有声，遇柔则没齿无怨。
（谜底：木屐）

【8·7】

曾子曰："士不可以不弘毅，任重而道远。仁以为己任，不亦重乎？死而后已，不亦远乎？"

【注释】

①士不可以不弘毅：士，读书人。弘毅，宽宏坚毅，即抱负远大，意志坚定。弘，宽广。

②仁以为己任："以仁为己任"。任，责任，使命。

③死而后已：已，停止。

【今译】

曾子说："读书人不能不抱负远大，意志坚强，因为他们负担沉重而又路程遥远。把实现仁德作为自己的使命，不也很重大吗？直到死才停下来，不也很遥远吗？"

【成语】

任重道远：负担沉重而又路程遥远。比喻肩负的责任重大，要经历长期的艰苦奋斗。

死而后已：死了以后才停止。形容为履行一种责任而奋斗终生。

【解难】

曾子：士不可以不弘毅，任重而道远

《白虎通·爵》："士者，事也，任事之称也。"是说士虽然现在没有走上仕途，没有爵位，但今后是要为国家做事的。在道德层面上，士和君子可以等同，常并称士君子。读书人非弘不能胜其重，非毅无以致其远。所以，曾子对读书人提出了很高的要求，就是抱负宏伟，坚强刚毅。因为读书人有自觉的使命担当，有实现使命必须经历的痛苦和艰辛，有死而后已的负重历程。

《余英时访谈录》："传统'士'的承当精神是中国传统文化的一个重要特色，我欣赏这种精神。中国的价值世界主要靠这些极少数人的支撑，有的甚至成为'殉道者'。1905年科举废止后，'士'与权力世界之间不再有直通的途径，从此传统的'士'便为现代的知识人所取代。"

【延伸阅读】

古诗联选

黄鹤翅垂同燕雀，青松心在任风霜。（唐·刘长卿《罪所上御史惟则》）
长鸣栈马还思豆，未解庖牛忍善刀。（唐·赵翼《下第诗》）
曾因国难穿金甲，不为家贫卖宝刀。（宋·曹翰《内宴奉诏作》）
愿将心化铮铮铁，万死丛中气不磨。（明·张居正《绝命词》）
争得大裘长万丈，与君都盖洛阳城。（唐·白居易《新制绫袄成感而有咏》）

【8·8】

子曰："兴于《诗》，立于礼，成于乐。"

【注释】

①兴于《诗》：兴，起，开始，言修身从学《诗经》开始。
②立于礼：立，立德，立身。
③成于乐：成，成性，完善人性。

【今译】

孔子说："修身开始于《诗经》，立德于礼仪，成性于音乐。"

【解难】

孔子：立身成德三步走——兴于《诗》，立于礼，成于乐

诗养性情，《诗经》温柔敦厚，有中和之美，所以成童之子起步于《诗》。礼正规矩，没有规矩不成方圆，没有规矩手足无措，所以立德靠礼。饮食衣服、动静居处、容貌态度、进退举止皆须遵礼。乐净灵魂，古代的乐，是诗、歌、乐、舞一体，其声音之高下，舞蹈之疾徐，可以陶冶性情，荡涤邪秽，消融渣滓，使人至纯至粹，所以成性于乐，培养君子的性情要靠乐。

朱熹《集注》引程颐曰："夫古人之诗，如今之歌曲，虽闾里童稚，皆习闻之而知其说，故能兴起。……古人自洒扫应对，以至冠、昏、丧、祭，莫不有礼。今皆废坏，是以人伦不明，治家无法，是不得立于礼也。古人之乐，声音所以养其耳，采色所以养其目，歌咏所以养其性情，舞蹈所以养其血脉。今皆无之，是不得成于乐也。"

【延伸阅读】

乐是德之花

德者，性之端也；乐者，德之华也；金、石、丝、竹，乐之器也。诗，言其志也；歌，咏其声也；舞，动其容也。三者本于心，然后乐气从之。是故情深而文明，气盛而化神，和顺积中而英华发外，唯乐不可以为伪。（《礼记·乐记》）

大意 道德，是人的正性的发端；音乐，是由德开放出来的花朵；金石丝竹，是演奏乐的器具。诗，是抒发人的心志；歌，是拉长声调表达心志的声音；舞，是用姿态表达心志的动作。诗、歌、舞三者都是发自内心，然后用乐器为之伴奏。因此，乐所表达的情感深厚而文采鲜明，气氛浓烈而使人潜移默化，和顺积累于心而精华表现于外，只有乐是不可以作假的。

【8·9】

子曰："民可使由之，不可使知之。"

【注释】

①民可使由之：民，平民百姓。先秦时期"人"是贵族，是统治阶级；"民"是平民百姓，是被统治阶级。《说文》："民，众萌也。"段《注》："萌，犹懵懵无知貌也。"由，从，顺着，遵照。

【今译】

孔子说："可以让平民百姓顺着我们的意志而行，不必让他们懂得其中的道理。"

【解难】

孔子：民可使由之，不可使知之

圣人设教，不是不让百姓知晓，而是由于当时文化教育、传播手段落后，无法开启民智；况且圣人之道深远，无法让百姓都能领会圣人之举。因此，可以让百姓按照圣人（统治者）的要求去做，不必让百姓知道为什么要那样做。

郭沫若《儒墨的批判》："要说'民可使由之，不可使知之'为愚民政策，不仅和他（孔子）'教民'的基本原则不符，而在文字本身的解释上也是有问题的。'可'和'不可'本有两重意义：一是应该不应该；二是能够不能够。假如原意是应该不应该，那便是愚民政策；假如仅是能够不能够，那只是一个事实问题。人民在奴隶制时代没有受教育的机会，故对于普通的事都只能照样做而不能明其所以然，高级的事理自不用说了。原语的涵义，无疑是指后者，也就是'百姓日用而不知'的意思。"

【延伸阅读】

《孟子》论民

行之而不著焉，习矣而不察焉，终身由之而不知其道者，众也。（《孟子·尽心上》）

大意 做一件事而不明白原因，做熟练了还没弄清楚，终身这样做也不知其道理，这就是普通民众啊。

《吕氏春秋》论民

禹之决洪水也，民聚瓦砾。事已成，功已立，为万世利。禹之所见者远也，而民莫之知。故民不可与虑化举始，而可以乐成功。（战国·吕不韦《吕氏春秋·乐成》）

大意 当禹疏导江水的时候，老百姓却堆积瓦砾加以阻挡。等到治水的事业完成，功业建立以后，给子孙万代带来了好处。禹目光远大，可是老百姓却没有谁知道这一点。所以不可以跟普通的百姓商讨改变现状、创业开拓的大事，却可以跟他们享受成功的快乐。

【8·10】

子曰："好勇疾贫，乱也。人而不仁，疾之已甚，乱也。"

【注释】

①好勇疾贫：疾，恨。

②疾之已甚：已，太。甚，过分。

【今译】

孔子说："喜好勇敢而又憎恨自己贫穷，就会出祸乱。一个人没有仁德，人们对他憎恨过分了，也会出祸乱。"

【解难】

孔子：好勇疾贫，人而不仁，皆乱之所生

产生祸乱有两种情况：一是好勇疾贫。好勇则鲁莽粗暴，惹祸生事；疾贫则不安分守己，胡作非为。二是疾恶如仇。所以君子对待小人，不可明火执仗，穷追猛打，应当交流疏导，冰释前嫌。若恨之入骨，致其无所容，必破罐破摔，以烂为烂。《易经·夬卦》象传："夬，决也，刚决柔也。健而说，决而和。"

【延伸阅读】

周公诫子

　　周公摄天子之位七年，布衣之士所执贽而师见者十人，所友见者十二人，穷巷白屋先见者四十九人，时进善者百人，教士者千人，官朝者万人。当此之时，诚使周公骄而且吝，则天下贤士至者寡矣。

　　成王封伯禽于鲁，周公诫之曰："往矣！子其无以鲁国骄士。吾文王之子，武王之弟，成王之叔父也，又相天下，吾于天下亦不轻矣。然一沐三握发，一饭三吐哺，犹恐失天下之士。吾闻德行宽裕，守之以恭者，荣。土地广大，守之以俭者，安。禄位尊盛，守之以卑者，贵。人众兵强，守之以畏者，胜。聪明睿智，守之以愚者，哲。博闻强记，守之以浅者，智。夫此六者，皆谦德也。夫贵为天子，富有四海，由此德也。不谦而失天下亡其身者，桀纣是也，可不慎欤？"（汉·韩婴《韩诗外传·周公戒伯禽》）

　　大意　周公代天子之位七年，携带礼物以对待老师之礼来见的平民有十人，以朋友之礼相见的有十二人，经人介绍而接见的住在陋巷茅屋中的有四十九人，当时提拔优秀人才上百人，教育的读书人上千人，给那些朝廷的人封了官的上万人。在这时，如果周公傲慢而且吝啬，那么天下有德有才的人来的就不多了。

　　成王把伯禽封往鲁国，周公告诫伯禽说："去吧！你不要因为拥有鲁国而对有才的人傲慢。我，是文王的儿子，武王的弟弟，成王的叔父，并辅助天子，在天下可算尊贵了。然而我洗一次头发要几次把头发握起来，吃一次饭要几次吐出嘴里的食物，以起身接待客人，这样尚且担心遗漏天下的人才。我听说道德品行宽裕，而用恭谨来保持它的，便是荣耀。拥有的土地广大，而用俭朴来保持它的，便是安宁。爵禄官位高贵显赫，而用谦卑来保持它的，便是显贵。人民众多，军队强大，而用戒惧来保持它的，便是胜利。英明有远见，而用愚鲁来保持它的，便是明智。见闻广博，记忆力强，而用浅薄来保持它的，便是聪明。这六个方面，都属于谦虚的美德。贵为天子，富有四海，就因为奉行了这一美德。不谦虚而失去天下、丧亡自身的，桀和纣便是，能不谨慎吗？"

　　注释　周公广交天下之士，告诫儿子伯禽要严守谦虚之德。摄，代理。贽，礼品。先见者，先，介绍。成王，周成王，即位时年幼，由周公摄政。伯禽，周公长子。哲，智慧。哺，口中含嚼的食物。

【8·11】

　　子曰："如有周公之才之美，使骄且吝，其余不足观也已。"

【注释】

①周公之才之美：周公，姓姬名旦，称周公旦、叔旦，因采邑在今陕西岐山附近的周城，故称周公。西周初期的政治家。参见《述而篇》（7·5）。美，好，形容很有才华。

【今译】

孔子说："即使有周公那样美好的才华，如果骄傲又小气，那他余下的长处也不值得一看了。"

【解难】

孔子：假使骄且吝，其余不足观

才美，谓智能技艺之高而全。骄，骄傲自夸。吝，吝啬小气。就是像周公那样才华横溢但若骄傲自满，小气狭隘，那这个人其他方面再好也不值得欣赏了。孔子意在戒人不要骄傲，要知道山外有山，天外有天；不要吝惜小气，要己欲立而立人，己欲达而达人。周公德高，如有周公之德本来就不会骄吝，故此章孔子不拿德来打比方。王力《同源字典》："木有用叫做'材'，物有用叫做'财'，人有用叫做'才'。"

【延伸阅读】

屈指可数

唐逸士殷安，骥州信都人，谓薛黄门曰："自古圣贤，数不过五人：伏羲八卦，穷天地之旨，一也。"乃屈一指。"神农植百谷，济万人之命，二也。"乃屈二指。"周公制礼作乐，百代常行，三也。"乃屈三指。"孔子前知无穷，后知无极，拔乎其萃，出乎其类，四也。"乃屈四指。"自此之后，无屈得指者。"良久，乃曰："并我五也。"遂屈五指。（隋·侯白《启颜录》）

大意 唐朝的隐士殷安，是骥州信都人，他对薛（姓）黄门（官名）说："自古以来的圣贤，一共不超过五个人：伏羲创演八卦，穷尽了天地间的真谛，是一个。"便屈一根手指头。"神农氏培育各种粮食，救了万人性命，是第二个。"便屈两根手指头。"周公制定各种礼仪和礼乐，后世各个朝代遵照施行，是第三个。"便屈三根手指头。"孔子对以前的无所不知，以后的没有不晓，在同类人中脱颖而出，比同类人高，是第四个。"便屈四根手指头。"从这以后，没有值得屈手指头的人。"过了很久，才说："连我算上五个了。"于是屈五根手指头。

【8·12】

子曰："三年学，不至于谷，不易得也。"

【注释】

①三年学：三年，此处以实指为妥。

②不至于谷：至，通"志"，想到，念及。朱熹《集注》："至，疑当作志。"心之所主为"志"。谷，俸禄，做官。

【今译】

孔子说："读书三年，还没想到去做官，不容易找到这种人啊。"

【解难】

孔子：学习三年不求官，读书岂为稻粱谋

古代学而优则仕，读书皆盼早为官。古代做官也是三年一考，选贤任能。三年学有所成而不想做官的人太少。三年为学之久，足以通业，但不主动求官，连当官的念头都没有，如此之人，难得。古人做官要看在位的君主，不是他认可的君主不侍奉，不是他认可的人民不使唤；要看政治环境，政治清明则仕，政治黑暗则隐。所以君子忧道不忧贫，读书岂独为稻粱？

【参考】

此章还可译为：学了三年，还没做成官，不容易找到这种人。

【延伸阅读】

学士争着住槐厅

学士院第三厅，学士阁子当前有一巨槐，素号"槐厅"。旧传居此阁者，多至入相。学士争槐厅，至有抵彻前人行李而强据之者。予为学士时，目观此事。（宋·沈括《梦溪笔谈》卷一）

大意 翰林学士院的第三厅，因为学士小屋的正前面有一棵巨大的槐树，一向号称"槐厅"。从前传说住过这间小屋的人很多都做到了宰相，所以学士们争着住槐厅，以致有到任即强行搬出前任者的行李而占据此屋的。我做翰林学士时，曾亲眼看到过这样的事。

注释 阁子，小屋。抵彻：抵，到任；彻，通"撤"，搬出。

【8·13】

子曰："笃信好学，守死善道。危邦不入，乱邦不居。天下有道则见（xiàn），无道则隐。邦有道，贫且贱焉，耻也；邦无道，富且贵焉，耻也。"

【注释】

①笃信好学：笃信，坚定地相信。其后省略了"道"。《子张篇》（19·2）："信

道不笃。"笃，固，坚定。

②守死善道：守死，即死守，誓死保卫。善道，正道，仁道。《颜渊篇》（12·23）："忠告而善道之，不可则止。"其"善道"是善加诱导，好好引导。

③有道则见：见，同"现"，出仕。

【今译】

孔子说："坚定地相信大道，努力地学习它，誓死保全它。危险的国家不要去，动乱的国家不去居住。天下政治清明就出来做事，天下政治黑暗就隐居起来。国家政治清明，自己贫贱，是耻辱；国家政治黑暗，自己富贵，也是耻辱。"

【成语】

笃信好学：坚定地相信它，努力地学习它。

守死善道：誓死捍卫大道，指用生命捍卫正确的主张。

【解难】

做人做官原则

此章孔子是讲做人做官原则：

一是坚信大道，守死善道。大道是君子所必学，成才所经由，出不由户绝不可能。

二是危邦不入，乱邦不居。危邦指国外，有危险征兆，将欲往；乱邦指国内，已经发生动乱，将欲离。臣弑君、子弑父之邦为乱邦。

三是穷不失义，达不离道。邦有道则仕，邦无道则可卷而怀之，去就之义洁，出处之分明。《晏子春秋·问下》："君子不怀暴君之禄，不处乱国之位。"

【延伸阅读】

古诗词选

试问岭南应不好？却道，此心安处是吾乡。（宋·苏东坡《定风波》）

回首夕阳红尽处，应是长安。（宋·张舜民《卖花声·题岳阳楼》）

扁鹊不能肉白骨，微箕不能存亡国。（汉·桓宽《盐铁论·非鞅》）

西北高楼在，东南王气销。（宋·钱昭度《金陵》）

注释 肉白骨，使白骨长出肉来。微箕，微子、箕子，参见《微子篇》（18·1）。存亡国，保存将要灭亡的国家。

【8·14】

子曰："不在其位，不谋其政。"

【注释】

①不在其位：位，本义是朝位、官位，后引申为位置。《广雅·释言》："位，禄也。"

②不谋其政：谋，谋划，考虑。《说文》："谋，虑难曰谋。"

【今译】

孔子说："不在那个职位上，不考虑那个职位上的政事。"

【成语】

不在其位，不谋其政：不在那个职位上，不考虑那个职位上的政事。

【解难】

孔子告诫：不在其位，不谋其政

天地位焉，万物育焉，天地万物各安其位，故能井井有条。三公九卿、文武百官，各就其位，各专其职，故能有序运转。君子要安于本分，搞好本职，思不出其位，不要越俎代庖。不在其位，不谋其政；在其位，则谋其政。《孟子·万章下》："孔子尝为委吏，曰'会计当而已矣'。尝为乘田矣，曰'牛羊茁壮，长而已矣'。"《宪问篇》（14·26）："子曰：不在其位，不谋其政。曾子曰：君子思不出其位。"《礼记·中庸》："君子素其位而行，不愿乎其外。……在上位不陵下，在下位不援上。"素，处在。位，地位。愿，羡慕。

人要知止。《易经·艮卦》象传："兼山，艮；君子以思不出其位。"艮卦两山并立，互不干预，各止其所。君子体之，各在其位，各履其职，不越本位。

【延伸阅读】

越位之害

从前韩昭侯酒醉睡着了，负责掌管君主帽子的官员见他寒冷，就拿了一件衣服盖在他身上。韩昭侯醒来后很高兴，问身边的侍从："是谁给我盖的衣服？"侍从回答说："是典冠。"韩昭侯因此治罪典衣和典冠。他治罪典衣，认为他失职；他治罪典冠，认为他超越职权。韩昭侯不是不怕冷，而是认为越位的危害超过寒冷。所以明主蓄养臣子，臣子不得超越职权去立功，不得陈述不恰当的意见。越位则处死，不当则治罪。（参见《韩非子·二柄》）

【8·15】

子曰："师挚之始，《关雎》之乱，洋洋乎盈耳哉！"

【注释】

①师挚之始：师，太师，乐官之长。挚，太师之名。始，乐曲开始，即序曲。

②《关雎》之乱：《关雎》，《诗经》的首篇。乱，乐曲的最后一章，是合奏曲。"乱"本义是治、理，凡乐曲之终，咸得条理，故曰"乱"。

③洋洋乎盈耳：洋洋，美盛。盈，充满。

【今译】

孔子说："从太师挚开始演奏乐曲，到合奏《关雎》的结束，美妙盛大的音乐一直在我耳边回荡啊。"

【成语】

洋洋盈耳：美妙而盛大的声音充满双耳，形容讲话、读书的声音和音乐悦耳动听。

【解难】

孔子赞叹音乐会：太师演奏，洋洋盈耳

古代奏乐，开端第一节叫"升歌"，一般由太师演奏，师挚是太师，故曰"师挚之始"。最后一节叫"乱"，"《关雎》之乱"是最后把演奏《关雎》等六篇诗的合乐作为结束。"乱"是合乐，合唱。此章一见太师演奏的风采；二见雅乐的艺术震撼力；三见音乐的美盛至极。优美的旋律、疾徐的节奏、丰富的曲目、美妙的诗篇，久久回荡在耳边，深深震撼心灵，孔子为此追思叹美。

【延伸阅读】

乐与政通

治世之音安以乐，其政和；乱世之音怨以怒，其政乖；亡国之音哀以思，其民困。声音之道，与政通矣！（《礼记·乐记》）

大意 世道太平的音乐充满安适与欢乐，其政治必平和。乱世的音乐充满了怨恨与愤怒，其政治必荒唐。国家将要灭亡时的音乐充满悲哀和愁思，百姓困苦无望。音乐的道理，是与政治相通的。

【8·16】

子曰："狂而不直，侗（tóng）而不愿，悾悾（kōng kōng）而不信，吾不知之矣。"

【注释】

①侗而不愿：侗，无知。《经典释文》："侗，无知貌。"愿，谨慎厚道。朱熹《集注》："愿，谨厚也。"

②悾悾：形容诚恳。

【今译】

孔子说:"狂妄却不正直,无知却不厚道,诚恳却不守信,我不理解这种人啊。"

【解难】

世相百态

此章孔子描写了礼坏乐崩后的世相百态。狂放的人应该心直口快,却绕弯子,迂回曲折,含沙射影;愚蠢无知的人应该谨慎厚道,却虚伪矫情,圆滑世故;看上去老实诚恳的人应该信守承诺,却失言失信,变化无常。朱熹《集注》:"吾不知之者,甚绝之之辞,亦不屑之教诲也。"

【延伸阅读】

己亥杂诗·其二十八

不是逢人苦誉君,亦狂亦侠亦温文。
照人胆似秦时月,送我情如岭上云。

——清·龚自珍

注释 龚自珍是"言大志大"的狂人,这是他的一首送别友人的诗,诗中有一种温暖的侠骨柔情。据金庸自己说,他在武侠创作中对"侠"的理解即来源于此。

【8·17】

子曰:"学如不及,犹恐失之。"

【注释】

①学如不及,犹恐失之:不及,赶不上。犹,还。

【今译】

孔子说:"学习知识就像追赶不上那样,赶上了还生怕丢掉什么。"

【解难】

孔子:勤学进取,不断超越

学如逆水行舟,不进则退,稍有松懈则落于人后,故曰"学如不及";学习不可一劳永逸,必须学而不厌,温习巩固,否则就如猴子掰苞谷,掰一个,丢一个,故曰"犹恐失之"。如"子路有闻,未之能行,惟恐有闻"(《公冶长篇》5·14)。"学如不及"是学新,"犹恐失之"是温故。皇《疏》引缪协曰:"如不及者,已及之。犹恐失者,未失也。"

【延伸阅读】

晚　达

詹义登科后解嘲曰：
读尽诗书五六担，老来才得一青衫。
佳人问我年多少，五十年前二十三。

注释　青衫，指官职卑微。五十年前二十三，即七十三岁登科及第。

【8·18】

子曰："巍巍乎，舜禹之有天下也，而不与（yù）焉。"

【注释】

①巍巍：高大。

②舜：即虞舜。禹，姓姒（sì），名文命，字高密，夏朝开国之君，治水有功，后世尊称为大禹。

③不与：与，争，主动夺取。传说尧禅位给舜，舜后禅位给禹，故曰"不与"。

【今译】

孔子说："舜和禹多么高大啊，他们拥有的天下，不是争夺过来的。"

【解难】

孔子：舜禹受禅让而有天下

舜是传说中的部落首领，黄帝的后裔。姓姚，号虞氏，名重华，史称"虞舜"。其父瞽叟，其母握登。小时不为父母所爱，常被迫外逃。但他孝顺父母，"舜之事父，小杖则受，大杖则走"，二十岁即以孝闻名，四方部落推荐他为尧的继承人。尧对其考察三年，发现舜所居之处，一年成聚，二年成邑，三年成都，天下之士多归附他，于是命他摄政。舜继位后选贤任能，把奉命接替其父治水十三年，三过家门而不入的禹立为继承人。后来舜到南方巡守，死于苍梧，葬在九嶷山。

舜受尧禅让而有天下，禹受舜禅让而有天下。二圣得天下，并非自己主动去求得，而是靠自己的功德，通过禅让而获取。舜、禹虽无心于帝位，但其德才配位，且逢时遇世，君王贤明。此章既赞美舜禹，又言舜禹生逢其时，亦是孔子感叹自己未遇时遇人，未被重用。参见《颜渊篇》（12·22）。

徐中舒《先秦史十讲》：我们认为禅让制度，本质上就是原始社会的推选制度。后来被儒家学派抹上了一层深厚的粉饰。一个人被推举为酋长，或者前一个酋长被后一个酋长代替，都是原始社会的必然规约，谈不上被推举的人是什么圣贤，充其量不过是有主持公共事务能力的一些人而已。

【延伸阅读】

司马迁赞舜帝

舜,冀州之人也。舜耕历山,渔雷泽,陶河滨,作什器于寿丘,就时于负夏。舜父瞽叟顽,母嚚,弟象傲,皆欲杀舜。舜顺适不失子道,兄弟孝慈。欲杀,不可得;即求,尝在侧。……舜居妫汭(guī ruì),内行弥谨。……一年而所居成聚,二年成邑,三年成都。(汉·司马迁《史记·五帝本纪》)

大意 舜,是冀州人。舜在历山耕田,在雷泽打鱼,在黄河岸边做陶器,在寿丘做各种家用器物,在负夏跑买卖。舜的父亲瞽叟愚昧,母亲顽固,弟弟象桀骜不驯,他们都想杀掉舜。舜却恭顺地行事,从不违背为子之道,友爱兄弟,孝顺父母。他们想杀掉舜的时候,就找不到他;而有事要找他的时候,他又总是在身旁侍候着。……舜居住在妫水岸边,他在家里做事更加谨慎。……一年的功夫,他住的地方就成为聚居的村落,二年就成为城镇,三年就成为都市。

【8·19】

子曰:"大哉尧之为君也!巍巍乎,唯天为大,唯尧则之。荡荡乎,民无能名焉。巍巍乎,其有成功也。焕乎,其有文章!"

【注释】

①尧:上古帝王,初封陶,后徙唐,史称"唐尧"。

②唯天为大,唯尧则之:则,准,效法。唐代女皇武则天的谥号即源于此。"则天"即效法上天。

③荡荡:广远。《述而篇》(7·37):"君子坦荡荡,小人长戚戚。"其"荡荡"是心胸宽广平坦。

④民无能名焉:无能,无法。名,用语言形容,评说,称说。

⑤成功:成就的功业。

⑥焕乎,其有文章:焕,光明、辉煌的样子。有,相当于"为",制定。文章,礼乐制度。

【今译】

孔子说:"伟大啊尧这样的君主!尧的形象多么高大啊,只有天是最高大,只有尧能够效法天。尧的恩惠多么广远啊,老百姓无法形容。多么崇高呀,尧成就的功业。多么辉煌呀,尧制定的礼乐制度!"

【解难】

孔子赞尧帝:恩泽广远,功业崇高

尧帝之德与天齐高,故能泽被广远。高无限,广无边,帝恩浩荡,功德遍布,所以百姓无法用准确的语言称赞尧帝的恩德，正如无法形容天恩一样。所可名者，只是其辉煌的功业、完备的典章而已。孔子表达了对尧帝高山仰止的崇敬之情。

【延伸阅读】

司马迁赞尧帝

帝尧者，放勋。其仁如天，其知如神。就之如日，望之如云。富而不骄，贵而不舒。黄收纯衣，彤车乘白马。能明驯德，以亲九族。九族既睦，便章百姓。百姓昭明，合和万国。（汉·司马迁《史记·五帝本纪》）

大意 帝尧，就是放勋。他仁德如天，智慧如神。人们归附他，就像葵花向太阳；人们渴盼他，就像大旱望云雨。他富有却不骄傲，尊贵却不放纵。他戴着黄色的帽子，穿着黑色衣裳，朱红色的车子驾着白马。他能尊敬有善德的人，使同族九代相亲相爱。同族的人既已和睦，又去治理朝廷百官。百官政绩显著，再进一步扩展到天下万国，直到天下万国都变得融洽和睦。

【8·20】

舜有臣五人而天下治。武王曰："予有乱臣十人。"孔子曰："才难，不其然乎？唐虞（yú）之际，于斯为盛。有妇人焉，九人而已。三分天下有其二，以服事殷。周之德，其可谓至德也已矣。"

【注释】

①舜有臣五人：五人，传说是禹、稷（jì）、契（xiè）、皋陶（gāo yáo）、伯益等五人。

②予有乱臣十人：予，我，代表周家。乱，治，反训。"乱臣"即治国之臣。十人，指周公旦、召公奭（shì）、太公望、毕公、荣公、太颠、闳夭、散宜生、南宫适，以及武王的妻子邑姜。

③才难，不其然乎：才难，人才难得。然乎，这样吗？

④唐虞之际：尧舜之后。唐虞，即唐尧、虞舜。尧的封地在唐，国号也是唐，唐人即中国人；舜的封地在虞，国号也是虞。一说"唐虞之际"是唐尧、虞舜之间，不妥。

⑤于斯为盛：于斯，在周武王时期。

⑥有妇人焉："妇人"指武王的妻子邑姜。

⑦三分天下有其二：相传当时有九州，六州属文王，占三分之二。

⑧服事：臣服，侍奉，即定期朝贡，以事天子。

⑨至德：最高道德。

【今译】

舜有五位贤臣因而天下大治。周武王说:"我有治国之臣十位。"孔子说:"人才难得,难道不是这样吗?在尧、舜之后,在周武王时期人才是最兴盛的。但周武王十位大臣中还有一位是管后宫的妇女,实际上只有九位罢了。周文王做诸侯时得到了天下的三分之二,仍然以臣的礼节侍奉殷朝,周朝的道德,可以说是最高了吧。"

【成语】

于斯为盛:在这个地方或时期最为兴盛。原指人才兴盛,后泛指发展兴旺。

三分天下有其二:拥有天下三分之二的疆土,形容势力极其强大。

【解难】

孔子:人才难得

难得莫若人才,舜帝如此贤明,才选到五位贤臣,分别是:禹平水土,稷播百谷,契敷五教,皋陶明刑,益掌山泽。尧、舜之后,在周武王时期,也才选到十位贤臣,但其中一位还是妇女,九人治外,邑姜治内。

至德莫若周朝。周在殷朝为诸侯时,已有三分之二的天下,而且人心归顺,周文王之德足以代商,但他深明君臣大义,并没有取而代之,而是继续称臣,率各国诸侯以服事殷,故周有至德。

上古帝王的称呼,尧、舜、禹称名,汤称号,文王、武王称谥,由质而文。

长沙岳麓书院门口有一副楹联:"唯楚有才,于斯为盛。"此"于斯为盛",即源于此章。

【延伸阅读】

孔子赞舜帝

子曰:"舜其大孝也与!德为圣人,尊为天子,富有四海之内,宗庙飨之,子孙保之。"故大德,必得其位,必得其禄,必得其名,必得其寿。故天之生物,必因其材而笃焉,故栽者培之,倾者覆之。(《礼记·中庸》)

大意 孔子说:"舜该是个很孝顺的人了吧?德行方面是崇高的圣人,地位上是尊贵的天子,财富拥有整个天下,宗庙里祭祀他,子子孙孙祭祀不断。"所以,大德的人必定得到他应得的地位,必定得到他应得的财富,必定得到他应得的名声,必定得到他应得的长寿。所以上天生养万物,必会根据它们的资质而厚待它们,能栽植成材的得到培育,歪斜倾倒的就遭到淘汰。

【8·21】

子曰："禹，吾无间（jiàn）然矣。菲（fěi）饮食而致孝乎鬼神，恶（è）衣服而致美乎黻冕（fú miǎn），卑宫室而尽力乎沟洫（xù）。禹，吾无间然矣。"

【注释】

①无间然矣：无间，无可非议，无懈可击。义同"不间"。《先进篇》（11·5）："人不间于其父母昆弟之言。"间，找漏洞，非议。然，语气词。

②菲饮食而致孝乎鬼神：菲，薄。致，尽力。乎，对。

③恶衣服而致美乎黻冕：恶，粗劣。黻，礼服。冕，礼帽。大夫以上戴的礼帽子叫冕，后来专指帝王的帽子。

④卑宫室而尽力乎沟洫：卑，低矮。宫，房屋。古代"宫""室"同义，后来"宫"才指帝王的住所。洫，水沟。

【今译】

孔子说："对禹，我没有挑剔的了。他饮食简单却尽力孝敬鬼神，他衣服破旧却在上朝时尽力华美，他住房低矮却尽力整治沟渠。对禹，我没有挑剔的了。"

【成语】

卑宫菲食：房屋低矮，饮食简单。旧时称颂朝廷自奉节俭，励精图治。

【解难】

孔子：禹帝自奉节俭，勤政爱民

此章极力称赞大禹的克勤克俭，薄于自奉，勤于民事。禹俭所当俭，丰所当丰，适合天则，没有瑕疵，无可挑剔。禹菲饮食，平时粗茶淡饭，而祭祀时贡品丰厚，这是致孝；禹恶衣服，平时衣着简朴，而上朝时穿戴华美，这是礼臣；禹卑宫室，自己住房低矮，而尽力修治水渠，大兴农田水利，这是爱民。

【延伸阅读】

尧舜禹

叶梦得《石林燕语》卷五："尧称陶唐氏，舜称有虞氏，禹称有夏氏，唐、虞、夏氏其封国，或其所生土名，故其先皆命以为氏，后因以为国，则尧、舜、禹者，疑其为谥号也。"

"尧"的本义是高，至高之貌，如王德尧尧。《说文》："尧，高也。"段《注》："尧，本谓高。陶唐氏以为号……尧之言至高也。"

"尧天"一词出自《泰伯篇》（8·19），谓尧能效法天而施行教化。后来用以称颂帝王盛德和太平盛世。

"尧龄"为祝寿帝王长寿的话。尧在位九十八年，享年一百一十一岁。宋代柳永《永遇乐》词："祝尧龄、北极齐尊，南山共久。"尧七十岁开始培养舜，九十岁让位于舜，二十八年后去世。

"舜"的本义是一种草名，即木槿。《说文》："舜，草也。"舜名重华，就是一目有两个眼珠子，以孝顺闻名。相传舜受尧之禅位，又禅让于禹，后死于苍梧。

"尧天舜日"比喻太平盛世。

"祖述尧舜"意即遵循尧舜之道。

"人非尧舜，孰能无过"意即一般人并非尧舜那样圣贤，谁能不犯一点儿错误呢？

"禹"的本义是一种虫名。《说文》："禹，虫也。"鲧，帝尧之臣，大禹的父亲。帝尧用他治水九年，一无所成。舜用二十二人辅佐自己治理天下，其中禹的功劳最大。他开山泄洪，引流成泊，疏通江河，划定九州疆界，规定了各州对朝廷的贡品。禹原是夏后氏部落领袖，得舜禅让帝位，立国为夏，也称大禹、夏禹。《史记·夏本纪》："禹者，黄帝之玄孙而颛顼之孙也。"

"大禹治水"典故是说夏禹治水救民，为民谋福。

"三过家门而不入"是指夏禹治水的故事，比喻热心工作，因公忘私。

"禹行舜趋"指走路的姿态像禹舜。比喻只学习先贤圣人的外表仪态，而不注重其内在涵养；亦言跟随前人而无创见。

"禹铸九鼎"是说在夏禹时，以九州贡金所铸的鼎，被夏、商、周三代奉为象征国家政权的传国宝器。周德衰，九鼎乃没于泗水彭城之下。

子罕篇第九
（共三十一章）

【9·1】

子罕言利，与命与仁。

【注释】

①子罕言利：罕，少。利，私利。

②与命与仁：与，许，赞同，肯定。命，天命，穷通寿夭、死生祸福之类。

【今译】

孔子很少谈私利，但赞同天命赞同仁德。

【解难】

孔子轻利，信命，尚仁

孔子很少主动谈及私利。因为逐利是乱仁的源头，君子喻于义，小人喻于利，君子怀刑，小人怀惠。孔子认同天命。孔子五十而知天命，弟子伯牛病重，孔子看望他说："亡之，命矣夫！"孔子推崇仁德。仁是心之德，君主要施仁政，君子要做仁人，要亲近有仁德之人。孔子从不以仁人自居，也不轻许别人以仁人。

据统计，《论语》中出现"利"11次，"命"24次，"仁"109次。

【参考】

一说"子罕"是人名，即宋子罕（前567—前544），名喜，小孔子十六岁，春秋时期宋国人，深受孔子赏识。宋平公时，宋子罕主管建筑工程，位列六卿，但他不贪私利，清正爱民。《孔子家语》《韩诗外传》等记载，孔子多次称赞宋子罕的品德。所以，从此章可以看出，宋子罕谈论过利、命、仁的关系。

【延伸阅读】

才与命

明太祖尝至国子监，有厨人进茶，上悦，赏以冠带。一贡生夜吟云："十载寒

窗下，何如一盏茶。"帝适闻之，应声曰："他才不如你，你命不如他。"（清·赵翼《檐曝杂记》卷五）

注释 国子监，封建时代教育管理机关和最高学府。冠带，帽子和腰带。贡生，科举时代，选府、州、县学生员（秀才）之学行俱优者，贡诸京师，升入太学，有副贡、拔贡、优贡、岁贡、恩贡等名，统称为贡生。

【9·2】

达巷党人曰："大哉孔子！博学而无所成名。"子闻之，谓门弟子曰："吾何执？执御乎？执射乎？吾执御矣。"

【注释】
①达巷党：达巷，党名。党，五百家为一党。"达巷党"好比今天说某某乡。
②无所成名：无所，表示不可明言的人或事物。成名，成就名声，树立名声。
③门弟子：门人弟子，学生。
④执御：从事驾车，即充当驾驶员。执，操持，从事。
⑤执射：从事射箭，即担任射手。

【今译】
达巷党有人说："伟大啊孔子！学问广博却没有成就名声的专长。"孔子听了这话，对学生说："我从事什么呢？赶马车呢？做射击手呢？我赶马车吧。"

【解难】

达巷党人：孔子博学无所成名；孔子：我愿驾驭车马

君子不器，不在某事某艺上成名成家。孔子广学道艺，大自道德性命、小至礼乐名物无所不通，因此没有在某一方面树立名声，所以达巷党有人感叹道："大哉孔子！博学而无所成名。"孔子听说后对弟子说："我从事什么呢？赶马车呢？做射击手呢？我赶马车吧！""御"虽是六艺之一，但是六艺之卑者。职业没有贵贱，足见圣人豁达、谦虚。人生应该有职业规划，但计划没有变化快，生活总是自作主张地书写故事，我们会逐渐认识到我们并不是自己历史的唯一作者。

钱穆《论语新解》："观此章，其赞孔子之辞，知其非一寻常之党人矣。"

【延伸阅读】

驾车高手

昔者，王良、造父之御也，上车摄辔，马为整齐而敛谐，投足调均，劳逸若一，心怡气和，体便轻毕；安劳乐进，驰骛若灭；左右若鞭，周旋若环。世皆以为巧，然未见其贵者也。（《淮南子·览冥训》）

大意 从前王良、造父驾驭马车，上车拉着缰绳，马儿步伐整齐而谐调，举足自然，劳逸一致，心平气和，身体轻便行动迅速；安于辛劳乐于前进，奔驰起来瞬息即逝；左右两边的马像被抽打了鞭子，拐弯后退就像圆环旋转，世人都认为他们技艺超群，却没有看到真正值得尊崇的御术。

【9·3】

子曰："麻冕，礼也；今也纯，俭，吾从众。拜下，礼也；今拜乎上，泰也。虽违众，吾从下。"

【注释】

①麻冕：麻布礼帽。大夫以上戴的帽子称"冕"。
②今也纯，俭：纯，丝。俭，麻冕要用二千四百缕经线，费人工，而用丝则省工省料。
③拜下：拜于堂下。臣子面见君主，先堂下拜，升堂再拜。
④今拜乎上，泰也：拜乎上，只是堂上拜。泰，傲慢。

【今译】

孔子说："用麻布礼帽，合礼；现在用丝，节省了，我赞成大家的做法。臣子拜见君主，先在堂下磕头，合礼；现在只在堂上磕头，这是傲慢。虽然违反大家的看法，但我还是主张应先在堂下磕头。"

【解难】

孔子：在礼帽制作和拜见君主的问题上，是随大流还是坚持己见？

无害于义者，可以随俗；有害于义者，不可苟从。丝帽节省原料和人工，符合节俭原则，故从众。臣子拜见君主，过去在堂下拜，现在直接到堂上拜，和君主平起平坐，显得骄慢，关乎纲常伦理，有害君臣大义，故不从众。省去礼节，就会失去恭敬，滋生傲慢，生出非分之想，做出僭礼之事。该权变的可以权变，该坚持的必须坚持。《白虎通·绋冕》："麻冕者何？周宗庙之冠也。《礼》曰：'周冕而祭。'冕所以用麻为之者，女工之始，示不忘本也。"

【延伸阅读】

施而不奢　俭而不吝

俭者，省约为礼之谓也；吝者，穷急不恤之谓也。今有施则奢，俭则吝；如能施而不奢，俭而不吝，可矣。……邺下有一领军，贪积已甚，家僮八百，誓满一千；朝夕每人肴膳，以十五钱为率，遇有客旅，更无以兼。后坐事伏法，籍其家产，麻鞋一屋，弊衣数库，其余财宝，不可胜言。（南北朝·北齐·颜之推《颜氏

家训·治家》)

大意 节俭，是合乎礼的节俭；吝啬，是对困难危急也不体恤。当今常有获得施舍就奢侈，节俭就吝啬。如果能够做到施舍而不奢侈，节俭而不吝啬，那就很好了。……京城邺下有个将军，贪欲积聚得实在够狠，家僮已有了八百人，还发誓凑满一千人，早晚每人的饭菜，以十五文钱为标准，遇到客人来，也不增加一些。后来犯事被处死，籍册没收家产，麻鞋有一屋子，旧衣藏几个库，其余的财宝，更多得说不完。

【9·4】

子绝四：毋意，毋必，毋固，毋我。

【注释】
①绝：杜绝，一点没有。
②意：同"臆"，揣度。

【今译】
孔子杜绝了四种毛病：不猜测，不绝对，不固执，不自我。

【解难】

孔子不偏激：毋意，毋必，毋固，毋我

意、必、固、我，皆偏激做法，非中庸之道。"毋意，毋必，毋固，毋我"体现了孔子执事用中的思想。人心本虚明，只为物欲牵，常常随事而应。而圣人之心如镜子常明，如水面常平。孔子能绝四，当非常人耳！"绝"者，言彻底、干净，一点没有这四种毛病。

毋意，不凭空臆测。孔子以道为度，不敢任意，"述而不作，信而好古"，故"毋意"。

毋必，不必然绝对。孔子"用之则行，舍之则藏""天下有道则见，无道则隐""生死有命，富贵在天""君子之于天下也，无适也，无莫也，义之与比"，故"毋必"。

毋固，不固执死板。孔子出处语默，惟义所在，于天下事"无可无不可""可以仕则仕，可以止则止，可以久则久，可以速则速"，故"毋固"。

毋我，不唯我独是。孔子为鲁国司寇，议狱而裁，不敢自专，故"毋我"；处众合群，和光同尘，而不自异，故亦"毋我"。

【延伸阅读】

三太猛

贺若弼复坐事下狱，上数之曰："公有三太猛：嫉妒心太猛，自是、非人心太

猛，无上心太猛。"（宋·司马光《资治通鉴·隋纪三·文帝开皇二十年》）

大意 贺若弼又因犯罪而被捕入狱，隋文帝列举他的罪状说："你有三个方面太过分：嫉妒心太过分，自以为是、贬低别人太过分，目无皇上太过分。"

【9·5】

子畏于匡，曰："文王既没（mò），文不在兹乎？天之将丧斯文也，后死者不得与（yù）于斯文也；天之未丧斯文也，匡人其如予何？"

【注释】
①子畏于匡：畏，拘禁，扣押。匡，邑名，在今河南长垣县。
②文王既没：文王，即周文王姬昌。没，死。
③天之将丧斯文：丧，丧失，灭绝。斯文，这种文化，指古代文化，主要是周文王制定的礼乐文化。
④后死者不得与于斯文：后死者，孔子自称。与，参与，继承。
⑤如予何：把我怎么样。

【今译】
孔子被扣押在匡地，他说："周文王已经死了，周代的礼乐文化不都在我身上吗？上天要灭绝这种文化，那后死的我就不可能继承这种文化了；上天不想灭绝这种文化，匡人能把我怎么样呢？"

【成语】
斯文扫地：指文化或文人不受尊重，也指文人自甘堕落。斯文，文雅。

【解难】
孔子丢给匡人的狠话：天不丧斯文，匡人奈我何

公元前496年，孔子从卫国去陈国，经过匡地。匡人曾受到鲁国阳虎杀戮，因此仇恨阳虎，孔子的相貌与阳虎相像，匡人误会，于是带兵将孔子拘禁。被围困之时，跟随的弟子皆有恐惧，而孔子淡定自若地说："大道因得人而传。昔者文王有圣德，其礼乐教化天下。今文王已去，古代文化都保存在我身上。上天若将古代文化断代灭绝，在我身上就不可能保存古代文化；上天既然没有灭绝古代文化，而让我延续传承，必将护佑我。我命在天，匡人奈我何哉？匡人若得罪了天，连祈祷求福的地方也没有啊。"孔子参透生死，猝然临之而不惊，无故加之而不惧。孔子叫子路唱歌，自己和之，三终而围罢。

孔子一生宣传三代优秀文化，在唐玄宗时被封为"文宣王"。曲阜的孔庙大成殿，有"斯文在兹"的匾额。

【延伸阅读】

无妄之灾

孔子将要到陈国去,经过卫国的匡地,弟子颜刻替他赶车,颜刻用马鞭子指着城墙说:"从前我进入过这个城,就是由那缺口进去的"。匡人听他这么一说,误以为是鲁国的阳虎又来了。阳虎曾经残害过匡人,匡人于是扣留了孔子。孔子的模样很像阳虎,所以被扣留了五天。颜渊后来赶到,孔子说:"我还以为你死了。"颜渊说:"老师您活着,我怎么敢死!"匡人对孔子看管得更紧了,弟子们都很害怕。孔子说:"周文王死后,周代的礼乐文化不都在我这里吗?上天若要灭绝这种文化,那我就不可能继承这种文化了;上天如果不想灭绝这种文化,那么匡人又能把我怎么样?"后来孔子派了一个跟从他的人去给卫国的宁武子做家臣,匡人才释放了孔子。(参见《史记·孔子世家》)

【9·6】

太宰问于子贡曰:"夫子圣者与?何其多能也?"子贡曰:"固天纵之将圣,又多能也。"子闻之,曰:"太宰知我乎?吾少也贱,故多能鄙事。君子多乎哉?不多也。"

【注释】

①太宰:官名,辅佐国君治国理政,此处姓名不详,后人认为是吴国太宰嚭。

②夫子圣者:圣者,即圣人。《孟子·万章下》:"孔子,圣之时者也。"是说在圣人中孔子能顺应时代发展趋势。

③何其多能:何其,为什么那样。

④固天纵之将圣:固,本来。纵,肆意,没有限量。将,大。

⑤多能鄙事:鄙事,鄙人之事,卑微琐碎的事,指各种技艺和农业耕种等体力劳动。

⑥君子:对统治者(国君)和贵族男子的通称,此指贵族。

【今译】

太宰问子贡:"你的老师是位圣人吧?怎么那样有才能呢?"子贡说:"这本来是上天肆意让他成为圣人,又使他相当有才的。"孔子听到这话,说:"太宰了解我吗?我小时候地位低贱,所以学会了许多粗活。地位高的君子会这么多粗活吗?不会多的。"

【解难】

孔子因少贱而多能

孔子不是因为是圣人而无所不能,而是因少贱而多才多艺。圣人之所以为圣,重在德而不在能。孔子德配天地，道冠古今，上天没有限量地赋予孔子美德而使他成为圣人，同时其才又无所不通。但圣人不贵多能，多能是圣人之余事。"天纵之将圣"是说上天放纵孔子肆意发展成为人间圣人，让孔子的道德无限增长，知识无限渊博，技能无限增多，使人钻之弥坚，仰之弥高，奔逸绝尘，瞠乎其后。"吾少也贱"是指孔子虽然出身于大夫之家，但三岁时父亲去世，十七岁时母亲去世，为了生存，什么活都干，从事过农业劳动，赶过车，管过仓库，管过账，做过司仪，会演奏乐器，等等。这些技能不是天生的，而是在劳动中学会的。艰难困苦，玉汝于成。人生一切艰难之事，无不可以增我之智，老我之才。

【参考】

"纵"字解。"天纵之圣"的"纵"，主要有三种解释：一是朱熹《集注》解作肆，没有限量。二是杨伯峻《论语译注》解作使、让；三是解作赋予，即上天赋予他圣人的美德。皆通，以朱熹之解为上。

【延伸阅读】

孔子有多能

圣人无所不通，孔子有多少才能呢？《论语补疏》："多能者，若能辨楛（hù）矢、羵（fén）羊、防风氏之骨也。此能辨之，则博物之事也，即才艺也。太宰所由惊异也。"楛矢，用楛木做杆的箭。羵羊，土中生出的精怪。

《淮南子·主术训》："孔子之通，智过于苌弘，勇服于孟贲（bēn），足蹑郊菟，力招城关，能亦多矣。"孟贲，齐国勇士，水行不避蛟龙，陆行不避虎狼，能生拔牛角。郊菟，狡兔。

《国语·鲁语》记载：季桓子家中挖井，得到一个像瓦罐一样的东西，里面有一只像羊的动物。派人去试探孔丘说："我家挖井时得到一只狗，是怎么一回事呢？"孔子回答说："据我所知，你得到的应该是羊。我听说：山中的怪物叫夔、叫蝄蜽（wǎng liǎng），水中的怪物叫龙、叫罔象，土中的怪物叫羵羊。"

【9·7】

牢曰："子云'吾不试，故艺'。"

【注释】

①牢：姓琴名牢，卫人，字子开，一字子张，孔子的学生。

②不试：不被任用。试，用，做官。"不试"指孔子年轻时不被任用——后来还是得到任用了。

【今译】

琴牢说:"先生说过'我不被任用,所以学会了一些技艺'。"

【解难】

孔子:年轻未入仕,故能多技艺

人生得失,不取决于是否做官。孔子年轻时虽然未做官,但学会了很多技艺。孔子不被用于当世,看起来这是孔子之失;但因此学会了不少技能,这又是孔子之得。所以君子不要有得失之患,要沉得住气,静得下心。塞翁失马,焉知非福?

司马迁极其崇拜孔子。《史记·孔子世家》:"天下君王至于贤人众矣,当时则荣,没则已焉。孔子布衣,传十余世,学者宗之。"

【延伸阅读】

经鲁祭孔子而叹之

夫子何为者?栖栖一代中。
地犹鄹氏邑,宅即鲁王宫。
叹凤嗟身否,伤麟怨道穷。
今看两楹奠,当与梦时同。

——唐玄宗

大意 夫子您为了什么,终身奔波不休?
这故居原是鄹人的城邑,鲁恭王曾将宫殿翻修。
孔子曾叹息:凤凰不至,生不逢时;见到麒麟伤心哭述,我已穷途末路。
今日两楹之间庄严祭奠,您梦中的情境却应验于后世。

注释 栖栖,奔波忙碌不安。鄹(zōu)氏邑,即鄹邑,孔子故乡。鲁王,指汉鲁恭王,曾欲将孔子宅扩为宫室。身否(pǐ),命运闭塞。两楹,祭殿的两根立柱。孔子曾梦见自己坐在两柱之间受人祭奠,而知行将离世。

【9·8】

子曰:"吾有知乎哉?无知也。有鄙夫问于我,空空如也,我叩其两端而竭焉。"

【注释】

①有鄙夫问于我:鄙夫,见识浅薄的人(一说乡下人)。《阳货篇》(17·15):"鄙夫可与事君也与哉?"其"鄙夫"指人格卑陋的人。

②空空如也:空空,空无,一无所知。

③叩其两端而竭焉:叩,问。两端,两头,两方面。竭,穷尽。焉,之。

【今译】

孔子说:"我有知识吗?没有呀。有个乡下人向我请教,他对此一无所知,不过我从问题的两方面去发问从而穷尽他的疑惑。"

【成语】

空空如也:形容一无所有。

【解难】

孔子独特的解疑法:叩其两端而竭焉

孔子坦诚待人,就是浅薄之人来请教他,他也诚心教人,循循善诱,不鄙弃,不忽悠。在方法上,从问题的两个方面去深入分析、探问,不断追溯,直达源头;在态度上,用自己的知识和智慧为浅薄之人释惑,让其彻底开悟,穷尽所有疑问。

皇《疏》引李充云:"日月照临,不为愚智易光。圣人善诱,不为贤鄙异教。虽复鄙夫寡识,而率其疑,诚谘于圣,必示之以善恶之两端,已竭心以诲之也。"

这里提到了孔子独特的解疑法,一是"叩其两端"。叩,是提问。这种提问法不是单向直线式,而是双向夹击式,直逼问题核心,好比修隧道,双向掘进,豁然贯通。二是"竭"。所回答内容要能穷尽对方的疑惑,既弄懂主要问题,又弄懂关联问题,不能让对方一知半解。

【延伸阅读】

保书百卷,触地而安

有学艺者,触地而安。自荒乱已来,诸见俘虏,虽百世小人,知读《论语》《孝经》者,尚为人师;虽千载冠冕,不晓书记者,莫不耕田养马。以此观之,汝可不自勉耶?若能常保数百卷书,千载终不为小人也。……

夫明六经之指,涉百家之书,纵不能增益德行,敦厉风俗,犹为一艺,得以自资。父兄不可常依,乡国不可常保,一旦流离,无人庇荫,当自求诸身耳。谚曰:"积财千万,不如薄伎在身。"伎之易习而可贵者,无过读书也。(南北朝·北齐·颜之推《颜氏家训·勉学》)

大意 只有有学问才艺的人,才能随处安身。从战乱以来,所见被俘虏的,即使世代寒士,懂得读《论语》《孝经》的,还能给人家当老师;虽是历代做大官,不懂得书牍的,没有不是去耕田养马的。从这点来看,怎能不自勉呢?如能经常保有几百卷的书,经过千年也不会成为小人。……

明晓六经的要旨,广泛涉略百家著作,即使不能提高自己的道德品行,使社会风俗变得纯朴,也能学到一技之长,得以帮助自己。父亲长兄是不能够长久依靠的,家乡也不是可以常保安定而不遭战乱的,将来有一天,漂流离散,就没有人来保护你了,只有求助于自己。谚语说:"积财千万,不如一技之长。"技艺中最容易学习而值得崇尚的莫过于读书。

【9·9】

子曰:"凤鸟不至,河不出图,吾已矣夫!"

【注释】

①凤鸟不至:凤凰不飞来。古人认为凤凰出现预示天下大治,盛世将至。"凤"是传说中的神鸟,雄的叫凤,雌的叫凰,通称凤或凤凰。《说文》:"凤,神鸟也。……出于东方君子之国,翱翔四海之外,过昆仑,饮砥柱,濯羽弱水,莫宿风穴,见则天下大安宁。从鸟,凡声。"《微子篇》(18·5):"凤兮凤兮,何德之衰?"其"凤"比喻有圣德的人,该章指孔子。

②河不出图:黄河不出现八卦图。传说在伏羲氏时代,黄河中有龙马背负八卦图而出。古人认为黄河出图预示圣王将出世。

【今译】

孔子说:"凤凰不飞来了,黄河不出图了,我这一生恐怕完了吧!"

【成语】

河不出图:黄河不出现八卦图,指时值乱世。

泣麟悲凤:孔子因乱世获麟而涕泣,又因凤鸟不至而悲伤。"泣麟"见《公羊传·哀公十四年》。原是哀伤国家衰败,后比喻感叹生不逢时。

【解难】

孔子悲叹:凤鸟不至,河不出图

河出龙图,洛出龟书,江出大贝,海出明珠,地出甘泉,枯木再生,禾生双穗,日月合璧,五星连珠,这些吉祥的征兆,古人认为是天意。凤鸟、河图,皆圣王之瑞。传说古代圣人受命而王则凤鸟至,河出图。如今凤鸟不至,河不出图,孔子预知复兴周礼已成泡影,治国大道无法推行,自己命途多舛,前途暗淡,社会无可救药,礼坏乐崩,故伤世伤己。庾信《哀江南赋》:"嗟有道而无凤,叹非时而有麟。"

《白虎通·封禅》:"凤凰者,禽之长也。上有明王,太平,乃来居广都之野。"

【延伸阅读】

次韵逊敏斋主人落花四首·其四

流水前溪去不留,余香骀荡碧池头。
燕衔鱼唼能相厚,泥污苔遮各有由。
委蜕大难求净土,伤心最是近高楼。
庇根枝叶从来重,长夏荫成且小休。

——清·陈宝琛

大意 落花随溪水跌宕向前已不在青枝上残留，但醉人的花香还飘荡在清澈的水池上头。

燕子衔去、鱼儿追呅与落花感情深厚，若被泥土污染、青苔遮盖命运就各有不同。

经过艰难蜕变也很难找到安身的净土，从邻近高楼树枝上坠下的花儿最伤心忧愁。

遮蔽树根的枝叶从来都很重要，长夏之后绿树成荫，枝叶暂且可以稍稍功成身歇。

注释 骀，音 dài，骀荡，舒缓荡漾。呅，音 shà，形容成群的鱼、水鸟等吃东西的声音。

【9·10】

子见齐衰（zī cuī）者、冕衣裳（cháng）者与瞽（gǔ）者，见之，虽少，必作；过之，必趋。

【注释】

①齐衰：用粗麻布做成的孝服，是五种丧服中次重的一种。

②冕衣裳者与瞽者：冕，大夫以上所戴的礼帽。衣裳，即礼服，上衣曰衣，下裙曰裳。"冕衣裳者"指大夫以上的官员。瞽者，盲人。

③必作：作，站起来。

④必趋：趋，快步走。

【今译】

孔子见到穿麻布孝服的人、戴礼帽穿礼服前去参加祭祀的人以及丧礼中的盲人乐师，孔子看见他们时，即使他们年轻，也一定要站起来；经过他们身旁时，一定要快步走过。

【解难】

孔子礼敬众人

孔子待人真诚，尊重贵贱老少。披麻戴孝的人家里有丧事，孔子哀有丧；穿戴礼帽礼服前去祭祀的人有爵位，他们受命于朝廷，是国家的重臣，孔子尊有位；盲人乐师行动有障碍，孔子怜有残。贵族和平民，正常人和残疾人，孔子都予以礼敬。这些人即使年轻，孔子也尊敬他们，见之必作，过之必趋。"作"和"趋"都表示敬意。《乡党篇》（10·25）："见齐衰者，虽狎，必变。见冕者与瞽者，虽亵，必以貌。"

"齐衰"解

一种丧服，次于最重的斩衰。以粗麻布制成，因其缝齐，故称为"齐衰"。分为一年、五月、三月三种。祖父母丧、妻丧、已嫁女的父母丧，服期为一年；曾祖父母丧，服期为五月；高祖父母丧等，服期为三月。（参见《仪礼·丧服》）

【参考】

张居正《直解》："'虽少'二字当在'冕衣裳者与瞽者'之下，盖简编之误也。"可从。

一说"见之"是前面三种人来见孔子。亦通。

【延伸阅读】

垂衣裳而天下治

辛巳，肃庙入继大统，方在冲年。登极之日，御龙袍颇长，上俯视不已，大学士杨廷和奏云："陛下垂衣裳而天下治。"圣情甚悦。（明·冯梦龙《智囊·杨廷和》）

注释 辛巳，即明武宗正德十六年（1521年），这年武宗薨。肃庙入继大统，是说武宗死，无后代，遗诏以侄儿朱厚熜（cōng）嗣皇帝位（明世宗，即嘉靖帝）。朱厚熜谥号肃帝，故称肃庙。冲年，幼年，朱厚熜即位时十五岁。垂衣裳而天下治，出自《易经·系辞下传》，原文是"黄帝、尧舜垂衣裳而天下治"，以此称颂帝王无为而治。

【9·11】

颜渊喟然叹曰："仰之弥高，钻之弥坚；瞻之在前，忽焉在后。夫子循循然善诱人，博我以文，约我以礼，欲罢不能。既竭吾才，如有所立卓尔，虽欲从之，末由也已。"

【注释】

①喟然：叹息的样子。

②钻之弥坚：弥，更加。坚，牢固，坚实。

③循循然善诱人：循循，有次序的样子。

④如有所立卓尔：所立，指孔子高山仰止的学说。卓尔，高峻的样子。卓，高。

⑤末由也已：末由，无路，找不到路。末，无。由，途径，办法。

【今译】

颜渊赞叹道："老师的学问，越仰望越觉得高，越钻研越觉得深；看见它在前面,忽然又到了后面。老师善于一步一步地引导我前进,用文献来丰富我的学识,用礼节来约束我的行为,使我想停下来都不可能。已经用尽了我的才能,但好像有一个东西在面前高高地耸立着,我虽然想跟从,却找不到路啊。"

【成语】

喟然长叹:长长地叹息。

仰之弥高:愈仰望愈觉得崇高,表示极其敬仰之意。

钻坚仰高:越是深入钻研,越觉得艰深难通;越是抬头仰望,越觉得高大巍峨。后来比喻努力钻研,力求达到最高水平。

瞻前忽后:看见在前面,忽然又到了后面,形容难以捉摸。

循循善诱:善于有步骤地引导人、教育人,形容教育得法。

欲罢不能:想要停止却停止不了。

卓尔不群:高高直立的样子,跟一般人不一样,形容优异突出,超越普通人。

【解难】

颜回对孔子最霸气的评价

孔圣之道无穷尽,无方体,颜渊深怀崇敬,极赞老师。其文辞之美,遣词之妙,总括之精,气势之足,足见孔子圣道高妙,也窥见颜回才气。

孔子至圣,颜生上贤,贤圣道绝,故颜渊"喟然叹曰"。喟,是由衷地、深深地赞叹。《论语》有两处"喟然叹曰",一处是此章颜回惊叹夫子之道的高妙,一处是孔子赞叹弟子曾点的志向。《先进篇》(11·26):"喟然叹曰:'吾与点也。'"

孔子道德学问高远而深奥,上望不到顶下探不到底,博大精深,涵盖万有,故曰"仰之弥高,钻之弥坚"。孔子的思想和学说富于变化,充满思辨,与时俱新,不可捉摸,故曰"瞻之在前,忽焉在后"。

孔子善于引导弟子学习,故曰"夫子循循然善诱人"。文以载道,礼以演道,故孔子对弟子"博我以文,约我以礼"。文礼交相传授,即使弟子想休息一下都不可能,故曰"欲罢不能"。

孔子博文约礼,颜渊已耗尽才智,但回首一望,发现老师又有了新思想,如一座高山巍然矗立在自己面前。"既竭吾才"谓颜渊从师学习尽心尽力,"如有所立卓尔"谓孔子学问令人高山仰止。

孔子卓尔不群,可学不可及,人们心向往之,而力不能至,"犹天之不可阶而升",诚可谓"一直被模仿,从未被超越",故曰"虽欲从之,末由也已"。孔子可谓"天纵之才"。

皇《疏》引孙绰曰:"夫有限之高,虽嵩岱可陵。有形之坚,虽金石可钻。若乃弥高弥坚,钻仰不逮,故知绝域之高坚,未可以力至也。驰而不及,待而不至,不行不动,孰焉测其所妙哉?"

"既竭吾才,如有所立卓尔,虽欲从之,末由也已"另解

此段也可解为:已经耗尽了我的才智,如果老师要树立一种思想,总是卓尔不

群，虽然我们想要去追随，但找不到路。

【延伸阅读】

选官戏语

史丞相弥远用事，选者改官，多出其门。一日制阃（kǔn）设宴，优人扮颜回、宰予。予问回曰："汝改乎？"回曰："回也不改。"因问："汝何独改？"予曰："钻遂改，汝何不钻？"回曰："吾非不钻，但钻之弥坚耳。"予曰："汝钻差矣，何不钻弥远？"（清·褚人获《坚瓠集·钻弥远》）

注释 史丞相弥远用事，是说南宋宰相史弥远擅权用事，士大夫无耻者多奔走其门，钻营得官。选者，即通过程序已经取得任职资格，等候选用的官员。改官，即由候选时的虚职改任实职。由于候选者太多，不少人不得不去贿赂钻营。制阃，总督。优人，以乐舞、戏谑为业的滑稽艺人。回也不改，见《雍也篇》（6·11）："回也不改其乐。"汝何独改，见《公冶长篇》（5·10）："于予与改是。"钻遂改，本出自《阳货篇》（17·21）："钻燧改火，期可已矣。"这里讽刺因为钻营而改任。

谜　语

瞻之在前，忽焉在后；乐然后笑，人不厌其笑。（谜底：蹴鞠）

天下有道则见，无道则隐；瞻之在前，忽焉在后。（谜底：打稻）

【9·12】

子疾病，子路使门人为臣。病间（jiàn），曰："久矣哉，由之行诈也。无臣而为有臣，吾谁欺？欺天乎？且予与其死于臣之手也，无宁死于二三子之手乎！且予纵不得大葬，予死于道路乎？"

【注释】

①疾病：轻为疾，重为病。

②为臣：冒充家臣，卿大夫家才有家臣。

③病间：病情减轻。间，病稍愈。

④由之行诈：由，即子路。行诈，行骗。

⑤无宁：宁可，"无"是发语词，没有意义。

⑥二三子：诸位，你们。

⑦大葬：隆重安葬，指君臣礼葬。

【今译】

孔子病重，子路派孔子的学生冒充准备丧事的家臣。孔子的病情减轻后，说：

"仲由行骗,很久了啊。我没有家臣而冒充有家臣,我骗谁呢?骗上天吗?况且我与其死于家臣之手,不如死于你们之手呀!而且我即使不被隆重安葬,难道会死在路上吗?"

【解难】

孔子:不准给我提高治丧规格

此章言孔子守礼之正,一毫不苟。古代士大夫以上的官员有家臣,家臣是家里的总管,生时家臣治其家事,临死则为其组织治丧机构,准备后事。孔子做过大夫,但这时已退位而没有家臣,只能享受士的待遇。按士丧礼规定,士去世将临时派人治丧,叫有司。子路派孔子的学生冒充家臣治丧,提高规格,意在尊师,显得有面子,但孔子认为没有家臣而冒充有家臣是欺天,该用有司治丧而用家臣治丧是僭礼。可见孔子遵礼,以此深惩子路,又警示当时僭礼的效仿者。

孔子说:"我已卸任大夫,不该有家臣,弟子们为我治丧,名正言顺。""予死于道路乎",此一反问,意为我若病死,必定会得到门人弟子的安葬。

此章所记可能是鲁国召迎孔子回国,在回国途中,孔子生病时发生的事。

【延伸阅读】

仆人好学

郑玄家奴婢皆读书。尝使一婢,不称(chèn)旨,将挞之。方自陈说,玄怒,使人曳(yè)著(zhuó)泥中。须臾,复有一婢来,问曰:"胡为乎泥中?"答曰:"薄言往愬(sù),逢彼之怒。"(南朝·宋·刘义庆《世说新语·文学》)

大意 郑玄家里的仆人都读书。一次曾使唤一个婢女,事情干得不称心,郑玄要打她。她刚要分辩,郑玄生气了,叫人把她拉到泥水中。一会儿又有一个婢女走来,问她:"为什么会在泥水中?"她回答说:"我要前去诉苦,却遇上他发怒。"

注释 郑玄,东汉经学大师,遍注儒家经典。称旨,称心。曳著,拉到。胡为乎泥中,见《诗经·邶(bèi)风·式微》。薄言往愬,逢彼之怒,见《诗经·邶风·柏舟》。薄言,发语词。愬,诉说。

【9·13】

子贡曰:"有美玉于斯,韫椟(yùn dú)而藏诸?求善贾(gǔ)而沽(gū)诸?"子曰:"沽之哉!沽之哉!我待贾(gǔ)者也。"

【注释】

①有美玉于斯:玉,美石,喻君子之德。《说文》:"玉,石之美者,有五德,润泽以温,仁之方也。"

②韫椟而藏诸：韫，藏。椟，柜。诸，"之乎"的合音。

③求善贾而沽诸：求，选择。善贾，好商人，识货的商人。贾，商人。流动买卖曰商，坐卖曰贾，故曰"行商坐贾"。沽，卖。

【今译】

子贡说："如果有一块美玉在这里，是把它藏在柜子里，还是找一个识货的商人卖了它呢？"孔子说："卖了它吧！卖了它吧！我在等识货的商人呢。"

【成语】

韫椟而藏：把美玉藏在柜子里，比喻怀才待用或怀才隐退。

善贾而沽：等识货的商人来才卖出去。比喻受到赏识或等待有利时机才出来做官或效力。

【解难】

孔子：宝不自轻，择主而卖

子贡惜老师怀才不遇，于是以美玉藏椟比方，劝老师做官，"学成文武艺，货与帝王家"。但孔子"拣尽寒枝不肯栖，寂寞沙洲冷"，择主而事，不枉道事人，不是梧桐不栖，而是必须认同并推行他的政治主张的人，他才肯出仕。他虽然在鲁国做到代理宰相的位置，但还是毅然辞职。张居正《论语直解》："玉本有用之物，使不沽之，是使有用为无用也。玉本至贵之物，使自沽之，则人将轻视而不以为宝也，是使贵为贱也。盖天下之宝，当为天下惜之，尤不可以自轻也。知玉之当沽，则知夫子之当仕；知玉之待价，则知夫子之待礼。如无礼而自往者，是衔玉求售也，圣人岂为之乎？"

"美玉"比喻孔子圣道。孔子重言"沽之哉"，不是沿街叫卖，只是申明要卖，表明孔子急于聘用于诸侯以行其道。但夫子用行舍藏，不枉道以从人，不媚求售与人。

【参考】

"善贾"另解。一说"贾"音jià，通"价"，"善贾"是好价钱、高价钱。但孔子是在找赏识他的主人，不是等待卖高价，所以杨伯峻《论语译注》云："与其说孔子是等价钱的人，不如说他是等识货的人。"因此，"善贾"译成"识货的商人"更合圣人心意。

【延伸阅读】

讲　价

我承认，有些人是特别地善于讲价，他有政治家的脸皮，外交家的嘴巴，杀人的胆量，钓鱼的耐心，坚如铁石，韧似牛皮，所以他能压倒那待价而沽的商人。我曾虚心请教，大概归纳起来讲价的艺术不外下列诸端：

第一，要不动声色。第二，要无情的批评。第三，要狠心还价。第四，要有反顾的勇气。这一套讲价的秘诀，知易行难，所以我始终未能运用。我怕费功夫，我怕伤和气，如果我粗脖子红脸，我身体受伤，如果他粗脖子红脸，我精神上难过，我聊以解嘲的方法是记起郑板桥爱写的那四个大字："难得糊涂"。

《淮南子》明明的记载着"东方有君子之国"，但是我在地图上却找不到。《山海经》里也记载着："君子国衣冠带剑，其人好让不争。"但只有《镜花缘》给君子国透露了一点消息。买物的人说："老兄如此高货，却讨恁般贱价，教小弟买去，如何能安？务求将价加增，方好遵教。若再过谦，那是有意不肯赏光交易了。"卖物的人说："既承照顾，敢不仰体？但适才妄讨大价，已觉厚颜，不意老兄反说货高价贱，岂不更教小弟惭愧？况敝货并非'言无二价'，其中颇有虚头。"（摘编自梁实秋《讲价》）

注释 仰体，体察上情。

【9·14】

子欲居九夷。或曰："陋，如之何？"子曰："君子居之，何陋之有？"

【注释】

①九夷：九种夷人，是古代中原地区的人对东方各落后部族的通称。夷，泛指中原地区以外的各族。

②陋，如之何：陋，偏僻，边远。如之何，怎么，为什么。

③何陋之有：有何陋。

【今译】

孔子想迁居到东边九夷。有人说："那里偏僻，怎么能住呢？"孔子说："君子住在那里，有什么偏僻的呢？"

【成语】

何陋之有：有什么偏僻的呢？

【解难】

孔子：君子居之，何陋之有

《礼记·王制》："东方曰夷，被发文身。"九夷是没有开化的蛮荒之地，披发文身，文化落后。孔子主张仁贤教化，君子可以去落后部族传播先进文化，用诗书礼乐养其身心，以冠裳器物新其耳目，移风易俗，以夏变夷。孔子久不得志，伤时愤世，就有了去九夷定居之念，有乘桴浮海、舍之则藏之意。但孔子只是"欲"，并未真去。于是有人劝他：九夷闭塞落后，您怎能去住呢？孔子说："君子去施行教化，这有什么落后的呢？"

此章之"陋"，既是指地处偏僻，也指文化落后。

【延伸阅读】

何漏之有

熙宁间,一太守点检清酒务,校量缸酒数少,怒甚。监官对曰:"陶器渗漏。"又校一缸,亦然。太守作色曰:"君子居之,何漏之有?"遂不复问。(宋·王得臣《麈史》卷三)

古诗文选

人得交游是风月,天开图画即江山。(宋·黄庭坚《王厚颂二首》)
笋从坏砌砖中出,山在邻家树上青。(宋·赵师秀《移居谢友人见过》)
水向石边流处冷,风从花里过来香。(宋·曾敏行《独醒杂志》)
荔枝新熟鸡冠色,烧酒初开琥珀香。(唐·白居易《荔枝树对酒》)
春寒催唤客尝酒,夜静卧听儿读书。(宋·陆游《题城南堂》)

【9·15】

子曰:"吾自卫反鲁,然后乐正,雅颂各得其所。"

【注释】

①自卫反鲁:公元前484年,孔子从卫国返回鲁国,时年六十八岁,之后一直未离开鲁国。
②乐正:指乐词、乐音和诗章得到订正、规范。正,订正,纠正。
③雅颂各得其所:雅颂,《诗经》中的"雅""颂"两类诗。所,处所,位置。

【今译】

孔子说:"我从卫国返回到鲁国,然后乐曲的篇章才订正下来,使雅乐和颂乐各归其位。"

【成语】

各得其所:每个人或每样事物都得到了适当安排,也指每个人都得到了自己所需要的东西。

【解难】

孔子返鲁正乐,雅颂各得其所

孔子晚年,知大道终不被推行,于是回鲁国订诗正乐,然后乐正。孔子周游列国,参互考订,整理用于祭祀的乐舞《雅》《颂》。"雅""颂"既是《诗》内容的分类名目,也是乐曲的分类。孔子"乐正"之后,订正了错乱的篇章节奏,使雅归《雅》、颂归《颂》,或用于宗庙,或用于朝廷,各得其所。可见孔子精通音律。

【延伸阅读】

孔子正乐

孔子对乐诗是何等的深嗜笃好。孔子时代，音乐界大变了，表现为三个趋向：一是僭越，诸侯僭用天子的礼乐。僭越是春秋时期普遍的现象，孔子对此极其气愤。《八佾篇》有两章。二是新声的流行，乐谱由简单变为复杂，变质直为细致。新声不是为了歌奏"三百篇"而作的音乐，可以专当音乐听。《卫灵公篇》的"郑声淫"的"郑声"可能属于新声。"郑声"富于刺激性，使人神魂颠倒，像被佞人缠住一般，一定要到"乐而淫，哀而伤"的程度，所以应该禁绝。三是雅乐的败坏，僭越流行，禁而不止；"郑声"流行，人们为它颠倒，雅乐就给弄乱了。雅乐败坏，乐官四散。《微子篇》有记载。所以孔子自卫反鲁，首先"正乐"，清理"郑声"，回复所正的乐调。（摘编自顾颉刚《〈诗经〉在春秋战国间的地位》）

风雅颂

《诗经》的三类诗是风雅颂。宋代郑樵《〈通志〉总序》："风土之音曰风，朝廷之音曰雅，宗庙之音曰颂。"鲁迅《汉文学史纲要》第二篇："风者，闾巷之情诗；雅者，朝廷之乐歌；颂者，宗庙之乐歌也。"

风者，风俗，民俗歌谣之诗，王者之声教也。《诗经》六义，风冠其首，其《国风》多出于闾巷歌谣，男女互相歌咏，各言其情。

雅者，正，言王政事兴废。政有小大，故有《小雅》《大雅》。

颂者，容，祭祀的乐舞歌辞，美盛德之形容，以其成功，告于神明，是收集在《周颂》《鲁颂》《商颂》中的用于祭祀的舞曲歌辞。"颂"是"容"的古字。"容貌"古作"颂貌"，"颂"即"容"。《鲁颂》《周颂》《商颂》就是说周之样子、鲁之样子、商之样子。

【9·16】

子曰："出则事公卿，入则事父兄，丧事不敢不勉，不为酒困，何有于我哉？"

【注释】

①公卿：三公九卿的简称，后来泛指高官。
②不敢不勉：勉，尽力。
③不为酒困：困，困扰，醉酒。
④何有于我哉：见《述而篇》（7·2）。

【今译】

孔子说："出外就侍奉三公九卿，在家就侍奉父母兄长，有丧事不敢不尽力去办，不为酒所困扰，对我来说还有什么呢？"

【解难】

孔子自勉：出则事公卿，入则事父兄，丧事尽力，喝酒不醉

公卿义合，厚莫重焉，君子有忠顺之德，故"出则事公卿"，"事公卿"就是服务国家；父兄天性，续莫大焉，君子有孝悌之德，故"入则事父兄"，"事父兄"就是孝亲敬老；父母之丧，君子有遵礼之德，故"丧事不敢不勉"；酒能昏志，醉酒乱性，君子有克己之德，故"不为酒困"。这四件事虽是平常小事，但能坚持者少。"何有于我哉"，言此外无他。

【延伸阅读】

劝酒陋习

酒令严于军令，亦末世之弊俗也。……陈几亭云："饮宴若劝人醉，苟非不仁，即是客气，不然，亦蠢俗也。君子饮酒，率真量情；文士儒雅，概有斯致。夫唯市井仆役，以逼为恭敬，以虐为慷慨，以大醉为欢乐，士人而效斯习，必无礼无义不读书者。"……宋人小说中《酒戒》云："少吃不济事，多吃济甚事，有事坏了事，无事生出事。"（清·阮葵生《茶余客话》）

【9·17】

子在川上，曰："逝者如斯夫，不舍昼夜。"

【注释】

①子在川上：川，河。上，江河的边侧。一说"上"指北边，如北上，《雍也篇》（6·9）的"汶上"；"下"指南边，如下江南。

②逝者如斯：逝，往，去而不返谓之逝。

③不舍昼夜：舍，停留。

【今译】

孔子在河边上，说："消逝的时光就像这河水，昼夜不停流去。"

【成语】

川流不息：像河水那样流个不停，形容时光流逝或事物发展永不停止；也形容行人、车船连续不断。

逝者如斯：指光阴像河水一样一去不返。

不舍昼夜：白天和夜晚都不停止，比喻夜以继日。

【解难】

孔子感叹：逝者如斯，不舍昼夜

张若虚："人生代代无穷已，江月年年望相似；不知江月待何人，但见长江送流水。"天地之间，气化流行，物换星移，推迁往来，亘古今，彻日夜，无一刻稍停，而以水之流动最为易见。"逝者"并非仅指水流不息，而是指万事万物往者过，来者续，去而不回，可见人生无常，无物静止；也可见万物新陈代谢，物生不穷，生生不息。河水东逝，岁月不居，孔子临流感怀，伤韶华不再，美人迟暮，徒自伤感；同时也启发人们要珍惜光阴，只争朝夕。因此，年轻时莫负春光，年老时不要伤感，过去的学会放下，未来的好好把握。

【延伸阅读】

"川"在何处

泉林在山东泗水县，泗水出焉。高宗南巡，常幸于此。其地并无高山大林，水由平地流出，势甚汹涌，真是奇观。《论语》"子在川上"，相传即此地也。（清·钱泳《履园丛话》卷十八）

古诗联选

一水涨喧人语外，万山青到马蹄前。（清·朱子颖《弧松怪石》）
记得扁舟初过访，草堂门外水齐天。（明·徐巨源《赠罗饭牛》）
树碧两行临曲水，天青一角见高山。（宋·吴退庵）
长溪流水碧潺潺，古木苍藤暗雨山。（宋·王安石《送陈令》）
翠浪有声黄伞动，春风无力彩旌垂。（宋·王仲至《集西池》）

【9·18】

子曰："吾未见好德如好色者也。"

【注释】

①好德如好色：色，女人。孔颖达《疏》："经传通谓女人为色。"《卫灵公篇》（15·13）："子曰：'已矣乎！吾未见好德如好色者也。'"

【今译】

孔子说："我没有见过喜好美德像喜好女人那样的人啊。"

【解难】

孔子：没有人主动追求美德了

爱美之心人皆有之，好德之心因人而异；好色是本能，好德靠教化；一个人不好色是心理出了问题，一个人不好德成长会出问题；好色不乱才是君子所为，好德不懈才能成就君子。如果有像好色那样好德的人，其成德必定积极主动，其道德必定历久弥坚。孔子以此比喻，是感叹社会上自觉加强道德修炼、自觉升华道德境界的人太少了。

【参考】

一说"色"是指容态，容貌。《说文》："色，颜气也。""好色"是指喜欢装扮容貌，追求装束。译为，孔子说："我没有见过喜欢美德像喜欢装扮自己容貌那样的人啊！"

【延伸阅读】

贪 名

吾见世人，清名登而金贝入，信誉显而然诺亏，不知后之矛戟，毁前之干（盾牌）橹（大盾牌）也！……近有大贵，以孝著声，前后居丧，哀毁逾制，亦足以高于人矣；而尝于苫（shān，草荐）块之中，以巴豆涂脸，遂使成疮，表哭泣之过，左右童竖，不能掩之，益使外人谓其居处饮食皆为不信。以一伪丧百诚者，乃贪名不已故也！（南北朝·北齐·颜之推《颜氏家训·名实》）

大意 我见到世上的人，清名远播但金钱暗入，信誉昭著但许诺有亏，真不知是不是后面的矛戟，在捣毁前面的盾牌啊！……近来有个大贵人，以孝著称，先后居丧，哀痛毁伤过度，这也是想显得高于一般人了；可他在草荐土块之中，还用有大毒的巴豆来涂脸，有意使脸上成疮，来显得他哭泣得多么厉害，但这种做作不能蒙蔽身旁童仆的眼睛，反而使外边人说他守丧的居处饮食都是在伪装。由于一件事情伪装，而毁掉了百件事情的真实，这就是贪名不止的后果啊！

【9·19】

子曰："譬如为山，未成一篑（kuì），止，吾止也。譬如平地，虽覆一篑，进，吾往也。"

【注释】

①譬如为山：譬，比方。"譬如"是比如。"譬诸"是譬之于，比如。《阳货篇》（17·12）："譬诸小人，其犹穿窬之盗也与。"《子张篇》（19·12）："譬诸草木，区以别矣。""譬之"是把它比方作。《子张篇》（19·23）："譬之宫墙。"为山，垒山，

堆山。

②未成一篑：篑，竹筐。平地，填平洼地。"为山"和"填平"皆动宾结构，对举而出。

③虽覆一篑：覆，倾倒。

【今译】

孔子说："比如堆山，差一筐土就可以堆成了，这时停下来，那是我自己要停下来的。比方填平洼地，虽然才倒下一筐土，这时继续前进，那是我自己要前进的。"

【成语】

未成一篑：功败垂成，犹功亏一篑。

为山止篑：用土堆山，只差一筐土就停止下来了。比喻功败垂成。

【解难】

孔子：久久为功，不要功亏一篑

人之为学，立志为先。志向坚定，何功不成？志向摇摆，功败垂成。好比堆一座山，只差一筐土就可以成功了，这时你却停了下来，结果山没有堆成，可谓为山九仞，功亏一篑。但这一停，是自己停下来的，失败是自己的原因。又好比填平洼地，虽然才倒下去一筐土，离成功还十分遥远，但你却一筐接一筐，持之以恒，最后填平了，可谓功夫不负有心人。但这一前进，是你自己主动作为的。体会此章，学者当勤学不已，久久为功，积少成多；若半途而废，则前功尽弃。其止、其进，皆在我而不在人。

【延伸阅读】

"素王"孔子

后来儒家称誉孔子为"素王"，这是真正的王。所谓"素王"，是没有土地、没有人民，只要人类历史文化存在，他的王位的权势就永远存在。称孔子为"素王"，等于佛教中称释迦牟尼为"空王"是同样的道理。不需要人民，不需要权力，而他的声望、权威和宇宙并存。（摘编自南怀瑾《论语别裁》）

"复圣"颜回

颜回，名回，字子渊。渊，回水，"回"与"渊"互训。颜回听课，终日不言似愚，有缄口不言之"回"象；其稳重内向，闻一知十，满腹文才，有知识渊深之"渊"象，名如其人。

颜回小孔子三十岁，十四岁拜孔子为师，一直跟随孔子奔走于六国。孔子聚徒讲学达十三年之久，颜回始终是孔子最得意的弟子，居七十二贤之首，名列四科十哲的德行科之首。他忠厚内向，陋巷简居，终生未仕，四十一岁而卒，后世也称

"颜叔""颜生"。汉高祖东巡祭祀孔子时以颜回配享,祀以太牢(猪牛羊),历代因之。元文宗时追封其为"复圣"。汉高祖时在曲阜始建"复圣庙",俗称颜庙。《明史·礼志四》:"其四配称:复圣颜子,宗圣曾子,述圣子思子,亚圣孟子。"

【9·21】

子曰:"语(yù)之而不惰者,其回也与!"

【今译】

孔子说:"给他讲授而他从不懈怠的,大概只有颜回吧!"

【解难】

孔子:颜回听课从不懈怠

人天生具有惰性。观冉求之多才多艺,犹画而不进;子贡之多见多识,尚倦而请息;宰予之能言善辩,仍昼寝而朽木不可雕。唯独颜回既有天赋聪明,又勤学不已。老师给他循循善诱,颜回如愚听而不惰,未有疲怠,不曾松懈。所以孔子感叹:三千弟子,七十二贤,唯有颜回学而不厌。

【延伸阅读】

生公说法

梁异僧竺生,于虎丘说法,聚石为徒,天花乱落如雨,顽石俱为点头,一夜闻鬼啸不绝。(清·褚人获《坚瓠集》)

注释 竺生,即竺道生,晋末高僧,本姓魏,厚遇沙门竺法汰,遂出家,改姓竺,人尊称为"生公"。虎丘,苏州虎丘山。说法,宣讲宗教教义。

生公讲堂

生公说法鬼神听,身后空堂夜不扃。
高坐寂寥尘漠漠,一方明月可中庭。

——唐·刘禹锡

注释 身后,死后。扃(jiōng),上闩,关门。高坐,讲席。讲席高于听讲者的座位,故称。一方,犹言一片。可,恰恰对着。中庭,厅堂正中。

【9·21】

子谓颜渊,曰:"惜乎!吾见其进也,未见其止也。"

【今译】

孔子谈到颜渊，说："死得可惜呀！我只看见他前进，没有看见他停止过。"

【解难】

孔子称赞颜回：吾见其进，未见其止

《子罕篇》（9·19）概举"止""进"现象，赞成"进"，反对"止"。此章具体说到颜回进而不止。颜回去世后，孔子回忆其在世做弟子时，学问越做越广博，道德越修越美善，进而不已，从未停止。天假之年，必定成圣成仁。故孔子有"惜乎"之叹，更有"见其进未见其止"之赞。

【延伸阅读】

学习的起点和终点

学恶乎始？恶乎终？曰：其数则始乎诵经，终乎读礼；其义则始乎为士，终乎为圣人。真积力久则入，学至乎没而后止也。故学数有终，若其义则不可须臾舍也。为之，人也；舍之，禽兽也。故书者，政事之纪也；诗者，中声之所止也；礼者，法之大分，群类之纲纪也，故学至乎礼而止矣。夫是之谓道德之极。礼之敬文也，乐之中和也，诗书之博也，春秋之微也，在天地之间者毕矣。（《荀子·劝学》）

大意 学习从哪里开始？到哪里结束呢？回答是：就科目顺序来说，从诵读《诗》《书》开始，到读《礼》结束；就学习的意义来说，是从做一个读书人开始，到成为圣人为止。认真积累，用力持久就能深入进去，学到老死后才停止。所以从学习的科目来说是有终结的，若从学习的意义来说是片刻不能停顿的。这样做，就是人；不这样做，就是禽兽。《尚书》是政事的记录，《诗经》是中和之音的抒写，《礼》是法律的规范、条例的纲领，所以学到《礼》就算到达尽头了。这就是达到了道德的顶点。《礼》的恭敬节文，《乐》的中正和谐，《诗》《书》的博大精深，《春秋》的微言大义，天地间的一切道理都在其中了。

【9·22】

子曰："苗而不秀者有矣夫！秀而不实者有矣夫！"

【注释】

①苗而不秀：秀，开花。

②秀而不实：实，结果实。《后汉书·光武帝纪》："是岁县界有嘉禾生，一茎九穗，因名光武曰秀。"

【今译】

孔子说:"庄稼长了苗而不开花的情况有吧!开了花而不结果实的情况也有吧!"

【成语】

苗而不秀:庄稼长了苗而不开花,比喻人资质虽好而没有成就,常指聪明而不努力的人。

秀而不实:庄稼开了花而不结果,比喻虽才能出众但功业未就,后来引申为空有外表,而无真才实学。

【解难】

孔子惋惜:颜回早死,苗而不秀

人的寿命有长短,治学有高低。有的人少年得志,但后来平淡无奇,无所称述;有的人如日中天,却殒命星落。这跟庄稼一样,开始长势良好,根正叶茂,但后来不开花吐穗,或者开了花但不凝浆结果,都是没有收成而令人惋惜。

"苗而不秀"一是可能比喻颜回不幸短命,没有修成正果。颜回四十一岁早亡,使孔子道德学问的传播出现了断层。衣钵无传,这是夫子的伤痛,也是儒学的损失。《牟子·理惑论》:"颜渊有不幸短命之记,苗而不秀之喻。"二是孔子鞭策弟子,希望弟子学有所成,不半途而废,与下章之义相连属。

张岱年主编《孔子百科辞典》:"(颜回)有寿十八、二十九、三十一、四十一诸说。……其寿数,依据李锴《尚史》、毛奇龄《经十二问》、刘宝楠《论语正义》、钱穆《先秦诸子系年考辨》定为四十一。"

【延伸阅读】

凤凰与雀

夫凤凰之初起也,翾(xuān)翾十步,藩篱之雀喔咿而笑之。及其升少阳(少阳,东方的极地,这里指高空),一诎(qū,通"屈")一信(shēn,通"申"),展羽云间,藩篱之雀超然(超然,怅然)自知不及远矣。士褐(hè,粗布衣)衣缊著(缊著,以乱麻为絮的袍子)未尝完也,粝(糙米)藿(豆叶)之食未尝饱也,世俗之士即以为羞耳。及其出则安百议,用则延民命,世俗之士超然自知不及远矣。(汉·韩婴《韩诗外传》卷九)

大意 那凤凰刚刚起飞时,缓缓前进,一下子飞不了十步远,篱笆上的麻雀叽叽喳喳地笑话它。等凤凰飞上了高空,一屈一伸,展翅云间,篱笆上的麻雀就怅然自知不及凤凰飞得高远了。读书人连粗布衣服都未曾穿得完好,粗米豆叶都未曾填饱肚子,世俗的人就认为很羞耻了。等到他们出来做官就能平息各种非议,被重用就能为百姓请命,世俗的人就怅然自知远不及他们了。

【9·23】

子曰:"后生可畏,焉知来者之不如今也?四十、五十而无闻焉,斯亦不足畏也已。"

【注释】

①后生可畏:后生,比我后出生的人,泛指后辈,下一代,年轻人。畏,敬畏,敬重。

②焉知来者:焉,怎么。来者,后来的人。

③无闻:没有名望。闻,声闻,名望。

【今译】

孔子说:"年轻人是值得敬重的,怎么知道后来的人不如现在的人呢?但到了四五十岁还没有名望的话,也就不值得敬重了。"

【成语】

后生可畏:年轻人往往能超越先辈,值得敬重。

【解难】

孔子:后生可畏,只争朝夕

此章既是教人不要小看年轻人,因为他们年富力强,积学有待,成才可期,其势可畏,长江后浪推前浪,青出于蓝胜于蓝,所谓"欺老莫欺少,长大吓一跳";也是勉励年轻人要惜时求学,因为英锐之年,不可常保,迟暮之期,转眄而至,不要自恃年轻,浑浑噩噩,不然"少壮不努力,老大徒伤悲"。四十为不惑之年,五十为知命之年,年轻时不积学成德,蹉跎岁月,到了四五十岁,立德、立功、立言全部落空,寂然无名,老而无闻,这样的人也就不足畏了。

【延伸阅读】

七岁及第

贾黄中乃唐造《华夷图》丞相耽四世孙,七岁举童子,开头及第。李文正昉以诗赠之:"七岁神童古所难,贾家门户有衣冠。七人科第排头上,五部经书诵舌端。见榜不知名字贵,登筵未识管弦欢。从兹稳上青霄去,万里谁能测羽翰。"(宋·文莹《玉壶清话》卷七)

注释 李文正昉,即李昉,谥文正,北宋初年名相,文学家。羽翰,翅膀。

【9·24】

子曰:"法语之言,能无从乎?改之为贵。巽(xùn)与之言,能无说乎?绎(yì)之为贵。说而不绎,从而不改,吾末如之何也已矣。"

【注释】

①法语之言:严肃告诫的话。法,法则。语,告诫。
②巽与之言:顺从附和的话。巽,恭顺。与,赞许。
③绎之为贵:绎,抽丝,理出头绪,引申为分析、鉴别。此"绎"字,定州汉墓竹简《论语》本作"择"。
④末如之何:无可奈何、没有办法,深绝之词。末,无。如之何,怎么办。

【今译】

孔子说:"合乎礼法的话,能不听从吗?但改正错误才可贵。顺从附和的话,能不高兴吗?能鉴别真伪才可贵。高兴而不鉴别,接受而不改正,我拿这种人没有办法啊。"

【解难】

孔子:人贵有自知之明

别人直言相劝,严正告诫,你听不进去,有过而不改;别人对你恭维拍马屁,你听了总是乐滋滋的,从不分辨是名副其实还是场面上的应酬;表面上接受了劝告,实际上丝毫不改,这种人就是圣人也无法教化他,真是"不绎不改,圣所不教"(皇《疏》)。张居正《论语直解》:"盖人臣进言最难,若过于切直,则危言激论,徒以干不测之威;若过于和缓,则微文隐语,无以动君上之听。是以圣帝明王,虚怀求谏,和颜色而受之。视法言则如良药,虽苦口而利于病;视巽言则如五谷,虽冲淡而味无穷,岂有不能改绎者乎?"

【延伸阅读】

人师　人友　人吏　人隶

智如泉源,行可以为表仪者,人师也。智可以砥砺,行可以为辅弼者,人友也。据法守职,而不敢为非者,人吏也。当前快意,一呼再喏者,人隶也。故上主以师为佐,中主以友为佐,下主以吏为佐,危亡之主以隶为佐。语曰:"渊广者其鱼大,主明者其臣慧。"(汉·韩婴《韩诗外传》卷五)

大意　智慧就像泉水源源不断,行为可以作为榜样的,可以当老师。智慧经得起磨炼,行为可以作为辅佐的,可以做朋友。守法尽职,不敢乱来的,可以做官吏。对现状称心满意,一声呼唤诺诺连声的,可以做奴仆。所以上等贤明君主以老师为辅佐，中等贤明君主以朋友为辅佐，下等贤明君主以官吏为辅佐，危亡的君主以奴仆为辅佐。常言道："潭水深的其鱼大，君主明智的其臣慧。"

【9·25】

子曰："主忠信，毋（wú）友不如己者，过则勿惮改。"
【注释】
①此章重出，见《学而篇》(1·8)。学者认为同一件事，孔子过一段时间再训示弟子，弟子尊重师训，又记录下来。或认为《论语》一书非一人所记，故文有重出。
②毋，不。
③惮，怕。
【今译】
孔子说："坚持忠诚守信，不结交不如自己的朋友，有了过错不要怕改正。"

【9·26】

子曰："三军可夺帅也，匹夫不可夺志也。"
【注释】
①三军可夺帅：三军，此为"军队"的通称。夺帅，改变统帅。夺，改变。帅，军中主将。
②匹夫不可夺志：匹夫，古代指平民中的男子，泛指平民百姓，普通人。夺志，改变志向。
【今译】
孔子说："军队可以改变统帅，但一个普通人却不能强迫他改变志向。"
【成语】
匹夫不可夺志：即使是一个普通人，也不能强迫他改变志向。
【解难】
孔子：三军可夺帅，匹夫不可夺志
三军之众，装备之精，但若人心不齐，那么敌人伐其谋，挫其锐，军队就会被夺其帅而成乌合之众，溃不成军。志是心之主，虽是一匹之夫，但只要他坚守志向，即便可以屈其身，但绝不能夺其志。三军之勇在人，匹夫之志在己，故帅可夺而志不可夺。士可杀，不可辱，志节坚定者，守死善道，视死如归。

【延伸阅读】

浩然之气

曰："我知言，我善养吾浩然之气。""敢问何谓浩然之气？"曰："难言也。其为气也，至大至刚，以直养而无害，则塞于天地之间。其为气也，配义与道；无是，馁也。"（《孟子·公孙丑上》）

大意 孟子说："我能明白别人的话，我善于修养我的浩然之气。"公孙丑说："请问什么叫浩然之气？"孟子说："这很难说。它作为一种气，是最伟大、最刚强的，用正直去培养它而不伤害它的话，就会充满于天地之间。它作为一种气，必须与正义和道德相配合；否则，就显得软弱乏力。"

【9·27】

子曰："衣（yī）敝缊（yùn）袍，与衣（yī）狐貉（hé）者立而不耻者，其由也与？'不忮（zhì）不求，何用不臧？'"子路终身诵之。子曰："是道也，何足以臧？"

【注释】

①衣敝缊袍：衣，穿。敝，破烂。缊，乱麻，旧絮。袍，长衣，长袍。
②狐貉：用狐皮和貉皮制成的皮袍。
③不忮不求，何用不臧：出自《诗经·邶风·雄雉》篇。忮，嫉妒。求，贪求。何用，何以，为何。臧，善，好。

【今译】

孔子说："穿着破旧的麻袍，与穿着狐貉皮袍的人站在一起而不觉得羞耻的，大概只有仲由吧？《诗经》中说：'不嫉妒，不贪求，为什么不好？'"子路听后记诵终身。孔子又说："就懂这点道理，哪里就够得上好呢？"

【成语】

不忮不求：不嫉妒，不贪求。形容淡泊名利。

【解难】

孔子称赞子路：不得红眼病，不得软骨病

破旧长袍，里面夹着旧麻絮，既显土气，又不暖和，是衣服中之贱者；而裘皮大衣，华丽高雅，轻柔暖和，是衣服中之贵者。子路穿着烂棉袄和穿着裘皮大衣的人站在一起而不感到羞耻、自卑。子路识见高远，不追求服饰的华美，不为贫富所动。孔子引用《诗经》中的诗句教育他要心态平和，不嫉妒，不贪求。子路记诵终身。但孔子又担心子路自以为是，沾沾自喜，于是又鞭策他："人一辈子要学的东西多着呢，哪里只是懂得这两句诗的道理就可以呢？"

【延伸阅读】

教书匠

有一回应邀参加一次宴会，举座几乎尽是权门显要，已经有"衣敝缊袍与衣狐貉者立"的感觉，万没想到其中有一位却是学优而仕平步青云的旧相识，他好像是忘了他和我一样在同一学校曾经执教，几杯黄汤下肚之后，他再也按捺不住，歪头苦笑睨我而言曰："你不过是一个教书匠，胡为厕身我辈间？"此言一出，一座尽惊。主人过意不去，对我微语："此公酒后，出言无状。"其实酒后吐真言，"教书匠"一语夙所习闻，只是尊俎（zǔ）间很少以此直呼。按教书而能成匠，亦非易事。必须对其所学了如指掌，然后才能运用匠心教人以规矩，否则直是戾（lì）家，焉能问世？我不认为教书匠是轻蔑语。（摘编自梁实秋《职业》）

注释　尊俎，古代盛酒肉的器具，借指宴席。戾家，业余爱好者。

【9·28】

子曰："岁寒，然后知松柏之后凋也。"

【注释】

①岁寒：岁末天寒。四时一终曰岁，取岁星行一次之义。

②后凋：最后落叶。凋，衰落，零落。《说文》："凋，半伤也。"叶落枝枯为树之半伤。

【今译】

孔子说："岁末天寒以后，才知道松柏是最后落叶的。"

【成语】

岁寒松柏：岁寒时的松柏。比喻在艰难困苦的境遇中能保持高尚节操的人。

岁寒知松柏：寒冬腊月，方知松柏常青。比喻只有经过严峻的考验，才能看出一个人的品质。

松柏后凋：松树和柏树是最后凋零的。比喻有志之士在艰险的环境中奋斗到最后。

【解难】

孔子：岁寒，然后知松柏之后凋

"岁寒"即一年特别寒冷之时，比喻乱世。"后凋"意即冬季普通之树已叶落枝枯，而松柏直到第二年春，生长新枝后才落旧叶。春暖夏炽，万物葱茏无异。但到天寒地冻，花木枯萎之时，而松柏苍翠如常，不与众草俱凋零，可谓临难守德。松柏未尝不凋，但其凋也后，旧叶未谢，而新枝已继。

"松柏"喻君子。儒家有阳刚之德，坚心劲节、忠孝节义，守之在心，和而不流。古人说：疾风知劲草，板荡知忠臣；路遥知马力，日久见人心。

皇《疏》："'后'非俱时之目，'凋'非枯死之名。言大寒之后，松柏形小凋衰，而心性犹存。如君子之人，遭值积恶，外逼暗世，不得不逊迹随时，是小凋矣，而性犹不变如松柏也。"

张居正《论语直解》："盖治平之世，人皆相安于无事，小人或与君子无异，至于遇事变、临利害，则或因祸患而屈身，或因困穷而改节，于是偷生背义，尽丧其生平者多矣。独君子挺然自持，不变其旧。威武不能挫其志，死生不能动其心，就是那后凋的松柏一般。"

【延伸阅读】

松柏之质　经霜弥茂

顾悦与简文同年，而发早（通"蚤"）白。简文曰："卿何以先白？"对曰："蒲柳之姿，望秋而落；松柏之质，经霜弥茂。"（南朝·宋·刘义庆《世说新语·言语》）

大意　顾悦和简文帝同龄，可顾悦的头发早白了。简文帝问："你为什么先白了头发？"顾悦回答："我是蒲柳一样柔弱的资质，一到秋天就树叶飘零；您是松柏一样坚强的质地，经历风霜反而更加茂盛。"

【9·29】

子曰："知者不惑，仁者不忧，勇者不惧。"

【今译】

孔子说："有智慧的人不迷惑，仁爱的人不忧愁，勇敢的人不畏惧。"

【成语】

智者不惑：智慧的人不迷惑。

仁者不忧：仁爱的人不忧愁。

勇者不惧：勇敢的人不畏惧。

【解难】

三达德：知者不惑，仁者不忧，勇者不惧

智者利仁，深思明辨，智慧聪颖，故不惑；仁者安仁，乐与为仁，不计得失，故无忧；勇者行仁，怀仁履道，见义勇为，故不惧。《中庸》："知、仁、勇，天下之三达德也。"君子要有这三达德。《申鉴·杂言》："君子乐天知命故不忧，审物明

辨故不惑，定心致公故不惧。"《宪问篇》（14·28）："子曰：'君子道者三，我无能焉：仁者不忧，知者不惑，勇者不惧。'子贡曰：'夫子自道也。'"

【延伸阅读】

水上打一棒

正统间，处州叶宗刘谋逆，杭点民兵，有生员之父亦在点中。生员往诉于府，府公不为之理，拂衣而出，自言水上打一棒，犹言无用也。府公闻而不察，疑其詈（lì）语，唤回询之，生员告其故。遂曰："汝能赋此，当免其役。"因赋诗曰："丈七琅玕（láng gān）杖碧流，一声惊破楚天秋。千条素练开还合，万颗明珠散复收。鸥鹭尽飞红蓼（liǎo）岸，鸳鸯齐起白蘋洲。想应此处无鱼钓，起网收纶别下钩。"守大赏。遂除其役。（明·郎瑛《七修类稿》卷三十六）

注释 詈语，骂人的话。琅玕，传说中的仙树名，果实似玉米。红蓼，多生于水边的草本植物，花呈淡红色。白蘋洲，长满白色蘋花的沙洲。白蘋，浮水草本植物。

【9·30】

子曰："可与共学，未可与适道；可与适道，未可与立；可与立，未可与权。"

【注释】

①未可与适道：适，往。
②未可与立：立，立于道。
③未可与权：权，秤锤，引申为权衡轻重，随机应变。

【今译】

孔子说："可以一起共同学习的人，未必可以一起走上正道；可以一起走上正道的人，未必可以一起坚守正道；可以一起坚守正道的人，未必可以一起通权达变。"

【解难】

学道三境界

"可与"即可以一起共为此事。"学"即同处师门共学。"适道"即往正道上走，去共同追求正道。"立"即立于道，在道上站稳脚跟。"权"者秤锤也，即权量轻重，灵活变通。同门共学的人，越到后面、越到高处，同道的人越来越少，故有"高处不胜寒"之叹。《易经·乾卦》："亢龙有悔。"这里最高层次是权，先有经才有权，在坚持经的基础上才能行权，没有基于礼、立于道的权是乱为。权并没有完全脱离经，而是为了更好地维护经、回归经。事物千差万别，用变通创新的办法解决现实问题无处不在。权变的智慧，可以说是最高的智慧了。《韩诗外传》（卷二）："夫道二，常之谓经，变之谓权，怀其常道而挟其变权，乃得为贤。"

【延伸阅读】

权　变

淳于髡（kūn）曰："男女授受不亲，礼与？"孟子曰："礼也。"曰："嫂溺则援之以手乎？"曰："嫂溺不援，是豺狼也。男女授受不亲，礼也；嫂溺援之以手者，权也。"曰："今天下溺矣，夫子之不援，何也？"曰："天下溺，援之以道；嫂溺，援之以手。子欲手援天下乎？"（《孟子·离娄上》）

大意　淳于髡说："男女之间不亲手传递接受东西，这是礼制规定吗？"孟子说："是礼制规定。"淳于髡说："如果嫂嫂掉进水中，要伸手去救她吗？"孟子说："嫂嫂掉进水中不伸手去救，这是豺狼。男女授受不亲，是礼制规定；嫂嫂掉进水中伸手去救，是一种权宜变通之计。"淳于髡说："如今天下百姓都掉进水中，先生却不伸手去救援，这是为什么呢？"孟子说："天下百姓都掉进水中，要想救援得用道。嫂嫂掉进水中，伸出一只手去救即可。你想让我用一只手去救援天下的百姓吗？"

【9·31】

"唐棣（dì）之华（huā），偏其反而。岂不尔思？室是远而。"子曰："未之思也，夫何远之有？"

【注释】

①唐棣之华：唐棣，一种落叶小乔木。华，同"花"。

②偏其反而：偏，偏向。反，翻转，言花之摇动。"而"用在感叹句末，可译为"啊"。

③岂不尔思：尔思，是"思尔"的倒装，思念你。

④室是远而：室，家。"是"将宾语"室"提前，无实义。"而"用在陈述句末，可译为"了"。

⑤夫何远之有：夫，句首语气词。何远之有，是"有何远"的倒装，"之"将宾语"远"提前。同样的句式有"何陋之有"（《子罕篇》9·14）。

【今译】

古诗写道："唐棣之花，摇曳翩翩。哪里不思念？只是因为你家远。"孔子说："不是真的思念，否则有什么远的呢？"

【解难】

误植？

学者认为此章是逸诗，但所指不明，也有说是思仁、求道，朱熹《集注》就认为是"思仁"。钱穆说此章无所不指，其《论语新解》："此章言好学，言求道，言思贤，言爱人，无指不可。中国诗妙在比兴，空灵活泼，义譬无方，读者可以随所求而各自得。而孔子之说此诗，可谓深而切，远而近矣。'仁远乎哉'，'道不远人'，'思则得之'，皆是也。此章罕譬而喻，神思绵邈，引人入胜。"到底是说什么？圣人已逝，只能见仁见智。

通观《论语》，孔子之言，皆当时口语，或直言，或婉劝，或幽默，或自述，语皆通俗浅近，没有故弄玄虚，说东指西；引用《诗》《书》，基本上是放在一章之末或之中，前后有语境，为便于理解，像此章开头引用《诗经》里没有的四句诗，后面接一句孔子跟常人思维一样的话："是你心中没有她，哪里是她家住得远呢？"这种情况的排列，全书少见。且此章与上下章关联度不高。因此，此章存在弟子在编次时误植或错简的可能。

【参考】

"唐棣"解。一说是郁李，一说是枎栘（fū yí），都属蔷薇科。《埤雅》："唐棣，一名'栘'，其华反而后合。""凡木之华，皆先合而后开，惟此华先开而后合。"

【延伸阅读】

咏花古诗联选

归来笑拈梅花嗅，春在枝头已十分。（宋·某尼《悟道诗》）
三月开元两度来，寺僧倦客门未开。（明·王守仁《重游开元寺戏题壁》）
三月落花如梦短，一湖新涨比愁多。（清·郭频迦《春感》）
夹路桃花新雨过，马蹄无处避残红。（宋·张公庠《道中一绝》）
珠玉九天残咳吐，江湖满地旧文章。（清·舒铁云《落花》）
黄昏风雨过园林，吹得黄花满地金。（宋·王安石《咏菊》）
废苑春来花自发，空庭月落鸟相呼。（清·冒甡原）
怪石尽含千古秀，奇花多吐四时芳。（唐·罗邺《费拾遗书堂》）
春到不择地，石傍花自开。（宋·郑天休《题长安北禅寺石笋》）

乡党篇第十

（旧不分章，此篇凡一章，今分为二十七节）

【10·1】

孔子于乡党，恂（xún）恂如也，似不能言者。其在宗庙朝廷，便便言，唯谨尔。

【注释】

①乡党：泛称家乡。周制，一万二千五百家为乡，五百家为党。

②恂恂如也：温和恭顺的样子。如，形容词语尾，同"然"，犹"……的样子"。"也"是表判断的语气词。

③便便：通"辩辩"，健谈的样子。

④唯谨尔：尔，语气词，犹"而已"，相当于罢了。

【今译】

孔子在家乡，显得温和恭顺，好像不会说话的样子。他在宗庙里和朝廷上，显得很健谈，只是谨慎罢了。

【解难】

孔子朝野之容

孔子的家乡在鲁国郊内。家乡是父母宗族之所居，孔子回到家乡，对尊长礼恭辞简，温和恭顺，寡言少语，好像不会说话。《听雨记谈》："乡人叙以齿，虽贵为卿大夫，其居乡亦皆谦退从厚，曰乡党莫如齿。"宗庙是礼法之所在，朝廷是政事之所出，祭祖议事虽说话自如，但不能口不择言，乱放厥词，必须谨慎。程树德《集释》引《四书近指》曰："乡党是做人第一步，他日立朝廷、交邻国、事上下，俱在此植基，故记者以乡党先之。"

【参考】

俞樾认为，"其在宗庙朝廷，便便言，唯谨尔"应断为："其在宗庙朝廷便便，言唯谨尔。"

【延伸阅读】

乡间自治

我们乡间的秩序基本上是自治的，很少与政府发生关系。每一族都有族长、长老，他们负责维持本族的族规，如赌博、偷窃之类，族长和长老便在宗祠中聚会，商议惩罚的办法，最严重的犯规可以打板子。……中国传统社会大体上是靠儒家规范维系着的，道德的力量远在法律之上。（摘编自《余英时访谈录》）

【10·2】

朝，与下大夫言，侃侃如也；与上大夫言，訚（yín）訚如也。君在，踧踖（cù jí）如也，与与如也。

【注释】

①下大夫：周王室及诸侯各国的官阶为卿、大夫、士三等，每等又各分为上、中、下三级，大夫有上大夫、中大夫、下大夫。等级最低的称"下大夫"。《韩非子·外储说左下》："故晋国之法，上大夫二舆二乘，中大夫二舆一乘，下大夫专乘，此明等级也。"

②侃侃：坦率刚正的样子。

③訚訚：谦和恭敬的样子。《玉篇·言部》："訚，和敬貌。"

④踧踖：恭敬不安的样子。

⑤与与：走路小心的样子。皇《疏》："与与，犹徐徐也。"

【今译】

孔子上朝，同下大夫说话，坦率刚正；同上大夫说话，谦和恭敬。国君来了，孔子显得恭敬不安，走路小心谨慎。

【成语】

侃侃而谈：说话从容不迫的样子，或说话理直气壮的样子。

侃侃訚訚：说话坦率而谦和的样子。

踧踖不安：外表恭敬而内心局促不安。

【解难】

孔子上朝之容

朝廷官府之间，待下宜宽容，事上宜严谨。孔子在朝廷上对下级、上级和君主，其言谈容貌因级别而异，讲究分寸，恰到好处。孔子入朝，君主尚未视朝，此时大臣们正在议论朝政，孔子与下大夫交谈，坦率直接，行云流水。与上大夫交谈，谦和恭敬，诚恳真挚。到了君主临朝之时，孔子恭敬不安，小心缓行。孔子动容周旋，皆举止得体。故圣人事上待下，各中其节。

【延伸阅读】

会　约

一、序齿不序官。

二、为具务简素。

三、朝夕食不过五味，菜果脯（fǔ，肉干；蜜饯果儿）醢（hǎi，肉、鱼等制成的酱）之类，共不过二十器。

四、酒巡无算，深浅自斟，主人不劝，客亦不辞。

五、逐巡无下酒时，作菜羹不禁。

六、召客共用一简，客注可否于字下，不别作简。

七、会日早赴，不待速。

八、右有违约者，每事罚一巨觥（gōng，酒器）。（据中华书局邓广铭著《宋史十讲》）

大意　一是聚餐时只论年龄，不论职务。

二是餐具务必简单朴素。

三是主人请客时，早晚主菜不得超过五种，蔬菜、果脯、肉酱之类的小碟，总共不超过二十碟。

四是酒壶按顺序传递，喝了多少轮没有一定数量，多少自便，主人不劝，客人也不必勉强。

五是酒若没喝完，菜肴已一扫而光，可补上菜汤。

六是轮到某人做东道主时，他只用一张通知单，其下开列每个会员的字，例如文彦博只写宽夫，司马光只写君实，派人持往各家照会；客人是否出席，只需在字下签注能否参加即可，不再另外送请帖。

七是聚餐之日要及早赶到，不等不催。

八是上述规定若有违反的，如迟到、答应来而不来、主菜超过"四菜一汤"等，无论主宾，每违反一条，即罚酒一大杯。

注释　《会约》是宋代退休高官聚会的"八项规定"。宋神宗元丰五年（1082年）正月，宰相富弼退休后闲居洛阳，好友文彦博时任洛阳留守。二人牵头，组织"老领导"定期聚会，以年龄为序，轮流做东，时人称为"洛阳耆英会"。聚会确定了十二人。富弼和文彦博均出任过宰相。富弼七十九岁，文彦博七十七岁，时任端明殿学士兼翰林侍读学士的司马光年龄最小，六十四岁，本不能参加聚会。但他声望高、学问好，住洛阳，便被邀入，并撰写《会约》。同时，请当时名画家郑奂画了一幅《耆英图》。《会约》把座位安排、餐具标准、菜肴数量、请帖呈送、赴会守时都做了详细规定，连请帖都不准多发一张，可谓节俭至极。同时，大家退休后皆普通一员，因此规定老年序齿不序官，好汉不提当年勇。

【10·3】

君召使摈（bìn），色勃如也，足躩（jué）如也。揖所与立，左右手，衣前后，襜（chān）如也。趋进，翼如也。宾退，必复命曰："宾不顾矣。"

【注释】

①君召使摈：摈，同"傧"，负责接待宾客的官员。此处用作动词，即出门接待宾客。

②色勃如也：脸色变得庄重的样子。

③足躩如也：脚步快走的样子。躩，疾行，快步走。

④揖所与立：揖，拱手弯腰行礼。

⑤左右手：向左右拱手。

⑥襜如也：衣服整齐的样子。襜，整齐的样子。

⑦趋进：小步快走向前，表示敬意。

⑧翼如也：像鸟儿展开翅膀的样子。翼，翅膀。

⑨复命：完成使命后报告情况。复，下级向上级报告。

⑩不顾：不回头。

【今译】

国君召孔子去迎接宾客，孔子脸色变得庄重起来，脚步快了起来。与并立的人作揖，向左右拱手，衣服前后摆动，却整齐不乱。然后快步前去迎接宾客，像鸟儿展开双翅一样优雅。宾客走了以后，他一定回来向国君报告说："宾客走远不回头了。"

【解难】

孔子迎宾之容

古代列国诸侯朝聘往来，主宾相见之前，接待方可以派人替国君先把宾客接过来。国君召孔子去接待外宾，此乃两君交好，大礼所系，故孔子接到君命，脸色凝重，顿改常容，步伐加快，不误时间（或说脚步也盘桓进退，恭而不安）；接着向两边的人作揖。孔子疾趋而进之时，张拱端好，如鸟儿舒翼，此是行礼之敬。宾客退出之后，孔子报告国君："客人已经走了。"不使国君再瞻望挂念。古代送客时，客人已三顾，不再回头了，主人才回去。夹谷之会，孔子担任"相礼"。有学者认为，此章即记夹谷之会。

【延伸阅读】

夹谷之会

鲁定公十年春天，鲁国同齐国讲和。

夏天，鲁定公和齐景公在祝其会盟，祝其就是夹谷。孔子担任"相礼"。齐国大夫犁弥对齐景公说："孔丘懂得礼仪但没有勇气，如果派莱人用武力劫持鲁侯，一定能够如愿。"齐景公听从了犁弥的话。孔子带着鲁定公往后退，并说："鲁国的将士们拿起武器冲上去！两国国君友好会见，而边远地区的夷人俘虏却用武力捣乱，这不是齐国国君召集诸侯会盟的本意。这样做对神灵是不恭的，对德行也是有害的，是丧失礼仪的，齐国国君一定不会这样做。"齐景公听后，急忙叫莱人撤下。

即将举行盟誓仪式时，齐国在盟书上加了一句话："一旦齐国军队出境作战，鲁国如果不派三百辆兵车跟随我们，就按此盟约惩罚。"孔子让兹无还作揖回答说："如果你们不归还我国汶水北岸的土地，却要让我们供给齐国的所需，也要按盟约惩罚。"

齐景公准备设享礼款待鲁定公。孔子对梁丘据说："齐国和鲁国从前的惯例，您怎么没听说呢？盟会已经结束了，而又设享礼款待，这是给办事人增加劳累。再说牺尊和象尊不出国门，雅乐不在野外合奏。设享礼如果备齐这些，这是抛弃了礼仪；如果不备齐，又像用秕谷和稗子那样轻率。用秕谷和稗子，是国君的耻辱；抛弃礼仪，则名声不好。您为什么不好好考虑一下呢？所谓享礼，是用来发扬光大德行的。不能发扬光大德行，还不如不举行。"齐景公最终没有举行享礼。冬天，齐国向鲁国归还了郓邑、瓘邑和龟三地。（参见《左传·定公十年》）

【10·4】

入公门，鞠躬如也，如不容。

立不中门，行不履阈（yù）。

过位，色勃如也，足躩（jué）如也，其言似不足者。

摄齐（zī）升堂，鞠躬如也，屏（bǐng）气似不息者。

出，降一等，逞颜色，怡怡如也。

没（mò）阶，趋进，翼如也。

复其位，踧踖（cù jí）如也。

【注释】

①公门：君门，朝廷大门。公，君。天子宫室有五门，公门是最外之门，是宫室第一门。

②鞠躬如也：形容恭敬谨慎的样子。鞠躬，弯腰。

③立不中门，行不履阈：中门，门的中央，尊者所立，为臣、为子者立于当中是不敬。履，踩。阈，门限，门槛。门下横置一木，为门内外的限制，故称"门限"，行当跨限而过，若践其上则污限，污衣。

④过位，色勃如也，足躩如也：过位，经过君之空位。君虽不在，过之必敬，不敢以虚位而怠慢。色勃如也，脸色庄重的样子。足躩如也，脚步快走的样子。躩，疾行，快步走。

⑤摄齐升堂：摄，提起。齐，衣裙的下摆。"摄齐"避免长袍绊足跌倒。升堂，登上厅堂。窗户之外曰堂。

⑥降一等，逞颜色，怡怡如也：降一等，走下第一步梯子。降，下。等，阶。逞，申，舒展。怡怡，轻松自如的样子。

⑦没阶，趋进：没阶，走完台阶，来到平地。没，尽。趋进，趋，快步走；进，行步而前。

⑧复其位，踧踖如也：复，返回。其位，卿大夫所立之位。踧踖，恭敬不安的样子。参见《乡党篇》(10·2)。

【今译】

孔子走进朝廷大门，恭恭敬敬弯下身子，好像没有他的容身之地。

站立时不站在门的中间，行走时不踩着门坎。

经过国君的座位时，脸色变得庄重起来，脚步快了起来，说话好像力气不足的样子。

提起衣服下摆上堂时，恭恭敬敬弯着身子，憋住气息好像不呼吸一样。

退出来，走下第一级台阶时，神色舒展，怡然自得。

下完了台阶，快快地向前走几步，像鸟儿张开双翅一样。

回到自己的位置上，恭敬不安的样子。

【成语】

鞠躬屏气：弯着身子，屏住呼吸，形容小心畏惧的样子。

【解难】

孔子在朝之容

此节记孔子出入宫廷的仪态，突出敬君。孔子进入朝廷大门时，弯着身子，虽然公门高大，却好像不能容身，这是恭敬。不站在门中间挡路，进门不踩着门槛，因为门是国君出入之处。经过国君空位时，离君渐进，其敬渐加，神色庄重，音低话少，好像力气不足，这是敬君不敢放肆。上朝时，提起衣服下摆以防跌倒失容，弯着身子，呼吸好像停住了，这是走近国君，庄重严肃。退朝时，走下一级台阶，放松神态,和颜悦色,这是渐远所尊,舒气解颜。下完台阶,疾步快走,那样子就像鸟儿展翅,这是自由放松,释然而乐。孔子回到自己的位置,依然心存恭敬,这是恭敬之余。

【延伸阅读】

诗可观人

丁谓诗有"天门九重开,终当掉臂入",王禹偁读之,曰:"入公门犹鞠躬如也,天门岂可掉臂入乎?此人必不忠。"后如其言。(宋·胡仔《苕溪渔隐丛话前集》卷二十五)

大意 宋朝诗人丁谓有"天门九重开,终当掉臂入"的诗句,王禹偁读到这句诗后,说道:"进诸侯国君的门还要敛身鞠躬呢,进天门怎么可以仰首摆臂?这个人必定不忠。"后来果然如他所说。

注释 掉臂,甩开胳膊,大摇大摆。

谜 语

立不中门,行不履阈;俨然人望而畏之,斯亦不足畏也矣。(谜底:金刚)

彼亦不敢先,此亦不敢先,惟其不敢先,是以无所争;惟其无所争,是以能入于不死不生。(谜底:持棋)

【10·5】

执圭,鞠躬如也,如不胜(shēng)。上如揖,下如授。勃如战色,足蹜(sù)蹜如有循。

享礼,有容色。

私觌(dí),愉愉如也。

【注释】

①执圭:执,拿。圭,玉器,上尖下方,诸侯有命圭,举行典礼时君臣都拿着。

②鞠躬如也:形容恭敬谨慎的样子。鞠躬,弯腰。

③如不胜:胜,承担,承受。

④上如揖,下如授:揖,拱手行礼,高与眉齐。授,递给。执圭一般手与心平,高不过作揖的位置,低不过以手授物的位置,过高过低,皆不敬也。

⑤勃如战色:勃如,脸色庄重的样子。战色,战栗恐惧的神色。郑《注》:"战色,敬也,恐辱君命也。"

⑥足蹜蹜如有循：蹜蹜，脚步细碎急促的样子。循，沿着。

⑦享礼，有容色：享礼，朝聘后使者向邻国国君献礼物的仪式。享，献。礼物或马，或虎豹之皮，或丝绸，或土产，罗列于庭，谓之庭实。容色，容貌神色。这里形容和颜悦色，不是举行典礼时的"勃如战色"。

⑧私觌：以个人身份相见。觌，相见。人臣本来不能私交外国，这里说私觌，是孔子奉命出聘，为国君所许，所以合礼。

【今译】

孔子出使邻国参加典礼时，拿着玉圭，弯下身子，好像举不起的样子。向上举时好像在作揖，放下来时好像在递给别人。脸色庄重，战战兢兢，步子细小，好像沿着一条直线在走。

在赠送礼物的仪式上，和颜悦色。

私下和邻国国君会见时，轻松愉快。

【解难】

孔子使臣之容

此节记孔子为君出使外国聘问的礼容。孔子受国君委派出使到外国，拿着国君的信物圭，用以表明自己的身份。举行典礼时弯着腰，好像力不能胜，拿不起，恭敬之至。升堂授玉时，孔子将玉奉上外国君主，向上举时敬如作揖，向下时好像交给别人时那样认真。神色庄重，战战兢兢，提起脚后跟，行不离地，碎步直走。"执圭"是初到一国行聘问礼，聘问礼之后是行享礼，享礼就是代表国家给外国赠送礼物，因此献礼必须庄严。享礼之后私下相见，愉快自如。聘礼授圭，所以申信；享礼授璧，所以交欢。

"足蹜蹜如有循"解

"足蹜蹜"是说略举前趾，拖着脚后跟而行，脚不高离于地，两脚前后相接，脚步短。"如有循"是说举步前先提起脚后跟，好像脚下有物，循之而前。

【延伸阅读】

聘问之礼

小聘曰问，相互慰问，派大夫；大聘派卿。先秦诸侯国之间为增进感情，经常互派使节访问；有重大活动，也互派人员参加。这就是聘问之礼，属于邦国之礼。凡诸侯国之间的邦交，每年一来一往，派大夫互相聘问一次，每间隔若干年派卿互相聘问一次。《礼记·经解》："故朝觐之礼，所以明君臣之义也；聘问之礼，所以使诸侯相尊敬也；丧祭之礼，所以明君臣之恩也；乡饮酒之礼，所以明长幼之序也；婚姻之礼，所以明男女之别也。"

【10·6】

君子不以绀緅（gàn zōu）饰，红紫不以为亵（xiè）服。

当暑，袗絺绤（zhěn chī xì），必表而出之。

缁衣羔裘，素衣麑（ní）裘，黄衣狐裘。

亵裘长，短右袂（mèi）。

必有寝衣，长一身有半。

狐貉（hé）之厚以居。

去丧，无所不佩。

非帷裳，必杀（shài）之。

羔裘玄冠不以吊。

吉月必朝服而朝。

【注释】

①君子不以绀緅饰，红紫不以为亵服：君子，指孔子。绀，深青透红，是礼服之色。緅，黑中透红，是丧服之色。饰，镶边。红紫，间色不正，是妇女服装之色。亵服，家居时穿的便服，与"礼服"相对。亵，内衣，便服。

②当暑，袗絺绤，必表而出之：当暑，时值热天。《释名·释天》："暑，煮也，熟如煮物也。"袗，单衣。絺绤，葛布细曰絺，葛布粗曰绤。表而出之，是说出门必套上外衣。古人冬穿裘，夏穿葛，在家裘葛之上不加上衣；出门必加，虽暑亦然。表，外衣，上衣。钱穆《论语新解》："古本或作'必表而出'，无'之'字。"

③缁衣羔裘，素衣麑裘，黄衣狐裘：缁，黑色。羔裘，黑羊皮衣。素，白色。麑，小鹿。此段讲颜色搭配得当。

④亵裘长，短右袂：亵裘，家居时穿的皮衣。袂，衣袖。"亵裘长"是为保暖；"短右袂"是为方便做事。

⑤必有寝衣，长一身有半：寝衣，犹被子。寝衣为小被，衾是大被。衣者，白天之被；被者，晚上之衣。一身有半，身长的一倍半，"有"通"又"。

⑥狐貉之厚以居：狐貉，指狐和貉的毛皮。居，坐垫。古人席地而坐，接待客人尤其讲究坐褥。

⑦去丧：指三年丧期结束，脱下丧服。

⑧非帷裳，必杀之：帷裳，古代男子上衣下裙，"帷裳"是用整幅布做的裙子礼服，不加裁剪，上朝和祭祀时穿。若不是朝祭，就不用帷裳，则要斜裁其幅，而有杀缝，上窄下宽，取其节约而不浪费。郑玄说是"深衣"。杀，裁去，削减。《广韵》："杀，所拜切。"《广雅·释诂二》："杀，减也。"

⑨羔裘玄冠不以吊：玄冠，红黑色帽子。玄，赤黑色。沈括《梦溪笔谈》卷三："玄乃赤黑色，燕羽是也，故谓之玄鸟。"吊，吊丧，是慰问死者亲属。哀，是悼念死者。

⑩吉月：初一，一般这一天必须举行朝会。一说是每年正月岁首，即正月初一。

【今译】

君子不用天青色黑红色镶衣领与袖子的边，不用红色紫色的布做家居便服。

夏天，在家穿粗细葛布单衣，出门必套上外衣。

（冬天）穿黑色外衣配黑羊皮衣，白色外衣配白鹿皮衣，黄色外衣配黄狐皮衣。

在家穿的皮衣做得长一些，右边的袖子做得短一些。

睡觉一定要有被盖，被盖有一身半长。

用狐、貉的厚毛皮做成坐垫。

服丧期满脱下丧服后，什么装饰品都能佩带。

不是作为礼服的裳，一定要裁短一些。

黑羊皮衣和红黑色帽子不穿戴着去吊丧。

每月初一必定要穿着上朝时的礼服去朝拜君主。

【解难】

孔子着装之礼

孔子在不同季节、不同场合按照礼节穿不同的衣服。包括在家和出门的衣服、祭祀和上朝的衣服、热天和冬天的衣服、被子和坐褥、内衣和外衣等，也包括颜色、长短、宽窄。

"佩"字解

《释名·释衣服》："佩，陪也。"佩，从人，是人所用的；又从凡，指无所不佩；又从巾，指系其一端。古人每天佩玉，父母死，才不佩玉。《礼记·玉藻》："古之君子必佩玉。""凡带，必有佩玉，唯丧否。""君子无故玉不去身，君子于玉，比德焉。"君子温良恭俭让，温润如玉。

"羔裘玄冠不以吊"解

古代衣服以黑色为吉色，白色为素色。"羔裘"是黑色的羔羊皮衣，"玄冠"是黑色的帽子。所以不能穿着羔裘玄冠即吉服去参加丧事。《白虎通·崩薨》："羔裘玄冠不以吊者，不以吉服临人凶，示助哀也。"

【参考】

"短右袂"另解。一说"右"当作"有"，古字通用。程树德按曰："两袖一长一短，绝无此理。作'有'义为长，且与上下节'必有寝衣'文亦一律。"

一说短右袂，是卷起右手的袖子使之短。

【延伸阅读】

贾谊论礼

礼者，所以固国家，定社稷，使君无失其民者也。主主臣臣，礼之正也；威德在君，礼之分也；尊卑大小强弱有位，礼之数也。……君仁臣忠，父慈子孝，兄爱弟敬，夫和妻柔，姑慈妇听，礼之至也。君惠则不厉，臣忠则不贰，父慈则教，子孝则协，兄爱则友，弟敬则顺，夫和则义，妻柔则正，姑慈则从，妇听则婉，礼之质也。（汉·贾谊《新书》卷第六）

注释 主主臣臣，把君主当君主，把臣子当臣子。姑，丈夫的母亲。

【10·7】

齐（zhāi）必有明衣，布。齐必变食，居必迁坐。

【注释】

①齐必有明衣，布：齐，同"斋"，斋戒。明衣，浴衣，沐浴后穿的干净内衣。"明"取明洁身体之义。明衣之制，于礼无见。穿明衣，以待身燥。布，古代无棉布，用葛布、麻布或生丝绢。

②齐必变食：变食，改变平常饮食的习惯。古代斋戒时不吃荤，是指不吃姜、葱、蒜等辛辣的东西，与后世斋戒时不吃肉荤不同。

③居必迁坐：居，住处。迁坐，改变平常居住的地方。

【今译】

孔子在斋戒期间沐浴后必定穿干净内衣，用布做的。斋戒的时候，一定要改变平常的饮食，住处也一定要换个地方。

【解难】

孔子斋戒之礼

斋戒和沐浴始于殷商，西周时成定制。诸侯、大夫上朝前要沐浴净身，以尊天子，所以"孔子沐浴而朝"。祭祀神祖之前必斋，以去除内心杂念。斋必沐浴，表示内心洁净虔诚。沐浴后身上未干，又不能露出肉，于是用布作衣，长约等身，穿上后等待身体干燥；斋必变食，是说禁食荤腥；斋必迁座，是说改变居处，因为在祖宗面前自己是晚辈，不能再坐在主位，依身份、辈分而坐。

【延伸阅读】

小太平

郭尚贤常云："服饵导引之余有二事，乃养生大要，梳头、洗脚是也。"每夜尚

贤先发后脚，方寝，自曰："梳头浴脚长生事，临卧之时小太平。"（宋·陶穀《清异录》卷下）

注释 服饵导引，是道家养生术。"服饵"是服食丹药，"导引"是导气引体。

浴堂联

京师浴堂门首联云："入门兵部体，出户翰林身。"盖上句借音为冰布体，下句借音为汗淋身也。（清·梁章钜《归田琐记》）

【10·8】

食不厌精，脍（kuài）不厌细。

食饐（yì）而餲（ài），鱼馁（něi）而肉败，不食。色恶，不食。臭恶（xiù ě），不食。失饪（rèn），不食。不时，不食。割不正，不食。不得其酱，不食。

肉虽多，不使胜食气（xì）。

唯酒无量，不及乱。

沽酒市脯（fǔ），不食。

不撤姜食，不多食。

【注释】

①食不厌精：厌，满足，引申为追求。精，精细，与"粗"相对。

②脍不厌细：脍，切成丝的鱼肉。细，细碎。

③食饐而餲：饐、餲，皆指食物腐败变味。

④鱼馁而肉败：鱼腐烂曰馁，肉腐烂曰败。

⑤色恶：颜色变得难看。

⑥臭恶：气味变得难闻。臭，气味。

⑦失饪：烹饪失当。

⑧不时：不到吃饭的时间。钱穆《论语新解》："古人大夫以下，食惟朝夕二时。"

⑨割不正：肉割得不方正，即没有顺着肉的纹理切。《墨子·非儒》："哀公迎孔子，割不正，弗食。"

⑩不得其酱：酱不能用得恰当。

⑪不使胜食气：胜，超过。食气，主食。气，同"饩（xì）"，饭食。

⑫不及乱：乱，神志昏乱，指醉酒。

⑬沽酒市脯：沽，买。市，交易，换取。脯，肉干。

【今译】

米饭不追求精，肉类不追求细。

食物变味了，鱼肉腐烂了，不吃。食物颜色变难看了，不吃。食物气味变得恶心了，不吃。食物烹调得不好，不吃。不到吃饭的时间，不吃。肉割得不方正，不吃。酱配得不恰当，不吃。

席上的肉虽然多，但吃肉不超过饭量。

只有酒不设定限量，但不喝醉。

从市场上买来的酒和腊肉，不吃。

姜食不撤走，但不多吃。

【成语】

食不厌精：饭不追求精，形容生活节俭随意；或米饭不嫌加工得精，越精越好，形容饮食讲究。

脍不厌细：肉不追求细，形容生活节俭随意；或鱼肉不嫌切得很细，越细越好，形容饮食讲究。

鱼馁肉败：鱼肉腐烂，指食物腐烂变质了。

【解难】

孔子的饮食习惯

此节记录孔子的饮食习惯。从中看出孔子生活习惯良好，注重节约，对饮食、吃喝有严格而科学的要求，是个美食家。一是"两不厌"。即"食不厌精，脍不厌细"，不追求饭食鱼肉精细，符合孔子节俭的生活习惯。此处"厌"字不宜作"厌弃，嫌弃"解。

二是"八不食"。即食饐而餲，鱼馁而肉败，不食，要求饭食鱼肉保鲜，变味不吃。色恶，不食，要求色泽正常，变色不吃。臭恶，不食，要求食物安全。失饪，不食，要求烹调得法，烹饪不当、生熟不当不吃。不时，不食，要求到时间才就餐，不到开饭的时间不吃。割不正，不食，要求刀功好，肉没有按纹理切不吃。不得其酱，不食，酱的种类多，不同的菜须配不同的酱，酱用得不恰当不吃。颜师古《急就章》："酱者，百味之将帅，酱领百味而行。"沽酒市脯，不食，自己酿酒安全，市场上买来的不安全的酒和腊肉不吃。

三是"两节制"。节制肉类，因为饭为主，肉为辅，五谷为养，五菜为充，五果为助。节制酒量，孔子酒量大，文王千钟，孔子百觚，喝酒时不给自己设定量，但孔子能节制，喝酒不会醉酒失态。

四是爱吃姜。姜能调味去腥，餐桌常备，但不多食，因为"姜久服，损阴伤目"（明·缪希雍《本草经疏》）。

"不撤姜食"的原因

一是姜气味辛辣，可以除去臭气。

二是姜属辛菜，可以除却疲倦和困乏。王夫之《四书稗疏》："姜之在豆者独留，倦则食之，以却眠也。"

三是姜可以通神明。此说玄乎，无法考证。李时珍《本草纲目》："姜，气味辛，微温。久服用，去臭气，通神明。"

【延伸阅读】

饮酒诗文

文王饮酒千钟，孔子百觚。（汉·王充《论衡·语增篇》）

嗜酒无量，仲尼之能。（晋·葛洪《酒诫》）

户大嫌甜酒，才高笑小诗。（唐·白居易《久不见韩侍郎戏题四韵以寄之》）

十钟人既醉，九奏凤来仪。（宋·陈越《侍宴》）

注释 甜酒，糯米做的醪糟酒。韩侍郎，韩愈。九奏凤来仪，出自《尚书·益稷》："箫韶九成，凤凰来仪。"《韶乐》演奏到第九章，凤凰都会飞来随之起舞，仪容非凡。

【10·9】

祭于公，不宿肉。祭肉不出三日，出三日，不食之矣。

【注释】

①祭于公，不宿肉：公，公庙，太庙，鲁君举行祭祀之地。不宿肉，不使肉过夜。宿，使……过夜。

②祭肉：家祭用过的肉。

【今译】

孔子助祭于太庙，不使分得的祭肉过夜就分赐下去了。自家祭祀用过的肉不超过三天也分赐下去了，超过三天，就不吃它了。

【解难】

孔子和亲属共享祭肉

古代大夫助君祭祀，祭祀结束可以把助祭之肉带回家，同时还可以分到天子、国君的祭肉。这些祭肉还要往下分赐给亲属和身边的人，以此均享神惠。祭祀活动一般要持续两三天，这些肉就已经不是很新鲜了。若超过三天，祭肉就容易腐败变质，不但不能吃，也没有及时下达神灵的恩惠，亵渎了神灵，所以必须尽快分赐下去。何晏《集解》引周生曰："助祭于君，所得牲体，归则颁赐，不留神惠。"

【延伸阅读】

箸　诗

正使遭谗口，何尝废直躬。（元·周驰《咏箸》）
笑君攫取忙，送入他人口。一世酸咸中，能知味也否？（清·袁枚《咏筷子》）

【10·10】

食不语，寝不言。

【今译】
吃饭时不交谈，睡觉时不说话。

【解难】

孔子：食不语，寝不言

口中有物，若开口，食相不雅，甚至可能有哽咽之患，故"食不语"。卧榻主静，万籁俱寂，寝息而心静，故"寝不言"。语，是杂说，什么都说，如语无伦次；言，是正讲，讲正经的道理，如言归正传。

【延伸阅读】

睡　诀

先睡心，后睡眼。（宋·蔡季通《睡诀》）
半醉酒，独自宿；软枕头，暖盖足；能息心，自暝目。（唐·孙思邈《千金方》）

【10·11】

虽疏食菜羹，必祭，必齐（zhāi）如也。

【注释】
①疏食菜羹：疏食，粗粮，未经加工的五谷。疏，粗劣。菜羹，素菜汤。
②必祭：吃饭前，把席上各种食品分出少许放在餐具之间，祭拜先代发明饮食者，以示不忘本。
③齐如也：像斋戒那样庄重的样子。齐，同"斋"。

【今译】
即使是吃粗粮菜汤，饭前也要先祭祀，一定要像斋戒那样庄重。

【解难】

孔子饭前祭祀饮食发明者

古人每餐必祭祀。孔子吃饭,哪怕是粗粮菜汤,也各拿出一点祭祀先代饮食发明者。祭品虽薄,祭礼虽简,但不忘本,好像神明在上;还要像斋戒那样严肃恭敬。故圣人之行,虽细枝末节,但无不中礼。

【参考】

"必祭"另本作"瓜祭"。《经典释文》:"郑云鲁读瓜为必。""瓜祭"是供水果祭祀,荐之于鬼神,属于薄祭。学界多以"必祭"为是。

一说此章应为:"虽疏食、菜羹、瓜,祭,必齐如也。"疏食、菜羹、瓜,三者皆为薄物,但饭前祭祀时,也要如斋戒般虔诚。

【延伸阅读】

未见甘心氏,先迎苦口师

皮光业最耽茗事。一日,中表请尝新柑,筵具殊丰,簪绂丛集。才至,未顾尊罍,而呼茶甚急。径进一巨瓯,题诗曰:"未见甘心氏,先迎苦口师。"众噱曰:"此师固清高,难以疗饥也。"(宋·陶穀《清异录》卷下)

注释 皮光业,五代人,晚唐诗人皮日休之子。中表,人名。簪绂,显贵,官宦。尊罍,酒器。巨瓯,大杯。甘心氏,指柑橘。苦口师,指茶。

【10·12】

席不正,不坐。

【注释】

①席:古代没有桌椅,席子铺在地上,用以坐卧。

【今译】

坐席摆放得不端正,孔子不坐。

【解难】

孔子正席之礼:席不正,不坐

古人席地而坐。"席不正"指席子没有按照方向摆正,有所移动偏斜,圣人心安于正,正席体现正身而正心。《新序·节士》:"故孔子席不正不坐,割不正不食,不饮盗泉之水,积正也。"

孔子讲究,肉割不正不食,席不正不坐,不得其酱不食。因此,有学者认为此章"席不正,不坐"应在《乡党篇》(10·8)章的"割不正不食"之后。

【参考】

一说此章是记孔子宴请客人时入席的礼仪。入席时,主人要多次谦让,不能坐正席,不先落座。要让年长者坐正席、尊位。客人先坐,主人最后入座。

【延伸阅读】

老人讳老

老杜《寄薛三郎中》诗云:"上马不用扶,每扶必嗔。"东坡《送乔仝》诗云:"上山如飞嗔人扶。"皆言老人也。盖老人讳老,故尔。若少壮者,扶与不扶皆可,何嗔之有。(宋·陆游《老学庵笔记》卷八)

【10·13】

乡人饮酒,杖者出,斯出矣。

【注释】

①乡人饮酒:同本乡人饮酒,指《礼记》所载的乡饮酒之礼,是古代地方政府优待三老、尊敬老人的一种礼仪。

②杖者:指老人。《白虎通·致仕》:"卿大夫老,有盛德者留,赐之几杖,不备之以筋力之礼。"礼,五十杖于家,六十杖于乡,故呼老人为"杖者"。

【今译】

举行乡饮酒礼后,等老年人出去了,自己这才出去。

【解难】

孔子尊敬老人:乡人饮酒,杖者先出去,自己随后出

乡饮酒,每家的男子都要去。孔子回到家乡,参加乡里人的宴会,结束后,老年人出去了,自己才随即出去。乡人饮酒时尚齿敬老,按年龄大小排座,不以官位高低排座,尊敬长者。孔子虽位至大夫,乡饮酒时也要等老年人先出去了,自己才出去。因为花甲老人,血气既衰,出入须用拐杖扶持,自己不能与之争道。同桌陪餐,先离席、先出门是对长者不敬;老年人出去了,自己拖拖拉拉也是不敬,必须随即跟上,既便于扶助他们,也便于招呼道别。出门之先后,见细微之礼节。

【延伸阅读】

乡饮酒之礼

乡饮酒之礼:六十岁以上的人坐着,五十岁的人站着侍候,听候使唤,表示对年长者的尊敬。六十岁的人上三个菜,七十岁的人四个菜,八十岁的人五个菜,九十岁的人六个菜,这表示对老人的奉养。百姓懂得尊敬年长者,懂得奉养老人,然

后才能在家里孝顺父母、敬事兄长。在家里能够孝顺父母、敬事兄长,到社会上才能尊敬年长的人和奉养老人,然后才能形成教化。形成了教化,然后国家才能安定。君子教导人们做到孝顺父母、敬事兄长的办法,并不是挨家挨户地每天不断地去耳提面命,而是只要在举行乡射礼时把人们召集起来,把乡饮酒礼演示给他们看,就可以培养他们孝顺父母、敬事兄长的风气。(参见《礼记·乡饮酒义》)

【10·14】

乡人傩(nuó),朝服而立于阼(zuò)阶。

【注释】
①傩:古代驱逐疫鬼的仪式,虽古礼,但近于戏。
②阼阶:东阶,古代指大堂前东面的台阶,主人迎送宾客的地方。

【今译】
乡里人举行傩礼驱鬼时,孔子穿着上朝的礼服站在家庙东边的台阶上。

【解难】

孔子敬陪家神:穿朝服,立东阶

孔子遇到家乡人季冬之月举行驱逐疫鬼、迎纳吉祥的仪式时,担心驱鬼仪式的鼓乐惊恐了家庙里的先祖灵魂,于是穿着朝服,使先祖依己而安;立于东边的台阶上,使先祖近己而亲,在嘈杂喧嚣中敬陪先祖。

驱鬼仪式,据《周礼·夏官·方相氏》记载,方相氏披着熊皮,化装成四只眼睛,玄衣朱裳,执戈扬盾,率领百隶,口作傩傩之声,为老百姓家驱赶疫鬼。

【延伸阅读】

地理诗

世人尽知穴在山,岂知穴在方寸间。
好山好水世不欠,苟非其人寻不见。
迨其富贵力可求,人事极时天理变。
——宋·宋壶山《赠地理师》

寻山本不为亲谋,大半多因富贵求。
肯信人间好风水,山头不在在心头。
——明·钱仁夫

【10·15】

问人于他邦，再拜而送之。

【注释】

①问人于他邦：问人，问候友人。古人问候必送礼以表其意。邦，诸侯国。
②再拜：古代一种礼节，拜两次，表达敬意。

【今译】

孔子派人向其他国家朋友问候时，要拜两次再亲自送别使者。

【解难】

孔子问候之礼：再拜而送之

孔子重友情，朋友虽远在他邦，自己若不能去问候，也要派人带上礼物专程前往，距离不是疏远感情的理由；使者临别时，孔子要在使者的背影后拜两次而送别使者，"拜"是向在他邦的朋友隔空遥拜，如亲见其人一般，拜送使者为敬，"再拜"亦为敬，遥远不是不敬的理由。

问候要送礼。《论语稽》："孔子周游列国，所交皆名卿大夫……皆一时贤俊。其往也有馈，其返也有赆（jìn，临行时赠送的财物）。"

【延伸阅读】

使者下榻之礼

卿馆于大夫，大夫馆于士，士馆于工商。管人为客，三日具沐，五日具浴。（《仪礼·聘礼》）

大意 出聘时应降等住宿。卿在对方大夫的家庙中住宿，大夫在对方士的家庙中住宿，士在对方工商之人的家中住宿。馆人接待来客，要能满足客人三天洗一次头，五天洗一次澡。

注释 古代奉命出使，馆舍一定要在对方的宗庙内。而为了表示对主人的尊敬，馆舍一般设在比自己级别低的官员的宗庙内。士以上都有寝室和宗庙，寝室在后，宗庙在前；庶人、工商则只有寝室，没有宗庙。

【10·16】

康子馈药，拜而受之。曰："丘未达，不敢尝。"

【注释】

①康子馈药，拜而受之：康子，即季康子、季孙肥，鲁哀公时的正卿。馈，赠。拜，一揖折腰，一次拱手弯腰以示感谢，拜谢。

②丘未达，不敢尝：丘，孔丘，孔子自称。达，通晓，了解。尝，吃，食。《广雅·释诂二》："尝，食也。"

【今译】

季康子馈赠药物，孔子拜谢后接受了，说："我不了解这药，不敢吃。"

【解难】

孔子受药之礼：拜而受之，不敢尝

季康子是卿，高于位居大夫的孔子，却派人给孔子送来药物。尊者有赠，所以孔子作揖后收下，这是对季康子的尊敬。此"拜"为一拜，酒肉、药物之赐不必再拜，一拜而可受。

但是，用药如用兵，得其道则毒治，失其道则毒害，孔子不了解这药物的药性、所治何病，所以说不敢吃。或许古代可以当着赠送者或使者的面，尝试其味，表示不虚所赠。若尝而不饮，则是虚人之赐。但孔子没搞清药性，所以不敢吃。

孔子对使者说不敢尝，体现了孔子与人交往的诚意，这是孔子的直率。一说这是孔子收下药物之后对其他人所说，不好意思当着使者言，以免使者当场尴尬、赠者虚其所赐。程树德《集释》引王滹南曰："当是退而谓人之辞，记者简其文，故一'曰'字而足耳。"

《易经·无妄卦》（九五爻象传）："无妄之药，不可试也。"《礼记·曲礼下》："医不三世，不服其药。"

【延伸阅读】

医 生

医生是一种神圣的职业，因为他能解除人的痛苦，着手成春。有一个人，有点老毛病，常常发作，闹得死去活来，只要一听说延医，病就先去了八分，等到医生来到，霍然而愈，试脉搏听心跳完全正常，医生只好愕然而退，延医的人真希望病人的痛苦稍延长些时。这是未着手就已成春的一例。可是医生一不小心，或是虽已小心而仍然错误，他随时也有机会减短人的寿命。据说庸医的药方可以辟鬼，比钟馗的像还灵，胆小的夜行人举着一张药方就可以通行无阻，因为鬼中有不少生前吃过那样药方的亏的，死后还是望而生畏。医生以济世活人为职志，事实上是掌握着生杀的大权的。

记得小时候家里延医，大驾一到，家人真是倒屣相迎，请入上座，奉茶献烟，环列伺候，毕恭毕敬。医生高踞上座并不谦让，吸过几十筒水烟，品过几盏茶，谈过了天气，叙过了家常，抱怨过了病家之多，此后才能开始他那一套望闻问切君臣佐使。

大概发烧即是火，咳嗽就是伤寒，有痰就是肺热，腰疼即是肾亏，大概总没有错。摸不清病原也要下药，医生不开方就不是医生，好在符箓一般的药方也不容易被病人辨认出来。因为种种情形的逼迫，医生不能不有一本生意经。

天下是有不讲理的人，"医生医病不治命"，但是打医生摘匾的事却也常有。所以话要说在前头，芝麻大的病也要说得如火如荼不可轻视，病好了是他的功劳，病死了怪不得人。如果真的疑难大症撞上门来，第一步得先说明来治太晚，第二步要模棱地说如果不生变化可保无虞，第三步是姑投以某某药剂以观后果，第四步是敬谢不敏另请高明，或是更漂亮地给介绍到某某医院，其诀曰："推。"

我不责难医生。我觉得医生里面固然庸医不少，可是病人里的混虫也很多。有什么样子的病人就有什么样子的医生，天造地设。（摘编自梁实秋《医生》）

【10·17】

厩（jiù）焚。子退朝，曰："伤人乎？"不问马。

【注释】
①厩：马房，马棚。《说文》："厩，马舍也。"
②退朝：离开朝廷，指臣见君毕而退，与"上朝"相对。此指孔子早上到鲁国朝廷觐见君王，奏事议政结束后回家。

【今译】
马棚失火了。孔子离开朝廷回到家，问道："伤人了吗？"没有问马。

【解难】

孔子贵人贱畜：问人不问马

孔子早上去朝廷朝见鲁君回来，碰上自家的马棚失火，急忙问道："伤人了吗？"没有问马。孔子不是不爱马，而是更爱人，更关切人的生命安全。

"厩"字解

厩，是养马处，此指孔子的家厩，不是公厩。古代大夫不徒步行走，进出有车，有车必有马，有马必有养马的场所，所以这里的"厩"指孔子家里养马的场所，而不是鲁国公家养马的场所。周代诸侯以下是大夫，大夫的最高一级是上大夫，马不少于二十匹。孔子当时的地位相当于下大夫，也有一定数量的马。

【参考】
一说末句应断为："伤人乎不（fǒu）？问马。"先问"伤人乎否"，再"问马"。先人而后畜，仁心及万物，没有贵贱之别。

【延伸阅读】

马救主人

伪蜀渠阳邻山,有富民王行思。尝养一马,甚爱之,饲秣(mò)甚于他马。一日乘往本郡,遇夏潦(lǎo)暴涨。舟子先渡马,回舟以迎行思,至中流,风起船覆,其马自岸奔入骇浪,接其主。苍茫之中,遽(jù)免沉溺。(清·张潮《虞初新志》)

注释 渠阳,今四川渠县。邻山,邻山县,古属巴地,因境内有一座山脉叫邻山(今铜锣山)而得名。今大竹县有邻山村,时属渠阳管辖。山山重叠,邻比相次,故称邻山。秣,饲料。潦,大雨。遽,匆忙。

【10·18】

君赐食,必正席先尝之。君赐腥,必熟而荐之。君赐生,必畜(xù)之。侍食于君,君祭,先饭。

【注释】

①君赐腥,必熟而荐之:腥,生肉。荐,进奉。

②侍食于君,君祭,先饭:侍食,陪餐。侍,在尊长旁陪着。君祭,古代临食之前必祭,君赐食则不祭。先饭,异说纷纭,姑且解作"先尝一尝饭"。

【今译】

国君赐给熟食,孔子一定坐正席位先尝一尝。国君赐给生肉,孔子一定煮熟后先供奉给祖先。国君赐给活物,一定先饲养起来。陪同国君吃饭,趁国君饭前祭祀的时候,自己先尝一尝饭。

【解难】

孔子尊君之赐

国君赐给熟食,孔子"正席先尝",如对其君,敬受君惠,然后再分赐于人,是尊君之赐。国君赐给生肉,孔子"必熟而荐之",先供奉给祖宗,不敢私吃独食,是荣君之赐。国君赐给活物,孔子"必畜之",无故不敢轻杀牲畜,是仁君之惠。陪同在国君身边吃饭,君祭而孔子先为君尝试饭菜,不以客礼自处,是尽臣之责。张居正《直解》:"盖每食必祭者,礼之常,然食于君前,则不敢以客礼自处。况君已先祭,自当统于所尊,此夫子所以不祭也。为君尝食者膳夫之职,然敬君之至,则不嫌以膳夫自居,此夫子所以先饭也,其侍食之尽礼如此。"

"君赐生,必畜之"句解

国君赐给孔子的牲畜还没有杀的,一定蓄养起来。一是不能无故杀生。二是等待祭祀时用。三是留存国君的恩惠。《礼记·玉藻》："君无故不杀牛，大夫无故不杀羊，士无故不杀犬豕。"不能非时宰杀。

【延伸阅读】

丰　收

曾孙之稼，如茨（cí）如梁。
曾孙之庾（yǔ），如坻（chí）如京。
乃求千斯仓，乃求万斯箱。
黍稷稻粱，农夫之庆。
报以介福，万寿无疆。

——《诗经·小雅·甫田》

大意　周王收割下来的庄稼，密如茅屋高如车顶梁。
装满周王的露天粮仓，高过那丘陵和小山岗。
还要建造一千个粮仓，还要准备一万个箩筐。
黍稷和稻粱五谷丰登，天下老百姓幸福无量。
感谢天老爷赐予厚福，祝愿周王室万寿无疆。

注释　曾孙，周王自称，相对神灵和祖先而言。茨，草屋顶。梁，车顶梁，一说桥梁。庾，露天粮囤。坻，小丘。京，大丘。介福，大福。

【10·19】

疾，君视之，东首，加朝服，拖绅。

【注释】
①君视之：君，指鲁哀公。视，探视，看望。
②东首：头向东方躺着。
③加朝服：盖上上朝时穿的礼服。
④拖绅：绅，官员束腰的大带，一端下垂。"绅"有"约束"之义。

【今译】
孔子病了，国君来探视，他头向东方躺着，盖上朝服，腰间拖着大带。

【解难】

孔子生病不废礼：东首拖绅盖朝服

此节说明孔子不因卧病在床而废君臣之礼。古代的房子，一般是门在东，窗在西，床在窗户下。"头向东"是为了国君一进门自己就能看见，正面对着国君，表示面向君主朝拜。"朝服"是上朝见国君穿的衣服，"绅"是士大夫束在腰间的大带,一端下垂。孔子病卧不能穿衣束带穿朝服,又不可以私服见君,所以盖朝服于身,又引大带于上,虽病卧也要着正装见君。

后用"拖绅"借指大臣生病。"缙绅"后来成为官员的代称。

【延伸阅读】

衣　带

古人的上衣外面要系带,大带用以束衣,革带用以佩物,革带不直接系在身上而是系在大带上。绅,是大带结住后余下下垂的部分,可以提起来临时当作记录本。《卫灵公篇》(15·6):"子路书诸绅。"站立时绅自然下垂,躺着时只好"拖"。见本篇:"加朝服,拖绅。"

【10·20】

君命召,不俟(sì)驾行矣。

【注释】
①召:上级令下级来见。
②驾:把车套在马身上。

【今译】
国君有命令召见,孔子不等车马备好就走了。

【解难】

孔子应君召之礼:国君召见,步行先走

孔子是大夫,国君召见时急赴君命,等不及车马备好,立刻徒步先行,唯恐不及。孔子作为大夫,依礼本不该徒步,但国君召见,事关重大,就是颠倒衣裳而走也不为过。可见孔子执礼的灵活性。

【延伸阅读】

急赴君命

凡君召以三节:二节以走,一节以趋。在官不俟屦(jù),在外不俟车。(《礼记·玉藻》)

大意　凡国君派人召见臣子共有三节:用二节召臣,臣就要跑步前往,用一节召臣,臣就要快走前往。这时,若臣在官署不等穿好鞋,若在朝外不等备好车马。

注释　节,是君派使者召见臣子所持的信物,玉石所做,形制不详。屦,鞋。

诸侯召其臣,臣不俟驾,颠倒衣裳而走,礼也。诗曰:"颠之倒之,自公召之。"天子召诸侯,诸侯辇舆就马,礼也。诗曰:"我出我舆,于彼牧矣。自天子

所，谓我来矣。"（《荀子·大略》）

大意 诸侯召见他的臣子时，臣子不等驾好车，没把衣裳穿整齐就跑，这是一种礼节。《诗经》说："颠倒歪斜穿衣裙，因为召我来自君。"天子召见诸侯，诸侯让人拉着车子去靠近马，这也是一种礼节。《诗经》说："战车推出套上马，急驰野外点兵场。我从天子身边来，奉命出征上前方。"

【10·21】

入太庙，每事问。

【注释】

此章重出。参见《八佾篇》（3·15）章。

【今译】

孔子进入太庙，每件事都要问一下。

【10·22】

朋友死，无所归，曰："于我殡（bìn）。"

【注释】

①无所归：没有地方归宿，即无人安葬。
②于我殡：于，由。殡，停棺待葬或送到墓地去埋葬，泛指丧葬事务。

【今译】

朋友死了，没有人来安葬，孔子说："由我料理丧事吧。"

【解难】

孔子待朋友之义：死了无人管，主动来安葬

朋友死了，因为没有家人或家人无力办丧事，以致死无归宿之地，没人来收殓、安葬。朋友以义和，孔子重情重义，亲自料理朋友丧事，使朋友之尸不至于被弃于沟壑野外，变成孤魂野鬼。《说文》："殡，死在棺，将迁葬，柩，宾遇之。"意思是死后尸体装在棺材中，将要迁去埋葬，叫做柩，用宾礼对待它，故叫殡。

【延伸阅读】

丧　礼

死而不吊者三：畏、厌、溺。
孔子与门人立，拱而尚右，二三子亦皆尚右。孔子曰："二三子之嗜学也。我

则有姊之丧故也。二三子皆尚左。"(《礼记·檀弓上》)

大意 人死了而不值得吊唁的有三种情况：因畏惧而自杀者、被垮塌的山岩危墙压死者、游泳逞能被淹死者。

孔子与学生们站着，他抱拳时右手在外，学生们也都右手在外。孔子说："你们几个学生太好学了。我右手在外，是因为我有姐姐的丧事，你们都应该左手在外。"

吉事尚尊，丧事尚亲。(《荀子·大略》)

大意 在吉庆的事中官位高的人位次在前，在丧事中与死者关系亲近的人位次在前。

【10·23】

朋友之馈，虽车马，非祭肉，不拜。

【注释】

①不拜：不拜谢。拱手弯腰以示感谢曰拜。

【今译】

朋友赠送东西，即使是车马，只要不是祭祀用过的肉，孔子也不拜谢。

【解难】

孔子受赠之礼：祭肉比车马重要

车马是家财之大者，是贵重的物品，但朋友有通财之义，所以即使朋友送来高车肥马，孔子也不拜谢。祭肉分给关系较近的人，最多分得四两，虽是礼之小者，但对朋友送来的祭肉行礼感谢，这是敬重朋友的祖先，是尊重神惠。因此，朋友交之以礼，不以财之轻重而定，而依礼而行。但车马若系国君所赐则不同。《礼记·玉藻》："君赐车马，乘以拜赐；衣服，服以拜赐。"意思是国君赐给臣下车马，臣下除了当时要拜谢外，第二天还要乘着车马去登门拜谢；国君赐给臣下衣服，臣下除了当时要拜谢外，第二天还要穿上衣服去登门拜谢。

【延伸阅读】

昆山之玉

西方重金而中国重玉。中国各个时代的艺术都有自己的代表作，如商周青铜器、汉代丝绸和漆器、唐代金银器和宋元瓷器，但有一种艺术品却能亘古未变，这就是玉器。玉石一类是软玉，另一类是硬玉，俗称翡翠。中国古书所说的"玉"，多指软玉。除了把玉器作为装饰品，还作为祭品。中国美玉以"昆山之玉"最为著名。新疆和田古称"于阗"。大量的和田玉在商代的帝王墓出现。1976年殷墟发现商王武丁嫔妃妇好墓，从中发掘出750多件玉石雕刻，雕琢之美，种类之多，令人叹为观止。为了满足人们对玉石的贪欲，成千上万的人穿越戈壁到昆仑山采玉，他们十之八九客死他乡。先秦思想家尸子感慨道："玉者，色不如雪，泽不如雨，润不如膏，光不如烛。取玉甚难，越三江五湖至昆仑之下，千人往，百人反（返）；百人往，十人至。中国覆十万之师，解三千之围。"（摘编自林梅村《丝绸之路考古十五讲》）

【10·24】

寝不尸，居不客。

【注释】

①寝不尸：睡觉不像尸体那样直挺着。

②居不客：居，坐（一说家居）。客，宾客。"客"字，另本作"容"，当以"客"字为是。

【今译】

孔子睡觉不像尸体那样直挺着，坐着不像做客那样端庄。

【解难】

孔子：寝不尸，居不客

寝而尸则放肆无礼，居而客则拘束做作。孔子睡觉或坐着时放松自在，比较随意，不像正式场合那样严肃。摊开四肢仰身而卧称"尸睡"，儒门有"睡不尸卧"之戒。"寝不尸"意思是睡觉应该微曲侧卧，不得像尸体那样直挺挺地躺着。

古人把"坐席"叫"居"。坐居、跪居是恭敬之居，箕踞是傲慢之居。臀部贴地，两腿张开，平放而直伸，像箕一样，叫"箕踞"。孔子平日也不像做客或接待客人那样跽坐。

【延伸阅读】

古诗选

夜凉疑有雨，院静似无僧。（宋·潘阆《夏日宿西禅院》）

蛩吟深夜月，人卧一庭花。（清·沈佩玉《月下睡起》）

揖让月在手，动摇风满怀。（南唐·后主李煜《咏扇》）

春风任花落，流水放杯行。（宋·晏殊《句》）

注释 蛩，音qióng，蟋蟀。

【10·25】

见齐衰（zī cuī）者，虽狎（xiá）必变。见冕者与瞽者，虽亵（xiè）必以貌。凶服者式之。式负版者。有盛馔（zhuàn），必变色而作。迅雷风烈，必变。

【注释】

①齐衰：见《子罕篇》（9·10）注释，此处泛指丧服，孝服。

②虽狎必变：狎，熟悉，亲近，与下文"亵"同义。必变，一定改变脸色。

③见冕者与瞽者，虽亵必以貌：冕，大夫以上官员戴的礼帽。瞽，指盲人乐师。貌，礼貌。

④凶服者式之：凶服，丧服，孝服。古代丧礼为凶礼，故丧服为凶服。式，同"轼"，车厢前横木，供立乘者凭扶，此作动词用，将手放在横木上。伏轼致敬，是一种礼节。站在车厢的人，手扶车前横木，俯身表示同情和敬意。

⑤负版：手持着国家图籍（地图和户籍）。负，背，引申为手持。版，国家图籍、档案。

⑥有盛馔，必变色而作：盛馔，丰盛的饭食。作，起立，回敬主人一杯。

⑦迅雷风烈，必变：迅，疾速。烈，猛。"必变"者，以敬天之怒。

【今译】

孔子见到穿孝服的人，即使是很熟悉的人也一定改变脸色以示哀悼。见到戴礼帽的人和盲人乐师，即使是很熟的人也一定以礼相待。乘车时，见到穿孝服的人便伏在车前横木上俯身致哀。见到手持国家图籍的人便伏在车前横木上俯身致敬。遇有丰盛的宴席，一定改变脸色起身回敬主人。遇有疾雷狂风，一定改变脸色以敬天之怒。

【成语】

迅雷风烈：雷电急速，风力猛烈，后比喻形势的急剧变化。

【解难】

孔子动容

圣人动容之间，各得其当。见有丧之人变容，是哀怜丧家；见有爵位的人以礼，是尊君之臣；见盲人以礼，是有恻隐之心；见手持国家图籍的人行礼，是敬邦之本；见美食款待而起身变容，是感谢主人盛情；遇到炸雷、狂风而变容，是畏天之威。

【参考】

古者丧服有负版，缀于领下，垂放之，方尺有八寸，《服传》所谓"负广出于适寸"者也。郑氏言：负在背上，适，辟领也。盖丧服之制，前有衰，后有负版，左右有辟领，此礼不见于世久矣。自秦、汉以来，未之闻。翟内翰公巽尝言：《论语》式负版，非版籍之版，乃丧服之版，以"子见齐衰者必式"为证。（宋·叶梦得《石林燕语》卷五）

【延伸阅读】

孔子不行轼礼

楚伐陈，陈西门燔（fán），因使其降民修之。孔子过之，不轼。子路曰："礼过三人则下车，过二人则轼。今陈修门者人数众矣，夫子何为不轼？"孔子曰："丘闻之，国亡而不知，不智；知而不争，不忠；忠而不死，不廉。今陈修门者不行一于此，丘故不为轼也。"（《说苑·立节》）

大意　楚国讨伐陈国，陈国的西门被烧坏，楚人就让投降的陈国百姓来修缮。孔子经过西门，没有扶轼行礼。子贡说："按照礼节，经过三个人就应该下车，经过两个人就应该扶轼。现在陈国修城门的人很多，先生您为何不扶轼行礼呢？"孔子说："我听说，自己的国家灭亡了都不知道哀痛，这是没有智慧；知道哀痛却不抗争，这是对国家不忠；忠于国家而不为国牺牲，这是没有气节。修缮城门的没有一个做到其中一点的，所以我不对他们扶轼行礼。"

注释　燔，焚烧。廉，气节。

【10·26】

升车，必正立执绥（suí）。车中，不内顾，不疾言，不亲指。

【注释】
①升车，必正立执绥：升，登，上。执绥，挽着绳索。绥，挽着上车的绳索。
②不内顾，不疾言，不亲指：内顾，向后看。疾言，快速说话。亲，亲自。刘氏《正义》据《礼记·曲礼上》云"车上不妄指"，疑"亲"字为"妄"字之误。指，指点。

【今译】
孔子上车时，一定端正站立挽着绳索。在车中，不回头看，不快速说话，不亲自指指点点。

【解难】

孔子乘车之礼

战国以前，马是专门用来拉车的；到了战国时代，才从匈奴学来了骑马。孔子登车，正立执绥。正立则心体正直，诚意庄肃；执绥则不会东倒西歪而失态；坐在车中观视有常,不回头看,以掩人私不备;不高声快语,以免惊扰别人;不亲自指东指西,以免迷惑赶车的人。

【延伸阅读】

乘 车

车所以立者何?制车以步,故立乘。车中不内顾者何?仰即观天,俯即察地,前闻和鸾之声,旁见四方之运,此车教之道。(《白虎通·车旂》)

【10·27】

色斯举矣,翔而后集。曰:"山梁雌雉(zhì),时哉!时哉!"子路共(gǒng)之,三嗅而作。

【注释】

①色斯举矣,翔而后集:色,人的脸色。举,飞起来。翔,回飞。集,群鸟栖息在树上。

②山梁雌雉,时哉!时哉:山梁,山脊。雉,野鸡。时,时宜。

③子路共之,三嗅而作:共,同"拱",拱手。嗅,当作"狊"(jú),鸟儿展翅。作,飞起。

【今译】

野鸡见到人的神色不对就飞了起来,盘旋观察后才栖息在树上。孔子说:"这些山梁上的母野鸡,得其时呀!得其时呀!"子路向它们拱拱手,野鸡拍了几下翅膀又飞走了。

【解难】

礼以时为大

山鸡见到人们的脸色不善,有捕获之意,就飞走了。盘旋回飞一阵观察可以安全停落时再择枝栖息。子路向山鸡拱手,山鸡以为有危险,拍拍翅膀迅速飞走了。山鸡是愚蠢之物,但观察细微,懂得时机,进退合宜,见到危险勇于退,欲栖先翔审于进。人也当见机而作,审择所处,去就不失正。

【参考】

"子路共之,三嗅而作"的解读不一。马恒君《论语正宗》认为《乡党篇》全是讲孔子的生活习惯,邢《疏》的解释才是合情合理的,即:共,具,准备;嗅,用鼻子闻气味;作,起。译为:"子路(误会了孔子的话语)逮到野鸡准备杀了给孔子吃。孔子闻了几下,站起来没有吃。"可参考。

【延伸阅读】

论时机

智者贵于乘时。(明·罗贯中《三国演义》第六十七回)

大丈夫相时而动。(清·曹雪芹《红楼梦》第四回)

识时务者为俊杰。(晋·陈寿《三国志·蜀志·诸葛亮传》)

时不可以苟遇，道不可以虚行。(唐·王勃《常州刺史平原郡开国公行状》)

时来天地皆同力，运去英雄不自由。(唐·李延寿《南史·梁本纪》)

玉在椟中求善价，钗于奁内待时飞。(清·曹雪芹《红楼梦》第一回)

注释 椟，木匣子。钗，妇女的首饰。奁，音 lián，盛化妆用品的盒子。

先进篇第十一

（共二十六章）

【11·1】

子曰："先进于礼乐，野人也；后进于礼乐，君子也。如用之，则吾从先进。"

【注释】

①先进于礼乐：先学习礼乐后做官。先进，先学。进，进修，深入学习。

②野人：乡野之人，即还未做官、没有爵禄的平民。

③君子：皇室的宗族子弟，即贵族，他们有世袭爵位和封地。

【今译】

孔子说："先学习礼乐的，是平民；后学习礼乐的，是贵族。如果选用他们，那么我赞同选用先学习礼乐的人。"

【解难】

孔子主张：先读书，后做官

朱熹《集注》："先进后进，犹言前辈后辈。"此不采。"进"谓进修，进德修业。"先进于礼乐"是先通过礼乐进德修业，意即先学习礼乐后做官。"野人"是出身平民、没有爵禄的人。"野人"先学习礼乐而后做官从政，国之俊选，不嫌出自卑贱。"君子"是出身皇族、享受世袭官禄的贵族。"君子"先通过世袭做官而后学习礼乐。孔子主张"学而优则仕"，认为"世卿非礼也"，对当时的卿大夫子弟承袭父兄的庇荫，不先学习而有俸禄，做官后再去学习的情况不满。先学后仕是成长正途，先仕后学是成长捷径。

刘氏《正义》："春秋时，选举之法废，卿大夫皆世袭爵禄，皆未尝学问。及服官之后，其贤者则思为礼乐之事，故称其时后进于礼乐为君子。"孔子主张选举制，祖述尧舜是因为尧舜选贤于众，但到禹时"不传于贤，而传于子"，开"家天下"之风，故"至于禹而德衰"。

【延伸阅读】

先进场

昔一士子将赴试,梦先进场,觉而语妻,喜曰:"今秋必魁多士矣。"妻曰:"非也。子不忆《鲁语·先进》第十一乎?"后果名在十一。(明·冯梦龙《智囊》)

大意 从前有个书生即将进京考试,梦到自己最先进入考场,醒来后对妻子高兴地说:"今年我一定考第一名,高中状元。"他的妻子说:"不会的。难道您忘了《鲁论》中'先进'是第十一章吗?"揭榜后,这位书生果然名列第十一。

注释 觉,睡醒。必魁多士,为多士之魁,即考第一名。鲁语,即今本《论语》,第十一篇是"先进"。

【11·2】

子曰:"从我于陈、蔡者,皆不及门也。"

【注释】

①不及门:不在孔子的门下受教。不及,不到。门,圣人之门,受教场所。

【今译】

孔子说:"随从我困在陈、蔡两国之间的弟子,都没有到我门下受业了。"

【解难】

孔子思念随他在陈、蔡受困的弟子

楚昭王欲聘用孔子,孔子前往应聘。走到陈、蔡两国之间时,两国大夫谋划说:"楚国用孔子,楚国必然强大,不利于我们小国,不如阻止他。"于是相与派兵围困孔子。孔子被陈国人包围,绝粮七天。从者病,莫能兴,此即"陈蔡之厄"。后来孔子回到鲁国,追思此事,想念弟子,感慨不已,说:"从前随从我一起被困于陈、蔡之间的学生,有的流散四方,有的聚徒讲学,有的他国做官,有的名震诸侯,全都没有到我门下受业了。"此章之叹,大概是在孔子七十岁以后了。

【延伸阅读】

孔子的三类弟子

孔子当年既无班级编制,又无课堂讲授,其弟子三千,贤人七十二,他教得过来吗?当时的老师,他们的学生由三部分人构成。一种是登堂入室,亲炙(亲受教育熏陶)师教者,即"受业""及门""入室"的弟子。二种是登记在册,不一定能见到老师,而由前者辗转传授,即"编牒""著录""在籍"的弟子。三种是"仰慕虚名、借资声气"的热心追随者,站在远处观望,一睹大师风采,学不到什么。

(摘编自李零《郭店楚简校读记》)

【11·3】

德行：颜渊、闵子骞、冉伯牛、仲弓。言语：宰我、子贡。政事：冉有、季路。文学：子游、子夏。

【注释】

①德行：道德品行，指奉行孝悌忠恕。
②言语：言辞辩说，指擅长辞令、宾主对答。
③政事：政治事务，指擅长治国理政。
④文学：文章博学，指熟悉古代文献。

【今译】

德行突出的：颜渊、闵子骞、冉伯牛、仲弓。擅长言语表达的：宰我、子贡。擅长处理政事的：冉有、季路。通晓古代文献的：子游、子夏。

【解难】

孔门的顶尖人才：四科十哲

此章详列孔门优秀弟子四科十人，即孔门十哲，其中德行四人，言语、政事、文学各两人。颜渊居十哲之首。仅观此十哲，就可见弟子术业有专攻，孔子因材施教，孔门人才大有可观。

德行科四人

颜渊：好学，不迁怒，不贰过；其心三月不违仁；箪食瓢饮，在陋巷，人不堪其忧，回也不改其乐；用之则行，舍之则藏，只有孔子和颜回能做到。

闵子骞：孔门弟子中唯一明确表示不做官的，屡辞费邑之宰，不做季氏之官；孝亲，人们找不到可以挑剔的地方，有"母在一子单，母去三子寒"的故事。

冉伯牛：伯牛患麻风病，孔子探望，痛惜不已："完了吧，这是天命啊！"

仲弓：有人君之度，有诸侯卿相之才，孔子赞曰："雍也可使南面。"

言语科二人

宰我：善于对答，《阳货篇》有"三年之丧"的讨论。宰予昼寝，被孔子批评："朽木不可雕也。"

子贡：能言善辩，称为"辩士"。善于经商而富。给孔子守墓长达六年。《韩诗外传》(卷九)："孔子与子贡、子路、颜渊游于武山之上，孔子喟然叹曰：'二三子各言尔志。'子贡曰：'得素衣缟冠，使于两国之间，不持尺寸之兵，升斗之粮，使两国相亲如兄弟。'孔子曰：'辩士哉！'"

政事科二人

冉有：长于政事，多才多艺。《公冶长篇》："求也，千室之邑，百乘之家，可使为之宰也。"《雍也篇》："求也艺，于从政乎何有？"

季路：子路做过季氏的家臣，故也称季路。能掌管军务，行事果断。《公冶长篇》："由也，千乘之国，可使治其赋也。"《雍也篇》："由也果，于从政乎何有？"

文学科二人

子游：长于文学和礼教。出任武城之宰，推行礼乐教化，孔子开玩笑地说："割鸡焉用牛刀？"

子夏：精通文献，是唯一被孔子称赞能启发自己的学生，可以和子夏谈论《诗》和《书》，见《八佾篇》。孔子去世后，他在西河授业，魏文侯聘他为师，是孔子弟子中唯一的帝王师。

【延伸阅读】

子夏食道而肥

子夏见曾子。曾子曰："何肥也？"对曰："战胜故肥也。"曾子曰："何谓也？"子夏曰："吾入见先王之义则荣之，出见富贵之乐又荣之，两者战于胸中，未知胜负，故臞（qú，清瘦）。今先王之义胜，故肥。"（《韩非子·喻老》）

【11·4】

子曰："回也非助我者也，于吾言无所不说。"

【今译】

孔子说："颜回不是有助于我的人，他对我的话没有不喜悦的。"

【解难】

孔子希望教学相长

圣人授业，也需贤人启发，以纠不全之偏。弟子质疑问难，师生相互讨论，孔子亦从中启发，所以孔子称赞子夏是能启发他的学生："起予者商（子夏）也。"颜回聪慧，对圣人之言，声入心通，无所疑惑，无疑不问，对孔子教学无益，故孔子称："回也非助我者也。"孔子希望教学相长，但圣人这里不是对颜回的批评，而是对颜回赞赏。参见《为政篇》（2·9）："吾与回言，终日不违，如愚。"

【延伸阅读】

丞相李公奏议后序

盖既薨（hōng）而诸子集其平生奏草，得凡八十卷。其言正大明白，而纤微曲折，究极事情；绝去雕饰，而变化开阖，卓荦（luò）奇伟。……顾尝论之：以为使公之言用于宣和之初，则都城必无围迫之忧；用于靖康，则宗国必无颠覆之祸；用于建炎，则中原必不至于沦陷；用于绍兴，则旋轸（zhěn）旧京，汛扫陵庙，以复祖宗之宇，而卒报不共戴天之仇，其已久矣。夫岂使王业偏安于江海之澨（shì），而尚贻吾君今日之忧哉！顾及使之数困于庸夫孺子之口，而不得卒就其志。……呜呼痛哉！昔蒯通每读乐毅之书，未尝不废书而泣，安知异时不有掩卷太息而垂涕于斯者耶？（宋·朱熹《丞相李公奏议后序》）

大意 李公死后，他儿子搜集他平生奏稿，共得八十卷。他的言论，既正大明白，又细微曲折，穷究事理，文字毫不雕饰，而笔端变化莫测，卓绝出众，奇特雄伟。……我曾经说过：如果李公的言论，能在宣和之初被采纳，那么京城一定不会有被围困的忧患；能在靖康年间被采纳，那么国家一定不会有被倾覆的祸患；能在建炎年间被采纳，那么中原故土一定不至于沦陷；能在绍兴年间被采纳，那么还都旧京、祭扫宗庙陵墓、光复祖宗国土，最后报不共戴天之仇的大业，恐怕早已完成了。又怎么会使帝王的基业偏安在江海之滨，给我们的君王留下眼前的忧患呢？但他的主张，却屡次遭到庸夫小人的诽谤干扰，不能最终实现他的志向。……唉！真是令人痛惜啊！从前蒯通每次读乐毅《报燕惠王书》，没有一次不放下文章哭泣。谁知道以后会不会有人读李公的奏议，也要合上书本，长叹流泪呢？

注释 这是朱熹在抗金名臣李纲的奏议后面写的一篇序文。李纲在高宗即位后拜宰相，但仅仅七十天就因小人的谗言而被罢免。他多次上疏建言，均未被采纳。薨，诸侯死。荦，明显。宗国，同姓诸侯国，这里指国家。旋轸，回车。轸，车后的横木，也用作车的别称。澨，水滨。蒯通，汉初人，善辩。乐毅，战国时燕国名将。

【11·5】

子曰："孝哉闵子骞！人不间（jiàn）于其父母昆弟之言。"

【注释】

①人不间于其父母昆弟之言：不间，没有非议。间，非议，异议。昆弟，兄弟。昆，哥。

【今译】

孔子说:"孝顺啊闵子骞!人们对于他父母兄弟(称赞他)的话没有异议。"

【解难】

闵子骞:公认的孝子

闵子骞上事父母,下顺兄弟,动静尽善,人们对于他的父母兄弟称赞他的话都没有异议。若仅是家人说闵子骞孝顺,可能不全是真话,因为父子互隐,但外人一致肯定,可见其孝顺是名副其实。

河南范县闵村公西华、闵子骞墓对联曰:"宗庙会同孰能为之大;父母昆弟人不间其言。"

【延伸阅读】

闵子两弟

闵子曰:"母在一子寒,母去三子单。"二子何人,经传罕见。有人至山东,谒闵子祠,见正像傍立二主,乃闵子两弟也。一名蒙,一名革,家庙所奉,必有可据,况以卦命名,尤不谬也。(清·梁绍壬《两般秋雨盦随笔》)

不怨后妈

闵子骞的母亲死后,父亲再娶,继母生了两个儿子。闵子骞给父亲驾马,衣服单薄,双手冰冷抓不住缰绳。回家后,父亲发现续弦生的两个儿子衣服厚实,就对她说:"我娶你是为了让我的儿子生活得更好,现在你让我的儿子饱受饥寒,你走吧。"闵子骞上前说:"母在一子寒,母去三子单。"父亲听后默不作声,继母也十分后悔。

闵子骞不怨后妈的故事,被人赞曰:"闵氏有贤郎,何曾怨晚娘?尊前贤母在,三子免风霜。"

【11·6】

南容三复白圭,孔子以其兄之子妻(qì)之。

【注释】

①南容三复白圭:南容,孔子的学生,见《公冶长篇》(5·2)章。三复,多次说。《韵会》:"复,白也"白圭,指《诗经·大雅·抑》的诗句:"白圭之玷(diàn),尚可磨也;斯言之玷,不可为也。"意思是白玉上面有污点,还可把它磨干净;若是说话出差错,无法把它再磨平。

②以其兄之子妻之:子,女子,古代儿女都称子。妻之,嫁给他做妻子。

【今译】

南容不断重复"白圭之玷，尚可磨也；斯言之玷，不可为也"的诗句，孔子把哥哥的女儿嫁给他做妻子。

【成语】

一日三复：一天之内反复地吟诵或玩味。

三复斯言：多次重复这句话，形容反复体会某句话。

【解难】

南容说话谨慎，孔子侄女嫁给他

南容何以一日三复斯言？是为了提醒自己说话要谨慎，不能口无遮拦，信口开河，否则覆水难收，祸从口出。慎言才能寡过。此即邦有道所以不废，邦无道所以免祸之秘诀。孔子选侄女婿要选谨慎可靠的，选女婿要选有专长、有气节的。

【延伸阅读】

婚姻要找贫寒人家

婚姻素对，靖侯成规。近世嫁娶，遂有卖女纳财，买妇输绢，比量父祖，计较锱铢，责多还少，市井无异。或猥婿在门，或傲妇擅室，贪荣求利，反招羞耻，可不慎欤？（南北朝·北齐·颜之推《颜氏家训·治家篇》）

大意　婚姻要找贫寒人家，这是当年祖宗靖侯定下的规矩。近代嫁娶，就有收受财礼出卖女儿的，输送绢帛买进儿媳妇的，比量父祖门庭，计较锱铢钱财，索取多而回报少，这和做买卖没有区别，以至于有的门庭里弄来个下流女婿，有的屋里主事权操纵在恶儿媳妇手中，贪荣求利，反招来耻辱，能不审慎吗？

【11·7】

季康子问："弟子孰为好学？"孔子对曰："有颜回者好学，不幸短命死矣，今也则亡（wú）。"

【注释】

①季康子：季孙肥，鲁哀公时为相。

②今也则亡：亡，同"无"，参见《雍也篇》(6·3)。

【今译】

季康子问孔子："你的学生中谁是好学的？"孔子回答说："有一个叫颜回的学生好学，不幸短命死了，现在就没有这样的人了。"

【解难】

孔子答季康子之问：颜回好学，不幸短命

颜回小孔子三十岁，名列德行科第一，是孔子向鲁哀公和季康子推荐的唯一好学的弟子，但"不幸短命早死矣"。颜回比孔子早两年去世，四十一岁而卒。不应生而生为幸，不应死而死曰不幸。死于父母之前为短命，不论年岁多大。孔子认为，颜回是一位跟他讲课、谈话而不疲倦的学生，"语之而不惰"。颜回能触类旁通，举一反三，闻一知十，孔子认为自己和子贡都赶不上颜回。孔子还认为，颜回与自己一样，"用之则行，舍之则藏"。孟子给予颜回的评价曰："禹、稷、颜回同道……禹、稷、颜子，易地则皆然。"意思是禹、稷、颜回走的是同一条道路……要是互换一下位置，都会做得像对方一样好。

【延伸阅读】

王国维墓志铭

先生之著述，或有时而不章；先生之学说，或有时而可商；惟此独立之精神，自由之思想，历千万祀，与天壤而同久，共三光而永光。（摘编自陈寅恪《王国维纪念碑碑文》）

【11·8】

颜渊死，颜路请子之车以为（wèi）之椁（guǒ）。子曰："才不才，亦各言其子也。鲤也死，有棺而无椁。吾不徒行以为（wèi）之椁，以吾从大夫之后，不可徒行也。"

【注释】

①颜路请子之车以为之椁：颜路，即颜无繇（yóu），字路，颜渊之父，也是孔子的学生，小孔子六岁。请子之车，请求孔子用车。之，用。以为之椁，来给颜回买椁。椁，古代大官的棺木至少两重，内曰棺，外曰椁。

②鲤：孔鲤，字伯鱼，孔子的儿子，死时五十岁，当时孔子七十岁。

③不徒行：是委婉拒绝颜路之请。徒行，步行。

④从大夫之后：跟从在大夫行列的后面，是"当过大夫"的谦辞。孔子做过鲁国大司寇，是大夫之位。大夫有车，不能步行。参见《宪问篇》（14·21）："以吾从大夫之后，不敢不告也。"

【今译】

颜渊死了，他的父亲颜路请求孔子卖掉他的车子来给颜渊买个外椁。孔子说："不管有才能与否，说来都是自己的儿子。孔鲤死后，也是有棺无椁。我没有卖掉

车子步行来给他买椁，因为我曾做过大夫，是不可以徒步出行的。"

【解难】

孔子劝颜路：颜回丧事莫违礼，我是大夫不步行

颜回是孔子最得意的弟子，加之颜路家贫，所以颜路请求孔子卖车给颜回置办椁。"才"指颜渊，"不才"指孔鲤。孔子说，过去我儿子死了，我没卖车买椁；难道现在你儿子死了，还要让我卖车给你儿子买椁？虽然我儿子不及你儿子有才，但人们总是说自己的孩子好，有才与不才各是一回事。你儿子死了，你家里又贫困，办丧事要量力而行；颜渊死了，于我犹如丧子之痛，但我曾位居大夫之列，若卖车步行，就违背了礼。

凡事不得超越礼的规定。颜回虽贤，孔鲤虽亲，但皆无职位级别，不应厚葬，更不能把做过大司寇的孔子的车卖了给无职位级别的颜渊买椁。类似的，如孔子批评季氏用八佾之舞、祭祀泰山等。

"以吾从大夫之后，不可徒行也"解：古代达官贵人都要乘车。《汉书·董仲舒传》："乘车者，君子之位也；负担者，小人之事也。"车成为等级制度的一部分，两马是诸侯的卿平时所乘之车，汉代六马为天子之车，车制等级不得僭越。同时，该乘车而不乘车也是社会舆论所不倡导的。"从大夫之后"是谦辞，孔子这时正做鲁国大夫，大夫必须乘车。（摘编自许嘉璐《中国古代衣食住行》）

【延伸阅读】

孔子后代

儿子：孔鲤。孔子二十一岁时得独生子孔鲤，传说鲁昭公派人送来一条大鲤鱼表示祝贺。孔子以国君亲自赐鲤鱼为荣，给儿子取名为鲤，字伯鱼。孔鲤死时五十岁，孔子当时七十岁。孔鲤一生无建树。

孙子：孔伋（jí），孔鲤的儿子，字子思。《通训定声》："伋，当训急思也。"孙伋的名与字义同。他继承发展了孔子学说，相传其著《中庸》，后世称之为"述圣"。孟子是孔伋的再传弟子。《史记·孟子荀卿列传》："孟轲，邹人也。受业子思之门人。道既通，游事齐宣王，宣王不能用。"

曾孙：孔白，孔伋的儿子，字子上，相传博览群书。

【11·9】

颜渊死。子曰："噫（yī）！天丧（sàng）予！天丧予！"

【注释】

①噫：悲痛、叹息之声。

【今译】

颜渊死了。孔子说："唉！天亡我！天亡我！"

【解难】

颜回去世，孔子痛失传道人

颜回是孔子第一高足，追随孔子奔走六国，穷居陋巷不改其乐，好学深思闻一知十，四十一岁而卒。孔子伤心不已，连呼"天亡我"，天丧其人，若丧己也。既痛惜贤人短命，更伤悼天亡孔道，道之无传。皇《疏》："夫圣人出世，必须贤辅，如天将降雨必先山泽出云。渊未死，则孔道犹可冀，纵不为君，则亦得共为教化；今渊既死，是孔道亦亡，故云天丧我也。"

【延伸阅读】

《春秋繁露》选

颜渊死，子曰："天丧予。"子路死，子曰："天祝予。"西狩获麟，曰："吾道穷，吾道穷。"三年，身随而卒。阶此而观，天命成败，圣人知之，有所不能救，命矣夫。（汉·董仲舒《春秋繁露·随本消息》）

注释　祝，断绝。阶，由。

【11·10】

颜渊死，子哭之恸。从者曰："子恸矣！"曰："有恸乎？非夫人之为（wèi）恸而谁为（wèi）？"

【注释】

①恸：哀过，即悲哀过度。
②非夫人之为恸而谁为：夫人，这人，指颜渊。谁为，"为谁"的倒装。

【今译】

颜渊死了，孔子哭得极其悲伤。随从的人说："您悲伤过度了！"孔子说："是悲伤过度了吗？我不为这个人悲伤，还为谁悲伤呢？"

【解难】

颜回去世，孔子恸哭

孔子是圣人，悲喜有节。弟子颜回死后，他放声大哭，哀伤之至，显得有些失态竟不自知。一则这是师生情谊的真情流露，一则是颜回之死极令人痛惜，哭之宜恸，非他人可比。

金庸的小说《书剑恩仇录》中，乾隆皇帝送给陈家洛的一块玉佩上有这样几句话："慧极必伤，情深不寿，强极则辱，谦谦君子，温润如玉。"是说做事把握好度，否则物极必反。

【延伸阅读】

郭文雄

郭名文雄，山西介休人，年四十以诸生贡入京师，得授是官，寻卒。吏民聚哭于庭，阖县皆罢市往吊，发其橐（tuó），敝衣数事而已。无子，丧不能归。县人共买地，葬于马鞍山，更立祠其旁，岁时祀焉。葬之日，他邑来会者数万人，吏民哭之如其私亲。（清·王晫《今世说》）

注释　以诸生贡入京师，以秀才的身份被荐举入京师国子监读书。诸生，秀才的通称。贡，举荐。寻卒，不久去世。阖县，全县。发其橐，打开他的口袋。敝衣数事，破衣几件。事，件。

【11·11】

颜渊死，门人欲厚葬之，子曰："不可。"门人厚葬之。子曰："回也视予犹父也，予不得视犹子也。非我也，夫二三子也。"

【注释】

①视予犹父：把我如同父亲一样看待。犹父，如同父亲一样。下句"犹子"，如同儿子一样。晋潘岳《杨仲武诔》："尔休尔戚，如实在己。视予犹父，不得犹子。"

【今译】

颜渊死了，同学们打算隆重安葬他，孔子说："不能。"学生们仍然隆重地安葬了他。孔子说："颜回呀，你把我如同父亲一样看待，我却不能把你如同儿子一样看待。这不是我的主意啊，是你那些同学这样做的啊。"

【解难】

颜回去世，门人坚持厚葬，孔子反对无效

《礼记·王制》："丧从死者，祭从生者，支子不祭。"意思是办丧事的规格是依据死者的爵位来定，而祭祀的规格是依据主持祭祀者（孝子）的爵位来定，不是嫡长子就不能主持祭祀。

"厚葬"是不惜财力地隆重安葬。颜回未出仕，对其厚葬则不合礼，况颜回家贫；即使富有，也不能逾礼厚葬，所以孔子说"不可"。但颜回的父亲颜路有厚葬儿子之意，所以孔子的学生还是厚葬了颜回。孔子与颜回虽属师生，情同父子，但

颜父和其弟子欲厚葬颜回,孔子也无法阻止。

【延伸阅读】

薄 葬

《易经·系辞下传》:"古之葬者,厚衣之以薪,葬之中野,不封不树,丧期无数,后世圣人易之以棺椁。"古人丧葬,只用柴草厚厚地包裹遗体,掩埋在荒郊野外,不修坟墓也不植树作为标志,没有固定的服丧期限。后代圣人用棺椁取而代之。舜到南方巡狩,死于苍梧之野,随之安葬在长江之南的九嶷山。夏禹之时,死于陵者葬于陵,死于泽者葬于泽。墨家讲薄葬,儒家讲厚葬,但孔子主张丧事要量力而行,反对铺张浪费。在秦代以前,天子诸侯死后很少有平地起陵者,大多以山为坟,大约到了秦代才开始造陵,西安骊山脚下的秦始皇陵堪称华夏第一陵。

【11·12】

季路问事鬼神。子曰:"未能事人,焉能事鬼?"曰:"敢问死。"曰:"未知生,焉知死?"

【注释】
①季路问事鬼神:季路,即仲由,字子路,孔子的学生。事鬼,指祭祀之事。
②敢问死:敢,谦辞,犹冒昧。

【今译】
季路问侍奉鬼神的事。孔子说:"还没能侍奉好活人,怎么能侍奉鬼呢?"季路说:"我冒昧地问一下死是怎么回事。"孔子说:"还不知道生,怎么知道死呢?"

【解难】

孔子的鬼神观:未能事人,焉能事鬼;未知生,焉知死

"鬼"指生物死后之魂,"神"指神仙。孔子重视现世,重视人,一个人要做到了孝亲敬老,敬事而信,忠君爱国,做好了事上、待下、处己,再说侍奉鬼神的事。他认为,侍奉人比侍奉鬼更重要,知道生命来源比知道死后去向更重要。待人与待鬼神道理相同,尽到了"事人"的礼仪也就尽到了"事鬼"的礼仪。程颐:"尽事人之道,则尽事鬼之道。……或言夫子不告子路,不知此乃所以深告之也。"

【延伸阅读】

殷人尊神　周人事人

殷人尊神，率民以事神，所以殷礼以祭鬼神为核心。殷人事无巨细都占卜问神，迁都、祭祀、收成、疾病、生育、出行、升贬，无事不占卜；山川、日月、星辰、社稷、风雨、鬼神，四季忙祭祀。

周人尊礼尚施，事鬼神而远之，所以周礼以祭祖先为核心。周人吸取商纣王灭亡的教训，认为"皇天无亲，惟德是辅；民心无常，惟惠之怀"（《尚书·周书·蔡仲之命》）。鬼神不可怕，为政以德，敬德保民，国家才能长治久安。所以，西周的礼乐，将殷人的服务于神转变为服务于人。

【11·13】

闵子侍侧，訚訚（yín yín）如也；子路，行行（hàng hàng）如也；冉有、子贡，侃侃如也。子乐。"若由也，不得其死然。"

【注释】

①闵子侍侧：闵子，即闵子骞。侍侧，陪侧，在尊者旁边陪着。

②訚訚：谦和恭敬的样子。闵子骞孝顺，故訚訚。《乡党篇》（10·2）："与上大夫言，訚訚如也。"

③行行：刚强的样子。子路好勇，故行行。

④侃侃：坦率刚正的样子。冉有长于政事，子贡长于辞令和经商，故侃侃。参见《乡党篇》（10·2）。

⑤不得其死然：不得好死，谓不能寿终。得，能。其，他。然，语气词，用于句末，表断定语气，相当于"焉""也"。"然"与"焉"古同声。《宪问篇》（14·5）："俱不得其死然。"

【今译】

闵子骞陪在孔子身旁，谦和恭敬的样子；子路，刚强的样子；冉有、子贡，坦率刚正的样子。孔子很高兴。孔子说："像仲由（子路）那样啊，怕是不得好死啊！"

【成语】

不得其死：得不到好死，指死于非命。也用于咒骂恶人，不得善终。义同"不得好死"。

【解难】

孔子：子路刚强，不得好死

此章是孔子告诫子路性格不能过于刚硬，以免招祸。子路总是雄赳赳气昂昂，

310

孔子预言其不得寿终,以此告诫子路。子路有兼人之勇,行事鲁莽,后来死于卫国孔悝(kuī)之难,在宫廷政变中为保卫孔悝而战死。子路临死前,也不忘老师的教导,结缨正冠,说:"君子死而冠不免。"孔子闻听此事,非常悲痛,吩咐倒掉厨房里的肉酱。

【参考】

"子乐"辨误。南宋孙奕《履斋示儿编》:"'子乐'必当作'子曰',声之误也。始以声相近而转'曰'为'悦',继又以义相近转'悦'为'乐'。知由也不得其死,则何乐之有?"

【延伸阅读】

古诗选

分得两头轻与重,世间何事不担当。(金·佚名神童《咏扁担》)
雷风有约春虬起,霜露无情紫蕙枯。(宋·李堪《句》)
但有路可上,更高人也行。(宋·龚林《登泰山行》)

【11·14】

鲁人为长府。闵子骞曰:"仍旧贯,如之何?何必改作?"子曰:"夫(fú)人不言,言必有中。"

【注释】

①鲁人为长府:鲁人,刘氏《正义》认为指鲁昭公。这里不直点其名,有委婉批评之义,是春秋笔法。杨伯峻《论语译注》认为:"鲁人"的"人"是指其国的执政大臣,这是"人"和"民"的区别。为,改建。长府,鲁国藏货财的国库名,是内府,在鲁君宫内。府,藏钱帛曰府,藏兵甲曰库。

②仍旧惯:照老样子,指不必拆旧建新。仍,依照,根据。贯,例,事。

③改作:改旧建新,重建。

④夫人不言,言必有中:夫人,这个人,指闵子骞。中,中肯,中理。

【今译】

鲁国官员要重建国库长府。闵子骞说:"照老样子,怎么样?何必改旧建新呢?"孔子说:"这个人平时不多言,但一说话就一定中肯。"

【成语】

一仍旧贯:完全按照旧例。

言必有中:说话就说到点子上。

【解难】

孔子称赞闵子骞：夫人不言，言必有中

鲁国有藏货币财物的长府，鲁昭公想要拆除重建，工程即将上马。闵子骞没有直陈其弊端，而是委婉地说：长府并没有朽坏不堪，还可以维持现状，继续使用，何必大兴土木，拆除重建呢？这样做，一是不用民力，减少民怨；二是不费财力，减少支出；三是不引猜疑，减少谣言；四是昭示节俭之德。故孔子赞其"夫人不言，言必有中"。闵子当时虽无谏诤之责，但以微言讽劝此事。

【延伸阅读】

以百姓为天

齐桓公问管仲曰："王者何贵？"曰："贵天。"桓公仰而视天。管仲曰："所谓天，非苍茫之天也。王者以百姓为天。百姓与之则安，辅之则强，非之则危，倍之则亡。"（汉·韩婴《韩诗外传》卷四）

注释 与，亲附。倍，通"背"。

【11·15】

子曰："由之瑟奚为于丘之门？"门人不敬子路。子曰："由也升堂矣，未入于室也。"

【注释】

①由之瑟奚为于丘之门：由，即仲由，字子路。瑟，弦乐器。奚，怎么。为，弹。丘，孔子自称。

②由也升堂矣：升堂，登上厅堂。堂，阶上室外之处。

③未入于室：室，房室，内室。古人的房屋，阶上为堂，堂后为室。先入门，再升堂，最后入室，由低到高，由外到内。

【今译】

孔子说："仲由弹瑟怎么弹到了我孔丘门口呢？"同学们因此不尊敬子路。孔子便说："仲由的学问已经登入堂中了，只是还没有进入室内罢了。"

【成语】

升堂入室：登上正厅，进入内室。先入门，次升堂，后入室，表示做学问的几个阶段。升堂仅次于入室，入室比喻达到了最高境界。后用于称人在学业造诣上逐步精深。又作"登堂入室"。

【解难】

孔子评价子路：由也升堂，未入于室

瑟，是拨弦乐器，似琴，长近三米，古有五十根弦，平放演奏。古代读书人，无故不去琴瑟，以陶冶性情，涵养德性。孔子授六艺，子路会弹瑟。不同个性的人喜欢弹奏不同风格的乐曲，闻声可以知人。

孔子好中庸，喜欢温和之声，合于《雅》《颂》之节；瑟声和缓，使人悠游自得。子路好勇暴躁，气血亢奋，鼓瑟铿锵，有杀伐之声。而孔门乃文雅之地，非用武之处，刚武之人不得弹奏杀伐之声于夫子之门，故孔子矫正其个性之偏而批评他，同学尊敬老师而轻慢他。

子路未获琴德，同学们不尊敬子路，老师于是说，子路并不是不值得尊敬，他也有长处，他的学问好比升堂入室，已升堂，只是还未入室，弟子不可轻慢子路。要入室必先登堂。进入室内比喻功夫"到家"。子路已升堂，颜回已入室，堂、室皆指造圣贤之域。钱穆著作《学籥》之"学问之入与出"篇："得其门而入是第一步，升堂则入较深。但升堂后，还要能入室，此则更深入了。"

琴瑟皆有德。《白虎通·礼乐》："琴者，禁也。禁人邪恶，归于正道，故谓之琴。"《玉海·瑟》："庖羲氏作瑟，瑟，洁也。使人精洁于心，淳一于行也。"

【延伸阅读】

文言助词

文用助字，柳子厚论当否，不论重复。《檀弓》曰："南宫绦之妻之姑之丧。"退之亦曰："吾年未四十，而视茫茫，而发苍苍，而齿牙动摇。"（宋·邵博《邵氏闻见后录》卷十二）

杨植《许由庙碣》云："尧而许之，日而月之。"独孤及《仙掌铭》："日而月之，星而辰之。"盖本《庄子》："尸而祝之，社而稷之。"（清·阮葵生《茶余客话》卷十）

太祖皇帝将展外城，幸朱雀门，亲自规画，独赵韩王普时从幸。上指门额问普曰："何不只书'朱雀门'，须著'之'字安用？"普对曰："语助。"太祖大笑曰："之乎者也，助得甚事？"（宋·文莹《湘山野录·续录》）

注释 赵韩王普，即赵普，追赠韩王，与赵匡胤发动陈桥兵变，是北宋开国功臣、宰相，自称以"半部《论语》治天下"。

【11·16】

子贡问："师与商也孰贤？"子曰："师也过，商也不及。"曰："然则师愈与（yú）？"子曰："过犹不及。"

【注释】

①师与商也孰贤：师与商，颛孙师（子张）和卜商（子夏）。贤，优秀。

②然则师愈与：然则，既然这样，那么。愈，胜过，更胜一筹。与，同"欤"。

③过犹不及：过，过头，过分。犹，跟……一样。不及，赶不上，达不到。

【今译】

子贡问孔子："子张和子夏谁优秀呢？"孔子说："子张做过了头，子夏做得不够。"子贡说："既然这样，那么是子张更胜一筹吗？"孔子说："做过头和赶不上是一样的。"

【成语】

过犹不及：事情做得过头跟做得不够是一样的，都不合要求。指必须恰如其分。

【解难】

孔子：子张过头，子夏不及，过犹不及

礼以制中，抑其过中，引其不及，使归于中。道以中庸为至，太过和不及都不合于中道，皆需矫正其偏。子张、子夏的个性俱未得中，子张志向高远，希望从政推行大道，言行偏激常过头；子夏名列文学科，熟通古代典籍，言行拘谨温和有所不及。言行过头与言行有所不及相当，故不能说二人孰优孰劣，只是个性差异。

【延伸阅读】

子夏气节

子夏贫，衣若悬鹑。人曰："子何不仕？"曰："诸侯之骄我者，吾不为臣；大夫之骄我者，吾不复见。柳下惠与后门者同衣而不见疑，非一日之闻也。争利如蚤甲而丧其掌。"（《荀子·大略》）

大意 子夏贫穷，衣服破烂得就像悬挂着鹌鹑。有人问："你为什么不做官？"子夏回答说："诸侯看不起我的，我不做他的臣子；大夫看不起我的，我不想再见他。柳下惠和看门的人穿着同样的破烂衣服而不被怀疑，这不是一天的传闻了。争夺私利就像得到了指甲而失去了手掌。"

注释 悬鹑，比喻衣服破烂。蚤，通"爪"。

【11·17】

季氏富于周公，而求也为之聚敛而附益之。子曰："非吾徒也，小子鸣鼓而攻之，可也。"

【注释】

①季氏富于周公：季氏，季孙氏。周公，周朝的公侯，爵位为世袭。可能是周公旦的后代，但此处不是周公旦。

②求也为之聚敛而附益之：求，冉求，即子有。聚敛，到处搜刮。附益，增加更多。

③非吾徒：不是我的门徒，绝之之辞。

④小子鸣鼓而攻之：小子，学生。鸣，敲响。古代责罪者则鸣鼓。攻，声讨，谴责，以言责之。

【今译】

季孙氏比周朝的公侯还富有，但是冉求还替他到处搜刮而增加更多的财富。孔子说："冉求不是我的门徒了，同学们可以敲起鼓去声讨他啊！"

【成语】

鸣鼓而攻之：大张旗鼓地讨伐、谴责。

【解难】

孔子批评冉求：助人为恶

周朝公侯劳苦功高，位尊禄厚，受赏最多，其富有理所当然。而季氏是鲁国之卿，他富于周公，必定是攘夺公家，增重赋敛，刻剥百姓。冉求作为季氏的家臣，理应直道事人，劝谏阻止，匡正其恶，但他心术不正，急于仕进，非但不劝阻，反而助其敛财，增加季氏的财富。冉求的做法与孔子的仁义之道背道而驰，所以孔子气愤地说："冉求不是我教的学生！同学可以敲起鼓一起去声讨他的错误，使他知错而改。"人生在世最大的惩罚，就是众人尽知你的过错，使你藏身无地。尽管冉求受到老师最严厉的批评，但并未影响师生关系，他说服季康子迎回了在外漂流十四年的孔子。

【延伸阅读】

孔子堕三都

"堕"（huī），毁坏城墙的意思，后用"隳"表示；"三都"，春秋时期鲁国三家大夫（季孙氏、孟孙氏、叔孙氏，即三桓）的私邑，是势力盘踞的城堡，分别是季孙氏的费邑、孟孙氏的成邑、叔孙氏的郈（hòu）邑，皆在今山东省内。"堕三都"相当于一次拆除高官的违章建筑的专项行动，由孔子牵头实施，后告失败，孔子最终弃政游历。

周朝规定，贵族诸侯的城墙不得超过十八尺，以防范他们造反。但诸侯国中，鲁国"三桓"共同掌控国家大权，无视此规定，还经常做出违背君臣之礼的事，比如"八佾舞于庭"，孔子对此深恶痛绝。公元前498年（鲁定公十二年），为加强君权，强干弱枝，时任大司寇、摄相权的孔子提出"堕三都"的建议，并在鲁定公的支持下于公元前 497 年开始实施，也就是推掉"三桓"城邑城墙多出十八尺的部分。孔子先以"家不藏甲，邑无百雉（方丈为堵，三堵为雉，百雉为城）之城"的道理说服"三桓"和鲁定公，出现了"行乎季孙三月不违"的局面。接着派子路去拆毁城墙。叔孙氏先把城墙拆了，接着季孙氏也拆除了城墙。等到将要推掉孟孙氏的城墙时，孟孙氏假装不知，暗中派出家臣出面违抗。鲁定公亲自率师包围城堡，但未能攻克。这样，三家贵族被削弱两家，成邑未堕，但已不能为患，一个月后不费兵卒而自堕。这一事件，孔子在政治上虽然取得了胜利，但也暴露了孔子和"三桓"的尖锐矛盾。齐国担心"孔子为政必霸"，给鲁君送来"女乐""文马"，鲁定公与季桓子接受下来，遂怠于政事。孔子参加祭祀，没人给他送来祭肉。于是孔子不得不放弃政治，离开鲁国，踏上了长达十四年的周游列国之旅。

【11·18】

柴也愚，参（shēn）也鲁，师也辟（pì），由也喭（yàn）。

【注释】

①柴也愚：柴，即高柴，字子羔，矮丑，小孔子三十岁，孔子的学生。愚，智不足，厚有余。

②参也鲁：参，即曾参。鲁，迟钝，笨拙。

③师也辟：师，即颛孙师，字子张。辟，偏激。

④由也喭：由，即仲由，字子路。喭，鲁莽，刚烈。

【今译】

高柴愚笨，曾参笨拙，颛孙师偏激，仲由鲁莽。

【解难】

孔子评价四位弟子的不足

高柴、曾参、颛孙师、子路皆孔门高足，虽受圣教，但各有所短：高柴好仁过头，有些愚笨；曾参质胜于文，有些笨拙；颛孙师心浮气躁，有些偏激；子路有勇无谋，有些鲁莽。孔子直言弟子短处，希望其扬长避短，愚鲁者充实以学说，偏激者涵养其静气，鲁莽者文饰以礼乐，纠偏扶正，归于中正。

此章之首，疑脱"子曰"二字。一说此为孔子平时零碎议论，门人汇录于此，故不用"子曰"冠首。

曾 子

春秋末鲁国南武城（今山东费县）人。名参，字子舆，孔子的学生，以孝著称，《大戴礼记》中记载有他的言行。他提出"吾日三省吾身"的修养方法，认为"忠恕"是孔子"一以贯之"的思想；提出"慎终追远，民德归厚""犯而不校"等主张。相传曾参著《大学》，后被尊为"宗圣"。

【延伸阅读】

称　呼

古人称呼简质，如足下之称，率施于尊贵者，盖不能自达，因其足下、执事之人以上达耳。后世遂定以天子称陛下，诸王称殿下，宰相称阁下。今平交相谓亦称阁下，闻人称足下则不喜矣。（明·陆容《菽园杂记》卷十三）

注释　足下，下称上的敬辞，战国时期多用来称君主。自达，自己尊称自己。执事，管事的人，是对对方的尊称。上达，对上尊称。

【11·19】

子曰："回也其庶乎，屡空。赐不受命，而货殖焉，亿则屡中。"

【注释】

①其庶乎：其，大概。庶，差不多，接近。
②屡空：常常陷入贫穷。空，贫穷，匮乏。
③赐不受命：赐，即端木赐，字子贡。不受命，不认命。
④货殖：聚集财物以生殖利息，即经商。货，财物。殖，生。
⑤亿则屡中：亿，同"臆"，猜测。屡中，常常猜中。

【今译】

孔子说："颜回的道德大概完美了吧，却常常空空如也。端木赐不认命，因而经商，预测市场行情常常能猜中。"

【解难】

孔子：颜回屡空，子贡屡中

颜回道德接近完美，虽经常陷入穷困，但安贫乐道，箪食瓢饮，身在陋巷亦不改其乐。子贡不甘心命运的安排，热衷于经商，常常能准确预测市场行情，其生财致富，结驷连骑，富比陶朱（春秋范蠡），"七十子之徒，赐最为饶益"。

【延伸阅读】

司马迁的困惑：善恶报应

有人说："天道没有偏私，总是帮助好人。"像伯夷、叔齐，是不是好人呢？他们积累仁德，保持高洁的品性，却最终饿死。再说孔子七十二名学生中，只有颜渊被推重为好学。然而颜渊总是穷困缠身，连粗劣的食物都吃不饱，最终早逝。天道对好人的报偿，又是怎样的呢？盗跖滥杀无辜，烤人的心肝当肉吃，凶残放纵，聚集党徒几千人横行天下，竟然长寿而终。这是遵循的什么道德呢？这是极其显著的事例啊。至于说到近代，那些不走正路、违法犯禁的人，却能终生安逸享乐，过着富裕优渥的生活，世世代代都不断绝。而有的人，选好地方才肯迈步，机会适宜才肯说话，走路不敢经由小路，不是公正的事决不发愤去做，像这样小心审慎而遭祸灾的人，数都数不过来。我深感困惑不解，倘若有所谓天道，那么这是不是天道呢？（参见《史记•伯夷列传》）

【11•20】

子张问善人之道。子曰："不践迹，亦不入于室。"

【注释】

①子张问善人之道：子张，颛孙师，字子张。善人，善良的人，有道德的人，贤人。见《述而篇》（7•26）和《子路篇》（13•11）。

②不践迹，亦不入于室：践迹，即踩着脚印走，比喻向前人学习。不入于室，不能进入室内，比喻学问道德难以到家。参见《先进篇》（11•15）："未入于室也。"

【今译】

子张问成为善人的途径。孔子说："善人不踩着前人的脚印走，学问道德也难以到家。"

【解难】

孔子答子张之问："善人"也是善于学习前人

"善人"是质美而未学之人。"践"是跟着前人的脚印走。"迹"是古人实践得出的行之有效的方法。"室"是道理精微之处，是"登堂入室"之室，"入于室"比喻学问和道德达到了高深的境界。不论治学还是修身，不论立功还是立德，皆须向前人学习。不践前人之迹而自入于室者，唯圣人能之。质美有限，学问无穷，善人也不能自恃生质之美，若不学习前人，不扩充学问，涵养德行，善人的学问和道德也难以达到精微高深的程度。善人、君子、贤人、圣人、大人，是道德修养的层次，是天爵。

【延伸阅读】

圣人之师

哀公问于子夏曰："必学然后可以安国保民乎？"子夏曰："不学而能安国保民者，未之有也。"哀公曰："然则五帝有师乎？"子夏曰："臣闻黄帝学乎大坟，颛顼（Zhuān xū）学乎禄图，帝喾（kù）学乎赤松子，尧学乎务成子附，舜学乎尹寿，禹学乎西王国，汤学乎贷子相，文王学乎锡畴子斯，武王学乎太公，周公学乎虢叔，仲尼学乎老聃。此十一圣人，未遭此师，则功业不能著乎天下，名号不能传乎后世者也。"（汉·韩婴《韩诗外传》卷五）

【11·21】

子曰："论笃是与（yǔ），君子者乎？色庄者乎？"

【注释】
①论笃是与：笃，真切。与，赞许。
②色庄：面色庄重，伪君子。

【今译】
孔子说："言论真切就得到称赞，这人是真君子呢？还是故作面色庄重的伪君子呢？"

【解难】

真君子与伪君子

有人说话似乎坦诚相待、推心置腹、态度真切、神情庄重，实际上口是心非，公共场合讲得冠冕堂皇，私下里却进行肮脏交易，台上讲"显规则"，台下用"潜规则"，只是想以"论笃""色庄"掩盖内心，言在此而意在彼，醉翁之意不在酒。因此，真君子还是伪君子，不能以言辞容貌取人。

【延伸阅读】

诸葛亮察奸

有客人到刘备的住所，二人相谈甚欢。此时诸葛亮忽然进来，客人立刻起来上厕所。刘备对诸葛亮夸奖客人，诸葛亮说："我观察客人脸色骤变而神情恐惧，视线低垂而且不停地左顾右盼，外表显露奸诈，内心隐藏邪恶，一定是曹操派来的刺客！"急忙追出去，客人已经翻墙逃走了。

【11·22】

子路问："闻斯行诸？"子曰："有父兄在，如之何其闻斯行之？"冉有问："闻斯行诸？"子曰："闻斯行之。"公西华曰："由也问闻斯行诸，子曰'有父兄在'；求也问闻斯行诸，子曰'闻斯行之'。赤也惑，敢问。"子曰："求也退，故进之；由也兼人，故退之。"

【注释】

①闻斯行诸：斯，就。诸，"之乎"的合音。

②求也退，故进之：求，即冉求。退，畏缩，退缩。进之，使之进，即鼓励他。

③由也兼人，故退之：由，即仲由。兼人，一人抵得两人，此处指敢作敢为。兼，两倍。退之，约束抑制他。

【今译】

子路问："听到一句话就去做吗？"孔子说："有父亲兄长健在，怎么能听到就去做呢？"冉有问："听到一句话就去做吗？"孔子说："听到了就去做。"公西华说："仲由问'听到一句话就去做吗？'您说'有父亲兄长健在'，冉求问'听到一句话就去做吗？'您说'听到了就去做'。我被弄糊涂了，冒昧地问个明白。"孔子说："冉求做事畏缩，所以鼓励他前进；仲由敢作敢为，所以引导他后退。"

【成语】

兼人之勇：一个人的勇气抵得上两个人或几个人的勇气，形容十分勇敢。

兼人之量：一个人的饭量抵得上两个人或几个人的饭量，形容饭量很大。

【解难】

进之与退之

圣门善于因材施教，斟酌损益，使弟子进退得宜，以纠各自气质之偏。子路做事激进，听到一句话就迫不及待地想去做。孔子说：你父亲和兄长都健在，你怎么就擅自做主、自行其是呢？父命行之一家，君命施之天下。你必须听取父兄的意见再行动。子路敢作敢为，临事不惧，故孔子要抑制约束他，使其事缓则圆。冉求做事退缩，瞻前顾后，故孔子要鼓励他进取。冉求问："听到一句话就可以去做吗？"孔子说："可以。"《白虎通·三纲六纪》："朋友之道，亲存不得行者二：不得许友以其身，不得专通财之恩。友饥则白之于父兄，父兄许之，乃称父兄与之，不听则止。"

【延伸阅读】

咏象棋

二国争强各用兵，摆成队伍定输赢。
马行曲路当先道，将守深宫戒远征。
乘险出车收败卒，隔河飞炮下重城。
等闲识得军情事，一着功成见太平。

——明仁宗（朱高炽）

【11·23】

子畏于匡，颜渊后。子曰："吾以女为死矣。"曰："子在，回何敢死？"

【注释】

①子畏于匡：畏，围困，扣押。匡，地名。

【今译】

孔子一行人在匡地被扣押，颜渊后到。孔子说："我以为你死了呢。"颜渊说："您还健在，我怎么敢先死呢？"

【解难】

孔子和颜回在匡地死里逃生

孔子一行被匡人包围后扣押，颜渊与孔子失散，孔子先突围而回，不见颜渊，以为为匡人所害，正在担心之时，颜渊脱险而还。孔子说："我还以为你被匡人害死了。"颜渊说："老师您还健在，我怎么敢先死呢？"儿子有奉养父母之责，父母健在，儿子不得轻易去死。孔子和颜渊情同父子，颜渊事师如事父，因此孔子还在世，颜渊不敢轻易去死。可见师生恩谊深厚。《国语·晋语一·武公伐翼》："民生于三，事之如一。父生之，师教之，君食之。非父不生，非食不长，非教不知生之族也，故壹事之。"

"子在"解

仁者并非无勇，只是要看有没有必要。孔子是圣人，圣人知命，不死于非命，不无名而死，不轻捐身躯，必须死得其所。面对匡人的围困，不值得逞匹夫之勇，以致轻生，必须重守身、爱生命。

【延伸阅读】

解缙作诗

解缙应制体"虎顾众彪图"，曰："虎为百兽尊，谁敢触其怒？唯有父子情，一步一回顾。"文皇见诗有感，即命夏原吉迎太子于南京。（明·冯梦龙《智囊·语智部》）

注释 解缙，明代洪武进士，累擢翰林学士。才高，好直言而被谗入狱，冬天被埋入雪堆冻死，卒年四十七岁。应制，应皇帝之命而作诗文。彪，小虎。文皇，明成祖朱棣。夏原吉，洪武时为户部主事，累官户部尚书。

【11·24】

季子然问：“仲由、冉求可谓大臣与？”子曰：“吾以子为异之问，曾（zēng）由与求之问。所谓大臣者，以道事君，不可则止。今由与求也，可谓具臣矣。”曰："然则从之者与？"子曰："弑父与君，亦不从也。"

【注释】

①季子然：鲁国季氏的同族人，当时仲由、冉求是季氏的家臣。
②异之问：问其他人。
③曾由与求之问：曾，竟，原来。《说文》："曾，词之缓也。"
④可谓具臣：具臣，聊以充数，不能有作为的臣子。具，备位充数。
⑤弑父与君：弑，臣杀死君主或子女杀死父母。《释名》："下杀上曰弑。弑，伺也，伺闲而后得施也。"《类篇》："弑，杀也。自外曰戕，自内曰弑。"

【今译】

季子然问："仲由和冉求可以算是大臣吗？"孔子说："我以为你是问其他人，原来是问仲由和冉求呀。所谓大臣，是用正道来侍奉君主，如果不行就辞官。现在仲由和冉求，只能说是备位充数的臣子。"季子然说："既然这样，那么他们一切听从上司吗？"孔子说："杀害父亲与君主的事，他们是不会听从的。"

【解难】

孔子：大臣以道事君，不可则止；小臣也不能完全听从上级

大臣应"以正道事君，不可则止"，否则只能是具有才能的小臣。仲由和冉求作为家臣，办事能力较强，但没有以正道事君，也只是小臣。就是做小臣，他们在大是大非问题上也有自己的原则，也不能绝对听从上司的，比如弑父弑君之类。古人云："有谔谔争臣者其国昌，有默默谀臣者其国亡。"仲由和冉求是季氏的家臣，季氏权势大，有阴谋篡位之嫌，仲由和冉求既不劝止，也不辞官离开季氏，故孔子深怒。

张居正《直解》："盖所谓大臣者，乃君德成败之所关，国家安危之所系，其责任隆重，与群臣不同。若只是阿意曲从，不顾道理，与夫贪位慕禄，不识进退，则何以成就君德，表率百僚？必须学术纯明，忠诚恳至，凡事都以道理辅佐其君。如君之所行有合道理的，便为之赞助于中，为之宣布于外，以成其美。如君之所行有不合道理的，便为之正言匡救，为之尽力扶持，以补其阙，必欲引其君于当道而已。若使君不向道，而吾之言或不从，谏或不听，则虽居官食禄亦是尸位素餐，便当引过自归，奉身而退，必不可枉道以辱其身也。盖大臣以正君为职，故志在必行；以旷职为耻，故身在必退，其道固当如此。"

【延伸阅读】

何谓大丈夫

景春曰："公孙衍、张仪岂不诚大丈夫哉？一怒而诸侯惧，安居而天下熄。"

孟子曰："是焉得为大丈夫乎？子未学礼乎？丈夫之冠也，父命之；女子之嫁也，母命之，往送之门，戒之曰：'往之女（rǔ）家，必敬必戒，无违夫子！'以顺为正者，妾妇之道也。居天下之广居，立天下之正位，行天下之大道。得志，与民由之；不得志，独行其道。富贵不能淫，贫贱不能移，威武不能屈，此之谓大丈夫。"（《孟子·滕文公下》）

大意 景春说："公孙衍和张仪，难道不是真正的大丈夫吗？他们一发怒诸侯就惧怕，他们一安静天下就平安无事。"

孟子说："这样的人怎能算大丈夫呢？你没有学过礼吗？男子长大成人行冠礼时，由父亲主持冠礼；女子要出嫁，由母亲主持仪式，将她送到大门口，告诫她说：'到了你们家，必须恭敬，必须谨慎，不要违抗丈夫。'以顺从作为准则，这只是为人妻妾的准则。（至于大丈夫，）应该住在仁这个天下最宽大的住宅里，站在礼这个天下最正确的位置，走在义这个天下最光明的大道上。得志，与老百姓一同前进；不得志，就独自走自己的路。富贵不能使他的思想迷惑，贫贱不能使他的操守动摇，威武不能使他的意志屈服，这才叫大丈夫！"

【11·25】

子路使子羔为费（bì）宰。子曰："贼夫（fú）人之子。"子路曰："有民人焉，有社稷焉，何必读书，然后为学？"子曰："是故恶夫佞（nìng）者。"

【注释】

①羔为费宰：子羔，即高柴，字子羔，孔子的学生，忠厚有余而才气不足。费，季氏的封地，在今山东费县西北。宰，长官。春秋时期，邑县的长官，鲁卫称宰，晋称大夫，楚称令尹。

②贼夫人之子：害了那里人家的孩子。贼，害。夫，那。

③有民人焉，有社稷焉：民人，即人民。社稷，土地神和谷神，这里指祭祀土地神和谷神的地方，即社稷坛。

④佞者：巧言善辩的人。

【今译】

子路让子羔去费县当长官。孔子说:"这是害人子弟。"子路说:"那里有老百姓,有社稷,(治理百姓和祭祀神灵都是学习)为什么一定要读了书,然后才算学习呢?"孔子说:"(你这样狡辩)所以我讨厌油嘴滑舌的人。"

【解难】

孔子批评子路:不读书就去做官,这是坑害人家的子弟

当时世卿持禄,不由学进。孔子则主张学而优则仕,不要先从政,再学习,这样就失先后本末之序。季氏曾请闵子骞担任费县长官而被拒绝,子路当时做季氏家臣,豪爽耿直,就物色子羔去费县做长官。子羔也是孔子的学生,小孔子三十岁,小子路二十一岁,是子路的小师弟。子羔愚笨不敏,不适合从政;且子羔学业未成,处世乏术,过早出仕,主政一方,是害了百姓,误人子弟,怠慢了社稷之神。而子路说:那里有人民、有社稷,治民事神皆可边做边学。他理屈词穷还辩解,所以孔子更讨厌他的巧言狡辩。王夫之《四书稗疏》:"古者有分土无分民,大夫且不得有民人,而况社稷乎?子路习于僭而不知,故夫子斥之。"

【延伸阅读】

论读书

玉不琢,不成器;人不学,不知道。是故古之王者,建国君民,教学为先。(《礼记·学记》)

学者之有《说文》,如医之有《本草》。(宋·苏轼《书篆髓后一首》)

口不绝吟于六艺之文,手不停披于百家之编。(唐·韩愈《进学解》)

奇文共欣赏,疑义相与析。(晋·陶渊明《移居》)

鬓白只应秋炼句,眼昏多为夜抄书。(唐·杜荀鹤《闲居书事》)

倜傥指挥天下事,才华驱使古今书。(清·赵宾《长安喜逢彭禹峰》)

春诵夏弦,秋学礼,冬读书。(《礼记·文王世子》)

注释 春诵夏弦,秋学礼,冬读书,即春夏学诗乐,秋冬学书礼。

【11·26】

子路、曾晳(xī)、冉有、公西华侍坐。子曰:"以吾一日长乎尔,毋吾以也。居则曰:'不吾知也!'如或知尔,则何以哉?"

子路率尔而对曰:"千乘之国,摄乎大国之间,加之以师旅,因之以饥馑,由也为之,比及三年,可使有勇,且知方也。"夫子哂之。

"求,尔何如?"对曰:"方六七十,如五六十,求也为之,比及三

年，可使足民。如其礼乐，以俟君子。"

"赤，尔何如？"对曰："非曰能之，愿学焉。宗庙之事，如会同，端章甫，愿为小相（xiàng）焉。"

"点，尔何如？"鼓瑟希，铿（kēng）尔，舍瑟而作，对曰："异乎三子者之撰。"子曰："何伤乎？亦各言其志也。"曰："莫（mù）春者，春服既成，冠（guàn）者五六人，童子六七人，浴乎沂，风乎舞雩（yú），咏而归。"夫子喟然叹曰："吾与点也！"

三子者出，曾皙后。曾皙曰："夫三子者之言何如？"子曰："亦各言其志也已矣。"曰："夫子何哂由也？"曰："为国以礼，其言不让，是故哂之。"

"唯求则非邦也与？""安见方六七十，如五六十而非邦也者？""唯赤则非邦也与？""宗庙会同，非诸侯而何？赤也为之小，孰能为之大？"

【注释】

①子路、曾皙、冉有、公西华侍坐：子路，即仲由。曾皙，即曾点，字子皙，曾参的父亲，也是孔子的学生。冉有，即冉求。公西华，即公西赤。侍坐，陪坐在孔子旁。

②毋吾以也：是"毋以吾"的倒装，不用我了。

③居则曰：居，平日，平常。则，却。

④率尔：轻率的样子。率，轻易地，不细想。

⑤摄乎大国：夹在大国之间。"摄"是夹，钳制。"大国"是方圆百里的诸侯国。

⑥加之以师旅：加，欺凌，侵犯。师旅，指军队。

⑦因之以饥馑：因，趁，乘机。饥馑，灾荒。五谷收成不好曰饥，蔬菜和野菜吃不上曰馑。

⑧比及三年：比及，等到。

⑨知方：知道礼义。方，礼义，规矩和道理。

⑩夫子哂之：哂，微笑。子路不懂得谦让，故孔子笑他。

⑪方六七十，如五六十：方六七十，指每边长六七十里。方，方圆，纵横面积。如，或者。

⑫如其礼乐，以俟君子：如其，至于。以，副词，只有。俟，等待。

⑬如会同，端章甫，愿为小相焉：如，或者。会同，诸侯会盟。不定期地会合诸侯叫会，天下诸侯国都来朝王叫同。端，玄端，古代礼服。章甫，古代男子成年礼称为冠礼，成年礼后所戴的礼帽称为章甫。小相，小司仪。相，司仪。

⑭鼓瑟希：鼓瑟，弹瑟。希，同"稀"，节奏稀疏。

⑮铿尔，舍瑟而作：铿尔，铿的一声，放下琴的声音。作，起，长跪，这是学

生回答老师所必需的。

⑯异乎三子者之撰：异乎，不同于。撰，述。

⑰莫春者：莫，同"暮"，"莫春"指夏历三月。者，当"……的时候"讲。

⑱冠者五六人，童子六七人，浴乎沂，风乎舞雩：冠者，成人，古代男子二十岁结发加冠，表示成年。童子，十四岁以下的少年。沂，沂水，源出山东邹县，流经曲阜与洙水合流，入于泗水。舞雩，即舞雩台，祭天以求雨之处，有坛有树，是孔子师生休息纳凉之处。

⑲吾与点也：与，赞许。点，曾点。

⑳唯求则非邦也与：唯，仅仅。唯……与，组成反问句式。

【今译】

子路、曾皙、冉有、公西华四个人陪孔子坐着。孔子说："因为我比你们年长几岁，没有人用我了。你们平时说：'没人了解我呀！'假如有人了解你们，那么你们怎么办呢？"

子路急忙回答说："拥有一千辆兵车的国家，夹在大国之间，敌军侵犯，国内灾荒不断。让我去治理，等到三年，就可以使国人勇敢，而且懂得礼义。"孔子微微一笑。

又问："冉求，你怎么样呢？"答道："方圆六七十里，或者五六十里的小国家，让我去治理，等到三年，就可以使百姓富足。至于礼乐教化，要等君子来施行了。"

孔子又问："公西赤，你怎么样？"答道："我不敢说能做得好，但我愿意学习。就是在宗庙祭祀中，或者在同别国的盟会中，我愿意穿着礼服，戴着礼帽，做一个小司仪。"

孔子又问："曾点，你怎么样呢？"这时曾皙弹瑟已接近尾声，声音渐渐稀落，接着"铿"的一声，他放下瑟站起来，回答说："我不同于他们三人所表述的。"孔子说："那有什么妨害呢？也就是各说各的志向啊。"曾皙说："暮春三月，已经穿上了春装，我和五六个成年人，六七个少年，到沂水里洗浴，到舞雩台上吹吹风，然后一路唱着歌回来。"孔子长叹一声说："我赞同曾皙的志向啊。"

子路、冉有、公西华三人都出去了，曾皙后走。他问孔子说："那三个同学的话怎么样？"孔子说："也就是各说各的志向罢了。"曾皙说："您为什么笑仲由呢？"孔子说："治理国家要讲礼让，他说话一点儿也不谦让，所以我笑他。"

曾皙又问："冉求讲的就不是治理国家的事吗？"孔子说："怎么见得方圆六七十里，或五六十里的地方就不是国家呢？"曾皙又问："公西赤讲的不是治理国家的事吗？"孔子说："宗庙祭祀和诸侯会盟，这不是国家之事又是什么呢？公西赤如果只能做小司仪，谁又能做大司仪呢？"

【成语】

一日之长：一是指才能比别人稍强，二是年龄大或资格老的自谦说法。

有勇知方：有勇气又知晓礼义。

各言其志：各自说各自的志向。

春风沂水：在舞雩台上吹风，在沂水里洗浴，指放情自然，旷达高尚的生活乐趣。义同"沂水舞雩"。

【解难】

子路、曾皙、冉有、公西华各言其志

此章三百一十五字，是《论语》最长的一章，记述孔子与四个弟子各言其志，人物性格跃然纸上。子路刚猛，三年能使国家摆脱内忧外患，人民有勇知方，志在武能安邦。冉求谨慎，治理小国，三年可以富民但教化需待君子，志在发展经济。公西赤长于礼仪，宗庙祭祀，诸侯会盟时做个主持，志在礼乐教化。曾点气象从容，在沂河里洗澡，舞雩台上吹风，哼着歌曲，悠然回家，志在天下太平。百姓其乐融融，万物乐得其所，各遂其性。曾点之志与孔子之志"老者安之，朋友信之，少者怀之"一致，孔子喟然叹曰："我赞同曾点的志向啊。"

"舞雩"解

舞，是乐舞；雩，是祭坛。古代求雨祭祀伴有乐舞。舞雩台则是鲁国祭天求雨之处，在今山东曲阜南，沂水之上。皇《疏》："请雨祭谓之雩。雩，吁也。民不得雨，故吁嗟也。祭而巫舞，故谓为舞雩也。沂水之上有请雨之坛，坛上有树木，故入沂浴，出登坛，庇于树下逐风凉也。"

孔子为何只称赞曾皙的志向？

夫子喟然叹曰："吾与点也！"何也？程树德《集解》按："曾点在孔门中无所表见，其学其才均在三子之下。"邢《疏》："仲尼祖述尧舜，宪章文武，生值乱时而君不用。三子不能相时，志在为政。唯曾皙独能知时，志在澡身浴德，咏怀乐道，故夫子与之也。"杨树达《疏证》："孔子所以与曾点者，以点之所言为太平社会之缩影也。"何晏《集解》引包曰："歌咏先王之道，而归夫子之门。"张居正《直解》："盖君子藏器于身，待时而动，穷不失义，达不离道，乃出处之大节也。若负其才能，汲汲然欲以自见于世，则出处之际，必有不能以义命自安，而苟于所就者。子路仕卫辄冉有从季氏，病皆在此，故夫子独与曾点，以其所见超于三子也。"孔子称许之际，也是感慨身世，自伤不遇。"吾与点也"，意即孔子与曾皙一同归隐。

叶子奇《草木子》卷一："浴沂气象，见圣贤超然于万物之表，逍遥洒脱处。"

【延伸阅读】

孔门七十二贤

石动筩（tǒng）尝诣国学，问博士曰："孔门达者七十二人，几人冠，几人未冠？"博士曰："经传无文。"动筩曰："先生读书，岂合不解？冠者三十人，未冠者四十二人。"博士曰："据何文解之？"动筩曰："冠者五六人，五六得三十也。童子

六七人，六七四十二也。合之得七十二人也。"众皆大笑。（清·褚人获《坚瓠集》）

点也狂

以此章观之，圣人何等宽洪包含气象！且为师者问志于群弟子，三子皆整顿以对，至于曾点，飘飘然不看那三子在眼，自去鼓起瑟来，何等狂态！及至言志，又不对师之问目，都是狂言。设在伊川，或斥骂起来了。圣人乃复称许他，何等气象！圣人教人，不是个束缚他通做一般，只如狂者便从狂处成就他，狷者便从狷处成就地，人之才气如何同得？（明·王阳明《传习录》）

注释 伊川，即程颐，程颢之胞弟，河南洛阳伊川人，世称伊川先生，北宋理学家和教育家。王阳明《月夜二首》其二曰："铿然舍瑟春风里，点也虽狂得我情。"

颜渊篇第十二

（共二十四章）

【12·1】

颜渊问仁。子曰："克己复礼为仁。一日克己复礼，天下归仁焉。为仁由己，而由人乎哉？"颜渊曰："请问其目。"子曰："非礼勿视，非礼勿听，非礼勿言，非礼勿动。"颜渊曰："回虽不敏，请事斯语矣。"

【注释】
①克己复礼：克，克制、约束（一说"战胜"）。己，私欲。复，反，回归。
②天下归仁：归仁，称赞仁德。归，称赞（一说归向）。
③而由人乎：而，语助词，相当于难道、岂。
④请问其目：目，具体条目。目和纲相对。
⑤非礼勿视：非礼，不合礼。
⑥回虽不敏：不敏，不聪敏，愚笨，自谦之辞。
⑦请事斯语：请允许我奉行您这话。事，奉行。

【今译】
颜渊问怎样才能做到仁。孔子说："克制自己的欲望而使言行符合礼就是仁。一日克制自己回归到礼，天下的人就会称赞他的仁德。行仁靠自己，难道靠别人吗？"颜渊说："请问要做到仁的具体条目。"孔子说："不合礼的不看，不合礼的不听，不合礼的不说，不合礼的不做。"颜渊说："我虽然不聪敏，请允许我奉行您这话吧。"

【成语】
克己复礼：克制自己的欲望，使言行符合礼。

【解难】

孔子答颜回问仁：克己复礼为仁

仁者，人也，爱人也。人本有仁善之德，恻隐之心。礼者，理也，道理也。天地间本来的道理，人世间共同的规范，就是礼。私欲是仁德的大敌，克制私欲，就能回到先王之礼。礼主恭敬辞让，温然爱人。为仁由己，制欲由礼。大仁者，恩及四海；小仁者，止于妻子。人君若能一日克己复礼，则天下称其仁德，社会实现仁道。

"己"不可纵，"礼"不可弃，"复"须终生力行，见为己就克，如对大敌一般；见为礼就复，如回家一般，以"礼"裁制视、听、言、动。在思想上，"己"与"礼"交战，人欲和天理对决，其决断在我；在待人接物上，操之在我。"克复"功夫若到，则念念皆仁，事事皆仁。"勿"字是禁绝，是斩钉截铁的禁止。

参阅　《述而篇》（7·30）："子曰：'仁远乎哉？我欲仁，斯仁至矣。'"故曰："为仁由己，而由人乎哉？"《述而篇》（7·15）："求仁而得仁，又何怨？"

【延伸阅读】

崇　高

古罗马的朗吉努斯被誉为自亚里士多德以来最伟大的文艺批评家，他在《论崇高》一书中第一次将"崇高"作为一个审美范畴提出来，而且取代"美"作为最高的范畴。他说："崇高的风格，是一颗伟大心灵的回声。……一个真正的演讲家绝不应该有卑鄙龌龊的心灵。因为，一个终生墨守狭隘和奴从思想以及习惯的人，决不可能说出令人击节赞赏和永垂不朽的言辞。是的，雄伟的风格乃是伟大思想的自然结果，崇高的谈吐来自胸襟旷大和志气远大的人。""在本能的指导下，我们绝不会赞叹小小的溪流，哪怕它们是多么清澈和有用。我们要赞叹尼罗河、多瑙河、莱茵河，甚至海洋。……唯有非常的事物才往往引起我们的惊叹。"

【12·2】

仲弓问仁。子曰："出门如见大宾，使民如承大祭；己所不欲，勿施于人；在邦无怨，在家无怨。"仲弓曰："雍虽不敏，请事斯语矣。"

【注释】

①仲弓：即冉雍，字仲弓。

②出门如见大宾：大宾，贵宾。

③使民如承大祭：承，承办。大祭，指国祭。古代大祭天地，中祭宗庙，小祭五祀。五祀即户、灶、中溜（土神）、门、行等家居之神。

④己所不欲，勿施于人：自己不愿意的，不施加给别人。参见《卫灵公篇》(15·24)。

⑤在邦无怨，在家无怨：在邦，指在诸侯国做官。在家，指在卿大夫的封地做官。邦，诸侯的封地，即诸侯国。家，卿大夫的封地。

【今译】

仲弓问怎样才能做到仁。孔子说："出门办事如同接待贵宾，使唤百姓如同承办重大祭典；自己不愿意，不施加给别人；在诸侯国的朝廷做官没有人怨恨你，在卿大夫的封地做官也没有人怨恨你。"仲弓说："我虽然不聪敏，请允许我奉行您这话吧。"

【成语】

出门如宾：出门做事像接待贵宾一样小心谨慎。
承事如祭：承办事情如同祭祀一样严肃认真。
己所不欲，勿施于人：自己不愿意的，不施加给别人。

【解难】

孔子答冉雍问仁：恭敬宽恕

圣门天资、学力颜回第一，仲弓第二。此章孔子对仲弓以"敬恕"论仁。"敬"以持己，敬则无失，"恕"以待人，恕则得众。孔子称仲弓有从政才干，"雍也可使南面"，这里孔子教他修炼仁德。心存"敬恕"则有仁德。出门如宾、承事如祭是敬，是严肃认真；己所不欲、勿施于人是恕，是推己及人；在邦无人怨、在家无人怨是和，是行仁之果。

【延伸阅读】

先作揖还是先磕头

孔子曰："拜而后稽颡，颓乎其顺也；稽颡而后拜，颀乎其至也。三年之丧，吾从其至者。"(《礼记·三年问》)

大意 孔子说："三年之丧，孝子有两种拜法。一种是先拱手弯腰而后叩头，突出了对来宾的恭敬，于礼为顺。一种是先叩头而后拱手弯腰，突出了孝子的哀思，于情为至。三年之丧，强调的是哀戚之心，我赞成后一种拜法。"

【12·3】

司马牛问仁。子曰："仁者，其言也讱（rèn）。"曰："其言也讱，斯谓之仁已乎？"子曰："为之难，言之得无讱乎？"

【注释】

①司马牛：姓司马名耕，字子牛，孔子的学生。

②其言也讱：讱，言语迟钝，引申为说话谨慎，义同"讷"。《说文》："讱，顿也。"《广韵·震韵》："讱，难言。"

③得无讱乎：得无，能不。

【今译】

司马牛问怎样才能做到仁。孔子说："有仁德的人，他说话谨慎。"司马牛说："他说话谨慎，就说他有仁德了吗？"孔子说："做起来困难，说起来能不谨慎吗？"

【解难】

孔子答司马牛问仁：临事慎言

司马牛多言而躁，喋喋不休，孔子告诫他要讱言，即出言谨慎，先行后言，言行相顾。"讱言"指慎言。"讱默"指少说话或不开腔。清代褚人获《坚瓠补集·顾华玉座右铭》："好辩以招尤，不若讱默以怡情；广交以延誉，不若索居以自全。"

【延伸阅读】

《论语》无"此"字

清代乾隆下江南微服私访，遇到一个小孩，问他："上学了吗？"小孩答道："上过学。"又问："读过《论语》吗？"小孩说："读过。"乾隆便指着墙上"此巷不通"四个大字问他："你认识这四个字吗？"小孩说："头一个字不认识，只认得后面三个字：巷、不、通。"乾隆问道："既然念过《论语》，怎么不认识头一个字呢？"小孩说："《论语》里'巷'字有两个，'不'字有好几个，'通'字只有一个，就是不见头一个字。"回京后，乾隆认真查阅了《论语》，就是没有"此"字，其他三个字和小孩说的完全一样。次日上朝，他问满朝文武大臣道："众位爱卿，你们说说《论语》里有没有'此'字啊？"大臣们异口同声地说："有。这个字太普通了，《论语》里怎么没有呢？"乾隆皇帝这才如实相告。

《论语》中为何没有"此"字呢？因为词语的使用具有时代性。《论语》中言"斯"者十七处，但不言"此"。如《学而篇》（1·12）："先王之道，斯为美。"

【12·4】

司马牛问君子。子曰："君子不忧不惧。"曰："不忧不惧，斯谓之君子已乎？"子曰："内省不疚，夫何忧何惧？"

【注释】

①内省不疚：内省，内心检查，扪心自问。疚，愧疚。

【今译】

司马牛问怎样做一个君子。孔子说:"君子不忧愁不畏惧。"司马牛说:"不忧愁不畏惧,这就可以叫君子了吗?"孔子说:"内心反省没有愧疚,那忧愁什么畏惧什么呢?"

【解难】

孔子答司马牛问君子:不忧不惧

孔安国认为司马牛是桓魋的弟弟。桓魋在宋国围攻孔子,拔树削迹,差点把孔子杀死。司马牛在孔子门下受教,对此颇有忧惧,故有此对话。孔子对他说:"君子不忧不惧。"仁者不忧,勇者不惧,且君子自我德全,俯仰无愧,内省不疚,所以不忧不惧。若识见未定,涵养不深,则事未至而多虑,事既至而惊慌,惴惴不安,寝食难安,忧惧不可避免。《易经·系辞上传》:"乐天知命,故不忧。"《易经·大过卦·大象传》:"君子以独立不惧,遁世无闷。"

【延伸阅读】

司马牛

司马牛是宋国大夫桓魋的弟弟,兄弟五人,桓魋排行老二,司马牛排行老三。桓魋任宋国主管军事行政的官——司马,掌控宋国兵权。他是宋桓公的后代,深受宋景公宠信。桓魋权势膨胀,在宋国犯上叛乱,策划在宴席上刺杀宋景公,阴谋失败后只好全家出逃。司马牛见势把封邑和玉圭交还给宋景公。司马牛逃到鲁国拜孔子为师,并声称桓魋不是他的哥哥,同桓魋断绝了关系。兄弟本为手足,断绝关系,情感煎熬,故忧。其兄冒天下之大不韪,闯下大祸,司马牛参与其中,恐遭株连,故惧。因哥哥作乱,自己落难异邦,流离失所,忧惧无时不在。孔子之言,有针对性而发,希望能安抚司马牛。

【12·5】

司马牛忧曰:"人皆有兄弟,我独亡(wú)。"子夏曰:"商闻之矣:死生有命,富贵在天。君子敬而无失,与人恭而有礼,四海之内皆兄弟也,君子何患乎无兄弟也?"

【注释】

①我独亡:亡,同"无"。

②商闻之矣:商,即卜商,字子夏。商、夏皆为朝代名。

③死生有命,富贵在天:人的死生是命中注定,人的富贵由上天安排,人力不可改变。这是古人的观点,类似的说法还有:命里只有八斗米,走遍天下不满升;

命里有时终须有，命里无时莫强求。

④敬而无失：敬，谨慎。如《子路篇》（13·19）："居处恭，执事敬。"失，失误。

⑤四海之内：古代以为中国四周皆有海，故称中国为海内，外国为海外。四海，意同天下。

【今译】

司马牛忧愁地说："别人都有兄弟，唯独我没有。"子夏说："我听说过这句话：死生有命运安排，富贵在上天安排。君子做事谨慎而没有失误，与人交往恭敬有礼，天下人就都是自己的兄弟了，君子何必担心没有亲兄弟呢？"

【成语】

死生有命，富贵在天：死生富贵都是命中注定，由上天的意志安排的。

四海之内皆兄弟：天下的人都像兄弟一样。

【解难】

子夏解司马牛之忧：死生有命，富贵在天；四海之内皆兄弟

司马牛的两个哥哥向魋（tuí）、向巢皆在宋国作乱有罪，早晚将被残灭而死。司马牛虽暂有其兄，而与亡无异。子夏劝慰司马牛当修己听命，谦恭友贤，则四海之内皆兄弟。《说苑·杂言》："孔子曰：'敏其行，修其礼，千里之外，亲如兄弟。若行不敏，礼不合，对门不通矣。'"

【延伸阅读】

人有三死而非命

哀公问孔子曰："有智寿乎？"孔子曰："然。人有三死而非命也者，自取之也：居处不理，饮食不节，劳过者，病共杀之；居下而好干上，嗜欲无厌，求索不止者，刑共杀之；少以敌众，弱以侮强，忿不量力者，兵共杀之。故有三死而非命者，自取之也。《诗》云：'人而无仪，不死何为？'"（汉·韩婴《韩诗外传》卷一）

【12·6】

子张问明，子曰："浸润之谮（zèn），肤受之愬（sù），不行焉，可谓明也已矣。浸润之谮，肤受之愬，不行焉，可谓远也已矣。"

【注释】

①子张问明：子张，即颛孙师，字子张。明，明察。

②浸润之谮：浸润，像水渗透、湿润一样一点点地积累，不易觉察。谮，诬陷，中伤。

③肤受之愬：肤受，皮肤所受，谓利害切身，不堪忍受。愬，诬告，诬陷。
④不行焉：不行，不能通行。焉，犹"于之"，译为"在那里"。

【今译】

子张问怎样才能明察。孔子说："像水渗透、湿润（不易觉察）的谗言，像敏感的皮肤一样能感受到（不堪忍受）的诬告，在你那里都行不通，可以称得上明察了。像水渗透、湿润一样（不易觉察）的谗言，像敏感的皮肤一样能感受到（不堪忍受）的诬告，在你那里都行不通，可以称得上远离小人了。"

【成语】

浸润之谮：像水渗透、湿润一样让人不易觉察的谗言危害。
肤受之愬：像敏感的皮肤一样能感受到的不堪忍受的恶毒至极的诬告。

【解难】

孔子答子张问明：浸润之谮，肤受之愬，皆行不通

孔子告诫子张若能识别隐微的情况、阴险的小人，就算做到明察了。他说：对你诽谤的谗言，像水滴一样浸润渗透，积累起来，弥漫开去，常人难察，但你却能察觉到；恶毒的诬告，像肌肤直接感受到外物的刺激那样急迫钻心，常人易怒，但你能察觉到其居心叵测而忍小谋大，使小人无机可乘。前者能识破，后者能立定，能明察二者，则奸人不得售其奸，阴谋不能得逞。

【延伸阅读】

谗言毁谤

又思天下无自是之豪杰，亦无尤人之学问。行有不得，皆己之德未修，感未至也。吾悉以自反，则谤毁之来，皆磨炼玉成之地，我将欢然受赐，何怒之有？又闻谤而不怒，虽谗焰熏天，如举火焚空，终将自息。闻谤而怒，虽巧心力辩，如春蚕作茧，自取缠绵。（明·袁了凡《了凡四训·改过之法》）

大意 再想，天下没有自封的豪杰，也没有故意找别人碴子的学问。做事不顺利，都是自己不去修德，领悟还达不到那个境界。我们都应该这样自我反省，那么当毁谤袭来，就当成是把自己磨炼成美玉的好机会，我们应该欣然接受，又有什么可愤怒的呢？面对别人的毁谤也不生气，即使谗言像熏天的熊熊烈火，也只不过是举火烧空，最终将自己熄灭。面对别人的毁谤而发怒，费尽心机去辩护，就如同春蚕作茧自缚，纠缠不休。

【12·7】

子贡问政。子曰："足食，足兵，民信之矣。"子贡曰："必不得已

而去，于斯三者何先？"曰："去兵。"子贡曰："必不得已而去，于斯二者何先？"曰："去食。自古皆有死，民无信不立。"

【注释】

①子贡问政：子贡，即端木赐，字子贡。政，为政之道，即治国方法。

②兵：兵器，指武器装备。《说文》："兵，械也。"

③民无信不立：不立，不能立足，站立不稳。

【今译】

子贡问为政之道。孔子说："使粮食充足，使兵器充足，使老百姓信任政府。"子贡说："必不得已去掉一项，在这三项中先去掉哪一项？"孔子说："去掉兵器。"子贡说："必不得已再去掉一项，在这两项中先去掉哪一项？"孔子说："去掉粮食。自古以来人都有一死，老百姓不信任政府，国家就无法立足。"

【成语】

足食足兵：粮食、军备充足。

必不得已：必定不能停止，指形势所迫不得不如此，表示无可奈何。

【解难】

孔子答子贡问政：自古皆有死，民无信不立

足食、足兵、民信三者具备，是治国之常；三者不全，是治国之变。治国首先抓农业，因为民以食为天。其次强军备，因为忘战必危，兵以安邦防变，震不忠不孝。但最重要的，要取信于民。虽兵食既足，而民心未孚，则民不可依靠，三军可夺帅。若民心固结，牢不可破，无兵而国也可保。无食则死，人皆有一死；民不信君，君则孤家寡人。君爱民而不失信于民，则民宁死而不失信于君。可见国保于民，民保于信，民信可保国。

朱熹《集注》引程子曰："孔门弟子善问，直穷到底，如此章者。非子贡不能问，非圣人不能答也。"

【延伸阅读】

兵 粟

张仪云："兵不如者，勿与挑战；粟不如者，勿与持久。"二语用兵者所当知。（宋·罗大经《鹤林玉露》甲编卷一）

【12·8】

棘子成曰："君子质而已矣，何以文为？"子贡曰："惜乎，夫子之说君子也！驷不及舌。文犹质也，质犹文也，虎豹之鞟（kuò）犹犬羊之鞟。"

【注释】

①棘子成：卫国大夫。

②何以文为：用文饰做什么呢？文，文饰。

③夫子之说君子：夫子，先生，指棘子成。古代大夫都可以被尊称为夫子。

④驷不及舌：驷，四匹马拉的车。

⑤虎豹之鞟：鞟，去了毛的皮，即革。

【今译】

棘子成说："君子本质好就行了，要文饰做什么呢？"子贡说："遗憾啊，先生这样谈论君子！四匹马拉的车也追不上说出口的话。本质犹如文饰，文饰犹如本质一样重要，（去掉毛色花纹，）虎豹之皮和犬羊之皮就一样了。"

【成语】

驷不及舌：四匹马拉的车也追不上说出口的话，比喻一旦说出口，便难以收回。

【解难】

子贡批评棘子成：文质相依，同等重要

"文"是文采、文饰，"质"是质地、本质。大夫棘子成认为只要有质，不要文也可以，其言矫枉过正。子贡说，你这观点是错误的！随即给他打了个比方，说："虎豹的斑纹五彩斑斓，而犬羊的毛发黑白素色，如果虎豹和犬羊都去掉毛色花纹，它们的皮不都一样吗？正因为毛色花纹不同，才能区别它们。皮是质，毛色花纹是文，两者同等重要，互相依存。"

《雍也篇》（6·18）："子曰：'质胜文则野，文胜质则史，文质彬彬，然后君子。'"

【延伸阅读】

驷不及舌

一声而非，驷马勿追；一言而急，驷马不及。（《邓析子·转辞》）

口者，关也；舌者，机也。出言不当，四马不能追也。（汉·刘向《说苑·说丛》）

与人善言，暖于布帛；伤人之言，深于矛戟。（《荀子·荣辱》）

利刀割肉疮还合，恶语伤人恨不消。（宋·普济《五灯会元》卷第十六《梵灵禅师》）

蚊虫遭扇打，只因嘴伤人。（明·罗懋登《三宝太监西洋记》第六十三回）

【12·9】

哀公问于有若曰："年饥，用不足，如之何？"有若对曰："盍（hé）彻乎？"曰："二，吾犹不足，如之何其彻也？"对曰："百姓足，君孰与不足？百姓不足，君孰与足？"

【注释】

①哀公问于有若：哀公，姓姬名蒋，鲁定公之子。有若，姓有名若，孔子的学生。

②用不足：用，费用，国家财政经费。

③盍彻乎：盍，"何不"的合音。汉字里合音字还有"诸"，是"之乎""之于"的合音，"叵"是"不可"的合音，"甭"是"不要"的合音。传统语言学称合音为急声。彻，周朝的田税制度，周法什一而税谓之彻。西周实行十分抽一，公取一，民得九。"彻"是低税。《广雅·释诂二》："彻，税也。"

④二，吾犹不足，如之何其彻也：二，即二成，十分抽二。晚周行什二之税。其，能。

⑤百姓足，君孰与不足：百姓，民不一姓，故称百姓。孰与，怎么。

【今译】

鲁哀公问有若："年成饥荒，国家经费不足，怎么办？"有若回答说："何不实行十分抽一的田税制呢？"哀公说："现在十分抽二，我还不够用，怎么能十分抽一呢？"有若回答说："老百姓够用，您怎么会不够用呢？百姓不够用，您又怎么够用呢？"

【解难】

有若劝鲁哀公减税：十分抽一

这是《论语》里唯一涉及税赋的一章。崔述《三代经界通考·彻与助不能相兼》："通其田（不分公田、私田）而耕之，通其粟而析之谓彻。"十分抽一而税为彻，哀公十分抽二。按照通法征税，放水养鱼，百姓家给人足；百姓既足，君命有求则百姓上供，故曰"百姓足，君孰与不足也"。哀公加倍征税，竭泽而渔，百姓穷困，上命所需，下无以供，故曰"百姓不足，君孰与足也"。自古君民相依，下贫则上贫，下富则上富，民富则君不至独贫，民贫则君不能独富。有若之言，意在阻止哀公厚敛，不得与民争利。《战国策·齐策四》："苟无岁，何以有民？苟无民，何以有君？"

【延伸阅读】

贼来如梳　兵来如篦　官来如剃

听说四川有一只民谣,大略是"贼来如梳,兵来如篦,官来如剃"的意思。汽车飞艇,价值既远过于大轿马车,租界和外国银行,也是海通以来新添的物事,不但剃尽毛发,就是刮尽筋肉,也永远填不满的。正无怪小百姓将"坐寇"之可怕,放在"流寇"之上了。(鲁迅《谈金圣叹》)

【12·10】

子张问崇德辨惑。子曰:"主忠信,徙义,崇德也。爱之欲其生,恶之欲其死,既欲其生,又欲其死,是惑也。'诚不以富,亦祗(zhǐ)以异。'"

【注释】

①子张问崇德辨惑:子张,即颛孙师,字子张。崇德,提高道德。
②主忠信,徙义:主,守,坚守,见《学而篇》(1·8)注释。徙,迁移,转移,"徙义"是见义则改变想法而从之,即追随正义。《述而篇》(7·3):"闻义不能徙。"
③诚不以富,亦祗以异:这是《诗经·小雅·我行其野》篇的诗句,祗,同"只"。有学者认为,此两句诗当为错简,应置于《季氏篇》(16·12)"齐景公有马千驷"之上,因《颜渊篇》(12·11)和《季氏篇》(16·12)的起首均有"齐景公"而误编至此。

【今译】

子张问怎样提高道德修养、辨别迷惑。孔子说:"坚守忠信,追随正义,就能提高道德修养。爱他就想他活,恨他就想他死,既要他活,又要他死,这就是迷惑。《诗经》中说:'这样确实对自己毫无好处,只是使人觉得怪异了。'"

【解难】

孔子答子张之问:崇德、辨惑

子曰:"主忠信,徙义,崇德也。"忠,德之正;信,德之固;义,德之践,故以此能"崇德"。"惑"是爱恨交织,爱恶无常,我心不定,既欲其生,又欲其死。辨别疑惑,则不能以自己的好恶为标准,不能爱之则爱屋及乌,恨之则心生杀念,"进人若将加诸膝,退人若将坠诸渊",要纠正人性之偏。

【参考】

尝闻平庵赵先生云:"此特因子张之问而答之,学者之学圣人,盖不止此。富者,道盛德至善之谓。常人不能主忠信,不能徙义,爱之者未免欲其生,恶之者未

免欲其死。若能反之，诚未可谓之至善，但亦足以异于常人而已。"此说最明白。（宋·赵与时《宾退录》卷五）

【延伸阅读】

多一根小指头

祝枝山右手骈拇指。或戏曰："君之富于笔札，应以多指。"枝山应曰："诚不以富，亦祗以异。"（明·冯梦龙《古今谭概》）

大意 祝枝山右大拇指旁又长了一根小指头，有人调侃他说："您善长诗文、书画，应该是因为多了一根指头吧。"祝枝山回答说："确实不是因为这个才善长诗文、书画，只是觉得多个指头让人觉得怪异罢了。"

注释 祝枝山，即祝允明，明代书法家。右手有枝生手指，故自号枝山。骈拇指，大拇指旁长出了一小指头。笔札，毛笔和简牍，借指文章、书画。祗，谐音"指"。

【12·11】

齐景公问政于孔子。孔子对曰："君君，臣臣，父父，子子。"公曰："善哉！信如君不君，臣不臣，父不父，子不子，虽有粟，吾得而食诸？"

【注释】

①齐景公：名杵臼，齐国国君。

②君君，臣臣，父父，子子：前面一个"君""臣""父""子"是名词，即国君、臣子、父亲、儿子；后一个是动词，即像君主、像臣子、像父亲、像儿子。

③虽有粟，吾得而食诸：粟，小米，指粮食。得，能。诸，"之乎"的合音。

【今译】

齐景公问孔子为政之道。孔子回答说："做国君的要像国君，做臣子的要像臣子，做父亲的要像父亲，做儿子的要像儿子。"齐景公说："讲得好呀！确实如果君不像君，臣不像臣，父不像父，子不像子，即使有粟米，我能吃得到吗？"

【解难】

孔子答齐景公问政：君君、臣臣、父父、子子

为政在于各尽其伦。人伦以君臣父子为大，君君、臣臣、父父、子子既是立标准，更是正名分，也是强调身教重于言教，此是人道之大经，政事之根本。君在上，主仁；臣在下，主敬；父在前，主慈；子在后，主孝。君臣父子各尽其伦，家齐国治天下安。若人伦丧失，纲纪废弛，则家国不宁。即使国家富裕，又怎能安然

享用呢？齐景公问政孔子，是在公元前516年，此时齐景公已执政三十二年，孔子三十六岁。长期执政的齐景公，贪图享乐，早已骄奢淫逸。《晏子春秋·内篇下》记载齐景公让工匠用金银珠宝为他做鞋之事。此时齐景公已没有一点做君主的样子了，由大夫陈氏厚施于国，所以君不君、臣不臣；齐景公又宠爱幼子，不立太子，所以父不父、子不子。故孔子以此作答。《晏子春秋·谏上》："废长立少，不可以教天下；尊孽（非正妻所生之子）卑宗，不可以利所爱。长少无等，宗孽无别，是设贼树奸之本也。"

【延伸阅读】

五 伦

由孝悌衍生出来的人伦，是先秦宗法伦理社会运转的基石。人伦就是人与人相处应遵守的基本准则。《孟子·滕文公上》将人伦关系概括为"五伦"，即"父子有亲，君臣有义，夫妇有别，长幼有序，朋友有信"。具体而言为"十义"，就是"父慈，子孝，兄良，弟悌，夫义，妇听，长惠，幼顺，君仁，臣忠"（《礼记·礼运》）。这种人伦之礼是相互的，父不慈爱则子不孝顺，兄不友善则弟不恭敬，夫不仁义则妇不听从，长无恩惠则幼不顺从，君不仁爱则臣不忠诚。《孟子·离娄下》："孟子告齐宣王曰：'君之视臣如手足，则臣视君如腹心；君之视臣如犬马，则臣视君如国人；君之视臣如土芥，则臣视君如寇雠。'"国人，即路人。土芥，即泥土、草芥。寇雠，即强盗、仇敌。

【12·12】

子曰："片言可以折狱者，其由也与？"子路无宿诺。

【注释】

①片言可以折狱：片言，即单辞，单方面的言辞。一说"片言"是指三言两语，简短之词。折狱，决断官司。折，断，判决。狱，案件。

②宿诺：未及时兑现的诺言。朱熹《集注》："宿，留也，犹宿留之宿。急于践言不留其诺也。"唐陈子昂《堂弟孜墓志铭》："故言无宿诺，行不苟从。"

【今译】

孔子说："根据单方面的供词就能判决案件的，大概是仲由吧。"子路没有未及时兑现的诺言。

【成语】

片言折狱：根据单方面的供词就能判决案件。后来泛指能用几句话来判别双方争论的是非。

【解难】

孔子称赞子路断案：片言折狱，没有宿诺

孔子盛赞仲由善于断案：打官司一定要有原告和被告，叫做两造。子路为人诚实，别人不愿欺骗他，所以子路根据单方面的言辞就可以判决案件。子路答应要解决的原被告双方的诉讼纠纷，绝不拖延，及时立案、开庭、判决、执行，及时兑现诺言。孔子断案与仲由不同，他要共商而断，相当于现在的法院审判委员会讨论决定。《说苑·至公》："孔子为司寇，听狱必师断。"师，众。

【延伸阅读】

智断命案

宋朝人欧阳晔（yè）治理鄂州时，有州民为争船互殴而死，案子悬了很久都没有判决。欧阳晔亲自到监狱，把囚犯带出来，让他们坐在大厅中，除去他们的手铐与脚镣，给他们食物吃，善加慰问后再送回监狱，只留一个人在大厅上。这个人显得很是惶恐不安。欧阳晔说："杀人的是你！"这个人不承认，欧阳晔说："我观察饮食的人都使用右手，只有你是用左手。死者伤在右侧胸部，这就是你杀人的明证。"这个人才哭着认罪。（参见明·冯梦龙《智囊·察智部》）

【12·13】

子曰："听讼，吾犹人也。必也使无讼乎！"

【注释】

①听讼：听，审理。讼，诉讼，官司。

【今译】

孔子说："审理官司，我和别人一样。必须使诉讼的事情根本不发生！"

【解难】

孔子审官司，旨在无官司

孔子听讼，旨在无讼。"听讼"是争讼已经发生，对簿公堂，必须裁决是非曲直，孔子和别人一样都做得到。"必使无讼"是化干戈为玉帛，消矛盾于萌芽。能听讼是治标，使无讼是治本。风气败坏必定诉讼蜂起，政治清明才可治国无讼。西哲认为，一次犯罪行为，只是弄脏了河流；而一次不公正的判决，则是污染了整个水源。此与孔子诉讼思想异曲同工。

【延伸阅读】

六尺巷

安徽桐城的张英、张廷玉父子两代为相：张英是康熙年间文华殿大学士、礼部尚书；张廷玉是雍正年间保和殿大学士、军机大臣。张英的祖宅与吴氏为邻，中间有块空地，供双方往来，后来吴氏建房，越界占用了通道。官司打到县衙门，县官不敢裁决。张英的家人写信寄至京城，希望张英出面干涉。张英认为应该谦让邻里，包容乡亲，于是批诗于后寄回，诗云："千里修书只为墙，让他三尺又何妨。万里长城今犹在，不见当年秦始皇。"家人得书，便退让三尺。吴氏深受感动，也退让三尺。这样两家院墙之间就形成了一条六尺宽的巷子，"六尺巷"遂以为名焉。

【12·14】

子张问政。子曰："居之无倦，行之以忠。"

【注释】

①居之无倦：居之，在工作岗位上。居，处在；之，指位置、环境、地位等。倦，倦怠，懈怠。

②行之以忠：行之，履行职责。忠，尽心尽力，竭己之谓忠。

【今译】

子张问为政之道。孔子说："在岗不倦怠，履职要尽心。"

【解难】

孔子答子张问政：居之无倦，行之以忠

"居之无倦"就是勤政。居位时长，会生厌倦，自然懈怠苟且，故须时时自警，恪尽职守，履职尽责。"行之以忠"就是务实。兴校教民、制田养民、患难济民、礼法安民。作风要扎实，工作要落实，结果要务实。宋代吕本中说："当官之法，唯有三事，曰清、曰慎、曰勤。"清则得民，慎则不败，勤则成事。宋代真德秀与同僚以四事自勉，即：律己以严，抚民以仁，存心以公，莅事以勤。

【延伸阅读】

王守仁联

王文成少时，题于忠肃祠一联云："赤手挽银河，公自大名垂宇宙；青山埋白骨，我来何处吊英贤。"书法遒逸，杭人传为文成真笔。文成父海日先生，晚年偶书堂联云："看儿曹整顿乾坤；任老子婆娑风月。"（清·阮葵生《茶余客话》卷十二）

注释　王文成，即明代思想家王守仁，又称王阳明。忠肃，即明朝名臣于谦，谥忠肃。

曾国藩联

入孝出忠，光大门第；
亲师取友，教育后昆。
——清·曾国藩《赠沅弟》

【12·15】

子曰："博学于文，约之以礼，亦可以弗畔矣夫！"
【注释】
本章重出，见《雍也篇》（6·27）章。

【12·16】

子曰："君子成人之美，不成人之恶。小人反是。"
【注释】
①成人之美，不成人之恶：成，成全，促成。朱熹《集注》："成者，诱掖奖劝以成其事也。"
【今译】
孔子说："君子成全别人的好事，不促成别人的坏事。小人与此相反。"
【成语】
成人之美：成全别人的好事，也指帮助别人实现美好愿望。
成人之恶：促成别人的坏事。
【解难】
孔子：君子成人美，小人成人之恶
君子坦荡荡，嘉善亦矜不能，己欲立而立人，己欲达而达人，竭力成全别人的好事，不促成别人的坏事。小人长戚戚，嫉贤妒能，恶毒攻击，造谣毁谤，设障阻挠，竭力阻止别人的好事，促成别人的坏事。

【延伸阅读】

鲍叔牙举荐管仲

齐桓公欲拜鲍叔牙为相，鲍叔牙诚恳地辞谢说："主公如果只想管理好齐国，有高傒和我就够了。如果想建树王霸天下的功业，那非得用管仲不可！"齐桓公问："为什么一定要用他为相呢？"鲍叔牙说："我与管仲相比，有五点不如他：宽厚仁慈，能安抚百姓，我不如他；治理国家，能抓住根本，我不如他；忠信可交于诸侯，我不如他；能给国家制定规范和礼仪，我不如他；能站在军门前指挥练武，使将士勇气倍增，我更不如他。管仲有这五个强项，以他为相，一定可以使齐国很快强盛。"齐桓公沉吟道："那我得先试一下他的学问再说。"叔牙摇摇头，进言道："非常的人，必须以非常的礼节相待。天下的人知道主公尊贤礼士，不计私怨，会有更多的人来齐国效忠！"齐桓公恍然大悟，命人择定吉日良辰，用"郊迎"的大礼，亲自迎接管仲并同车进城。齐桓公与管仲一连谈论三日三夜，句句投机，即拜管仲为相，且尊称他为"仲父"。

【12·17】

季康子问政于孔子。孔子对曰："政者，正也。子帅以正，孰敢不正？"

【注释】

①政者，正也：这是一种声训，"……者……也"是文言判断句式，在这种判断句式中，"者"有顿挫之功。

②子帅以正：帅，表率，带头；以，用。

【今译】

季康子问孔子为政之道。孔子回答说："政，就是正直。您带头正直，谁敢不正直？"

【解难】

孔子答季康子问政：正自己才能正别人

执政者为万民所仰望，上有所好，下必甚焉；所作所为，上行下效。自己正则无不正，自己带头正直，则谁敢不正直？否则上梁不正下梁歪，中梁不正倒下来。季康子是鲁国大夫，位高权重，片言只语不可不慎，一举一动不可不正。汉代董仲舒说："正心以正朝廷，正朝廷以正百官，正百官以正万民。"

政，正也，所以正不正者也，"政"是用来端正不正的行为。正，从止，用"一"放在"止"上。"一"表示在上位的人，会意合上位者止于正道。

【延伸阅读】

声　训

　　用音同或音近的字解释字词，称为声训，也称音训。汉代刘熙的《释名》是音训专书，《说文》《白虎通》等其他古籍也都有声训，举例如下："教者，效也，上为之，下效之。""学，觉也。""衣，依也，人所依以芘（bì，同庇）寒暑也。""道，蹈也。""道，导也，所以通导万物也。""路，露也。人所践蹈而露见也。""德者，得也。""政者，正也。""仁者，人也，亲亲为大；义者，宜也，尊贤为大。""仁，忍也。好生恶杀，善含忍也。""义，宜也。裁制事物，使合宜也。""礼者，理也。""信者，申也。""君，群也，群下之所以归心也。""郡，群也，人群所聚也。""土，吐也，吐生万物也。""天，颠（头顶）也。""地者，底也。其体底下载万物也。""晨，伸也。旦而日光复伸见也。""疚，久也，久在体中也。""户，护也。""武，舞也。征伐动行，如物鼓舞也。""帐，张也。""葬，藏也。""儒，柔也。""粉，分也。研米使分散也。""戴，载也，载之于头也。""山顶曰冢。冢，肿也，言肿起也。""种谷曰稼，如嫁女，以有所生。""庙之言貌也。宗庙者，先祖之尊貌也。""乾，健也。""坤，顺也。"

【12·18】

　　季康子患盗，问于孔子。孔子对曰："苟子之不欲，虽赏之不窃。"

【注释】

①患盗：窃货曰盗，害良曰贼。
②苟子之不欲：苟，假如。欲，贪欲。

【今译】

　　季康子苦于盗窃猖獗，向孔子请教。孔子回答说："假如您不贪欲，即使有赏别人也不会盗窃。"

【解难】

孔子答季康子患盗：正政风才能正民风

　　草随风来人从众，上行下效古今同。如上面贪财好利，下面就贿赂公行；上面任人唯亲，下面就鸡犬升天；上面吃拿卡要，下面就雁过拔毛。相反，上廉则下清，上正则下正，君正则臣正。这就是政风决定民风。因此，打铁还需自身硬。清风起松海，正气贯重山；治国先治吏，治吏先治上。季康子位高权重，孔子对其看似问牛答马，实则挖苦至极。程树德《集释》引《论语集注述要》："时夫子齿德兼优，负时重望，康子爵位虽隆，尚属后进。观其屡尝请问，其于夫子已不在以尊临卑之列，故夫子得尽言之。"

【延伸阅读】

除 偷

敬则为吴兴太守。郡旧多剽（piāo）掠，敬则录得一偷，召其亲属于前，鞭之数十，使之长扫街路，久之，乃令举旧偷自代。诸偷恐为所识，皆逃走，境内以清。（明·冯梦龙《智囊·通简》）

注释 王敬则，南朝名臣能吏，武艺高强，善格斗、使刀。剽掠，抢劫掠夺。录，逮捕。乃令举旧偷自代，就是叫小偷举报以前的同伙来替换自己扫大街。

【12·19】

季康子问政于孔子曰："如杀无道，以就有道，何如？"孔子对曰："子为政，焉用杀？子欲善而民善矣。君子之德风，人小之德草。草上之风，必偃（yǎn）。"

【注释】
①如杀无道，以就有道：无道，没有道德人。就，成。有道，有道德的人。
②君子之德风，人小之德草：君子，在上位的执政者。小人，平民百姓。
③草上之风，必偃：上，加。偃，仆，倒伏，比喻被感化。

【今译】
季康子向孔子问为政之道，说："如果杀掉无道的坏人，来成全有道的好人，怎么样？"孔子回答说："您执政，哪里用得着杀人呢？您想行善那么百姓也会行善了。君子的道德好比风，小人的道德好比草。草上加风，草一定倒向一边。"

【成语】
风行草偃：风吹在草上，草就随着风向倒伏。比喻以德化民，民无不化；后比喻有声望者的言行改变事态民情，或者上级有令，下面一律遵从。

【解难】

孔子答季康子问政：正君子才能正小人

上之化下，犹风靡草；小人被君子感化，无不顺从。君子急于教化，缓于用刑，贵在仁道化民，绝恶于未萌，使百姓不为非作歹，而不是把百姓关押起来而用重刑。统治者正直，则民无不化，如风行草上，草必倒伏。

【延伸阅读】

东门黄犬

李斯者,楚上蔡人也。……二世二年七月,具斯五刑,论腰斩咸阳市。斯出狱,与其中子俱执,顾谓其中子曰:"吾欲与若复牵黄犬,俱出上蔡东门,逐狡兔,岂可得乎?"遂父子相哭,而夷三族。(汉·司马迁《史记·李斯列传》)

大意 李斯,楚国上蔡人。……秦二世二年(公元前208年)七月,赵高根据刑法给李斯定罪,判处在咸阳街市上腰斩。李斯出狱,和他的次子一起被捆绑,李斯回头对他的次子说:"我想和你再牵着黄狗,一起走出上蔡东门,去打猎追逐狡兔,还能办得到吗?"于是父子相对痛哭,被灭三族。

华亭鹤唳

陆平原河桥败,为卢志所谮,被诛。临刑叹曰:"欲闻华(huà)亭鹤唳(lì),可复得乎?"(南朝·宋·刘义庆《世说新语·尤悔》)

大意 平原内史陆机在河桥兵败后,被卢志诽谤,后被司马颖所杀。临刑时叹息说:"想听一听故乡华亭的鹤鸣,还能再听得到吗?"

注释 华亭,故址在今上海松江西。鹤唳,鹤鸣。后以"华亭鹤唳"表示对过去生活的留恋。李白诗:"华亭鹤唳讵可闻,上蔡苍鹰何足道。"

【12·20】

子张问:"士何如斯可谓之达矣?"子曰:"何哉,尔所谓达者?"子张对曰:"在邦必闻,在家必闻。"子曰:"是闻也,非达也。夫达也者,质直而好义,察言而观色,虑以下人。在邦必达,在家必达。夫闻也者,色取仁而行违,居之不疑。在邦必闻,在家必闻。"

【注释】

①士何如斯可谓之达:士,读书人的通称。斯,才,就。达,通达(一说贤达)。
②在邦必闻,在家必闻:邦,诸侯的封地,诸侯国。家,卿大夫的封地。闻,名望、名气。参见《颜渊篇》(12·2):"在邦无怨,在家无怨。"
③质直而好义:质朴正直,爱好正义。
④虑以下人:虑,思虑。下人,即人下,甘心处在人下。

【今译】

子张问:"读书人怎样才可以叫通达呢?"孔子说:"什么意思呢,你说的通达?"子张答道:"在诸侯国做官一定有名望,在卿大夫的封地做官也一定有名望。"

孔子说："这叫闻，不叫达。所谓通达的人，就是质朴正直且爱好正义，洞察言谈而观望神色，兼逊自处。这样的人，在诸侯国做官一定通达，在卿大夫的封地做官一定通达。所谓有名望的人，表面上主张仁德，然而行为违背仁德，以仁者自居还不感到惭愧。这种人，只是在诸侯国做官骗取虚名，或在卿大夫的封地做官骗取虚名罢了。"

【成语】

质直好义：质朴正直，爱好正义。

察言观色：观察言辞和脸色。

色仁行违：表面上主张仁德，行为上违背仁德。

居之不疑：认为自己所处的环境、地位是理所当然，没有疑虑。

【解难】

孔子辨闻与达

士，是贵族的最底层，是平民的最顶层。士的外在追求有"闻"和"达"，两者相似而不同。"闻"是指弄虚作假，沽名钓誉，骗取名声，其名虚；"达"是指忠信务实，正直好义，其名实。二者都以委屈正道为前提，所以孔子不取。

【参考】

一说"虑以下人"是以下人虑，即从下等人的角度考虑问题。下人，下等层次的人。亦通。

【延伸阅读】

人下之道

孔子闲居，子贡侍坐，请问为人下之道奈何。孔子曰："善哉，尔之问也！为人下，其犹土乎。"子贡未达。孔子曰："夫土者，掘之得甘泉焉，树之得五谷焉，草木植焉，鸟兽鱼鳖遂焉。生前立焉，死则入焉，多功不言，赏世不绝。故曰：能为人下者，其惟土乎？"子贡曰："赐虽不敏，请事斯语。"（汉·韩婴《韩诗外传》卷七）

大意 孔子在家闲坐，子贡在旁边陪着，请教孔子如何谦虚待人。孔子说："问得好呀，你的问题！对人谦虚有礼，大概就像土地那样吧！"子贡不明白。孔子又说："那土地，深挖它能得到甘泉，耕耘它能得到五谷，花草树木在它上面生长，鸟兽鱼鳖在其中舒适自在。人活着就在上面立业，死后就埋入土中。土地的功劳大而不夸耀，赏赐给人类的东西源源不绝。所以说，真正能谦虚待人的，大概只有土地了吧？"子贡说："我虽然不聪明，也一定要按您这话去做。"

注释 此章是说作为下级、臣子，要像土地那样无私奉献。下人，自降身份与人交往，谦恭待人。树，种植。遂，舒适。

【12·21】

樊迟从游于舞雩之下，曰："敢问崇德、修慝（tè）、辨惑。"子曰："善哉问！先事后得，非崇德与？攻其恶，无攻人之恶，非修慝与？一朝（zhāo）之忿，忘其身，以及其亲，非惑与？"

【注释】

①舞雩：舞雩台，鲁城南祭天求雨之处，见《参进篇》（11·26）注释。

②崇德、修慝、辨惑：崇德，提高德行；修慝，去除邪念；修，治而去之。慝，隐藏在心中的邪念。朱熹《集注》引胡氏曰："慝字从心从匿，盖恶之匿于心者。"辨惑，辨清迷惑。

③先事后得：先做事，后考虑所得；得，指获取报酬和官位。

④一朝之忿，忘其身，以及其亲：一朝，一时；身，自身；及，连累。《增韵·辑韵》："及，连累也。"亲，指父母。《说文》："亲者，父母也，情之最至者也，故谓之亲。"

【今译】

樊迟陪从孔子在舞雩台下散步，说："请问怎样提高德行、去除邪念、辨清迷惑呢？"孔子说："问得好啊！先做事后考虑所得，不是提高德行了吗？攻击自己的恶行，不攻击别人的恶行，不是去除邪念了吗？一时的愤怒，忘记了自身的安危，连累到自己父母，这不是糊涂吗？"

【成语】

一朝之忿：一时或偶然激起的气愤。

【解难】

孔子答樊迟之问：崇德、修慝、辨惑

德者，心之理；慝者，心之恶；惑者，心之蔽，三者合于一心。孔子告诉樊迟，先勤劳做事，后得报酬，就是崇德。若言人非，要先说己过，批评自我，不去攻击别人，就是修慝。因一时愤怒而激成事变，亏体辱亲，亡身祸己，就是糊涂。若每临大事有静气，能治心涵养，惩忿窒欲，避免祸端，就是辨惑。

【延伸阅读】

一朝之忿

斗者，忘其身者也，忘其亲者也，忘其君者也。行其少顷之怒，而丧终身之躯，然且为之，是忘其身也；家室立残，亲戚不免乎刑戮，然且为之，是忘其亲也；君上之所恶也，刑法之所大禁也，然且为之，是忘其君也。忧忘其身，内忘其

亲，上忘其君，是刑法之所不舍也，圣王之所不畜也。乳彘触虎，乳狗不远游，不忘其亲也。人也，忧忘其身，内忘其亲，上忘其君，则是人也，而曾狗彘之不若也。(《荀子·荣辱》)

大意 好斗殴的人，是忘记了自身的人，是忘记了亲人的人，是忘记了君主的人。发泄他一时的愤怒，将丧失终身的躯体，然而还是那样去做，这便是忘记了自身；家庭立刻会遭到摧残，亲戚也不免受到刑戮，然而还是那样去做，这便是忘记了亲人；斗殴是君主所厌恶的，是刑法所严禁的，然而还是那样去做，这便是忘记了君主。就可忧虑的事来说，是忘记了自身；从家庭内部来说，是忘记了亲人；对上来说，是忘记了君主，这种人是刑法所不能放过的，也是圣明的帝王所不容的。哺乳的母猪不去触犯老虎，喂奶的母狗不到远处游逛，这是因为它们没有忘记自己的亲骨肉啊。作为一个人，就可忧虑的事来说，忘记了自身；从家庭内部来说，忘记了亲人；对上来说，忘记了君主，就连猪狗也不如啊。

【12·22】

樊迟问仁。子曰："爱人。"问知（zhì）。子曰："知（zhī）人。"樊迟未达。子曰："举直错诸枉，能使枉者直。"

樊迟退，见子夏曰："乡（xiàng）也，吾见于夫子而问知，子曰'举直错诸枉，能使枉者直'，何谓也？"子夏曰："富哉言乎！舜有天下，选于众，举皋陶，不仁者远矣。汤有天下，选于众，举伊尹，不仁者远矣。"

【注释】

①樊迟未达：达，明白。

②"举直"二句：参见《为政篇》(2·19)注释。

③乡也，吾见于夫子而问知：乡，同"向"，过去，刚才。见于夫子，被老师接见。

④举皋陶：皋陶，舜时掌握刑法的大臣，是我国最早的司法官，是公认的司法鼻祖，是古人认为的执法公正的典范。《荀子·非相》："皋陶之状，色如削瓜。"削瓜，青绿色，所以皋陶被称为"青面神"。

⑤举伊尹：伊尹，商初大臣，古代贤臣。他出身卑微，商汤唯贤是举，把他从奴隶身份的庖厨一举提拔为右相。伊尹积极辅佐商汤灭夏并巩固商初统治，居功至伟。

【今译】

樊迟问什么是仁。孔子说:"爱人。"又问什么是智,孔子说:"了解人。"樊迟不明白。孔子说:"提拔正直的人来教化不正直的人,就能使不正直的人正直。"

樊迟退出来,见到子夏说:"刚才,我被老师接见,向他问什么是智,老师说'提拔正直的人来教化不正直的人,就能使不正直的人正直。'什么意思呢?"子夏说:"这话呀含义丰富啊!虞舜有了天下,在众人中选材,举用了皋陶,不仁的事就远离了。商汤有了天下,在众人中选材,举用了伊尹,不仁的事就远离了。"

【解难】

孔子答樊迟:仁者爱人,智者知人

孔子答樊迟,说仁是爱人,智是知人。爱人和知人是仁的一体两面,仁里有知,知里有仁。仁者爱惜人才,智者知人善任。舜选皋陶掌刑法,汤选伊尹做宰相,天下之人皆感化为仁。提拔皋陶、伊尹,智也;天下人皆化为仁,仁也。用正直的人来教化奸邪的人,此谓举直错诸枉;通过正直人的教化、约束,不正直的人感化迁善,化而为仁,此谓能使枉者直。爱人之仁和知人之智,合之可成大业。

【延伸阅读】

司马光诗词

司马文正公言行俱高,然亦每有谑语。尝作诗云:"由来狱吏少和气,皋陶之状如削瓜。"又有长短句云:"宝髻匆匆梳就,铅华淡淡妆成。青烟紫雾罩轻盈,飞絮游丝无定。相见争如不见,有情何似无情。笙歌散后酒初醒,深院月斜人静。"风味极不浅,乃《西江月》词也。(宋·赵令畤《侯鲭录》卷第八)

【12·23】

子贡问友。子曰:"忠告而善道(dǎo)之,不可则止,毋自辱焉。"

【注释】

①善道:好好引导。道,同"导",引导。

【今译】

子贡问怎样交友。孔子说:"真诚劝告并好好引导他,不行就算了,不要自取其辱啊。"

【成语】

自取其辱:自己做了过分的事情而招致侮辱。

【解难】

孔子答子贡问友：忠告善道，不可则止

劝友之道，一是真心诚意，二是注意方法，三是不听则止。良言难劝该死鬼，慈悲不度自绝人，不要强劝死谏，听与不听，劝告在我，采纳在人，不可强逼对方。《白虎通·谏诤》："朋友之道有四焉，通财不在其中，近则正之，远则称之，乐则思之，患则死之。""死之"是为朋友而死。

【延伸阅读】

先生　后生　不生

问者曰："古之谓知道者曰先生，何也？""犹言先醒也。不闻道术之人，则冥于得失，不知乱之所由，眊眊乎其犹醉也。故世主有先生者，有后生者，有不生者。……庄王曰：'吾闻诸侯之德，能自取师者王，能自取友者霸，而与居不若其身者亡。'"（汉·韩婴《韩诗外传》卷六）

大意　有人问："古代懂道理的人叫先生，为什么？"有人回答说："先生就是先醒，即事先觉悟。从没有听到过道理和治术的人，就看不清得与失，不知道国家安定与混乱的根源，整日昏昏沉沉就像喝醉了酒。所以说国君有事先觉悟的，有事后觉悟的，有终生不觉悟的。……庄王说：'听闻诸侯所具有的品德，能够自己找到老师的可以称王，能够自己交上朋友的可以称霸，但是如果和不如自己的人相处就要灭亡。'"

【12·24】

曾子曰："君子以文会友，以友辅仁。"

【今译】
曾子说："君子用诗文聚会朋友，用朋友帮助自己培养仁德。"

【成语】
以文会友：通过写诗作文来结交朋友。

【解难】

曾子交友：以文会友，以友辅仁

古人说：独学而无友，则孤陋而寡闻；奇文共欣赏，疑义相与析。君子善取人之长，补己之短，故乐于交友。君子以诗文聚会，贤师良友在其侧，诗书礼乐陈于前，谈古论今，纵论天下，过失相规，善行互勉，朝夕纳诲，以辅台德。

【延伸阅读】

交友之道

对渊博友，如读异书；对风雅友，如读名人诗文；对谨饬友，如读圣贤经传；对滑稽友，如阅传奇小说。（清·涨潮《幽梦影》）

且夫朋友也者，必取乎直谅多闻，拾遗斥谬，生无请言，死无托辞，终始一契，寒暑不渝者。（晋·葛洪《抱朴子·外篇》）

大意 那些真正的朋友，一定是这种人：直率、诚信而多见多闻，弥补自己的不足且直接指出错谬，活着没有请求之事，死了也无托付的话，始终如一，无论何时都不变心。

子路篇第十三

（共三十章）

【13·1】

子路问政。子曰："先之劳之。"请益。曰："无倦。"

【注释】

①先之劳之：先，身先士卒；劳，吃苦耐劳。两个"之"用以补凑音节。

②请益：请多讲一点。益，增加，多。

③无倦：不要倦怠，不要懒政。《颜渊篇》（12·14）："居之无倦，行之以忠。"

【今译】

子路问为政之道。孔子说："身先士卒，吃苦耐劳。"子路请求多讲一点。孔子说："不要倦怠。"

【解难】

孔子答子路问政：躬行率下

大道至简，子路请教为政之道，孔子教之六言："先之劳之"和"无倦"。"先之"就是执政者带头，以身作则，身先士卒。"劳之"就是执政者要吃苦耐劳，宵衣旰食，在其位谋其政，不能贪图安逸闲适。"无倦"是不要半途而废，不要懒政，在"先之劳之"上还要坚持不懈，持之以恒。

一部《论语》都是给统治者、君子、仁者提的要求，因此，把"劳之"解释为"役使老百姓"不妥。

【延伸阅读】

圣躬勤政

上每晨起必以卯刻，长夏时天已向明，至冬月才五更尽也。时同直军机者十余人，每夕留一人宿直舍。又恐诘朝（zhāo）猝有事，非一人所了，则每日轮一人早入相助，谓之早班，率以五鼓入。平时不知圣躬起居，自十二月二十四日以后，上自寝宫出，每过一门必鸣爆竹一声。余辈在直舍，遥闻爆竹声自远渐近，则知圣驾已至乾清宫，计是时，尚须燃烛寸许始天明也。

余辈十余人，阅五六日轮一早班，已觉劳苦，孰知上日日如此，然此犹寻常无事时耳。当西陲用兵，有军报至，虽夜半亦必亲览，趣召军机大臣指示机宜，动千百言。余时撰拟，自起草至作楷进呈或需一二时，上犹披衣待也。（清·赵翼《檐曝杂记》卷一）

注释 上，指乾隆皇帝。卯刻，早上五点至七点。直舍，值班室。诘朝，清晨。五鼓，凌晨三点至五点。趣召，紧急召见。

【13·2】

仲弓为季氏宰，问政。子曰："先有司，赦小过，举贤才。"曰："焉知贤才而举之？"曰："举尔所知。尔所不知，人其舍诸？"

【注释】
①仲弓为季氏宰：仲弓，即冉雍，字仲弓。宰，卿大夫家务总管。
②先有司：先责成下级各负其责。有司，负责具体事务的小官。此处指家宰之下的各级官员。
③赦小过：赦，免罪，减罪。
④人其舍诸：其，难道。诸，"之乎"的合音。

【今译】
仲弓做鲁国大夫季氏的总管，问孔子为政之道。孔子说："先责成下级各负其责，赦免小过，提拔贤才。"仲弓又问："怎么知道贤才而提拔他们呢？"孔子说："提拔你所知道的。你不知道的，别人难道会舍弃他们吗？"

【解难】

孔子答冉雍问政：政贵举贤

政贵举贤，贤之所在，政之所兴。居位而不见贤，是没有慧眼；见贤而不举，是没有雅量；举贤而不能先，是没有尽职。如果各举所知，则贤才不被遗弃。季氏权倾鲁国，仲弓做他的总管，其位也高，其任也重，岂可昏昏度日？所以请教孔子施政之道。孔子说："当好榜样，宽容小错，举用贤人。"当好榜样，带动大家跟着干；宽容小错，鼓励人们大胆干；举用贤人，引导人们好好干。这就是孔子答冉雍的为政之道。

【延伸阅读】

樊姬论贤

楚庄王在朝廷处理政事，散朝很晚。樊姬走下殿堂来迎接他，问："为什么散朝这么晚？也许饥饿疲倦了吧？"楚庄王说："跟贤人在一起，就不知道饥饿疲倦了。"樊姬问："大王所说的贤人是谁啊？"楚庄王说："是虞丘子。"樊姬听了，捂着嘴笑了起来。楚庄王问："你笑什么呢？"樊姬说："……虞丘子担任楚国丞相十余年，没有听说他推荐贤人、斥退小人，又怎么能算作忠心贤能呢？"

第二天，楚庄王把樊姬的话告诉了虞丘子。虞丘子起身离座而推荐孙叔敖。孙叔敖治理楚国三年，楚庄王就成为霸主。楚国史官执笔写在简策上，说："楚国的称霸，是樊姬的功劳。"（参见《韩诗外传》卷二）

【13·3】

子路曰："卫君待子而为政，子将奚先？"子曰："必也正名乎！"子路曰："有是哉？子之迂也！奚其正？"子曰："野哉，由也！君子于其所不知，盖阙如也。名不正则言不顺，言不顺则事不成，事不成则礼乐不兴，礼乐不兴则刑罚不中（zhòng），刑罚不中则民无所措手足。故君子名之必可言也，言之必可行也。君子于其言，无所苟而已矣。"

【注释】

①卫君待子为政，子将奚先：卫君，卫出公，名辄，是卫灵公的孙子，卫庄公蒯聩之子；奚先：是"先奚"的倒装，即先做什么。奚，什么。

②必也正名乎：正名，纠正名称和名分上的不当。正，纠正。名，兼有名称和名分之义。

③子之迂也：迂，远。朱熹《集注》："谓远于事情，言非今日之急务也。"

④奚其正：奚其，为什么。

⑤盖阙如也：阙如，存疑不说；空缺不写。

⑥言不顺：说话不顺理。

⑦刑罚不中：刑罚，"刑"指肉刑、死刑；"罚"指以金钱赎罪；中，恰当，得当。

⑧无所措手足：措，安放。

⑨无所苟：没有一点马虎。苟，随便，马虎。

【今译】

子路说："如果卫国国君等着您去治理国家，您将先做什么呢？"孔子说："一定先辨正名分。"子路说："有这必要吗？您绕得太远了啊！为什么要正名呢？"孔子说："真粗野啊，仲由！君子对于他所不知道的，就不发表意见。名分不符合实际说话就不顺理，说话不顺理事情就办不成，事情办不成礼乐也就不能兴起，礼乐不能兴起刑罚就不会得当，刑罚不得当百姓都没有地方放手脚。所以君子定下名分就一定可以言之成理，言之成理就一定可以行得通。君子对于所说的话，要没有一点马虎。"

【成语】

名正言顺：原指名分正当，说话合理；后多指做某事名义正当，道理也说得通。

手足无措：手脚不知放到哪儿好。形容举动慌张，或无法应付，无所适从。

【解难】

孔子答子路为政之先：必也正名

孔子弟子多在卫国做官，卫君想聘用孔子来治国，所以有子路之问。孔子答子路，正名是治国之先。制定名称是为了"上以名贵贱，下以辨异同"，所以为政首先要规范百物名称，确定上下名分。称谓不当，则名不副实而名分不正；名分不正，则上下混乱，言语不顺理；言语不顺理，不被人接受，则政事办不成；政事办不成，君不安于上，风不移于下，则礼乐不兴；礼用以安上治下，乐用以感化人、塑造人，礼乐不兴，则刑罚失去中正，故不中；滥施刑罚，百姓动辄受刑，故无所措其手足。

"正名"解

一是纠正百物的名称。二是端正君臣父子的名分。蒯聩出奔晋国，灵公卒，其子辄被立为卫君。后来蒯聩欲回国，遭辄拒绝。辄不认蒯聩为父，是纲常倒置，名实乖乱（后来蒯聩回国，取得君位，辄则出奔，因此称为"出公辄"）。此时孔子从楚国回到卫国，子路正仕于卫，故有此问。正君臣父子之名，聩为父，应该继位为君；辄为子，应该退让。然而辄继位已久，而且灵公在世时有意立辄。

此章"正名"兼有上述二义。先要确定万物的名称，才能辨别世间万物；依照名称确定上下名分，才能端正人间伦常。称谓不当，则名实乱，物莫辨，名分无从谈起，纲常必然大乱。胡适《中国哲学史大纲》："《春秋》的三种方法——正名字，定名分，寓褒贬——都是孔子实行'正名'、'正辞'的方法。"

【延伸阅读】

顺治题壁诗

朕为山河大地主，忧国忧民事转烦；
百年三万六千日，不及僧家半日闲。
——清顺治帝（爱新觉罗·福临）

【13·4】

樊迟请学稼。子曰："吾不如老农。"请学为圃。曰："吾不如老圃。"樊迟出。子曰："小人哉，樊须也！上好礼，则民莫敢不敬；上好义，则民莫敢不服；上好信，则民莫敢不用情。夫如是，则四方之民襁（qiǎng）负其子而至矣，焉用稼？"

【注释】

①樊迟请学稼：樊迟，即樊须。稼，种植谷物。
②请学为圃：圃，种蔬菜。
③小人哉，樊须也：小人，见识狭小的人。
④民莫敢不用情：情，实情。
⑤襁负其子：襁，婴儿的背带或布兜。

【今译】

樊迟向孔子请教学种庄稼。孔子说："我不如老农民。"樊迟又请教学种蔬菜。孔子说："我不如老菜农。"樊迟出去了。孔子说："樊迟真是见识狭小的人啊！上位者重视礼，百姓没有谁敢不恭敬；上位者行为正当，百姓没有谁敢不服从；上位者真诚守信，百姓没有谁敢不说真话。做到这样，四方的百姓就会背着他们的孩子来投奔，哪里还用自己耕种呢？"

【解难】

樊迟请教务农挨痛骂

樊迟请教学种庄稼、蔬菜，孔子回答说自己不如老农、不如老圃，还称樊迟是"小人"。君子喻于义，小人喻于利，君子谋道不谋食。樊迟学于孔子之门，不请教仁义忠信之道，而学求利之术，求田问舍，舍本逐末，所以孔子称樊迟是见识狭小之人。古人认为，天下有大人之事，有小人之事，小人劳力，大人劳心。古者"有分土，无分民"，若能仁义忠信，四方的百姓就会前来归附而可以为王，哪里用得着躬耕垄亩、稼穑田园呢？张居正《论语别裁》："盖天下有大人之事，有小人之事。修身齐家以治国平天下，大人之事也；务农种圃以自食其力，小人之事也。樊迟游于圣门，乃不务为大人，而留心于农圃之事，何其识见之浅小，而志意之卑陋哉！故夫子以小人责之，盖将勉之以大人之学也。"

【延伸阅读】

古诗选

淮之水舒舒，楚山直丛丛。（唐·韩愈《此日足可惜赠张籍》）

红入桃花嫩，青归柳叶新。（唐·杜甫《奉酬李都督表丈早春作》）
买山须买泉，种树须种竹。（宋·梅尧臣《寄光化退居李晋卿》）
移花连旧土，买石带新苔。（宋·翁卷《吾庐》）

调 侃

秦少游在东坡坐中，或调其多髯者。少游曰："君子多乎哉？"东坡笑曰："小人樊须也。"（宋·邵博《邵氏闻见后录》卷三十）

注释 秦少游，即秦观，字少游，北宋词人。髯，胡须。君子多乎哉，见《子罕篇》（9·6）。

【13·5】

子曰："诵《诗》三百，授之以政，不达；使于四方，不能专对；虽多，亦奚以为？"

【注释】
①授之以政，不达：授，交付；达，成功，圆满。
②不能专对：专对，单独应对，随机应变。专，独，单独；对，应对。
③奚以为：把它用来做什么呢？意即有什么用呢？奚，什么。

【今译】
孔子说："诵读了《诗经》三百篇，交给他政事，却办不好；出使到四方，又不能独自应对；即使学得多，又有什么用呢？"

【解难】

孔子：诵《诗》三百，贵在能用

《诗经》内容广泛，可以增长见闻；文辞优美，可以培养儒雅之气；风雅颂，可以了解朝野；赋比兴，可以启发表达。这一切皆有益于从政。一个人熟读了《诗》三百，对内授予他职位，让他处理政事，结果办得不圆满，不令人满意；对外派他出访各国，结果不能独自应对，不能信手拈来，借诗言志，随口应答。这种人只有死记硬背之功，无灵活运用之智，不能将《诗》用于内政外交，就是背诵得再多，又有何用呢？博学于文，贵在能用。

罗大经《鹤林玉露》甲编卷五："学不必博，要之有用；仕不必达，要之无愧。"

【延伸阅读】

晏子使楚

晏子使楚,以晏子短,楚人为小门于大门之侧而延晏子。晏子不入,曰:"使狗国者,从狗门入;今臣使楚,不当从此门入。"傧者更道,从大门入。

见楚王,王曰:"齐无人耶?"晏子对曰:"临淄三百闾,张袂成阴,挥汗成雨,比肩继踵而在,何为无人?"王曰:"然则子何为使乎?"晏子对曰:"齐命使,各有所主,其贤者使使贤主,不肖者使使不肖主。婴最不肖,故宜使楚矣!"(《晏子春秋·内篇杂下第六》)

大意 晏子被派遣到楚国,楚人知道晏子身材矮小,在大门的旁边开了一个小洞请晏子进去。晏子不进,说:"出使到狗国的人,从狗洞进去;今天我出使到楚国,不应该从这个洞进去。"迎接宾客的人带晏子改从大门进去。

晏子拜见楚王,楚王说:"齐国没有人可派吗?竟派你做使臣。"晏子回答说:"齐国的都城临淄有七千五百户人家,人们一起张开袖子,天就阴暗下来;一起挥洒汗水,就会汇成大雨;街上行人肩膀靠着肩膀,脚尖碰脚后跟,怎么能说没有人呢?"楚王说:"既然这样,那么为什么会打发你来呢?"晏子回答说:"齐国派遣使臣,要根据不同的对象,贤能的人被派遣出使到贤能的君主那里去,不肖的人被派遣出使到不肖的君主那里去。我晏婴是最不贤能的人,所以正好出使到楚国。"

注释 闾,古代二十五户为一闾。袂,衣袖。不肖,不贤。

【13·6】

子曰:"其身正,不令而行;其身不正,虽令不从。"

【今译】

孔子说:"他自身端正,不命令人们也去干;他自身不端正,即使命令人们也不听从。"

【解难】

孔子:身正令自行,不正令不从

统治者品行端正,德义可尊,不需要发布命令,老百姓也会自愿做事。统治者自身不正,台上他说别人,台下别人说他,就是三令五申,老百姓也不会听从。不能正己,焉能令人?身先是有形的榜样,身先足以率下;身正是无言的号令,身正不令而行。

【延伸阅读】

君子行

君子防未然，不处嫌疑间。
瓜田不纳履，李下不整冠。
嫂叔不亲授，长幼不比肩。
劳谦得其柄，和光甚独难。
周公下白屋，吐哺不及餐。
一沐三握发，后世称圣贤。

——三国·魏·曹植

注释 劳谦，勤劳谦虚。和光，才华内蕴，不露锋芒。白屋，房顶用白茅覆盖，或木材不加油漆，指穷人的房子。一沐三握发，洗一次头发中间有多次握住头发出去接见前来投奔的人。比喻求贤心切。

【13·7】

子曰："鲁卫之政，兄弟也。"

【注释】

①鲁卫：《释名·释州国》："鲁，鲁钝也。国多山水，民性朴鲁也。""卫，卫也。既灭殷，立武庚为殷后，三监以守卫之也。"

②兄弟：鲁国是周公旦的封国，卫国是康叔的封国，周公旦和康叔是兄弟，都是周武王的同母之弟，周公旦排行四，康叔排行八，二人是九兄弟中关系最亲密的。

【今译】

孔子说："鲁、卫两国的政治，就像亲兄弟一样。"

【成语】

鲁卫之政：鲁国和卫国从亲属关系到政治情况都是兄弟之国。比喻两者的情况相同或差不多。

【解难】

孔子：鲁卫政情相似

周公旦和康叔都是周武王的同母之弟，周文王之子，是兄弟，皆是姬姓。鲁、卫原是兄弟之国。西周初，鲁、卫同时受封，两国继承的周朝文化都较多，受到周王朝的教化都较好，政治、文化、传统都相近，比其他国家都好。孔子对鲁国和卫国都抱有希望，曾说："鲁一变，至于道。"孔子周游列国十四年，其中三次在卫国,有三四年时间。但当时鲁国君臣不正,卫国父子不正,两国的政情相似,故孔子感叹。

【延伸阅读】

鲁　国

鲁,前有淮水,后有岱岳,蒙羽之向,洙泗之流。大野广土,曲阜尼丘。(晋·张华《博物志》卷一)

大意　鲁,前有淮河,后有泰山,它面对蒙、羽二山,洙、泗二水从这里穿流而过。在这片广袤的土地上,出了个大圣人——曲阜孔丘。

【13·8】

子谓卫公子荆：“善居室。始有,曰：'苟合矣。'少有,曰：'苟完矣。'富有,曰：'苟美矣。'”

【注释】

①公子荆：卫献公的儿子,大夫,名荆,字南楚。诸侯的第一个儿子为世子,是继承人,其余为公子。"荆"是春秋时楚国的别称,荆、楚同义。

②居室：居家过日子。

③苟合：苟且聚合,凑合。苟,勉强。

④苟完：苟且完备,差不多算完备了。

⑤苟美：苟且美好,差不多算美好了。

【今译】

孔子谈到卫国的大夫公子荆时说："他善于居家过日子。开始有一点点财富时,他说：'勉强够用了。'稍稍多一点点积蓄时,他说：'大致完备了。'财物富有时,他说：'差不多算美好了'。"

【解难】

孔子称赞公子荆：知足不贪

卫公子荆善于居家过日子,他精打细算,知足常乐。家里开始有点积累时,他说勉强够用了；稍稍增加一点积累时,他说大致完备了；家里富裕后,他说确实太完美了。从始有、少有到富有,从苟合、苟完到苟美,看出公子荆淡薄寡欲,随分自安。

人生在世,定当知足寡欲,过分贪婪和追求享乐,都是在自掘坟墓。千年田地八百主,田是主人人是客。程树德《集释》引《反省录》云："人无百年不坏之身,世无数百年不坏之屋,转盼成空,究竟何有？……古今来,往往作者不居,居者不作。"

【延伸阅读】

觞　则

张庄简〔悦〕致政归田，杜门不出。见风俗奢靡，益崇节俭。书揭屏间曰："客至留馔，俭约适情。肴随有而设，酒随量而倾。虽新亲不拾饭，虽大宾不宰牲。匪直戒奢侈而可久，亦将免烦劳以安生。"（清·褚人获《坚瓠集》）

【13·9】

子适卫，冉有仆。子曰："庶矣哉！"冉有曰："既庶矣，又何加焉？"曰："富之。"曰："既富矣，又何加焉？"曰："教之。"

【注释】

①子适卫，冉有仆：适，往，去。冉有，即冉求，字子有。仆，御，驾车。
②庶：人多。

【今译】

孔子去卫国，弟子冉有驾车。孔子说："人多呀！"冉有说："人口多了，又该增加什么呢？"孔子说："使人民富裕。"冉有说："人民富了，又该增加什么呢？"孔子说："教育他们。"

【成语】

先富后教：先让老百姓富起来，再对老百姓进行道德教化。

【解难】

孔子对卫国的期待：庶富教

孔子进入卫国，人来人往，比肩接踵，立即感叹："庶矣哉"，人好多啊！轻徭薄赋方能养儿育女，怀柔天下才能近悦远来，因此，孔子赞叹卫国的仁政。人口多了，还要财富多，所以孔子曰"富之"。老百姓富裕了就会安土重迁，敬上畏罪，易于治理。否则，民不惜命，凌上犯禁，为非作歹。因此，王者要行厚生之政，使人民有恒产恒心，"仰足以事父母，俯足以畜妻子，乐岁终身饱，凶年免于死亡"（《孟子·梁惠王上》）。孔子说，富裕之后要"教之"。立校兴学，修身正德，礼义教化，使老百姓揖让周旋皆合乎礼。人多，富裕，文明，是人君一生的梦想和追求。"庶富教"体现了以仁治国的理念。

【延伸阅读】

新官理政

古代读书人新上任如何理政？学者余英时说，中国对"士"首先要求他是"通才"，然后才强调"专业"。科举考试以外，士大夫还另外有与"专业"有关的著作必须读，从典章制度到做地方官的手册之类多得不计其数。"八股文"是一种智力测验，看考生的头脑是否灵活。明清两代进士做地方官，社会上有一种幕府"师爷"可以雇佣。这些"师爷"是专家，专门研究"刑名""田粮""税役"之类，新进士虽无经验，有几个"师爷"便可以处理实务了。

【13·10】

子曰："苟有用我者，期（jī）月而已可也，三年有成。"

【注释】

①期月而已可也：期月，一整年。而已，罢了，言其不难，一年轻松见效。可，勉强之辞。

【今译】

孔子说："如果有人用我的话，一年可以初见成效，三年大有成效。"

【成语】

期月有成：一个月或一整年便有成效，形容办事见效迅速。

【解难】

孔子执政：今天给我一次机会，三年还你一个奇迹

卫灵公年老，怠于政事，不用孔子，孔子感叹怀才不遇，于是直言：假如被重用而执政，一年制定法度，推行政教，治理有序；三年法纪完备，礼乐兴盛，大有成就。

《汉书·食货志》："民三年耕，则余一年之畜。衣食足而知荣辱，廉让生而争讼息，故三载考绩。孔子曰'苟有用我者，期月而已可也，三年有成'，成此功也。"

《后汉书·冯异列传》："怀来百姓，申理枉结，出入三岁，上林成都。"怀来，怀柔安抚。申理枉结：排解冤屈。出入，大概。上林成都，上林成了一座颇具规模的城市。

【延伸阅读】

周王室"要饭"

周制，天子要定期考察诸侯政绩，诸侯要定期朝见天子汇报作为，然后天子要重新宣布诸侯的爵位，这是王权的重要标志。可是，春秋时期的诸侯已不再服从"比年一小聘，三年一大聘，五年一朝"的规定，向王室述职纳贡，相反的倒是天子对诸侯聘问起来。那时，由于周王室失去了进职贡纳的收入，经济上贫困到不得

不向诸侯国去"求赙（fù）"、"求车"、"求金"，所谓"天子不私求财"的尊严也就全无，周王室开始"要饭"了。（摘编自白寿彝《上古时代·夏商周春秋战国时期》）

注释　求赙、求车：指春秋时期，分封制开始瓦解，周天子地位衰微，各诸侯不再进贡，周天子连丧葬费和出行的马车都要向各诸侯去乞讨。《左传·隐公三年》："武氏子来求赙，王未葬也。"赙，拿钱财帮助别人办丧事；"王"指周平王。

【13·11】

子曰："'善人为邦百年，亦可以胜残去杀矣。'诚哉是言也！"

【注释】

①善人为邦百年：善人，善良的人，有道德的人，贤人。百年，举大数，代代相继，不必一人。

②胜残去杀：胜，消除。去，废除。杀，死刑。

【今译】

孔子说："'善人治国一百年，才能消除残暴、废除死刑。'真对呀这古话！"

【成语】

胜残去杀：消除残暴，从而废除死刑。指重视用仁政转化人。

【解难】

善人执政：国家太平，百年可期

孔子时代，礼崩乐坏，群雄争霸，邦无定交，士无定主，弑父弑君；社会兵荒马乱，动荡不安，不知何时得以安定。孔子于是感叹古人的话："善人为邦百年，亦可以胜残去杀矣。"圣人已不复可得，希望有仁善的人出来治理天下。就是仁善的人治国，累代相继，也要一百年之久才能消除暴行，不用杀戮而天下得治。"胜残"是通过教化使残暴之人不作恶。"去杀"是民归于善，然后废除死刑，不用重典而天下太平。"诚哉是言也"是以文王之事信之。

【延伸阅读】

地理是历史之母

西洋人常说地理是历史之母，可见地理对于一个民族历史的发展是极有关系的。我们现在所有的版图，若用河流来表明，那我们便有黑龙江、黄河、长江和珠江四大流域；以山脉来说，我们现在有阿尔泰山、天山、昆仑山和喜马拉雅山四大山系。然而我们讲中国古代史，当时的中国没有这般大。那时我们祖宗的活动范围只限在黄河流域。因此我们可以约略地说，古代我们祖宗所有的演戏舞台，不过是我们现在所有的四分之一罢了。……黄河在古代不仅不是中国的败家精，而且实是孕育中国文明的母亲。这条大河从发源以至入海，经过八省，长凡八千里左右（古代从天津入海要更长些），并合了它的支流计算，流域之广达到一百六十万方里左右。这一片大地，实为古代正统的中华民族唯一的根据地。他们在那里长养发育，建设了不少光荣灿烂的文化。有了尼罗河，才有埃及的文化；有了幼发拉底河，才有巴比伦的文化；有了黄河，才有中国的文化。据地质学家的研究，中国文化的发生，实在是受了黄土的恩惠。黄土的性质是黏而腴的，得水即能发酵，助长植物的发达，不需要肥料。这种黄土遍布于黄河流域的全境，不论是山林和原野，它肥沃的程度，和尼罗河的沉淀物相仿佛；但土地之广，却远过于尼罗河流域。……古书里常说"天玄地黄"，他们以为地的颜色到处总是黄的，就因为他们的眼界只限在这黄土区域的圈子里。（摘编自顾颉刚《中国古代史述略》）

【13·12】

子曰："如有王者，必世而后仁。"

【注释】

①如有王者，必世而后仁：王者，以王道治天下的君主，即明君；世，三十年。

【今译】

孔子说："如果有圣明的君王兴起，也一定要三十年之后才能实现仁政。"

【解难】

王者执政：励精图治三十年，天下方能有仁政

王道无近功，欲速则不达。孔子说："如有王者，必世而后仁。"王者，如文王、武王、成王等。仁者，上下相亲也。王者受命而兴，必定父子继世，然后仁道成。一世三十年，既言其短也言其长。言其短，是赞圣人化速，仅三十年而仁政大成；言其长，是说治国不易，归仁更难，须三十年之久才成。《汉书·平当传》引此句而解之："三十年之间，道德和洽，制礼兴乐，灾害不生，祸乱不作。"

刘宝楠《论语正义》认为"为邦者"有三等：上为王者，中为善人，下为时君。若王者，则"必世而后仁"。

孔子执政，三年有成（13·10）；善人治国，百年胜残去杀（13·11）；王者兴起，三十年后方有仁政（13·12）；善人教民七年，可以即戎（13·29）。四章皆在此篇，前三章连排，编者用意，耐人寻味。

【延伸阅读】

必世后仁

子曰:"必世而后仁。"盖言天下大乱,人失其性,凶恶不可告诏,三十年后此辈老死殆尽,后生可教,而渐成美俗。(宋·周密《癸辛杂识》别集下)

【13·13】

子曰:"苟正其身矣,于从政乎何有？不能正其身,如正人何？"

【注释】

①于从政乎何有:乎,用在句中表停顿；何有,何难之有,言不难。

【今译】

孔子说:"如果能端正自身,对从政有什么困难呢？不能端正自身,怎么去端正别人呢？"

【成语】

正人先正己:要端正别人,先端正自己。

【解难】

孔子:苟正其身,从政何难

戴望《论语注》:"《春秋》之义,用贵治贱,用贤治不肖,不以乱治乱也。"执政者自身端正,正直正派,一正压百邪,为政不难。执政者形象不端,搞歪门邪道,无法以上率下,更无法端正别人。

【延伸阅读】

古诗联选

德莫高于博爱人,政莫高于博利人。
两袖清风廉太守,二分明月古扬州。
两省春风思太守,一江秋水哭先生。
春在花光浓淡里,官如山色有无中。
名场顺水千帆劲,落日临崖万事轻。
浮名浮利浓于酒,醉得人心死不醒。
半世功名如隙过,一场富贵似花开。
多少朱门皆白屋,空留燕子话兴亡。
禄薄俭常足；官卑廉自尊。
善纳真如海；能容即是天。

【13·14】

冉子退朝。子曰："何晏也?"对曰："有政。"子曰："其事也。如有政，虽不吾以，吾其与（yù）闻之。"

【注释】

①冉子退朝：冉子，即冉求，字子有，鲁国大夫季氏的家臣，称冉子为尊称，此章应是冉求的弟子所记。退朝，朝见君毕而退。朝，朝廷，这里指季氏的私朝。

②何晏：晏，迟。

③有政：政，国政，政事。

④其事也：事，家事。

⑤虽不吾以，吾其与闻之：吾以，"以吾"的倒装，用我。其，大概。与，参预。

【今译】

冉有从季氏家中回来。孔子说："怎么这么晚呢？"冉有回答说："有政治事务。"孔子说："季氏的私事吧。如果有政治事务，虽然国君不用我了，我大概也会参预的。"

【解难】

孔子：退休老干部，也知国家事

冉有与季氏谋划的看起来像国家大事，实际上是季氏的家事、私事。孔子曾经官至大夫，虽然已不在位，但按礼还能与闻国政，了解国家大事。孔子既然没有听说鲁国有什么大事，显然冉有所说就是季氏的私事了。《竹氏会笺》："冉子所议实是国政，不是家事，'有政'亦是据实而对，但季氏专于鲁政，不议于公朝，而独与家臣谋于私室，则虽政亦事也。"朱熹《集注》："礼，大夫虽不治事，犹得与闻国政。是时季氏专鲁，其于国政，盖有不与同列议于公朝，而独与家臣谋于私室者。故夫子为不知者而言，此必季氏之家事耳。若是国政，我尝为大夫，虽不见用，犹当与闻。今既不闻，则是非国政也。"《学而篇》（1·10）："夫子至于是邦也，必闻其政。"

"政"与"事"解

大曰政，国政，是国事，公事；小曰事，是家事，私事。君之教令为政，臣之教令为事；在君为政，在臣为事。

"退朝"解

退朝，本义是臣朝君结束后回家。这里有两种说法：一是指从鲁君公朝回来。理由是季氏朝于鲁君，冉有跟随季氏朝于鲁君。二是指从季氏私朝回来。理由是冉有此时为季氏的家宰，应该是从季氏家中回来。本书从后解。《国语·晋语》："自卿以下，合官职于外朝，合家事于内朝。"外朝指君之公朝，内朝指家朝。

【延伸阅读】

孔子参政

鲁定公九年（前501年），曾经飞扬跋扈，把鲁国搞得乌烟瘴气的季孙氏家臣阳虎被"三桓"赶出鲁国，鲁国少了一大祸患，为孔子出仕扫平了障碍。同年，孔子被任命为中都之宰。因政绩突出，四方效仿，第二年就被提拔为鲁国小司空，即掌管土木建筑的司空的副职。不久，又被提拔为鲁国大司寇，即掌管国家司法、刑狱和社会治安的最高长官。鲁定公十年，齐、鲁两国在齐国的夹谷（今山东莱芜）举行会谈，孔子作为鲁定公的傧相（bīn xiàng，指接引宾客和赞礼的人，也指典礼中的司仪）参会。齐景公企图以武力要挟鲁定公，孔子果敢沉着，以大智大勇挫败了齐国阴谋，迫使齐国归还了原来强占的鲁国国土。夹谷之会是孔子政治活动中最为光彩的一页。夹谷之会不久，孔子以大司寇之职，摄行相事，即代替鲁国执政之卿管理鲁国最高行政事务。鉴于鲁国屡次发生家臣叛乱、危害国家的事件，孔子向鲁定公提出了"堕三都"的主张，即摧毁季孙氏费邑、叔孙氏郈（hòu）邑和孟孙氏成邑高大坚固的城墙，以防止邑宰们凭借城墙叛乱。鲁定公十二年，孔子指挥先拆了郈邑。在拆费邑时，费邑之宰公山弗扰等人反抗，险些闹出乱子。最后在拆成邑时，孟孙氏阳奉阴违，成邑之宰公敛处父以防备齐国入侵为借口，带领私卒坚守城邑，鲁军未能攻下而退。"堕三都"是孔子的一项重大改革措施，这一措施的失败对孔子政治前途是一个沉重的打击。鲁定公十三年春，五十四岁的孔子离开鲁国，开始了长达十四年的羁旅生涯。（摘编自吕文郁《春秋战国文化史》）

【13·15】

定公问："一言而可以兴邦，有诸？"孔子对曰："言不可以若是，其几（jī）也，人之言曰：'为君难，为臣不易。'如知为君之难也，不几乎一言而兴邦乎？"

曰："一言而丧邦，有诸？"孔子对曰："言不可以若是，其几也，人之言曰：'予无乐乎为君，唯其言而莫予违也。'如其善而莫之违也，不亦善乎？如不善而莫之违也，不几乎一言而丧邦乎？"

【注释】

①其几也：几，非常接近。《尔雅·释诂下》："几，近也。"
②莫予违："莫违予"的倒装。予，我。

【今译】

鲁定公问："一句话就可以兴国，有这话吗？"孔子答道："一句话不可能像这样有效果，跟这非常接近的话是，有人说：'做国君难，做臣下也不容易。'如果知道了做国君的艰难，这不就是差不多一句话就可以兴国吗？"

鲁定公又问："一句话就可以亡国，有这话吗？"孔子回答说："一句话不可能像这样有效果，跟这非常接近的话是，有人说：'做国君我没有乐趣，唯独在乎的是我说的话没有谁违抗。'如果国君的话说得对而没有谁违抗，不也是好事吗？如果国君的话说得不对而没有谁违抗，这不就是差不多一句话就可以亡国吗？"

【成语】

一言兴邦：一句话可以兴国。
一言丧邦：一句话可以亡国。

【解难】

孔子答哀公：一言兴邦难，一言丧邦易；为君难，为臣不易

一言兴邦难，一言丧邦易。国之兴，要世世代代艰苦创业；国之亡，刹那间即灰飞烟灭。明君善于纳谏，集合民智，众志成城，不达目的誓不罢休，离兴邦则近矣；昏君压制民意，唯我独是，百姓敢怒不敢言，离亡国不远矣。孔子在这里是委婉地劝谏鲁定公。

国君不好当，臣子也难当。臣子要思虑忠诚，要善于成事，要勇于担当，要拿捏分寸，并非好心就有好报，努力必有结果。

【延伸阅读】

啰嗦大臣挨打

洪武九年，因发生天变，朱元璋下诏请求群臣上书直言自己的政治得失。刑部尚书茹太素的奏章长达一万七千字，读到六千七百字还没有说到正题。朱元璋一怒之下叫人把茹太素打了一顿。第二天深夜，朱元璋在榻上叫人接着读，读到一万六千五百字之后，才提到要说的五件事，这五件事只用了五百字左右。朱元璋认为有四件可行，第二天早朝，便下令实行。朱元璋说，自己不想听长篇大论，仅仅因为奏章啰嗦就把忠臣打了一顿，这是不对的。他称赞茹太素是忠臣，深感当皇帝不容易，当臣子也不容易，于是下令编了一部《建言格式》，要求官员上疏"许陈实事，不许繁文，若过式者问之"。

【13·16】

叶（shè）公问政。子曰："近者说，远者来。"

【注释】

①叶公：楚国大夫，见《述而篇》(7·19)。

②近者说，远者来：近，指境内。说，同"悦"。远，指境外。来，归附，投奔。

【今译】

叶公问为政之道。孔子说："使近处的人高兴，使远处的人归附。"

【成语】

近悦远来：近处的人高兴，远处的人归附；形容政治清明，人心所向，远近归附。

【解难】

孔子答叶公问政：近者悦，远者来

凡老百姓，爱之则亲，利之则至。仁爱惠及人民，境内的人活得开心不愿离开；仁声远播，远方的人向往渴慕而来归附。先有近者悦，而后才有远者来。

【延伸阅读】

者者居

清代诗人王士祯任职扬州时，一天见到一家酒店的招牌上写着"者者居"三个字，甚感疑惑，便停车入店询问，方知是取《论语》里"近者悦，远者来"之义。第二天，他来此店饮酒，并题诗一首："酒牌红字美如何？五马曾询者者居。何但悦来人远近，风流太守也停车。"自此，该店名声大噪，生意兴隆。

注释 王士祯的官位相当于太守，而五马为太守的代称。

【13·17】

子夏为莒父（jǔ fǔ）宰，问政。子曰："无欲速，无见小利。欲速则不达，见小利则大事不成。"

【注释】

①子夏为莒父宰：子夏，即卜商，字子夏，家贫有才华。莒父，鲁国的一个小城邑。宰，长官。

【今译】

子夏做莒父的长官，问为政之道。孔子说："不要贪图快，不要只见到小利。想图快却反而达不到目的，只见到小利就不能成就大事。"

【成语】

欲速则不达：过于性急反而达不到目的。

【解难】

孔子答子夏问政：欲速则不达，见小利则大事不成

事缓则圆，事急则乱，治国亦然。治国之大忌，一是忌只求速度，二是忌只见小利。自古大事无速成，从来小利遮望眼。治国理政若急功近利，一定后患累累，怨声载道。脚踏实地，坚忍不拔，不折腾，不停步，以功成不必在我的胸怀，以合适的发展速度追求理想的效果，才是正确的发展理念。治国理政若眼光短浅，只注重眼前利益、局部利益，不能算大账、算长远账，就干不成大事。古人说，不谋万世者不足谋一时，不谋全局者不足谋一域。"不欲速"要有定力，"不见小利"要有眼光。

【延伸阅读】

松江太守明日来

赵豫为松江府太守，每见讼者非急事，则谕之曰："明日来。"始皆笑之，故有"松江太守明日来"之谣。不知讼者来，一时之忿，经宿气平，或众为譬戒，因而息者多矣。比之钩钜致人而自为名者，其所存何啻霄壤。"（明·冯梦龙《智囊·赵豫》）

注释 赵豫，明宣宗时人，为政清静，百姓怀之。谕，告诉。宿，一夜。或众为譬戒，或者大家给他打比方、劝诫。钩钜致人，用尽心机，罗织罪名。何啻霄壤，何止天地之别。

【13·18】

叶（shè）公语（yù）孔子曰："吾党有直躬者，其父攘（rǎng）羊，而子证之。"孔子曰："吾党之直者异于是：父为子隐，子为父隐，直在其中矣。"

【注释】

①吾党有直躬者：党，家乡。《释名·释州国》："五百家为党。党，长也，一聚之所尊长也。"直躬，直身，正直的人。

②攘羊：偷羊。攘，盗。后以"攘羊"比喻扬亲之过。

③而子证之：证，告发，揭发。

【今译】

叶公告诉孔子说："我的家乡有个正直的人，他的父亲偷了羊，他就去告发了父亲。"孔子说："我家乡正直的人和你们不同：我们是父亲为儿子隐瞒，儿子为父亲隐瞒，正直就在其中了。"

【成语】

证父攘羊：儿子告发父亲偷羊，比喻认法不认人。

父为子隐：父亲为儿子隐瞒劣迹或过错。

子为父隐：儿子为父亲隐瞒劣迹或过错。

【解难】

两种正直观：叶公家乡是儿子揭发父亲，孔子家乡是父子互相隐瞒

叶公告诉孔子："我老家有个正直的人，父亲偷了羊，儿子居然到官府检举了父亲。"儿子太正直了。而孔子告诉叶公："我老家人的正直和你老家的不一样，我老家人的正直是父亲为儿子隐瞒，儿子为父亲隐瞒。"家丑不可外扬。孝子扬父之美，不扬父之恶，父子有血缘关系，亲亲为大，体现了父慈子孝，为亲者讳。反之，若父子互相揭发，将会助父之残暴，长子之不孝。所以父子相隐，就显得理直气壮，顺理合礼。罪莫大于不孝，扬父之恶是不孝，儒家不主张大义灭亲。

张居正《论语直解》："道不远乎人情，事必求夫当理。矫情以沽誉，立异以为高，流俗之所慕，而圣人之所不取也。后世论道与论人者，宜以孔子之言为准。"

【参考】

"直躬"另解。一说"直躬"即一个叫"躬"的正直的人。因其直而曰"直躬"，如同因其狂而曰"狂接舆"。一说"直躬"为诨名。因为当时楚中习语称直者为"直躬"，其人姓名不详，后人援引其事。

【延伸阅读】

直躬救父　两次捞名

楚有直躬者，其父窃羊而谒之上，上执而将诛之。直躬者请代之。将诛矣，告吏曰："父窃羊而谒之，不亦信乎？父诛而代之，不亦孝乎？信且孝而诛之，国将有不诛者乎？"荆王闻之，乃不诛也。孔子闻之曰："异哉！直躬之为信也，一父而载取名焉。"故直躬之信，不若无信。（《吕氏春秋·仲冬纪·当务》）

大意　楚国有个正直的人，他的父亲偷了羊，他向官府告发了这事，官府抓住了他的父亲，将要处死。这个正直的人请求代父受刑。将要行刑的时候，他告诉官吏："父亲偷羊而告发，这样的人不是很诚实吗？父亲受罚而代其受刑，这样的人不是很孝顺吗？诚实又孝顺的人都要被处死，那么国家将还有不遭刑罚的人吗？"楚王听说了这番话，就不杀他了。孔子闻知这件事后说："这个人的所谓诚实太怪异了，利用自己父亲却两次为自己捞取名声。"所以像"直躬"这样的诚实，还不如没有。

注释 谒，告发。上，君主，指荆王。信，诚实。载，通"再"，两次。

【13·19】

樊迟问仁。子曰："居处恭，执事敬，与人忠。虽之夷狄，不可弃也。"

【注释】
①居处恭：居处，平时的仪容举止。居，平时。
②执事敬：执事，做事。执，从事。敬，谨慎。
③虽之夷狄：之，去。夷狄，见《八佾篇》（3·5）。

【今译】
樊迟问怎样做到仁。孔子说："平日谦恭，做事认真，待人忠诚。即使到了夷狄之地，也不可放弃这些。"

【解难】

孔子答樊迟问仁：美德无处不需要

"礼"表现于容貌曰恭，待人接物谦恭；加于人、施于事曰敬，内心严肃，做事认真；对人真诚老实，为人厚道曰忠。"居处恭，执事敬，与人忠"，任何地方都需要这种美德，就是到了落后的少数部族也不能弃之。《礼记·王制》："中国、夷、蛮、戎、狄皆有安居，和味，宜服，利用，备器。"安居，舒适的住所；和味，可口的味道；宜服，适当的服饰；利用，便利的用品；备器，周备的器具。

【延伸阅读】

不帮着夹菜而丢官

桓公坐有参军椅烝薤（xiè），不时解，共食者又不助，而椅终不放，举坐皆笑。桓公曰："同盘尚不相助，况复危难乎？"敕令免官。（南朝·宋·刘义庆《世说新语·黜免第二十八》）

大意 桓温的宴席座位上有个参军用筷子夹烝薤，没能一下子夹起来，同桌的人又不帮助，而他还夹个不停，满座的人都笑起来。桓温说："同在一个盘子里吃菜都不肯互相帮助,何况遇到危难呢!"便下令罢免了同桌吃饭人员的官职。

注释 椅,应为"掎(jǐ)",用筷子夹取。烝薤,蔬菜名。敕,皇帝的诏令。

【13·20】

子贡问曰:"何如斯可谓之士矣?"子曰:"行己有耻,使于四方,不辱君命,可谓士矣。"

曰:"敢问其次。"曰:"宗族称孝焉,乡党称弟(tì)焉。"

曰:"敢问其次。"曰:"言必信,行必果,硁硁(kēng kēng)然,小人哉!抑亦可以为次矣。"

曰:"今之从政者何如?"子曰:"噫!斗筲(shāo)之人,何足算也?"

【注释】

①行己有耻:行己,即己行,自己做事。"行己"的用法同"恭己"。

②宗族称孝焉:宗族,同宗同族,也称家族,是同一姓氏世代相传的家族,即父亲的亲属。

③乡党称弟焉:乡党,家乡。弟,同"悌",敬顺兄长。

④行必果:行,做事。果,成。

⑤硁硁然,小人哉:硁硁,敲击石头的声音,形容坚决固执的样子。小人,见识狭小的人。

⑥抑亦可以为次矣:抑,但是。次,次一等。

⑦噫:心有不平之声。

⑧斗筲之人:斗,盛粮的器具,十升为一斗。筲,盛饭的竹筐,容一斗二升。斗、筲皆量小的容器,比喻器量狭小或见识短浅,如:剑指猛虎与腾蛟,傲视长空笑斗筲。

【今译】

子贡问道:"怎样才可以称作士呢?"孔子说:"自己做事有羞耻之心,出使到四方,不辱国君托付的使命,可以称作士了。"

子贡说:"请问次一等的呢?"孔子说:"宗族称赞他孝顺父母,乡亲称赞他敬顺兄长。"

子贡又说:"请问再次一等的呢?"孔子说:"说话一定守信,做事一定办成,这种坚决固执的人,是见识狭小的人啊!但也可以算是再次一等的士了。"

子贡说:"现在的执政者怎么样?"孔子说:"唉!这些器量狭小的人,哪里值得计算等次呢?"

【成语】

行己有耻：做事要有羞耻之心。

言必信，行必果：说话一定守信，做事一定办成，也作"言信行果"。

硁硁之信：浅薄固执的信念。

斗筲之人：器量狭小的人，也用以自谦才疏学浅。也作"斗筲之辈""斗筲之器"。

【解难】

孔子答子贡问士：士有三等

士农工商为古代四民，而士为之先。士人贵在立品，士必自重，方能被国家重用。士亦有高低，此章孔子把士分成三等：上等是行己有耻，使于四方，不辱君命；中等是入孝出悌，孝敬父母，顺从兄长；下等是言信行果，说到做到，像小人物那样不知变通，固执偏执认死理。而孔子时代的执政者，孔子认为他们是斗筲之人，心胸狭窄、见识短浅，排不上号。

【延伸阅读】

族谱引

陶渊明赠长沙公族祖云："同源分派，人易世疏。慨然寤叹，念兹厥初。"老苏族谱引云："服始乎衰（cuī），而至于缌（sī），而至于无服。无服则亲尽，亲尽则情尽。情尽则喜不庆，忧不吊。喜不庆，忧不吊，则涂人也。吾所与相视如涂人者，其初兄弟也。兄弟其初，一人之身也。悲夫！"（宋·罗大经《鹤林玉露·族谱引》甲编卷三）

注释 衰，同"缞"，粗麻布制成的丧服。缌，细麻布制成的丧服。

【13·21】

子曰："不得中行（xíng）而与之，必也狂狷（juàn）乎！狂者进取，狷者有所不为也。"

【注释】

①中行：中道，即行为合乎中庸之道的人。行，道。

②狂狷：狂，狂放，志向高远，勇于进取；狷，狷介，拘谨小心，有所不为。

③有所不为：指守住本分，有所不为，即不做坏事，洁身自好。

【今译】

孔子说:"找不到奉行中庸之道的人和他交往,那必须要交到狂放和狷介的人啊!狂放的人奋发进取,狷介的人有所不为。"

【解难】

孔子:狂者进取,狷者有所不为

狂者志向高远,狷者孤高洁身;狂者易于放纵,狷者谨慎有守;狂者之志,狷者之节,都有过而不及。狂者志向远大,高调进取,知进而不知退;狷者有所畏惧,守分不为,谨小慎微,该进而退,易退难进。中行不在狂狷之间。奉行中行的弟子颜回早逝,余者多狂狷。孔子不能得中行之人,故思其次。《日讲》:"同流合污之乡愿最足以害道,有志有守之狂狷,可进与中行。圣贤之教人,帝王之用人,其道一而已。"

【延伸阅读】

书生留得一分狂

"狂"是个多义词,堪称经典立义的,是孔子的一段话:"不得中行而与之,必也狂狷乎!狂者进取,狷者有所不为也。""狂者"和"狷者"这两个原创的词,就发源于此。"狂"和"狷"的特点,都是不追求四平八稳,只不过一个急促躁进,希望尽快把事情办好,一个拘泥迂阔,认为不一定什么事情都办。也可以说,"狂"是超前,"狷"是知止,都是有自己独立思想和独立人格的表现。孔子如此释"狂",可以说具有思想革新的性质。孔子之前的"狂",均属负面的含义,有粗野放肆、自负狂妄之义。孔子第一次对"狂"赋予了完全正面的含义。"狂者进取,狷者有所不为",这是何等重大的判断。孔子把"狂""狷""乡愿""中行"四种品格对比提出,中行第一,狂第二,狷第三,乡愿第四,他不能容忍的是"乡愿",称之为"德之贼也",推崇"中行",即中道。《论语》六处见"狂",孔子希望"狂"要有法度、有分寸,有道德的限制。狂者精神,可以说是一个人独立精神和独立见解,主要体现在传统士人和士大夫身上。吴于廑词《浣溪沙》:"书生留得一分狂。"(摘编自刘梦溪《中国文化的狂者精神》)

【13·22】

子曰:"南人有言曰:'人而无恒,不可以作巫医。'善夫!""不恒其德,或承之羞。"子曰:"不占(zhān)而已矣。"

【注释】

①巫医:巫师和医生,男曰觋(xí),女曰巫。

②不恒其德，或承之羞：引自《易经·恒卦》的九三爻辞。恒，坚持，恒守；或，可能；承，受。

③占：占卜，用占卦推测吉凶。

【今译】

孔子说："南方人有句话说：'人如果没有恒心，不能作巫师和医生。'说得好啊！"《易经》说："不坚守自己美德，可能会受到羞辱。"孔子说："这是不用占卦的。"

【解难】

做事贵在有恒心

一个没有恒心的人，就是从事巫术和医术这种低贱的职业也不行。巫者为人祈祷，无恒心则诚意不聚，不可以交鬼神；医者为人疗病，无恒心则术业不精，不可以寄生死。

一说古代巫、医并非贱业，古代司巫、司医皆是士大夫。没有恒心的人，不可能做到巫医之业。

【参考】

一说"南人"疑为"宋人"之误，郭店、上博楚简《缁衣》皆作"宋"，南、宋形近而讹。"巫医"疑为"卜筮"之误，"卜筮"与医无关。"不承其德或承之羞子曰不占而已矣"十五字，可能为后人衍增。"子曰：不占而已矣"是说孔子有意摒弃占筮而不用，这既非孔子的性格，也与春秋后期的思想背景不合。帛书《要》篇云孔子"吾百占而七十当"。

【延伸阅读】

用琵琶算命

唐代文学家张鷟（zhuó），字文成。一天他来到洪州，听说有个何婆善用琵琶卜卦算命，就陪同一个姓郭的司法官前往卜算官运。只见何婆住处，求卦者拥挤不堪，礼品塞满道路。司法官送上钱，说明了来意，何婆便调了调琵琶弦丝，唱道："贵人你要交富贵呢！今年当一品官，明年升二品官，后年升三品官，再后年升四品官。"郭笑道："何婆，你说错啦。品级越小官越大，品级越大官越小啊！"何婆随即改口唱道："今年你减一品，明年减二品，后年减三品，再后年减四品，再过五六年，你就没有品级啦。"郭大骂而去。

【13·23】

子曰："君子和而不同，小人同而不和。"

【注释】

①和而不同：和，和谐，恰当；同，附和，苟同。

【今译】

孔子说："君子和谐但不苟同，小人苟同但不和谐。"

【成语】

和而不同：和谐但不苟同。

【解难】

孔子：君子和而不同，小人同而不和

礼之用，和为贵。君子求同存异，但在大是大非问题上有原则、有底线，不屈己从人，随便苟同。小人在大是大非问题上无原则、无底线，各从己利，唯利是图。君子之间坦荡正直是心和，小人之间争名逐利是貌和；君子之间是和衷共济、风雨同舟，小人之间是貌合神离、同床异梦。

【延伸阅读】

康熙论治

康熙十九年四月壬戌，上御懋勤殿，讲官库勒纳讲《尚书》毕，上曰："朕观《尚书》内，古来君臣，交相诫勉，如此何忧天下不治？嗣后大小臣工，毋得贡谀词，当永以为戒。"（清·阮葵生《茶余客话》卷一）

【13·24】

子贡问曰："乡人皆好之，何如？"子曰："未可也。""乡人皆恶之，何如？"子曰："未可也。不如乡人之善者好之，其不善者恶之。"

【今译】

子贡问道："全乡的人都喜欢他，这个人怎么样？"孔子说："还不能认可。"子贡又问："全乡的人都厌恶他，这个人怎么样？"孔子说："还不能认可。不如全乡的好人都喜欢他，全乡的坏人都厌恶他。"

【解难】

怎样看待群众公论

评价一个人，不能只看群众好恶，这体现了子贡观人的进步。乡人都喜欢他，此人不一定是好人，他可能与乡人同流合污。所以，"群众公论"也可能是假象，这个"公论"或许是同一个宗族为了私利而称赞人，或许是拿人钱财而违心地支持人，或许是屈己违心而投赞成票。同乡之人都恨他，此人不一定是坏人，可能此人特立独行，为人正直，损害了一部分人的利益。所以"群众公愤"也可能是假象。

怎么办？孔子说：一是全乡的好人都支持他，坏人都反对他；二是"众恶之，必察焉；众好之，必察焉"（《卫灵公篇》15·28）。《论衡·定贤》："善人称之，恶人毁之，毁誉者半，乃可有贤。"

【延伸阅读】

李贽的自我鉴定

其性褊（biǎn，狭隘）急，其色矜高，其词鄙俗，其心狂痴，其行率易，其交寡而面见（xiàn）亲热。其与人也，好求其过，而不悦其所长；其恶人也，既绝其人，又终身欲害其人。志在温饱，而自谓伯夷、叔齐；质本齐人，而自谓饱道饫（yù，吃饱）德。分明一介不与，而以有莘（shēn）借口；分明毫毛不拔，而谓杨朱贼仁。动与物迕（wǔ，违背），口与心违。其人如此，乡人皆恶之矣。昔子贡问夫子曰："乡人皆恶之何如？"子曰："未可也。"若居士，其可乎哉！（明·李贽《焚书·自赞》）

大意 气量狭隘，性情急躁，神情高傲，文辞粗俗，思想狂妄不通事理，行为轻率随便，交际不广却见面亲热。与人结交，喜欢指责别人的短处，而不欣赏别人的长处；对他所憎恨的人，不但断绝交往，还终身想陷害别人。志向是只求温饱，却自称有伯夷、叔齐的骨气；本质上像那本是乞丐却向妻妾炫耀的齐人，却自称道德高尚。分明一点不愿帮助人，却以有莘国的伊尹乐尧舜之道为借口；分明吝啬得一毛不拔，却抨击杨朱损害道德仁义。行动与大家相反，说的与想的相背。这样的人，乡里的人自然都厌恶他了。从前子贡问孔子说："全乡的人都厌恶他，这个人怎么样？"孔子说："这还是不行。"像我这种人，应该可以这样断定吧！

注释 质本齐人，典出《孟子·离娄下》。杨朱，战国哲学家，主张"为我"，孟子说他"拔一毛而利天下不为也"。居士，佛教对在家修行者的称呼，也是文人雅士的自称，这里是李贽自称。

【13·25】

子曰："君子易事而难说（yuè）也。说之不以道，不说也。及其使人也，器之。小人难事而易说也。说之虽不以道，说也；及其使人也，求备焉。"

【注释】

①易事而难说：易事，易于共事（一说易于服侍）；说，同"悦"，取悦。
②器之：器，量才而用；"器使"一词后来泛指量材使用。

【今译】

孔子说:"与君子共事容易但难以讨他喜欢。不按正道去取悦他,他不高兴。等到他使用人的时候,总是量才而用。与小人共事困难但容易讨他喜欢。不按正道去取悦他,他也会高兴。等到他用人的时候,总是求全责备。"

【解难】

与君子共事,与小人共事

君子之心公而恕,见人一善而忘其百非,不责备于一人,无小大修短,度人才器而举用,使各得其宜,故君子易事奉,易共事;君子有正德,不受妄悦,故君子难悦。小人之心私而刻,其吹毛求疵,求全责备,故小人难事奉,难共事;小人喜谄媚,虽不以道而妄悦之,其亦喜说,故小人易悦。君子爱惜人才,小人轻弃人才。

【延伸阅读】

先秦诸子

凡一种学术,既已深入人心,则阅时虽久,而其影响仍在。先秦诸子之学,非至晚周之世,乃突焉兴起者也。其在此前,旁薄郁积,蓄之者既已久矣。至此又遭遇时势,乃如水焉,众派争流;如卉焉,奇花怒放耳。积之久,泄之烈者,其力必伟,而影响于人必深。(摘编自吕思勉《先秦学术概论》)

【13·26】

子曰:"君子泰而不骄,小人骄而不泰。"

【注释】

①泰而不骄:泰,安详自得,气定神闲,神情自如;骄,骄傲自大,盛气凌人,架子很大。

【今译】

孔子说:"君子安详自得而不盛气凌人,小人盛气凌人但不安详自得。"

【成语】

泰而不骄:安详自得而不盛气凌人,也指有地位、有权势后不骄傲。

【解难】

孔子:君子泰而不骄,小人骄而不泰

君子、小人气象不同。君子德才兼备,平易谦和,其思虑通透,心底坦荡,神情舒缓,道德润身,心广体胖,气定神闲,故安详而宁静;小人得意忘形,目中无人,仗势欺人,飞扬跋扈,故傲慢而气盛。

【延伸阅读】

古诗联选

脚底白云双屐滑，担头红叶一肩春。
绝壑冻云栖古塔，枯僧破衲补斜阳。
菜根滋味知君惯；潭水交情爱我深。
瓦枕藤床，宴如也；淡薄寡营，自安之。
凡事能看空，即仙佛可也；凡事能循理，即圣贤可也。

【13·27】

子曰："刚毅木讷，近仁。"

【注释】

①刚毅木讷：刚，无欲，刚强；毅，果敢；木，质朴。清代袁枚《随园诗话》卷十五："人可以木，诗不可以木。"讷，言语迟钝，引申为说话谨慎。《里仁篇》(4·24)："君子讷于言而敏于行。""讷"义同"䚯"。《颜渊篇》(12·3)："仁者，其言也䚯。"

【今译】

孔子说："刚强、果敢、质朴、言语谨慎，这就接近仁德了。"

【成语】

刚毅木讷：刚强、果敢、质朴、言语谨慎。

【解难】

孔子：刚毅木讷，近仁

刚，刚强不屈，无欲则刚，"枨也欲，焉得刚"；毅，果敢果决，"士不可不弘毅"；木，质朴本分；讷，拙于言辞，不善辞令，慎口寡言，"讷于言而敏于行""巧言令色鲜矣仁""风流不在谈锋胜，袖手无言味最长"。刚毅木讷的人为什么就接近仁人了呢？皇《疏》："刚者性无求欲，仁者静，故刚者近仁也。毅者性果敢，仁者必有勇，故毅者近仁也。木者质朴，仁者不尚华饰，故木者近仁也。讷者言语迟钝，仁者慎言，故讷者近仁也。"此四者天性近仁。戴望《论语注》："四者行之质，若加文，则成仁矣，故近仁。"

【延伸阅读】

刚　毅

北魏长孙子彦尝坠马折臂，肘上骨起寸余，命开肉锯骨，流血数升，言笑自

若,时以为逾于关侯。(清·宋荦《筠廊二笔》)

【13·28】

子路问曰:"何如斯可谓之士矣?"子曰:"切切偲偲(qiē qiē sī sī),怡怡如也,可谓士矣。朋友切切偲偲,兄弟怡怡。"

【注释】

①切切偲偲,怡怡如也:切切,相互切磋;偲偲,相互勉励;怡怡,相处和谐。

【今译】

子路问道:"怎样才可以称为士呢?"孔子说:"相互切磋相互勉励,和谐相处,可以算得上士了。朋友相互切磋相互勉励,兄弟相处和谐。"

【成语】

切切偲偲:在学行上相互切磋、勉励的样子,亦省作"切偲"。

【解难】

孔子:朋友切切偲偲,兄弟怡怡

"士"是文化人。子路刚猛,气质有偏,与"士"的温柔敦厚、沉静儒雅、积养深潜相去甚远,所以孔子特地以"切切偲偲,怡怡如也"告诫。朋友以义合,朋友之间同道而谋,相互切磋,规过责善,相互勉励。兄弟以恩合,上同奶包,下同血巢,有天亲之爱,是骨肉之亲,应当和谐相处。"切切"是朋友之间情真意切。"偲偲"是朋友之间互勉互励。"怡怡"是兄弟之间和和气气。远者以貌,近者以情。

【延伸阅读】

近悦远来

天下、中华、王道、怀柔,都是典型的观念。古代中国,"中华"作为一个观念,不是一个国家或地域的名称,也不是种族上的,而是文化上的,只要奉行华夏文化的礼乐文化,都可称中华。西周时期,周的同姓鲁国是中华,异姓的齐国也是中华。中国对周边国家只实行"册封的统治"和"朝贡的规则",不干涉自主统治者的世系,也不要求直接统治其人民,也不向其征税,而是用道德和文化感召和吸引远人,并加以安抚,所谓"柔远人、怀诸侯"。

【13·29】

子曰："善人①教（jiào）民七年，亦可以即戎②矣。"

【注释】

①善人：善良的人，有道德的人，贤人。

②即戎：参战。即，近；戎，兵事。

【今译】

孔子说："善人教导人民七年，人民也就可以参战了。"

【解难】

孔子：正规训练七年，人民方可参战

天下虽安，忘战必危。国家无论大小，皆须强军备，防不虞。自古以来，养兵千日，用在一时。要召之即来，来之能战，战之能胜，就必须对老百姓强化思政工作和军事训练。孔子说：就是善人来教导老百姓，也要七年才可派他们上战场。"亦可以即戎"的"亦可以"，有"未尽善"和"勉强"之义，与孔子的慎战思想一致。

程树德《集释》引吴嘉宾《论语说》："七年，谓其久也。凡以数为约者，皆取诸奇，若一，若三，若五，若七，若九。九者，数之究也。古人三载考绩，三考而后黜陟，皆中间一年而考，五年则再考，七年则三考，故三年为初，七年为终。"

【延伸阅读】

兵　役

国家之有兵役，所以备不虞之急者也。是以国民之当服兵役，与纳租税同，非迫于法律不得已而为之，实国民之义务，不能自已也。国之有兵，犹家之有阃（kǔn，门槛）人焉；其有城堡战堡也，犹家之有门墙焉。苟人人以服兵役为畏途，则转瞬国亡家破，求幸生而卒不可得。方今世界，各国无不以扩张军备为第一义……一旦猝遇事变，如飓风忽作，波涛汹涌，其势有不可测者。然则有国家者，安得不预为之所耶？（摘编自蔡元培《中学修身教科书》）

【13·30】

子曰："以不教民战，是谓弃之。"

【今译】

孔子说:"用未经训练的人民作战,这就是抛弃他们。"

【解难】

孔子:不训而战,等于送死

存不忘亡,安不忘危,就是在太平之时,也要井田军政合二为一,务农讲武,寓兵于农,练而不弛,藏战于守。若忘战日久,寇难突发,老百姓没有经过战事训练,就匆匆被派往前线抗敌,无异于肉投馁虎,白白送命,等于被执政者所遗弃,故谓"弃之"。民命宝贵,执政者要慎战,训练七年,才勉强可以参战。不训而战,岂不是白白送死吗?

【延伸阅读】

止戈为武

"止戈为武"即能阻止动武,才是真正的武功。"武"由止和戈组成,"止"是"趾"的本字,脚趾;"戈"是一种兵器;"武"表示扛着兵器前进。《左传·宣公十二年》记载,楚子曰:"非尔所知也。夫文,止戈为武。"

宪问篇第十四

（共四十四章）

【14·1】

宪问耻。子曰："邦有道，谷；邦无道，谷，耻也。""克伐怨欲不行焉，可以为仁矣？"子曰："可以为难矣，仁则吾不知也。"

【注释】

①宪：原宪，字子思，孔子的学生，个性狷介，安贫乐道。

②邦有道，谷：有道，政治清明；谷，做官的俸禄。

③克伐怨欲不行：克伐怨欲，好胜、自夸、怨恨、贪婪；不行，不发生，不表现出来。

【今译】

原宪问什么叫耻辱。孔子说："国家政治清明，做官拿俸禄；国家政治黑暗，做官拿俸禄，这就是耻辱。"原宪又问："好胜、自夸、怨恨、贪婪都不曾表现出来，可以算是有仁德的人了吧？"孔子说："可以说是难能可贵的了，至于是否为仁德，我就不知道了。"

【成语】

克伐怨欲：好胜、自夸、怨恨、贪心四种毛病。

【解难】

孔子：为了俸禄而做官，耻辱

人贵知耻，羞耻意识是道德的基础。《孟子·公孙丑上》："羞恶之心，义之端也。"邦有道，恪尽职守，受禄不诬，理所应当。邦无道，尸位素餐，食禄无为，为获取俸禄而做官，这是耻辱行为。《泰伯篇》（8·13）："邦有道，贫且贱焉，耻也；邦无道，富且贵焉，耻也。"原宪是狷介之士，《史记·游侠列传》称原宪是游侠，"读书怀独行君子之德，义不苟合当世。"孔子去世后，他退隐于山林草泽，安贫乐道。

孔子：克伐怨欲不表现，非仁

天理就是天道，天无私覆，日月无私照，四时无私行，因此，天理体现无私。仁本心德，纯洁无私。人心本来虚空，皆因欲望所蔽。克伐怨欲皆是人欲，原宪问："这四种毛病都不曾在自己身上表现出来，可以算是有仁德的人了吗？"没有表现出来，是以理性克制，被压制在内心深处不得暴露，而不是本身没有。这四者，若不用力控制，潜滋暗长，猝然而发，如野马脱缰不可驾驭，江河决堤不可阻挡。因此，胸有克伐怨欲则是有私，不管它们是否表现于外，有私则当然不算是仁。仁者纯乎天理，自然没有这四则人欲之累。孔子说："做到如此可以说是难能可贵了。若说是有仁德的人，我就不知道了。"孔子之答，是委婉地表示："这还不算是仁人"。仁者，当拔去这四种病根。原宪之问，只知制其流；孔子之答，是欲澄其源。至于何谓仁，原宪未深问，孔子未续答。盖圣门高足，切问而近思，闻一而知十。

【延伸阅读】

座中铭

誉高不足乐，誉中必有毁。名高不足荣，名中必有议。……谤人思己过，危人思己坠。藿食想饥夫，其食即饱矣。粗衣思冻民，其衣即温矣。何以拒佞人，无信己之美。何以处权门，无徇己之意。（唐·皮日休《座中铭》）

注释 藿食，以豆叶为食，指粗食。

【14·2】

子曰："士而怀居，不足以为士矣。"

【注释】

①士而怀居：而，如果；怀居，恋家；怀，恋恋不舍；居，安居，在家。

【今译】

孔子说："读书人如果恋家，就够不上做一个读书人了。"

【解难】

孔子：怀天下，勿念家

驽马恋栈，庸人恋家。家是温馨的港湾，但如果读书人怀念居家的安逸舒适，胸无大志，就会庸庸碌碌，草草一生。士，既位列贵族，又融入百姓；既忠于庙堂，又心系底层。志学鸿鹄，奋力翱翔，劳其筋骨，百折不挠。心中有家而不恋家，既要有小家，更要立志为大家。《幼学琼林·地舆》："问舍求田，原无大志；掀天揭地，方是奇才。"

【延伸阅读】

志在四方

男子生,桑弧蓬矢六以射天地四方。天地四方者,男子之所有事也,故必先有志于其所有事,然后敢用谷也,饭食之谓也。(《礼记·射义》)

大意 生下男孩,用桑木做的弓、蓬梗做的矢六支,分别射向天地和四方。天地和四方,是男子发展事业的地方,因此必须先使孩子有志于其发展事业的地方,然后才敢用粮食喂孩子,就是让孩子吃饭的意思。

【14·3】

子曰:"邦有道,危言危行;邦无道,危行言孙(xùn)。"

【注释】

①危行言孙:危,正。孙,同"逊",谦虚恭顺。何晏《集解》:"孙,顺也。"

【今译】

孔子说:"国家政治清明,正直说话正直行事;国家政治黑暗,正直行事说话谦虚恭顺。"

【成语】

危言危行:正直说话,正直行事;形容为人正直。

【解难】

孔子:善识时务,智不危身

君子持身守节,但要知进退,识时务,义不讪上,智不危身。邦无道,是非颠倒,小人张狂,本是忠肝沥胆,却以为另有图谋;本是实事求是,却说成子虚乌有。君子相时而动,在政治清明、正气张扬时,忠心耿耿,撸起袖子加油干;在政治黑暗、社会动荡时,做事要正直光明,说话要恭顺委婉。

邦有道、邦无道,都要正直做事,一以贯之,这是立身之本,只是在说话上有区别:邦有道时,说话正直,则君纳诤言,民乐真言;邦无道时,说话谦虚恭顺("孙"是顺,说话顺人耳、顺人意、顺人情,心里啥都明白,嘴里却说糊涂),不给小人可乘之机,没有祸从口出之患。正行以善经,言孙以行权,经中有权,乃君子之道。

【延伸阅读】

安南表文

康熙中，安南国进贡，其表文云："外邦之丸泥尺土，不过中国飞埃；异域之勺水蹄涔，原属天家雨露。"语极恭顺得体，且措词嫣润，中国亦无有能过之者，莫谓偏隅无才也。（清·梁绍壬《两般秋雨盫随笔》）

注释 安南，越南古名。表，向帝王上书陈情言事的一种文体。蹄涔，牛蹄印中的雨水，形容少。涔，雨水。

【14·4】

子曰："有德者必有言，有言者不必有德。仁者必有勇，勇者不必有仁。"

【今译】

孔子说："有道德的人一定有好的言论，有好的言论的人不一定有道德。有仁德的人一定勇敢，勇敢的人不一定有仁德。"

【解难】

孔子：有德者必有言，有仁者必有勇

有德者，和善温顺积于中，嘉言善行发于外，听君一席话，胜读十年书，德高自然言好。有言者，或是巧舌如簧，或言行不一，说得好未必德行好。君子观人，既听其言，重观其行。

仁者义以为上，见义必为，扶危救难，克恶制暴，故曰"仁者必有勇"。勇者，有路见不平、拔刀相助的匹夫之勇，有固守小信、自经于沟渎的小民之勇，有怒从心头起、恶向胆边生的冒失勇，有缺乏理智、思想狭隘的糊涂勇，属于勇而无义之举，自然无仁。

因此，德不以言见，仁不以勇见。《论语述疏》："论家说云：'必有，决然辞也；不必有，慎辞也。'"

【延伸阅读】

德与言　仁与勇

甘辞利口，似是而非者，佞巧之言也。敷陈成败，合连纵横者，说客之言也。凌夸之谈，多方论者，辩士之言也。德音高合，发为明训，声满天下，若出金石，有德之言也。故有德必有言，有言不必有德也……陆行不避虎兕者，猎夫之勇也。水行不避蛟龙者，渔父之勇也。锋刃交于前，视死若生者，烈士之勇也。知穷之有

命，知通之有时，临大难而不惧者，仁者之勇也。故"仁者必有勇，勇者不必有仁"也。（南朝·梁·皇侃《论语义疏·宪问》引李充）

【14·5】

南宫适（kuò）问于孔子曰："羿（yì）善射，奡（ào）荡舟，俱不得其死然。禹稷（jì）躬稼而有天下。"夫子不答。南宫适出，子曰："君子哉若人！尚德哉若人！"

【注释】

①南宫适：姓南宫名适，字子容，孔子的学生。
②羿善射：古代传说有几个羿，都是射箭高手，清代赵翼认为羿是善射者之通名。这里所指，据说是夏代有穷国的国君后羿，曾夺取夏太康的王位，后因不修民事，被家臣寒浞（zhuó）取而代之。
③奡荡舟：奡，王逸注引作"浇"，羿的大臣寒浞的儿子，以力大著称，被少康杀死。荡舟，用手推船。邢《疏》："荡，推也。"顾炎武《日知录》认为，"荡舟"是用船冲锋陷阵。"羿奡"一词后来成为勇士的代称。孔尚任《桃花扇·投辕》："你那苏张舌辩高，我的巧射惊羿奡。"苏张，苏秦和张仪，战国时期纵横家。
④不得其死然：不得好死。
⑤禹稷躬稼：禹稷是夏禹和后稷。禹是夏朝开国之君，奉舜之命治水，尽力沟洫。传说稷是周朝的祖先，善于种植，尧、舜时曾做农官，教民耕种，被尊为谷神；躬稼，亲自耕种。
⑥若人：这个人。

【今译】

南宫适问孔子："后羿善于射箭，奡善于用船作战，都不得好死。禹和稷亲自耕种却得到了天下。"孔子没有回答。南宫适出去后，孔子说："这个人是君子呀！这个人崇尚道德呀！"

【解难】

孔子答南宫适：君子尚德不尚力

孔子称赞南宫适是个崇尚道德的君子，是因为南宫适认为强力可以胜人，但不能服人。自古迄今，恃力者亡，恃德者昌。武力只能埋下复仇的种子，使仇恨延续，暴力延续。羿与奡，皆恃强力灭人国，但因尚力而不善终。大禹治水，后稷教稼，皆因尚德而终得天下。南宫适所引用的人物体现了"尚德不尚力"的思想，所以孔子称赞他尚德，是个君子。南宫适请教，孔子却不答，一则因为道德胜过武力，其意浅显明了，孔子无须答；二则孔子谦虚，不敢自比禹稷，不能答。

人不尚力，于马亦然。《宪问篇》（14·33）："子曰：'骥不称其力，称其德也。'"

皇侃《论语义疏》："禹即身为天子，稷子孙为天子，适所问孔子者，以孔子之德比于禹稷，则孔子亦当必有王位也。"

【延伸阅读】

茫昧的夏王国

五帝之后是夏，这个种族是从哪里来的？他们的发展方向是顺流而东呢，还是逆流而西呢？这可没法回答。夏王国的历史是茫昧的。夏王国对于历史的影响非常大，这是中国文化的底层。我们看周人，明明是西方的一个独立的部族，但他们得到中原之后，就称自己的国土为"时夏"，称自己的部族为"诸夏"，就知道他们对于夏是怎样的仰慕。"夏"又转为"华"，这就是我们中国的名称的来源。我们宝爱这个国名，是不是该对于夏更增些眷恋！（摘编自顾颉刚《中国古代史述略》）

【14·6】

子曰："君子而不仁者有矣夫，未有小人而仁者也。"

【今译】
孔子说："君子中没有仁德的人是有的吧，小人中有仁德的人是没有的啊。"

【解难】

孔子：君子有不仁者，小人不可能有仁者

仁乃心之德，仁存于心则君子，仁离于心则小人。君子喻于义，小人喻于利。欲望胜过理性，则君子沦为小人；小人志在物欲，未曾追求过仁德。所以君子须常反省正己，塞私欲，杜邪念，以求仁为动力，以得仁为路径，以成仁为归宿，不可半途而废。君子也犯错，做出不仁之事，但是无心之过，"过则勿惮改"。小人本无仁德，其言似仁，其心非仁，其行害仁。

【延伸阅读】

卖 李

王戎有好李，卖之，恐人得其种，恒钻其核。（南朝·宋·刘义庆《世说新语·俭啬》）

大意 王戎家有良种李子，卖李子时，怕人得到良种，总是先把李子的核钻破再卖。

送 礼

残年节礼送纷纷，尽是豪门与富门。

惟有老僧阶下雪，始终不见草鞋痕。

——明·郎瑛《七修类稿》载元僧诗

【14·7】

子曰："爱之，能勿劳乎？忠焉^①，能勿诲乎？"

【注释】

①忠焉：焉，犹"于之"，对他。

【今译】

孔子说："爱他，能不让他吃苦耐劳吗？忠于他，能不对他开导劝说吗？"

【解难】

孔子：爱之则劳，忠焉则诲

爱他就要让他吃苦，忠君就要勇于劝说。慈亲之于子，望其成龙成凤，成圣成贤，而自古成大业者皆卧薪尝胆，苦心劳骨，砥砺节操，未尝溺爱而能使子女有成就者，此即以劳成其爱，此为深爱。臣子之于君，不是唯唯诺诺之愚忠，而要善察几微，谋始虑终，相机而导，直至改过而止，以诲成其忠。

此章，为何不用"谏"而用"诲"呢？谏，是直言规劝，直陈弊端，说话不拐弯，扛竹竿进城——直来直去，臣意虽美而君心难受，效果甚微甚至适得其反。而诲，是晓教，是循循善诱，委婉开导，"叩其两端而竭焉"，不厌其烦，曲成其意，最终君改其过，臣诲遂愿。

【延伸阅读】

打得好

易公守莆田，一以宽厚为政。有夫殴妇者，甲见其已甚，为不平，殴其夫。妇见甲殴其夫，还（huán）同夫殴甲。甲言："为尔出气，反同殴我。"拉以见易。易批其词云："福州剪子云南刀，广东茶铫（diào）苏州绦（tāo）。"掷示两造，两造不解。易复取足之云："打得好，打得好。"两造笑谢而去。（清·褚人获《坚瓠集·四集》卷一）

注释 还，反过来。铫，烧水器具。绦，丝带。取足，补充。两造，原告和被告。打得好，一语双关，既指四样器具打造得好，也指夫妇把爱管闲事的甲殴打得好。幽默之中见太守宽厚。

【14·8】

子曰："为命，裨谌（Bì chén）草创之，世叔讨论之，行人子羽修饰之，东里子产润色之。"

【注释】

①为命：撰写辞令。为，撰；命，政命、盟会文辞。

②裨谌草创之：裨谌，郑国大夫，善谋。草创，草拟创始，起草。

③世叔讨论之：世叔，郑国大夫，通典故，后继子产执政。讨论，探讨评论，提出意见。

④行人子羽修饰之：行人，外交官。子羽，即公孙挥，字子羽，郑国大夫；孔子的弟子澹台灭明也字"子羽"。修饰，修改润饰。

⑤东里子产润色之：东里，子产居所，在今河南郑州市。子产，即公孙侨，字子产，郑国大夫，执政郑国二十余年，时人称贤。润色，修饰文字，以增加文采。

【今译】

孔子说："郑国撰写外交辞令，由裨谌起草，世叔讨论，外交官子羽修饰，东里子产润色。"

【解难】

孔子：郑国善用才，一稿经四贤

郑国是小国，夹在晋、楚两大国之间，但外敌不侵，国内安宁，是因为郑国善用贤才，各得其所。仅仅是发布一份外交文书，就要先由善于谋划的裨谌起草初稿，再由通晓历史典故的世叔召集探讨议论，然后送外交官子羽根据外事礼仪进行修饰，最后呈报执政郑国的大夫子产润色定稿。一篇外交文书，须经四贤之手、四道关口才能对外发布，这样应对诸侯鲜有败事，可见郑国对外交文书的极致追求和审慎作风，也体现了郑国善用人之长和贤人之间的和谐相让，其治国方略由此窥见一斑。

【延伸阅读】

依样画葫芦

北宋初年，翰林学士陶谷在宋太祖身边起草诏令。久在翰林，自以为有功，意希大用，便向宋太祖讨个高官做。宋太祖却说："翰林学士起草文告，都是参照前人的旧本，其间不过换几个字句，就是俗话所说的依样画葫芦，哪里谈得上贡献呢？"陶谷深感失望，作诗自嘲："官职须由生处有，才能不管用时无。堪笑翰林陶学士，年年依样画葫芦。"（参见《孔氏谈苑》卷四）

注释 生处有，出生就有，命里有。才能，一本作"文章"。

改元取名

熙宁末年旱，诏议改元。执政初拟"大成"，神宗曰："不可！'成'字于文，一人负戈。"继又拟"丰亨"，复曰："不可！'亨'字为子不成，惟'丰'字可用。"改"元丰"。（宋·叶梦得《石林燕语》卷一）

注释 熙宁，宋神宗赵顼（xū）的一个年号，共计十年。岁遇旱灾，仍希望大有收成，故初拟"大成"；后改为"丰亨"，出自《易经·丰卦》，意即丰收通达；或"亨"通"享"，祭祀，丰收后举行祭祀；终定"元丰"，即大丰收。

【14·9】

或问子产，子曰："惠人也。"问子西，曰："彼哉！彼哉！"问管仲，曰："人也。夺伯氏骈邑三百，饭疏食，没齿无怨言。"

【注释】

①惠人：有恩惠于民的人，惠民。

②子西：春秋时期有三个子西，这里所指说法不一，姑从朱熹之说，指楚国的公子申。

③彼哉彼哉：他呀他呀，言无足称，是当时表示轻蔑的习惯语。彼，疏远、排斥之辞。

④管仲：齐桓公的宰相。

⑤夺伯氏骈邑三百：夺，剥夺。伯氏，齐国的大夫。伯氏有罪，管仲剥夺其封邑。骈邑，地名，是伯氏的采邑，在今山东临朐县，"骈邑"还有"相邻的县邑"之义。三百，三百户的封地。刘氏《正义》引郑玄注："伯邑三百家，齐下大夫之制。"

⑥没齿：没有牙齿，即老死。

【今译】

有人问子产是个怎样的人，孔子说："惠民的人呀。"又问子西，孔子说："他呀！他呀！"又问管仲，孔子说："强人呀。他曾剥夺了伯氏在骈邑三百户的封地，使伯氏吃粗粮，但伯氏直到老死也没有怨言。"

【成语】

没齿无怨：永无怨言。

【解难】

孔子评价三位高官：子产惠，管仲强，子西并不怎么样

子产为相，铲除强暴，严刑峻法，禁民为非，其行近于寡恩，但其心爱民，其法为民，国家很快稳定，国强不被欺凌，三年之后，国人颂之，故孔子曰："惠人也。"《说苑·贵德》："郑子产死，郑人丈夫舍玦佩，妇人舍珠珥，夫妇巷哭，三月不闻竽瑟之声。"

孔子一直评价子产是"惠人"，未曾说他是"仁人"，有学者认为是"小之也"。《述而篇》（5·16）："子谓子产：'其养民也惠。'"邵博《邵氏闻见后录》卷十二："子产为郑作封洫，立谤政，铸刑书，其死也教太叔以猛，其用法深，其为政严，有及人之近利，而无经国之远猷。故子罕、叔向皆讥之，而孔子以为惠人，不以为仁，盖小之也。"

子西和孔子同时代，子西是楚平王的儿子，楚昭王时，任楚国令尹（宰相）。鲁哀公六年，即前489年，孔子周游到楚国，楚昭王想要重用孔子，封地七百里，被子西劝止。这年孔子自楚返卫。鲁哀公十一年，即公元前484年，孔子自卫返鲁。同年，流亡到吴国的楚人伍子胥被吴王赐死。之后，子西把随同伍子胥逃亡的楚平王废黜的太子建之子白公胜接回楚国（子西是太子建的弟弟，白公胜的叔叔），导致了楚国的"白公之乱"，子西被白公胜杀死在朝堂。"白公之乱"发生在孔子去世的公元前479年。子西和孔子同年而卒，孔子寿终，子西被杀戮。孔子和子西有交往，知道子西的器量狭小和为政得失，认为他没有什么可以称道的，故评论道："彼哉！彼哉！"

管仲之能足以托国，齐桓公立之为"仲父"。杨倞注："仲者，夷吾之字；父者，事之如父。"后因以称管仲。管仲当政后，齐桓公剥夺了伯氏在骈邑的三百户的封地给了管仲，伯氏自知有罪，而心服管仲之功，穷困终身而无怨言。故孔子肯定管仲治国有方，为春秋第一名相，并非浪得虚名，称赞他："人也。"

【延伸阅读】

明君任贤

桓公得管仲，九合诸侯，一匡天下；失管仲，任竖刁、易牙，身死不葬，为天下笑。一人之身，荣辱俱施焉，在所任也。故魏有公子无忌，削地复得；赵任蔺相如，秦兵不敢出鄢陵；任唐雎，国独特立；楚有申包胥，而昭王反位；齐有田单，襄王得国。由此观之，国无贤佐俊士，而能以成功立名，安危继绝者，未尝有也。（《说苑·尊贤》）

大意 桓公得到管仲辅佐，多次会合诸侯，匡正天下；失去了管仲，重用竖刁、易牙，导致自己死后不能埋葬，被天下人耻笑。同样是一个人，尊荣和耻辱都遇到了，原因在于用人啊。所以魏国有了公子无忌后，失去的土地重新收回；赵国

任用蔺相如后，秦国的军队不敢入侵赵国；安陵君重用唐雎后，国家得以独立；楚国重用申包胥后，出逃的楚昭王返国复位；齐国重用田单后，齐襄王才拥有了国家。由此看来，没有贤才俊杰，却能够成就功业树立美名，使国家转危为安，将断绝的世代延续下去的，是从来没有的事。

【14·10】

子曰："贫而无怨难，富而无骄易。"

【今译】

孔子说："贫穷但没有怨恨困难，富有但不骄傲容易。"

【解难】

孔子：贫而无怨难，富而无骄易

贫不能仰事俯蓄，无怨也难，若能无怨，乐天达观；富则教之好礼，无骄则易，其能不骄，卑顺自守。能安于贫则无怨，不恃其富则无骄。颜渊处贫无怨不可及，子贡居富不骄犹可能。使颜渊处在子贡之富则易，使子贡居于颜渊之贫则难。此处见学养高下，非孔门之奖贫贱富。

《学而篇》（1·15）："子贡曰：'贫而无谄，富而无骄，何如？'子曰：'可也。未若贫而乐道，富而好礼者也。'"

【延伸阅读】

拱手礼

新冠肺炎疫情蔓延以后，我们提倡恢复见面用拱手礼，即作揖礼。"拱"就是两手抱拳上举，以示恭敬。拱手礼应该哪只手在外、哪只手在内呢？吉丧之事有别吗？男女有别吗？

段玉裁《说文解字注》释"拱"曰："凡沓手，右手在内，左手在外，是谓尚左手，男拜如是，男之吉拜如是，丧拜反是。左手在内，右手在外，是谓尚右手，女拜如是，女之吉拜如是，丧拜反是。""沓手"即两手相合。

【14·11】

子曰:"孟公绰为赵魏老则优,不可以为滕薛大夫。"

【注释】

①孟公绰为赵魏老则优:孟公绰,鲁国大夫,孔子尊之。赵魏,赵氏、魏氏,皆晋国大夫。老,大夫的家臣之长。优,有余力。

②滕薛:鲁国附近的两个小国,故城皆在今山东藤县。大夫,官名,在诸侯之下,世袭,有封地。

【今译】

孔子说:"孟公绰做晋国赵氏、魏氏两个大夫的家臣能力有余,但不能做滕、薛两小国的大夫。"

【解难】

孔子评价孟公绰:做大夫的家臣游刃有余,做大夫才不胜任

此章是孔子评论鲁大夫孟公绰的才德,认为他适合以德做大国卿大夫的家臣,不适合以才做小国的大夫。公绰寡欲有德,赵、魏致力多养贤人,大夫的家臣职不繁杂,若公绰为之,则优游有余,故曰"孟公绰为赵魏老则优"。滕、薛是小国,国虽小而政务繁,大夫位高责重,日理万机,而孟公绰清心寡欲,才能不济,不能委以重任,故"不可以为滕薛大夫"。

有的人在低职位上游刃有余,风生水起;但升至高一级职位后,就自顾不暇,疲于应付。故用人要量才而用,使德配其位,才胜其位。

【延伸阅读】

书生夜巡

范周字无外。方腊之乱,州民团结巡护,虽士流不免。周率诸生冠带夜行,题诗灯笼云:"自古轻儒莫若秦,山河社稷付他人。而今重士如周室,忍使书生作夜巡。"守将闻之,亟为罢去。(清·褚人获《坚瓠集》)

【14·12】

子路问成人。子曰:"若臧武仲之知,公绰之不欲,卞庄子之勇,冉求之艺,文之以礼乐,亦可以为成人矣。"曰:"今之成人者何必然?见利思义,见危授命,久要(yāo)不忘平生之言,亦可以为成人矣。"

【注释】

①成人：德才兼备的人，犹完人。

②臧武仲：鲁国大夫臧孙纥（hé），矮小多智，以智慧著称，能避齐国之祸，时人谓之"圣人"。

③公绰：鲁国大夫孟公绰。不欲，不贪心，寡欲。

④卞庄子：鲁国的大夫，封地在卞邑，能独与虎斗，以勇著称。孔广森《经学卮言》认为，卞庄子未见于《左传》，疑为孟庄子。"卞"本是鲁邑，孟庄子有勇名，可能"卞"曾是他的封地，故孟庄子又称卞庄子。

⑤冉求之艺：冉求，字子有，孔子的学生，以才艺著称，尤擅理财。艺，专才，专长。

⑥久要不忘平生之言：久要，长久贫困。要，同"约"，约束，引申为贫困。平生，平日。

【今译】

子路问怎样才能成为完人。孔子说："如果具有臧武仲的智慧，孟公绰的不贪欲，卞庄子的勇敢，冉求的才艺，再用礼乐来文饰，也就可以成为完人了。"孔子又说："现在的完人何必这样呢？见到利益就想到道义，看到危险不惜献出生命，长久贫困而不忘平日的诺言，也可以是完人了。"

【成语】

见利思义：看到利益就想到道义。

见危授命：看到危险不惜献出生命。

久要不忘：长期贫困还不忘平日的诺言，或不忘旧时的约定、交情。

【解难】

孔子的完人标准：臧武仲之知，孟公绰之不欲，卞庄子之勇，冉求之艺，文之以礼乐

孔子认为十全十美的人，要有智慧（知），寡欲（廉），勇敢（勇），才艺（艺），教养（礼），兼具众善，无可挑剔。子路忠信勇敢，有兼人之勇，但缺少文化涵养，所以孔子勉之。朱熹《集注》："言兼此四子之长，则知足以穷理，廉足以养心，勇足以力行，艺足以泛应，而又节之以礼，和之以乐，使德成于内，而文见乎外。"

孔子评价当今社会对完人的标准是"见利思义，见危授命，久要不忘平生之言"，与其理想的完人差距甚远。"亦可以为成人矣"之"亦可以"是勉强之辞，谓略微符合完人的标准。陆陇其《松阳讲义》论此精深："自言利之风遍天下，有一见利思义者，便指为奇士。偷生之徒满海内，有一见危授命者，便叹为异人。反复狙诈，不知羞耻者比比而是，有一久要不忘者，便目为真儒。此等人只是一个主忠信的人，以古人视之，气质未必尽消融，学问未必尽满足，尚是进步之时，未是住足之时；以今人视之，天下岂易得此材质，岂易得此学术，不得不推为豪杰之士，不得不奉为圣贤之徒，亦可以为成人矣。"

【参考】

"要"字另解：一说同"约"，约定；"久要"即"旧约"，过去的约定，过去的交情。

【延伸阅读】

六经皆史

直到近来，百年前有个章学诚，说"六经皆史"，意见就说六经都是历史，这句话，真是拨云雾见青天！《尚书》《春秋》固然是史，《诗经》也记王朝列国的政捐，《礼》《乐》都是周朝的法制，这不是史，又是甚么东西？惟有《易经》似乎与史不大相关。殊不知道，《周礼》有个太卜的官，是掌周易的，而《易经》原是卜筮的书，古来太史和卜筮测天的官，都算一类。所以《易经》也是史。古人的史，范围甚大，和近来的史部有点不同，并不能把现在的史部，硬去分派古人。这样看来，六经都是古史。所以汉朝刘歆作《七略》，一切记事的史，都归入春秋家，可见经外并没有史，经就是古人的史，史就是后世的经。（摘编自章太炎《经的大义》）

【14·13】

子问公叔文子于公明贾（jiǎ）曰："信乎？夫子不言、不笑、不取乎？"公明贾对曰："以告者过也。夫子时然后言，人不厌其言；乐然后笑，人不厌其笑；义然后取，人不厌其取。"子曰："其然。岂其然乎？"

【注释】

①公叔文子：卫国大夫公孙拔，卫献公之孙，谥号"文"。
②公明贾：复姓公明名贾，公叔文子的使臣，卫国人。
③夫子不言、不笑、不取：夫子，先生，此章指公叔文子。
④其然：其，指公叔文子；然，这样。

【今译】

孔子向公明贾问到公叔文子，说："真的吗？他老先生不说、不笑、不索取吗？"公明贾回答说："这是因为告诉您这话的人说过头了。先生是到了时候然后才说，别人不厌恶他说话；觉得快乐然后才笑，别人不厌恶他笑；合乎道义然后才取，别人不厌恶他取。"孔子说："他是这样吧。难道他真是这样吗？"

【解难】

孔子求证公叔文子的"三不"传言

时人称赞公叔文子,说他有"三不":不言、不笑、不取。孔子疑之,认为有吹捧之嫌,故求证于公叔文子的使臣公明贾。公明贾回答说:先生不多言,该说则说,一语中的;先生不苟笑,乐得其正才笑,合乎场景才笑;先生不妄取,爱财有道,取之得当。"其然"是孔子赞美公叔文子能时言、乐笑、义取。"岂其然"是孔子怀疑公叔文子并不尽然,不是完全做到了时然后言、乐然后笑、义然后取,公明贾可能言过其实,有过情之誉。

【延伸阅读】

西周文化

西周文化是儒家思想的源泉和基础。孔子思想和西周文化一脉相承,而不是断裂、对抗的。周公为第一代大儒,没有周公就没有西周的礼乐文化,没有西周的礼乐文化就没有儒家思想产生的土壤。西周文化又是三代文化漫长演进的产物,经历了巫觋文化、祭祀文化而发展为礼乐文化,从原始宗教到自然宗教,再到伦理宗教,形成了孔子和早期儒家思想的深厚根基。(摘编自陈来《中华文明的价值观与世界观》)

【14·14】

子曰:"臧武仲以防求为后于鲁,虽曰不要(yāo)君,吾不信也。"

【注释】

①臧武仲以防求为后于鲁:防,防城,今山东费县东北,臧武仲的封地。为后于鲁,给后代在鲁国(一官半职),即在鲁国立臧氏后代为卿大夫。

②要君:要挟君主。要,要挟。

【今译】

孔子说:"臧武仲以让出防城为条件请求国君立他的后代为鲁国卿大夫,即使说他不是要挟国君,我也不相信啊。"

【解难】

孔子:臧武仲涉嫌要挟国君

人臣之罪,莫大于要挟国君。臣约束君而有所求曰"要"。臧武仲的防邑,是国君所封。臧武仲得罪孟孙氏逃离鲁国,后来回到防邑,他以让出防邑为条件,请求国君在鲁国立他的后代为卿大夫,使家族代代为官。孔子认为,臧武仲不是请求,而是以防邑来和国君讨价还价,实质上是要挟。鲁国纲纪不正,法度废弛,君臣易位，君主大权旁落，臣子才敢骄横放肆，大夫才敢要挟国君，犯上作乱，不义不忠。事见《左传·鲁襄公二十三年》。

【延伸阅读】

封而不建

封而不建：只是分封爵位，而不赐土建立诸侯国。《清史解读》："清代遵循明代'封而不建'的原则，认为明代封王'分封而不赐土，列爵而不临民，食禄而不治事'是长治久安的良策。基于这种原则，清代将明代表面上存在的郡国形式也给取消了，而仅给诸王爵位名号。由于清代诸王爵无'国'可就，因此，诸王在受封后，只能在京城建邸居住。"

《文献通考》极言封建之不可行，自是通论。顾封建之法不可行，而封爵之制不可废。我朝折衷成法，封而不建，实万世不易之良规。惟今人遇公侯伯，辄称为五等之封。此但沿前古之称，而于我朝封爵之制，实未之考也。成周以来，列爵惟五。秦汉时爵二十级，并非世职。其世袭者，只有侯爵，分县侯、乡侯、亭侯三等。惟唐宋悉依周制。（清·梁章钜《浪迹丛谈·封爵》）

【14·15】

子曰："晋文公谲而不正，齐桓公正而不谲。"

【注释】

①晋文公谲而不正：晋文公，姓姬名重耳，春秋五霸之一。谲，指权变，灵活变通。正，指守正，严格讲规矩。

②齐桓公：姓姜名小白，春秋五霸之一。

【今译】

孔子说："晋文公能行权而不能守正，齐桓公守正而不能行权。"

【成语】

谲而不正：善于变通但不讲规矩，或诡诈而不正派。

【解难】

孔子评价晋文公和齐桓公：各有所长

刘氏《正义》："谲，权也。正，经也。言晋文能行权而不能守经，齐桓能守经而不能行权。""谲"指变通、反常，即衡量是非轻重，因事制宜；"正"指能守经、守常，守正不移。谲与正相对，犹如权与经相对，"权"是反常，反经而合道；"经"是常，是至当不变的道理。

齐桓公、晋文公皆春秋霸主，他们领导诸侯，尊王攘夷，为诸侯之长，在处问题的方法上有谲、正之分。比如在对待周天子的问题上，晋文公直接召来周天子参加自己主持的盟会，对周天子的轻慢毫不掩饰；齐桓公勉强能守君臣之礼。李零《丧家狗——我读论语》："这两人孔子更欣赏齐桓公，因为他尊王攘夷，霸是放在王下，完全合法，绝无邪招，这是'正而不谲'。晋文公不同，他的尊王，让人觉得有点'挟天子以令诸侯'的味道，这是'谲而不正'。"

也有人解"谲而不正"为诡诈而不正派。谲，诡诈，欺诈。正，正派。

【延伸阅读】

王桢之智答

桓玄为太傅，大会，朝臣毕集。坐裁竟，问王桢之曰："我何如卿第七叔？"于时宾客为之咽气。王徐徐答曰："亡叔是一时之标，公是千载之英。"一坐欢然。（南朝·宋·刘义庆《世说新语·品藻》）

大意 桓玄任太傅的时候，大会宾客，朝中大臣全都来了。刚刚坐好，桓玄就问王桢之："我和你七叔王羲之相比怎么样？"当时在座的宾客都为王桢之紧张得不敢出气。王桢之从容不迫地回答说："我亡叔只是一代的楷模，您却是千古的英杰。"满座宾客无不高兴。

注释 桓玄，大司马桓温之子，东晋将领、权臣。太傅，帝王的辅佐大臣和老师。王桢之，王羲之的孙。裁，通"才"。

【14·16】

子路曰："桓公杀公子纠，召（shào）忽死之，管仲不死。"曰："未仁乎？"子曰："桓公九合诸侯，不以兵车，管仲之力也。如其仁，如其仁。"

【注释】

①桓公杀公子纠：齐桓公是弟，公子纠是兄，为争君位，齐桓公派人杀了公子纠。诸侯王的嫡长子叫世子，其余的儿子叫公子，如"公子纠""公子荆"。

②召忽死之，管仲不死：召忽、管仲都是公子纠的家臣，一同辅佐公子纠同齐桓公争夺君位。公子纠被杀后，召忽自杀，管仲没有自杀，而是归顺于齐桓公，任齐国之相。死之，为公子纠而死。

③九合诸侯：指齐桓公多次召集诸侯盟会。九是虚指，实际上是十一次。合，会合、召集。

④如其仁：这就是他的仁德。如，乃，这就是。

【今译】

子路说:"齐桓公杀了公子纠后,家臣召忽为公子纠自杀而死,管仲也是家臣,但没有为公子纠去死。"接着又说:"管仲没有仁德吧?"孔子说:"桓公多次主持诸侯盟会,各国之间不再用兵车武力了,都是管仲的能力啊。这就是管仲的仁德,这就是管仲的仁德。"

【成语】

九合一匡:"九合诸侯,一匡天下"的简称,原意是齐桓公多次召集诸侯会盟,使天下安定;后来指卓越的治国才干。

【解难】

孔子答子路问仁:管仲之仁是"九合诸侯,不以兵车"

"仁"有眼前和长远之分,有利一人和利众人之别。公子纠死了,管仲作为其家臣,并未杀身成仁,而是归顺于其政敌——同公子纠争夺君位的齐桓公,这一行为算是对主人的不忠,有变节之嫌,当时看来管仲不是仁人。但管仲有治世之才,经鲍叔牙推荐,任齐国之相,辅佐齐桓公数次召集诸侯国会盟,各国不再用武力而使国民安居乐业,这建立仁功的人难道不是更高意义上的仁人吗?所以孔子连声称赞:"如其仁,如其仁。"齐桓公在管仲的辅佐下建立的功业,大都符合先秦时期的礼仪;其所作所为,顺应了当时周王室衰微、诸侯国崛起的天下大势。爱新觉罗·毓鋆先生认为:召忽为公子纠而死,是愚忠,是孔子之前传统思想的"忠";孔子认为能救民者为"仁",即"博施济众"。认为可以殉百姓,不必殉一家或一人。可见,孔子思想重在忠于人民,而非仅忠于国君。儒家本来的思想,不同于帝王思想。君臣关系是相对的,"君使臣以礼,臣事君以忠"(《八佾篇》)。

【延伸阅读】

葵丘会盟

春秋霸主齐桓公,当政四十余年,曾九合诸侯,匡正天下,仅在葵丘(今河南民权县)就主持了两次诸侯会盟,其中以公元前651年即齐桓公三十五年主持的第九次诸侯会盟最为著名。这一年,齐桓公邀请鲁、宋、卫、郑、许、曹等国君在葵丘会盟,订立了一系列诸侯国共同遵守的盟约,如:不准改换太子;不准以妾代妻;不准世袭官职;官员不得兼职;不准随便杀害大夫;不准乱筑堤坝,堵塞水源,把水患引向别国;不准别国有灾荒时不卖给粮食;不准妇女参与国政;尊贤育才,敬老慈幼。并约定"凡我同盟之人,既盟之后,言归于好"(《左传·僖公九年》)。此次会盟,周襄王也派代表参加,并给予了高度评价。这是一次文明的会盟,没有杀牲畜,"陈牲而不杀";没有喝血对天发誓,"不歃血";而是将写有盟约内容的书捆绑在被束着的动物身上,"读书加于牲上"。"葵丘会盟"标志着齐桓公成为春秋时期第一个霸主,霸业达到顶峰。

【14·17】

子贡曰:"管仲非仁者与?桓公杀公子纠,不能死,又相(xiàng)之。"子曰:"管仲相(xiàng)桓公,霸诸侯,一匡天下,民到于今受其赐。微管仲,吾其被(pī)发左衽(rèn)矣。岂若匹夫匹妇之为谅也,自经于沟渎而莫之知也。"

【注释】

①管仲相桓公,霸诸侯,一匡天下:相,辅佐。霸,同"伯",长。一,全。匡,纠正,扶正。《尔雅·释言》:"匡,正也。"

②微管仲:微,无。

③被发左衽:披散头发,左开衣襟,是当时夷狄的衣着风俗。被发,头发散乱不结。被,同"披",散。衽,衣襟。

④匹夫匹妇之为谅:匹夫匹妇,普通百姓。为谅,遵守小信小节。谅,小信,无原则地守信用。

⑤自经于沟渎:自经,上吊自杀。经,吊死。沟渎,沟壑。渎,小沟渠。阮葵生《茶余客话》(卷二十二):"渎者,独也。以其独入于海,故江、淮、河、济皆以渎名。"《泰伯篇》(8·21):"卑宫室而尽力乎沟洫。"

【今译】

子贡问:"管仲不是有仁德的人了吧?齐桓公杀了管仲的主人公子纠,管仲不为公子纠而死,反而去辅佐齐桓公。"孔子说:"管仲辅佐齐桓公,称霸诸侯,匡正天下,老百姓到现在还享受他的恩赐。没有管仲,我们恐怕头发散乱,衣襟左开啊。难道他也要像普通百姓那样遵守小信小节,自杀在沟渠里却没有人知道他吗?"

【成语】

一匡天下:原指管仲辅助齐桓公称霸诸侯,纠正了天下混乱的局面;后来比喻统一天下。

被发左衽:头发散乱,衣服左开。指文化落后的少数民族。

匹夫匹妇:平民男女,泛指普通百姓。

匹夫小谅:指普通百姓所抱守的小信小节。

匹夫沟渎:指拘守普通百姓的小信小节。

【解难】

孔子答子贡问仁:管仲之仁是辅佐桓公,称霸诸侯,一匡天下,民受其赐

桓公九合诸侯,不以兵车,靠管仲之力;周天子衰微,桓公帅诸侯以尊周室,一正天下,有管仲之谋;桓公成五霸之首、春秋霸主,得管仲之助;当时戎狄交侵，亡邢灭卫，管仲攘戎狄而封之，南服楚师，北伐山戎，而中国不移，促进了天下安定，保护了中华文明，没有使华夏沦为被发左衽的夷狄，民受其赐，是管仲之功。大仁者，舍小节，建大功，泽被千秋，利兼天下，与普通百姓的固守小信小节不可同日而语。足见孔子论人论事宽广的胸怀和高远的眼光，非圣人不能下此定论。

顾炎武《日知录·管仲不死子纠》："君臣之分，所关者在一身；夷夏之防，所系者在天下。故夫子之于管仲，略其不死子纠之罪，而取其一匡九合之功。盖权衡于大小之间，而以天下为心也。夫以君臣之分，而犹不敌夷夏之防，而《春秋》之志可知矣。"

【延伸阅读】

考生填表

昔有考生在填报姓名，在容貌甄别栏里填写自己的特征时，填写了"微须"二字。那时没有照片，全靠容貌栏里的记载来核对。到了考场门前，监考人对他说："不对！你报名表上写的是微须，就是略微有胡须，而你却没有胡须。"于是不准进场。考生着急解释说："微就是无的意思。《论语》中不是有'微管仲，吾其被发左衽矣'的话吗？"监考的人说："照你这么说，'孔子微服过宋'难道是说孔夫子光着胳膊到宋国去吗？"

【14·18】

公叔文子之臣大夫僎（zhuàn）与文子同升诸公。子闻之，曰："可以为'文'矣。"

【注释】

①公叔文子之臣：公叔文子，卫国的宗室大臣，此是死后的谥号。国君有朝臣，受封的大夫有家臣，此"臣"即家臣。

②大夫僎：春秋时大夫的家臣也称大夫；公叔文子是卫国大夫，僎是其家臣，故也称大夫。

③同升诸公：由于文子的推荐，僎和文子一起升到了公朝做官，做了大臣，卫君的大夫。公，公朝，与大夫自家的私朝相对。

④"文"：谥号。《周书·谥法》"文"有六等，文子推荐他的家臣僎，符合其中之"锡民爵位"。

【今译】

公叔文子的家臣大夫僎和文子一同升为卫君的大臣。孔子听说这事，说："（公叔文子死后）可以给他'文'的谥号了。"

【成语】

文子同升：指家臣奴仆与主人同居官职，比喻不顾忌地位低的人赶上自己。

【解难】

孔子称赞公叔文子：内举不避亲，与家臣同升

公叔文子是卫献公之子，卫国大夫，地位尊显；而其家臣僎，管其内务，地位卑贱。文子内举不避亲，举荐家臣与自己同朝为官，一同事君，体现了文子选贤与能、知人善任、唯才是举的品质，这与臧文仲不举荐柳下惠截然相反。朱熹《集注》引洪氏曰："家臣之贱而引之使与己并，有三善焉：知人，一也；忘己，二也；事君，三也。"戴望《论语注》："于时世卿专国，贤才不进，故举此事以讽之。"

【延伸阅读】

秦穆公用百里奚

齐景公问于孔子曰："秦穆公其国小，处僻而霸，何也？"对曰："其国小而志大，虽处僻而其政中。其举果，其谋和，其令不偷。亲举五羖（gǔ）大夫于系缧（xì léi）之中，与之语三日而授之政。以此取之，虽王（wàng）可也，霸则小矣。"（汉·刘向《说苑·尊贤》）

大意 齐景公向孔子请教说："过去秦穆公国家小，地处偏远却能称霸中原，为什么？"孔子回答说："他的国家小但他的志向大，地处偏僻而执政适当。他办事果断，谋事得人心，政令执行不苟且。他亲自把百里奚从囚犯中选拔出来，仅与他交谈三天就决定把国家政事交给他。以此选取人才，即使成就王业也是可以的，成就霸业算是小的了。"

注释 五羖大夫，即春秋贤臣百里奚，辅佐秦穆公称霸。"五羖"即五张黑色公羊皮。系缧，捆绑，拘囚。王，成就王业。以德治天下为王道，也叫王业；以武治天下为霸道，也叫霸业。

【14·19】

子言卫灵公之无道也，康子曰："夫如是，奚而不丧？"孔子曰："仲叔圉（yǔ）治宾客，祝鮀（tuó）治宗庙，王孙贾治军旅，夫如是，奚其丧？"

【注释】

①卫灵公之无道：卫灵公即姬元，卫献公之孙，承袭卫襄公而担任卫国国君，在位四十二年，享年四十七岁。其在位时政治昏乱，夫人南子曾经掌权。生前欲立

郢为太子，郢辞。灵公卒后，南子传其遗命令郢即位，郢又辞，并推举蒯聩之子辄即位，是为出公。无道，失德。《春秋》载国君死后有三不葬：失德不葬，弑君不葬，灭国不葬。

②康子：季康子、季孙肥，鲁国大夫，季桓子之子，鲁哀公时任正卿，位高权重，鲁国权臣。

③奚而不丧：奚而，为何。俞樾《群经平议·论语二》："奚而犹奚为也。"丧，失去君位而亡国。

④仲叔圉治宾客：仲叔圉，即孔圉，谥"文"，又称孔文子，卫国大夫，擅长外交。治宾客，主管接待宾客。治，司，主管。

⑤祝鲩治宗庙：祝鲩，字子鱼，卫国大夫，"祝"是掌管宗庙的官。治宗庙，主管祭祀。

⑥王孙贾治军旅：王孙贾，卫国大夫。治军旅，主管军队。军旅，五师为军，五卒为旅，代指军队。

【今译】

孔子谈到卫灵公的昏庸无道时，季康子说："既然如此，为什么卫灵公没有丧失君位呢？"孔子说："因为他有仲叔圉主管接待宾客，祝鲩主管宗庙祭祀，王孙贾主管军队，像这样，怎么会失去君位呢？"

【解难】

卫灵公的"三驾马车"

卫灵公无德，但他善于识人用人，敬贤用贤，提拔重用了三位能人：一是仲叔圉负责外交，能创造好周边环境；二是祝鲩负责内政，管理宗庙祭祀，能神道设教而化民；三是王孙贾负责国防，能治军打仗，抵御外敌。有这"三驾马车"，故卫灵公虽昏庸无道，而众臣贤能，可共保其国；若有道，更是天下无敌焉。

有人认为，卫灵公在历史上是被人为抹黑的，按《左传》记载和《孔子家语》所言，卫灵公不失为君侯之中的佼佼者，可直追尧舜。其人知人善任，其国无游放之士，有"有大事则起而治之，无事则退而容贤"的谦谦君子之风，有大臣史鳅出走而"郊舍三日，琴瑟不御"，以待其归的佳话，历史上唯唐太宗可与其比肩。

【延伸阅读】

王安石

上将召用介甫王安石的字，访于大臣，争称誉之。张安道时为承旨，独言："安石言伪而辩，行伪而坚，用之必乱天下。"由是介甫深怨之。（宋·司马光《涑水纪闻》卷十六）

【14·20】

子曰:"其言之不怍(zuò),则为之也难。"

【注释】

①怍,惭愧,羞愧。

【今译】

孔子说:"他说话不羞愧,要实现它就困难。"

【成语】

大言不惭:说大话不感到羞愧。

【解难】

孔子:放言容易力行难

轻易许诺必寡信,放言容易力行难。因此美言不信,信言不美。说话大言不惭者,不度德量力,不考虑能否实现,只是为了炫耀夸饰、迎合一时,结果往往是大言欺世、假话骗人。成谋不说,言不轻出,否则一言既出,驷不及舌,君子岂敢大话连篇而脸不红?

【延伸阅读】

国宝与国妖

口能言之,身能行之,国宝也。口不能言,身能行之,国器也。口能言之,身不能行,国用也。口言善,身行恶,国妖也。治国者敬其宝,爱其器,任其用,除其妖。(《荀子·大略》)

大意 嘴上说得好,自身做得好,这种人是国家的珍宝。嘴里不能说,自身能够做,这种人是国家的重器。嘴里能够说,自身不能做,这种人是国家的有用之人。嘴里说得好,自身干坏事,这种人是国家的妖孽。治理国家的人敬重他的珍宝,爱护他的重器,任用有用之人,铲除妖孽。

【14·21】

陈成子弑简公。孔子沐浴而朝,告于哀公曰:"陈恒弑其君,请讨之。"公曰:"告夫三子。"孔子曰:"以吾从大夫之后,不敢不告也。君曰'告夫三子'者。"之三子告,不可。孔子曰:"以吾从大夫之后,不敢不告也。"

【注释】

①陈成子弑简公：陈成子，齐国大臣陈恒。因其祖陈国公子完（敬仲）以内乱奔齐，改陈氏为田氏，所以陈恒也称田恒。汉朝为避汉文帝刘恒讳，改称"田常"。齐简公四年（公元前481年），陈成子杀死简公，拥立齐平公，被任为相国，自此齐国由陈成子专权。简公，即齐简公姜壬。诸侯国君通称"公"。

②沐浴而朝：是见君之礼。这时孔子已经告老还家，特为此事朝见鲁君。

③告夫三子：三子指季孙、孟孙、叔孙三家大夫。鲁国的大权在三子，鲁哀公不得擅自做主，所以鲁哀公对孔子说"告夫三子"。

④从大夫之后：见《先进篇》（11·8）。

⑤之三子告：之，去。朱熹《集注》："鲁之君臣，终不从之，可胜惜哉！"此事发生在公元前481年，孔子十分失望，两年之后抱憾而终。

【今译】

齐国大臣陈成子杀了齐简公而篡夺了政权。孔子沐浴后上朝，向国君鲁哀公报告说："陈成子杀了他的国君，请出兵讨伐他。"哀公说："你去报告季孙、孟孙、叔孙那三位大夫吧。"孔子从哀公那里出来后自言自语："因为我曾经做过鲁国大夫，所以不敢不来报告呀。国君竟然说'你去告诉那三位大夫吧'！"孔子又去向那三位大夫报告，三位大夫都不同意派兵讨伐。孔子又说："因为我曾经做过鲁国大夫，所以不敢不来报告呀！"

【解难】

孔子报告恶性政治事件

孔子尝官居鲁国司寇，位列大夫，虽已告老居家，但仍心系国政。臣弑其君，是违背君臣之道的恶性政治事件，大逆不道，天理不容。邻国弑君，可能殃及鲁国，孔子闻之即报告国君，而国君无奈推卸，叫孔子去与上大夫的三卿商议。如此大事，国君不敢决定，而要看专权的三卿脸色，故孔子自言自语，哀国君也。孔子告知三卿大夫，大夫应以国谋，而三卿各怀鬼胎，拒讨逆臣，心中无君无国，孔子哀权臣也。孔子的建议未被采纳，诚可谓"知我者，谓我心忧；不知我者，谓我何求"。孔子为讨伐邻国的弑君之罪而奔走，旨在提醒鲁哀公要警惕季、孟、仲三家实权派如法炮制，也是警告这三家不可犯上作乱，做乱臣贼子。

张居正《直解》："此章所记齐简公、鲁哀公，皆衰世昏庸之君，不足道者。然亦可见人主独揽乾纲，深防祸本，不可使威福下移，而有奸邪僭逾之渐；不可使事权去己，而纪纲有陵替之忧。然后君臣相安，而国家永保矣。"

【延伸阅读】

鲁哀公之哀

鲁哀公是鲁定公之子，在位共三十七年。在位期间，鲁国三桓势力强大，不尊国君。季康子死后，鲁哀公欲借越国之力除掉三桓而遭失败，遂逃往卫国，又逃至邹，再到越国避难，后被鲁人迎回，不久去世。其事在《论语》中见《为政篇》（2·19）《颜渊篇》（12·9）《宪问篇》（14·21）。

虽是国君而无实权。三桓坐大，把持朝政，不尊哀公，其来有渐，非一朝一夕。君臣间水火不容，以致哀公内政外交皆陷入困境。

虽欲除掉三桓，但急躁草率，不能谋定而后动，以致失败出逃，有"出公"之称。他头脑简单，缺乏主见，聘问越国归来，在季康子和孟武伯主持的接风宴会上，受郭重怂恿，当面指责季、孟二人食言而肥，与鲁国卿大夫交恶。

虽尊重孔子，但三桓把持政权，孔子及弟子终不获重用，其良策亦不被采用。

自己乱礼失德，失人君之体。他一意孤行，将自己宠幸的侍妾立为夫人，将侍妾所生公子荆立为太子，"国人始恶之"，失去民心。

【14·22】

子路问事君。子曰："勿欺也，而犯之。"

【注释】

①勿欺也，而犯之：欺，阳奉阴违，当两面人，玩两面派；犯，当面冒犯，犯颜规劝。

【今译】

子路问怎样侍奉君主。孔子说："不能欺骗他，但可以当面冒犯他。"

【解难】

孔子答子路：事君不能欺骗，可以直言规劝

事君之道，义不可欺。阳奉阴违，口是心非，掩盖真相，谎报要情，甚至口言善、身行恶，此为欺君，其罪不可恕。明君德崇辨惑，深有雅量，善于察纳雅言，进用忠臣。子路刚直敢言，易犯君颜，但以忠诚进言，则犯颜亦可。戴望《论语注》："不谏则危君，陷谏则危身。事君，上不敢危君，下不敢危身，故不显谏，三谏而不听，则去矣。"

【延伸阅读】

智 谏

齐有得罪于景公者，公大怒，缚置殿下，召左右肢解之："敢谏者诛。"晏子左手持头，右手磨刀，仰而问曰："古者明王圣主肢解人，不知从何处始。"公离席曰："纵之，罪在寡人。"（明·冯梦龙《智囊·晏子二条》）

大意 有人得罪齐景公，景公非常生气，命人把他绑在大殿，命令身边的人急将其分尸，说："有人胆敢劝阻，一律格杀勿论。"晏子（晏婴）左手抓着人犯的头，右手磨刀，抬头问景公："古时候的明君圣王肢解人犯，我不知道是先从人犯的哪个部位下刀啊。"景公离席站起来说："放了他吧，这是寡人的错。"

【14·23】

子曰："君子上达，小人下达。"

【注释】

①上达：指通晓德义。达，通晓，精通。
②下达：指追求财利。

【今译】

孔子说："君子通晓德义，小人追求财利。"

【解难】

孔子：君子上达，小人下达

君子喻于义，修养德性，追求德义，好比登山，步步向上，务求通达于仁义，日益达于圣贤；小人喻于利，追求财富，好比凿井，步步向下，日益达于污秽。上为本、为德义，目标是做君子圣贤；下为末、为财利，目标是追名逐利。做人是本，做事是末，先做人后做事。君子堂堂正正，通晓求取仁义之道；小人投机钻营，精通攫取财富之道。

【延伸阅读】

小偷盗磬

乡下有个老婆婆，一向念经，家中有个古铜磬。有个小偷包了一包石块，扮成小贩，背着石块来到老婆婆家门外叫卖。邻居有人问："卖什么东西？"小偷答："铜磬，我卖铜磬。"小偷进到老婆婆屋内，发觉无人，就丢下石包，拿走老婆婆的铜磬，临走前回转身朝里屋喊："要买磬吗？"里屋的人回答说："我家里有。"小偷包着铜磬出去了，屋内、屋外的人都没察觉他是小偷。（参见冯梦龙《智囊·窃磬》）

【14·24】

子曰:"古之学者为己,今之学者为人。"

【今译】

孔子说:"古代的学者是为了提高自己,现在的学者是为了给别人炫耀。"

【解难】

孔子:古之学者为己,今之学者为人

古之学者为己:古代学习的人是为了修养道德,修身齐家,仕进为国,学问不求人知。今之学者为人:现今学习的人是为了装饰门面,炫耀学问,取悦他人,谋取爵位,博取富贵。

【延伸阅读】

文字和历法

有了文字,才有工具;有了历法,才能具体表达历史进程的顺序。这两个重要条件在商代已经有了。商代贵族十分迷信,经常占卜征询神的意见,把占问的事情、结果等,用文字刻在龟甲和兽骨上,这种文字称作甲骨文,也叫卜辞。甲骨文最早发现于河南安阳县西北的小屯村。初步统计,甲骨文的单字在 4500 个左右,目前已认识的有 1700 字。甲骨文已具备了象形、指事、会意、形声的四种形式,还用假借的方法,就是用义近和音近的字去表示另外一个意思。如"来"字像大麦,后来假借为往来的来;"凤"是凤鸟,假借为风雨的风。历法,从甲骨文看出,在商代已经是阴阳合历,即把太阳年和月亮盈亏的周期结合起来。甲骨文记年月,用数字表示;而记日则用干支。天干有 10 个,地支有 12 个,干支相配,干上支下,可以得到表示 60 天的日次。阴阳合历和干支记日法一直延续三千几百年。(摘编自白寿彝《上古时代·夏商周春秋战国时期》)

【14·25】

蘧(qú)伯玉使人于孔子。孔子与之坐而问焉,曰:"夫子何为?"对曰:"夫子欲寡其过而未能也。"使者出,子曰:"使乎!使乎!"

【注释】

①蘧伯玉:姓蘧,名瑗,字伯玉,河南人,卫国贤大夫,以贤德闻名,曾辅佐三位国君,享年逾百岁,是孔子的朋友,孔子到卫国时两次住在他家。瑗是古代的

一种大孔的玉,"瑗"和"玉"同义。唐代陈子昂亦字伯玉。

②与之坐：体现了孔子对主人和使者的尊敬。

③夫子何为：夫子,先生,古代称大夫为"夫子",这里是尊称蘧伯玉。何为,是"为何"的倒装。

【今译】

蘧伯玉派人到孔子那里拜访。孔子和来访的使者坐在一起然后问蘧伯玉,说："老先生最近在做什么？"使者回答说："老先生想要少犯过错,但没有能够做到。"使者走出后,孔子说："好使者啊！好使者啊！"

【解难】

孔子夸奖使者的外交辞令

蘧伯玉严于修身,善于自我反省,"年五十而知四十九年非",被人称许;但其"欲寡过"而不是"欲无过",是其谦虚;且"欲寡过"也未能做到,是谦虚之至。使者不回答蘧伯玉所做的具体事情,而是说他在加强道德修养,看似问牛答马,实则妙不可言,既为蘧伯玉保守了秘密,更称赞了他的君子之德,是典型的外交辞令,所以孔子两次感叹赞美蘧伯玉派出的使者会说话。《淮南子·原道训》载有蘧伯玉"悟非"。

【延伸阅读】

蘧伯玉

卫灵公与夫人夜坐,闻车声辚辚,至阙而止,过阙复有声。公问夫人曰："知此为谁？"夫人曰："此蘧伯玉也。"公曰："何以知之？"夫人曰："妾闻礼,下公门,式路马,所以广敬也。夫忠臣与孝子,不为昭昭信节,不为冥冥惰行。蘧伯玉,卫之贤大夫也,仁而有智,敬于事上,此其人必不以暗昧废礼,是以知之。"公使人视之,果伯玉也。……伯玉可谓真君子矣。细考论语,夫子所与友者,仅见伯玉一人。使人于夫子,而夫子问其起居。则金石交情,可以略见。伯玉之躬行纯一如此,宜夫子乐与之交也。夫人即南子也。南子有淫行,然观其所言,醇粹正大,有后世老师宿儒之所不能道者。……知善非难,行善为难;知贤非难,用贤为难也。(宋·罗大经《鹤林玉露》丙编卷一)

注释 阙,宫门。式,一种礼仪,手扶车前横木,表示敬意。昭昭,明亮。冥冥,昏暗。

【14·26】

子曰:"不在其位,不谋其政。"曾子曰:"君子思不出其位。"

【注释】

①不在其位,不谋其政:参见《泰伯篇》(8·14)。位,职位,官位。

②君子思不出其位,语出《易经·艮卦》大象传:"《象》曰:兼山艮,君子以思不出其位。"

【今译】

孔子说:"不在那个职位上,不谋划那职位上的政事。"曾子说:"君子思考问题不能超出自己的职位。"

【成语】

思不出位:思考问题不能超出自己的职位。

思出其位:思考问题超出了自己的职位。

【解难】

孔子:不在其位,不谋其政。曾子:君子思不出其位

位,岗位,官位。谋,思。思不出位则言行不出位。位是对思的制约,以位限思,思才不出位,从心所欲不逾矩,发而皆中节。你所处的位,决定了你的所思。君子专注己位,恪尽职守,把本职工作做得尽善尽美;若在自己的岗位,想着别人的事情,身在曹营心在汉,既徒劳无益,更超越本职。俗话说:自己的稀饭都没有吹冷,还吹人家的汤圆。

【延伸阅读】

丞相问牛,不管斗殴

西汉宣帝时期,丞相丙吉外出巡视,途中看见人斗殴,有人死伤在地,他问也不问,只顾前行。走了不远,看见有农民牵着牛伸出舌头,喘着粗气,步履蹒跚,他竟然上前仔细观察,非常关心。随行的下属不理解,丙吉解释说:"惩治狂徒,保护平安,那是地方长官的事,我何必插手亲自管理呢?时下正是初春,牛却喘着粗气,应当是气节失调,阴阳失时,会影响农事,关系国计民生,我怎么能漠视不管?身为丞相,只有抓好国家大事,才能不失其职。"

【14·27】

子曰:"君子耻其言而过其行。"

【今译】

孔子说:"君子以自己说的超过自己做的为可耻。"

【成语】

言过其行:说的超过了做的,指说得多,做得少。

【解难】

孔子:言过其行,可耻

说起容易做起难,所以君子要言行相顾,行不高于言,言不高于行。言过其行,有言无行,就是失言失信,君子耻之。说话要留有余地,力求说到做到,言行相符,勿言而无信,勿食言而肥。

【延伸阅读】

杜荀鹤惊恐作诗

梁祖英烈刚狠,人对之不寒而栗。一日进士杜荀鹤见,再拜就坐。梁祖顾视阶下,谓左右曰:"似有雨点下。"令视之,实雨也。然天无片云,雨点甚大,沾阶檐有声。梁祖谓荀鹤曰:"秀才曾见无云而雨否?"荀鹤答言:"未曾见。"梁祖笑曰:"无云而雨,谓之天泣。"命左右:"将纸笔来,请秀才题无云而雨诗。"荀鹤始对梁祖,忧悸殊甚,复令赋诗,立成一绝,曰:"同是乾坤事不同,雨丝飞洒日轮中。若教阴朗都相似,怎表梁王造化功。"梁祖见之,大喜。立召宾席共饮,极欢而散。(清·褚人获《坚瓠集》)

【14·28】

子曰:"君子道者三,我无能焉:仁者不忧,知者不惑,勇者不惧。"子贡曰:"夫子自道也。"

【注释】

①君子道者三:道,事物当然之理。

②夫子自道:先生自己说自己。自道,自己说自己;指说别人,而实际上说中了自己。

【今译】

孔子说:"君子之道有三个方面,我没能做到:仁德的人不忧愁,智慧的人不迷惑,勇敢的人不畏惧。"子贡说:"这是老师在说自己啊!"

【成语】

夫子自道:先生自己说自己。后来用指本意说别人,却正说着了自己。

【解难】

夫子自道:仁者不忧,知者不惑,勇者不惧

"君子"一词在《论语》中出现了107次。君子之道无穷,孔子概举仁、智、勇三个方面。此三者,乃君子三达德。达德,就是通行不变之道德。仁者爱人,推己及人,己所不欲,勿施于人,俯仰无愧,胸怀坦荡,谋虑长远,故"仁者不忧"。智者聪慧,好学善思,明辨善断,进退有度,行藏得时,不被名利迷惑,故"知者不惑"。勇者尚义,见义勇为,处变不惊,临危不惧,故"勇者不惧"。做到此三者,则是君子。孔子安老怀少,发愤忘食,乐以忘忧;孔子学而不厌,好古敏求,下学上达,自十五岁至七十岁孜孜不倦,四十而不惑,七十而从心所欲不逾矩;孔子临事不惧,勇谋兼具,被囚犹歌。但孔子却说:"我无能焉。"在弟子看来,这是孔子自谦;在孔子看来,这都是实话。因为仁智勇撑乎天地,泛乎四海,本无限量,无有定数。弟子闻之,更应奋勉。

【延伸阅读】

孟子弘道

我是自小爱孟子的。孟子是儒家中的理想主义者,文字中有一种蓬勃葱郁之气,令人喜欢,令人感动。在儒家中,我就是推崇孟子。其气派得力于子思。孔门中颜回乐道安贫,善体会、善思考,退而自省其私,亦足以发,但是他不大说话。话是没有什么可说的了。曾子在孔门弟子中年最幼,又最聪慧,大概好学而近思,但是仍突不出孔子范围。

孟子之时,天下之言不归杨则归墨。须知杨、墨皆有精深系统,倘使曾、颜尚在,必定抵挡不住。只有孟子雄辩之才,足以出来招架。……只有孟子能发挥性善之说,言孔子所未言,又能推广仁义之本意,说出仁义本于天性,使孔子的道理得哲学上的根据,及政治上的条理。他又雄辩,又弘毅,又自信,又善讽喻、善幽默,是一种浩然大丈夫气象。我们读《孟子》,可使顽夫廉,懦夫有立志。倘使从此下去,儒道岂不是很快乐平易的人生观吗?……孟子一身都是英俊之气,于青年人之立志淬砺工夫,是一种补剂。孟子专言养"志"养"气","志"一则动"气","气"一则动"志",是积极的。……养到富贵不能淫,贫贱不能移,威武不能屈的田地,这叫做人气,这也就是"仁"。仁者人也,就是有人气的人。(摘编自林语堂《孟子说才气志欲》)

【14·29】

子贡方人。子曰:"赐也贤乎哉?夫我则不暇。"

【注释】

①方人:比较人,评论人。方,比较,讥评。陆德明《经典释文》:"郑本作谤,谓言人之过恶。""方""谤"二字声近通借。"方人"这个词至今在四川方言中常用,有"挖苦人"的意思,其义盖来源于此章。

【今译】

子贡爱评论人。孔子说:"端木赐啊,你就那么优秀吗?我却没有闲工夫。"

【解难】

孔子批评子贡:喜欢评论人

子贡小孔子三十一岁,是孔子最亲近的弟子之一,名列言语科,其善为说辞,利口巧辩,才思敏捷,聪明外露,领悟力强,孔子赞他"告诸往而知来者";子贡还善于经商,能准确判断市场行情。能干的人大致有一个通病,就是爱对别人评头论足,说长道短,指责过失,挖苦短处,子贡亦然。对此孔子予以批评,期望他静坐常思己过,闲谈勿论人非,无道人之恶,勿矜己之善。

【延伸阅读】

《论语》集句联

宰予昼寝,于予与何诛;子贡方人,夫我则不暇。
礼乐自天子出,笾豆则有司存。
孟孙问孝于我我,赐也何敢望回回。

注释 孟孙问孝于我我,出自《为政篇》(2·5):"樊迟御,子告之曰:'孟孙问孝于我,我对曰"无违"。'"赐也何敢望回回,出自《公冶长篇》(5·9):"赐也何敢望回?回也闻一知十,赐也闻一知二。"此联故意将上下句的两个"我"、两个"回"连读。"我我""回回"于此处皆不通,但于联为巧对。

【14·30】

子曰:"不患人之不己知,患其不能也。"

【今译】

孔子说:"不要担心别人不了解自己,而要担心自己无能。"

【解难】

孔子：莫患人不知，应患己无能

学之而成谓之能，能不能在己，知不知在人。不要忧虑别人不了解自己，而要忧虑自己没有能力，一旦被委以重任，恐不堪大任。君子不要急功近利而近俗，而要着力于练就本领，磨刀不误砍柴工，藏器于身，待时而动，用之则行，舍之则藏，做到"遁世不闷"。

【延伸阅读】

双文化论

被称为"汉语拼音之父"的周有光（1906—2017）先生认为，世界到处都是双文化现象，内外并存，新旧并用，实行双文化生活。比如：食，中菜和西菜；衣，中服和西服；住，四合院和公寓楼；行，汽车和马车；卫，中医和西医；教，学校和私塾。他认为，中国文化原来就不是单纯的，它是中国儒学和印度佛教以及其他因素的混合物。佛教寺庙多于孔庙是古代双文化的遗迹。"大清帝国"改名"中华民国"，又改名"中华人民共和国"，这就是宣告中国双文化时代的开始。"中华"属于中国文化，"民国"和"人民共和国"属于西方文化。"中学为体，西学为用"是双文化，"一国两制"是双文化。

【14·31】

子曰："不逆诈，不亿不信，抑亦先觉者，是贤乎！"

【注释】

①不逆诈：不事先就猜测别人有欺诈。逆，猜测。
②不亿不信：不事先就猜测别人不诚信。亿，同"臆"，猜测；逆、亿同义。
③抑亦先觉：抑，但是。先觉，事先觉察。

【今译】

孔子说："不猜测别人有欺诈，也不猜测别人不诚信，但又能事先发觉别人的欺诈和不诚信，这也是优秀的人啊！"

【解难】

孔子：优秀之人，有察伪之功

古人说，将相顶头堪走马，公侯肚里能撑船。一个人要胸襟阔大，度量恢宏，以诚待人，为人忠厚，对人不怀疑、不设防。但自古良莠不齐，忠奸难辨，疏忽大意，则易中暗箭。对有意欺诈者和不讲诚信者，事先就能察觉出来，从而控制风险，这就是知人之明。古人言：害人之心不可有，防人之心不可无。

【延伸阅读】

论斥奸

千人所指，无病而死。（汉·班固《汉书·王嘉传》）
口言善，身行恶，国妖也。（《荀子·大略》）
孔子成《春秋》，而乱臣贼子惧。（《孟子·滕公下》）
屋漏在上，知者在下。（汉·王充《论衡·答佞》）
快磨三尺剑，欲斩佞臣头。（宋·黄中辅《满庭芳》）

【14·32】

微生亩谓孔子曰："丘何为（wèi）是栖栖（xī xī）者与？无乃为佞乎？"孔子曰："非敢为佞也，疾固也。"

【注释】

①微生亩：复姓微生，名亩，隐士，盖齿德俱尊者，见《公冶长篇》（5·24）注释。《集注》："亩名呼夫子而辞甚倨，盖有齿德而隐者。"齿德，年龄和德行。

②丘何为是栖栖者与：何为，为什么。是，这。栖栖，忙碌不安的样子。

③无乃为佞乎：无乃，岂不是，莫不是。为佞，卖弄口才。

【今译】

微生亩对孔子说："孔丘你为什么总是这种奔波忙碌的样子呢？莫不是要卖弄口才吗？"孔子说："我不敢卖弄口才啊，只是讨厌顽固的人。"

【解难】

孔子：栖栖遑遑，列国宣讲

孔子周游列国，游说诸侯，志在推行其政治主张。其奔波于风雨之途，忙碌于君臣之间，不是强逞口舌之利，而是开化顽固之人。微生亩偏执，问得尖刻辛辣；孔子礼恭，答得直接平和。《白虎通·五经》："孔子所以定五经者何？以为孔子居周之末世，王道陵迟，礼乐废坏，强陵弱，众暴寡，天子不敢诛，方伯不敢伐，闵道德之不行，故周流应聘，冀行其圣德。自卫反鲁，自知不用，故追定五经以行其道。""五经：《乐》仁、《书》义、《礼》礼、《易》智、《诗》信也。"

【延伸阅读】

答宾戏

盖闻圣人有一定之论，烈士有不易之分，亦云名而已矣。故太上有立德，其次有立功。夫德不得后身而特盛，功不得背时而独彰。是以圣哲之治，栖栖遑遑，孔席不暖，墨突不黔。由此言之，取舍者昔人之上务，著作者前列之余事耳。……然而器不贾于当己，用不效于一世。虽驰辩如涛波，摛藻（chī zǎo）如春华，犹无益于殿最也。意者，且运朝夕之策，定合会之计，使存有显号，亡有美谥，不亦优乎？（汉·班固《答宾戏》）

大意　听说圣人有坚定的信念，志士有不变的职分，那也是为了追求功名而已。因此，才智最高的在于树立德行，才智次一等的在于建立功业。但是德行不能期待在死后特别受人尊崇，功业也不能违背时势而独自彰显。因此，圣贤治理天下，常年奔走，匆匆忙忙，孔子坐席没坐暖、墨子烟囱没熏黑就又到别处去了。由此说来，仕进退隐是古人抉择的要务，著书立说则是前辈处理的余事。……然而才智不能受重于当世，功用不能奉献于现实。虽然机敏辩解如波涛，铺张辞藻如春花，仍然无益于事功之先后。依我想来，暂且运用权变之策，确定纵横之计，使生时获得显赫封爵，死后获得美的谥号，不也比别人活得优秀吗？

注释　墨突不黔：突，烟囱；黔，黑。

【14·33】

子曰："骥不称其力，称其德也。"

【注释】

①骥：良马，千里马。

【今译】

孔子说："好马人们不称赞它的力气，而称赞它的品德。"

【解难】

孔子：骥不称其力，称其德

良马之力指体力，任重致远，日行千里；良马之德指温驯，能被人驯服，听人使唤，顺从人愿，有五御（驾车的五种技术）之威仪，有调良之美德。此处力、德对举，抑力而褒德。马如此，人亦然。一个人，力大胜一人，智大胜千军，德高服众人。人不可恃才傲物，重观其德；马不可只称其力，重称其德。

【延伸阅读】

相马之法

马头为王，欲得方。目为丞相，欲得明。脊为将军，欲得强。腹为城廓，欲得张。四下为令，欲得长。（节选自帛书《相马经》）

风马牛不相及

马喜逆风而奔，牛喜顺风而奔，故北风则牛南而马北，南风则牛北而马南。故曰风马牛不相及也。（明·张岱《夜航船·四灵部》）

【14·34】

或曰："以德报怨，何如？"子曰："何以报德？以直报怨，以德报德。"

【注释】

①以德报怨：德，恩惠，恩德。《玉篇·彳部》："德，惠也。"

【今译】

有人说："用恩德来回报怨恨，怎么样？"孔子说："用什么来回报恩德呢？应该用正直来回报怨恨，用恩德来回报恩德。"

【成语】

以德报怨：用恩德回报别人对自己的怨恨，形容仁爱宽厚。

以直报怨：用正直回报怨恨。

以德报德：用恩德回报别人对自己的恩德。

【解难】

孔子：以直报怨，以德报德

一饭之恩必偿，但不必睚眦之怨必报。以德报怨是用恩德报答怨恨，虽是仁义之举，但不合人之常情，显得虚伪矫情；祸害于人者，还能得到受害方恩惠相报，表面上缓和了矛盾，实际上是"匿怨而友人"，在迷惑、误导对方，天下岂有此理？这不是"糖衣炮弹"，就是"鸿门宴"，故孔子否定之。孔子一是主张以直报怨，以正直回报怨恨，这是解决矛盾的基本原则；二是主张以德报德，用恩德回报有恩于己的人，不能过河拆桥，忘恩负义；三是不主张以怨报怨，这样以其人之道还治于其人之身，以眼还眼，以牙还牙，其结果是延续仇恨，冤冤相报，永无宁日。

【延伸阅读】

论恩怨、善恶

忘我大德，思我小怨。(《诗经·小雅·谷风》)

人有德于公子，公子不可忘也；公子有德于人，愿公子忘之也。(《史记·信陵君列传》)

故知忠孝生天性，往取将相酬恩仇。(集韩愈诗联)

为恶必灭，为恶不灭，祖宗有余德，德尽则灭；为善必昌，为善不昌，祖宗有余殃，殃尽则昌。(广东揭阳市城隍庙对联)

【14·35】

子曰："莫我知也夫！"子贡曰："何为（wèi）其莫知子也？"子曰："不怨天，不尤人，下学而上达，知我者其天乎！"

【注释】

①莫我知：是"莫知我"的倒装。戴望《论语注》："此言盖在获麟之后。获麟道穷，故叹世主无知我者。"

②何为：为什么。何为（wèi），作"为什么"讲；何为（wéi），作"做什么"或"是什么"讲。

③不尤人：尤，责怪，归罪。

④下学而上达：下学人事，上知天命。达，通晓。邢《疏》："下学而上达者，言己下学人事，上知天命。"《宪问篇》（14·23）："子曰：'君子上达，小人下达'。""上达"即通晓德义。

【今译】

孔子说："没有人知道我啊！"子贡说："为什么没有人知道您呢？"孔子说："我不埋怨天，不责怪人，下学人事，上知天命，（但没有人知道我）知道我的大概只有天吧！"

【成语】

怨天尤人：埋怨天，责怪人。指对不如意的事情一味归罪于客观，责怪别人。

下学上达：下学人事，上知天命；也指学习人情事理，进而认识自然法则。

【解难】

孔子自言：下学而上达，不怨天和人

"下学"指学习礼仪礼节、音乐文化、骑马射箭、待人接物、道德修养等六艺，孔子志学、而立、不惑皆属下学。不怨天、不尤人方能静心下学。"下学"内容皆

平淡无奇、人人皆知、平常日用。"上达"指向上通晓高深的道理，知天命、耳顺、从心所欲而不逾矩便是上达。没有下学就不可能上达，循序渐进、由下至上方可"下学而上达"。孔子达到了"下学而上达"的境界，但怀才不遇，没有人了解他，其政治主张不被采纳，其治国才具不被重用，故感叹"知我者天"。孔子栖栖遑遑，奔走于列国，游说于诸侯，授学于弟子，其行也执着，其言"知我者天"也伤感。尽管如此，孔子达观，不怨天尤人。天命有穷有通，天命不可违，人命不可知，顺天听命，安逆处顺，故"不怨天"；人事有否有泰，人有贤与不肖，有敌有友，正己无求，故"不尤人"。正所谓"大事难事看担当，逆境顺境看襟度，临喜临怒看涵养，群行群止看识见"。

【延伸阅读】

枚速马工

枚皋文章敏疾，长卿制作淹迟，皆尽一时之誉。而长卿首尾温丽，枚皋时有累句，故知疾行无善迹矣。扬子云曰："军旅之际，戎马之间，飞书驰檄，用枚皋；庙堂之下，朝廷之中，高文典册，用相如。"（汉·刘歆《西京杂记》卷三）

注释 枚皋，西汉枚乘之子。长卿，司马相如，字长卿，成都人，西汉辞赋家，著《子虚赋》《上林赋》等。后有"枚速马工"之说。温丽，温婉典雅。累句，有瑕疵的句子，即病句。

【14·36】

公伯寮（liáo）愬子路于季孙。子服景伯以告，曰："夫子固有惑志于公伯寮，吾力犹能肆诸市朝。"子曰："道之将行也与，命也；道之将废也与，命也。公伯寮其如命何？"

【注释】

①公伯寮愬子路于季孙：公伯寮，姓公伯名寮，字子周，孔子的学生，曾任季氏的家臣。愬，诬告，诬陷。参见《颜渊篇》（12·6）："浸润之谮，肤受之愬。"

②子服景伯：鲁国大夫，姓子服名伯，谥号"景"。

③夫子固有惑志于公伯寮：夫子，先生，此指季孙。固，本来。惑志，迷惑心志，拿不定主意。

④肆诸市朝：杀死并陈尸于市场、朝廷。肆，陈尸。

【今译】

公伯寮在季孙面前诬告子路。子服景伯把这事告诉给了孔子，并说："季孙本来就被公伯寮的诬告迷惑而怀疑子路，以我的力量还是能杀死公伯寮并陈尸街头。"

孔子说："大道将能推行，是天命；大道将被废弃，也是天命。公伯寮能把天命怎么样？"

【解难】

孔子丢给公伯寮的狠话：你能把天命怎么样？

季氏是执政上卿，公伯寮与子路同为季氏的家臣，公伯寮却向季孙进谗言，诋毁子路，季孙听信谗言而对子路不信任。鲁国大夫景伯对此打抱不平，对孔子说："我有能力在季孙面前为子路说话，并说服季孙诛杀公伯寮，陈尸街头。"但孔子没有同意景伯的做法，而是说听从命运安排。子路命通则谗言何用？子路命穷则不待谗言。命运穷通不关谗言，公伯寮的诬告不能改变子路的命运。孔子之言，既彰显圣人之大度宽容，也是对公伯寮搬弄是非之不屑一顾。朱熹《集注》："愚谓言此以晓景伯、安子路而警伯寮耳。"

"肆诸市朝"解

此句疑是当时齐鲁间的成语，意思是杀死罪犯并陈放尸体在人多的朝廷或市场，以警诫众人。肆，陈列，特指处死后陈尸示众。诸，"之于"的合音。市朝，集市和朝廷，这里偏指集市。周制大夫陈尸于朝，士陈尸于市。公伯寮是士，应陈尸于市。

【延伸阅读】

英　雄

夫草之精秀者为英，兽之特群者为雄，故人之文武茂异，取名于此。是故聪明秀出谓之英，胆力过人谓之雄，此其大体之别名也。（三国·魏·刘劭《人物志·英雄第八》）

大意　草木中的菁华称为英，禽兽中的统领称为雄，所以人类中文武都出类拔萃的人，都可以用英雄来命名。所以聪明智慧超群的人称为英，胆略武力过人的人称为雄，这是名称上的大体区别。

注释　特，杰出，异常。茂异，出众。别名，名称上的区别。

【14·37】

子曰："贤者辟（bì）世，其次辟地，其次辟色，其次辟言。"子曰："作者七人矣。"

【注释】

①辟世：逃避社会，隐居不出。辟，同"避"。

②七人：指伯夷、叔齐、虞仲、夷逸、朱张、柳下惠、少连。

【今译】

孔子说:"贤能的人避开乱世,其次避开乱地,再其次避开别人脸色,再其次避开恶言。"孔子又说:"这样做的有七个人了。"

【解难】

贤人四避:避世,避地,避色,避言

天地闭,贤人隐,天下有道则现,无道而隐。小人当道,是非颠倒,黑白不分,贤人只得隐居避难,不出不仕,避开混浊之人世,故曰"避世"。危邦不入,乱邦不居,弃乱国,适治邦,择地而居,不履危地,贤人避开动荡之地,故曰"避地"。君主礼貌已衰,恩断义绝,脸色难看,王顾左右而言他,贤人辞位而去,故曰"避色"。君臣意见相左,议论不合,君主含沙射影,言语不善,甚至指桑骂槐,恶言相向,贤人也当识时务,知进退,知趣而别,故曰"避言"。贤人避世、地、色、言,意在不降志、不辱身。

钱穆《论语新解》:"三言'其次',固不以优劣论。即如孔子,欲乘桴浮于海,欲居九夷,是欲避世而未能。所谓次者,就避之深浅言。避世,避之尤深者。避地以降,渐不欲避,志益平,心益苦。'我非斯人之徒与而谁与',固不以能决然避去者之为贤之尤高。"

史上贤人四避,隐居山水的,如伯夷、叔齐逃隐于首阳山。太公姜子牙垂钓于渭水。箕子离开商纣王,东渡至朝鲜。春秋时鲁国柳下惠曾官拜鲁国士师,他执法正直,不合时宜,遂弃官归隐于柳下。纵横家之祖,苏秦、张仪之师,战国时楚人鬼谷子隐居于鬼谷。汉代严光拒绝光武帝刘秀授予的谏议大夫,归隐于富春山。魏晋时期"竹林七贤"常聚于竹林之下,他们"弃经典而尚老庄,蔑礼法而崇放达"。南朝梁时陶弘景拜左卫殿中将军,三十六岁隐居句曲山;武帝时,礼聘不出,但朝廷大事,无不咨询,时称"山中宰相"。唐代卢藏用举进士,隐居终南山中,后以高士名被召入仕,时称"随驾隐士"。

孔子是欲居九夷,欲乘桴浮于海,并非真的避世隐居,知其不可为而为之,故比贤者更高。

【延伸阅读】

识时务者为俊杰

"春天采食初生植物,秋天采食各种果实,夏天住在阴凉处,冬天住在向阳处。"这是在说圣人的动静、开合、屈伸、盈缩、取与,都必须根据时机。合于时宜就行动,不合时宜就静止。古代贤士有图谋而不宣扬,他们总是收敛其治国理政的言论,私下忧虑而藏在心中……这并不是因为怕死而不忠于国君。因为强行规劝就会遭受羞辱,而功效毫无,规劝会伤害君主的尊严,退下会危害臣子的生存,那不利是十分严重的。所以隐退而不舍弃礼服,停职而不放下读书,为的是等待清明

时世。所以微子不跟随商纣王赴难,而是受封于宋国,成为殷商人民的首领,这样,祖先不被灭绝,后世也不断绝,所以说贤士的德泽长远。(参见《管子·宙合》)

【14·38】

子路宿于石门。晨门曰:"奚自?"子路曰:"自孔氏。"曰:"是知其不可而为之者与?"

【注释】
①石门:鲁国都城的外门。
②晨门:看守石门的人,掌管城门晨开夜闭的人。
③奚自:从哪里。

【今译】
子路在石门住了一夜。早晨门卫问他:"从哪里来?"子路说:"从孔家来。"门卫说:"就是那个知道不能做到却还是要去做的人吗?"

【成语】
知其不可为而为之:明知做不到却偏要去做,形容意志坚决,也形容倔强固执。

【解难】

门卫评价孔子:知其不可为而为之者

孔子知道当世不可教化,其道不被推行,还是周游列国,极力游说,虽死里逃生,遭人讥笑,但尽人事,听天命,仍然努力推行仁义之道,坚毅执着,毫不退缩,故曰"知其不可为而为之"。看守城门的人是鲁国隐士,万人如海一身藏,其大隐于市朝,故意问子路。朱熹《集注》:"晨门,掌晨启门,盖贤人隐于抱关者也。"又引胡氏曰:"晨门知世之不可而不为,故以是讥孔子。然不知圣人之视天下,无不可为之时也。"

"石门"后来借指贤人。《后汉书·蔡邕传》:"是故天地否闭,圣哲潜形,石门守晨,沮溺耦耕。"

【延伸阅读】

次韵择之见路旁乱草有感

世间无处不阳春,道路何曾困得人?
若向此中生厌致,不知何处可安身!
——南宋·朱熹

注释 莸，音yì，厌弃。野草顽强的生命力，启示人们在困难逆境之中，绝不要自暴自弃，也会绝处逢生；一遇到困难就怨天尤人者，无论在何处，都无法安身立命。

【14·39】

子击磬于卫，有荷蒉（hè kuì）而过孔氏之门者，曰："有心哉，击磬乎！"既而曰："鄙哉，硁硁（kēng kēng）乎！莫己知也，斯己而已矣。深则厉，浅则揭（qì）。"子曰："果哉，末之难矣！"

【注释】
①磬：石乐，玉或石制的打击乐器，悬于架上，形似曲尺，用木槌敲击发声。
②荷蒉：背着草筐。荷，负。蒉，草筐。荷蒉者为隐士。
③鄙哉，硁硁乎：鄙，粗鄙，不高雅。硁硁，击石声，像石头一样顽固，形容浅薄固执。参见《宪问篇》（13·20）"硁硁然，小人哉"。
④深则厉，浅则揭：出自《诗经·邶风·匏有苦叶》。厉，穿着衣服过河。揭，提起衣服过河。水深比喻社会非常黑暗，只得听之任之；水浅比喻黑暗的程度不深，还可以使自己不受沾染，便无妨撩起衣裳，免得濡湿。
⑤果哉，末之难矣：果，果然，确实。末，无。

【今译】
一天孔子在卫国正敲着磬，有个背着草筐经过孔子门前的人，说："这个磬敲得有心思啊！"过一会儿又说："这磬的声音硁硁的，格调不高雅呀！好像是说没有人知道自己，没有人知道自己就算了吧。'水深就穿着衣服过河，水浅就提起衣服过河。'"孔子说："果真这样的话，就没有什么困难了！"

【成语】
深厉浅揭：水深就穿着衣服过河，水浅就提起衣服过河，比喻行动要因时因地制宜。

【解难】
孔子答挑草筐的隐士：深厉浅揭，没那么简单

河水有深浅，水浅时撩起衣裳，水深时连衣过河，深厉浅揭，随时为义。背草筐的隐士以此劝说孔子在社会黑暗、天下无道时，就不要参与政治；要适应时势，灵活应变。而孔子的回答，意思是天下有道，就不需要我去改造了；正因为天下无道，我才忧心忡忡，行道化世，入世救世。君子的出世和入世，不像过河提不提起衣裳那样简单，否则这世上就没有什么困难了。孔子的救世心思，孔子知其不可为而为之的精神，正是背草筐的隐士所不能理解的。

【延伸阅读】

中国人的出世意识

中国的出世意识来自三个方面：哲学传统、地理环境和历史背景。从哲学传统来说，我们的哲学受宗教影响极大。佛教，从西汉哀帝元寿元年（公元前2年）传入中国，已经有两千年历史；佛教在印度衰落之后，中国成为世界佛教的主要基地。佛教修行的最终目的是达到"涅槃"。"涅槃"的意思说穿了就是一个"死"字。"生"都不要，还要"入世"吗？道教，从东汉顺帝汉安元年（142年）的五斗米道算起，有一千八百多年。道教本来是中国的原始巫术，没有教祖就领来一个老子作为螟蛉教祖。道教修炼的最终目的是成仙。仙人不住在地上，而住在云端里，当然远离尘世。魏晋玄学，尊崇"三玄"（《老子》《庄子》《周易》），以道解佛，援儒入佛，讲玄虚、辩有无，清谈度日。宋明理学，是"儒道佛"的混合。理学的所谓"体用"和"理殊"，皆出于佛教。"理学挂着儒家的招牌，其实是禅学、道家、道教、儒教的混合产品"（冯友兰）。中国的宗教和哲学都深藏着出世意识。只有儒家有入世思想，但是受佛道感染，儒冠而佛心，儒衣而道言，失去了孔孟的积极入世精神。（编自周有光《走进世界》）

【14·40】

子张曰："《书》云'高宗谅阴，三年不言'，何谓也？"子曰："何必高宗，古之人皆然。君薨（hōng），百官总己以听于冢（zhǒng）宰三年。"

【注释】

①子张：复姓颛孙名师，孔子的学生。他提出"士见危致命，见得思义"的伦理观点，主张"君子尊贤而容众，嘉善而矜不能"。

②《书》云：《书》即《尚书》，相传由孔子所授，记三代以上的典谟训诰。原本百篇，亡于秦火，其后有今文、古文二种。此句见《尚书·无逸》。

③高宗谅阴：高宗，即殷高宗武丁，为殷中兴之王。谅阴，守丧时所住的房子，即丧庐，又叫凶庐，类似现在的窝棚，凶庐里寒凉幽暗，借指居丧。朱熹《集注》："谅阴，天子居丧之名，未详其义。"

④君薨：薨，诸侯去世。

⑥百官总己以听于冢宰三年：百官，众官。《子张篇》（19·23）的"百官之富"的"百官"，是指各种房舍。总己，总管己事。冢宰，也称太宰，总揽国家大事，商朝时称相，即后世的宰相。冢，大；宰，治。春秋时以"冢宰"为执政之美

称。三年，儒家主张的三年丧期。

【今译】

子张说："《尚书》中说'殷高宗守孝，三年不谈政治'，什么意思？"孔子说："不仅仅是殷高宗，古代的人都是这样。君主死了，（继位的君主三年不问政治）三年内各个官员总揽自己的工作来听命于宰相。"

【解难】

天子守孝：三年不言，百官总己，听于总宰

古代天子诸侯守孝的礼仪有四点：一是帝王驾崩后，苫居凶庐。继位的储君要住在简陋的凶庐里，因为孝子哀痛，不欲闻人之声，又不欲住在故处，于是短柱起梁，倚木为庐。二是守孝三年。三是不问政事，三年内不过问政事，三年后才正式主政，称王发令，一则尽孝子之道表示悲伤，一则表示不改父道。但西周初年就不守三年之丧了。四是宰相总管，各个官员管好自己的事务，并听从宰相，天子尽孝，臣子尽忠。人君三年不言，则臣下无所禀令，祸乱或许由此而起；而百官听于冢宰，则可防祸乱之生。

【延伸阅读】

无官一身轻

曰："吾闻之也：有官守者，不得其职则去；有言责者，不得其言则去。我无官守，我无言责也，则吾进退，岂不绰绰然有余裕哉？"（《孟子·公孙丑下》）

大意 孟子说："我听说过：有官位的人，不能履行他的职责就应该辞职；有进言责任的人，如果他的进言不被上级采纳就应该辞职。我既无官位，又无进言的责任，那我的进退去留，岂不是宽松自由而有回旋余地吗？"

【14·41】

子曰："上好礼，则民易使也。"

【今译】

孔子说："在上位的重视礼仪，那么老百姓就容易支使了。"

【解难】

孔子：上好礼，则民易使

君子之德风，小人之德草。在上位的统治者依照礼义、法度行事，视听言动悉遵礼，以礼事亲，以礼待下，君君臣臣，父父子子，老百姓就会顺服听命，容易管理。彭林在《家教与门风》一书中认为：中国的"礼"涵盖一切，与西方所说的"文化"相当。

【延伸阅读】

物无小

豺能杀虎，鼠可害象；一夫足以胜禹，三户可以亡秦。（宋·罗大经《鹤林玉露》甲篇卷三）

【14·42】

子路问君子。子曰："修己以敬。"曰："如斯而已乎？"曰："修己以安人。"曰："如斯而已乎？"曰："修己以安百姓。修己以安百姓，尧舜其犹病诸？"

【注释】

①修己：修身。《玉篇·己部》："己，己身也。"
②安人：安定官员。人，官员，与"民（百姓）"相对。《学而篇》（1·5）："节用而爱人。"
③其犹病诸：其，恐怕。病，难。

【今译】

子路问怎样做一个君子。孔子说："修养自己，恭敬待人。"子路说："像这样就可以了吗？"孔子说："修养自己以安定官员。"子路说："像这样就可以了吗？"孔子说："修养自己以安定百姓。修养自己以安定百姓，尧舜恐怕还难以做到呢？"

【解难】

孔子：君子修身为重

君子以修己立德为本。孔子说，加强自身修养，礼貌恭敬待人；然后修身以安定官员；最后修身以安定天下百姓。从修养自身，到影响周围，到安定上层，到安定万民，这是一个道德和才能不断提升的过程。特别是万国殊风，百姓百品，人各有心，心各有见，安定百姓实在不容易，像尧舜这样的圣人都很难做到。百姓安者，太平之验也。博施济众，尧舜犹病！

【延伸阅读】

病　猪

过去有位老师，有学生送他一块肉，竟然是瘟猪肉。老师自嘲此事，说："秀才送礼，言之可羞；瘦肉一方，尧舜其犹。"（参见冯梦龙《古今谭概·文戏部》）

注释　"尧舜其犹"隐去"病诸"二字，谐音"病猪"。

【14·43】

原壤夷俟（sì）。子曰："幼而不孙弟（xùn tì），长而无述焉，老而不死，是为贼。"以杖叩其胫（jìng）。

【注释】

①原壤夷俟：原壤，鲁国人，孔子的旧友。夷，箕踞，双腿像八字一样张开坐在地上，放肆不敬。俟，等待。

②幼而不孙弟：孙弟，同"逊悌"，谦逊友爱。

③长而无述：述，称述，称道。

④是为贼：是，这。贼，祸害，害人虫。

⑤以杖叩其胫：叩，敲。胫：小腿。膝上曰股，膝下曰胫。

【今译】

原壤张开双腿坐着等待孔子。孔子骂道："小时候不谦虚不孝悌，长大了又没有可以称道的，老了还不死，这是个祸害。"说着，用手杖敲他张开的小腿。

【解难】

孔子批评发小原壤：老而不死，是为贼

原壤和孔子是幼时好友，原壤丧母而歌，不顾礼法，败常乱俗，自以为旷达，而孔子认为其大逆不道。孔子造访，原壤不但不出门迎接，反而坐地以待，玩世不恭，随性失礼。孔子拄杖而至，疾言厉色而训："你小时候没有礼貌，不尊兄长，长大了蹉跎岁月，无所事事，没做出一件让人称道的事情，这么大一把年纪还不死，简直是个祸害。"说着，孔子提起手杖轻敲原壤的小腿，教训他姿势不雅。

"老而不死，是为贼"，可见孔子骂起人来也痛快淋漓，没留口德。孟子也是如此，《孟子·滕文公下》："杨氏为我，是无君也；墨氏兼爱，是无父也。无父无君，是禽兽也。"当然，作为老朋友，孔子的骂语中也包含着戏言。

加拿大社会学家欧文·戈夫曼提出了一个"拟剧论"。这个理论是说，在我们日常的互动中，每个人都在努力表演，根据剧本在后台准备，在前台表演，使用道具使表演更逼真，使人物更可信。我们在观众面前表演，而观众给我们表演打分。遍观《论语》，时时都能体现孔子喜怒哀乐的真性情，没有任何故意表演的成分，也使得圣人更加可亲可敬。

【延伸阅读】

杖 铭

走不以手,非所论于老叟。自得此君,山之巅,水之薮(sǒu,湖泽),俱为吾有。乐莫乐兮,与乡人饮酒。(清·袁枚《杖铭》)

杖 谜

用之则行,舍之则藏,惟我与尔;危而不持,颠而不扶,则焉用彼。(谜底:拄杖)

【14·44】

阙党童子将命。或问之曰:"益者与?"子曰:"吾见其居于位也,见其与先生并行也。非求益者也,欲速成者也。"

【注释】

①阙党童子将命:阙党,即阙里,孔子的家乡,今山东曲阜市内。童子,少年;将命,传命,传话,在宾主之间传话。《阳货篇》(17·20):"将命者出户。"将,传达。

②益者与:益,长进,进步。与,同"欤"。

③居于位:坐在长者的位置上。小孩子不该坐在大人之位,应坐在角落里。

④与先生并行:先生,长辈,成人。并行,并肩而行。

【今译】

阙党的一个少年来向孔子传话。有人问孔子:"这是想求进步的孩子吗?"孔子说:"我看见他坐在大人的位子上,又见他和长辈并肩而行。他不像是一个追求进步的人,而是一个急于求成的人。"

【解难】

孔子批评阙党小孩:急于求成

孔子家乡的一个小孩子来向孔子传达宾主间的话,能负责此项任务的,看来孺子可教、后生可畏。所以传话结束,有人问孔子:"这是个追求进步的孩子吗?"孔子说:"他是一个小孩子却坐在大人的位置上,失礼了;他还和长辈并排行走,又失礼了。他不像是一个追求进步的人,而是一个急于求成的人。"

童子应就角落而坐,没有专门给他摆放位置,阙里童子却与长者同坐在大人的位置上,故失长幼之礼。童子,未冠者之称。古代男子二十岁加冠,童子不满二十岁,不能和长辈并排行走,而应该跟随长辈之后而行,否则即为失礼。

阙 党

顾炎武《日知录》说，鲁国都城都有阙门，"盖阙门之下，其里即为阙里，夫子之宅在焉，亦谓之阙党"。

【延伸阅读】

行路之礼

父之齿随行，兄之齿雁行，朋友不相逾。(《礼记·王制》)

大意 遇见父亲的同龄人应该跟随其后而行，遇见兄长的同龄人应该与他并行而稍后一些，和朋友一起走路不抢先。

五年以长，则肩随之。……行不中道，立不中门……入临不翔。(《礼记·曲礼》)

大意 比自己年长五岁左右的，就可以与他并行而稍后一些。……走路不走道路中间，站立不站在门中间……进门吊唁死者双臂摆动幅度不能太大。

卫灵公篇第十五

（共四十二章）

【15·1】

卫灵公问陈（zhèn）于孔子。孔子对曰："俎（zǔ）豆之事，则尝闻之矣；军旅之事，未之学也。"明日遂行。

【注释】

①问陈：请教作战队形。陈，即今"阵"字，阵法，排兵布阵。

②俎豆之事：俎和豆皆古代礼器，祭祀、设宴时用以盛肉，借指礼仪。用法同"笾豆之事"。《泰伯篇》（8·4）："笾豆之事，则有司存。"

③军旅之事：军旅，指军队。《宪问篇》（14·19）："王孙贾治军旅。"

④遂行：行，离开。

【今译】

卫灵公向孔子请教如何排兵布阵。孔子回答说："礼仪的事，我曾听说过；军队的事，没有学过。"第二天便离开了卫国。

【成语】

俎豆之事：代指礼仪之事。

【解难】

孔子答卫灵公问阵：礼仪方面，曾听说过；打仗方面，没有学过

俎豆之事，礼也；列阵之法，兵也。兵乃凶事，岂可妄动干戈？"兵者，国之大事，死生之地，存亡之道，不可不察。"（《孙子兵法》）国与国之间的交锋，先礼后兵，先通过外交斡旋，非诉诸武力不可时，也只是以戈止武，止乱则已。哀公十五年，孔子再至卫国，本欲行文教，卫灵公却问武事，舍本逐末，孔子慎战，与之"道不同，不相为谋"，遂有此问答。孔子之答，是委婉拒绝，故不欲久留，次日即离卫，"可以速则速也"。《史记·孔子世家》记载，第二天，卫灵公和孔子谈话时，眼睛望着天上的鸿雁，注意力根本不在孔子，更坚定了孔子迅速离开卫国去陈国的决心。

《左传·哀公十一年》记载：卫国大夫孔文子将攻大叔，征求孔子意见。孔子说："胡簋（guǐ）之事，则尝学之矣；甲兵之事，未之闻也。"意思是：礼乐的事，我曾经学过；至于带兵打仗，我是一窍不通的。胡簋之事，指祭祀之事。孔子备车打算离开，然后又说："鸟则择木，木岂能择鸟？"意思是：只有飞鸟选择树木做巢的，哪有树木选择飞鸟的道理。卫国欲挽留孔子，鲁国于是派人携带礼物来招纳孔子，孔子就回到了鲁国。

孔子到底懂不懂军事呢？下面这段话可以参考。《史记·孔子世家》："其明年，冉有为季氏将师，与齐战于郎，克之。季康子曰：'子之于军旅，学之乎？性之乎？'冉有曰：'学之于孔子。'"意思是：此后第二年，冉有为季氏率领鲁国军队，同齐军在郎邑交战，打败齐军。季康子问："你在军事方面的本领，是学习得来的呢？还是天生就有的呢？"冉有说："是向孔子学习的。"

【延伸阅读】

论战争

兵者不祥之器，非君子之器。（《老子》三十一章）

三代之兵，耕而食，蚕而衣。（宋·苏洵《兵制》）

国虽大，好战必亡；天下虽安，忘战必危。（春秋·齐·司马穰苴《司马法·仁本》）

春秋无义战。（《孟子·尽心下》）

箪食壶浆以迎王师。（《孟子·梁惠王上》）

赳赳武夫，公侯干城。（《诗经·周南·兔罝》）

注释 箪食壶浆以迎王师，用竹器盛饭，用壶装酒，欢迎仁义之师。公侯干城，做了公侯的武官，就像盾牌和城墙一样保卫国家。

【15·2】

在陈绝粮，从者病，莫能兴。子路愠见曰："君子亦有穷乎？"子曰："君子固穷，小人穷斯滥矣。"

【注释】

①莫能兴：兴，起身，站起。

②愠：怨恨，生气。《学而篇》（1·1）："人不知而不愠。"

③君子固穷：固，固守，安于。

④小人穷斯滥矣：斯，就。滥，胡作非为，肆意妄为。

【今译】

孔子在陈国断绝了粮食，随从的人都病了，没有人能站得起来。子路带着怨气来见老师，说："君子也会有穷困吗？"孔子说："君子安于穷困，小人穷困就胡作非为。"

【成语】

陈蔡之厄：原指孔子及其弟子从陈国到蔡国的途中，被围困而断粮之事。后比喻旅途中食宿遇到困难。

君子固穷：君子能安于贫困，不失节操。

穷斯滥矣：穷困了就胡作非为，形容人在困境面前放纵自己。

【解难】

孔子：君子固穷，小人穷斯滥矣

孔子周游列国遭遇了三次灾难：途经匡国，被围；过宋，司马桓魋（tuí）拔树欲害；在陈国，绝粮七日。这次离开卫国去陈国，绝粮断炊，一行人因饥饿而生病。子路含着怨气问老师：君子有德有位，世所尊敬有加，应当天佑人助，谋事能成，遇难呈祥，怎么会像现在这样穷困？孔子说：君子固守穷困，不会因穷困而铤而走险；小人陷入穷困就会胡作非为，像洪水一样泛滥四溢，不可收拾。君子与小人之别，在于君子穷困时安贫乐道，小人穷困时为所欲为。

【延伸阅读】

陈蔡之厄

孔子向南到楚国去，被困在陈、蔡两国之间，七天没吃熟食，野菜汤中没有米粒，学生们都面有饥色。子路问孔子："我听说对于行善的人，上天就赐给他幸福；对于作恶的人，上天就降灾祸给他。现在，老师积累功德，奉行道义，心怀美德，为什么还会有这样窘境呢？"孔子说："仲由你不知道，我告诉你。你认为有才智的人就一定会被任用吗？王子比干不是被剖腹挖心了吗？你认为忠诚的人就一定会被任用吗？关龙逢不是被桀杀了吗？你认为劝谏的人就一定会被任用吗？伍子胥不是被碎尸于姑苏城外了吗？能不能得到君主的赏识，这要靠机遇；有没有德才，这是各人的资质了；君子之中博学多识而能深谋远虑，却没有遇到被重用的机会的多着呢！由此看来，不被社会赏识的人是很多的，哪里只是我孔丘呢？况且，白芷兰草长在深山老林之中，不会因为没有人赏识就不香了；君子的学习，并不是为了显贵，而是为了受到困窘的时候意志不衰退，懂得祸福死生的道理而思想不动摇。有没有德才，在于资质；做还是不做，在于人的决定；是否得到赏识，在于时机；是死还是生，在于命运。现在有的人没有遇上机遇，即使贤能，他能有所作为吗？如果遇到时机，那还有什么困难呢？所以君子要广博地学习，深谋远虑，修养身心，端正品行，等待时机的到来。"孔子又说："仲由，坐下！我告诉你。从前，晋公子重耳创建霸业的雄心产生于他在曹国受困的时候,越王勾践的称霸之心产生于他被吴王败于会稽山的时候,齐桓公的称霸之心产生于他逃亡莒(jǔ)国的时候。所以处境不窘迫的人思考得就不长远,自己没逃奔过的人志向就不广大,你哪里知道我在这枯叶飘落的桑树底下就不能得志呢?"(参见《荀子·宥坐》)

【15·3】

子曰:"赐也,女以予为多学而识(zhì)之者与?"对曰:"然,非与?"曰:"非也,予一以贯之。"

【注释】

①赐:复姓端木名赐,字子贡。贡、赐同义。《尔雅·释诂》:"贡,赐也。"
②多学而识:识,记。
③一以贯之:贯,贯穿,贯通。泛指用一种思想或理论贯穿于始终。

【今译】

孔子说:"端木赐啊,你以为我是多学多记的吗?"子贡答道:"是的,不是这样吗?"孔子说:"不是的,我是用一个基本思想贯穿所学的。"

【解难】

孔子告诉子贡:我非多学而记,而是一以贯之

吾生也有涯,而知也无涯,以有涯随无涯,殆已。以短暂的生命去识万物、究万理,既不可能,更无必要。孔子并非周知万事万理,而是用一个核心的思想观念贯穿所学所知。"一"是指"仁","仁"表现为忠、恕两个方面,贯穿各个方面。"一贯"是功夫熟到,水到渠成,用力之久,豁然贯通。《里仁篇》:"子曰:'参乎,吾道一以贯之。'曾子曰:'唯。'子出,门人问曰:'何谓也?'曾子曰:'夫子之道,忠恕而已矣。'"

林大栖千鸟,海深养百鱼,没有博学厚积,哪来融会贯通?没有多学多记,哪能呼之而出?孔子好学,《论语》里的相关表述有:君子博学于文;入太庙,每事问;文武之道在人,贤者识大,不贤者识小,夫子焉不学,学无常师;默而知之,学而不厌。博闻强志,就能举一反三,推此求彼,得新证故。《朱子语类》:"若不是多学,却贯个甚底!且如钱贯谓之贯,须是有钱,方贯得;若无钱,却贯个甚!孔子实是多学,无一事不理会过。"

【延伸阅读】

博　学

织乌即太阳，太阳东升西落如织梭般往来，乌是太阳的代称；天弓即虹，明者为虹，暗者为霓；水鸡即蛙；稚子即笋；十月为良月，谓盈数；有垣曰苑，无垣曰囿；种树曰园，种菜曰圃；小门曰闺；纵曰栏，横曰楯；女曰婴，男曰儿，抱之婴前而乳养之曰婴儿；三王监狱各有别名，夏曰夏台，商曰羑里，周曰囹圄；铭者，名也，称美不称恶；《论语》无"此"字，四书五经无"真"字；《诗》多识鸟兽草木之名者，但花不及杏，果不及梨、橘，草不及蕙，木不及槐；《易》象近取诸身，爻辞、说卦无不完备，但独不言眉与领；翰林学士俗称"坡"，因唐德宗时尝移学士院于金銮坡上，故也称"銮坡"；东汉以来，九卿官府皆曰"寺"；伯、叔父谓之诸父，兄、弟之子谓之犹子；房屋正厅谓路寝。

【15·4】

子曰："由，知德者鲜（xiǎn）矣。"

【注释】

①知德者鲜矣：德，此指中庸之德。鲜，寡。

【今译】

孔子说："仲由，知道中庸道德的人太少了啊。"

【解难】

孔子：知德者鲜矣

孔子感叹地对子路说："了解中庸之德的人很少了啊。"中庸之为德，是最高的道德，不仅知者鲜，而且行者也寡。《雍也篇》（6·29）："中庸之为德也，其至矣乎！"

【延伸阅读】

人有三不祥

人有三不祥：幼而不肯事长，贱而不肯事贵，不肖而不肯事贤，是人之三不祥也。（《荀子·非相》）

大意　人有三种不吉祥：年幼的不肯侍奉年长的，卑贱的不肯侍奉尊贵的，没有德才的不肯侍奉贤能的，这是人的三种不吉祥。

【15·5】

子曰:"无为而治者,其舜也与?夫何为哉?恭己正南面而已矣。"

【注释】

①无为而治:无为,不作为,不用辛劳。治,安定,太平。

②夫何为哉:夫,人称代词,他。何为,做了什么呢。

③恭己正南面:恭己,即己恭,自己庄重严肃,其用法同"行己","恭"是庄重严肃。正南面,端端正正地向着南方,南方是天子位,指坐在帝王位上听政。

【今译】

孔子说:"不作为就能使天下太平的人,大概只有舜吧?他做了什么呢?只是庄重严肃地面向南方坐在王位上罢了。"

【成语】

无为而治:不作为就能使天下太平。

【解难】

孔子赞虞舜:无为而治,恭己正南面而已矣

"无为而治"本是道家老子提出的治国之道。道家的"无为而治"是要求顺应自然。《道德经》(五十七章):"我无为而民自化,我好静而民自正,我无事而民自富,我无欲而民自朴。"老子把领导人从低到高分为四种:一是恨之侮之。二是敬之畏之。三是亲之誉之。四是不知有之。最好的领导是下属没有感觉到你在领导,而你已经领导了他。

儒家的"无为而治"是要求任官得贤。王者劳于求人,逸于得贤。群贤共治,天子只需临朝听政,垂衣裳而天下大治。如舜左禹而右皋陶,不下席而天下治。孔子学生宓子贱任单县的县长,身不下堂,鸣琴而治。

【延伸阅读】

苏轼《上清储祥宫碑》

道家者流,本于黄帝、老子。其道以清净无为为宗,以虚明应物为用,以慈俭不争为行,合于《周易》"何思何虑"、《论语》"仁者静寿"之说,如是而已。

有所不为 才可以有为

人有所不为,然后可以有为,凡物亦然。《裴氏新书》曰:"虎豹无事,行步若不胜其躯;鹰在众鸟之间,若睡寐然。盖积怒而后全刚生焉。此越人以灭吴之道也。"(宋·方勺《泊宅编》卷七)

【15·6】

子张问行。子曰："言忠信，行笃敬，虽蛮貊（mò）之邦，行矣。言不忠信，行不笃敬，虽州里，行乎哉？立则见其参（shēn）于前也，在舆则见其倚于衡也，夫然后行。"子张书诸绅。

【注释】

①子张问行：子张，复姓颛孙，名师，字子张。行，行得通。
②笃敬：忠厚谨慎。笃，忠厚。敬，谨慎。
③蛮貊之邦：蛮貊，古代称南方和北方落后部族；亦泛指四方落后部族。
④州里：指本土本乡。
⑤参于前：参，直，此从王引之《经义述闻》。
⑥在舆：坐在车中。舆，车厢。
⑦倚于衡：倚，靠。衡，车前横木，即轼。
⑧书诸绅：把它写在腰带上。绅，腰带。

【今译】

子张问怎样才行得通。孔子说："言语忠诚守信，行为忠厚谨慎，即使到了落后的国家，也行得通。言语不忠诚守信，行为不忠厚谨慎，即使在本乡本土，能行得通吗？站着就仿佛见到'忠信笃敬'直立在前面，坐在车中就仿佛见到'忠信笃敬'倚靠在车前的横木上，这样才能行得通。"子张把它写在腰带上。

【成语】

参前倚衡：言行要讲究忠信笃敬，站着就仿佛看见"忠信笃敬"四字直立在眼前，乘车就好像看见这四个字倚靠在车前的横木上。泛指一举一动，一切场合。形容随时随地自警自励。

【解难】

子张的座右铭：忠信笃敬

孔子用乘车打比方，说如果你站着不动时，"忠信笃敬"四个字就出现在眼前；上车坐着时，又好像看到这四个字在车前的横木上。说明这四个字已入脑入心、如影随形了，这样你到处都行得通了。子张还把这四个字写在腰带上，作为老师送给他的座右铭，时时见之而不忘，处处身体而力行。《荀子·修身》："体恭敬而心忠信，术礼义而情爱人；横行天下，虽困四夷，人莫不贵（尊敬）。劳苦之事则争先，饶乐之事则能让，端悫（què，忠厚）诚信，拘守而详（明察事理）；横行天下，虽困四夷，人莫不任（信任）。"

【延伸阅读】

白首如新　倾盖如故

古代车厢叫舆。车厢两边立木板可以绕倚，叫"輢"（yǐ）。车厢后面的横板，叫轸（zhěn）。车前驾牲畜的两根直木，叫"辕"（yuán）。辕的后端连在车轴上，前端拴着一根横木，叫衡。车轮的辐条一般为三十根。两轮之间的距离为轨。

车辆停止时，需在车轮下垫一木块以止滑，此木块叫"轫"（rèn）；行车前拿开轫木，称为"发轫"。

车上的用于遮阳避雨及显示身份的伞状物，叫盖。"冠盖"代表士大夫。"倾盖"指两车相遇，停车亲切交谈，车盖一起倾斜，形容一见如故或偶然的接触。成语"白首如新，倾盖如故"，是说相交到头发都白了却好像最近才认识，偶然接触却觉得像老朋友。比喻感情的厚薄不用时间的长短来衡量。

【15·7】

子曰："直哉史鱼！邦有道，如矢；邦无道，如矢。君子哉蘧（qú）伯玉！邦有道，则仕；邦无道，则可卷而怀之。"

【注释】

①史鱼：卫国大夫，字子鱼，也称史鳅（qiū），以刚直敢谏著名。鳅同"鰌"，泥鳅；鱼、鳅义近。

②蘧伯玉：名瑗，字伯玉，瑗、玉义同。

③卷而怀之：本义是把东西卷起而怀揣，不让人发现。比喻把本领收藏起来。卷，收；怀，藏。

【今译】

孔子说："正直啊史鱼！国家政治清明，他像箭一样直；国家政治黑暗，他也像箭一样直。君子啊蘧伯玉！国家政治清明，他就做官；国家政治黑暗，他就隐退藏身。"

【成语】

卷而怀之：把本领收藏起来，指隐退藏身，收心息虑，避开祸患。

【解难】

孔子评价：史鱼正直如矢，蘧伯玉可仕可卷

孔子赞史鱼的正直品格，邦有道、无道他都像箭一样直。史鱼多次向卫灵公推荐贤能的蘧伯玉，生以身谏，死以尸谏，可谓直矣。终于使卫灵公任用了贤人蘧伯玉，远离了小人弥子瑕。孔子赞蘧伯玉的君子之德，邦有道则凭其聪明才智做官，邦无道则不求作为，韬光养晦。

《说苑·杂言》："仲尼曰：'史鳅有君子之道三：不仕而敬上，不祀而敬鬼，直能曲于人。'"

【延伸阅读】

古诗选

圣主宽容德似春，小臣孤直自危身。
——宋·苏轼

头方不会王门事，尘土空缁白苎衣。
——宋·陆鲁望

注释 头方，谓拙直者，今名方头，四川俗称方脑壳。缁，染黑。白苎衣，白色苎麻所织衣服，古代士人未得功名时所穿衣服。

【15·8】

子曰："可与言而不与之言，失人；不可与言而与言，失言。知者不失人，亦不失言。"

【注释】
①失人：失去了这个人，错过人才。
②失言：说了不该说的话，浪费口舌。

【今译】
孔子说："可以跟他谈却不跟他谈，就失去这个人；不可以跟他谈却跟他谈，就浪费口舌。有智慧的人既不会失去人，也不会浪费口舌。"

【解难】

孔子：知音说与知音听，不是知音莫与谈

君子贵在知人，觉得这人有威仪，有德才，有识见，可以和他深谈却未能深谈，就会与他失之交臂，有一面之缘，无终身之交，徒留遗憾。反之，不可和他深谈却和他滔滔不绝，虽言者谆谆，而听者藐藐，施诸俗士，如对牛弹琴，既徒费口舌，更辱己伤道。智者善于识人，既不会失人，也不会失言。若二者不能兼得，宁可失言，不可失人。

孔子说："在不适合的土地上种植，是不会生长的；给不善于听取意见的人提意见，是不会被采纳的。遇到善于听取意见的人给他提意见，好比聚拢沙子在上面下雨；遇到不善于听取意见的人给他提意见，好比聚拢耳聋的人而敲鼓给他们听一样。"（参见《说苑·杂言》）

【延伸阅读】

论待人

君子不失足于人,不失色于人,不失口于人。(《礼记·表记》)
善则称人,过则称己,则民不争。(《礼记·坊记》)
凡民有丧,匍匐救之。(《诗经·邶风·谷风》)
记人之善,忘人之过。(《三国志·蜀书·秦宓传》)
推心置腹,开诚布公。(唐·张九龄《亲贤第一章》)
同行不疏伴。(清·吴敬梓《儒林外史》第四十七回)
主雅客来勤。(清·曹雪芹《红楼梦》第三十二回)
注释 称,说,归于。丧,灾难。匍匐,爬行。

【15·9】

子曰:"志士仁人,无求生以害仁,有杀身以成仁。"

【注释】
①志士:士,对人的美称。
②成仁:成全其仁德。

【今译】
孔子说:"有志向和有仁德的人,没有为求生来损害仁德的,只有牺牲自己来成全仁德的。"

【成语】
志士仁人:有志向的人和有仁德的人;今泛指爱国而为革命事业出力的人。
杀身成仁:牺牲自己以成全仁德;后泛指为正义的事业而牺牲生命。

【解难】

孔子:无求生以害仁,有杀身以成仁

生命可贵,而仁义无价。谁不是血肉之躯?谁不珍爱自己生命?谁不上有老下有小?但若苟且偷生而害仁,则君子耻之。孔子要求,有志向、有仁德的人,为了正义的事业,赴汤蹈火,视死如归,虽死犹荣,心安德全。

【延伸阅读】

哭兄诗

庐山僧光熊幻住《哭兄诗》云:"身经刀过头方贵,尸不泥封骨始香。"某宗伯称为沉着痛快,一字一血。(清·王应奎《柳南随笔》卷二)

古诗选

痴儿不了公家事,男子要为天下奇。(宋·王庭珪《送胡邦衡之新州贬所》)
岂无他忧能老我,付与天地从今始。(宋·王安石《字平甫弟》)
天上雷风扫妖气,人间虎豹畏真龙。(金·余先子《昆阳怀古》)
绿林战退千山月,细柳横拖一巷风。(元·汪世显题蜀绵州道诗)
豪杰将斑白,功名未汗青。(宋·王景文《何处难忘酒》)

【15·10】

子贡问为仁。子曰:"工欲善其事,必先利其器。居是邦也,事其大夫之贤者,友其士之仁者。"

【注释】

①工欲善其事:工,工匠。善,做好。事,本职,活儿。《说文》:"事,职也。"
②必先利其器:利,磨锋利。器,器具,斧斤之类。
③事其大夫之贤者:事,侍奉,服侍。《玉篇·史部》:"事,奉也。"

【今译】

子贡问怎样推行仁义。孔子说:"工匠想做好他的活儿,必定先磨利他的器具。住在这个国家,要侍奉大夫中贤能的人,结交士人中有仁德的人。"

【成语】

工欲善其事,必先利其器:工匠想做好活,必定先磨利器具。比喻要做好一件事,准备工作很重要。

【解难】

孔子:工匠以利器为助手,行仁以仁贤为助手

子贡是一名外交家、政治家、富商,向老师请教行仁之道。孔子说:工匠要做好活,首先要磨利工具。孔子进一步解释道:住在这个国家,要侍奉好官员中的贤能之人,要结交读书人中仁人,以友辅仁,借助他们才能推行仁而做到仁。良工必假利器,君子为仁必借助贤大夫。人若有贤才美质,住在此国却不事贤友仁,就会如斧斤之不利，难以成事，无以行仁。《孔子家语·辨政》："夫贤者，百福之宗也，神明之主也。"意思是贤人，是百福的来源，是神明的主宰啊。

皇《疏》："大夫贵，故云事；士贱，故云友也。大夫言贤，士云仁，互言之也。"

【延伸阅读】

书院对联

居是邦，事其大夫之贤，过则相规，善则相劝；
当秀才，即以天下自任，处为名士，出为名臣。

——清·吴大澂题广雅书院

【15·11】

颜渊问为邦。子曰："行夏之时，乘殷之辂（lù），服周之冕，乐则《韶》舞，放郑声，远佞人。郑声淫，佞人殆。"

【注释】

①行夏之时：用夏代的历法。古代的历法有夏正、殷正、周正之分，"正"即正月。夏以正月为岁首，商以夏历十二月为岁首，周以夏历十一月为岁首。秦及汉初曾一度以夏历十月为正月。自汉武帝改用夏正后，历代沿用。夏代历法，合乎时令节气，方便农业生产。

②乘殷之辂：坐殷代的车。辂，车，多指帝王所坐的大车，也作"路"。"殷之辂"为大辂，是天子所乘的大车。但殷辂是木车，也叫素车，车中坐垫是用蒲草编成的席子，孔子反对奢侈，昭示其俭。

③服周之冕：戴周代的礼帽。周代的礼帽华美。

④乐则《韶》舞：乐，音乐。《韶》，舜时之音乐，取其尽美尽善。"舞"同"武"，周武王时的音乐。《韶》《武》当并言。

⑤放郑声：舍弃郑国的乐曲。放，放弃，舍弃。

⑥远佞人：远离巧言献媚的小人。远，疏远，离开。佞人，有口才而心术不正的人。

⑦淫：过分，过度，引申为浮华不实。殆，危险。

【今译】

颜渊问怎样治国。孔子说："用夏代的历法，坐殷代的车子，戴周代的礼帽，音乐则效法《韶》舞，舍弃郑国的乐曲，远离献媚的小人。郑国的乐曲靡曼幻眇，谄媚的小人危险。"

【解难】

孔子礼乐治国路线图

颜回问怎样治国，这里指问如何继周而王，以何道治国。孔子提出了礼乐治国的构想，即夏历、殷车、周冕、《韶》舞，放郑声，远佞人。"行夏之时"是因为夏历以正月为一年开始，符合春生、夏长、秋收、冬藏的自然规律，顺四时气候，法天地之道，方便农事，不违农时以足民。"乘殷之辂"是因为天子所乘的车有玉、金、象、革、木五路，其中殷车的木路用木料制成，简朴实用，以昭示节俭。"服周之冕"是因为周冕华美，人文具备。"乐则《韶》舞"是因为《韶》乐尽善尽美，故孔子取之以陶冶性情。"放郑声"是因为郑声是殷亡国之后的旧调，淫于色而害于德，郑声乱雅，舍弃郑声以弘扬雅乐。《礼记·乐记》："郑、卫之音，乱世之音也，比于慢矣！"比于，接近。慢，简慢无礼。"远佞人"是因为佞人善于花言巧语，阿谀奉承，言方行圆，口正心邪，是治国之长患。

【参考】

郑卫之音，皆淫声也。夫子独曰放郑声，不及卫音，何也？《卫》诗所载，皆男奔女；《郑》诗所载，皆女奔男。所以放之，圣人之意微矣。（宋·张瑞义《贵耳集》卷上）

【延伸阅读】

听谗诗

世传《听谗诗》云："谗言谨莫听，听之祸殃结。君听臣当诛，父听子当决，夫妻听之离，兄弟听之别，朋友听之疏，骨肉听之绝。堂堂八尺躯，莫听三寸舌，舌上有龙泉，杀人不见血。"不知何人作，词意明切，类白乐天。（宋·罗大经《鹤林玉露》丙编卷六）

注释　龙泉，宝剑名。白乐天，白居易，字乐天。

《韶》乐

"韶"传说是舜创作的歌舞。《论语》三处提到"韶"。一是《八佾》（3·25）："子谓《韶》，'尽美矣，又尽善也。'谓'武'，'尽美矣，未尽善也'。"二是《述而》（7·14）："子在齐闻《韶》，三月不知肉味。"三是《卫灵公》（15·11）："乐则《韶》舞。"

夏商周时期实行的乐制，主体是韶乐。以礼确定等级，以乐教化大众。宋会群、梁李婷《韶乐研究》一书认为，韶乐作为宫廷音乐，是跨越中国原始社会末期、奴隶社会、封建社会直至清末的祭祀天地四望之神的"大乐"，对礼乐制度、文治思想的形成有着深刻影响，有"韶""萧韶""大韶""九韶"等十几种名称。

《左传·襄公二十九年》记载：吴公子札出使鲁国，遍观十几种歌舞，都觉得美中不足，最后看了韶舞说："德至矣哉！大矣！如天之无不帱（dào，覆盖）也，如地之无不载也，虽甚盛德，其蔑以加于此矣。观止矣！若有他乐，吾不敢请已！"意思是：舜的功德到达顶点了！好伟大啊！像天无不包，像地无不载。即使最高的盛德，也不能比这再有所增加了，观赏到这里就到达顶点了。如果还有别的音乐，我不敢再请求欣赏了。

【15·12】

子曰："人无远虑，必有近忧。"

【今译】

孔子说："一个人没有长远的考虑，必定有近期的忧患。"

【成语】

人无远虑，必有近忧：一个人没有长远的考虑，必定会有近期的忧患。指谋事做事要有长远的眼光，周密的考虑。

【解难】

孔子：人无远虑，必有近忧

君子要有远虑，存不忘亡，治不忘乱，安不忘危，思患豫防。做事要着眼长远，深谋远虑，如下棋布阵，见微知著，看准三步，方可挪棋，否则八面埋伏，四面楚歌。若目光短浅，只思虑当前，则忧患朝夕将至，祸患不期而来。

这句话还有这样一层含义：君子要谋划长远，树立远大目标，立上等志，享下等福；若鼠目寸光，小进即满，就会患得患失，为近在眼前的利益争来争去。当一个人立下"山至绝顶我为峰"的目标后，他就不会在山下熙熙攘攘的人群中逗留，也不会为山路的坎坷崎岖而焦虑。他只有一股子气、一股子劲地向着目标心无旁骛地进发，因为他有"不到长城非好汉"的壮志，更有那"会当凌绝顶，一览众山小"的目标。当他到达目标时，回望所来径，万般皆甜美。

【延伸阅读】

围棋诗

赢（léi，瘦）形暗去春泉长，拔势横来野火烧。（唐·杜牧《送国棋王逢》）

雁行（háng）布阵众未晓，虎穴得子人皆惊。（唐·刘禹锡《观棋歌送儇师西游》）

心似蛛丝游碧落，身如蜩（tiáo，蝉）甲化枯枝。（宋·黄庭坚《弈棋二首呈任公渐》）

注释 "赢形"二句是说局势由弱转强，好似春泉流淌，充满生机；突然发起进攻，迅疾如野火燎原。拔势，拔旗之势。

"雁行"二句是描写围棋中盘厮杀的场景，使人觉得棋局如战场，博弈如用兵。

"心似"二句是说下围棋时精神和灵魂如同轻盈的蛛丝飘荡在碧空中，身体好像蜕化的蝉壳悬挂在枯枝上，描写了下围棋时凝神专注、物我两忘的状态，十分传神。蜩甲，蝉脱落的外壳。

【15·13】

子曰："已矣乎！吾未见好德如好色者也。"

【注释】

①已矣乎：完了吧，失望之词；色，女色，美貌的女性。"吾未见好德如好色者也"系重出，见《子罕篇》(9·18)。

【今译】

孔子说："完了啊！我没有见过喜欢美德像喜欢美女那样的人啊。"

【15·14】

子曰："臧文仲其窃位者与！知柳下惠之贤，而不与立也。"

【注释】

①臧文仲其窃位者与：臧文仲，参见《公冶长篇》(5·18)注释。其，大概。窃位，德不配位，窃取官位。何晏《集解》引孔安国注："知贤而不举，是为窃位。"

②柳下惠：春秋中期鲁国大夫，士师，法官，执掌禁令刑狱。

③不与立：不和他共立于朝廷做官。一说立，同"位"，官位。"不与立"是不给官位。

【今译】

孔子说："臧文仲恐怕是窃居官位的人吧！他知道柳下惠之贤能却不举荐他与自己共立于朝廷。"

【解难】

臧文仲不荐贤才柳下惠

展、柳一家，系出同源。柳下惠本叫展获，又名展禽，封地于柳，遂以柳为姓；"惠"是其妻子倡议而给的私谥，后世尊称为柳下惠。柳下惠被称为"和圣"。《孟子·万章下》："伯夷，圣之清者也；伊尹，圣之任者也；柳下惠，圣之和者也；

449

孔子，圣之时者也。"孟子说：伯夷，是圣人里面最清高的；伊尹，是圣人里面最负责任的；柳下惠，是圣人里面最随和的；孔子，是圣人里面最识时务的。

一是柳下惠当法官直道事人，三黜不去。参见《微子篇》（18·2）。二是他坐怀不乱，体暖寒女。出自《诗经·小雅·巷伯》毛亨传。柳下惠夜宿城门下，遇见一位姑娘，怕她受冻，就将她拥在怀里坐了一夜，没有发生苟且之事。

臧文仲或为司空兼司寇，柳下惠是士师，是其下属，臧文仲对柳下惠知贤不荐，他嫉妒人才、压制人才、埋没人才，与文子同升截然相反。臧文仲为持位保禄而嫉贤妒能，不称其位而有愧于心。柳下惠三次被免职，无损其贤；鲁不用之，非柳下惠之不幸，乃鲁国之不幸。

《史记·日者列传》："才贤不为，是不忠也；才不贤而托官位，利上奉，妨贤者处，是窃位也。"托官位，寄居官位。托，寄。利上奉，享受君上的俸禄。奉，俸禄。

【延伸阅读】

臧文仲不仁者三，不知者三

仲尼曰："臧文仲其不仁者三，不知者三。下展禽，废六关，妾织蒲，三不仁也。作虚器，纵逆祀，祀爰（yuán）居，三不知也。"（《左传·文公二年》）

大意 孔子说：臧文仲不仁之处有三，不智之处有三。让柳下惠屈居下位，废弃六个关口，让小妾编织蒲席贩卖而与百姓争利，是三件不仁德的事。盖专门的房子养乌龟，纵容违反顺序的祭祀，祭祀海鸟爰居，是三件不明智的事。

注释 祀爰居，爰居是海鸟名，停于鲁东门外，文仲以为神，命国人祀之。

【15·15】

子曰："躬自厚而薄责于人，则远怨矣。"

【注释】

①躬自厚而薄责于人：躬自，即自身，身、躬转相训。厚，"厚责"之省，重重地责备，因下文有"薄责"而省略。薄责，轻微地责备。

【今译】

孔子说："重重责备自己而轻微责备别人，就能远离怨恨了。"

【成语】

厚己薄人：责备自己重，责备别人轻；也指只管严格要求自己，而放松对下级的监督管理。

【解难】

孔子：厚责于己，薄责于人，就能远离人怨

"躬自厚"是"躬自厚责"之省，是自我反省，是心灵的自我净化和人格缺陷的自我修复，是亡羊补牢式的补救，体现了"过而能改，善莫大焉"的主观能动性。"薄责于人"是己所不欲、勿施于人的仁者之心，是过则归己、善则称人的君子胸怀。古人说，以责人之心责己，以恕己之心恕人。责己厚，责人薄，别人非但不怨，还会感恩铭记。

【延伸阅读】

厄台记

淮阳之南，地名曰厄台，询其父老，夫子绝粮之所也。夫天地欲泰而先否，日月欲明而先晦。天地不否，万物岂知大德乎？日月不晦，万物岂知大明乎？天下至圣者，尧、舜、禹、汤、文、武、周公、孔子也。尧有洪水之灾，舜有井廪之苦，禹有殛鲧（Jí gǔn）之祸，汤有大旱之厄，文王有羑（yǒu）里之囚，武王有夷齐之讥，周公有管、蔡之谤，孔子有绝粮之难。

噫！圣人承万古之美，岂以一身为贵乎？是知合于天地之德，不能逃天地之数；齐日月之明，不能违日月之道。泰而不否，岂见圣人之志乎？明而不晦，岂见圣人之道乎？故孔子在陈也，讲诵弦歌，不改常性。及犯围之出，列从而行，怡然而歌，美之为幸。又曰：君子不困，不成王业。果哉！身殁之后，圣日皎然，文明之君，封祀不绝。有开必先，信其然也。（节选自宋·曾巩《厄台记》）

注释 井廪之苦，修水井和仓廪之苦。舜未称帝时，多次遭其父与弟的迫害，舜修仓廪，其父瞽瞍撤梯烧仓，欲将他烧死。后又让舜淘井，舜入井，其父与弟把井填死，欲活埋舜。但舜大难不死，皆逃脱。殛鲧之祸，殛，杀；鲧，大禹的父亲。羑里，商纣王囚禁周文王的地方。

【15·16】

子曰："不曰'如之何，如之何'者，吾末如之何也已矣。"

【注释】

①不曰如之何：遇事不动脑筋。如之何，怎么办。

②末如之何：固定词语，表示无可奈何，无法对付；末，无，没有。《子罕篇》（9·24）："说而不绎，从而不改，吾末如之何也已矣。"

【今译】

孔子说:"不说'怎么办,怎么办'的人,我也没有办法了。"

【解难】

孔子:遇事多问"如之何"

连续说"如之何,如之何",表示反复思考该怎么办,强调遇事要多问几个"怎么办"。孔子要求弟子思虑周全,看清利弊,进退裕如,谋定而后动。对那种莽撞行事、草率行动的人,孔子也徒唤奈何。

【延伸阅读】

一字改诗

清朝道光年间,林则徐的女婿沈葆桢原为巡抚衙门抄写员。他好学上进,富有才华,一次写诗吟月,其中两句是:"一钩已是明天下,何必清辉满十分。"大意是一钩缺月已足以照亮天下,何必还需要那皎洁的满月呢?林则徐觉得此诗虽好,但境界稍次,于是将"何必"改成"何况"。大意是一钩缺月已足以照亮天下,何况那皎洁的满月呢?一字之改,意蕴深刻,沈葆桢眼界大开,从此更加谦虚谨慎,逐步升任两江总督兼南洋通商大臣。

【15·17】

子曰:"群居终日,言不及义,好行小慧,难矣哉!"

【注释】

①群居终日:居,聚;终日,整天。
②言不及义:只说些无聊的话,没有谈到正经的道理。义,指正事、正理。
③好行小慧:小慧,小聪明。

【今译】

孔子说:"一群人整天相聚,说不到正经的,喜好耍小聪明,难有作为啊!"

【成语】

言不及义:说不到正经的;也常用作自谦之辞。
好行小慧:喜欢耍小聪明;成语"好行小惠",是喜欢给别人小恩小惠。

【解难】

孔子的家塾之诫

刘氏《正义》认为此章是孔子在私塾学堂里对学生的告诫。顾炎武认为,类似的话,孔子在《论语》中提到两次,其中"饱食终日,无所用心,难矣哉"指的是北方学生,北方人忠厚;"群居终日,言不及义,好行小慧,难矣哉"指的是南方的学生，南方人机灵。读书志在圣贤，为官心存君国，而成群的人凑在一起，终日瞎聊胡扯，虚掷光阴，还耍小聪明，这种人怎么能有所成就呢？

【延伸阅读】

尖脑壳与方脑壳

智欲圆而行欲方。（《淮南子·主术训》）

君欲求权，须曲须圆。（《全唐文》卷三八二《自箴》）

夫方而模棱，君子恶之，故圣人有"觚不觚"之叹。（《孙渊如全集》卷下《释方》）

万俗皆走圆，一身独学方。（唐·孟郊《上达奚舍人》）

头方不会王门事，尘土空缁白苎衣。（《全唐诗》辑陆龟蒙句）

意广才疏，头方命薄。（宋·朱熹《晦庵集·与宰执劄子》）

【15·18】

子曰："君子义以为质，礼以行之，孙（xùn）以出之，信以成之，君子哉！"

【注释】

①义以为质："以义为质"的倒装。质，根本。
②孙：通"逊"，谦顺。

【今译】

孔子说："君子把正义作为根本，按照礼来实行它，用谦顺表现出来，用诚实来完成它，这才是君子啊。"

【解难】

孔子论成就君子之道

孔子认为，要成就一位君子并非易事。首先，要把"义"作为君子的准则，视听言动皆"义以为上"。但行"义"又不能径情直遂，要用"礼"来节制，使之不过不及。"义"不可锋芒峭厉，鲁莽伤人，必须谦逊地表现出来。"义"容易被当作幌子欺骗众人，因此行"义"的全过程必须贯穿"信"，靠"信"来完成。信者，对上为忠，对下为诚。这样，才能成为一个君子。

【延伸阅读】

吏部堂联

阮葵生《茶余客话》（卷十二）记载，明神宗时，张瀚题吏部堂联曰：
功名身外事，大就何妨小就何妨；
富贵眼前花，早开也得迟开也得。

【15·19】

子曰："君子病无能焉，不病人之不己知也。"

【今译】

孔子说："君子担心没有能力，不担心别人不了解自己。"

【解难】

孔子：君子要担心自己无能，不担心人不知己

君子谋道不谋食，要以无能为病，亲师取友，进德修业，务实而不务名，尽人事而听天命。不要汲汲于功名富贵，戚戚于得失，磨刀不误砍柴工，何愁别人不知己。有的人才能平庸而四处钻营，到了真被举用时，却德不配位，才不胜任。君子要胸藏经世宰物计，功名荣枯休问之。

参阅 《学而篇》（1·16）："不患人之不己知，患不知人也。"《宪问篇》（14·30）："不患人之不己知，患其不能也"。

【延伸阅读】

卓沃赋诗

西蜀卓沃，饱学而贫，家徒四壁。……应四川乡试，至巫江搭船乏钞，稍子辱之，令宿于舟尾。沃以诗自悼曰："搭船谁敢道心酸，稍尾中间一斗宽。缩颈睡时如凤宿，屈身坐处似龙蟠。九天雨下浑身湿，五夜风生透体寒。最是有钱真个好，官舱里面乐盘桓。"

将登岸，稍子故意开之，竟跌水边，众笑之。沃又吟曰："一到江边船便开，天公为我洗尘埃。时人莫笑衣衫湿，乍向龙门跳出来。"入试毕，及揭榜，以春秋中亚魁。春榜登进士第，授职云贵。（清·褚人获《坚瓠集》）

注释 稍子，船老板，推船的人。盘桓，逗留，来回走动。亚魁，科举考试第二名。

【15·20】

子曰:"君子疾没(mò)世而名不称焉。"

【注释】

①疾,担心。没世,死。没,死。

【今译】

孔子说:"君子担心死后名声不被称颂。"

【解难】

孔子要求君子:豹死留皮,人死留名

人生短短几个秋,死与草木同腐朽。一切不能带走,一切也无法留下,人们记得的只会是你的名。有的臭名远扬,有的美名流芳,有的没世无称。名从何来?名从实来,实至而名归,实立而名从。为官者,政声人去后,民意闲谈时。为学者,经典恒久远,一部永流传。幼而不学,长而无述,老而无德,无功无言,无实无名,哀莫大焉,故君子以荣名为宝,以称名为耀。"名"是君子之重器,孔门之大教,故孔子作《春秋》而乱臣贼子惧。

康有为《论语注》:"名在则其人如在,虽隔亿万里、亿万年而丰采如生,车服为之流连,居游为之慨慕,辑其年谱,考其起居,荐其馨香,颂其功德,称其姓号,爱其草木,其光荣过于有身时万万,故没世无称,君子以为疾也。"

钱泳《履园丛话》卷七:"有生前之福,有死后之福。生前之福者,寿富康宁是也;死后之福者,留名千载是也。生前之福何短,死后之福何长。"

【延伸阅读】

为善声自远

昔者瓠(hù)巴鼓瑟而流鱼出听,伯牙鼓琴而六马仰秣(mò,饲料)。故声无小而不闻,行无隐而不形。玉在山而草木润,渊生珠而崖不枯。为善不积邪?安有不闻者乎?(《荀子·劝学》)

大意 从前瓠巴弹瑟而水底的鱼儿浮出水面倾听,伯牙鼓琴而拉车的马儿仰头停止食草来听。所以声音再细小也不会听不见,行动再隐蔽也不会不表现出来;宝玉藏在山上草木就滋润有光泽,深渊里生出珍珠四周山崖就不会干枯。是没有坚持积累行善吧?否则哪有不被人知道的呢?

【15·21】

子曰:"君子求诸己,小人求诸人。"

【注释】

①君子求诸己:求,要求、责求。邢《疏》:"求,犹责也。"

【今译】

孔子说:"君子要求自己,小人要求别人。"

【解难】

孔子:君子求诸己,小人求诸人

君子凡事从自身找原因,比如一家之内不和、人际关系不好、工作事业不顺、遭遇批评毁谤,都要先责问内心,反省自己,过则勿惮改,无过则加勉,上不怨天,下不尤人。小人凡事要求别人,出了问题,产生差错,就怨天尤人,嫁祸别人,诿过揽功。

【延伸阅读】

题叠山书院永圣门内联

地位清高,日月每从肩上过;
门庭开豁,江山常在掌中看。
——宋·朱熹

【15·22】

子曰:"君子矜而不争,群而不党。"

【注释】

①矜而不争:矜,庄重。
②群而不党:群,合群,团结;党,结党营私,拉帮结派。

【今译】

孔子说:"君子庄重而不与人争斗,合群而不结党营私。"

【成语】

群而不党:合群团结而不结党营私。

【解难】

孔子：君子矜而不争，群而不党

君子庄以持己，尊其瞻视，视听言动皆严正肃穆，但并不因此盛气凌人而与人争名夺利，一争高下。君子和以处众，容民蓄众，进退周旋皆谦逊合群，但并不因此丧失原则而与人结党营私。君子以"义"为持身准则，故庄重严肃而不随便苟且；以"正"为行事准则，故结群相处而不同流合污。

参阅　《八佾篇》(3·7)："子曰：'君子无所争，必也射乎！揖让而升，下而饮，其争也君子。'"

【延伸阅读】

争则俱伤　让则双赢

善以不伐为大，贤以自矜为损。……是以君子举不敢越仪准，志不敢凌轨等，内勤己以自济，外谦让以敬惧。是以怨难不在于身，而荣福通于长久也。彼小人则不然，矜功伐能，好以陵人。是以在前者人害之，有功者人毁之，毁败者人幸之。是故并辔争先，而不能相夺。两顿俱折，而为后者所趋。(三国·魏·刘劭《人物志·释争第十二》)

大意　善行以不夸耀为崇高，贤能因自吹而减损。……所以君子不敢超越礼仪和准则，志向不敢超越规矩与等级，内心勤于修养以求自我拯救，外表谦让以示敬畏和恐惧。这样怨恨和灾难不会延及自身，而荣誉和幸福通达而长久。那些小人就不是这样，居功自傲炫耀能力，喜欢以此凌驾于别人之上。所以小人处在人前时就有人陷害他，有功劳时就有人诋毁他，遭到诽谤和失败时就有人幸灾乐祸。所以，应该两马并驾齐驱争先恐后，而不能互相争夺。两败俱伤，就会被后来者追赶。

【15·23】

子曰："君子不以言举人，不以人废言。"

【注释】

①举人：向上推荐人，选用人。"选举"是百姓选优向上推举，"选拔"是官吏选优直接提拔。另外，汉代取士用人没有考试之法，皆令郡国守相荐举，被荐举者称为举人。唐、宋时称可以应进士考试的人为举人。明、清时，称乡试中试的人为举人。

②废言：废止言论，否定言论，不采纳言论。

【今译】

孔子说："君子不根据言论来提拔人，也不因为人不好就否定他的言论。"

【成语】

以言举人：根据言论来提拔人。

以人废言：由于人不好，对他的言论也加以否定。

【解难】

孔子：不以言举人，不以人废言

君子听言贵审，取善贵弘。孔子认为，有人其言可取，但德才平庸，这就不能凭其言语而重用他，即有言者不一定有德，所以君子要至明、至慎。有的人微言轻，有的品德不好，但也不能否定他们有价值的话，所以君子要至公、至恕。小人之言有警示之功，败将之言有覆鉴之效。前者要知人，后者要知言。

【延伸阅读】

杜甫诗

杜子美"青青竹笋迎船出，日日江鱼入馔来。"后得古本，"日日"作"白白"，不但于句甚偶，其思致亦不同。（宋·邵博《邵氏闻见后录》卷十八）

【15·24】

子贡问曰："有一言而可以终身行之者乎？"子曰："其'恕'乎！己所不欲，勿施于人。"

【注释】

①一言：一句话，一个字，这里是一个字。

②其恕乎：其，恐怕；恕，仁爱，推己及人谓之恕。《说文》："恕，仁也。"

③己所不欲，勿施于人：参见《颜渊篇》（12·2）。

【今译】

子贡问道："有一个字可以终身奉行它吗？"孔子说："恐怕是'恕'这个字吧！'恕'就是自己所不想要的，不要施加给别人。"

【解难】

孔子答子贡：己所不欲，勿施于人

大道贵简。夫子之道，钻坚仰高，宏富渊深，弟子"既竭吾才"，还是江水瓢饮，泰山抔土。子贡希望老师赐给他一个字来作为持身之道。前面有曾参理解的夫子一以贯之的"忠恕之道"，"忠恕"是两个字，这里夫子送给子贡的是一个字"恕"，并解释说："恕，就是己所不欲，勿施于人。"意思是待人接物，事上驭下，皆须设身处地，换位思考，将心比心，自己所厌恶的不施加给别人。这样推己及物，其施不穷。就是自己想要的，别人不一定想要，因此己之所欲，若概施于人也不可。

【延伸阅读】

君子远庖厨

君子之于禽兽也，见其生，不忍见其死；闻其声，不忍食其肉，是以君子远庖厨也。(《孟子·梁惠王上》)

大意 孟子说：君子对于飞禽走兽，见到它们活着，便不忍心见到它们死去；听到它们哀叫，便不忍心吃它们的肉，所以君子总是远离厨房。

【15·25】

子曰："吾之于人也，谁毁谁誉？如有所誉者，其有所试矣。斯民也，三代之所以直道而行也。"

【注释】

①其有所试：他有经得起考验的地方。所，语气助词，用在主谓短句中补凑音节。试，考验，检验。

②直道而行：行直道，按照公正的原则行事。直道，正道，公道。

【今译】

孔子说："我对于人，毁谤过谁？赞誉过谁？如果有赞誉的人，他是经过考验了的。有这一类人，正是夏商周三代直道而行的原因啊。"

【成语】

直道而行：按照公正的原则行事。

【解难】

孔子：不妄加毁誉

人有不虞之誉，有求全之毁，"一字之贬，严于斧钺；一字之褒，荣于华衮"，孔子作《春秋》而乱臣贼子惧。因此，孔子持是非之平，直道无偏，无损真，无过实，对人不妄加毁誉，随意褒贬。"毁"是夸大人之恶，是有意贬损；"誉"是夸大人之善，是有意奉承，皆言过其实。孔子称誉其人，必试之以事，验之于民，做到不虚誉，不谬赞，名实相副，虽"誉"而无誉。孔子毁誉其人，皆出于一片仁心，如夸奖颜回"贤哉"，盛赞尧舜禹"至德"，批评宰予朽木粪土，鄙视管仲小器。人心本有大公，毁誉自在人心，不因有人妄毁虚誉而有损益。如对尧、舜、禹、汤、文、武、周公，人莫不誉；对桀、纣、幽、厉，人莫不毁。孔子还说：正是这样一类值得赞誉的人，成就了夏商周三代天下盛世。程树德《集释》引《论语述何》曰："春秋不虚美，不隐恶。褒贬予夺，悉本三代之法，无虚加之辞也。"

【延伸阅读】

父子互相吹捧

王荆公之子雱（pāng）作《荆公画像赞》曰："列圣垂教，参差不齐，集厥大成，光于仲尼。"是圣其父过于孔子也。雱死，荆公以诗哭之曰："一日凤鸟去，千年梁木摧。"是以儿子比孔子也。父子相圣，可谓无忌惮者矣。（宋·邵博《邵氏闻见后录》卷二十）

注释 王荆公，即王安石，封荆国公。厥，其，此指各位圣人。圣，尊崇。凤鸟，《微子篇》中有"凤兮凤兮，何德之衰"，"凤鸟"指孔子，这里王安石用来指自己的儿子。千秋梁木摧，是用典，孔子死前七日唱道："泰山其颓乎！梁木其坏乎！哲人其萎乎！"自比泰山将倾，梁木将摧，哲人将萎。

【15·26】

子曰："吾犹及史之阙文也，'有马者借人乘之'，今亡（wú）矣夫。"

【注释】

①犹及：还看到过。及，及见，看到。

②史之阙文：史书上缺失的文献（一说史书上空缺文字的地方，不妥）。阙，缺失，佚失。

③亡：同"无"。

【今译】

孔子说："（过去）我还看到过现在史书上缺失的文献，（比如）'有马者借人乘之'这一篇，现在史书上没有了。"

【解难】

孔子：史书文献，慎重删削

孔子学而不厌，好古敏求，看过很多现在史书上没有的文献，比如"有马者借人乘之"一篇，体现了古人的忠厚，孔子存而不敢删。到后来，人们对此事很无所谓，于是删去。虽然这些文献古史书上有，但现在看不到了。

参阅 南宋陈鹄《西塘集耆旧续闻》卷一和李泽厚《论语今读》。

【参考】

叶梦得认为"有马者借人乘之"一句系衍文，其与"史之阙文"无甚关联。《汉书·艺文志》和《说文·序》也皆无此句；但定州汉墓竹简本有此句。

【延伸阅读】

"阙"字解

"阙"本义是宫门外两边的楼台，左右各一个，中间有道路，好像空缺，故引申为缺、空。王力《同源字典》："水缺为'决'，玉缺为'玦'，器缺为'缺'，门缺为'阙'，四字同源。"《论语》一书有几个相关的词语：

阙疑：空着疑问。《为政篇》（2·18）："多闻阙疑。"

阙殆：空着疑惑。《为政篇》（2·18）："多见阙殆。"

阙如：存疑不说；空缺不书。《子路篇》（13·3）："君子于其所不知，盖阙如也。"

阙党：阙里，孔子的家乡。《宪问篇》（14·44）："阙党童子将命。"

阙文：缺失的文献。《卫灵公篇》（15·26）："吾犹及史之阙文也。"

【15·27】

子曰："巧言乱德。小不忍则乱大谋。"

【注释】

①巧言乱德：巧言，表面动听而实际虚伪的话；巧，好，虚伪；乱，败坏，危害。

②小不忍则乱大谋：忍，容忍，忍让。

【今译】

孔子说："花言巧语败坏道德。小事不忍就会败坏大事。"

【成语】

小不忍则乱大谋：小事情上不忍耐就会打乱大的谋划。

【解难】

慎言忍耐

巧言乱德，故要慎言；小不忍则乱大谋，故要忍耐。巧言利口，好说不倦，不圆说成圆，不方说成方，冠冕堂皇，悦耳动听，实际上却是在蛊惑人心，花言巧语之中暗藏私利，一点一点地腐蚀人们的道德良知。遇到小事不忍耐克制，而是任性动气，逞匹夫之勇，泄一时之忿，不但会使自己的长远谋划毁于一旦，可能还会祸及家人。古人说：一勤天下无难事，百忍堂中有太和。

参阅　《学而篇》（1·3）："巧言令色，鲜矣仁。"《公冶长篇》（5·25）："巧言、令色、足恭，左丘明耻之，丘亦耻之。"

【延伸阅读】

治家唯"忍"

潞州有一农夫，五世同居。太宗讨并门，过其舍，召其长讯之曰："若何道而至此？"其长对曰："臣无他，惟忍耳。"太宗以为然。（宋·王得臣《麈史》卷中）

注释 讨并门，讨伐并门。并门，山西并州，后改名太原。

【15·28】

子曰："众恶之，必察焉；众好之，必察焉。"

【今译】

孔子说："大家都厌恶他，一定要去考察；大家喜欢他，也一定要去考察。"

【成语】

众好众恶：大家喜爱或大家厌恶的人。

【解难】

孔子：众好众恶，君子必察

众恶、众好未必是真相，因为民众也有被蒙蔽之时，所以"王莽谦恭未篡时"。怎样才能了解一个人的真实情况呢？孔子说："必察焉。"有的人看不惯现实，特立不群，常被一些人厌恶；有的人清正廉洁，不同流合污，常遭恶人诬告。相反，有的人结党营私，以小恩小惠笼络人心，大家反而对他好评有加。所以，众好众恶，君子必察，纤微皆审。"必"是指必须如此，"察"是指明察秋毫。

《子路篇》（13·24）："子贡问曰：'乡人皆好之，何如？'子曰：'未可也。''乡人皆恶之，何如？'子曰：'未可也。不如乡人之善者好之，其不善者恶之。'"

【延伸阅读】

形容失实

史传有形容失实之语，如《史记·蔺相如传》记相如持璧却立倚柱，则曰"怒发上冲冠"；《赵奢传》记秦军鼓噪，勒兵武安，则曰"屋瓦尽振"；《项羽本纪》记羽与秦军战，则曰"楚兵呼声动天"，皆描摹传神之笔。事虽虚而不觉其虚，弥觉其妙，此龙门笔法所以独有千古也。《晋书·王逊传》袭其语而增一句，曰"怒发冲冠，冠为之裂"，则近于拙矣。（清·陆以湉《冷庐杂识·形言失实》）

注释 勒兵，操练。武安，今属河北邯郸市。龙门笔法，形容夸张的笔法。司马迁生于今陕西龙门，龙门是司马迁的别号。

【15·29】

子曰:"人能弘道,非道弘人。"

【注释】

①弘道:弘扬正道,弘扬大道。弘,扩大,光大。

【今译】

孔子说:"人能使道光大,不是道能使人光大。"

【解难】

孔子:人能弘道,非道弘人

人外无道,道外无人;人能弘道,非道弘人。人是主动的,道是被动的。人是万物之灵。人类之初,混沌初开,而后智德日成,修身之道、齐家之道、睦邻之道、兵家之道、治国之道、圣人之道皆是人类文明的积累、传承、升华。没有人民的实践创造,就没有"道"的形成、延伸、发展,故曰人能弘道。"道"寂然不动,行之由人,兴之由人,治乱兴衰皆在于人,非道之兴亡也;人的才能大则其道也大,才能小则其道也小,故曰道不能弘人。"弘"者,广也,含容之大也,因此告诫君子不可松懈,要不断地传播、扩充、发展、光大"道"。"道"笼括天地,曲成万物;"道"无止境,"弘"无尽时。钱穆《新解》:"若道能弘人,则人人尽成君子,世世尽是治平,学不必讲,德不必修,坐待道弘矣。"

【延伸阅读】

道不远人

子曰:"道不远人。"孟子曰:"道在迩而求诸远。"有尼悟道诗云:"尽日寻春不见春,芒鞋踏遍陇头云。归来笑捻(niē)梅花嗅,春在枝头已十分。"亦脱洒可喜。(宋·罗大经《鹤林玉露》丙编卷六)

注释 尼,尼姑。芒鞋,草鞋。陇头,陇山,今陕西陇县西北,借指边塞。捻,同"捏"。

【15·30】

子曰:"过而不改,是谓过矣。"

【今译】

孔子说："有了过错却不改正，这才叫过错呢。"

【解难】

孔子：过而不改，是谓过矣

人非圣贤，孰能无过？一不小心犯了过错，就要勇于改正。过而能改，挽回了不利影响，就不是什么过错；过而不改，其过仍存，就是真正的过错了；若再加以文饰，欲盖弥彰，就错上加错；若日久积深，小过成大错，则会马到悬崖收缰晚，船至江心补漏迟。君子有过即改，不能让无心之差，反成有心之失。

【延伸阅读】

诤臣兴国

大夫有争臣三人，虽无道，不失其家。季氏为无道，僭（jiàn）天子，舞八佾，旅泰山，以《雍》彻。孔子曰："是可忍也，孰不可忍也！"然不亡者，以冉有、季路为宰臣也。故曰："有谔谔争臣者其国昌，有默默谀臣者其国亡。"（汉·韩婴《韩诗外传》卷十）

注释 争臣，直言敢谏的大臣。争，通"诤"。僭，超过自己的身份，冒用上位者的职权行事。旅，祭祀。彻，撤除。冉有、季路，即冉有、子路，皆孔子学生。宰臣，家臣。谔谔，直言貌。

【15·31】

子曰："吾尝终日不食，终夜不寝，以思，无益，不如学也。"

【今译】

孔子说："我曾经整天不吃饭，整夜不睡觉，去思考，还是没有收益，不如去学习啊。"

【解难】

孔子：昼夜以思，不如学习

大学问典籍有之，大智慧简册载之，大道理先贤讲之。畅游书海，神交古人，即可穿越历史，横贯中西，随便翻翻，也会收获良多。独思，岂如博览群书？苦思，岂如乐见圣训？学先王之道，如见日光；静居独思，如就火光。日光浑浑浩浩，火光近照一隅。君子贵在乐群而敬学，而轻离群而独思，故深思不如速学。很多时候，昼夜以思，不如片刻之学。但学思不可偏废，学而不思则食而不化，思而不学则成井底之蛙。

【延伸阅读】

师旷论学

晋平公问于师旷曰："吾年七十，欲学，恐已暮矣。"师旷曰："何不炳烛乎？"平公曰："安有为人臣而戏其君乎？"师旷曰："盲臣安敢戏其君乎？臣闻之，少而好学，如日出之阳；壮而好学，如日中之光；老而好学，如炳烛之明。炳烛之明，孰与昧行乎？"平公曰："善哉！"（汉·刘向《说苑·建本》）

大意 晋平公对师旷说："我今年七十岁了，想学习，恐怕已经晚了。"师旷回答说："既然晚了，为什么不点燃蜡烛呢？"晋平公说："哪有做臣子的人戏弄他君主的呢？"师旷说："双目失明的我怎么敢戏弄君主呢？我听说，少年时好学，如太阳初升阳光灿烂；中年时好学，如正午太阳光线强烈；晚年好学，如拿着火把照明。点上火把走路和摸黑走路，哪个更好呢？"晋平公说："说得好啊！"

注释 师旷，晋国乐师，生而无目。

【15·32】

子曰："君子谋道不谋食。耕也，馁（něi）在其中矣；学也，禄在其中矣。君子忧道不忧贫。"

【注释】

①馁：饥。《乡党篇》（10·8）"鱼馁而肉败"的"馁"是鱼腐烂之义。

【今译】

孔子说："君子谋求的是道而不谋求饭食。耕作，常常会有饥饿；学习，却从中得到俸禄。君子担忧是否能获得道而不担忧贫穷。"

【解难】

孔子：君子谋道不谋食，忧道不忧贫

求者未必得，得者不必求。农民志在谋食，耕作以糊口，但遇到灾荒则无以充饥而挨饿。君子志在谋求道，束脩求学，居官食俸，俸禄自在学问中。故曰："耕也，馁在其中矣；学也，禄在其中矣。"此与"书中自有黄金屋"义近。君子的职责是谋道，谋求闻道、得道、行道、弘道。其实耕与学，皆谋食之道，在忧道和忧贫之间，君子首选忧道，故曰"君子忧道不忧贫"。"道"是事物当然之理，"谋"以事而言，"忧"以心而言。

王符《潜夫论·释难》中，潜夫答秦先生说：学习是耕作的根本，耕作是吃饭的根本。

465

【延伸阅读】

咏 莲

深红出水莲，一把藕丝牵。
结作青莲子，心中苦更坚。

——宋·温琬

【15·33】

子曰："知及之，仁不能守之，虽得之，必失之。知及之，仁能守之，不庄以莅之，则民不敬。知及之，仁能守之，庄以莅之，动之不以礼，未善也。"

【注释】
①知及之：知，通"智"。及，得到。之，此章之"之"皆可指人民或官位。
②仁不能守之：此章之"仁"意同"德"，人的品德。
③不庄以莅之：莅，临，管理。

【今译】
孔子说："用智慧得到它，不能用品德守住它，即使得到了它，也一定会失去它。用智慧得到它，也用品德守住了它，但不能庄重地对待它，那么也不会得到人民的尊敬。用智慧得到它，用品德守住了它，庄重地对待它，但不按照礼来调动它，也是不完美的。"

【解难】

孔子：如何化民动众？以智及之，以仁守之，以庄莅之，以礼动之

孔子说：人民是鲜活的、有思想的、有感情的生命群体，不是随随便便就能动员他们、管好他们、留住他们、得到他们的。统治者要用智慧去赢取百姓，用仁爱留住百姓，用庄重的态度对待百姓，用礼的要求来调动百姓，化民之善必备此四者。否则，得之不能守，守之民不敬，化民未尽善。《孟子·离娄上》："天子不仁，不保四海；诸侯不仁，不保社稷；卿、大夫不仁，不保宗庙；士、庶人不仁，不保四体。"

【延伸阅读】

智及之而不能守之

固伤迁博物洽闻，不能以智免极刑；然亦身陷大戮，智及之而不能守之。呜呼，古人之所以致论于目睫也。（南朝·宋·范晔《〈后汉书·班固传〉论》）

大意 班固伤感司马迁知识渊博，却不能以智慧免除极刑；但班固自己也身陷

牢狱，智慧够多了也没能守住自己的身体。哎呀，古人只知道致力于眼前议论。

注释 班彪、班固父子，皆良史之才。班固死于狱中，时年六十一。

【15·34】

子曰："君子不可小知，而可大受也，小人不可大受，而可小知也。"

【注释】

①不可小知而可大受：可，适合。小知，小事上负责。知，主持，负责。大受，大事上承受，即承担重任。

②小人：老百姓。

【今译】

孔子说："君子不适合做那些小事，但可以让他们承担重大的使命；小人不能承担重大的使命，但可以让他们做那些小事。"

【解难】

孔子：君子承担重任，小人负责小事

君子不器，才德足以担当重任，文能治国，武能安邦。老百姓虽然不能担当重任，但未必无一长处，他们会在许多小事情上做到极致，超乎想象，所谓"高手在民间"。君主选用人才，要量才录用，对君子赏其德器凝重，材识宏深，赋予大任；对小人赏其精通一技，擅长一事，安排小事，使其各安其位，才尽其能。

有一首歌词写得好：你有能力时，决心做大事；没有能力时，快乐做小事。你有余钱时，就做点善事；没有余钱时，做点家务事。……你有权力时，就做点好事；没有权力时，就做点实事。当你能动时，就多做点事；你不能动时，回忆开心事。人这一辈子，都会做错事。尽量避免做傻事，坚决不能做，不能做坏事。

【延伸阅读】

大器不可小用，小才不可大任

有大略者，不可责以捷巧；有小智者，不可任以大功。人有其才，物有其形，有任一而太重，或任百而尚轻。是故审毫厘之计者，必遗天下之大数；不失小物之选者，惑于大数之举。譬犹狸之不可使搏牛，虎之不可使搏鼠也。（《淮南子·主术训》）

大意 有雄才大略者，不可用雕虫小技来苛求他；只能耍小聪明者，不可委以大任。人有各种才干，物有各种形状，有人干一份工作就嫌太重太累，但有人干多份工作都不嫌吃力。所以能计较弄清毫厘小数的人，一定弄不清天下这大数；盘算

精明到小数目都不会出差错的人，碰到大数目就会糊涂困惑。这就像不能让狸猫去与牛搏斗，让老虎去捕鼠一样。

【15·35】

子曰："民之于仁也，甚于水火。水火，吾见蹈而死者矣，未见蹈仁而死者也。"

【注释】

①甚于水火：甚，超过。

②蹈而死者：蹈，踩踏。《释名·释形体》："蹈者，道也，以足践之如道路也。"

③蹈仁而死：蹈，实行。如苏轼《拟进士对御试策》："今陛下躬蹈尧舜。"

【今译】

孔子说："人民对仁的渴望，超过了对水火的渴望。我见过踩踏水火而死的，没有见过行仁而死的。"

【成语】

蹈仁而死：为践行仁义而死。

【解难】

行仁不会死人吧？

民非水火不能生活，一日不可离之，但没有水火，人们不过是挨饿受冻；而没有仁德，就失去了性善的本心，鲜廉寡耻，无所敬畏，恣意妄为，这样离死就不远了。人有落水而溺死的，有蹈火而烧死的，却从来没有见过因施行仁道而死的。即使杀身成仁，也是为了成全仁道，是正命而死，不是仁义杀人。仁是天之尊爵，人之安宅，君之大宝，国之基石，得之者荣，全之者寿，行之者乐，何乐而不为呢？

【延伸阅读】

"五经"是粗禾　"四书"是熟饭

"四书"是《论语》《大学》《中庸》《孟子》，这样排序是有原因的。《论语》是孔子的教导，《大学》是孔子的学生曾子发挥孔子的思想写成的，《中庸》是孔子的孙子子思的基本思想，孟子是子思学生的学生。南宋朱熹首次合称为"四书"，其《四书集注》成就很高。朱熹说"五经"好像是粗禾，"四书"好像是熟饭，"五经"要加工才能吃，而"四书"是精华。任何宗教都有这样一个变迁，就是越来越突出它的核心价值部分，跟核心价值没有直接关系的部分慢慢淡化，这就是"四书"能取得这样地位的原因。"四书"体现了中国人的核心价值观。（摘编自陈来《中华文

明的核心价值》)

【15·36】

子曰:"当仁,不让于师。"

【注释】

①当仁:面对行仁。当,面对;仁,正义的事。
②不让于师:让,谦让,退避;于,对。

【今译】

孔子说:"面对仁义的事,即使是老师也不谦让。"

【成语】

当仁不让:面对行仁的事不谦让。后来泛指遇到应该做的事,就主动去做,不谦让,不退避,不推诿。

【解难】

孔子:当仁,不让于师

"新竹高于旧竹枝,全凭老干为扶持。"学生的道德学问来自老师的启蒙传道,授业解惑,古之圣王,未有不尊师者。为何此处孔子却说"当仁,不让于师"呢?因为君子仁以为己任,不能辞让;行仁之事急,没有时间犹豫等待,无暇顾及礼让老师。况且,"当仁,不让于师"正是老师所期望的,也是社会所倡导的。

此章承续上章而言。上章说:现在天下无道,人民对于仁的渴望,超过了对水火的渴望,因此行仁是当务之急,遇到仁义的事,同学们对我孔丘也不要谦让。学生对老师谦让,经也,合礼也;行仁之事,学生不让于师,权也,合道也。

【延伸阅读】

咏物诗联选

云头滟滟开金饼,水面沉沉卧彩虹。(宋·苏舜钦《中秋松江新桥对月和柳令之作》)

绿章封事缄初启,青凤求凰尾乍开。(宋·钱易《句》)

就锅排下黄金粟,转手翻成白玉花。(清·赵翼《爆孛娄诗》)

一轮磨上流琼液,百沸汤中滚雪花。(明·苏平《豆腐》)

千层浪打依然聚,几度风吹不肯沉。(明·胡斗南《咏萍》)

战退玉龙三百万,败鳞残甲满天飞。(宋·张元《雪》)

风吹马尾千条线,日照龙鳞万点金。(明·朱元璋、朱棣父子联)

一弯西子臂,七窍比干心。(集句·咏藕)

注释 玉龙，比喻雪花。此句意思是：雪片漫天飞舞，像是战败的三百万白龙落下的鳞片和甲壳。风吹马尾千条线，日照龙鳞万点金，据传前句是明代朱元璋出句，后句是其四子朱棣（后来的明成祖）的对句。一弯西子臂，七窍比干心，这两句用美女西施的手臂比喻藕的外形，用比干的"忠心不二"比喻单数的藕孔。比干，商纣王的叔父。传说比干心脏有七个孔，因屡次劝谏纣王，被剖心而死。

【15·37】

子曰："君子贞而不谅。"

【注释】

①贞而不谅：贞，守正，坚定，言行抱一谓之贞。谅，诚信，引申为固执，信而不通谓之谅。

【今译】

孔子说："君子守正但不固执。"

【成语】

贞而不谅：守正但不固执。

【解难】

孔子：君子贞而不谅

君子既要有原则性，也要有灵活性。"贞"是正，正而固，指原则性。"谅"是信，小信，言之必果，说到做到，不顾是非，不知变通，讲话死板。"不谅"是不拘泥小信，是指灵活性。君子坚守正义，但通权达变、有勇有谋，不拘泥于小信，唯义所在。《宪问篇》（14·17）："岂若匹夫匹妇之为谅也，自经于沟渎，而莫之知也！"《子张篇》（19·11）里子夏对"君子贞而不谅"有了更具体的解释："大德不逾闲，小德出入可也。"《子路篇》（13·20）将言必信、行必果的人归属为最后一个档次的"士"。孔子说："言必信，行必果，硁硁然，小人哉！"

贞似谅，都是说一不二、一言为定，但"贞"是君子之为，持正约身，一以贯之，只是在某些具体问题上能灵活机动；"谅"是小人之为，信誓旦旦，扼腕顿足，两肋插刀，逞勇泄愤，其志不足以涉远，其能不足以全身。

【延伸阅读】

尾生抱柱

尾生与女子期于梁下，女子不来，水至不去，抱梁柱而死。（《庄子·盗跖》）

注释 期，相约。梁下，桥下。

"贞"字何解

南朝萧梁时，有僧人为争田地而和别人打官司。梁武帝写了一个大大的字："贞。"众人不知其意。刘显说："'贞'字可以拆成'与上人'。"刘显在六岁时就被称为神童，后累迁至尚书左丞。繁体字"貞"可拆成"与上人"三字，"与"是给，"上人"是尊称和尚，合起来就是把田地给僧人。梁武帝好佛，故偏袒僧人。（参见《南史·刘显列传》）

【15·38】

子曰："事君，敬其事而后其食。"

【注释】

①敬其事而后其食：敬，严肃，认真。事，本职，工作。食，俸禄。晁公武《郡斋读书志》载，五代时所刻蜀石经此句作"后食其禄"，语义甚明。

【今译】

孔子说："侍奉君主，认真工作然后接受俸禄。"

【成语】

敬事后食：先认真工作，后接受俸禄。

【解难】

孔子：事君，敬其事，后其食

古人认为，率土之滨，莫非王臣，所有人都是天子的臣民。居官领俸禄，理所当然，但臣民不可先有求禄之心，在朝为官，要在其位谋其政、尽其责、进其言、善其事，先尽心尽力做好自己的本职工作，而后问心无愧地食其俸禄。挣钱是为了工作，工作不仅仅是为了挣钱。为工作而来，为职责而来，必勤勤恳恳；为钱而来，为利耳，必患得患失。《礼记·表记》："子曰：'事君，军旅不辟难，朝廷不辞贱，处其位而不履其事，则乱也。'"敬事后食、先难后获、先事后得，皆先劳后禄之义，先做事，别先伸手；先劳其心志，别先捞取好处。

【延伸阅读】

乡村四月

绿遍山原白满川，子规声里雨如烟。
乡村四月闲人少，才了蚕桑又插田。

——宋·翁卷

【15·39】

子曰："有教无类。"

【今译】

孔子说："有来接受教育的，不分类别。"

【成语】

有教无类：有来接受教育的，不分类别。指不分贵贱贤愚皆进行教育。

【解难】

孔子：有教无类

孔子确立了教育的基本原则：有教无类。天地无弃物，圣人无弃人，所以孔子对前来求学者，一律施教。"有教无类"不仅是教育公平的需要，更是在教育的起跑线上人人平等的需要。孔子对弟子无论智愚、贵贱、贫富、亲疏、长幼，没有类别之分，来者受业，同一施教，诲之不倦，不选择性授业，不带有歧视和偏见。《述而篇》（7·7）："子曰：'自行束脩以上，吾未尝无诲焉。'"教育不仅是传授文献典籍，更要培养蒙童美德。兴学之宗旨、立教之原则，就是通过启蒙教育培养蒙童走上正路。《易经》曰："蒙以养正。"《北周书·卢诞传》："经师易求，人师难得。"

【参考】

有学者认为，"有教无类"应译为：因为接受了教育，大家才没有智愚、贤和不孝、贵贱等类别之分。"有教"是因，"无类"是果。通过教育，消除了差别，故称有教则无类。汉语中类似的表达如"有备无患""有恃无恐"等。

【延伸阅读】

有教无类

东郭子惠问于子贡曰："夫子之门，何其杂也？"子贡曰：'夫隐括之旁多枉木，良医之门多疾人，砥砺之旁多顽钝。夫子修道以俟天下，来者不止，是以杂也。"《诗》云："菀彼柳斯，鸣蜩嘒嘒。有漼（cuǐ）者渊，萑（huán）苇淠（pèi）淠。"言大者之旁，无所不容。（汉·刘向《说苑·杂言》）

大意 东郭子惠问子贡："孔子的门下为什么这么混杂？"子贡说："矫正弯曲的工具旁边有很多弯木，医术精良的医生门下有很多病人，磨刀石旁边有很多钝器。老师修养道德来等待天下的人，来者不断，所以混杂。"《诗经》中说："茂密的柳树上，蝉儿急促地鸣唱。深深的潭水旁，长着密集的芦苇。"说的是庞大的东西旁边，无所不包容。

注释 隐括，矫正木材弯曲的器具。

【15·40】

子曰："道不同，不相为（wèi）谋。"

【注释】

①道不同：道，主张。
②不相为谋：即不为之谋，不跟他一起谋划。相，代词，犹"之"。为，介词，跟。朱熹《集注》："为，去声。"

【今译】

孔子说："主张不同，不跟他谋划。"

【成语】

道不同，不相为谋：主张不同，就不跟他谋划。

【解难】

孔子：道不同，不相为谋

芸芸众生，各有其志，信仰、主张、追求不同，人生观、世界观、价值观不同，观点难以合拍，意见难以统一。你要求仁义，他要求财利；你走阳关道，他偏要走独木桥；说不到一块儿，走不到一起。人生贵在有知己，正如鲁迅书赠给瞿秋白的对联所云："人生得一知己足矣，斯世当以同怀视之。"

这一章，可能是孔子的政治宣言：跟我政治主张不同的人，不管是诸侯还是卿大夫，我是不会跟他谋政、议政的。表明了孔子推行仁义大道的决心，也懂得了孔子为何栖栖遑遑，劳碌奔波。

【延伸阅读】

求仁义与求财利

恽幸有余禄，方籴（dí）贱贩贵，逐什一之利。此贾（gǔ）竖之事，污辱之处，恽亲行之。下流之人，众毁所归，不寒而栗。虽雅知恽者，犹随风而靡，尚何称誉之有？董生不云乎："明明求仁义，常恐不能化民者，卿大夫之意也；明明求财利，常恐困乏者，庶人之事也。"故道不同，不相为谋，今子尚安得以卿大夫之制而责仆哉！（汉·杨恽《报孙会宗书》）

大意 我幸好还有积累的俸禄，正在经营着贱买贵卖的生意，追求那十分之一的薄利。这是商人才干的事，备受轻视侮辱，我却亲自去干了。地位卑贱的人，是众人诋毁的对象，我常常因此不寒而栗。即使是平素了解我的人，还随风而倒来讽刺我，哪里还有人称赞我呢？董仲舒不是说过："勤敏地追求仁义，常担心不能用

仁义感化百姓,这是卿大夫的心意。勤敏地追求财利,常担心贫困匮乏,这是老百姓的事情。"所以信仰不同的人,相互之间没有什么好商量的。现在你怎么还拿卿大夫的行为规范来责备我呢!

注释 籴,买进谷物。贾竖,商人。下流之人,地位低贱之人。雅,平素。董生,董仲舒。明明,董仲舒原文作"皇皇",急急忙忙,勤敏。

【15·41】

子曰:"辞达而已矣。"

【注释】
①辞达而已:达,辞尽其意,清楚地表达。已,止。

【今译】
孔子说:"言辞能清楚地表达意思就可以了。"

【成语】
辞达而已:言辞能清楚地表达意思就可以了。

【解难】

孔子:辞达而已矣

言之无文,行而不远,但质胜文则史,文饰不可过度,辞多则浮夸,辞少则不达意。修饰文辞以简练为上,达意而已,意尽而止,不以富丽为工。黄氏《后案》:"达者,穷其源而不塞,通其流而不滞也。已,足也,止也。""枯者不达,艳丽者亦未必达矣,故辞重达。"

【延伸阅读】

最短诉状和判决书

古时,有一妇女丧夫后想改嫁,但其公公竭力阻拦,该妇于是向县官递交诉状,说:"夫死,无嗣,翁鳏(guān),叔壮。"县官接状核实后,一字判决:"嫁。"

注释 嗣,子孙。翁,丈夫的父亲。鳏,丧妻。叔,丈夫的弟弟。

【15·42】

师冕见,及阶,子曰:"阶也。"及席,子曰:"席也。"皆坐,子告之曰:"某在斯,某在斯。"

师冕出，子张问曰："与师言之道与？"子曰："然！固相（xiàng）师之道也。"

【注释】

①师冕：师，乐师。冕，人名。古代乐师一般是盲人。

②固相师之道：固，本来。相，帮助。道，方式。

【今译】

盲人乐师冕来见孔子，到了台阶前，孔子说："这是台阶。"到了座席旁，孔子说："这是座席。"落座后，孔子告诉他："某人坐在这里，某人坐在这里。"

师冕走出后，子张问孔子："这就是跟乐师谈话的方式吗？"孔子说："对呀！这本来就是帮助乐师的方式啊。"

【解难】

感人的场面，待人的典范

此章细节感人，有丰富的现场感。我们仿佛穿越时空隧道，同孔子的弟子一起现场学习了孔子是如何真诚待人，如何平易近人、礼贤乐师的。桃李不言，下自成蹊，夫子行胜于言，处己为人；弟子用心观察，潜移默化。古代盲人必有助手，孔子之为，非刻意做作，而是尽助人之道。程树德《集释》引薛瑄《读书录》曰："观圣人与师言，辞语从容，诚意恳至，真使人感慕于数千载之上。"

【延伸阅读】

盲人算命

"卜以决疑，不疑何卜？"人生哪能没有疑虑之事，算算流年，问问妻财子禄，不愁没有话说。

算命先生全是盲人。大抵是盲于目者不盲于心，所以大家都愿意求道于盲。算命先生被唤住之后，就有人过去拉起他的手中的马竿，"上台阶，迈门槛，下台阶，好，好，您请坐。"

先生在条凳上落座之后，少不了孩子们过来啰唣（zào，吵闹），看着他的"孤月浪中翻"的眼睛，和他脚下敷满一层尘垢的破鞋，便不住地挤眉弄眼格格地笑。大人们叱走孩童，提高嗓门向先生请教。请教什么呢？老年人心里最嘀咕的莫过于什么时候福寿全归，因为眼看着大限将至而不能预测究竟在哪一天呼出最后一口气，以致许多事情都不能做适当的安排，这是最尴尬的事。"死生有命"，正好请先生算一算命。先生干咳一声，清一清喉咙，眨一眨眼睛，按照出生的年月日时的干支八字，配合阴阳五行相生相克之理，掐指一算，口中念念有词，然后不惜泄露天机说明你的寿数。"六十六，不死掉块肉；过了这一关口，就要到七十三，过一关。这一关若是过得去，无灾无病一路往西行。"这几句话说得好，老人听得入耳。六十六，死不为夭，而且不一定就此了结。

瞎子算命先生满街跑，不瞎的就更有办法，命相馆门市处公然出现在市廛之中，诹（zōu，咨询）吉问卜，随时候教。有一对热恋的青年男女，私订终身，但是家长还要坚持"纳吉"的手续，算命先生折腾了半天，闭目摇头，说："哎呀，这婚姻怕不成。乾造属虎，坤造属龙，'虎掷龙拿不相存，当年会此赌乾坤'……"居然有诗为证，把婚姻比作了楚汉争。前来问卜的人同情那一对小男女，从容进言："先生，请捏合一下，卦金加倍。"先生笑逐颜开地说："别忙，我再细算一下。龙从火里出，虎向水中生。龙骧虎跃，大吉大利。"这位先生说谎了吗？没有。始终没有，这一对男女结婚之后，梁孟齐眉，白头偕老。

　　英国自一八二四年公布取缔流浪法案，即禁止算命这一行业的存在；美国也是把职业的算命先生列入扰乱社会的分子一类。倒是我们泱泱大国，大人先生们升官发财之余还可以揣骨看相细批流年，看看自己的生辰八字是否"蝴蝶双飞格"，以便窥察此后升发的消息。在这一方面，我们保障人民的自由，好像比西方要宽大得多。（摘编自梁实秋《算命》）

季氏篇第十六

(共十四章)

【16·1】

季氏将伐颛臾（zhuān yú）。

冉有、季路见于孔子曰："季氏将有事于颛臾。"孔子曰："求！无乃尔是过与？夫颛臾，昔者先王以为东蒙主，且在邦域之中矣，是社稷之臣也。何以伐为？"

冉有曰："夫子欲之，吾二臣者皆不欲也。"孔子曰："求！周任有言曰：'陈力就列，不能者止。'危而不持，颠而不扶，则将焉用彼相（xiàng）矣？且尔言过矣。虎兕（sì）出于柙（xiá），龟玉毁于椟中，是谁之过与？"

冉有曰："今夫颛臾，固而近于费（bì）。今不取，后世必为子孙忧。"孔子曰："求！君子疾夫舍曰欲之而必为之辞。丘也闻有国有家者，不患贫而患不均，不患寡而患不安。盖均无贫，和无寡，安无倾。夫如是，故远人不服，则修文德以来之。既来之，则安之。今由与求也，相（xiàng）夫子，远人不服而不能来也，邦分崩离析而不能守也，而谋动干戈于邦内。吾恐季孙之忧，不在颛臾，而在萧墙之内也。"

【注释】

①季氏将伐颛臾：季氏，季康子，即季孙肥，鲁国大夫。伐，凡师有钟鼓曰伐。颛臾，春秋时期鲁国的一个小附属国，伏羲氏的后裔，风姓，以服事诸夏，在今山东费县西北。

②无乃尔是过与：无乃，恐怕。尔是过，责备你们，"是"将宾语前置。与，同"欤"。

③东蒙主：东蒙，指蒙山，因在鲁国东故称东蒙；主，主持祭祀的人。

④社稷之臣：颛臾是鲁国的附庸国，是国家的公臣。社稷，土地神和谷神，代

指国家，此犹言"公家"。

⑤何以伐为：为什么要讨伐呢？何以，以何，凭什么。

⑥夫子欲之：夫子，指季康子。春秋时期，对老师、长者和贵族卿大夫等都可尊称为"夫子"。

⑦周任：周代的一个良史。

⑧陈力就列：施展能力，就任职位。陈力，施展能力。陈，展。列，职位。西晋潘岳《闲居赋》："奉周任之格言，敢陈力而就列。"

⑨固而近于费：固，城墙坚固。费，季氏的封地，大夫的封地可传给子孙。

⑩疾夫舍曰欲之：疾，恨。舍曰欲之，避开不说想要做的事情。

⑪有国有家者：国，诸侯。家，卿大夫。

⑫远人不服：远人，在邦域之外者。王者无外，视远若近，没有边境。

⑬修文德以来之：文德，恩德，指礼乐教化。来之，使之来，使他们归顺。

⑭分崩离析：分裂崩塌，离开分开。民有异心曰分，欲去曰崩，不可会聚曰离析。析，分开。

⑮干戈：干是盾牌，戈是一种长柄形的兵器，干戈指军事。

⑯萧墙：宫室内当门的小墙，即屏风，借指内部。

【今译】

季氏将讨伐颛臾。

冉有、子路进见孔子，说："季氏将对颛臾有军事行动。"孔子说："冉求！恐怕该责备你吧？颛臾，从前被先王授权主持东蒙山祭祀，而且在鲁国疆域之中，本来就是国家的臣属啊，为什么要讨伐它呢？"

冉有说："季孙想要这样做，我们两人都不愿意。"孔子说："冉求！史官周任有句话说：'施展才力，尽职尽责，不行就罢了。'主人遇到危险不去扶持，将要跌倒不去搀扶，那要你们这些助手做什么呢？而且你的话错了。老虎和犀牛从木笼子里逃出来，龟甲和宝玉毁坏在木匣子中，这是谁的过错呢？"

冉有说："现在的颛臾，城墙坚固而且离季氏的采邑费很近。现在不夺取过来，后世一定成为子孙的忧患。"孔子说："冉求！君子痛恨那种不直说想要做什么却一定要给它找托词的做法。我也听说过拥有国的诸侯、拥有封地的大夫，不担忧贫穷而担忧财富不均，不担忧人口稀少而担忧动荡不安。因为财富平均，也就无所谓贫穷；大家和睦，也就不感觉人少；境内安定了，国家也就不会颠覆。如果像这样，那么远方的人还不归服，就修礼乐教化使他们归顺；已经归顺的，就要使他们安定下来。现在仲由和冉求啊，你们辅助季孙大夫，远方的颛臾不归服而不能使他们归顺，国家分崩离析而不能守护，反而在国内谋划发动军事行动。我只怕季孙的忧患，不是在颛臾，而是在国家内部呢。"

【成语】

陈力就列：施展才力，就任职位；指在职位上恪尽职守。

持危扶颠：扶持将要遇到危险的人，搀扶将要摔倒的人；指扶持、挽救危险局势。

开柙出虎：打开笼子放出老虎，原指负责看管的人未尽责任，后指当事人对坏人放纵而逃脱，义同"虎兕出柙"。

龟玉毁椟：龟甲和宝玉在木匣中被毁坏，比喻辅佐君主的大臣失职而使国运毁败。

既来之，则安之：已经使远方的人来了，就要使他们安心定居；后来多表示既然来了，就应当安下心来。

分崩离析：崩塌解体，四分五裂，形容国家或集团分裂瓦解。

季孙之忧：季孙氏的忧患，后指发生在内部的忧患。

祸起萧墙：祸患起于内部。

【解难】

孔子偃武崇文，反对讨伐颛臾

明君安邦治国，皆示之以文德，陈之以武功，礼乐教化在先，恩德招抚在先，晓之以理，施之以惠，仍有冥顽不化者，再动之以武，征伐适可而止。

鲁国三卿四分公室，季氏取得二分，叔孙、孟孙各得一分，只有颛臾这个附属国是公臣。现在季氏又要举兵讨伐颛臾，取之自益。这样，季氏更强，公室更弱，孔子的弟子冉有、子路为季氏家臣，立即向老师报告，师生对此展开了精彩辩论，孔子对冉有的不作为予以严厉批评。

首先，孔子反对季氏讨伐颛臾。理由：颛臾是先王封国，先王对颛臾高看一格，把它作为东蒙山祭祀之主，不可伐；颛臾在鲁国七百里疆域之中，不必伐；颛臾是鲁国的附属国，是国家的公臣，非季孙大夫所当伐。季氏师出无名啊！冉有叫苦：我俩只是季氏的家臣，做不了主。季孙一意孤行，我俩反对也无可奈何。

然后，孔子先引用史官周仁的话：在其位就要尽其责，不行就辞职。这是批评俩弟子身为季氏家臣未尽职尽责。接着打比方分析局势的危急，批评弟子文过饰非，推卸责任。孔子说颛臾好比盲人，遇到危险，将要跌倒你俩却不扶一把，那要你俩这助手有啥用呢？季氏好比老虎和犀牛，逃出笼子将伤害颛臾，颛臾这个鲁国的龟玉之宝在本国之内却遭到毁坏，你俩没有责任吗？冉有说出真相：颛臾城墙坚固，靠近季氏的封地费，恐怕会成为季氏的后患。

最后，孔子说：我鄙视做事欲盖弥彰者。国家不患贫而患财富不均，不患人少而患境内不安。均财富，人和睦，国安定，修文德招抚远人。既来之，则安之。你们辅助季孙大夫，远方的颛臾却不归顺，国内民心离散，反而策划在国内动武。我只怕季孙的忧患，不在远方的颛臾，而在国家内部。孔子分析鞭辟入里，意在强公室，杜私门，两个弟子无言以对。可谓圣人辩才无碍，干戈化为玉帛。

【延伸阅读】

萧 墙

"萧墙"即古代天子、诸侯宫门口对着大门做屏蔽用的"肃敬"之墙，是一道矮墙，在大门内。因能屏蔽外人窥探、抵御外面寒风，故又称屏风。又因出入大门的人都会跟这堵墙打个照面，故又称照壁。其材质有砖、木、石、琉璃。"萧墙"借指内部。"萧墙之内"即住宅本体。孔子看到季氏的家臣阳货把持了季氏的家政，暗示臣将危主，家臣叛乱。后来阳货果然囚禁了季桓子。后世称家族内讧为"萧墙之祸"。

古代唯有天子、诸侯可设萧墙，季氏是大夫应无屏，有屏则僭礼。皇《疏》："萧，肃也；墙，屏也。人君于门树屏，臣来至屏而起肃敬，故谓屏为萧墙也。"

【16·2】

孔子曰："天下有道，则礼乐征伐自天子出；天下无道，则礼乐征伐自诸侯出。自诸侯出，盖十世希不失矣；自大夫出，五世希不失矣；陪臣执国命，三世希不失矣。天下有道，则政不在大夫；天下有道，则庶人不议。"

【注释】

①征伐：上伐下曰征，师有钟鼓曰伐。
②十世希不失：希，同"稀"。失，失去政权，亡国。
③陪臣执国命：陪臣，卿、大夫的家臣。执国命，掌握国家的政权。
④庶人不议：庶人，平民。议，非议，评论是非。

【今译】

孔子说："天下政治清明，那么制作礼乐和出兵征伐的权力出自天子；天下政治黑暗，那么制作礼乐和出兵征伐的权力出自诸侯。出自诸侯，大概经过十代很少有不失去政权的；出自大夫，经过五代很少有不失去政权的；卿、大夫的家臣掌握国家政权，经过三代很少有不失去政权的。天下政治清明，那么国家政令不出自大夫；天下政治清明，那么百姓就不会非议政治。"

【解难】

孔子愿望：政出天子，天下一统

《中庸》："非天子，不议礼，不制度，不考文。虽有其德，苟无其位，亦不敢作礼乐焉。"因此，制礼作乐和发令征伐的权力为天子所专有，是最高权力。如果天下无道，君弱臣强，下陵上替，则诸侯僭越，天子失权。周天子徒有虚名，大权旁落，号令不及天下，政柄渐移，礼乐征伐之权出自诸侯。诸侯掌握国家政权不超过十代就要失去。上行下效，诸侯失权，大夫掌握政权不超过五代就要失去。大夫失权，家臣掌握政权不超过三代就要失去。孔子希望中央集权，政出天子，实现天下一统，江山永固，政治清明，上不失政，下无私议。若政出诸侯、大夫、陪臣，就会朝代更迭，江山易手。此章总结了治乱兴衰的历史规律。张居正《直解》："五伯迭兴，世主夏盟，是政自诸侯出矣；六卿专晋，三家分鲁，是政自大夫出矣；阳虎作乱，囚逐其主，是陪臣执国命。"

陪臣执政

"陪"即重，臣的臣曰"陪臣"。诸侯是天子的臣，大夫是诸侯的臣，大夫到天子的朝上自称陪臣，大夫的家臣到诸侯朝上也自称陪臣，此章指卿、大夫的家臣。

鲁国是周公的封国，是孔子的故乡，自鲁文公死后，孟孙、叔孙、季孙三家卿大夫把持了鲁国政权，

季氏实际上代替了鲁君的位置，他又把政事交给自己的家臣处理，从而形成了"陪臣执政"的局面。这是"天下无道"的表现。

【延伸阅读】

强干弱枝

诸侯之义，非天子之命，不得动众起兵诛不义者，所以强干弱枝，尊天子，卑诸侯。（汉·班固《白虎通·诛伐》）

"大一统"

世界各国，凡是要把一盘散沙、狭小孤立的人群凝聚为覆盖广大地面的组织，都需要"大一统"。但正如汤因比所说，世界上的"大一统"有两种，一种是大宗教，小国家；一种是大国家，小宗教，西方是前者，我们是后者。我们的传统是具有普世性的国家，没有普世性的宗教，所以宗教束缚比较小。（摘编自李零《简帛古书与学术源流·兵书的起源》）

【16·3】

孔子曰："禄之去公室，五世矣；政逮于大夫，四世矣。故夫三桓之子孙，微矣。"

【注释】

①禄之去公室，五世矣：禄，给予爵禄，这里指政权。去，离开，脱离。公室，王室，指鲁国国君；五世，指鲁国宣公、成公、襄公、昭公、定公五代。

②政逮于大夫，四世矣：逮，及，落入。四世，指季孙氏文子、武子、平子、桓子四代。

③三桓之子孙微矣：三桓，鲁国的三卿仲孙、叔孙、季孙，都是鲁桓公的后人，故称三桓，也称"三家"。微，衰微。

【今译】

孔子说："鲁国政权离开鲁国国君，五代了；政权落到大夫之手，四代了。所以三桓的子孙也衰微了。"

【解难】

孔子：鲁国公室微弱，大夫专权

鲁国公室微弱，大夫把持朝政达四代之久，国君有五代都没有掌握实权了。上梁不正，恶风相袭，大夫皆陵其上，国君无以令其下，以至于礼乐征伐自大夫出。大夫掌权，最多经过五代很少有不失去政权的，所以三桓的子孙至哀公时皆衰落了。此时孔子预知季氏必亡。可见，臣若作威作福，则害于家，凶于国。孔子言此，希望有王者出，正本复始，除旧更新。

【延伸阅读】

诸侯述职

西周初年，周天子将土地分封给诸侯，诸侯则要向周天子称臣纳贡，镇守疆土，出兵勤王，随王祭祀，还要朝觐述职。诸侯述职表示对周天子的忠诚、恭敬，若不朝觐天子，就要被征讨。朝觐述职的方式有两种：一是诸侯到京城朝觐天子；二是天子巡守到诸侯国时，诸侯前往周王行宫觐见。觐见礼繁琐。到了春秋时期，诸侯争霸，王室衰弱，诸侯国势力强大而不尊周王，对周王的朝觐已名存实亡；相反，周王对诸侯频加"聘问"。

【16·4】

孔子曰："益者三友，损者三友。友直，友谅，友多闻，益矣。友便辟（pián pì），友善柔，友便佞（pián nìng），损矣。"

【注释】

①友谅：谅，诚信，诚实。"谅"和"信"有时意义相同，如此处。有时只是"小信"的意思。《宪问篇》（14·17）："岂若匹夫匹妇之为谅也。"

②便辟：擅长歪门邪道。便，习惯，擅长；辟，邪僻，邪道。
③善柔：擅长温柔顺从。《对韵音训》："柔，顺也。"
④便佞：擅长巧言善辩。佞，有口才。

【成语】

直谅多闻：正直、诚信、多见多闻，指交往的朋友要具备这三种品质。

【今译】

孔子说："有益的朋友有三种，有害的朋友也有三种。朋友正直，朋友诚信，朋友多见多闻，这是有益的。朋友擅长歪门邪道，朋友擅长温柔顺从，朋友擅长巧言善辩，这是有害的。"

【解难】

孔子：损益三友

雅言诗书执礼，益友直谅多闻。朋友有益、损之分。本章损益三友正好相反相对："直"是为人正直，"便辟"是擅长歪门邪道，搞小动作；"谅"是做人诚信，是耿直人；"善柔"擅长温柔顺从，是"笑面虎"；"多闻"是多见多闻，博学多才，"便佞"是巧言善辩，夸夸其谈，没有真才实学。便辟、善柔、便佞即足恭、令色和巧言，皆易惑人。

直谅多闻之士，方有直谅多闻之友；歪门邪道之人，喜交狐朋狗友。

【延伸阅读】

择人而处

又曰："与善人居，如入兰芷之室，久而不闻其香，则与之化矣。与恶人居，如入鲍鱼之肆，久而不闻其臭，亦与之化矣。"（汉·刘向《说苑·杂言》）

大意 孔子说："和好人相处，好像进入了充满兰花香气的房间，久而久之就闻不到兰花的香味了，因为自己已与香气融为一体了。和不好的人交往，好像进入了卖鲍鱼的市场，久而久之就闻不到鲍鱼的臭味了，因为自己已与臭味融为一体了。"

【16·5】

孔子曰："益者三乐，损者三乐。乐节礼乐（yuè），乐道人之善，乐多贤友，益矣。乐骄乐，乐佚游，乐晏乐，损矣。"

【注释】

①节礼乐：用礼乐来节制。节，节制，约束。
②乐骄乐：乐于放纵享乐。《说文》说"马高六尺为骄"，引申为骄傲、放纵。

③乐佚游：乐于游手好闲。佚，同"逸"。

④乐晏乐：乐于吃吃喝喝。"晏"字另本作"宴"。

【今译】

孔子说："有益的快乐有三种，有害的快乐有三种。礼乐节制的快乐，称道别人善行的快乐，多交贤能朋友的快乐，这是有益的。纵情享乐的快乐，游手好闲的快乐，吃吃喝喝的快乐，这是有害的。"

【解难】

孔子：损益三乐

"乐节礼乐"是以礼乐来节制自己为乐。礼是天理之节文，人事之仪则，礼乐能规范言行，培养人格。"乐道人之善"是以称道别人的仁善为乐，这种乐是扬人之善，知恩胸宽。"乐多贤友"是以结交众多的贤友为乐，谈笑有鸿儒，往来无白丁，以文会友，以友辅仁，乐在其中。节制、道善、交贤，这有益的"三乐"，学者好之，必有所成。

"乐骄乐"以傲慢放肆为乐，这种乐是以权势、富贵而骄傲，尚义竞奢，其趾高气扬足以惊流俗。《八佾篇》（3·1）："八佾舞于庭。"季氏以大夫之位享天子八佾之舞，僭越礼制，即是骄乐。"乐佚游"是以四处游荡为乐，这种乐是游手好闲，出入不节，游乐无度，其旷达足以惑高明。"乐晏乐"是以聚餐享乐为乐，这种乐是逞口腹之欲，山珍海味，玉盘珍馐，觥筹交错，其一掷千金足以诱庸愚。骄纵、游玩、吃喝，这有损的"三乐"，学者戒之，终身禁染。

【延伸阅读】

科举诗

明万历年间，浙江慈溪的杨守勤赴京赶考，途中盘缠匮乏，便写信向当县令的同学借钱，同学竟在来信上批了"查名"二字。结果杨守勤连中会元与状元，揭榜后他寄诗给同学，曰：

萧萧行李上长安，此际谁怜范叔寒。

寄语江南贤令尹，查名须向榜头看。

注释 会元，科举时代，乡试中式为举人，举人会试中式第一名为会元。状元，名列第一者为元，乡试第一称解元，会试第一称会元，殿试第一称状元。唐制，举人赴京应礼部试者皆须投状，因称居首者为状头，故有状元之称。萧萧，冷落凄清。范叔，指《儒林外史》里因中举而癫狂的范进。令尹，春秋战国时期称相楚国的执政官为"令尹"，相当于宰相，后来泛称县、府等的地方行政长官。

【16·6】

孔子曰:"侍于君子有三愆(qiān):言未及之而言谓之躁,言及之而不言谓之隐,未见颜色而言谓之瞽。"

【注释】
①愆:过失。
②未见颜色而言谓之瞽:颜色,脸色、表情。瞽,盲人。

【今译】
孔子说:"侍奉在君子身边有三种容易犯的过失:说话不到该说的时候就说了叫急躁,说话到了该说的时候而不说叫隐瞒,不看脸色而说话叫盲人。"

【解难】

孔子:说话三愆

"言未及之而言"是傲慢无礼,心浮气躁。"言及之而不言"是隐瞒实情,故作深沉。"未见颜色而言"是不顾对方心情、表情而自个说话,好比盲人说话从不看对方脸色。《日讲》:"躁者先时,隐者后时,瞽者不知所谓时,皆由涵养未到,所以语默皆愆。"

急躁,是众人通病,论辩要针锋相对,报复要以牙还牙,做事要大张旗鼓。事实上,事缓则圆,事急则乱。因此,处变不惊,戒急用忍,才是最佳的为人处世之法。这方面,晚清重臣曾国藩深有感悟,他写给其弟曾国沅的一副对联云:"打仗不慌不忙,先求稳当,次求变化;办事无声无息,既要老到,又要精明。"

【延伸阅读】

答问如响

不问而告谓之傲,问一而告二谓之囋(zàn)。傲,非也;囋,非也;君子如向矣。(《荀子·劝学》)

大意 别人没有问就告诉人家叫急躁,别人问一个问题却回答人家两个问题叫啰嗦。急躁,不对;啰嗦,也不对。君子答问应该像空谷回音一般。

注释 傲,急躁。囋,唠叨,啰嗦。向,通"响",回声。

【16·7】

孔子曰:"君子有三戒:少之时,血气未定,戒之在色;及其壮也,血气方刚，戒之在斗；及其老也，血气既衰，戒之在得。"

【注释】

①三戒：戒，警惕，防备。

②血气未定：血气，血液和气息，这里指元气。

③血气方刚：刚，旺盛。

④戒之在得：得，贪得，包括金钱、地位、名誉等。

【今译】

孔子说："君子有三个阶段要警惕：少年时，血气不稳定，要警惕好色；到了壮年，血气正旺，要警惕好斗；到了老年，血气衰弱，要警惕贪得无厌。"

【成语】

血气方刚：年轻人精力正当旺盛。

【解难】

孔子：君子三戒

孔子所云"三戒"，即世人所谓酒色财气这四大祸根。酒是穿肠毒药，色是刮骨钢刀，财是下山猛虎，气是惹祸根苗。因此，饮酒不要醉乱，好色不要违礼，爱财不要忘义，斗气不要留患。

少戒色：少无定力，俊男靓女，摄人心魂，好之则迷。壮戒斗：壮则强暴，好赌气，不服输，一言不合，则挥之以拳脚。老戒得：老而俱衰，挣钱难，啃老本，故好钱财。常人老了有四个共同的特点：一是小气，二是爱钱，三是怕死，四是不服老。君子应静心养气，不为血气所动。

【延伸阅读】

从武士到文士

孔子的先世是贵族，古代的贵族子孙皆为士。士原为武士之称，古代的士要接受严格的武士教育，内容是礼、乐、射、御、书、数，其中射、御是学习重点。他们要穿戴甲胄，乘车射御，自备武器，脱离生产专门训练，因此，士就成为古代垄断的职业军人。他们与统治者互相依赖，士依靠统治者分给土地和农奴，统治者依靠士的武力统治人民。春秋时期战争频繁，大国要备千乘、万乘用于打仗，在连年的战争下，士的家庭趋于贫困，既不能装备自己，也满足不了战争的需要。于是统治者从民间大量征调车马兵卒，军力迅速强大，统治者不再需要旧时的武士了。因此，士的子弟逐渐转化为文士，担任下级官吏。孔子的先世是宋国贵族，必然受过严格的军事训练，迁到鲁国时，必然会把自己的全副武装带来，以武士的身份，委质于鲁。孔子的父亲叔梁纥在一次攻城战争中，举起城上的悬门，让战友从城门里退出，可见其武功。（摘编自徐中舒《先秦史十讲》）

【16·8】

孔子曰："君子有三畏：畏天命，畏大人，畏圣人之言。小人不知天命而不畏也，狎（xiá）大人，侮圣人之言。"

【注释】

①三畏：畏，敬。《广雅·释训》："畏，敬也。"
②天命：上天的意志。
③大人：官大的人，是对大官、权贵的称呼，指当时的天子、诸侯。
④圣人：德智最高的人，如尧、舜、禹、文王、武王、周公。大人以位言，圣人以德言。
⑤小人：小老百姓，平民百姓。
⑥狎：亲近而态度不庄重，轻慢。《广雅·释诂三》："狎，轻也。"

【今译】

孔子说："君子有三种敬畏：敬畏天命，敬畏大人，敬畏圣人说的话。小老百姓不懂得天命因而也无所敬畏，轻慢大人，侮辱圣人说的话。"

【解难】

孔子：君子三畏

生于忧患，死于安乐，故君子常存敬畏之心。"天命"万古如斯，日月代明、四时错行、百物生长、风雨雷电、生死荣枯都是天命，顺之则吉，逆之则凶，不能不畏。"大人"位高权重，掌握礼乐征伐、封爵赐禄之权，主宰生杀予夺、刑赏豁免，不能不畏。"圣人之言"是指载于典籍中的圣人遗训，是人生的指南，不能不畏。君子博学于文，约之以礼，所以知天命，敬大人，畏圣人之言；小人则相反。

【延伸阅读】

敬天与修德

皇天无亲，惟德是辅。（《尚书·周书·蔡仲之命》）

天行有常，不为尧存，不为桀亡。应之以治则吉，应之以乱则凶。（《荀子·天论》）

夫大人者，与天地合其德，与日月合其明，与四时合其序，与鬼神合其吉凶。先天而天弗违，后天而奉天时。（《周易·文言传·乾文言》）

【16·9】

孔子曰："生而知之者，上也；学而知之者，次也；困而学之，又其次也；困而不学，民斯为下矣。"

【注释】

①困而学之：困，困惑，有所不通，心智不开。

【成语】

生而知之：生来就懂得知识和道理，形容天资聪颖。

困而不学：遇到困惑却不学习，指文化基础差还不爱学习。

【今译】

孔子说："生来就知道的人，是上等人；学习以后才知道的人，是次一等的人；遇到困惑才去学习的，是又次一等的人；遇到困惑而仍然不学习，老百姓就是这种下等层次的人了。"

【解难】

孔子：人分四等

冯梦龙《智囊·叙》："人有智，犹地有水；地无水为焦土，人无智为行尸。"

孔子按智力、天赋把人分为四等：上，次，又其次，下。上等是生而知之，生下来就知道事理，懂得某种学问、技能，这是天才。次一等是学而知之，亲师取友获取知识和技能。又次一等是困而学之，遇到困惑而去学习和思考。下等是困而不学，遇到困惑仍然不学不问。孔子之言，旨在劝学求知，而非把人分成贵贱几等。

聪敏和愚笨没有绝对的界限，比如能够到达金字塔顶端的只有两种动物：一种是雄鹰，有天赋的人就像雄鹰；另一种是蜗牛，愚笨的人就像蜗牛。但是，蜗牛只要爬到金字塔顶端，它所看到的世界和收获的成就，就跟雄鹰是一样的。因此，人生不能平淡，岁月不能虚度。如果我们的人生不留下一些让自己热泪盈眶的记忆，那我们的人生就是虚度的。

【延伸阅读】

梁文康

粤东梁文康储髫（tiáo）龄时，已具公辅之量。相传幼时两眉俱绿，一日自塾中归，误仆于地。父迟庵掖起之曰："跌倒小书生。"公应声曰："扶起大学士。"

迟庵与诸子浴于小沼中，出对云："晚浴池塘，涌动一天星斗。"公对曰："早登台阁，挽回三代乾坤。"时年才七岁耳，而吐属不凡如此。（清·梁绍壬《两般秋雨盦随笔》）

注释 髫龄,即童年。公辅,指宰相一类的大臣。掖,扶着胳膊。台阁,泛指中央政府机构。

【16·10】

孔子曰:"君子有九思:视思明,听思聪,色思温,貌思恭,言思忠,事思敬,疑思问,忿思难(nàn),见得思义。"

【注释】

①聪,明察,听清楚,即听而能审其是非真假,闻事能审其意。《说文》:"聪,察也。"恭,肃,庄重。敬,严肃,认真。难,祸患。义,合宜,应该。

【今译】

孔子说:"君子有九种情况要思考:看要考虑是否看明白,听要考虑是否听清楚,脸色要考虑是否温和,容貌要考虑是否庄重,言语要考虑是否忠诚,做事要考虑是否认真,遇到疑问时要考虑如何请教,忿怒时要考虑是否留下后患,见利可得时要考虑是否该得。"

【解难】

孔子:君子九思

思之思之,鬼神通之。君子有九思,并非思之全,而是告诫君子遇事要反复思考。看要看清本质,而非表象;听要听清关键,听出弦外之音;脸色温和是谦恭接下;言谈忠诚是忠心奉上;做事敬业是在其位谋其政;有疑则问是学而不厌,不耻下问;忿怒思患是动不累亲;见利思义是义然后取,不能把道义放两旁,把利字摆中间。

君子有三德:仁者不忧,知者不惑,勇者不惧。

君子说话有三愆:躁,隐,瞽。

君子有三戒:年少戒色,年壮戒斗,年老戒得。

君子有三畏:畏天命,畏大人,畏圣人之言。

君子有三态:望之俨然,即之也温,听其言也厉。

君子有九思:视思明,听思聪,色思温,貌思恭,言思忠,事思敬,疑思问,忿思难,见得思义。

君子有三立:立德,立功,立言。

【延伸阅读】

美德如玉

夫昔者,君子比德于玉焉:温润而泽,仁也;缜密以栗,知也;廉而不刿

(guì)，义也；垂之如队，礼也；叩之，其声清越以长，其终诎然，乐也；瑕不掩瑜，瑜不掩瑕，忠也；孚尹（yún）旁达，信也；气如白虹，天也；精神见于山川，地也；圭璋特达，德也；天下莫不贵者，道也。《诗》云："言念君子，温其如玉。"故君子贵之也。（《礼记·聘义》）

大意 从前，君子的美德可以和玉相比：玉温厚而润泽，像仁；质地缜密而坚硬，像智；有棱角而不伤人，像义；垂挂着好像下坠，像谦卑有礼；轻轻一敲，声音清脆悠扬，响到最后，又戛然而止，像乐；既不因其优点而掩盖其缺点，也不因其缺点而掩盖其优点，像忠；色彩外露而不隐藏，像信；光耀如同白虹，像天；精气显露于山川，像地；圭璋作为朝聘时的礼物可以单独送达君主，像德；天下人没有不看重玉的，像道。《诗经》中说："多么想念君子啊，他就像玉那样温文尔雅。"所以君子看重玉。

注释 栗，坚硬。刿，刺伤。队，通"坠"。孚尹，指美色。"孚"通"浮"，"尹"通"筠"。特达，无所不达。

【16·11】

孔子曰："见善如不及，见不善如探汤，吾见其人矣，吾闻其语矣。隐居以求其志，行义以达其道，吾闻其语矣，未见其人也。"

【注释】
①见不善如探汤：探汤，试试沸水，形容戒惧。
②行义以达其道：达，实现，贯彻。

【成语】
隐居求志：隐居不仕，以保全自己的志向。
求志达道：隐居以保全自己的志向，推行道义以贯彻自己的主张，是儒家一种理想的人生观。

【今译】
孔子说："见到善行好像追赶不上，见到不善的行为好像探试沸水（赶快把手缩回），我见过这样的人，也听过这样的话。隐居以追求自己的志向，推行道义以贯彻自己的主张，我听过这样的话，却没见过这样的人。"

【解难】

两种人

一种人是好善恶（wù）恶（è），他们见善如不及，见不善如探汤。这种人急切追求向善，见贤思齐，生怕赶不上；看到不善的行为，生怕玷污自己，赶快避开。他们不仁之事不做，不义之财不取，不正之风不染。孔子既见其人，又闻其语。这种人独善其身。

一种人是处处合宜,他们隐居以求其志,行义以达其道。这种人既能在乱世隐居起来以保全自己的志向,也能在治世推行道义以实现自己的政治主张。孔子闻其语,未见其人。因为他们看似隐居乡野,淡泊名利,实则志在功名,暗慕富贵。

"探汤"解

"探汤"本义是探试沸水,不敢触及,否则被烫伤。一是形容戒惧警惕。傅玄《和班氏》诗:"秋胡见此妇,惕然怀探汤。"比喻沾染恶习或能迅速改掉恶习,也比喻避恶之速。二是形容温度太高。《列子·汤问》:"日初出沧沧凉凉,及其日中如探汤。"

【延伸阅读】

治其身而天下治

昔者,先圣王成其身而天下成,治其身而天下治。故善响者不于响于声,善影者不于影于形,为天下者不于天下于身。(《吕氏春秋·先己》)

大意 过去,古代圣明君主成就自身从而成就天下,管好自身而管好天下。所以懂得回声的人不在回声上花功夫而是研究声源,懂得影子的人不在影子上花功夫而是研究形体,治天下的人不刻意注重天下大事而是在自身修养上下功夫。

【16·12】

齐景公有马千驷,死之日,民无德而称焉。伯夷、叔齐饿于首阳之下,民到于今称之,其斯之谓与?

【注释】

①章首似脱"子曰"二字。

②有马千驷:有四千匹马,形容富有。驷,四匹马,也称四匹马拉的一辆车为驷。

③无德而称:没有什么恩德可以称颂。德,道德品质。一说"无德而称"同"无得而称",皇《疏》"德"作"得",无法来称颂。《泰伯篇》(8·1):"三以天下让,民无得而称焉。"

④伯夷、叔齐饿于首阳之下:首阳,即首阳山。《水经注》:"阚骃曰:'首阳山一名独头山,夷、齐所隐也。'"

⑤其斯之谓与:其,大概。斯,这。谓,说。与,同"欤"。

【今译】

齐景公有四千匹马,他死的时候,百姓觉得他没有什么道德可以称颂。伯夷、叔齐饿死在首阳山下,老百姓们到现在还在称颂他们,大概说的就是这个意思吧?

【解难】

齐景公富而无德,伯夷、叔齐民称至今

道德与贫富无关,贫不必耻,富不必荣,关键在于立身之节、传世之德。齐景公富有四千匹马而乏善可陈,生前无德而多马,死后身与名俱灭,故民无所称誉。伯夷、叔齐互让君位,认为周武王伐纣不义,遂叩马而谏,后耻食周粟,隐于首阳山,采薇而食,七日饿死,可谓贫困至极。但其谦让忠诚之德,不受嗟食之节,一直被人传颂。一时之浮荣易过,但千载之影样难移。不论时光流转,民心如秤,称得出道德的轻重,德寡者呜呼哀哉而声名杳去,德厚者千载之下仍美名流芳。这里,齐景公无德可称,合于探汤之喻;伯夷、叔齐民称至今,合于求志达道之喻。

河南偃师夷齐庙对联曰:"几根傲骨头撑持宇宙;两张饿肚皮包罗乾坤。"

【延伸阅读】

景公颜子

景公千驷,不及夷、齐。颜子一瓢,乃同禹、稷。孔孟垂教,深切著明,而后世利欲之私,至于包括天地,蔽遮日月。太史公曰:"天下攘攘,皆为利往,天下嘻嘻,皆为利来。"吁!可哀也哉!(宋·罗大经《鹤林玉露》甲编卷五)

陆伯阳

潘沧浪邂逅一客,扣姓字。客曰:"姓陆,字伯阳。"潘笑曰:"齐景公有马千驷,民无得而称焉。六百羊值甚的?"闻者大笑。(清·褚人获《坚瓠集》)

注释 邂逅,不期而遇。扣,问。六百羊,即六百只羊,谐音"陆伯阳"。值甚,值什么钱。

【16·13】

陈亢问于伯鱼曰:"子亦有异闻乎?"对曰:"未也。尝独立,鲤趋而过庭。曰:'学《诗》乎?'对曰:'未也'。'不学《诗》,无以言。'鲤退而学《诗》。他日,又独立,鲤趋而过庭。曰:'学礼乎?'对曰:'未也'。'不学礼,无以立。'鲤退而学礼。闻斯二者。"

陈亢退而喜曰:"问一得三:闻《诗》,闻礼,又闻君子之远其

子也。"

【注释】

①陈亢：字子禽，见《学而篇》(1·10)注释。伯鱼，即孔鲤，字伯鱼，孔子之子，享年五十，先孔子而卒。另见《先进篇》(11·8)。

②异闻：特别的听闻，即私下的特殊教诲。

③趋而过庭：趋，快走。卑者经过尊者面前、晚辈经过长辈面前、臣子经过国君面前，都要"趋"，表示尊重和恭敬。庭，院子。

④无以言：无以，没有办法。

⑤他日：后来有一天。

⑥远其子：远，疏远，不偏爱。

【今译】

陈亢问伯鱼："您在老师那儿听到过什么不同的教诲吗？"伯鱼回答说："没有呀。我父亲曾经有一次独自站在院子中，我快步从院子中走过，他说：'学《诗》了吗？'我回答说：'没有。'他说：'不学《诗》，无法说好话。'我回去就学《诗》。后来有一天，他又独自站在院子中，我快步从院子中走过，他说：'学礼了吗？'我回答说：'没有。'他说：'不学礼，无法立足社会。'我回去就学礼。我就听到过这两次教诲。"

陈亢回去高兴地说："我问一件事却知道了三件事：知道了《诗》的重要性，知道了礼的重要性，又知道了君子不偏爱自己的孩子。"

【成语】

过庭之训：经过庭院时受到的教诲。指父教、父训。

诗礼传家：以诗书典籍代代相传。指世代都读诗书，习礼仪。

问一得三：问一件事，得到了三件事的答案。形容求少得多。

【解难】

孔子教子

陈亢汲汲于道，以为伯鱼是孔子的儿子，孔子偏爱他，私下里给了他特殊传授。然而孔子立教为公，对儿子和学生皆同等对待，同样授业。陶行知说："教育为公，以达天下为公。"

孔子教子学《诗》，因为《诗经》有比兴答对酬酢，而且《诗》教温柔敦厚，令人心平气和，学《诗》则善于言谈沟通，不学《诗》则难以和人交流。《汉书·艺文志》："古者诸侯卿大夫交接邻国，以微言相感，当揖让之时，必称《诗》以谕其志，盖以别贤不肖而观盛衰焉。"

孔子教子学礼，因为礼表现为谦恭谨慎、庄重严肃，是立身之本，不学礼则不能立身处世。

孔子教育儿子与教育弟子宽严皆同，一视同仁，不独亲，无私心。古人教子，常常易子而教。君子不教自己的子女，否则偏私子女会陷入溺爱，就会疏远其他学生；苛责子女会陷入对立，就会激化父子矛盾，有违父慈子孝。

"庭训""过庭""鲤庭""趋庭"解

四个词都源于此章，都是指接受父亲的教诲。康熙皇帝著有《庭训格言》用以教子。

曹操《善哉行》（其二）："既无三徙教，不闻过庭语。"三徙教，指母教。孟母为教育孟子，三次搬家选择邻居。过庭语，指父教。

陈廷敬诗："不负当年过庭语，先公曾经是清官。"

刘禹锡《酬郑州权舍人见寄》："鲤庭传事业，鸡树遂翱翔"。

王勃《滕王阁序》："他日趋庭，叨陪鲤对。"意思是不久我将见到父亲，聆听他的教诲。"叨陪"即陪侍。"叨"是谦辞，非分的承受。"鲤对"犹鲤庭。"对"是庭对，接受教诲。

【延伸阅读】

家　训

清勤和缓。
言宜慢，心宜善。
有记性，不急性。
静以修身，俭以养德。
传家两字读与耕，兴家两字俭与勤。
欲高门第须为善，要好儿孙必读书。
明里去了暗里来，一文去了万文来。
事不做到十分满，心中稍疑事即缓。
大事当作小事看，小事当作大事做。

【16·14】

邦君之妻，君称之曰夫人，夫人自称曰小童；邦人称之曰君夫人，称诸异邦曰寡小君，异邦人称之亦曰君夫人。

【注释】

①邦君之妻：国君之妻、诸侯之妻，是正妻。"邦"是诸侯国，"妻"是齐的意思，言与夫齐体，上下之通称。

②夫人：国君称自己的妻子为夫人。

③小童：幼小的儿童，年十五成童。国君之妻在国君面前谦称"小童"，是说

自己像儿童一样不太懂事，不敢与国君相比；在天子面前自称"老妇"，是说自己颜老色衰。

④君夫人：国君的夫人，本国人和外国人皆尊称国君之妻为"君夫人"，言辅君主内。

⑤称诸异邦：对外国人称呼。

⑥寡小君：寡德的小君。国人在外国人面前谦称国君之妻为"寡小君"，"寡"是寡德，谦称；"小"是因夫人与国君相比小于君，"小君"是君夫人自称。

【今译】

国君的妻子，国君称呼她夫人，她自己谦称小童；国人尊称她为君夫人，和外国人谈到她时称呼她寡小君，外国人称呼她时也尊称君夫人。

【解难】

妇人称谓之礼

此章关于妇人的这套称号是周礼的规定，体现了"尊"和"谦"，以正夫人之名称，维护等级制度。何晏《集解》引孔融："当此之时，诸侯嫡妾不正，称号不审，故孔子正其礼也。""礼，天子诸侯不再娶，天子一娶十二女，诸侯一妻九女，正室死，则以媵之贵者摄理内政，不下渔色于国中。"以此"敬宗庙，重继嗣，杜乱萌"。所以按礼国君不能二婚，媵妾不能扶正。夫妻一辈子，妻死不再娶。"以妾为妻，非妻也。由左右媵以色而升，非妻也。"天子和诸侯的妻子去世了，如果再从国民中选娶女子为妻，就会被谴责为"渔色"。猎取美女，好比从国民的水池中捞鱼。

【延伸阅读】

寿母生朝·其一

秋风萧爽天气凉，此日何日升斯堂。
堂中老人寿而康，红颜绿鬓双瞳方。
家贫儿痴但深藏，五年不出门庭荒。
灶陉十日九不炀，岂办甘脆陈壶觞？
低头包羞汗如浆，老人此心久已忘。
一笑谓汝庸何伤，人间荣耀岂可常。
惟有道义思无疆，勉励汝节弥坚刚。
熹前再拜谢阿娘，自古作善天降祥。
但愿年年似今日，老莱母子俱徜徉。

——南宋·朱熹

大意 秋风萧爽，天气清凉，今天母亲生日，我为祝寿登上高堂。

堂上的老人长寿又健康，脸庞红润，鬓发乌黑，瞳孔方正又明亮。

家里贫困，儿子我愚痴只能闭门深藏，五年未曾出门谋生，门庭显得荒凉。

炉灶十天就有九天没有生火，哪能把美酒和甜食给母亲奉上？

自己低头羞愧汗水如浆，但母亲对荣华富贵早已淡忘。

她笑着安慰我说何必感伤，人世间荣耀哪能有常。

只有追求道义没有边界，勉励自己志节要更坚刚。

我上前再拜感谢阿娘，说自古行善的人，上天会降下吉祥。

但愿年年像今天一样，我们母子能在一起悠游徜徉。

注释 这是朱熹给母亲六十岁生日写的祝寿诗。双瞳方，道家认为瞳孔方正的人寿千岁。陉，音 xíng，灶的边缘。炀，音 yáng，烘烤。老莱，即老莱子，春秋时期楚国隐士，他孝敬父母，年七十岁，父母还健在，他常穿五色彩衣以娱双亲。

阳货篇第十七
（共二十六章）

【17·1】

阳货欲见孔子，孔子不见，归（kuì）孔子豚（tún）。孔子时（sì）其亡（wú）也，而往拜之。遇诸途。谓孔子曰："来！予与尔言。"曰："怀其宝而迷其邦，可谓仁乎？"曰："不可。""好从事而亟（qì）失时，可谓知乎？"曰："不可。""日月逝矣，岁不我与。"孔子曰："诺，吾将仕矣。"

【注释】

①阳货：又叫阳虎，货与虎音近，一声之转。鲁国大夫季氏的家臣，曾经囚禁季桓子而专国政。此时季氏把持鲁国朝政，阳货以陪臣的身份执掌国政。

②归孔子豚：归，同"馈"，赠。豚，小猪，此指蒸熟了的小猪。"归之豚"是欲令孔子来拜而见之。

③时其亡也，而往拜之：时，同"伺"，观察。亡，同"无"，不在家。拜，拜访，拜谢，以礼会见。

④怀其宝而迷其邦：怀，藏。宝，宝物，指才德。迷，使……迷乱。

⑤亟失时：亟，屡次。

⑥日月逝矣：逝，流逝，去而不返曰逝。

⑦岁不我与："岁不与我"的倒装。与，等待。《白虎通·四时》："所以名为岁何？岁者，遂也。"

⑧诺，吾将仕矣："吾将仕矣"是孔子敷衍阳货的话，不是真要出仕。

【今译】

阳货见孔子，孔子不见他，阳货便送给孔子一只蒸熟的小猪。孔子观察阳货不在家时，就去拜谢他。孔子在途中遇见阳货。阳货对孔子说："过来！我跟你说。"阳货说："身怀本领而听任国家迷乱，能说是仁吗？"孔子说："不能。"阳货说：

"喜好参与政事而又屡次错失时机,能说是智吗?"孔子说:"不能。"阳货说:"时光在流逝,岁月不等人。"孔子说:"好吧,我要出去做官了。"

【成语】

怀宝迷邦:怀有才德却听任国家迷乱,指有才德而不为国效力。

岁不我与:岁月不等人,表示应及时奋起,有所作为。

【解难】

孔子路遇阳货

阳货是鲁国大夫、第一权臣季氏的家臣,孔子也是鲁国人,故阳货以大夫自处,想让孔子到其家中拜访,从而劝孔子在自己手下做官。孔子因为他曾经囚禁季桓子而专国政,是乱臣,所以拒绝前往拜见。阳货知道孔子遵礼,于是趁孔子不在家,派人给他送去一只蒸熟的乳猪,料想孔子必定会按照礼节来回拜自己。孔子观察阳货不在家时,去其家中拜谢,一则不废礼义,二则不见恶人。哪知冤家路窄,两人在途中不期而遇。阳货迎上前去,连续发问,孔子顺势而答,不与争辩,毫无违逆。这是圣人对待恶人之法。孔子回答阳货说自己准备做官了。孔子不是不想做官,而是不愿为乱臣效劳。此事大致发生在公元前503年,鲁定公七年,孔子四十九岁。两年后,阳货被逐,孔子开始从政,任鲁国中都宰。

【延伸阅读】

求见之辱

古人有言,登公卿之门而不见公卿面目,一辱也;对公卿面目而莫测公卿之心,二辱也;识公卿之心不知我之心,三辱也。大丈夫宁就万死,不受一辱。(宋·张瑞义《贵耳集》卷下)

圣人也有屈辱

或问:"圣人有诎(通'屈')乎?"曰:"有。""焉诎乎?"曰:"仲尼于南子,所不欲见也;于阳虎,所不欲敬也。见所不见,敬所不敬,不诎如何?"(汉·扬雄《法言·五百》)

【17·2】

子曰:"性相近也,习相远也。"

【注释】

①性相近：性，人性，本性，人先天具有的纯真善良的本性。近，近于善。

②习相远：习，习性，习惯，生活在不同环境中积久养成的惯性行为。远，远于善。

【今译】

孔子说："人的本性是相接近的，习性却相差甚远。"

【解难】

孔子：性相近，习相远

"天命之谓性。"人们先天具有的本性是相近的，由于各自生活在不同的环境中而逐渐被感染，时间长了就养成不同的习惯。"性相近"不是"性相同"，其性正引则为善，为圣为贤；邪引则作恶，为愚为不肖。后天教育特别重要，因此孔子偏重"习"。

近朱者赤，近墨者黑。"性近习远"之说，揭示了环境对人的巨大影响，如习惯成自然，习以为常，习非成是，习焉不察。白居易《策项》："臣闻人无常心，习以成性；国无常俗，教则移风。"唐代魏徵《十渐疏》："立身成败，在于所染。兰芷鲍鱼，与之俱化。慎乎所习，不可不思。"兰芷，兰草和白芷，两种香草；鲍鱼，用盐腌制的鱼，干鱼，其味腥臭，不是海里的鲍鱼。

【成语】

性近习远：本性相近，习性相差较远。

【延伸阅读】

环境改变人

日月欲明，浮云盖之；河水欲清，沙石秽之；人性欲平，嗜欲害之。惟圣人能遗物而反己。（《淮南子·齐俗训》）

大意 日月总是想发光明的，但浮云遮盖了它；河水原本是清澈的，但泥沙污浊了它；人的天性本是平和的，但欲望扰乱了它。只有圣人能抛开外物的诱惑而回归原本平和的本性。

【17·3】

子曰："唯上知与下愚不移。"

【注释】

①上知与下愚不移：上知，上等智者，生而知之者。下愚，下等愚人，智障者。移，改变。

【今译】

孔子说:"只有上等智慧的人与下等愚蠢的人是改变不了的。"

【成语】

上智下愚:最聪明的人和最愚笨的人。孔子认为他们都是先天决定,不可改变的。

下愚不移:最下等的愚蠢人不可能被改变。泛指不求上进、顽固不化,后多用作谦辞。

【解难】

孔子:上智与下愚不可改变

上一章说本性相近,习惯相远,所以要重视后天的教育;但教育不是万能的,因为上智和下愚都是先天决定的。因此,这一章是对上一章的补充。上智和下愚皆不多见,而贤愚正常的中人是绝大多数,因此,要加强对中人的教育、管理,使他们成为社会发展和稳定的中坚力量。皇《疏》认为,自圣以下,贤愚万品,大而言之,人分三品,上为圣,下为愚,中人最多。上智为圣人,下愚为愚人;上智不可使之为恶,下愚不可强使之贤。唯中人具有可塑性、可变性,所以中人有"习相远"之异。同时,上智者不可自恃其才智而废修学之功,下愚者亦不可自暴自弃而荒疏终身之学。

程树德赞同何晏《集解》将此章放在上一章"性相近也,习相远也"之后,认为"性近习远"是对中人而言,朱熹分为两章乃误。

【延伸阅读】

张江陵十岁对句

顾东桥(璘)抚楚,张江陵仅十余岁,应童子试。东桥曰:"童子能属(zhǔ,续)对乎?"因曰:"雏鹤学飞,万里风云从此始。"张即曰:"潜龙奋起,九天雷雨及时来。"东桥大喜,解腰间金带赠之,曰:"他日贵过我也。"(清·褚人获《坚瓠集·乙集》卷四)

大意 顾璘(号东桥)巡抚湖北一带时,张居正(江陵人)只有十多岁,也来参加秀才资格的考试。顾就问他:"小孩会对对子吗?"于是出了个上联:"雏鹤学飞,万里风云从此始。"张立刻说出下联:"潜龙奋起,九天雷雨及时来。"顾听后非常高兴,解下腰间的金带送给他,说:"你以后的显贵将超过我。"

【17·4】

子之武城,闻弦歌之声。夫子莞尔而笑,曰:"割鸡焉用牛刀?"子游对曰："昔者偃（yǎn）也闻诸夫子曰：'君子学道则爱人，小人学道则易使也。'"子曰："二三子，偃之言是也，前言戏之耳。"

【注释】

①子之武城：之，到。武城，鲁国的一个小县城，鲁襄公十九年（公元前554年）筑，故城在今山东费县西南。子游时为武城宰。

②弦歌之声：弹琴唱歌之声，指用礼乐教化。弦，指琴瑟，古人读诗有"春诵夏弦"之说。读诗只口诵的叫"诵"，配以乐器叫"弦"。

③莞尔而笑：莞尔，小笑、微笑的样子，抿嘴而笑。

④偃也闻诸夫子：偃，即子游，姓言名偃，字子游。"偃"是息、止，"游"是流、动，名与字义相反。

⑤君子学道则爱人，小人学道则易使：君子，在上位的统治者。小人，平民百姓。使，使唤，役使。

⑥二三子，偃之言是也，前言戏之耳：二三子，同学们。是，正确。戏，开玩笑。

【今译】

孔子到武城，听见弹琴唱歌的声音。孔子微微一笑，说："杀鸡何必用杀牛的刀呢？"子游回答说："以前我从先生那里听说：'君子学了大道就能爱人，老百姓学了大道就容易使唤。'"孔子说："同学们，言偃的话是对的啊，前面我说的话只是跟他开玩笑罢了。"

【成语】

莞尔而笑：形容微笑的样子。

割鸡焉用牛刀：杀鸡何必用杀牛的刀，比喻办小事情不用花大气力。

【解难】

子游礼乐治武城，孔子说：割鸡焉用牛刀

鲁国有两个武城，子游所治之城是南武城，也是曾参的家乡；澹台灭明是东武城人。子游是孔子著名弟子，"孔门十哲"之一。子游宰邑，以礼乐治之，孔子闻弦歌之声，莞尔一笑，是深喜子游得礼乐化民之道。乐主和，和是生生不息之仁。乐可以化善民心，移风易俗。孔子对子游说："割鸡焉用牛刀？"是说其治小县城，何必用礼乐大道。子游未明孔子之意，一本正经地回答说："过去老师给我说过：在上位的君子治理百姓，学了礼乐之道，推己及人，则民胞物与，仁爱百姓；在下位的小民，学了礼乐之道，就知上下尊卑，各得其位，容易驱使。"孔子担心子游将他的话当真，就说："开个玩笑罢了，你做得对，不能说小县城就不用大道来治。"

奥地利精神分学家弗洛伊德说："没有口误这回事，所有的口误都是潜意识的真实的流露。""凡人都无法隐瞒私情，尽管他的嘴可以保持缄默，但他的手指却会

多嘴多舌。"就是说，人的一言一行都是内心意识的流露。子游之才，可治千乘之国，而今只做小县之长，且治之以礼乐，看来孔子之责也非纯粹玩笑啊！

【延伸阅读】

论 礼

礼贵从宜，事难泥古。（宋·王安石《乞皇帝御正殿复常膳表》）

礼有经，亦有权。（清·吴敬梓《儒林外史》第四回）

礼以顺人心为本。（《荀子》卷十九）

民习礼义，易与为善，难与为非。（宋·苏辙《李之纯宝文阁直学士知成都府》）

礼乐，治民之具也。（宋·欧阳修《武成王庙问进士策二首》）

礼乐为本，政刑为末。（宋·苏辙《河南府进士策问三首》）

约之以礼，驱之以法。（宋·苏洵《张益州画像记》）

礼无不敬，法无不肃。（明·罗贯中《三国演义》第八十二回）

却之不恭，受之太过。（明·施耐庵《水浒传》第七十二回）

注释 礼贵从宜，事难泥古：礼节重在符合实际情况，做事不应当拘泥于旧的一套。经，常规；权，变通。

【17·5】

公山弗扰以费（bì）畔，召，子欲往。子路不说，曰："末之也已，何必公山氏之之也？"子曰："夫召我者，而岂徒哉？如有用我者，吾其为东周乎？"

【注释】

①公山弗扰：复姓公山名弗扰，也叫公山不狃（niǔ），弗扰与不狃古音同，鲁国人。公山弗扰是季氏的家臣。

②以费畔：以，凭借。费，季氏的私邑。畔，同"叛"，背叛季氏。

③召：请，邀请，召请。《广雅·释言》："召，靓（jìng，请）也。"以口曰召，以手曰招。

④末之也已：末，无，没有。之，去。已，止、算了。

⑤何必公山氏之之也：是"何必之公山氏"的倒装，前一"之"字是助词，将宾语"公山氏"前置；后一"之"字是动词，去、到。

⑥岂徒哉：徒，白白地。

⑦其为东周乎：其，也许。为，建设，复兴。东周，不是朝代名，而是东方周

朝，意即将使周文王、周武王之道在东方（鲁国）复兴。

【今译】

公山弗扰凭借费邑反叛季氏，请孔子去，孔子想去。子路不高兴，说："没有地方去也就算了，为什么一定要去公山弗扰那里呢？"孔子说："那个请我去的人，难道是白白叫我去吗？如果有人用我的话，我也许能建立一个屹立于东方（鲁国）的周王朝吧？"

【解难】

家臣公山费邑叛乱邀请孔子，孔子欲往以复兴周王朝

公山弗扰与阳货同为季氏家臣。季桓子非常器重公山弗扰，派他任自己私邑的总管。但后来，公山费扰与季桓子矛盾尖锐，公元前498年，鲁定公十二年，公山弗扰联合阳货一起囚禁了季桓子。季桓子用计逃脱，阳货兵败后逃亡齐国。公山弗扰凭借季氏的私邑费反叛，欲堕毁三桓的都邑。孔子时任大司寇，派兵讨伐，直到二人败逃至齐国。孔子刚入职时，也在季氏担任小官，做文书，管理仓库和马匹，公山弗扰为季氏家臣，两人有交集，所以他请孔子去。"子欲往"而实际未往，孔子最终未接受公山弗扰的招纳。

鲁国自文公之后，国政被以季氏为首的"三桓"操纵，公室日益衰弱。孔子试图改变卿大于公的局面，但由于"三桓"强大，无法成功。鲁国末年，"三桓"强盛而公室衰微，"三桓胜，鲁如小侯，卑于三桓之家"。公山弗扰是背叛季氏，不是背叛鲁国，孔子想去，不是帮公山弗扰，而是为了鲁国，试图利用公山弗扰打击季氏，削弱季氏权力，振兴鲁国。子路不知孔子之意，所以不满孔子之"欲往"，说您实在没有地方去推行您的治国方略，也不要应公山弗扰这个乱臣之召，以免有损清誉。但孔子不愿怀宝迷邦，屡失良机，直表用世之志：如果有人委我以国，授我以政，我将拨乱反正，纠偏救弊，整顿纲纪，复兴礼乐，振兴鲁国，在鲁国建立东方周朝。然而大道将废，鲁国最终未能振兴，孔子亦未能如愿。

《史记·孔子世家》记载，此事以后，鲁定公任命孔子为中都宰。一年后，各地都效法他的治理方法，孔子亦由中都宰升为司空，掌管工程，相当于后来的工部尚书；又由司空升为大司寇，掌管刑狱、纠察等，相当于后来的刑部尚书。

【延伸阅读】

孔子之志

孔子生于乱世，莫之能容也。故言行于君，泽加于民，然后仕；言不行于君，泽不加于民，则处。孔子怀天覆之心，挟仁圣之德，悯时俗之污泥，伤纪纲之废坏，服重历远，周流应聘，乃俟幸施道以子百姓，而当世诸侯莫能任用。是以德积而不肆，大道屈而不伸，海内不蒙其化，群生不被其恩。故喟然而叹曰："而有用我者，则吾其为东周乎！"故孔子行说，非欲私身，运德于一城，将欲舒之于天下，

而建之于群生者耳。（汉·刘向《说苑·至公》）

大意 孔子生活在乱世，没有哪一位君主能容纳重用他。所以只有当他自己的建言能被国君采纳，恩泽惠及百姓，然后才出来做官；建言不能被国君采纳，恩泽不能惠及百姓，就隐退在家。孔子怀抱着像上天覆盖大地一样的胸怀，具备圣贤仁慈之德，忧虑当时社会风气的污浊，痛心纪纲的败坏，驾着沉重的车子跋涉到遥远的地方，周游应聘，等待机会推行其政治主张、爱护百姓，但当世诸侯没人能重用他。所以他积蓄了深厚的道德却不能推广，宏大的主张受到压抑不能伸张，天下不能接受他的教化，百姓不能享受他的恩惠。所以孔子长叹一声："如果有重用我的人，我将在东方建立一个像周那样的王朝！"所以孔子游说天下，不是为了自己的私利，也不是只在一座城池推行其恩德，而是想要推广到整个天下，并在广大百姓中树立起来。

【17·6】

子张问仁于孔子。孔子曰："能行五者于天下为仁矣。""请问之。"曰："恭、宽、信、敏、惠。恭则不侮，宽则得众，信则人任焉，敏则有功，惠则足以使人。"

【注释】

①恭宽信敏惠：恭，恭敬。宽，宽容。信，诚信。敏，审慎。刘宝楠《论语正义》："敏之义为审。"徐彦疏："敏，审也。"惠，仁慈，恩惠。《说文》："惠，仁也。"

②信则人任焉：任，任用。

【今译】

子张向孔子问怎样做到仁。孔子说："能推行五种品德到天下就是仁了。"子张说："请问是哪五种。"孔子说："恭、宽、信、敏、惠。谦恭就不被侮辱，宽厚就能得到大众的拥护，诚实就能得到别人的任用，审慎就能干出成绩，给人恩惠就足以使唤别人。"

【解难】

孔子答子张问仁：恭宽信敏惠

仁为心之德，心德之要有五，孔子概括为恭、宽、信、敏、惠。恭，谦逊有礼；宽，豁达心宽；信，诚实守信；敏，行为审慎；惠，施恩及下。此五者皆为心德，相感而通，有此则仁德完备。类似的提法还有仁义礼智信、温良恭俭让。

这里，"敏"作为一种品德，译为"审慎"为妥。旧注多是敏捷、勤敏，不符合孔子原意。焦循《论语补疏》："概善谋而审当，所以有功，若徒以疾速、便捷为敏，非其义矣。"

【延伸阅读】

惠则足以使人

古者君之使臣，求不私爱于己，求显忠于己，而居官者必能，临阵者必勇。禄赏之所劝，名法之所齐，不出于己心，不利于己身。语曰："禄薄者不可与经乱，赏轻者不可与入难。"此处上者所宜慎者也。（战国·尹文《尹文子·大道下》）

大意 古代君主使用大臣，不要求他们只偏爱君主，也不要求他们明显地忠于君主。这样做官的人一定会尽职尽能，上阵打仗的人一定会勇敢作战。这是因为俸禄和奖赏在勉励他们，名分和法制在监督他们，这样做并不是出于个人的私心，也不是专门对自己有利。俗话说："给的俸禄微薄就不可能与臣下共治混乱，给的奖赏太轻就不可能与臣下共赴危难。"这是处在上位的人所应当慎重的。

【17·7】

佛肸（Bì xī）召，子欲往。子路曰："昔者由也闻诸夫子曰：'亲于其身为不善者，君子不入也。'佛肸以中牟（mù）畔，子之往也，如之何？"

子曰："然，有是言也。不曰坚乎，磨而不磷（lín）；不曰白乎，涅而不缁。吾岂匏（páo）瓜也哉？焉能系（xì）而不食？"

【注释】

①佛肸召：佛肸，晋国大夫范、中行的家臣，任中牟县长。召，请。

②昔者由也闻诸夫子曰：参见《阳货篇》（17·4）："昔者偃也闻诸夫子曰。"由，即仲由，字子路。

③亲于其身：即亲身。亲，亲自。于，在。其，他的。身，自己。

④佛肸以中牟畔：参见《阳货篇》（7·5）："公山弗扰以费畔。"以，凭借。中牟，地名，晋国的县城，是范、中行的封地，在今河北邢台和邯郸之间，不是河南的中牟。畔，同"叛"。此事见《左传·哀公五年》。

⑤磨而不磷：磷，薄。

⑥涅而不缁：涅，可做黑色染料的矾石。缁，黑色。

⑦匏瓜：葫芦的一种，这里是指可做水瓢的大瓠（hù），味苦不能吃，俗称瓢葫芦，晾干后可挂在腰间用来泅渡。

⑧系而不食：系，结，挂。

【今译】

佛肸请孔子去,孔子想去。子路说:"从前我从先生那里听说过:'亲身做坏事的人那里,君子是不去的。'佛肸凭借中牟背叛晋国,您却要去,该怎么解释呢?"

孔子说:"是的,我有过这话。不是说坚硬的东西磨也磨不薄吗?不是说洁白的东西染也染不黑吗?我难道是个苦味的葫芦吗?怎么能只挂在那里而不让人吃呢?"

【成语】

磨而不磷,涅而不缁:磨也不变薄,染也不变黑。比喻意志坚定,不会受环境影响。

不磷不缁:磨不薄,染不黑。比喻坚贞高洁的品质,不因外界影响而有所改变。

系而不食:只挂着却不能让人吃。比喻中看不中用,不用于世。

【解难】

家臣佛肸召请孔子,孔子欲往而不愿做闲置系匏

佛肸召请孔子,子路反对,孔子于是自明用世。晋国衰微,六卿掌政。晋国赵氏领袖赵简子(赵鞅)执政后励精图治,攻打范氏、中行氏,讨伐中牟,包围县城。中牟属于晋国,范氏、中行氏的家臣佛肸却占据中牟背叛晋国,抗拒赵简子。佛肸派人召请孔子,孔子想去,子路阻止,说:"您过去说过君子危邦不入,乱邦不居,佛肸占据中牟背叛晋国,您为什么还要去呢?"孔子说:"这话我说过。但是,君子可以出淤泥而不染。坚硬的东西是磨也磨不薄的,纯白的东西是染也染不黑的。我志向笃定,思虑纯粹,佛肸怎能污损我呢?况且,君子要学以致用,有益于世。我不能像一个苦味的葫芦,中看不中用,只是挂着而不能食用,我要寻机实现自己的政治主张。"孔子引匏瓜自喻,即前章"如有用我"之义。但两次召请未就,足见孔子性情。

孔子积极入世,一生都在寻找机会以实现政治抱负。虽然还在周游列国,但还是想答应一个叛乱的家臣的召请,这不是与其同流合污,而是想借此削弱大夫之专权,恢复国君之权,实现"礼乐征伐自天子出"。

张居正《直解》:"孔子前于公山之召,则以东周自期;此与佛肸之召,则以坚白自信。盖圣人道大德宏,故能化物而不为物所化。"

佛肸

佛肸是晋国大夫范氏、中行氏的家臣,中牟县的县官。当赵简子攻打范氏、中行氏,围攻中牟县时,佛胖背叛了晋国,坚守中牟县,抵抗赵简子。戴望《论语注》:"哀公二年,孔子在卫,佛肸为中牟宰,晋赵鞅帅师攻范、中行氏,伐中牟。佛肸为范、中行守,使人召孔子。"

【参考】

"吾岂匏瓜也哉？焉能系而不食"另解。林语堂在《再论孔子近情》一文中认为，孔子师生之问答，每每有老实话，脱口而出，不加修饰，但前人往往曲解其义，为孔子辩护，以合乎圣贤之道。此句也是孔子口不择言。孔子说他焉能不食？匏瓜可以不吃饭，但孔子不能不吃饭，不必去搬弄似是而非的文法。

【延伸阅读】

葫芦文化

匏，是葫芦的一种，古称瓠或壶。葫芦上大下小，外壳坚硬，常用来盛酒。"合卺（jǐn）"就是将葫芦剖作两半，新婚夫妇盛酒对饮。大葫芦常用于浮水。"中流失船，一壶千金。"葫芦还用来制作乐器。葫芦丝是人们熟知的乐器，"竽"是葫芦做成的。葫芦谐音"护禄""福禄"，常挂在家里用来祈福。葫芦果实圆润，结子繁多，象征人丁兴旺。用红绳线串绑五个葫芦，象征"五福临门"。

"系匏"比喻隐居未仕、弃置不用或久任微职，不得升迁。"匏瓜"比喻未得到重用或无所作为的人。

【17·8】

子曰："由也，女闻六言六蔽矣乎？"对曰："未也。""居，吾语（yù）女。好仁不好学，其蔽也愚；好知不好学，其蔽也荡；好信不好学，其蔽也贼；好直不好学，其蔽也绞；好勇不好学，其蔽也乱；好刚不好学，其蔽也狂。"

【注释】

①六言六蔽：六种美德六种遮蔽。蔽，遮蔽（一说弊端，毛病）。

②居，吾语女：居，坐，坐于席。子路起对，起席申敬，故使坐下。语，告诉。

③其蔽也荡：荡，放荡。

④其蔽也贼：贼，伤害。

⑤其蔽也绞：绞，两丝相切，即两绳相交而紧谓之绞，引申为急切，偏激。参见《泰伯篇》(8·2)"直而无礼则绞"。

【今译】

孔子说："仲由呀，你听说过六种美德六种遮蔽吗？"子路回答说："没有。"孔子说："坐下，我告诉你。爱好仁德而不爱好学习，则心为爱所遮蔽而受人愚弄；爱好要聪明而不爱好学习，则心为智所遮蔽而放荡无归；爱好诚信而不爱好学习，则心为信所遮蔽而受到伤害；爱好正直而不爱好学习，则心为直所遮蔽而偏激逼人；爱好勇敢而不爱好学习，则心为勇所遮蔽而犯上作乱；爱好刚强而不爱好学习，则心为刚所遮蔽而狂妄自大。"

【解难】

孔子为仲由详解"六言六蔽"

"六言"指六种品德，即仁、智、信、直、勇、刚；"六蔽"指六种遮蔽，即愚、荡、贼、绞、乱、狂。子路刚勇信直，勇于为善，容易过中失正而不知，所以孔子告之六言六蔽，以纠其偏，强调气质之用小，学问之功大。好仁不好学，如下井救人，人我两亡。好信不好学，如尾生赴约而溺死梁下。好直不好学，如直躬证父攘羊。六言虽美，必须好学深求，明辨事理，而后成德于己。否则，只是有仁爱之心，容易好心办坏事；只是凭脑袋聪明，结果机关算尽太聪明，反误了卿卿性命；只是讲诚信、重然诺，容易固执害人；只是追求正直之名，容易偏激逼人；只是逞血气之勇，容易肆无忌惮而作乱；只是刚强不屈，容易成为刺客游侠，轻身殉人。自圣贤观之，皆犯公义而有害。

【延伸阅读】

不孝有三

《孟子·离娄上》："不孝有三，无后为大。舜不告而娶，为无后也，君子以为犹告也。"意思是对父母不孝的事有三件，其中没有后代是最大的不孝。舜不告诉父母就娶尧的二女为妻，就是因为担心没有后代，所以君子认为这和禀告父母是一样的。汉代经学家赵岐注《孟子》时对孟子"不孝有三"的注解："于礼有不孝者三事，谓阿意曲从，陷亲不义，一不孝也；家穷亲老，不为禄仕，二不孝也；不娶无子，绝先祖祀，三不孝也。三者之中，无后为大。"意思是按照礼制的规定不孝的事有三件：对父母的过错讨好曲从，使父母陷入不正义之中，这是一不孝；家里贫穷，父母年老，自己却不愿当官领取俸禄以供养父母，这是二不孝；不娶妻子，没有子女，断绝了对祖先的祭祀，这是三不孝。这三不孝中，没有后代是最大的不孝。

【17·9】

子曰："小子何莫学夫《诗》？《诗》可以兴（xīng），可以观，可以群，可以怨。迩之事父，远之事君，多识于鸟兽草木之名。"

【注释】

①兴观群怨：兴，起，激发感情。观，观察。群，合群，交友。怨，怨恨讽

刺，委婉批评。

②迩之事父：迩，近。之，补足音节，无实义。事，侍奉。

【今译】

孔子说："同学们为什么不学习《诗经》呢？学习《诗经》，可以学会即兴抒情，可以学会观察社会，可以学会合群交友，可以学会委婉埋怨。近可以侍奉父母，远可以侍奉君主，还可以多认识一些鸟兽草木的名称。"

【成语】

兴观群怨：学习《诗经》可以激发感情、观察社会、结交朋友、怨刺不平，后来泛指诗的社会功能。

【解难】

孔子概括学《诗》之用

此章孔子概括学《诗》之用：

一则可以兴观群怨。《诗》能激发感情，振奋人心，兴也。从《诗》中可以观察民风、王国盛衰，考见政治得失，观也。学《诗》可以赋诗言志，以文会友，结友入群，群也。借《诗》可以针砭时弊，怨刺时政，怨也。《诗》可以兴观群怨，所以言之者无罪，闻之者足戒。可见人伦之道，《诗》无不备。

二则近在家庭之间，可以懂得事父之道；远在朝廷之上，能够明白事君之道。学《诗》则可以做忠臣孝子。

三则《诗》是一本博物学，或因鸟兽而起兴，或托志于草木，或寄情于山水，称名不一，取类甚众，学《诗》可以多认识鸟兽草木的名称。

刘氏《正义》引焦循《毛诗补疏序》曰："夫诗，温柔敦厚者也。不质直言之而比兴言之，不言理而言情，不务胜人而务感人。"

【延伸阅读】

诗可以怨

古代评论诗歌，重视"穷苦之言"；欣赏音乐，也以"悲哀为主"。苦痛比快乐更能产生诗歌，《诗三百篇》"大抵圣贤发愤之所为作也"，"皆意有所郁结"。尼采把母鸡下蛋的啼叫和诗人的歌唱相提并论，说都是痛苦使然。《文心雕龙·才略》也讲到《显志》和《自序》两篇文章也是"蚌病成珠"。《诗·大序》说："治世之音安以乐。""乱世之音怨以怒。""亡国之音哀以思。"钟嵘《诗品·序》有一段话："嘉会寄诗以亲，离群托诗以怨。至于楚臣去境，汉妾辞宫；或骨横朔野，魂逐飞蓬；或负戈外戍，杀气雄边，塞客衣单，孀闺泪尽；或士有解佩出朝，一去忘反，女有扬蛾入宠，再盼倾国。凡斯种种，感荡心灵，非陈诗何以展其义？非长歌何以骋其情？故曰：'诗可以群，可以怨。'使穷贱易安，幽居靡闷，莫尚于诗矣！"一个人穷愁潦倒，全靠"诗可以怨"，获得了排遣、慰藉或补偿。韩愈《荆潭唱和诗序》说:"欢愉之辞难工,而穷苦之言易好也。"十九世纪西洋浪漫诗人说:"最美丽的诗歌就是最绝望的,有些不朽的篇章是纯粹的眼泪。"(摘编自钱钟书《七缀集·诗可以怨》)

【17·10】

子谓伯鱼曰:"女为《周南》《召(shào)南》矣乎?人而不为《周南》《召南》,其犹正墙面而立也与?"

【注释】

①伯鱼:孔鲤,字伯鱼,孔子的儿子;"鲤"是鱼类,孔鲤的名与字义近。

②女为《周南》《召南》矣乎。为,学习。《周南》《召南》,《诗经·国风》中的前两篇。

③其犹正墙面而立也与:其,恐怕。墙面,面对墙壁。与,同"欤"。

【今译】

孔子对儿子伯鱼说:"你学过《周南》《召南》吗?一个人如果不学《周南》《召南》,恐怕像面对墙壁站立(而无法前进)吧?"

【成语】

面墙而立:面对着墙壁站立,比喻不学习的人无法前进,也形容除墙以外什么也看不见。

【解难】

孔子告诫儿子:学习《周南》《召南》

孔子要求儿子学习《诗经》,首先要学习《周南》《召南》。《周南》十一篇中有九篇言夫妇男女,《召南》十四篇中有十一篇言夫妇男女,所言皆修身齐家之事。夫妇是人伦之始、万福之源,必须恩爱和睦。自天子以至庶人,皆以修身为本。不学《周南》《召南》,则不能正性情,笃人伦。不能修身齐家,何以化民易俗,治国平天下?好比面对着墙壁站立,一步不能行,一物不能见。

【延伸阅读】

圆通禅师诗

圆通禅师秀老,本关西人,立身峻洁如铁壁,得法于义怀禅师,不肯出世,作颂云:

谁能一日三梳头,撮得髻根牢便休。

大抵是他肌骨好,不施红粉也风流。

注释 颂,佛经中的唱词,梵文作偈(jì),汉语意译为"颂"。撮,挽结,束。髻，盘在头顶或脑后的发结。

【17·11】

子曰："礼云礼云，玉帛云乎哉？乐云乐云，钟鼓云乎哉？"

【注释】
①礼云：礼呀。云，助词，无实义，填补音节。

【今译】
孔子说："礼呀礼呀，只是说的玉器和丝织品之类的名贵物品吗？乐呀乐呀，只是说的编钟和乐鼓之类的乐器吗？"

【成语】
玉帛钟鼓：只注重礼方面的礼物和乐器，而不注重发挥礼的作用，比喻重末轻本。

【解难】

孔子：玉帛钟鼓，礼乐之末

礼乐之本，不在于玉帛钟鼓这些器物，而是发挥礼乐移风易俗、教化民众的作用。礼法天地，主要用于"辨异"，区分贵贱等级；礼主敬，贵在能安上治民，故礼不仅仅指玉帛这样珍贵的礼物。乐法自然，主要用于"求和"，调谐内在感情；乐主和，贵在能移风易俗，故乐不仅仅指钟鼓这样贵重的器物。礼乐贵行，非贵器物。没有庄敬之心，虽有玉帛相赠也是虚文；没有和乐欢喜之心，虽有钟鼓，也是虚器。玉帛是礼物，钟鼓是乐器，赠礼物，鸣钟鼓，是礼乐之末，不是礼乐之本。

【延伸阅读】

"三不得"宅第

丞相陈秀公治第于润州，极为闳壮，池馆绵亘数百步。宅成，公已疾甚，唯肩舆一登西楼而已。人谓之"三不得"：居不得，修不得，卖不得。（宋·沈括《梦溪笔谈》卷二十五）

大意 丞相陈秀公在润州修建的宅第，极为宏阔壮丽，园池楼馆绵延数百丈。宅第建成，秀公已病得很严重，只不过让人用轿子抬着登了一回西楼而已。人称这宅子有"三不得"：居不得，修不得，卖不得。

注释 陈秀公，即陈升之（1011—1079），神宗熙宁初年为宰相，善附会。步，六尺为步。

【17·12】

子曰："色厉而内荏（rěn），譬（pì）诸小人，其犹穿窬（yú）之盗也与？"

【注释】

①色厉而内荏：厉，严厉，强硬。荏，软弱，怯懦。
②譬诸小人：譬诸，譬之于，拿……打比方。
③穿窬之盗：穿，挖洞。窬，通"逾"，翻墙。

【今译】

孔子说："外表强硬而内心怯懦，拿小人打比方，大概他就像挖洞、翻墙的小偷吧？"

【成语】

色厉内荏：外表强硬而内心怯懦。
穿窬之盗：指挖洞、翻墙的盗贼。

【解难】

孔子：色厉内荏的人，好比穿窬之盗

孔子说：有些人外貌威严，装出一副正人君子的模样，好像凛然不可犯，可杀不可辱，实际上内心空虚无守、柔弱至极，名利可长驱直入，防线一触即溃。这种人好比穿洞翻墙的小偷，平时衣冠楚楚，谈笑自如，但外强中干，内心胆怯，生怕被人揭穿他的真实身份。

【延伸阅读】

郑板桥诗

一个雨夜，小偷穿墙而进了清代名人郑板桥家，郑板桥见状吟诗曰：

其一

细雨蒙蒙夜沉沉，梁上君子进我门。
腹内诗书存千卷，床头金银无半文。

其二

出门休惊黄尾犬，越墙莫损兰花盆。
天寒不及披衣送，趁着月色赶豪门。

【17·13】

子曰:"乡愿,德之贼也。"

【注释】

①乡愿:乡,乡里;愿,谨慎忠厚。皇《疏》:"乡,乡里也。愿,谨愿也。"《孟子·尽心篇下》作"乡原"。

②德之贼:贼,小偷(一说害,败)。

【今译】

孔子说:"装出像乡下人那样谨慎忠厚的人,是道德上的小偷啊。"

【解难】

孔子:好好先生,是德之贼

前章,孔子批评色厉内荏者是"盗";此章,孔子批评乡愿是"贼"。朱熹《集注》:"乡者,鄙俗之意。原与愿同。""乡愿"可能是当时俗语。"乡愿"是装出一副像乡下人忠厚老实的样子,讨人喜欢,实际上处事圆滑、是非不分,是好好先生。这种人随波逐流,与世俯仰,和稀泥,随风倒,貌似善良忠厚,实则缺乏是非观念,败坏道德风气。孔子说这种人是小偷,不足为过。戴望《论语注》:"乡原不直于己,求媚于世,甚于穿窬,故曰'德之贼'。"李大钊《乡愿与大盗》:"中国一部历史,是乡愿与大盗结合的纪录。"

【延伸阅读】

《孟子》论乡愿

万章曰:"一乡皆称原人焉,无所往而不为原人,孔子以为德之贼,何哉。"曰:"非之无举也,刺之无刺也,同乎流俗,合乎污世,居之似忠信,行之似廉洁,众皆悦之,自以为是,而不可与入尧舜之道,故曰德之贼也。孔子曰:……恶乡原,恐其乱德也。"(《孟子·尽心下》)

大意 万章问道:"一个乡的大多数都称他是好人,他无论到什么地方去都表现为好人,孔子却认为他是道德的害虫,为什么呢?"孟子说:"这种人,指责他又举不出大的过错,讽刺他又好像没有可以讽刺的,这种人同流合污,平常好像忠信,做事好像廉洁,大家都喜欢他,自己也觉得对,但是与尧舜之道格格不入,所以说是道德的害虫。孔子说讨厌似有德非有德的好好先生,是担心他们混淆道德。"

注释 原,通"愿"。"原人"意即推原人之情意以求苟合于世,即老好人,好好先生。

【17·14】

　　子曰:"道听而涂说,德之弃也。"

【注释】
①涂:同"途"。

【今译】
孔子说:"在路上听见就在路上传播,这是修德所摒弃的。"

【成语】
道听途说:路上听来的就在路上说出去,泛指没有根据的传闻。

【解难】

孔子:道听途说,德之所弃

　　被主人遗弃的狗,称为流浪狗;道听途说的人,称为小广播,是被道德遗弃的人。社会上总有人传播所谓最新消息,揭秘所谓大事内幕,以此炫耀人脉广泛,结交高贵,看似神通广大,消息灵通,实则多是道听途说,莲蓬鬼话,正所谓"矮子看戏何曾见,都是随人说短长"。

　　古人有"多磕头,少说话"的为官之道。因为言多话急必有失,道听途说多是假。

　　一说此章解作,孔子说:"在道路上听到善言就在道路上说说而已,不躬身践行,这是弃德不为。"朱熹《集注》和钱穆《新解》主此说。

【延伸阅读】

除官之"除"

　　除拜官职谓除其旧籍,不然也。"除"犹"易"也,以新易旧曰"除",如新旧岁之交谓之"岁除"。《易》"除戎器,戒不虞",以新易弊,所以备不虞也。阶谓之"除"者,自下而上,亦更易之义。(宋·沈括《梦溪笔谈》卷四)

　　大意　有人以为除拜官职的"除"是解除其原任职务,不是这样。这个"除"同作交换讲的"易",以新易旧叫"除",如新旧岁之交的那一天称"岁除"。《易经》中说"除戎器,戒不虞",意思是用新的兵器更换旧的兵器,以防备意外。台阶称为"除",是因为登台阶要自下而上,有更换的意思。

　　注释　旧籍,旧名册,指任新职之前的原职务。戎器,兵器。虞,意料。

【17·15】

子曰："鄙夫可与事君也与哉？其未得之也，患得之。既得之，患失之。苟患失之，无所不至矣。"

【注释】

①鄙夫：人格卑鄙的人，小人。

【今译】

孔子说："人格卑鄙的人可以和他一起侍奉国君吗？他没有得到官位时，担心不能得到它。已经得到了官位，又担心失去它。如果他担心失掉官位，那他会无所不为啊。"

【成语】

患得患失：担心得不到，得到了又担心失掉，形容对个人得失看得很重。

无所不至：没有手段用不到，形容无所不为，什么事都干得出来，多做贬义词。

【解难】

孔子：小人患得患失，无所不至

忠臣事君为民，志在国家利益，居庙堂之高则忧其民，处江湖之远则忧其君，置个人得失于度外。鄙夫志在名利权位，患得患失，借梯高升，捞取私利。若官位不保，利禄将失，就会不择手段，甚至狗急跳墙，露出原形，什么坏事都干得出来。朱熹《集注》引胡氏转引许昌靳裁之曰："士之品大概有三：志于道德者，功名不足以累其心；志于功名者，富贵不足以累其心；志于富贵而已者，则亦无所不至矣。"志于富贵者，即孔子所谓鄙夫。

【延伸阅读】

示　内

莫叹贫家卒岁难，北风曾过几番寒。
明年桃柳堂前树，还汝春光满眼看。

——清·沈受宏

【17·16】

曰："古者民有三疾，今也或是之亡（wú）也。古之狂也肆，今之狂也荡；古之矜也廉，今之矜也忿戾；古之愚也直，今之愚也诈而已矣。"

【注释】

①或是之亡：或，或许。是，指狂、矜、愚这三种毛病。亡，同"无"。

②古之狂也肆，今之狂也荡：狂，狂妄。肆，放肆，不拘小节。荡，放荡，无所约束。

③古之矜也廉，今之矜也忿戾：矜，矜持。廉，本义是器物的棱角，用于指人的刚正不阿。忿戾，忿怒蛮横。

【今译】

孔子说："古时候的人有三种毛病，现在或许连这些毛病都没有了。古时候的狂是不拘小节，现在的狂是放荡不羁；古时候的矜持是棱角分明，现在的矜持是忿怒蛮横；古时候的愚蠢是直率，现在的愚蠢是暗藏奸诈。"

【解难】

孔子：古人虽有三疾，但今人不如古人

此章言孔子感叹世风日下，人心浮躁，人情日变，民俗日漓，渐不如古。就是古代认为有狂、矜、愚三种毛病的人，也比当今的人强，因为这三种毛病是人性的真实反映，人们可以接受。现在有这三种毛病的人与古人也是两个样子了。

【延伸阅读】

"凤"字何解

嵇康素与吕安友，每一相思，千里命驾。安来，值康不在。兄喜出迎，安不前，题门上作"凤"字而去。喜不悟，康至，云："凤，凡鸟也。"（宋·李昉《太平广记》卷二百三十五《交友》）

注释 凤，繁体是"鳳"，由"凡鸟"二字组成，意为平凡一鸟，比喻庸才。

【17·17】

子曰："巧言令色，鲜矣仁。"

【注释】

本章重出，见《学而篇》（1·3）注释。

【17·18】

子曰："恶紫之夺朱也，恶郑声之乱雅乐也，恶利口之覆邦家者。"

【注释】

①紫之夺朱：夺，取代。朱，大红色。古人认为紫是杂色，红是正色。

②郑声之乱雅乐：郑声，郑国音乐，代表商乐。乱，扰乱，混淆。雅乐，纯正之乐，代表周乐。

【今译】

孔子说："厌恶紫色取代红色，厌恶郑乐扰乱雅乐，厌恶利口颠覆国家的人。"

【成语】

恶紫夺朱：原指厌恶以邪代正，后比喻以异端充正理，以邪胜正。

郑声乱雅：郑国淫靡的音乐扰乱了典雅的音乐，比喻以邪侵正。

【解难】

孔子恶邪夺正

紫之夺朱、郑声乱雅、利口覆邦皆是以邪夺正。当时以紫衣为君服，贵紫不贵朱，紫色取代朱色成为流行色。紫色与朱色近，皆为尊贵之色，但紫是红得过头，夺去了朱色的正色地位；且紫是杂色宜除，朱是正色宜行。

郑国的音乐悦人之耳，刺激感官，与雅乐相近，但郑卫之音不得性情之正，扰乱了堂堂正正的雅乐。雅乐即正乐，中正和平，能调和性情，用于郊庙朝会，时人多听郑声而不听雅乐。周乐融诗、歌、乐、舞于一体，集前代乐舞之大成，建立了完整而宏富的雅乐体系以及专门的司乐机构和严格的用乐制度，是中国古典音乐的典范。

一些人利口如簧，口若悬河，有三寸不烂之舌，利用自己的影响力主导话语权，引导公众舆论，听上去好像与正义相近，实际上强词夺理，混淆是非，扰乱人心，制造社会动荡。《声律启蒙》："忠心安社稷，利口覆家邦。"所以孔子对以上似是而非、以邪害正的现象深恶痛绝。

【延伸阅读】

舟中听大人弹琴

弹琴江浦夜漏永，敛衽窃听独激昂。
风松瀑布已清绝，更爱玉佩声琅珰。
自从郑卫乱雅乐，古器残缺世已忘。
千家寥落独琴在，有如老仙不死阅兴亡。

世人不容独反古，强以新曲求铿锵。
微音淡弄忽变转，数声浮脆如笙簧。
无情枯木今尚尔，何况古意堕渺茫。
江空月出人响绝，夜阑更请弹文王。

——宋·苏轼

大意 父亲深夜江边弹琴面对空茫，我悄悄整衣静听琴声激昂。
《风松》《瀑布》弹得清妙至极，《玉佩》乐曲更像玉声悠扬。
自从郑卫之音扰乱纯正雅乐，古代的乐器就残缺而被人遗忘。
各种古代乐器都已零落惟独古琴还在，好像不死的神仙阅历了世代兴亡。
世人不容许它独自返回古朴，硬要用新曲子来追求音色响亮。
他们轻轻抚琴，微弱发声忽然转变，频繁急促像笙簧发出的空虚脆弱的声响。
琴是无情枯木所制而今天变成这样，何况古人的深意更落得渺渺茫茫。
江面空阔升起月亮，人声寂寂，夜尽天亮，请再弹奏一曲《文王》。

注释 大人，对父母的尊称，这里指父亲苏洵。浦，水滨。夜漏永，夜深。永，长。风松、瀑布、玉佩，皆古曲名。琅珰，玉石撞击声。铿锵，金属撞击声。枯木，指琴。古人多以枯桐作琴。夜阑，夜将尽。文王，即《文王操》，古琴曲名。

【17·19】

子曰："予欲无言。"子贡曰："子如不言，则小子何述焉？"子曰："天何言哉？四时行焉，百物生焉，天何言哉？"

【注释】

①小子何述：小子，这是学生自称。《阳货篇》（17·9）："小子何莫学夫《诗》？"这是孔子称其学生。《尧曰篇》（20·1）："予小子履。"这是商汤王对天祷告谦称"小子"。述，传述。

【今译】

孔子说："我不想说话了。"子贡说："您如果不说话，那么弟子传述什么呢？"孔子说："天说过什么呢？四季照常运行，百物照样生长，天说过什么呢？"

【解难】

子欲无言，效法天道

孔子平时皆以六艺教弟子，言语传众人。而实际上，孔子的一动一静，也是妙道精义之发，与天道不言而化万物一样，弟子自可心领神会，所以道在言外。圣人之言可以记传诸世，而圣人之心冥冥难知，只能揣摩。道在默而识之，学道、传道皆要离言。上天之载，无声无臭（臭，味道），日月光照于昼夜，风雨动润于万物，阴阳代以生杀，四时迭以成岁，天何言哉？圣人之动，无非至德。

《荀子·天论》："不见其事而见其功，夫是之谓神。皆知其所以成，莫知其无形，夫是之谓天。"是说看不见它化生万物的行迹而只看见它的成果，这就叫做神妙。都知道它生成万物，却不知道它无形无迹，这就叫做天。康有为在《春秋微言大义第六上·天》："高位故尊，下施故仁，藏行故神，见光故明。"

【延伸阅读】

孔子赞天道

公曰："敢问君子何贵乎天道也？"孔子对曰："贵其不已。如日月东西相从而不已也，是天道也；不闭其久，是天道也；无为而物成，是天道也；已成而明，是天道也。"《礼记·哀公问》

大意 哀公问道："请问君子为什么那样看重天道呢？"孔子回答说："看重它运行不止。如日月东升西落运行不止，这是天道；从不闭合保持长久，这是天道；无所作为而成就万物这是天道；看万物皆成而又清楚明白，这是天道。"

【17·20】

孺悲欲见孔子，孔子辞以疾。将命者出户，取瑟而歌，使之闻之。

【注释】

①孺悲：鲁国人，鲁哀公曾经派孺悲向孔子学士丧礼。

②将命：传话，指在宾主之间传话。"将命者"这里指为孺悲传口信的人。《宪问篇》(14·14)："阙党童子将命。"

③取瑟而歌：瑟，弦乐器，似琴，五十根弦。李商隐《锦瑟》："锦瑟无端五十弦，一弦一柱思华年。"

【今译】

孺悲想见孔子，孔子借口有病推辞了。传话的人走出门，孔子便取瑟弹唱，让孺悲听到。

【解难】

孔子拒接见孺悲，取瑟而歌使之闻

孺悲曾被鲁哀公派来向孔子学士丧礼，但他为人一向傲慢。孺悲想见孔子，派人来给孔子传话，孔子假装有病，拒绝接见传话人。传话人刚跨出门，孔子就弹琴唱歌，一副如释重负、精神良好、自得其乐的样子，而且有意让传话人听见琴声。由此可见圣人性情：委婉中有直接，含蓄中有外露，拒绝别人不以直言，而以琴言，足见圣人之温柔敦厚。

孔子拒见孺悲的原因不详。一说孺悲不以弟子身份求见，而是奉哀公之命请见，故意摆架子。一说古代士无介绍不相见，孺悲既没有介绍人，还用传话人，所以孔子拒见而诫其失礼。

【延伸阅读】

谜　语

方圆大小随人，腹里文章儒雅。有时满面红妆，常在风前月下。（谜底：印章）
上不在天，下不在田。中心藏之，玄之又玄。（谜底：蜘蛛）

【17·21】

宰我问："三年之丧（sāng），期已久矣。君子三年不为礼，礼必坏；三年不为乐，乐必崩。旧谷既没，新谷既升，钻燧（suì）改火，期（jī）可已矣。"

子曰："食夫稻，衣（yì）夫锦，于女安乎？"曰："安。""女安则为之！夫君子之居丧，食旨不甘，闻乐不乐（lè），居处不安，故不为也。今女安，则为之！"

宰我出，子曰："予之不仁也！子生三年，然后免于父母之怀。夫三年之丧，天下之通丧也。予也有三年之爱于其父母乎？"

【注释】

①宰我：即宰予，字子我。
②三年之丧：为父母守孝三年，实际为二十五个月。丧，守孝。
③乐必崩：崩，毁坏，失传。
④新谷既升：升，登，上市。
⑤钻燧改火：燧，古代取火的器材，有木燧、金燧、燧石，这里指取火之木。古人四季用来取火的木材不同，一年轮一遍，谓之"改火"。
⑥期：一周年。已，止。
⑦食夫稻，衣夫锦：夫，那。古代北方以小米为主粮，水稻很珍贵。衣，穿。锦，锦缎，彩色丝织品。
⑧居丧：处在直系尊亲的丧期守制中，即守孝。
⑨食旨不甘：旨，美味。
⑩居处不安：居处，住在平时的地方，即住在家里。《子路篇》（13·19）："居处恭，执事敬，与人忠。"
⑪免于父母之怀：免，离开。怀，怀抱。

【今译】

宰我问:"父母死了,守孝三年,期限太久了。君子三年不习礼仪,礼仪必然废弃;三年不演奏音乐,音乐就会失传。旧谷已经吃完,新谷又已上市,钻木取火的木材轮过了一遍,守孝一年就可以了吧。"

孔子说:"守孝一年,你就吃起那稻米饭,穿起那锦缎衣,对你来说心安吗?"宰我说:"心安。"孔子说:"你心安就那样做吧!君子守孝,吃美味不觉得甜美,听音乐不觉得快乐,住在家里不觉得舒适,所以才不那样做。如今你心安,你就那样做吧!"

宰我出去后,孔子说:"宰予真是不仁啊!孩子生下来三年,才能离开父母的怀抱。子女守孝三年,这是天下通行的丧礼,宰予不也是从他父母的怀抱里得到过三年之爱吗?"

【成语】

礼坏乐崩:礼制被破坏,乐教被毁坏,指封建礼教的规章制度遭到极大的破坏。也作"礼崩乐坏"。

钻燧改火:钻木取火,一年四季使用不同的木材,一年满了又重新轮一遍,借指满了一年时间。

【解难】

孔子教育宰我:三年之丧,天下之通丧

父母去世,孝子守孝三年,三年不问政治,不做官,不嫁娶,不赴宴,素冠素衣。守孝期间,住在木料、草料搭成的房屋里,睡草铺,穿丧服,喝稀饭,土块当枕头,以表孝心。当时丧礼渐衰,孝道弥薄,有守孝不满三年者,认为三年太长,致使礼坏乐崩;认为一年即可,一年之后,新谷上市,钻燧改火,哀痛之情已尽。而孔子认为三年之丧是天下之通丧,服丧三年是报答父母三年怀抱之恩,不可改变。故借宰我问之,孔子答之,以正世风,匡正世弊,垂教后世。

这里,孔子提出了守丧行孝的具体而又模糊的标准,就是"安",即"心安":"女安则为之。"这是一个值得大力提倡的标准。父母之丧,丧期未满,你就食稻衣锦,心安吗?你就闻乐起舞,心安吗?你就走亲访友、游山玩水,心安吗?你就内讧内斗、祸起萧墙,心安吗?你就改父之政、分家之财,心安吗?"心安"不仅是居丧的标准,推而广之也是处己待人、事君交友等一切做人做事的标准。良心安稳,则俯仰无愧,敲门不惊,生有颜面,死可瞑目。

朱熹《集注》:"初言女安则为之,绝之之辞。又发其不忍之端,以警其不察。而再言女安则为之以深责之。"

【延伸阅读】

三年之丧

凡是有感情的动物,没有不知道爱护自己同类的。就说大的鸟兽吧,如果丧失

了自己的同伴，过了一月，过了一季，还要拐回来巡视；经过以前居住的巢穴时，必定要盘旋，要号叫，要徘徊良久，然后才依依不舍地离开。即使像燕子、麻雀一类的小鸟，在这种情况下，也要叽叽喳喳地哀鸣一阵，然后才依依不舍地离开。在所有的高等动物之中，没有比人更富于感情的了。所以，人对于死去的双亲，至死也不应该忘怀。如果由着那些愚蠢无知或者放荡不羁者的意思，他们早上死了父母，晚上就会忘掉。如果对他们放任不管，那岂不成了连鸟兽也不如了，还怎么能够让大家过集体生活而不发生混乱呢？如果由着那些讲究礼仪的君子的意思，则三年的丧服，二十五个月就宣告结束，就像弹指一挥间那样迅速。（参见《礼记·三年问》）

【17·22】

子路曰："饱食终日，无所用心，难矣哉！不有博弈（yì）者乎？为之，犹贤乎已。"

【注释】

①无所用心：不用心思。"无所"的"所"是语气助词，补凑音节。

②难矣哉：此话在《论语》出现两次，另见《卫灵公篇》（15·17）："子曰：'群居终日，言不及义，好行小慧，难矣哉！'"

③博弈：博，六博，古代一种棋戏，六黑六白，两人相博，每人六棋。弈，围棋，《左传·疏》："弈，从升，言竦两手而执之。"

④犹贤乎已：犹，还。贤，胜过。乎，于，比。已，止，不做事。

【今译】

孔子说："整天吃饱了饭，也不用什么心思，这种人难以有作为啊！不是有六博、围棋吗？玩这种游戏，也胜过不做事。"

【成语】

饱食终日，无所用心：整天吃饱了饭，却不用一点心思，什么事也不干。

博弈犹贤：下棋也比不用心思要强，比喻不要无所事事，要善于开动脑筋。

【解难】

孔子：下棋都比无聊好

立德、立功、立言，是君子之所盼，毕生之所求。若没有目标，没有追求，就会志气昏惰，饱食终日，无所事事，虚掷光阴。孔子说，如果实在无聊，就是玩六博、下围棋，动动脑筋，也比不做事要强。

自古棋有棋规，比如：摸子动子，落地生根；观棋不语真君子，落子无悔大丈夫。而下棋者担心一着不慎，全盘皆输，乃落子悔棋，引发争执。《南史·齐本纪》

记载齐高祖性宽，常和周覆一起下棋，"覆乃抑上手，不许易行"。是说齐高祖脾气温和，经常和将军周覆一起下棋，高祖想悔棋时，周覆就按住齐高祖的手，不准他悔棋。可见将军下棋是很较真的。

【延伸阅读】

观棋不语好痛苦

自古博弈并称，全是属于赌的一类，而且只是比"饱食终日，无所用心"略胜一筹而已，不过弈虽小术，亦可以观人。相传有慢性人，见对方走当头炮，便左思右想，不知是跳左边的马好，还是跳右边的马好，想了半个钟头而迟迟不决，急得对方只好拱手认输。……

笠翁《闲情偶寄》说弈棋不如观棋，因观者无得失心，观棋是有趣的事，如看斗牛、斗鸡、斗蟋蟀一般。但是观棋也有难过之处，观棋不语是一种痛苦。喉间硬是痒得出奇，思一吐为快。看见一个人要入陷阱而不作声是几乎不可能的事，如果说得中肯，其中一个人要厌恨你，暗暗地骂你一声"多嘴驴"！另一个人也不感激你，心想"难道我还不晓得这样走"！如果说得不中肯，两个人要一齐嗤之以鼻，"无见识奴！"如果根本不说，憋在心里，受病。所以有人于挨了一个耳光之后还要捂着热辣辣的嘴巴大呼"要抽车！要抽车！"（摘编自梁实秋《下棋》）

【17·23】

子路曰："君子尚勇乎？"子曰："君子义以为上，君子有勇而无义为乱，小人有勇而无义为盗。"

【注释】

①义以为上：是"以义为上"的倒装。参见《卫灵公篇》（15·18）："君子义以为质。"

【今译】

子路说："君子崇尚勇敢吗？"孔子说："君子把正义作为最高价值标准，君子有勇而无正义就会犯上作乱，小人有勇而无正义就会做土匪强盗。"

【解难】

君子义以为上

义，正义。"义"是最高的价值标准，正义之事则当为，君子虽赴汤蹈火而在所不辞；不义之事不当为，虽万钟千驷不能诱惑，这才是大勇、真勇。故勇为必须见义，行侠必须仗义，孔子曰："君子义以为上。"没有"义"为标准，则君子就会做乱臣贼子，小人就会做鸡鸣狗盗之徒。若只是逞匹夫之勇、血气之勇、强力之勇，这种人就无所取材，更不是君子崇尚的勇。子路个性直爽刚勇，孔子以此教育他。

子路后来被作为勇士的代称。《清平山堂话本·杨温拦路虎传》："半千子路，五百金刚，人人有举鼎威风，个个负拔山气概。"

【延伸阅读】

孟贲之勇

有齐人孟贲（bēn）字说，以力闻，水行不避蛟龙，陆行不避虎狼，发怒吐气，声响动天。尝于野外见两牛相斗，孟贲从中以手分之，一牛伏地，一牛犹触不止。贲怒，左右按牛头，以右手拔其角，角出牛死。人畏其勇，莫敢与抗。闻秦王招致天下勇力之士，乃西渡黄河。岸上人待渡者甚从，常日，以次上船。贲最后至，强欲登船先渡。船人怒其不逊，以楫击其头曰："汝用强如此，岂孟说耶？"贲瞋目两视，发植目裂，举声一喝，波涛顿作。舟中之人，惶惧颠倒，尽扬播入于河。贲振桡（ráo，船桨）顿足，一去数丈，须臾过岸，竟入咸阳，来见武王。（明·冯梦龙《东周列国志》）

注释 孟贲，战国时勇士，能生拔牛角。罗隐《芳树》："若使威可以制，力可以止，则秦皇不肯敛手下沙丘，孟贲不合低头入蒿里。"

【17·24】

子贡曰："君子亦有恶（wù）乎？"子曰："有恶（wù）。恶（wù）称人之恶（è）者，恶（wù）居下而讪（shàn）上者，恶（wù）勇而无礼者，恶（wù）果敢而窒者。"

曰："赐也亦有恶（wù）乎？""恶徼（jiāo）以为知者，恶（wù）不孙（xùn）以为勇者，恶（wù）讦（jié）以为直者。"

【注释】

①恶称人之恶：称，扬，宣扬。参见《季氏篇》（16·5）："乐道人之善。"

②居下而讪上：讪，毁谤。

③果敢而窒：窒，不通。

④徼以为知：徼，抄袭。《广韵·萧韵》："徼，抄也。"

⑤讦以为直：讦，攻击短处或揭发阴私。

【今译】

子贡说："君子也有所厌恶吗？"孔子说："有所厌恶。厌恶宣扬别人恶行的人，厌恶处在下位而诽谤上位的人，厌恶勇敢而无礼节的人，厌恶果敢而不通事理的人。"

孔子又说："赐啊，你也有厌恶的人吗？"子贡说："厌恶窃取别人的功劳而自以为聪明的人，厌恶不谦逊而自以为勇敢的人，厌恶揭发别人阴私而自以为直率的人。"

【解难】

圣贤所讨厌的人

孔子和子贡一问一答，圣人和贤人各有所厌恶。他们所厌恶的，皆是人性的弱点，非圣贤不能改之。比如孔子认为，对人应该多称人之善，而有的人却喜欢扬人之恶；臣对君应尽忠进谏，而有的却居下讪上；做人应该勇而有礼，而有的人勇而无礼；做事应该既果敢又变通，而有的人只是果断勇敢而固执不通。孔子厌此四种人。

子贡认为，要尊重别人的劳动成果，而有的人窃取别人的功劳为自己捞取功名还自以为聪明；要谦恭卑顺温和礼让，而有的人言语粗俗、行为粗鲁却自以为是勇敢的"纯爷们"；要保护别人的隐私，打人不打脸，骂人不揭短，而有的人揭发别人的阴私却自以为直率。子贡厌此三种人。

孔子和子贡所讨厌的人，皆因"私"字作祟，私心、私利、私欲、私情、私见，君子所当防而深戒。利己不损人，利己又利他，君子所当虑而力行。

【延伸阅读】

处世智慧

清朝三百年第一名臣曾国藩，有几条重要的处世原则：

小胜靠智，大胜靠德。

有水的地方最滑，站稳都难。

做人要像人，做官不可太像官。

可以得罪忙人，不可得罪闲人。

人不能把钱带进坟墓，但钱可以把人带进坟墓。

【17·25】

子曰："唯女子与小人为难养也，近之则不孙（xùn），远之则怨。"

【注释】

①养：本义是供养，引申为伺候。

②孙：同"逊"。

【今译】

孔子说："只有女人和小人是难以伺候的，亲近他们就会招来无礼，疏远他们就会招来怨气。"

【解难】

孔子：女子和小人难以伺候

君子之交淡如水，小人之交甘如醴。而妇女和小人，亲近他们，他们就会失去谦恭，恃宠而骄，得寸进尺，逾越尊卑界限，招来他们的无礼行为；疏远他们，他们就会失去所望，被边缘化，招来他们的抱怨忌恨，谣言毁谤，故"女子与小人为难养"。因此，对女子和小人要庄以莅之，不可轻佻随便；慈以畜之，不可凶横严苛。距离、分寸，是伺候女人和小人，与之相处必须把握的关键。

在人际交往中，心理距离等于零，别人就不把你当回事了，就会削弱你的威信和权威。与下级要保持适当的距离，远了会生怨，近了不把你当回事，不尊重你。

此章没有语言环境，不宜从男尊女卑的角度来分析孔子的观点。

一说此章女子、小人专指家中男女侍妾、仆从之类，因其指仆妾，故称"养"。

愚按：此章的"养"可以理解成修养、涵养，"难养"即难以有较高的修养，如此则文从字顺。

【延伸阅读】

为女士鸣不平

记得某男士有为某女士鸣不平的诗道："君王城上竖降旗，妾在深宫那得知？二十万人齐解甲，更无一个是男儿！"快哉！快哉！（摘编自鲁迅《女人未必多说谎》）

【17·26】

子曰："年四十而见恶焉，其终也已。"

【注释】

①见恶：被人厌恶；见，被。
②其终也已：终，一生；已，完，停止。

【今译】

孔子说："四十岁还被人厌恶，他这一生完了啊。"

【解难】

孔子：四十岁是人生成败的分水岭

古人认为，三岁看大，七岁看老。光阴不是用来虚度的，而是用来奋斗的。四十岁是一个人成功与否的分水岭。四十而不惑，人已至中年，应当德行修固，功名初成。若此时还被人讨厌而看不起，足见其蹉跎岁月，德之不进，习之不讲，业之无成，乏善可陈。这种人也多会停步不前了，未来发展可能如股票"跌停"，要想飘红希望甚微。生命不息，奋斗不止，别指望运气，运气是谋事和干事的结晶。孔子之言，意在劝人及时奋发有为。

在这个世界上，我们常常觉得一个人真的很渺小，很卑微，很无助，但不要求诸人，而先要求诸己。刻苦学习，勤奋工作，改掉陋习，革新自我。当你长成参天大树之后，活着是美丽的风景，死了依然是栋梁之材；当你羽化成蝶之后，冲破重围就是自由，拥抱蓝天就能傲视苍穹。

【延伸阅读】

古诗选

何时得遂田园乐，睡到人间饭熟时。（明·钱宰）

月终斋满谁开素，须拟奇章置一筵。（唐·白居易《戏赠梦得兼呈思黯》）

但知两腋清风起，未识捧瓯春笋寒。（宋·周季《题玉川碾茶图》）

微子篇第十八

（共十一章）

【18·1】

微子去之，箕（jī）子为之奴，比干谏而死。孔子曰："殷有三仁焉。"

【注释】

①微子：名启，商纣王的同母兄长。"微"是其封国之名，"子"是其爵位。

②箕子：名胥余，商纣王的叔父。"箕"是其封国之名，"子"是其爵位。箕子规劝商纣王，纣王不听，箕子便披发装疯，被商纣王降为奴隶。

③比干：名干，商纣王的叔父。"比"是其封国之名。比干看到箕子进谏而纣王不听，就以死强谏，惹怒纣王，被纣王挖心而死。

④谏：直言规劝使纠正错误，用于下对上。《广韵·谏韵》："谏，直言以悟人也。"

【今译】

微子离开了纣王，箕子做了纣王的奴隶，比干强谏而死。孔子说："殷商有三位仁人啊！"

【解难】

殷有三仁：微子、箕子、比干

三人都是纣王的忠臣，仁者爱人，忧国忧民，谏过图存，志在纳君于道，矫枉正非，救上之谬，止乱安民，知其不可为而为之，置生死于度外，成仁取义，忠节凛然，故孔子称之"三仁"。

【延伸阅读】

魏徵之死

戊辰，徵薨，命百官九品以上皆赴丧，给羽葆鼓吹，陪葬昭陵。其妻斐氏曰：

"徵平生俭素，今葬以一品羽仪，非亡者之志。"悉辞不受，以布车载柩而葬。上登苑西楼，望哭尽哀。上自制碑文，并为书石。上思徵不已，谓侍臣曰："人以铜为镜，可以正衣冠；以古为镜，可以见兴替；以人为镜，可以知得失。魏徵没，朕亡一镜矣！"（宋·司马光《资治通鉴·唐纪十二·太宗贞观十七年》）

大意 戊辰（十七日），魏徵去世，唐太宗命九品以上文武百官均去奔丧，赏赐给帝王仪仗，恩准在昭陵陪葬。魏徵的妻子说："魏徵平时生活俭朴，如今用一品官的礼仪安葬，这并不是死者的愿望。"全都推辞不受，仅用布罩上车子载着棺材去安葬。太宗登上禁苑西楼，望着魏徵灵车痛哭，非常悲哀。太宗亲自撰写碑文，并且书写墓碑。太宗不停地思念魏徵，对身边的大臣说："以铜为镜，可以整理衣帽；以史为镜，可以观察历朝的兴衰更替；以人为镜，可以知道自己的得失。魏徵死了，我失去了一面镜子。"

注释 羽葆，古时葬礼仪仗的一种，以鸟羽聚于柄头如盖。羽葆、鼓吹乃是帝王仪仗所用。

【18·2】

柳下惠为士师，三黜（chù）。人曰："子未可以去乎？"曰："直道而事人，焉往而不三黜？枉道而事人，何必去父母之邦？"

【注释】
①士师：古代执掌禁令、刑罚、狱讼的官名，古代为法官的通称。《子张篇》（19·19）："孟氏使阳肤为士师。"
②三黜：多次罢免官职；黜，降职或罢免。
③直道而事人：用正直之道事奉人；直道，正直之道。
④枉道而事人：枉道，违背正道；枉，弯曲，违背。
⑤父母之邦：自己父辈生长的国家，即祖国。

【今译】
柳下惠做法官，多次被罢免。有人说："您不可以离开鲁国吗？"柳下惠说："用正直之道事人，去哪里不会被多次罢免呢？违背正道事人，何必要离开祖国呢？"

【成语】
直道事人：用正直之道事奉人。
枉道事人：违背正道事人，形容用歪门邪道讨好人。

【解难】

柳下惠做法官：三起三落

柳下惠做鲁国法官，秉公执法，直道事人。当时鲁国公室衰微，政治污浊，臧文仲等人把持朝政，柳下惠耿直不阿，得罪权贵，几次被免职，但柳下惠不以三黜为辱。《卫灵公篇》记载孔子在谈到此事时气愤地说："臧文仲其窃位者与？知柳下惠之贤而不与立也！"此章柳下惠感叹地说：自己在鲁国三起三落，屡被黜免，是因做人正直。天下乌鸦一般黑，举世丧乱，不容正直。如果坚持正直，到了哪里也难免被罢官；如果放弃原则，曲意逢迎，在鲁国也可以获取高官厚禄，又何必离开自己的故乡呢？

【延伸阅读】

刚直之宋璟

王毛仲（唐玄宗的宠臣，后被谥杀）深得唐玄宗的宠信，巴结他的官员如辐条集中于车毂。王毛仲的女儿将要出嫁，玄宗问他还缺什么东西。王毛仲叩头回答道："臣万事均已齐备，只是没有请到客人。"玄宗问道："张说、源乾曜（yào）这些人难道喊不来吗？"王毛仲回答说："这些人已经请到了。"玄宗说："朕知道你请不动的只有一个人，就是宋璟吧。"王毛仲说："正是。"玄宗笑着说："朕明天亲自替你邀请客人。"第二天，玄宗对宰相说："朕的奴才王毛仲为女儿办喜事，你们与各位朝廷要员一起去他家贺喜。"直到中午，所有的来宾还都不敢动筷子，只等宋璟到来。过了很久，宋璟才到，他先端起酒杯向西行礼拜谢君命，然后未等喝完这杯酒，便急忙称肚子疼痛难忍而退席回家。宋璟为人刚直，老来更甚。（参见《资治通鉴·唐纪二十八·玄宗开元十三年》）

【18·3】

齐景公待孔子，曰："若季氏则吾不能，以季孟之间待之。"曰："吾老矣，不能用也。"孔子行。

【注释】

①齐景公待孔子：待，对待。

②季孟之间：季孙氏和孟孙氏皆鲁国大夫，季氏是上卿，孟氏是下卿。周制天子及诸侯皆有卿，分上中下三等，最尊贵者谓上卿。

【今译】

齐景公讲到对待孔子的打算时，说："像鲁君对待季氏那样对待孔子我不能做到，我可以用低于季氏、高于孟氏的待遇对待他。"齐景公又说："我老了，不能用孔子了。"孔子便离开了齐国。

【成语】

季孟之间：季孙氏和孟孙氏之间，后借指上下二者之间不亲不疏的待人方式。

【解难】

齐景公不用孔子，孔子离齐

这段话可能不是齐景公当面告诉孔子的，而是孔子听说的。孔子周游到齐国，齐景公闻听孔子贤能，想用他辅政，于是和大臣商量如何对待孔子。他说："鲁国有三卿，季氏执政，最贵。我若以鲁君对待季氏的礼遇来对待孔子，似乎过厚、过隆了，那我不能这样做；若以鲁君对待孟氏的礼遇对待孔子，似乎过薄、过简了，也有所不当。考虑再三，我可以季氏和孟氏之间的礼遇对待孔子，低于季氏，高于孟氏。"又说："我衰老了，不能用孔子来治国理政了。"孔子本为行道，能有舞台，不在乎待遇。齐景公却说"不能用也"，既然王不留行，道不被用，那么不合则去，于是离开齐国。

齐景公说自己年纪已大，没有称霸雄心了，不需要孔子了，但据史家推算，此时孔子三十七岁，齐景公三十二岁，所以齐景公说"吾老矣"是托辞，可能是受到权臣的制约。还有一种可能，就是遭到了齐国名相晏婴的反对，他担心齐景公起用孔子后自己遭排挤冷落，因为王王不相聚，一山不容二虎。

权贵们掌握着对下级的生杀予夺之权，决定其贫富贵贱，既能把你提上去，更能把你踢下来，所以得志不骄，失意莫怨。《孟子·告子上》："赵孟之所贵，赵孟能贱之。"

【延伸阅读】

楚丘先生不言老

楚丘先生披蓑带索，往见孟尝君。孟尝君曰："先生老矣，春秋高矣，多遗忘矣，何以教文？"楚丘先生曰："恶（wū）君谓我老？恶君谓我老？意者将使我投石超距乎？追车赴马乎？逐麋鹿、搏豹虎乎？吾则死矣，何暇老哉？将使我深计远谋乎？役精神而决嫌疑乎？出正辞而当诸侯乎？吾乃始壮耳，何老之有？"孟尝君赧（nǎn）然，汗出至踵，曰："文过矣！文过矣！"《诗》曰："老夫灌灌。"（汉·韩婴《韩诗外传》卷十）

大意 楚丘先生披着蓑衣，腰系麻索，去见孟尝君。孟尝君说："您老了，年纪大了，多忘事了啊，您用什么来教导我呢？"楚丘先生说："什么将使我老呢？什么将使我老呢？我想的话，是让我投掷石头超出常人的距离吗？去追车赶马吗？去追逐麋鹿、搏击豹虎吗？我要那样做的话我早就死了，哪里等得到老呢？是让我深谋远虑吗？花费精神解决疑难吗？义正辞严应对诸侯吗？要我这样做的话我正值壮年呢，哪里老呢？"孟尝君面红耳赤，汗水一直流到脚后跟，连忙说："我错了！我错了！"《诗经》中说："老夫灌灌。"

注释 孟尝君，名叫田文，战国时期齐国贵族，曾任齐相。恶，什么。赧，羞愧脸红。灌灌，殷勤诚恳的样子。

【18·4】

齐人归（kuì）女乐，季桓子受之，三日不朝，孔子行。

【注释】
①齐人归女乐：归，同"馈"，赠送。《阳货篇》（17·1）："阳货……归孔子豚。"女乐，女子歌舞乐队。
②季桓子：姓季孙，名斯，季孙肥（康子）之父，从鲁定公至鲁哀公初年，一直担任鲁国的执政上卿。
③孔子行：孔子离开了鲁国。孔子时任鲁国大司寇，代理国相事务。

【今译】
齐国赠送给鲁国歌女，季桓子接受后，三天不上朝听政，孔子便离开了鲁国。

【解难】
鲁定公迷恋歌女，孔子辞官离鲁

鲁定公接受齐国送来的歌女后，君臣相与观看，每天定期举行的早朝已连续三天中断了。季桓子举办完郊祭，按惯例把祭肉分给大夫们时，没有送给孔子，表明季氏不想再任用孔子。国君简贤弃礼，君臣淫乐，沉迷声色，怠于政事，国家岂不危在旦夕？孔子见机而作，失望地离开父母之邦，开始了周游列国之旅。这一年是鲁定公十四年，即公元前496年，时孔子五十六岁，由大司寇行摄相事，把扰乱国政的大夫少正卯杀了。孔子参预国政三个月，贩卖猪、羊的商人就不敢漫天要价了；男女行人都分开走路；掉在路上的东西也没人捡走；各地的旅客来到鲁国的城邑，用不着向官员们求情送礼，都能得到满意的照顾，好像回到了家中一样，鲁国大治。（参见《史记·孔子世家》）

皇《疏》引江熙曰："夫子色斯举矣，无礼之朝安可以处乎？"康有为《论语注》："此记强邻间贤，而鲁君好色不好德，致大圣辞官。盖君相有倦心，则色斯举矣。此见孔子见几之速，辞官之勇。而去官即去国，古政纲之宽大如此，而士人之去就如此。"

【延伸阅读】

货　色

一顾倾城，再顾倾国，色也。大者倾城，下者倾乡，富也。货色之不祥如此哉！（宋·罗大经《鹤林玉露·货色》）

【18·5】

楚狂接舆歌而过孔子，曰："凤兮凤兮，何德之衰？往者不可谏，来者犹可追。已而，已而，今之从政者殆而！"孔子下，欲与之言，趋而辟（bì）之，不得与之言。

【注释】

①接舆：春秋时楚国隐士。

②凤兮：凤，即凤凰，这里比喻有圣德的孔子，见《子罕篇》（9·9）注释。兮，楚地常用的语气词，犹"啊"。

③往者不可谏：谏，挽回。

④孔子下：孔子下车（一说下堂出门）。

⑤趋而辟之：趋，快步走。辟，同"避"。

【今译】

楚国的狂人接舆唱着歌走过孔子的车旁，他唱道："凤凰啊凤凰啊，为什么德行这样衰败？过去的不能挽回，未来的还能追赶。算了吧，算了吧，当今的从政者危险啊！"孔子下车，想和他说话，他却赶快避开了，没能和他说上话。

【成语】

往者不可谏，来者犹可追：过去的不能挽回，未来的还能追赶。后多用作鼓励之辞。

【解难】

隐士接舆劝孔子：往者不可谏，来者犹可追

楚国的狂人、隐士接舆把孔子比作凤凰，凤凰是稀有的祥瑞，能审时知世，天下有道则见，无道则隐，而今天下无道，黑暗昏乱，怎么还有凤凰出现呢？凤凰的德行难道这样衰败不自珍自重吗？隐士劝孔子应当隐居，不要劳劳车马，辛苦奔波，过去的就算了，现在归隐还来得及。孔子不遇明王，被逐于鲁，长为旅人，故接舆曰"德衰矣"。林语堂《读书的艺术》："相似的心灵是同一个灵魂的化身，例如有人说苏东坡是庄子或陶渊明转世的。"接舆劝孔子隐居求志，以避世为高；而孔子不忘天下，以救时为急。可见两人心灵不同，人各有志。

孟浩然《山中逢道士云公》："既笑接舆狂，仍怜孔丘厄。"

【参考】

邢《疏》："接舆，楚人，姓陆名通，字接舆也。昭王时，政令无常，乃被发佯狂不仕，时人谓之'楚狂'也。"

一说"接舆"不是人名，而是接近孔子的车子的意思，因为孔子"不得与之言"，怎么知道他叫"接舆"呢？

曹之升《四书撠余说》："《论语》所记隐士皆以其事名之。门者谓之'晨门'，杖者谓之'丈人'，津者谓之'沮''溺'，接孔子之舆者谓之'接舆'，非名亦非字也。"

【延伸阅读】

戏　谑

邓艾口吃，语称艾艾。晋文王戏之曰："卿云艾艾，定是几艾？"对曰："凤兮凤兮，故是一凤。"（南朝·宋·刘义庆《世说新语·言语》）

大意　邓艾说话结巴，自称时常重复说"艾艾"。晋文王和他开玩笑说："你说'艾艾'，到底是几个艾？"邓艾回答说："'凤兮凤兮'，也只是一只凤。"

【18·6】

长沮(jǔ)、桀溺耦(ǒu)而耕，孔子过之，使子路问津焉。

长沮曰："夫执舆者为谁？"子路曰："为孔丘。"曰："是鲁孔丘与？"曰："是也。"曰："是知津矣。"

问于桀溺。桀溺曰："子为谁？"曰："为仲由。"曰："是鲁孔丘之徒与？"对曰："然。"曰："滔滔者，天下皆是也，而谁以易之？且而，与其从辟(bì)人之士也，岂若从辟世之士哉？"耰(yōu)而不辍。

子路行以告。夫子怃(wǔ)然曰："鸟兽不可与同群，吾非斯人之徒与而谁与？天下有道，丘不与易也。"

【注释】

①长沮、桀溺耦而耕：长沮、桀溺，春秋时楚国两位隐士。耦，两人并排翻地。

②问津焉：向他们探问渡口。津，渡口。焉，犹"于之"，向他们。

③执舆：执辔在车，拉着缰绳在车上。本该子路驾车而执辔，但子路下车探问渡口去了，故夫子代之。

④而谁以易之：而，你们。以，与。易，改变。

⑤且而，与其从辟人之士也，岂若从辟世之士哉：而，你，指子路。从，跟从。辟人之士，指孔子。辟世之士，桀溺自称。"辟"同"避"。

⑥耰而不辍：耰，翻土、盖土，使种入土，鸟不能啄。辍，停。

⑦怃然：失望的样子，感叹隐士不了解自己的心思。

⑧非斯人之徒与而谁与：斯人之徒与，是"与斯人之徒"的倒装。斯人之徒，

这些人群。与，跟。而，又。谁与，是"与谁"的倒装。

【今译】

长沮、桀溺一起耕田，孔子路过他们，派子路去向他们探问渡口所在。

长沮问子路："那个拉着缰绳坐在车上的人是谁？"子路说："是孔丘。"长沮说："是鲁国的孔丘吗？"子路说："是的。"长沮说："那他是知道渡口所在的。"

子路再去问桀溺。桀溺说："你是谁？"子路说："我是仲由。"桀溺说："你是鲁国孔丘的门徒吗？"子路说："是的。"桀溺说："滔滔洪水一片混乱，天下都是这个样子，你们同谁去改变它呢？而且你，与其跟从（孔丘那种）逃避坏人的人，哪如跟从（我们这些）逃避整个社会的人呢？"说完仍旧不停地耕作。

子路走回来告知孔子。孔子失望地说："鸟兽是不能合群共处的，我们不和世人相处又和谁待在一起呢？如果天下太平，我就不会与你们一道去改变它了。"

【成语】

无人问津：没有人来问渡口。比喻无人过问，被人冷落。

天下滔滔：洪水弥漫，遍地都是。形容社会普遍纷乱；也比喻低下的人或不良风气比比皆是。

【解难】

隐士长沮、桀溺与子路论道：天下滔滔，谁去改变

孔子路遇隐士长沮、桀溺耕作，派子路去问渡口所在。渡口是行人登船过河之地，是由此及彼的捷径。隐士说，孔子是圣人，他知道渡口所在，不用问我呀。此话一语双关，子路问的是车前之路，而长沮回答的是人生之路。意思是孔子能周游列国，宣传其治国之道，难道还不知道车子该往哪儿行吗？同时也是讽刺孔子常年奔波于途，周流各国，游遍天下，应当知津。接着隐士劝子路：天下无道，乱臣贼子横行，谁也无法改变。你与其跟着老师避开那些坏人，不如跟着我们避开整个社会。孔子听后很失望地说："鸟和兽不可同群共处。"你们这些隐士，栖于树，隐于林，无牵无挂。而天下人各有其志，各走其道，各处其宜，互不改易。我孔丘要立志改良社会，推行政治主张，不会去当隐士。

范仲淹《知府孙学士见示》诗之五："篱边醉傲渊明饮，陇上歌随桀溺耕。"

【参考】

刘宝楠《论语正义》引金履祥曰："长沮、桀溺，名皆从水，子路问津，一时何自识其姓名？谅以其物色名之。"

【延伸阅读】

田饶去鲁适燕

伊尹去夏入殷，田饶去鲁适燕，介之推去晋入山。田饶事鲁哀公而不见察，田饶谓哀公曰："臣将去君，黄鹄（hú）举矣。"哀公曰："何谓也？"曰："君独不见

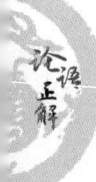

夫鸡乎？首戴冠者，文也；足傅距者，武也；敌在前敢斗者，勇也；见得相告者，仁也；守夜不失时者，信也。鸡有此五德，君犹日瀹（yuè）而食之者，何也？则以其所从来者近也。夫黄鹄一举千里，止君园池，食君鱼鳖，啄君黍粱，无此五德者，君犹贵之者，何也？以其所从来者远矣。故臣将去君，黄鹄举矣。"哀公曰："止。吾将书子言也。"田饶曰："臣闻：食其食者，不毁其器；阴其树者，不折其枝。有臣不用，何书其言？"遂去，之燕。燕立以为相，三年，燕政大平，国无盗贼。哀公喟然太息，为之辟寝三月，减损上服。曰："不慎其前，而悔其后，何可复得？"（汉·韩婴《韩诗外传》卷二）

大意 伊尹离开夏国进入殷国，田饶离开鲁国到了燕国，介子推离开晋国进了山里。田饶事奉鲁哀公却不被发现重用，田饶对鲁哀公说："我要离开国君您，像天鹅一样高飞了！"鲁哀公说："为什么呢？"田饶说："您难道没有看到鸡吗？头戴帽子，有文采；脚有利爪，很威武；敌人在面前敢斗，很勇敢；得到食物呼唤同伴，很仁义；守夜准时报时，很守信。鸡虽然有这五种品德，您还是每天都杀它们吃，为何？那是因为它们总是离您很近（容易得到）。而天鹅高飞就是千里，停在您的园林水池，吃您的鱼鳖，啄您的黍粱，天鹅没有这五德，您还是看重它，为何？因为它们来自远方。所以我要离开国君您，我这只天鹅要高飞了！"哀公说："停！让我写下你说的话。"田饶说："我听说：吃了食物的人，不会毁坏容器；在树下庇荫的人，不会折断枝条。有臣不用，还写下他的话干什么呢？"于是离去，前往燕国。燕国任他为相，三年，燕国太平，国无盗贼。哀公长叹，为田饶独居三月，不穿礼服。说："之前不谨慎，后来才后悔，怎么才能失而复得呢？"

注释 黄鹄，天鹅。足傅距，脚上带着爪子。瀹，煮。食其食者，吃器皿中的食物。大平，太平。辟寝，独居，辟通"避"。上服，上等服装，即礼服。

【18·7】

子路从而后，遇丈人，以杖荷蓧（hè diào）。子路问曰："子见夫子乎？"丈人曰："四体不勤，五谷不分，孰为夫子？"植其杖而芸。子路拱而立。止子路宿，杀鸡为黍而食（sì）之，见其二子焉。

明日，子路行以告。子曰："隐者也。"使子路反见之，至则行矣。

子路曰："不仕无义。长幼之节，不可废也；君臣之义，如之何其废之？欲洁其身，而乱大伦。君子之仕也，行其义也。道之不行，已知之矣。"

【注释】
①丈人：对老人的尊称，此为隐士。

②以杖荷蓧：杖，手杖。蓧，除草用的竹编农具。
③四体不勤，五谷不分：四体，手脚四肢。五谷，稻、黍、麦、菽、稷。
④植其杖而芸：植，插立。芸，同"耘"，锄草。
⑤杀鸡为黍而食之：杀鸡做饭给他吃。黍，小米。
⑥不仕无义：不出来做官是不对的。无义，不宜，不对。
⑦乱大伦：违背了大道理。乱，破坏，违背。大伦，指君臣之间的大道理。伦，道理，人与人之间相处的道理，特指尊卑长幼之理。

【今译】

子路跟随孔子出行时落在了后面，遇到一个老丈，老丈用手杖将锄草的农具扛在肩上。子路问道："您看到我老师了吗?"老丈说："你们四肢不勤，五谷不分，哪个是你的老师?"说完，把手杖插在地上去锄草。子路拱着手站在一旁。老丈留子路到他家过夜，杀鸡做饭给他吃，又叫两个儿子来和子路见了面。

第二天，子路赶路前去把这事告诉孔子。孔子说："这是个隐士啊。"叫子路返回去见他，子路到了那里，老丈已经走了。

子路说："不做官是不对的。长幼间的礼节，不能废弃；君臣间的道义，又怎么能废弃呢? 想要隐居来使自身清白，却违背了君臣间最大的伦理。君子做官，是为了履行君臣之间的道义。至于自己的主张行不通，那是早已知道的。"

【成语】

四体不勤，五谷不分：四体不勤劳，五谷分不清。形容脱离农业生产，缺乏起码的生产知识。

杀鸡为黍：杀鸡做饭。形容盛情款待宾客。

【解难】

子路遇隐士荷蓧丈人：长幼之节不可废，君臣之义不可废

此章的情节：子路掉队，寻师被讽，隐士款待，子路感慨。师徒周游，子路落在了后面，遇到了扛着农具的老丈。子路问他是否见到老师，老丈说："看你四肢不勤，不自力更生从事稼穑；五谷不分，稻黍麦菽稷不知为何物，只知道跟随老师东奔西走。谁是你的老师，我怎么知道呢?"子路一听，肃然起敬，拱手而立。老丈见子路诚恳有礼，于是留子路夜宿在家，杀鸡为黍，盛情款待，并叫来他的两个儿子，叙长幼之节。次日，子路告知老师，老师说这老丈是隐士，于是派子路返回寻找，而隐士已离开。子路跟随老师三遇隐士，能鲜明地表达自己的观点：敬老慈幼的长幼之节不可废弃，君礼臣忠的君臣义更不可废弃。读书人就是要从政做官，不做隐士，这样才不废君臣之义。至于自己的政治主张是否行得通，另当别论。可见子路受老师教诲之正之深。所谓君臣大义，是读书人"苟利国家生死以，岂因福祸避趋之"之精神，不以富贵为荣，不以独善为高，不以隐居为傲，而以国家利益为重，竭力事君，尽忠奉上，匡国政，爱人民，治天下，成就君王的功业，传扬君王的美名。若见祸就躲，不合则离，则是废君臣大义。圣人不废君臣之义，

而必以其正,或出或处而终不离道。

皇甫冉《田家作》:"问津夫子倦,荷蓧丈人贤。"刘克庄《荷蓧丈人》:"客云自孔氏,不觉喜逢迎。止宿见二子,孰云无世情。"

"不仕无义"解

古代读书人出来做官,是为国家做事,不是为了洁身自好。子之事亲,命也;臣之事君,义也。读书人不做官,就没有君臣之义,违背了君臣之间的大道理。孔子三月无君,则皇皇如矣。朱柏庐《治家格言》:"读书志在圣贤,为官心存君国。"《孟子·尽心篇下》:"仁之于父子也,义之于君臣也,礼之于宾主也,智之于贤者也,圣人之于天道也,命也。"

【延伸阅读】

谜　语

"止子路宿",猜《论语》一句。谜底:"季氏旅于泰山。"

注释　止子路宿,留您在路上住宿。季氏旅于泰山,见《八佾篇》(3·6)。本意是季氏祭祀泰山,这里是指季氏到泰山去旅游。

【18·8】

逸民:伯夷、叔齐、虞仲、夷逸、朱张、柳下惠、少(shào)连。

子曰:"不降其志,不辱其身,伯夷、叔齐与!"谓"柳下惠、少连降志辱身矣,言中(zhòng)伦,行中虑,其斯而已矣"。谓"虞仲、夷逸隐居放言,身中清,废中权。我则异于是,无可无不可"。

【注释】

①逸民:遁世隐居的贤人。《尧曰篇》(20·1):"兴灭国,继绝世,举逸民。"
②言中伦:说话合乎道理。中,符合。伦,道理。
③行中虑:行动合乎想法。
④隐居放言:隐居不仕,放纵言论。放言,一是放纵言论,不受约束;二是放置言论,不谈世事,皆通。
⑤身中清:自身合乎清廉。
⑥废中权:辞官合乎权变。废,辞官。权,变通。

【今译】

隐逸避世的贤人:伯夷、叔齐、虞仲、夷逸、朱张、柳下惠、少连。

孔子说:"不降低自己的志向,不屈辱自己的身份,是伯夷、叔齐吧!"说"柳下惠、少连降低了自己的志向,屈辱了自己身份,但说话合乎道理;行动合乎想法，大概是这样的人罢了"。说"虞仲、夷逸隐居放纵言论，自身合乎清廉，辞官合乎权变。我却不同于这些人，没有什么可以，也没有什么不可以"。

【成语】

降志辱身：降低自己的志向，屈辱自己的身份。指志气节操受委屈，人格尊严遭侮辱。

【解难】

隐逸七人各不同，孔子无可无不可

此章记隐逸的贤者七人，这七人各有不同：伯夷、叔齐不仕乱朝，饿死山中，志高行洁，全志守身；柳下惠、少连和光同尘，混迹官场，虽言行恰当，合乎法度，但并未绝俗离尘；虞仲、夷逸隐居自适，言行张扬，放言自废，但其清高韬晦，合乎权变。其身不仕乱朝，是中清洁也；辞官免于世患，是合于权智也。这七人，虽各有贤，但均有偏执，或认为像伯夷、叔齐离尘出世、远离政治、心迹超逸为可，或认为像柳下惠、少连心逸而迹不逸，并仕鲁朝，而柳下惠三黜，降志辱身为不可，所以孔子直言他的处世之道是"无可无不可"。孔子异于逸民，没有什么可以，也没有什么不可以，出处两可，进退裕如，随时制宜，无所偏执，以道义为上。对孔子而言，是既坚持原则，又通权达变。《子罕篇》（9·2）："子绝四：毋意，毋必，毋固，毋我。"

"中伦"解

伦，就是道、理。段注《说文解字》按："粗言之曰道，精言之曰理。凡注家训伦为理者，皆与训道者无二。""伦理"即道理。"人伦"就是人与人之间相处的道理，有五个方面，即"五伦"：父子有亲，夫妇有别，君臣有义，长幼有序，朋友有信。"中伦"即符合人与人之间相处的道理。"伦常"即伦理道德的常道。

【延伸阅读】

伯夷、伊尹、孔子的处世之道

不同道。非其君不事，非其民不使，治则进，乱则退，伯夷也。何事非君，何使非民，治亦进，乱亦进，伊尹也。可以仕则仕，可以止则止，可以久则久，可以速则速，孔子也。（《孟子·公孙丑上》）

大意 他们的处世之道不同。不是他认可的君主不侍奉，不是他认可的人民不役使，天下太平他就做官，天下混乱他就退隐，这是伯夷的处世态度。什么君主都可以侍奉，什么人民都可以役使，天下太平也做官，天下混乱也做官，这是伊尹的处世态度。可以做官就做官，可以退隐就退隐，可以久干就久干，可以赶快离开就赶快离开，这是孔子的处世态度。

【18·9】

大（tài）师挚适齐，亚饭干适楚，三饭缭适蔡，四饭缺适秦，鼓方叔入于河，播鼗（táo）武入于汉，少（shào）师阳、击磬襄入于海。

【注释】

①大师挚适齐：大师，鲁国乐官之长，掌教诗乐。大，同"太"。挚，乐师的名字。适，去。

②亚饭：第二顿饭。天子或诸侯第二次吃饭时用的乐师。亚，第二。干、缭、缺、方叔、武、阳、襄，皆乐师名。

③鼓方叔入于河：鼓，鼓手。河，黄河地区。

④播鼗武入于汉：播鼗，摇小鼓。播，摇。鼗，乐器名，带柄的小拨浪鼓。汉，汉水地区。

⑤少师阳、击磬襄入于海：少师，副乐师，大师的助手。磬，以玉、石制成的打击乐器，状如矩尺，悬于架，击之而鸣。

【今译】

鲁国的大乐师挚到了齐国，亚饭干到了楚国，三饭缭到了蔡国，四饭缺到了秦国，打鼓的方叔入居黄河之滨，摇小鼓的武入居汉水之滨，副乐师阳和击磬师襄入居海岛。

【解难】

乐坏礼崩，乐人四散

鲁国自三家僭乱，歌雍舞佾，私家日盛，公室衰微。鲁哀公时，国势衰微，下陵上替，礼坏乐崩，礼乐无以治国，乐师皆去，抱器而散，或入诸侯，或入河海，落魄各地，云天苍凉，斯人寥落。程树德《集释》引《四书翼注》曰："此必女乐既入，奸声乱色，杂然并进，以古乐为无所用，乐官失其职，因率属而去。"

【延伸阅读】

吃饭奏乐之礼

古代天子、诸侯、卿大夫吃饭时都要奏乐。据说天子一日四饭，诸侯三饭，卿大夫再饭（亚饭），皆每餐上乐，器皿、乐曲、乐师皆换，体现尊卑差别，所以乐师有亚饭、三饭、四饭之名。此处没有说一饭乐师，或许一饭不奏乐，或许一饭乐师没有离开鲁国，或许由大师挚直接担任。

【18·10】

周公谓鲁公曰：“君子不施（chí）其亲，不使大臣怨乎不以。故旧无大故则不弃也，无求备于一人。"

【注释】

①周公谓鲁公曰：周公，周公旦，孔子心目中的圣人。鲁公，周公的儿子伯禽，其封地在鲁，故称鲁公。周公忙于辅佐天子周成王，伯禽便去鲁国做诸侯。

②不施其亲：不疏远亲戚家族。施，通"弛"，疏远，遗弃。朱熹《集注》："施，陆氏本作弛，……弛，遗弃也。"刘氏《正义》："施、弛二字，古多通用。此施亦当读弛，训废。"

③怨乎不以：抱怨不被任用。不以，不用。

④大故：大的过错。故，过错。

⑤求备：要求完备。《子路篇》（13·25）："及其使人也，求备焉。"

【今译】

周公对儿子鲁公说："君子不疏远自己的亲戚家族，不让大臣抱怨不被任用。老臣旧友没有大的过错就不要抛弃他们，不要对一个人求全责备。"

【成语】

故旧不弃：不抛弃老朋友、老部下。

求备于一人：对一个人求全责备，形容对人过分苛求。

【解难】

周公家训：用亲，用贤，用旧，用长

伯禽受封于鲁，故称鲁公。对此，周公给儿子鲁公四点告诫：

一是用亲。亲族是事业坚定的支持者。亲亲为大，不疏远亲族，不冷落宗族。

二是用贤。大臣是国家的中坚力量。他们是人之贤、民之表，要重用大臣，使其挑起重担，上有功于天子，下施惠于百姓，勿让大臣抱怨无用武之地。

三是用旧。故旧是承上启下的重要力量。不弃旧臣老友，要继续使用老臣故友，人尽其才。

四是用长。人无完人，金无足赤；骏马能历险，耕田不如牛，坚车能载重，渡河不如舟。要善用其长，不求全责备，以全举人，不以一过责人。人非尧舜，岂能无过？

【延伸阅读】

求贤之道

周公有杀害弟弟管、蔡的牵累，齐桓公有和公子纠争夺国政的恶名，但是周公

以匡扶周室的大义弥补了缺憾，齐桓公用称霸天下的功绩消除了恶名，所以两位都算是贤人。现在因别人有小的过失而抹杀他的美德，那么天下就难以有圣王和贤相了。所以，就像眼睛稍有疵点，不妨碍视力，就不必火烤；咽喉有毛病，不妨碍呼吸，就不必凿开喉管。黄河上的土丘多的无法数清，但这一地带仍不失平坦；黄河水流湍急，波浪翻滚，高低追逐，互相迫近，相差一丈高低，但河水仍不失平静。……

其人只要有大德，就不必非议计较他的小节；如果他有可称赞的地方，就不必对他的不足吹毛求疵。牛蹄印中的积水不能长出大鱼，蜂巢里容不下天鹅蛋，这说明小的东西容不下大的东西。（参见《淮南子·氾论训》）

【18·11】

周有八士：伯达、伯适（kuò），仲突、仲忽，叔夜、叔夏，季随、季骊（guā）。

【注释】

①周有八士：言周朝初年贤才济济，所以国家长治久安，周朝延续八百年。八人的名字排行皆按伯、仲、叔、季，事迹不可考。

【今译】

周朝有八个贤士：伯达、伯适，仲突、仲忽，叔夜、叔夏，季随、季骊。

【解难】

周朝：八贤辅政

周朝重视人才，善于选贤任能，盛世时贤人之盛，其中被鲁人称道的有八人。贤人用，盛世兴。最奇异的是这兄弟八人是一母四胎所生，每胎双生。八人按伯、仲、叔、季排行命名，头胎生伯达、伯适，因达、适同偏旁；二胎生仲突、仲忽，因突、忽同义；第三胎生叔夜、叔夏，因夜、夏皆时；第四胎生季随、季骊，因随、骊义连，骊为黄马黑喙，有马则可随。《易经·系辞下》："服牛乘马，引重致远，以利天下，盖取诸随。"因此，"随"有"乘马"之义。

天能生才，用则在君。四产而八男，产于一母，萃于一门，皆君子俊雄，成周之贤士，真乃盛世祥瑞，邦家荣光，更可谓生育奇迹，举贤佳话，周朝故兴，天下故治。《诗经》云："济济多士，文王以宁。"董仲舒《春秋繁露·郊语》："此天之所以兴周国也，非周国之所能为也。"

【延伸阅读】

五子登科

窦禹钧生五子：仪、俨、侃、偁、僖等，相继登科，冯瀛王赠禹钧诗，有"灵

椿一株老，丹桂五枝芳"，时号"窦氏五龙"。（宋·文莹《玉壶清话》卷二）

注释 灵椿，传说中的长寿树，比喻年高德劭的人或父亲。丹桂，桂树的一种，叶如柏叶，皮赤色。旧时称科举中第为折桂，因以丹桂喻科第。

子张篇第十九
（共二十五章）

【19·1】

子张曰："士见危致命，见得思义，祭思敬，丧思哀，其可已矣。"

【注释】

①见危致命：致命，献出生命；致，献出。

②见得思义：得，可得到的，指金钱、官位、名誉等。《季氏篇》（16·7）："及其老也，血气既衰，戒之在得。"义，合宜，道义。

【今译】

子张说："读书人见到危险时肯献出生命，见到有利可得时想到道义，祭祀时想到恭敬，临丧时想到哀伤，他就算可以了。"

【成语】

见危致命：义同"见危授命"，参见《宪问篇》（14·12）。

见得思义：义同"见利思义"，参见《宪问篇》（14·12）。

【解难】

子张：读书人的大节

子张说，对读书人无须求全，但须大节不亏，体现在：临危献身——义，取财有道——廉，祭祀庄严——敬，临丧哀伤——孝。临难无苟免，赴汤蹈火，在所不辞。临财毋苟得，非我所有，弃之不取。孝子事亲，生则养，死则丧，丧主哀。丧毕则祭，祭主敬。读书人做到这些，勇义仁孝，四者皆备。"可"者，勉强可以也，言此四者是基本要求，是底线。

【延伸阅读】

古诗文选

朝饮木兰之坠露兮，夕餐秋菊之落英。（《离骚》）

富润屋，德润身，心广体胖，故君子必诚其意。（《礼记·大学》）
似兰斯馨，如松之盛。（《梁文纪》卷十四《千字文》）
宁可玉碎，不能瓦全。（《北齐书·元景安传》）
义死不避斧钺之诛，义穷不受轩冕之荣。（汉·刘向《新序·文勇》）
渊源自古尊洙泗，祖述何人似孟韩。（元·杨焕然《题孔子庙》）
注释 洙泗，洙水和泗水，春秋时属鲁国地。孔子在洙泗之间聚徒讲学，后因以"洙泗"代称孔子及儒家。祖述，效法，遵循。孟韩，孟子和韩愈。

【19·2】

子张曰："执德不弘，信道不笃，焉能为有？焉能为亡（wú）？"

【注释】
①执德不弘：执德，坚守道德；弘，光大，弘扬。
②信道不笃：信道，信仰真理；笃，坚定，牢固，与"固"同义。《尔雅·释诂》："笃，固也。"
③亡：同"无"。

【今译】
子张说："坚守道德而不能弘扬，信仰真理而不能坚定，这样的人，怎么能算是有呢？又怎么能算是无呢？"

【解难】

子张：执德信道

执德就是执守道德，坚持仁德。执德贵在发扬光大，弘扬开去，在全社会形成仁德风尚。信道就是相信大道，信仰真理。信道贵在坚定不移，不失其守，不因环境变化而易其志。坚守道德只是独善其身，不能发扬光大；信仰真理又摇摆不定，不能坚定不移。这种人，其生不足尚，其死不足称，无益于国，无补于世，有他不多，无他不少，实乃可有可无。"焉能为有，焉能为亡"二句，犹言不足为轻重。

【延伸阅读】

儒为席上珍

哀公命席，孔子侍曰："儒有席上之珍以待聘，夙夜强（qiǎng）学以待问，怀忠信以待举，力行以待取，其自立有如此者。"（《礼记·儒行》）

大意 鲁哀公命人铺设席位，孔子坐在一旁说："儒者像席上的珍宝等待别人的聘用，早晚努力学习等待别人的请教，心怀忠信等待别人的举荐，努力实践等待别人取用，他们的自立精神就是这样。"

545

注释　席上之珍，比喻美好的品德，读书人怀抱美德等待聘用。

【19·3】

子夏之门人问交于子张。子张曰："子夏云何？"对曰："子夏曰：'可者与之，其不可者拒之。'"

子张曰："异乎吾所闻：君子尊贤而容众，嘉善而矜不能。我之大贤与，于人何所不容？我之不贤与，人将拒我，如之何其拒人也？"

【注释】
①子夏云何：云何，说什么。
②嘉善而矜不能：嘉善，赞美好人。矜不能，怜悯没有能力的人。

【今译】
子夏的学生向子张问怎样交友。子张说："子夏是怎么说的？"子夏的学生回答说："子夏说：'可以结交的人就和他交友，不可以结交的人就拒绝他。'"

子张说："这和我所听到的不同：君子尊重贤人容纳众人，赞美好人怜悯弱者。我很贤能，对别人有什么不能容纳呢？我不贤能，别人将拒绝我，我怎么能拒绝别人呢？"

【解难】

交友之道：子夏随缘即可，子张尊贤容众

子夏主张选择性交友，可以结交的则交往，否则一开始就拒绝，以免近墨者黑。子张主张广泛交友，泛爱众而亲仁，尊贤容重，嘉善矜不能。择交是初学之法，泛交是君子大贤之道；子夏是言小子之交，子张是言成人之交。偏则寡合而身孤，宽则得众而遇滥，因此两者各有所偏，不如孔子含弘光大，气度恢宏。蔡邕《正交论》："商也宽，故告之以拒人；师也褊，故告之以容众。若夫仲尼之正道，则泛爱众而亲仁。故非善不喜，非仁不亲；交游以方，会友以仁，可无贬也。"

【延伸阅读】

结交须胜己

周公旦曰："不如吾者，吾不与处，累我者也；与我齐者，吾不与处，无益我者也。惟贤者必与贤于己者处。"（《吕氏春秋·观世》）

【19·4】

子夏曰："虽小道必有可观者焉，致远恐泥（nì），是以君子不

为也。"

【注释】

①小道：小技能，某一方面的技艺，朱熹《集注》云："如农圃卜医之属。"道，技能。

②可观：值得观摩，欣赏。观，欣赏。

③致远恐泥：致远，达到远处，比喻远大事业。致，到达。泥，阻滞，阻碍。

【今译】

子夏说："即使是小技艺也一定有可取的地方，但对到达远大目标恐怕有阻碍，所以君子不去从事。"

【成语】

致远恐泥：达到远大目标恐怕有阻碍。

【解难】

子夏：小道可观，致远恐泥

小道乃养家糊口之技，奔走江湖之功，其之为技，有绝活、有高手，故有可观赏、可称赞、甚至叹为观止之处。但是君子不器，当立志高远，经国济世，不务雕虫小技，不矜小能小善，以免耽误远大目标。戴望《论语注》："小道，谓不在六艺之科、孔子之术者。然而其原皆出自先王，故必有可观。"

【延伸阅读】

儒　服

庄子曰："周闻之，儒者冠（guàn）圜冠（huán guān）者知天时，履句屦（jù）者知地形，缓佩玦（jué）者事至而断。"（《庄子·田子方》）

大意　庄子说："我听说，儒士戴着圆帽象征懂得天时，穿着方鞋象征懂得地理，腰带上佩带玉玦象征遇事能够决断。"

注释　圜冠，圆帽子。履，穿鞋。句屦者，方形鞋子。缓，《经典释文》："司马本作绶。""绶"指腰带。玦，环形有缺口的玉器，常用来表示决断、决绝的象征物。

【19·5】

子夏曰："日知其所亡（wú），月无忘其所能，可谓好学也已矣。"

【注释】

①亡：同"无"，指未知的知识、道理等。

【今译】

子夏说："每天懂一点自己不知道的，每月不忘记自己已经掌握的，可以叫做好学了啊。"

【解难】

子夏：日知其新，月无忘故

"日知其所亡"是知新，"月无忘其所能"是温故。日知所无则学进，月无忘所能则德立，日日积累新知，时时温习已学，所学则如垒土成台、积水成渊，如此知新温故，可谓好学。

【延伸阅读】

取自《论语》的书名

历史上一些作者常从《论语》中取词作为自己的书名，如：顾炎武《日知录》取自本章，子夏言"日知其所亡"。康熙帝的《庭训格言》取自16·13章，孔子在庭院里教训儿子孔鲤要学诗、学礼。宋代朱熹的《近思录》取自19·6章，子夏言"博学而笃志，切问而近思，仁在其中矣"。袁枚的笔记小品《子不语》取自7·21章，"子不语怪、力、乱、神"。王阳明的《传习录》取自1·4章，"传不习乎"。贾思勰的《齐民要术》取自2·3章，"齐之以刑，民免而无耻"。

【19·6】

子夏曰："博学而笃志，切问而近思，仁在其中矣。"

【注释】

①笃志：坚定志向。笃，坚定，牢固。

②切问而近思：切问，即"问切"，请教急迫的事，即邦国大事。切，急迫；皇《疏》："切，犹急也。"近思，即"思近"，思考当前问题。

【今译】

子夏说："广泛学习，坚定志向，请教急迫大事，思考当前问题，仁德就在其中了。"

【成语】

博学笃志：广泛学习，坚定志向。

切问近思：请教急迫大事，思考当前问题。

【解难】

子夏：博学而笃志，切问而近思

仁乃心之全德，非由外至，全赖内修。心存于内则为仁，心驰于外则非仁。博学于文，知事明理，不做不仁之想；笃信正道，笃定意志，仁心不被物欲所蔽，不做不仁之事；请教急迫的国计民生问题，专注治国理政之大事；思考近前问题，化解现实困扰。立志为先，意志存于心；学以明理，理存于心；好问深思，则知愈深、理愈透，亦存于心。如此，则学问志思专注于内。所以，虽然没有用行动践行仁，但仁在学问志思之中了。可见圣贤求仁之道不超出其内心。

【延伸阅读】

柏拉图与康德

古希腊哲学家柏拉图早年追随苏格拉底，建立了西方国家第一所学院。他的经历跟中国的孔子相似。其哲学体大思精，涵盖非常广泛，英国哲学家怀海德说："西方两千年的哲学，不过是柏拉图哲学的注脚而已。"哲学家康德住在普鲁士东北角的柯尼斯堡，一生都没有离开过家乡。他的生活极其有规律，每天下午准时出门散步，所过之处的商店纷纷对表，很少有失误。他去世后，墓碑上写着："在我头上，是灿烂的星空；在我心中，是崇高的道德法则。"

【19·7】

子夏曰："百工居肆以成其事，君子学以致其道。"

【注释】

①百工居肆以成其事：百工，各种工匠。居肆，在作坊里。肆，手工业作坊。成其事，完成他们的事业，指造出各种器物。

②学以致其道：致，获得。

【今译】

子夏说："各种工匠在作坊里完成他们的事业，君子学习以获得大道。"

【成语】

学以致道：君子通过学习来获得大道。

【解难】

子夏：居肆以成事，居学以致道

各种工匠在自己的作坊里，心无旁骛，专心专注，才能做成器物；君子必须通过学习才能获知人生大道。作坊里工匠互相学习观摩，取长补短，技艺日益精湛，或运斤成风，或削铁如泥，或火眼金睛，或妙手丹青，精美器物，巧夺天工。读书学习，可以神交古人；追慕圣贤，可以思接千载；视通万里，可以徙义从贤；择善而从，取长补短，从而汲取古人智慧，获得人生真谛。

《白虎通·辟雍》："学之为言觉也，以觉悟所不知也。故学以治性，虑以变情。故玉不琢，不成器；人不学，不知义。子夏曰：'百工居肆以成其事，君子学以致其道。'"

【延伸阅读】

古诗文选

读书谓已多，抚事知不足。（宋·王安石《寄吴冲卿》）
壁为题诗暗，池因洗砚浑。（宋·葛天民《即事》）
酒粘衫袖重，花压帽檐偏。（宋·欧阳修）
广泽生明月，苍山夹乱流。（唐·马戴《梦江怀古》）
犬眠花影地，牛牧雨声坡。（宋·李拱《春题村舍》）

【19·8】

子夏说："小人之过也必文。"

【注释】

①文：本义是在身上交错地刺划花纹，引申为掩饰。

【今译】

子夏说："小人的过错一定要掩饰。"

【解难】

子夏：小人文过饰非

过出无心，文出有意。小人有过不认错，故意文饰掩盖，欲盖弥彰，自欺欺人。

【延伸阅读】

贼杀耕牛

李顺党中有杀耕牛避罪逃亡者，公许其首身。拘母十日，不出，释之。复拘其妻，一宿而来。公断云："禁母十夜，留妻一宵，倚门之望何疏？结发之情何厚？旧为恶党，今又逃亡，许令首身，犹尚顾望？"就市斩之。于是首身者继至，并遣归业，民悉安居。（宋·张咏《乖崖集》）

大意 李顺乡里有个盗贼杀死耕牛后畏罪逃跑了，张咏答应盗贼自首，但盗贼不肯投案。张咏拘留他的母亲十天，盗贼仍不出面，就释放了他的母亲。再拘留他的妻子，仅一夜，盗贼就出面投案。张咏判道："拘留母亲十天，不及拘留妻子一夜，为什么母亲养儿之恩如此淡薄？而夫妻结发之情如此浓厚？过去是作案团伙，现在负案在逃的，允许他们投案自首，还在犹豫观望什么？"于是在集市斩杀了盗贼。其他被判死罪者听说这件事，纷纷投案自首，张咏兑现诺言，命令他们各自返乡种田，百姓从此安居乐业。

【19·9】

子夏曰："君子有三变：望之俨然，即之也温，听其言也厉。"

【注释】

①俨然：神态威严的样子。《尧曰篇》（20·2）："俨然人望而畏之。"
②即之也温：即，接近。
③听其言也厉：厉，严厉庄重，正言厉色。

【今译】

子夏说："君子有三种变化：远望他神态威严，接近他温和可亲，听他说话庄重严厉。"

【成语】

即温听厉：接近他温和，听他说话严厉。后用来称当面接受尊者的教诲。

【解难】

子夏：君子给人的印象有三变

此章"君子"暗指孔子。子夏说，跟君子接触，其容貌和说话的语气有三种变化：从远处看上去，正其衣冠，尊其瞻视，神色庄严，凛然不可冒犯；走近了面对面接触，容貌温和，待人和蔼，如良玉温润；听他说话，相互交谈，掷地有声，严肃认真，毫不苟且。这并不是君子故意摆谱装腔，而是修德于内，行之于外，非有盛德不能若此。《述而篇》（7·38）："子温而厉，威而不猛，恭而安。"《尧曰篇》（20·2）："君子正其衣冠，尊其瞻视，俨然人望而畏之，斯不亦威而不猛乎？"

冯友兰先生说，他第一次见到蔡元培，就有一种光风霁月的气象。北大教授叶朗认为，中国学者不仅要做学问，还要讲涵养和气象，讲格局。人生有三个层面：一是俗务，柴米油盐，各种应酬。二是事业。三是审美观，即诗意的层面。这三个层面对人生都是必需的，三者相互贯通，相互转化。

【延伸阅读】

齿牙春色

娄师德位贵而性通豁，尤善捧腹大笑，人谓师德笑为"齿牙春色"。（宋·陶穀《清异录》卷下）

【19·10】

子夏曰："君子信而后劳其民，未信则以为厉己也。信而后谏，未信则以为谤己也。"

【注释】

①劳其民：使人民辛劳，即役使人民。

②以为厉己：厉，本义是磨刀石，引申为虐待。《玉篇·厂部》："厉，虐也。"己，百姓自称。

③以为谤己：己，君主自称。

【今译】

子夏说："君子取得百姓信任之后才能役使百姓，没有取得百姓信任，百姓就会认为是在虐待自己。臣子取得君主信任然后才能去规劝君主，没有取得君主信任，君主就会认为是在毁谤自己。"

【解难】

子夏：信而后劳其民，信而后谏其君

役使人民，要先取信于民，即信而后劳民，这是工作方法。统治者胸有人民、服务人民、恩泽人民，用行动践行誓言，以成效检验初心，在获得人民的信任之后，才能役使人民；否则，人民就会认为这是强迫命令，是在虐待他们。侍奉君主，也要先取信于君，获取信任后再谏君，这是处事方法。君臣之间没有推心置腹的交心，没有患难与共的考验，臣就难以获得君的信任。臣未获信任就犯颜直谏，面斥君非，就会被认为是在卖弄自己而毁谤君主。总之，君子使下事上皆须先获得信任。

【延伸阅读】

进说之难

君主对进说者的恩泽还不深厚，而进说者却知无不言，如果说辞得以采纳而获得成功，功德就会被君主忘记；说辞行不通而遭到失败，就会被君主怀疑，如此就会身遭危险。君主有过错，进说者毫不掩饰地阐明礼义来挑他的毛病，如此就会身遭危险。君主有时计谋得当而想自以为功，进说者也知道此计，如此就会身遭危险。勉强君主去做他不能做的事，强迫君主停止他不愿意停的事，如此就会身遭危险。所以进说者和君主议论大臣，就会被认为是离间君臣关系；和君主谈论近侍小臣，就会被认为是想卖弄身价。谈论君主喜爱的人，就会被认为是在寻找靠山；谈论君主憎恶的人，就会被认为是在试探。说话直截了当，就会被认为是不聪明；谈话琐碎，就会被认为是啰嗦。简略陈述意见，就会被认为是怯懦而不敢尽情表达；谋事广泛而滔滔不绝，就会被认为是简慢无礼。这些进说的困难，是不能不知道的。（参见《韩非子·说难》）

【19•11】

子夏曰:"大德不逾闲,小德出入可也。"

【注释】

①大德不逾闲:大德,大的节操。闲,界限。"闲"字门中有木,本义是门栏之类的遮拦物,用来禁止出入,引申为界限、道德、法度。《广雅•释诂一》:"闲,法也。"

②小德出入可也:小德,指生活小节。出入,指变通。

【今译】

子夏说:"大的节操不能超越界限,生活小节上有点出入是可以的。"

【解难】

子夏:大德不逾闲,小德出入可

大行不顾细节,大礼不辞小让,子夏之"大德不逾闲,小德出入可也"是也。"出入"意为或出或入,变通之义。出谓用权,入谓奉经。大节如纲常伦理不可随便,不可超越道德、法度;小节如待人接物、言谈仪表失当不周,还是允许的。这就是有经有权,权虽反经,但必在可然之域。可然之域,小德也,小德出入是可以的,是权变。此章意在观人不要求全责备。但细行不谨,终累大德,大德固不敢越雷池半步,小节也应谨慎戒惕。子夏之言,用来观人则可,用来律己则不可,故学者详之。

【延伸阅读】

论　德

良贾深藏若虚,君子有盛教如无。(《大戴礼记•曾子制言上》)
凡吾所谓道德云者,合仁与义言之也,天下之公言也。(唐•韩愈《原道》)
天下兴学,取士先德行不专文辞。(宋•欧阳修《文正范公神道碑铭并序》)
上赏赏德,其次赏才,又其次赏功。(明•冯梦龙《东周列国志》第三十七回)
注释　贾,商人;深藏,珍藏宝贝;盛教,盛德;上赏,最高的奖赏。

【19•12】

子游曰:"子夏之门人小子,当洒扫、应对、进退则可矣,抑末也。本之则无,如之何?"

子夏闻之，曰："噫！言游过矣！君子之道，孰先传焉，孰后倦焉，譬诸草木，区以别矣。君子之道，焉可诬也？有始有卒者，其惟圣人乎！"

【注释】

①门人小子：弟子，学生。

②当洒扫、应对、进退则可矣：当，充当，做。洒扫，洒水扫地。应对，答应和回答，言语间的酬答。进退，迎送宾客。

③抑末也：抑，但是，不过。末，小事，指礼仪之细末。

④本之则无：本，根本，指大礼，如承办大祭、见大宾之类。

⑤言游过矣：言游，即子游。过，错。

⑥孰后倦焉：倦，疲倦，引申为止。《慧琳音义》卷二十七"倦"注引《玉篇》："倦，止也。"

⑦区以别矣：区，类。

【今译】

子游说："子夏的学生，做洒水扫地、说话应对和迎送客人的事就可以了，这不过是末节小事。根本的东西没有学到，怎么行呢？"

子夏听了，说："唉！子游错了！君子的学问，哪些先传授，哪些不忙传授，就好比草木一样，各类是有分别的。君子的学问，怎么可以诬蔑呢？从头至尾（没有区别地全部）学习的人，大概只有圣人吧！"

【成语】

有始有卒：有开始也有结束，指做事能坚持到底。

【解难】

子游和子夏的学习本末观：是先学端茶倒水还是先学君子大道

此章是子游、子夏论教。子游挖苦子夏教育出来的学生只能做洒水扫地、说话应对和迎送宾客之类的芝麻小事，是人生所学之末，根本的东西没有学到。子夏听了强烈反驳：子游你错了啊！人生而有别，禀赋各异，领悟有快慢不同，因此哪些先传授，哪些讲到一定程度就停止不忙传授，都要区别对待，因材施教，学习之初不可妄以大道教人。君子教人总是以大公无私之心，施之曲成不遗之教，无论先后深浅，皆有计划。

虽然洒扫庭除、迎来送往、待人接物是"末"，但都是人生必修的基础课。"本"是指先王之道、君子之道、礼乐大道，这些都是行有余力则以学文、学然后有所成、修然后至境界者所继续深造的。一般幼年时先教以小事，成年后教以大道，只有圣人自始至终才能既学大道，也不遗细末。其实，人生起步于洒扫应对，圣人也不例外。

朱熹《集注》："言君子之道，非以其末为先而传之，非以其本为后而倦教。但学者所至，自有浅深，如草木之有大小，其类固有别矣。若不量其浅深，不问其生熟，而概以高且远者强而语之，则是诬之而已。君子之道，岂可如此？若夫始终本末一以贯之，则惟圣人为然，岂可责之门人小子乎？"又引程子曰："君子教人有序，先传以小者近者，而后教以大者远者。非先传以近小，而后不教以远大也。"

【延伸阅读】

《大学》章句序

《大学》之书，古之大学所以教人之法也。……人生八岁，则自王公以下，至于庶人之子弟，皆入小学，而教之以洒扫、应对进退之节，礼乐、射御、书数之文。及其十有五年，则自天子之元子、众子，以至公卿、大夫、元士之嫡子，与凡民之俊秀，皆入大学，而教之以穷理、正心、修己、治人之道，此又学校之教、大小之节所以分也。（选自宋·朱熹《大学章句序》）

大意 《大学》这部书，是古代大学用来教人的准则。……人生下来八岁，那么从王公以下，直到平民的子弟，都要进入小学，教他们洒扫庭院、应答回话、接送宾客的礼节，以及礼乐射御书数的内容。等到十五岁，那么从帝王的长子、庶子，到公卿、大夫、元士的嫡子，以及平民中才智出众的人，都进入大学，教他们穷尽事理、端正心思、自我修养、治理百姓的道理，这就是学校的教育分大学、小学两个等级的原因。

注释 大学，古代贵族子弟读书的处所，即太学。众子，嫡长子以外的诸子。元士，天子之士。

【19·13】

子夏曰："仕而优则学，学而优则仕。"

【注释】

①仕而优则学：仕，本义是见习试用，引申为做官、任职。《说文》："仕，学也。"古代仕、宦皆学习之义。优，有余力。

【今译】

子夏说："做官如果有余力就学习，学习如果有余力就做官。"

【成语】

学而优则仕：学习如果有余力就做官，后指学习成绩优秀然后被提拔当官。

【解难】

子夏：仕而优则学，学而优则仕

孔子反对世袭做官，主张选贤任能，认为"世卿非礼也"。他的学生子夏的观点也是如此：做官和学习相须为用，相互促进。居官者在做好工作之后若有余力，就要学习六艺之文、先王典训、历史经验，以增智资政。有人一登仕途，或事务纠缠，无暇学习；或一心钻营，投机取巧；或游山玩水，觥筹交错，即使偶有闲暇，亦被荒废。若未任官，更应勤学奋进，学成了真本事，修成了好品德，就要出去做官，这是君臣大义，"致君尧舜上，再使风俗淳"，从而造福百姓。

从《说文》和段《注》可见，"仕"古义训"学"，"仕"的本义是学习政事，犹今之试用，后引申为任职、做官，可见做官与学习自古不可分。

【延伸阅读】

令以权行

齐桓公使管仲治国，管仲对曰："贱不能临贵。"桓公以为上卿，而国不治。桓公曰："何故？"管仲对曰："贫不能使富。"桓公赐之齐国市租一年，而国不治。桓公曰："何故？"对曰："疏不能制亲。"桓公立以为仲父，齐国大安，而遂霸天下。孔子曰："管仲之贤，不得此三权者，亦不能使其君南面而霸矣。"（汉·刘向《说苑·尊贤》）

大意 齐桓公让管仲治理国家，管仲回答说："地位低的人无法统治地位高的人。"桓公就拜他为上卿，可是国家没有治理好。桓公说："什么原因呢？"管仲回答说："贫穷的人无法驱使富有的人。"桓公就赐给他齐国一年的市场税收，可是国家还是没有治理好。桓公说："什么原因呢？"管仲回答说："跟君主关系疏远的人无法驾驭跟君主关系亲近的人。"桓公就尊称他为仲父，齐国于是治理得很好，并称霸天下。孔子说："虽然管仲很有才干，但他若得不到这三种权力，也不能使他的君主面对南方而称霸天下。"

【19·14】

子游曰："丧致乎哀而止。"

【注释】

①丧致乎哀而止：致，竭尽。乎，于，到。

【今译】

子游说："丧事竭尽哀思就可以了。"

【解难】

子游：丧事尽哀而止

儒家重孝，特重丧礼。丧礼主哀，孝子尽哀为止，悲伤适度，能尽量表达哀伤之情就可以了，不得过度悲哀而毁伤了身体。

【延伸阅读】

南怀瑾论生死

所有宗教看世界，都是悲观的、悲惨的，看人生都是痛苦的，要免除痛苦，只有死后到天堂，鼓励人死了以后不要怕，死了以后可以再找极乐世界。这些宗教都是站在殡仪馆门口看，今天抬进去二十个，后天又抬进去五十个。而中国的儒家、道家文化，都站在妇产科门口看，今天又生出一个，随时都有新生命出生，生生不已。（摘编自《南怀瑾先生答问集》）

【19·15】

子游曰："吾友张也，为难能也，然而未仁。"

【注释】
①张也：张，子张。也，句末语气词。
②为难能：为，是。难能，难以做到。能，及。

【今译】
子游说："我的朋友子张，别人是难以做到（他那样的）啊，然而他还未达到仁。"

【成语】
难能可贵：指难以做到的事居然能做到，值得珍视。

【解难】

子游：别人难以赶上子张，但子张也未达到仁

此章怎么理解？历来或语焉不详，或歧解百出。《太平御览》卷九一五记载："子路勇且力，其次子贡为智，曾参为孝，颜回为仁，子张为武。"子张是有勇武精神的人，这种人在战场上披坚执锐，出生入死，刀枪剑戟、斧钺钩叉无所畏惧，见危致命，杀身成仁，别人难以赶上他。如此看来，子张该是仁者了吧？仁是心之全德，仅有勇武不惧之德，还没有达到仁。《子张篇》多记子张之言，虽言子张"未仁"，但并非贬低子张，而是称赞子张已经做得很不错了，只是"仁"的要求太高，就连子张也"未仁"。

此章虽未言子张到底有什么是别人难以做到的，但下章有"堂堂乎张也"，便知"难能"指"堂堂"，"堂堂"指志气宏大，正气凛然。

【延伸阅读】

朱元璋删《孟子》

《尚书·泰誓》："民之所欲，天必从之。"是说人民的欲望，老天爷都一定要顺从。又《五子之歌》说："民惟邦本。"儒家继承了三代文明的民本思想，《孟子》对此讲得很明白："民为贵，社稷次之，君为轻。"孟子把君放在很次要的位置。明代朱元璋一看，这还了得，找一个大臣把《孟子》里面的这类话都给删了，想把孟子的牌位请出孔庙，结果所有的士大夫都不接受，满朝文武大臣跪地不起，说这可不行。最后只好编一本《孟子节文》，但这个没管好久。（摘编自陈来《儒家思想与当代社会》）

【19·16】

曾子曰："堂堂乎张也，难与并为仁矣。"

【注释】

①堂堂：有志气，有气魄，形容志气宏大，正气凛然。

【今译】

曾子说："子张志气宏大，难以和他一起行仁啊。"

【解难】

曾子：子张志气宏大，别人难以和他一起行仁

子张勇武张扬，尊贤容众，志气宏大，清流不媚俗，注重道德修养，显得高不可攀，别人难以和他一起行仁。仁者爱人，平易近人，而子张使人觉得不容易接近，朋友之间不能以友辅仁，共同践行仁道。皇《疏》引江熙之解："堂堂，德宇广也。"德宇，气度，器量。

旧注多把"堂堂"解作仪表堂堂，容貌庄严大方，但此处曾子突然提到一个男人的容貌，这在《论语》中少见且不合常理；容貌与仁德并非一致，怎能相提并论？史载子张并非身材魁梧，相貌堂堂。《荀子·非十二子》："弟佗其冠，神禫其辞，禹行而舜趋，是子张氏之贱儒也。"意思是歪戴着帽子，说些淡薄无味的话，走路还学着禹、舜歪歪斜斜的样子，子张氏之儒就是如此。王闿运《论语训》："曾、张友善如兄弟，非贬其堂堂也。"程树德先生也认为应是赞子张。此章与上章合参，故作如是解。

【延伸阅读】

联语选

奉旨出京华；承德镇邦家。

不傲才以骄人；不以宠而作威。

勿以独见而远众；勿以身贵而贱人。

欲思其利必虑其害；欲思其成必虑其败。

鞠躬尽瘁，死而后已；寝不安席，食不甘味。

【19·17】

曾子曰："吾闻诸夫子：人未有自致者也，必也亲丧乎！"

【注释】

①闻诸夫子：诸，"之于"的合音。

②自致：自动尽情宣泄情感。致，竭尽。

【今译】

曾子说："我从老师那里听说过：人没有自动尽情宣泄情感的，如果有，一定是父母去世的时候吧！"

【解难】

曾子：父母去世时，情绪难控制

平时，人处在平和之中，情绪稳定，心情淡泊。但在父母去世之时，则会悲不自胜，哀痛欲绝，甚至号啕大哭，这是亲人之间的血缘关系使然，是感情的自然流露，无可非议。像庄子妻死，庄子非但不悲伤，反而箕踞鼓盆而歌，世所稀见。朱熹《集注》引尹氏曰："亲丧固所自尽也，于此不用其诚，恶乎用其诚？"

【延伸阅读】

古语选

仁义成于束脩，孝弟根其本性。

恩里生害，害里生恩。

心作良田，百世耕之。

迷时师度，悟时自度。

处变不惊，戒急用忍。

修天德，成其天爵。

注释 天德，上天化育万物的品德。天爵，因德高而受人天然的尊敬，胜于有爵位。

【19·18】

曾子曰："吾闻诸夫子：孟庄子之孝也，其他可能也；其不改父之臣与父之政，是难能也。"

【注释】

①孟庄子：鲁国大夫，名速，世称仲孙速，是孟献子的儿子。孟献子有贤名。

②可能：可以做到。能，及。

③难能：难以做到。能，及。

【今译】

曾子说："我从老师那里听说过：孟庄子的孝道，其他方面别人可以做到；但他不撤换父亲的旧臣和不改变父亲的善政，这是其他人难以做到的。"

【解难】

曾子：孟庄子之孝，是不改父之臣与父之政

孟献子死后，他的儿子孟庄子没有立即撤换旧臣，没有马上实施新政，这不但难能可贵，更体现了大孝，也显示了孟庄子执政的成熟与稳重。萧规曹随，率由旧章，不一定是故步自封、刻舟求剑，反而在政权更迭之际更能稳定人心，控制局势。事实证明，历史上一些不成熟、不合民心的新政或胎死腹中，或代价惨重。"不改父之臣与父之政"并不是因循守旧、一成不变，而是要待平稳过渡、时机成熟后再革故鼎新。

苏东坡："自念老臣，譬之老马，虽筋力已衰，不堪致远，而经涉险阻，粗识道路。"

【延伸阅读】

老子受教

老师常枞（cōng）病了，老子前去探望。说："老师，您病得不轻，有没有留下教诲给弟子？"常枞说："即使你不问，我也要告诉你。"常枞说："经过故乡要下车，你知道这是为什么吗？"老子答道："不是说不要忘本吗？"常枞说："啊，对了。"常枞说："经过高大的树木，要小步快走，你知道这是为什么吗？"老子答道："经过高大的树木要小步快走，不就是说要敬老吗？"常枞说："啊，对了。"常枞张开自己的嘴让老子看，问道："我的舌头还在吗？"老子答道："在。"常枞又问："我的牙齿还在吗？"老子答道："没有了。"常枞又问："你知道这是为什么吗？"老子答道："舌头还在，难道不是因为它柔软吗？牙齿掉了，难道不是因为它坚硬

吗?"老师说:"啊,对了。天下的道理都在这里面了,我还对你说什么呢?"(参见汉·刘向《说苑·敬慎》)

【19·19】

孟氏使阳肤为士师,问于曾子。曾子曰:"上失其道,民散久矣。如得其情,则哀矜而勿喜。"

【注释】

①孟氏使阳肤为士师:孟氏,孟孙氏,鲁国大夫。阳肤,曾子的学生,《论语》中唯一提及的孔子再传弟子。士师,法官。《微子篇》(18·2):"柳下惠为士师。"

②如得其情:情,实情,真相。

③哀矜:哀痛怜悯。

【今译】

孟孙氏任命阳肤为法官,阳肤向曾子请教。曾子说:"因为在上位的人失去了道义,所以民心离散很久了。你如果审出了犯罪的实情,就应当哀痛怜悯他而不要沾沾自喜。"

【成语】

哀矜勿喜:指对遭受灾祸的人要心怀怜悯,不要幸灾乐祸。

【解难】

曾子告诫法官:上失其道,同情人民

孟孙氏任命曾子的弟子阳肤为法官。法官既要护法,也要护民,两全其美,并非易事。因此,阳肤就向老师曾子请教司法、治狱之道。曾子并未教给阳肤依法治民之道、防民奸狡之策,而是从人道的角度分析当时的执法环境:"高居上位的执政者不修德教,失去了道义;失去了教养之道,老百姓不知趋避,无所适从,各以为是,以至于违法犯罪。你做法官,如果审出犯罪的实情,应当哀怜他们获刑,同情他们无知,而不要居功自喜。"因为"万方有罪,罪在朕躬""百姓有过,在予一人"(《尚书·尧曰》)。百姓犯罪,过不在其身。因为上失其道,则民无所教,其犯法或因无知,或上行下效,或是迫不得已。古代司寇行戮,君不为之举乐,自责失道而致民获刑,而且判案皆舍重就轻,《尚书》曰:"罪宜惟轻。"刑罚治其标,德教治其本。上不垂范,德教不施,则犯罪不绝,严刑峻法不足以阻其为,千刀万刃不足以断其生。《孟子·离娄上》:"上无礼,下无学,贼民兴,丧无日。"

【延伸阅读】

诛少正卯

孔子为鲁摄相,朝七日而诛少正卯。门人进问曰:"夫少正卯,鲁之闻人也,

夫子为政而始诛之，得无失乎？"孔子曰："居！吾语女其故。人有恶者五，而盗窃不与焉：一曰心达而险，二曰行辟而坚，三曰言伪而辩，四曰记丑而博，五曰顺非而泽。此五者，有一于人，则不得免于君子之诛，而少正卯兼有之。故居处足以聚徒成群，言谈足以饰邪营众，强足以反是独立，此小人之桀雄也，不可不诛也。是以汤诛尹谐，文王诛潘止，周公诛管叔，太公诛华仕，管仲诛付里乙，子产诛邓析史付，此七子者，皆异世同心，不可不诛也。"（《荀子·宥坐》）

大意 孔子做了鲁国的代理宰相，当政才七天就杀了少正卯。学生进来问他道："少正卯是鲁国的名人啊。老师执掌了政权就先把他杀了，这不是弄错了吧？"

孔子说："坐下！我告诉你原因。人有五种罪恶，但不包括盗窃：一是内心通达而险恶，二是行为邪僻而顽固，三是说话虚伪而善辩，四是善于记住怪异的事而见识广博，五是顺从错误又为其润色。这五种罪恶，一人只要有一种，就不能逃脱君子的诛杀，少正卯却同时具有这五种罪恶。所以，在他的住地足以聚众成群，他的言谈足以掩饰邪恶、迷惑众人，他的刚愎自用足以反是为非，而且自立门派。这是小人中的豪杰，是不可不杀的。正是这样，商汤杀了尹谐，文王杀了潘止，周公杀了管叔，姜太公杀了华仕，管仲杀了付里乙，子产杀了邓析、史付。这七个人，虽然时代不同，但内心同样邪恶，是不能不杀的。"

注释 少正卯，鲁国学者，大夫，聚徒讲学，能言善辩，是与孔子同时代的名人，与孔子对立。孔子的学生曾受少正卯言论的诱惑离开学堂，多次使学堂由满座变得空虚（孔子之门人三盈三虚）。孔子做大司寇的时候，判处少正卯死刑，在宫门外杀了他。

【19·20】

子贡曰："纣之不善，不如是之甚也。是以君子恶（wù）居下流，天下之恶（è）皆归焉。"

【注释】

①纣：商代末君，姓子名辛，字受德，也称帝辛，"纣"是他的谥号。

②如是之甚：甚，严重。

③恶居下流：下流，地形低下污水汇聚之地，指地位由高降到低。

【今译】

子贡说："商纣王的不好，不像传说的这样严重。所以君子厌恶居于卑下的地位，否则，天下的恶名将归集到他身上。"

【成语】

恶居下流：原指君子厌恶居于卑下的地位，后来表示不甘心居于落后地位。

【解难】

子贡的告诫：若居下流，众恶皆归

"下流"是地势卑下之处，众流所归。人一旦有道德污点和违法行为，由高高在上而被贬谪到社会底层，恶名、罪名就会齐附其身，口水、污水就会一起泼来。人性有个弱点，凡是好事都尽量附会到圣贤身上，凡是恶事都尽量附会到坏人身上；好人好到令人高山仰止，坏人坏到令人咬牙切齿。所以君子慎之，以纣为戒。

据顾颉刚考证，在周代的文献中，纣只是一个爱酗酒的糊涂人；但到了春秋战国时期，罪名骤然增加许多，而且事实具体。所以，自古以来，君子若居下流，则众恶皆归，终身难洗。此章可见孔子之客观，更是告诫君子谨小慎微。《列子·杨朱》："天下之美，归之舜禹周孔；天下之恶，归之桀纣。"

【延伸阅读】

子辛谥"纣"

"纣"本义是驭马时套在马屁股上的横木上的皮带。纣王乃商朝末君，为恶不道，相传为暴君，曾杀死忠臣比干，囚禁周文王，在牧野之战中败于周武王而自焚。夏朝末君桀，相传也是暴君，二人常并称为"桀纣"，代指暴君。邢《疏》引《谥法》曰："残义损善曰纣。"商纣王或殷纣王，是周人侮辱性、蔑视性的称呼。纣王字受德，"纣""受"音近而共称之。《史记·殷本纪》："帝乙崩，子辛立，是为帝辛，天下谓之纣。"

【19·21】

子贡曰："君子之过也，如日月之食焉。过也，人皆见之；更（gēng）也，人皆仰之。"

【注释】

①日月之食：食，同"蚀"。

【今译】

子贡说："君子的过错，好比日蚀月蚀。有过错，人们都看得见；改了，人们都能仰望到。"

【解难】

子贡：过而能改，人皆仰之

太阳光被月球所遮蔽，看上去就像太阳缺了一块为日食；太阳光被地球所遮蔽，看上去就像月球缺了一块为月食。君子犯了错，绝不遮盖掩饰，而是明白昭示于人，好像天空中的太阳和月亮缺了一块，让大家有目共睹；君子改正了过错，好像日月重现了光明，人人都能仰望得到。日月亏而复圆，更增加它的皎洁的光辉，人人抬头仰望而喜。

【延伸阅读】

<h3 style="text-align:center">论改过</h3>

见善则迁，有过则改。（《易经·象传下·益》）

人谁无过？过而能改，善莫大焉。（《左传·宣公二年》）

仰不愧于天，俯不怍于人。（《孟子·尽心上》）

悟已往之不谏，知来者犹可追。（晋·陶渊明《归去来兮辞》）

夜觉晓非，今悔昨失。（《颜氏家训》）

立身一败，万事瓦裂。（唐·柳宗元《寄许京兆孟容书》）

【19·22】

卫公孙朝（cháo）问于子贡曰："仲尼焉学？"子贡曰："文武之道，未坠于地，在人。贤者识其大者，不贤者识其小者，莫不有文武之道焉。夫子焉不学？而亦何常师之有？"

【注释】

①公孙朝：复姓公孙名朝，卫国大夫。

②文武之道：周文王、周武王的治国方法。

③未坠于地：没有坠落在地上，指没失传。

④在人：在人间流传。

⑤识其大者：识：了解，知道（识，一说音 zhì，通"志"，记住）。

⑥而亦何常师之有：而，他。《经词衍释》卷七："而，犹其也。"常，固定。

【今译】

卫国的公孙朝向子贡问道："仲尼是从哪里学来的知识？"子贡说："周文王、周武王的道，没有失传，还在人间流传。贤能的人知道它大的方面，不贤能的人知道它小的方面，无处不留有文王、武王的大道。老师在哪里不学习？他又为什么要有固定的老师呢？"

【成语】

文武之道：周文王、周武王治理国家的方法，泛指宽严相济的治国方针，也比喻生活或工作要有紧有松、劳逸适度。

学无常师：在学习上没有固定的老师，即随时向一切有学问的人学习。

【解难】

子贡答卫公孙朝：夫子学无常师

诸侯之子称公子，公子之子称公孙。公孙朝史载有四人，此章前加"卫"字，以明是卫国的公孙朝。公孙朝认为孔子是圣人，对天下之事无不周知，故向子贡问其所学何来。子贡回答说："文王武王之时，天下大治，礼乐文章，洋洋大观，灿然大备，虽然离现在久远了，但并没有失传，还在人间流传。贤能的人知道它的大道理，不贤能的人知道它的小道理，不论贤能与否，都保存了一部分文武之道。老师遇到贤能的人就学习大道理，遇到不贤能的人就学习小道理，老师无所不学，他为什么要有固定的老师传授呢？"

孔子问礼老聃，访乐苌弘，问官郯（tán）子，学琴师襄，人有善言善行皆虚心好学，学无常师，故能集为大成。

【延伸阅读】

悬棺葬

孔应得云："朱晦庵之葬，用悬棺法，术家云：'斯文不坠，可谓好奇。'"（宋·周密《癸辛杂识》别集上）

注释 朱晦庵，即朱熹，南宋理学大家。

【19·23】

叔孙武叔语（yù）大夫于朝曰："子贡贤于仲尼。"子服景伯以告子贡。

子贡曰："譬之宫墙，赐之墙也及肩，窥见室家之好。夫子之墙数仞，不得其门而入，不见宗庙之美，百官之富。得其门者或寡矣。夫子之云，不亦宜乎？"

【注释】

①叔孙武叔：鲁国大夫，名州仇，三桓之一。

②子服景伯：鲁国大夫，见《宪问篇》（14·36）注释。

③宫墙：住宅外的围墙，院墙。古代房屋都称"宫"，到了秦朝才专门把皇帝的住所称为"宫"。

④及肩：达到肩膀高。

⑤窥见室家之好：窥，暗中观察。室家，房屋。罗常培《语言与文化》："中国初民时代的'家'，大概是上层住人，下层养猪。"

⑥数仞：几丈。仞，古时七尺或八尺。

⑦百官：各种房舍。"官"本义是房舍，后引申为官职。俞樾认为："官、馆，古同字。"

⑧夫子之云：此"夫子"指叔孙武叔。云，说法。

【今译】

叔孙武叔在朝廷上对大夫们说："子贡比孔子贤良。"子服景伯把这话告诉了子贡。

子贡说："把才学的高低比作住宅围墙的话，我家的围墙只有齐肩高，外面的人能窥见围墙之内好在哪里。老师家的围墙有几丈高，若找不到大门进去，就看不见里面宗庙的华美，各式房屋的繁多。能够找到大门的人或许很少。叔孙武叔的说法，不也合乎情理吗？"

【成语】

赐墙及肩：端木赐家的围墙只有肩膀高。比喻才学浅陋。

夫子之墙：本是子贡形容孔子学问道德的高深，后比喻高不可攀。

【解难】

子贡驳叔孙武叔：夫子如深宅大院，难以窥测

子贡善于经商，是商人的祖师爷，其口才极好。子贡说自己识量短浅，造诣不深，如及肩之墙，路人从外墙而过，一眼望穿墙里室内器物之好。而圣人如深宅大院，围墙高峻，既有家室之美，又有宗庙百官，不进其大门，难见其富美。圣人之门，非凡夫可至，今人只是从墙外望望而已，能进入墙内者唯有颜回，故曰得门或寡。武叔凡愚，未能见到圣道之美富、规模之恢宏，正如未见到高墙内宗庙气象、百官威仪，故而说出"子贡比孔子贤良"的话。

《论衡·别通》："盖以宗庙百官喻孔子道也。孔子道美，故譬以宗庙；众多非一，故喻以百官。"

刘宝楠《论语正义》："夫子殁后，诸子切劘（mó）砥砺，以成其学，故当时以有若似圣人，子夏疑夫子，而叔孙武叔、陈子禽皆以子贡贤于仲尼，可见子贡晚年进德修业之功，几几乎超贤入圣。"

【延伸阅读】

段玉裁辟谣

清代乾隆、嘉庆两朝，是传统文献语言学最昌盛的时代。段玉裁和王念孙被视为乾嘉之学的两大支柱，其学合称"段王之学"。据说王念孙原本要注《说文解字》，并且已经着手，但后来看到段玉裁的《说文解字注》而搁笔，改为疏证《广雅》，还把自己准备注《说文解字》的资料全部送给了段玉裁。这可能是崇拜王念孙的人所杜撰的。为了辟谣，段玉裁在请王念孙为《说文解字注》作序的书信中特地说道："近来无知后进咸以谓弟之学窃取诸执事（指王念孙）者。非大序（即王念孙所作序）不足以著（表明）鄙人所得也。"

【19·24】

叔孙武叔毁仲尼。

子贡曰："无以为也！仲尼不可毁也。他人之贤者，丘陵也，犹可逾也；仲尼，日月也，无得而逾焉。人虽欲自绝，其何伤于日月乎？多见其不知量也。"

【注释】

①无以为也：无以，不能。
②丘陵：土坡高起曰丘，大土山曰陵。
③自绝：自行跟对方断绝关系。
④多见其不知量也：多，只。王引之《经传释词》："古人'多''只'同音。"

【今译】

叔孙武叔毁谤孔子。

子贡说："不能这样做啊！仲尼是不可诋毁的。别人的贤能好比小山丘，还可以逾越过去；仲尼呢，好比日月，是不能逾越的。有人即使想要自绝于日月，但他对日月又有什么伤害呢？只能看出他不知道自己的分量罢了。"

【成语】

不自量力：不能自己估量能力，多指高估自己，去做力不能及的事情。

【解难】

子贡驳叔孙武叔：夫子如日月高悬，无法逾越

前章武叔说孔子不及子贡，此章武叔进而毁谤、贬低孔子。子贡设喻晓之，说一般人的德才之高，好比土山包，虽高但有限，其他人只要努力就能登上山包，跨越过去。因可跨越，故可毁之。而孔子的德才，冠绝群伦，高视千古，如日月丽天，照临万物，高不可及，更无法逾越。既然无法逾越，所以诋毁也就无用。毁谤孔子无损孔子之贤，好比毁谤日月无损日月之高，只是显得自不量力罢了。戴望《论语注》："日月所照，光及四表，圣人之道亦然。"

【延伸阅读】

张长青

吾里张长清负异才，制艺高卓。四十余岁始入泮（pàn），首题"夫子不答"，破云："天道有应而不应，圣人不对而亦对也。"次题"仲尼祖述尧舜"，有云："三代以上，道在尧舜；三代以下，道在仲尼。尧舜者，中天之仲尼；仲尼者，春秋之

尧舜也。"传诵一时。未几即卒，无子。才士之厄甚矣！（清·陆以湉《冷庐杂识》）

注释 泮，学校。夫子不答，见《宪问篇》（14·5）。破，破题，八股文开头点明题意的几句。

【19·25】

陈子禽谓子贡曰："子为恭也，仲尼岂贤于子乎？"

子贡曰："君子一言以为知，一言以为不知，言不可不慎也。夫子之不可及也，犹天之不可阶而升也。夫子之得邦家者，所谓'立之斯立，道（dǎo）之斯行，绥（něi）之斯来，动之斯和。其生也荣，其死也哀'。如之何其可及也？"

【注释】

①陈子禽：陈亢，字子禽。此时陈子禽或尚未师从孔子，或另有其人，非孔子弟子。

②得邦家：指做诸侯或做卿大夫。

③立之斯立：立，站立。之，助词，取消句子的独立性。斯，就。

④道之斯行：道，同"导"，引导。

⑤绥之斯来：绥，安抚。来，归附。

⑥动之斯和：动，鼓动，鼓舞。和，齐心。

⑦其生也荣，其死也哀：句中"也"表示舒缓语气。荣，荣世。

【今译】

陈子禽对子贡说："您不过是谦恭罢了，仲尼难道比您贤能吗？"

子贡说："君子说一句话就可以被人认为是聪明，说一句话也可以被人当成是愚蠢，说话不可不谨慎啊。我的老师高不可攀啊，好比天是不能够搭阶梯登上去的。老师如果能做诸侯或卿大夫的话，就像人们说的那样：'叫老百姓自立，老百姓就会自立；引导老百姓，老百姓就会前行；安抚老百姓，老百姓就会归附；动员老百姓，老百姓就会齐心。老师活着光荣，死了可惜。'我怎么能赶得上他呢？"

【成语】

生荣死哀：活着受人尊敬，死后使人哀痛。这是子贡称颂孔子的话，意思是人们对孔子的尊敬爱戴不以生死而改变。后用以赞誉受人崇敬的死者。

【解难】

子贡驳陈子禽：夫子如苍天在上，无法阶升

陈子禽未能窥见夫子之道的高大，于是对子贡说："您在老师面前很是谦恭，是想以此来抬高老师，但老师哪能比得上您呢？"子贡没有正面回答，而是先提醒陈子禽：“一个人缄口不言，别人不知道他的道德深浅、学问高低。若一开口，哪怕是一句话，就可以看出一个人的智慧以及他的无知。说话要小心谨慎啊！”然后打比方：“老师的德才，犹如天高高在上，别人是不能搭梯子登上去的。”接着，子贡举例说明老师的贤能：老师才能卓著，深得民心，登高一呼，应者云集，德化神速，万民来归，鼓舞群动，捷于桴鼓。生前受人爱戴，死后使人哀痛。生荣死哀，我岂可及。

"其生也荣，其死也哀"，足见孔子千秋一平儒，万古一素王。

朱熹《集注》引谢氏曰："观子贡称圣人语，乃知晚年进德，盖极于高远也。"

"得邦家者"解

"邦"是诸侯的统治区域，即以一个城邑为中心，加上周围的地域。"家"是卿大夫的统治区域。"者"译为"……的话"。"得邦家"指做诸侯或卿大夫，从而掌权。戴望《论语注》："嫌言天下，故以得邦家者言之。"

【延伸阅读】

孔子和《论语》赞

行而世为天下法，言而世为天下则。(《礼记·中庸》)

匹夫而为百世师，一言而为天下法。(宋·苏轼《潮州韩文公庙碑》)

明齐日月，量合乾坤。(大连市清泉寺楹联)

天推鲁仲尼，周游布典坟。(唐·苏拯《颂鲁》)

德侔（móu）天地，道冠古今。(明·陈凤梧《孔子赞》)

天不生仲尼，万古如长夜。(宋·唐庚 强行父《唐子西文录》)

悲哉孔子没，千载无麒麟。(宋·王安石《悲哉孔子没》)

法备于三王，道著于孔子。(明·王夫之《读通鉴论》)

五经之管辖，六艺之喉衿（jīn）。(汉·赵岐《孟子题辞》)

半部《论语》定天下，半部《论语》致太平。(宋·赵普)

夫子之道，不可须臾去也。不闻之，是无耳也；不见之，是无目也；不言之，是无口也；不学之、不思之，是无心、无精爽也，尚可以为人乎哉？(《李觏集》)

注释 典坟，三坟五典，泛指经典。侔，齐等。衿，衣领。精爽，魂魄。

尧曰篇第二十

（共三章）

【20·1】

尧曰："咨！尔舜！天之历数在尔躬，允执其中。四海困穷，天禄永终。"舜亦以命禹。

曰："予小子履，敢用玄牡，敢昭告于皇皇后帝：有罪不敢赦。帝臣不蔽，简在帝心。朕躬有罪，无以万方；万方有罪，罪在朕躬。"

周有大赉（lài），善人是富。"虽有周亲，不如仁人。百姓有过，在予一人。"

谨权量，审法度，修废官，四方之政行焉。兴灭国，继绝世，举逸民，天下之民归心焉。

所重：民、食、丧、祭。

宽则得众，信则民任焉，敏则有功，公则说。

【注释】

①"尧"曰：后面引号内的话是尧在禅让帝位时给舜说的话。

②天之历数在尔躬：历数，帝王相继的顺序。尔躬，你身上。

③允执其中：真诚地坚持中正之道。允，信，诚。何晏《集解》引包氏曰："允，信也。"执，掌握，坚持。中，中正。

④予小子履：商汤王的自称。予，我。小子，对天祷告，故谦称"小子"。上古帝王自谦"予小子"，与下文"予一人"相同。履，商汤的名。

⑤玄牡：黑色公牛。

⑥敢昭告于皇皇后帝：昭告，明明白白地禀告。皇皇后帝，伟大光明的上天。后帝，天帝，上天。

⑦帝臣不蔽：帝臣，天帝的臣子，商汤自称（一说指夏桀）。蔽，掩盖，隐瞒。

⑧简在帝心：被天帝所察知。

⑨朕躬有罪：朕躬，我自身。古代贵贱都自称"朕"，先秦时期多作"我的"讲。从秦始皇起，"朕"专用作帝王自称。商周时期，天子多自称"予一人"。

⑩无以万方：无以，不要牵连。以，及，连累，牵连。《经传释词》卷一："以，犹及也。"

⑪周有大赉：赉，赏赐，此处指分封诸侯。

⑫善人是富：善人，善良的人，有道德的人，贤人。是，因此。

⑬虽有周亲：周亲，周王室的亲族（一说至亲）。

⑭谨权量：审定衡器和容器的标准。权，秤，称重的衡器。量，斗斛，容量器具。

⑮审法度：审定长度的标准。法，标准。度，长度的丈量工具，如丈、尺、寸。

⑯修废官：恢复空缺的官职。修，恢复。

⑰继绝世：接续断绝了的世系。世，代。父子相继为一世、一代。

⑱举逸民：提拔被遗落的人才。逸民，遁世隐居的贤人。

⑲信则民任焉：定州汉墓本等无"信则民任焉"句，或是衍文。《阳货篇》（17·6）有"信则人任焉"。

⑳敏则有功：敏，审慎。《阳货篇》（17·6）："恭则不侮，宽则得众，信则人任焉，敏则有功，惠则足以使人。"从"谨权量"到"公则说"是孔子之言。

【今译】

尧说："唉！你这位舜呀！上天安排的帝王顺序降在你身上了，真诚地坚持那中庸之道吧。假如搞得天下穷困，上天赐给你的禄位就永远终止了。"舜也用这样的话训命继位的禹。

（商汤）说："我这个晚辈小子履，谨用黑色的公牛来祭祀，明明白白地禀告伟大光明的上天：对有罪的人我不敢擅自赦免。我自己的罪过也不敢隐瞒，天帝您早就察知。我自己若有罪，不要牵连万方；万方若有罪，在我一人身上。"

周朝广封诸侯，善人因此富贵起来。（周武王）说："我虽然有周王室宗亲，不如有仁人。老百姓如有过错，责任在我一人身上。"

审定度、量、衡器具，明确统一标准，恢复空缺的官职，四方的政令也就通行了。复兴被灭亡的诸侯国，接续断绝的世系，提拔隐居的人才，天下万民就心悦诚服。

周王朝所要重视的是：人民、粮食、丧事、祭祀。

宽厚就能得到大众的拥护，诚实就能得到别人的任用，审慎就能干出成绩，公平就能使大家喜悦。

【成语】

允执其中：真诚地坚持中正之道。指掌握或调和得非常适当，不偏不倚，无过无不及。

兴灭继绝：复兴灭亡的诸侯国和世家贵族，也指将已经衰微的事物振兴起来，保存下去。

天下归心：形容天下万民心悦诚服。

【解难】

尧舜授位，圣人御世

此章记录尧舜授位之言，汤武誓师之意，历叙尧、舜、禹、汤、武王治天下之大端，而又以孔子之言继之，以使读者明白《论语》二十篇的要义。录者杂采众章而合成此章，相当于《论语》的后序。孔子祖述尧舜，宪章文武，尧舜政权是禅让制，第一段记载尧训命之辞，即尧禅让帝位给舜时说的话。尧舜禹三圣相传，尧舜选贤于众，传贤不传子；但"至禹而德衰"，传子不传贤，开启"私天下"。尧舜以下的禹、汤、文、武、成王、周公，《礼记·礼运》称之为"六君子"。第二段是商汤的祷告之辞。第三段记录了周武王灭商之后在太庙分封诸侯时的祝祷之辞（加双引号的内容）。第四段记录周武王平定天下之后如何兴利除弊，整顿吏治，治理国家。第五段记录周王朝重视的主要内容：人民、粮食、丧事和祭祀。末段概括圣人治世之道：宽、信、敏、公。孔子尚公，"大道之行也，天下为公"。

"兴灭国，继绝世"句解

周武王统一中国后，分封诸侯达两三百个，许多诸侯国都曾一度灭亡。过去灭亡的国家，若没有后人，就把它的远支宗亲找出来，周武王再封建，把这个国家重新建立起来，谓之"兴灭国"。把那些丧国的帝王后代找出来加以分封，使绝世得以延续，谓之"继绝世"。

"民、食、丧、祭"解

民是国之本，故重民；食是民之命，故重食；丧是国之大事，故重丧；祭是礼之大经，故重祭。国以民为本，故重民为先；民以食为活，故次重食；有生必有死，故次重于丧；丧毕为之宗庙，以鬼享之，故次重祭。

【延伸阅读】

古诗文选

又闻理与乱，系人不系天。（唐·李商隐《行次西郊作一百韵》）

政如冰霜，奸宄消亡；威如雷霆，寇贼不生。（唐·马总《意林》）

稻米流脂粟米白，公私仓廪俱丰实。（唐·杜甫《忆昔二首》）

升平不在箫韶里，只在诸村打稻声。（宋·杨万里《至后入城道中杂兴十首其一》）

自笑微官如布谷，年年三月劝春耕。（清·陈苌《山行》）

【20·2】

　　子张问于孔子曰："何如斯可以从政矣?"子曰："尊五美,屏(bǐng)四恶,斯可以从政矣。"

　　子张曰："何谓五美?"子曰："君子惠而不费,劳而不怨,欲而不贪,泰而不骄,威而不猛。"

　　子张曰："何谓惠而不费?"子曰："因民之所利而利之,斯不亦惠而不费乎?择可劳而劳之,又谁怨?欲仁而得仁,又焉贪?君子无众寡,无小大,无敢慢,斯不亦泰而不骄乎?君子正其衣冠,尊其瞻视,俨然人望而畏之,斯不亦威而不猛乎?"

　　子张曰："何谓四恶?"子曰："不教而杀谓之虐,不戒视成谓之暴,慢令致期谓之贼,犹之与人也,出纳之吝,谓之有司。"

【注释】

①屏：除去,摒弃。

②泰而不骄：泰,安详,稳重。骄,傲慢。参见《子路篇》(13·26)注释。

③因民之所利而利之：因民,顺着老百姓。因,顺。

④尊其瞻视：重视自己外观形象。尊,重视。瞻视,外观。

⑤俨然：庄重严肃的样子。

⑥不教而杀：事先不教育,一旦犯错就置之于死地。

⑦不戒视成：事先不告诫就马上要成绩。视成,责其成功。视,嘱咐,教导。

⑧慢令致期：事先下达了可以缓慢执行的命令,却突然限期。致期,到期,限期。

⑨犹之与人：财物都应当给别人。犹之,均之。与,给。

⑩出纳之吝,谓之有司："出纳"是钱财的给出和收入,此处是偏义复词,有"出"义无"纳"义。"吝"是吝啬,犹豫不决。有司,是负责具体事务的小官,其职务卑微,不能做主,所管之物的进出都要请示,所以此处有"小气"之义。参见《泰伯篇》(8·4)："笾豆之事,则有司存。"《子路篇》(13·2)："先有司,赦小过,举贤才。"

【今译】

　　子张向孔子问道："怎样才可以治理好政事呢?"孔子说："尊崇五种善政,除去四种恶政,就可以治理政事了。"

　　子张问："什么是五种善政呢?"孔子说："君子给老百姓恩惠而自己不需耗费,使老百姓辛劳而不怨恨,有欲望而不贪心,安详稳重而不傲慢,威严而不凶猛。"

子张又问:"什么叫给老百姓恩惠而自己不需耗费呢?"孔子说:"顺着对老百姓有利的事去做而让他们获得利益,这不就是惠而不费吗?选择值得老百姓辛劳的事情让老百姓去做,又有谁怨恨呢?要追求仁便得到了仁,又怎么叫贪心呢?君子无论人多人少,无论事小事大,没有人敢怠慢,这不是泰而不骄吗?君子端正自己的衣冠,注重自己的外观,庄重严肃得使人望而敬畏,这不是威而不猛吗?"

子张问:"什么叫四种恶政呢?"孔子说:"事先不教育就置人于死地叫虐待,事先不告诫就马上要成绩叫残暴,事先下达了可以缓慢执行的命令却突然限期叫盗贼,财物都应当给别人,但拿出去时吝啬叫有司。"

【成语】

惠而不费:既给了别人好处,自己又没有耗费什么;也指顺水人情。

望而生畏:看见了就令人害怕。

不教而杀:事先不进行教育,犯了错误就置人于死地。

【解难】

善政五美　恶政四恶

在《论语》全书即将结束之际,此章总结性地归纳了什么是善政、什么是恶政。孔子说,尊"五美"即是善政。"五美":惠而不费——百姓得到恩惠而政府又没有损失,这是实现双赢;劳而不怨——百姓付出了辛劳却不抱怨政府,这是顺应民意;欲而不贪——想为民办实事而不是为了从中牟利,这是廉洁从政;泰而不骄——虽位高权重但安详平和不傲慢,这是平易近人;威而不猛——威仪庄重但不面带凶相,这是不怒自威。恶政的突出表现是"四恶"。"四恶":不教而杀——不事先教育引导而是犯罪就杀,这叫虐待,是残酷不仁;不戒视成——不先提出告诫就要看到成功,这叫残暴,是野蛮粗暴;慢令致期——迟迟下达命令却要立刻到期完成,这叫盗贼,是故意害人;出纳之吝——总是要给予百姓的却吝啬犹豫,这叫有司,是想吃拿卡要。

"纳"字解

《四书翼注》:"出纳之吝,'纳'字人多忽略。民间有布缕之征,粟米之征,有司牢持管钥,不为之迅速收入,守候有旅食之艰,吏胥纵需索之欲,贻害实亦不浅,为政者亦不可不知也。"

【延伸阅读】

古诗文选

长太息以掩涕兮,哀民生之多艰。(战国·屈原《离骚》)

安得务农息战斗,普天无吏横索钱。(唐·杜甫《昼梦》)

身为野老已无责,路有流民终动心。(宋·陆游《春日杂兴》)

国正天心顺,官清民自安。(明·冯梦龙《警世通言·金令史美婢酬秀童》)

【20·3】

孔子曰："不知命，无以为君子也；不知礼，无以立也；不知言，无以知人也。"

【注释】

①无以：无法，不能。《微子篇》(20·1)："朕躬有罪，无以万方。"此处"无以"是"不要连累"。

【今译】

孔子说："不知晓命，就无法做一个君子；不知晓礼，就无法立身社会；不知晓别人说的话，就无法了解别人。"

【解难】

知命、知礼、知言，"三知"终篇

《尧曰》为《论语》终篇，此章和上一章为《论语》最后两章，首句有"孔子曰"，前面篇章节皆曰"子曰"。戴望《论语注》："加姓者，重终。"

《论语》一书以"三知"终篇，孔子言简意深。首先要知命。命谓穷通夭寿，命里有时终须有，命里无时莫强求。天赋命运，穷达有时，当待时而动。知命则循天理而安分守己，不知命则侥幸妄动而无所不为，妄动则非君子。其次要知礼。礼为持身之具、立身之本，主恭俭庄敬，得之者生，失之者死。人不知礼，进退周旋无所遵循，手足不知所措，无以立身行世。再次要知言。宣于口，笔于书，皆为言。言为心声，言有真伪、深浅，听而不辨，则不能察微言大义，辨善恶忠奸。知此三者，则修身之道已备。

【延伸阅读】

仁：儒家的最高价值

韩国自称是儒学的宗主国。他说商朝的箕子发展了洪范九畴的观念，儒家的基本精神和洪范九畴有关系，箕子活动过的"朝鲜"就是现在的韩国。儒家文化圈，包括中国、韩国、日本、越南。孔子述而不作，儒家传统在孔子之前已经发展了一两千年，所以儒学传统有四五千年的发展历史。儒家的"五经"从各个方面凸显了人的特性：《诗经》体现人是感情的动物，《尚书》体现人是政治的动物，《礼记》体现人是社会的动物，《易经》体现人是追求天人合一、追求意义的动物，《春秋》体现人是历史的动物。儒家一方面讲掘井及泉，一方面讲推己及人。"仁义礼智信"是儒家的核心价值，但"仁"是儒家的最高价值，是最全面的价值，"义礼智信"都必须和"仁"配合，否则失之偏颇。"仁"就是同情心。

"义"没有"仁"就尖刻,"礼"没有"仁"就成为一种形式,"智"没有"仁"就是小聪明,"信"没有"仁"就是小信。"仁"涵盖一切。(摘编自杜维明《二十一世纪的儒家传统》)

下编

《论语》重要词句简释

《论语》的"论"音 lún，按次序编排之义；"语"是言语；"论语"意即按一定次序编排孔子及弟子的言语。记孔子平日与弟子论学、论治、相问答的言语，由孔门后学记录而成。原有《鲁论》《齐论》《古论》三种，《齐论》《古论》久亡，今《论语》即《鲁论》，凡二十篇，各篇皆以第一章的前两三个字作篇名。《论语》简称《论》。

南宋时，朱熹将《大学》《中庸》《论语》《孟子》合称为"四书"。

2017 年 5 月，在江西南昌汉代海昏侯墓考古发掘出的已失传 1800 年之久的《齐论语》竹简已完成扫描，竹简中已经出现了一篇失传的《论语》。

《论语》里的重要词句构筑起了孔子的思想体系，集中反映了儒家的主张。这里做一简释。

001. 孝

"孝"是尽心奉养并顺从父母。"孝"字由"老"字省去右下角和"子"字组成会意字，表示子女奉养老人。甲骨文的"孝"像小孩搀扶老人的样子。孝者必顺，孝顺父母包括尊敬父母、顺从父母、奉养父母；还包括不违背礼，对父母要"生，事之以礼；死，葬之以礼，祭之以礼"。

002. 弟

"弟（tì）"是敬爱并顺从兄长。"弟"字后加义符"心"作"悌"。《广雅·释亲》："弟，悌也。"邢《疏》："悌，顺也。"

孔子认为，年轻人应该入孝出悌，在家孝顺父母，出门敬顺兄长。《学而篇》（1·6）："子曰：'弟子入则孝，出则弟，谨而信，泛爱众，而亲仁。'"

孔子的弟子有子认为，"孝悌"是德之本，是一切道德的基础，是做人的根基。根基稳固了，其他品行也就随之养成了。《学而篇》（1·2）："有子曰：'其为人也孝弟，而好犯上者，鲜矣；不好犯上，而好作乱者，未之有也。君子务本，本立而道生。孝弟也者，其为仁之本与！'"

003. 忠

"忠"一是尽心尽力，没有私心。《学而篇》（1·4）："为人谋而不忠乎？"二是特指事上竭诚，忠诚。《八佾篇》（3·19）："君使臣以礼，臣事君以忠。"《逸周书·谥法解》："危身奉上，险不辞难曰忠。"

004. 信

"信"是诚实不欺。忠以心言，信以言论；尽心于人曰忠，不欺于己曰信。忠无不信，信无不忠。《学而篇》（1·4）："与朋友交而不信乎？"

005. 仁

"仁"就是爱、亲，与人相亲相爱。人与人相爱、上下相亲、推己及物皆谓之仁。《中庸》："仁者，人也，亲亲为大；义者，宜也，尊贤为大。"《说文》："仁，亲也。从人从二。""仁"是会意字，独则无偶，偶则相亲。"仁"即人心，是心之德，爱之理。郭店竹简的"仁"字是上下结构，从身、从心，表示心中想着自己，思考着自己，就是"克己""修己"。《微子篇》（18·1）："殷有三仁焉。"

"仁"字在《论语》里出现了109次，是孔子思想的核心。《论语》里的"仁"，也引申指仁德、仁政、恩惠。"仁人"是有仁爱德行的人。"仁里"是仁者居住的地方。"仁方"是施行仁道的方法和途径。"仁道"是仁爱之道。"仁政"是仁爱人民、宽厚待民的政治措施。"为仁"是施行仁道。"求仁"是求取仁德。"好仁"是爱好仁道。"违仁"是离开仁道。"害仁"是损害仁德。"不仁"是没有仁道。

006. 义

"义"是合宜、适宜，正当，正义，合理、有道理。《释名》："义，宜也。裁制事物使各宜也。"《公冶长篇》（5·16）："其使民也义。"

儒家把仁、义、礼、智、信称为"五常"，把礼、义、廉、耻称为国之"四维"（治国之纲）。

007. 礼

"礼"泛指行为准则、道德规范和各种礼节、仪式。《论语》里的"礼"主要有待人接物、祭祀仪式、典章制度、宫廷礼仪等方面。《尧曰篇》（20·3）："不知礼，无以立也。"《季氏篇》（16·13）："不学礼，无以立。"

礼是一种强制性约束，能激发崇高、庄严、肃穆、神圣之感，更体现了等级制度。"礼"用来制中而防止过犹不及。礼之用，时为大。《周礼》之制，王莽用之而败，王安石用之亦败，古今异势，不可僵化，须去粗取精，化繁为简，与时化用。

008. 知

"知（zhī）"同"智"，有智慧，即知识的引申，古代只作"知"。《子罕篇》（9·29）："知者不惑，仁者不忧，勇者不惧。"知者知人、知言、不惑，能通权达变。

"知"被列为君子应具备的"三达德"（知、仁、勇）之一。

009. 廉

"廉"本指堂屋的侧边，边谓之廉，角谓之隅。比喻品行端正，人有威严。《阳货篇》（17·16）："古之矜也廉，今之矜也忿戾。"

580

010. 耻

"耻"是耻辱，羞耻，惭愧。《泰伯篇》(8·13)："邦有道，贫且贱焉，耻也；邦无道，富且贵焉，耻也。"孔子要求一个人行事要有羞耻之心，凡认为是可耻的就不要去做。《子路篇》(13·20)："行己有耻，使于四方，不辱君命，可谓士矣。"

011. 贤

"贤"多才、多能，可单指有才能或有德行，也可指德才兼备。"贤人""贤才"皆指德才兼备的人。《里仁篇》(4·17)："见贤思齐焉。""贤"也表示尊重，重视。《学而篇》(1·7)："贤贤易色。"第一个"贤"字表示尊重，第二个"贤"字表示贤人。"贤"还表示胜过，超过。《阳货篇》(17·22)："不有博弈者乎？为之，犹贤乎已。"

012. 勇

"勇"是勇敢，胆子大，不怕困难和危险。《为政篇》(2·24)："见义不为，无勇也。"孔子主张不能逞匹夫之勇、血气之勇、强力之勇，必须临事而惧，好谋而成；必须义以为上，不能有勇无义。《述而篇》(7·11)："暴虎冯河，死而无悔者，吾不与也。必也临事而惧，好谋而成者也。"《阳货篇》(17·23)："君子义以为上，君子有勇而无义为乱，小人有勇而无义为盗。"

013. 直

"直"是直率，直爽。《公冶长篇》(5·24)："孰谓微生高直？""直"还表示正直，刚正。《卫灵公篇》(15·7)："直哉史鱼！""直"还表示正直的人。《为政篇》(2·19)："举直错诸枉，则民服。"

014. 谅

"谅"是诚信，诚实，与"信"义同。《季氏篇》(16·4)："益者三友，损者三友。友直，友谅，友多闻，益矣。""谅"还表示小信，即无原则地守信用。孔子再要求守信的同时，也要善于变通，不能因小失大。《宪问篇》(14·17)："岂若匹夫匹妇之为谅也。"

015. 省

"省"是内察，自我检查思想、言行，是孔子提倡的修身方法。《学而篇》(1·4)："吾日三省吾身。"《颜渊篇》(12·4)："内省不疚，夫何忧何惧？""省"还表示观察，省视。《为政篇》(2·9)："退而省其私，亦足以发，回也不愚。"

016. 讷

"讷"是说话迟钝，结结巴巴，引申为谨慎。《里仁篇》(4·24)："君子欲讷于言而敏于行。"

017. 敏

"敏"是审慎，是一种优秀品德。何休注："敏，审也。"杜预注："敏，审当于事。"刘宝楠《正义》："敏之义为审。"《阳货篇》(17·6)："恭、宽、信、敏、惠。"《尧曰篇》(20·1)："宽则得众，信则民任焉，敏则有功，公则说。""敏"还表示聪明，灵敏。《颜渊篇》（12·1）："回虽不敏，请事斯语矣。""不敏"是谦辞。"敏"还表示勤勉。《公冶长篇》（5·15）："敏而好学，不耻下问。"

018. 佞

"佞（nìng）"是说好话讨好人，引申指有口才、能说会道，反义词是"讷"。《里仁篇》（5·5）："雍也仁而不佞。""佞人"是巧言诌媚的人。"便（pián）佞"是擅长巧言善辩的人。

019. 行

"行"是行动，社会实践。《述而篇》（7·25）："子以四教：文、行、忠、信。""行"还表示做、从事，行走，离开，率领，推行，行为，品行。

020. 文

"文"是文化，指古代文献典籍、礼乐制度。如《子罕篇》（9·5）："文王既没，文不在兹乎？""文"还表示文字、文饰、文采，以及特指周文王。

021. 乐

"乐（yuè）"是音乐，和谐而成调。凡以器播其声则曰乐，人所歌则曰诗，二者皆有辞。凡诗皆可弦歌入乐，所以诗也通称为乐。古代的"乐"是集诗词歌舞于一体，是综合的艺术表现形式。《礼记·乐记》："乐者，所以象德也。"礼主敬，乐主和。《泰伯篇》（8·8）："兴于《诗》，立于礼，成于乐。"

022. 艺

"艺"是技艺，技能，才能。孔颖达："艺，人之才也。"郑玄："艺，才也。"《宪问篇》（14·12）："卞庄子之勇，冉求之艺。"还表示有技艺，有才能，犹多才多艺。《雍也篇》："求也艺，于从政何有？"《子罕篇》（9·7）："吾不试，故艺。""艺"还特指六艺。《述而篇》（7·6）："依于仁，游于艺。"

礼、乐、射、御、书、数六种技艺，合称"六艺"。

023. 学

"学"是受教，接受启蒙教育，从而觉悟所未知。初习谓之学。《学而篇》（1·1）："学而时习之，不亦说乎？"《公冶长篇》（5·28）："不如丘之好学也。"《雍也篇》（6·3）："有颜回者好学。"《阳货篇》（17·8）："好仁不好学，其蔽也愚。"见"学习"条。

024. 思

"思"是深想，思考，反省，考虑。深虑通敏谓之思。《为政篇》（2·15）："学而不思则罔，思而不学则殆。"《卫灵公篇》（15·31）："子曰：'吾尝终日不食，终夜不寝，以思，无益，不如学也。'"《公冶长篇》（5·20）："季文子三思而后行。"

025. 问

"问"是询问，请教。孔子要求不懂要问，有疑要问，为增长见识要多问，还要不耻于向不如自己的人请教。《八佾篇》（3·15）："子入太庙，每事问。"《公冶长篇》（5·15）："敏而好学，不耻下问。"

026. 诲

"诲"的本义是教育，教导，讲深讲透。《说文》："诲，晓教也。"教所未知、晓之以破其晦为诲。《为政篇》（2·17）："由，诲女知之乎？"

027. 惑

"惑"是疑惑，不明白。《为政篇》（2·4）："四十而不惑。""惑"还表示心里迷乱，心疑不定，糊涂。《颜渊篇》（12·10）："爱之欲其生，恶之欲其死，既欲其生，又欲其死，是惑也。"一个人能做到知言、知礼、知命，就能辨惑、不惑。

028. 道

"道"的本义是大路，引申为方法、途径，万物的本原、本体，道德、道义，主张、学说，治国的措施，安定的局面，技艺、述说等。朱熹《集注》："凡言'道'者，皆谓事物当然之理，人之所共由者也。"程树德《集释》引王植《四书参注》："道者，事物当行之理，大而伦常，小而日用，莫不各有其理，犹行者各有其路，故名之曰道。其原出于天，根于性，而具于心，无一物一时不在此理。"刘氏《正义》"本立而道生"注："道者，人所由行之路。事物之理，皆人所由行，故亦曰道。"

029. 有道

"有道"是有善政，即政治清明，天下太平。《公冶长篇》（5·2）："邦有道，不废；邦无道，免于刑戮。"《宪问篇》（14·3）："邦有道，危言危行；邦无道，危行言孙。""有道"还表示有道德的人。《学而篇》（1·14）："敏于事而慎于言，就有道而正焉，可谓好学也已。"

030. 无道

"无道"是没有善政，即政治黑暗，天下昏乱。《卫灵公篇》（15·7）："邦有道，则仕；邦无道，则可卷而怀之。""无道"还表示不行正道，暴虐昏庸。《宪问篇》（14·19）："子言卫灵公之无道也，康子曰：'夫如是，奚而不丧？'""无道"还表示不行正道的人，即坏人或暴君。《颜渊篇》（12·19）："如杀无道，以就有道，何如？"

031. 德

"德"是道德，是善的总称，好的品行、节操称为"德"。孔颖达疏《左传·桓公二年》"将昭德塞违"："德者，得也。谓内得于心，外得于物，在心为德，施之为行，德是行之未发者也。""仁"是最高的德。古道德的"德"字，只作"惪"，意即心直、思正。《为政篇》（2·1）："为政以德，譬如北辰，居其所而众星共之。""德"还表示恩惠，恩德。《宪问篇》（14·34）："以直报怨，以德报德。"

032. 道德

"道德"是指人们共同生活和行为的准则、规范，是社会正面的价值取向。"道"指正确的方向、方法，"德"指良好的品质、品行，道与德配合，才叫"道德",有的有道而无德。三王之治在道德,五霸之志在事功。

033. 和

"和"是恰当,恰到好处。《学而篇》(1·12):"礼之用,和为贵。""和"还表示和睦、和谐。《季氏篇》(16·1):"盖均无贫,和无寡。"

034. 同

"同"是苟同,盲从附和。见"和而不同"条。"同"还表示一样,如《卫灵公篇》(15·40):"道不同,不相为谋。"还表示共同,一起,如《宪问篇》(14·18):"公叔文子之臣大夫僎与文子同升诸公。"还表示诸侯之间的盟会,如《先进篇》(11·26):"宗庙会同,非诸侯而何?"

035. 志

"志"是立志、有志于,是意之所存,念兹在兹。在心为志,心之所念虑为志,心之所主为志,心之所之为志。朱熹《集注》:"心之所之为志……志乎此,则念念在此而为之不厌矣。"《为政篇》(2·4):"吾十有五而志于学。"

036. 乱

"乱"是造反,犯上作乱。《学而篇》(1·2):"不好犯上,而好作乱者,未之有也。"《述而篇》(7·21):"子不语怪、力、乱、神。""乱"还表示动乱,破坏、扰乱,神志昏乱,醉酒,治理,以及乐曲的最后一章。

037. 惠

"惠"是利益、恩惠。《里仁篇》(4·11):"君子怀刑,小人怀惠。"还表示施予恩惠,给人好处。《公冶长篇》(5·16):"其养民也惠,其使民也义。"《阳货篇》(17·6):"惠则足以使人。"

038. 欲

"欲"是贪欲,贪心,专营财利。《说文》:"欲,贪欲也"。《公冶长篇》(5·11):"枨也欲,焉得刚?"《颜渊篇》(14·12):"若臧武仲之知,公绰之不欲,卞庄子之勇,冉求之艺,文之以礼乐,亦可以为成人矣。"

039. 性

"性"是本性,先天个性,遗传而来、与生俱来的秉性,如喜、怒、欲、惧、忧、躁。《公冶篇》(5·13):"夫子之言性与天道,不可得而闻也。"《阳货篇》(17·2):"性相近也,习相远也。"

040. 命

"命"是命运,天命,指贵贱寿夭,是人主观无法把握而必然到来的一切。孔子五十而知天命,孔子承认天具有支配一切的神威。《雍也篇》(6·10):"亡之,命矣夫。"《颜渊篇》(12·5):"死生有命,富贵在天。""命"还表示寿命,命令、辞令,政令。

041. 隐

"隐"是隐居,隐避。孔子主张天下政治混乱时就隐居起来以磨炼意志。《泰伯篇》(8·13)："天下有道则见，无道则隐。"《季氏篇》(16·11)："隐居以求其志，行义以达其道。"《微子篇》(18·8)："隐居放言。""隐"还表示隐瞒。

042. 趋

"趋"是快步走，或快步上前，或快步离开，是尊敬对方的一种礼节。古代有"三必趋"：见到上级必趋，见到长辈必趋，见到尊者必趋。在战场上，士兵见到敌国君主也要下车，脱下铠甲，快步上前。《乡党篇》(10·3)："君召使摈……趋进，翼如也。"《季氏篇》(16·13)："鲤趋而过庭。""趋庭"表示接受父亲教导。《子罕篇》(9·10)："子见齐衰者、冕衣裳者与瞽者，见之，虽少，必作；过之，必趋。"后来发展到经过尊长的住地和祭祀尊长的宗庙，也"必下车趋"。

古代也有"三不趋"。《礼记·曲礼上》："帷薄之外不趋，堂上不趋，执玉不趋。"在帷幕和帘子之外看不到里面的人，不必趋；堂上地方小，不能趋；执玉防止滑脱摔坏，也不能趋。

043. 揖

"揖"是拱手行礼，双手抱拳置于胸前，拱手上下左右，是相见之礼。现改为握手礼，而在古代握手礼比拜礼简慢。《仪礼·乡饮酒礼》郑玄注："推手曰揖。"推手时根据对象的不同，有高、平、下之别。《八佾篇》(3·7)："揖让而升，下而饮，其争也君子。"

044. 拜

"拜"是古人表示恭敬的一种礼节。古人的"拜"，只是拱手弯腰而已，如今之"揖"。《乡党篇》(10·15)："问人于他邦，再拜而送之。"后来的"拜"，指磕头，屈膝跪地，低头与腰平，叩头及地或两手着地。后用为行礼的通称。

045. 齐

"齐"(zhāi) 通"斋"，斋戒，是古人在祭祀或举行典礼前清心洁身，以示庄敬。《乡党篇》(10·7)："齐必有明衣，布。""齐"还音 zī，是用密针缝的衣服的下摆。《乡党篇》(10·4)："摄齐升堂，鞠躬如也。""齐"还音 qí，表示等同，使整齐、约束，齐国。

046. 傩

"傩"是古代年终举行的驱逐瘟疫鬼神的一种民俗仪式。《乡党篇》(10·14)："乡人傩，朝服而立于阼阶。"

047. 旅

"旅"是指祭祀上帝和山川。《八佾篇》(3·6)："季氏旅于泰山。""旅"还指军队。见《先进篇》(11·26) 和《卫灵公篇》(15·1)。

048. 禘

"禘(dì)"是古代帝王、诸侯举行各种大祭的总名，包括祭天、祭地和祭祖先。见《八佾篇》(3·10) 和 (3·11)。

049. 祭

"祭"是祭奠、祭祀，即对鬼神祖先的供奉，供食于鬼，享祀君亲。古代祭政合一，祭是教化之本，用来追养继孝。《八佾篇》（3·12）："祭如在，祭神如神在。"

050. 政

"政"是正，端正，正人之不正。《颜渊篇》（12·17）："政者，正也。子帅以正，孰敢不正？"孔子把"正名"作为为政首先要解决的问题。"政"还表示政治，政事，政权，法制、政令。

051. 事

"事"是侍奉，服务。《里仁篇》（4·18）："事父母几谏。"《八佾篇》（3·18）："事君尽礼，人以为谄。"《论语》中"事"的义项还有工作，本职，奉行，从事，兵事，家事，等等。

官之职谓之事，在君为政，在臣为事。

052. 中

"中"是正，不偏不倚。《尧曰篇》（20·1）："允执其中。""中"还表示半，如"中道"即半途；还表示中等，如"中人"即中等智商的人；还表示里面，在中间。"中"又音 zhòng，表示中肯。《先进篇》（11·14）："夫人不言，言必有中。"还表示合乎，如《微子篇》（18·8）："言中伦，行中虑。"还表示猜中行情，如《先进篇》（11·19）："赐不受命，而货殖焉，亿则屡中。"

053. 中庸

"中庸"是不过不及的平常的处世原则，是儒家的伦理思想和方法论。"中"是居中，不过不及，不偏不倚。"庸"是平常。作为伦理思想，孔子称中庸是最高的道德，《雍也篇》（6·29）："中庸之为德也，其至矣乎！"作为方法论，中庸是不过不及、恰如其分的待人处世的态度。哲学家冯友兰有句话："阐旧邦以辅新命，极高明而道中庸。"中庸之道是通往极高明境界的最好方法。

054. 中行

"中行"是中道而行，即行为合乎中庸之道的人。《子路篇》（13·21）："不得中行而与之，必也狂狷乎！"

055. 诗

《诗》指《诗经》，是我国第一部诗歌总集。《为政篇》（2·2）："子曰：'《诗》三百，一言以蔽之，曰"思无邪"。'"《子路篇》（13·5）："诵《诗》三百，授之以政，不达。"《季氏篇》（16·13）："不学《诗》，无以言。"《阳货篇》（17·9）："《诗》可以兴，可以观，可以群，可以怨。"

056. 书

《书》指《尚书》，是上古历史文献的总集。《为政篇》（2·21）："《书》云：'孝乎惟孝，友于兄弟，施于有政。'"

057. 易

《易》指《周易》，是我国古代的一部卜筮之书。《述而篇》（7·17）："子曰：'加我数年，五十以学《易》，可以无大过矣。'"

058. 雉

"雉"是野鸡。孔子称赞野鸡懂得时宜，看到人们的脸色不对就立刻飞走，盘旋之后再栖息在树枝上。孔子由此提醒弟子要懂得时宜，相机而动，全身远祸。见《乡党篇》（10·27）。

059. 骥

"骥（jì）"是千里马。人们称赞它为"千里马"，不是称赞它的脚力好，而是称赞它能顺从人的调教，被人们驯服而归顺，完成任务、达到目标。因此，"骥"比喻天资好而又能虚心接受教育，从而有良好教养的人。《宪问篇》（14·33）："子曰：'骥不称其力，称其德也。'"

060. 北辰

"北辰"是北极星。北极星不是固定不动的，只要它转动，众星就会跟着旋转移动。孔子认为为政以德，执政者就会像北极星，不需要特别作为，老百姓就会像众星一样自动亲附。《为政篇》（2·1）："子曰：'为政以德，譬如北辰，居其所而众星共之。'"

061. 松柏

"松柏"耐寒，能经受严冬的考验，比喻意志坚韧、能经受严酷考验的君子。《子罕篇》（9·28）："子曰：'岁寒，然后知松柏之后凋也。'"

062. 朽木

"朽木"是腐烂的木头，比喻人不堪造就。《公冶长篇》（5·10）："宰予昼寝。子曰：'朽木不可雕也，粪土之墙不可杇也。'"

063. 匏瓜

"匏（páo）瓜"是葫芦的一种，《论语》里指大瓠（hù），味苦不能吃，可做水瓢，晾干后可挂在腰间用来泅渡。"匏瓜"后用来比喻未得到重用或无所作为的人。《阳货篇》（17·7）："吾岂匏瓜也哉？焉能系而不食？"

064. 凤鸟

"凤鸟"即凤凰鸟，传说中的神鸟、鸟王，是祥瑞之鸟。雄的叫凤，雌的叫凰，通称凤凰或凤。古人认为凤凰出现预示天下大治，盛世将至。《子罕篇》（9·9）："子曰：'凤鸟不至，河不出图，吾已矣夫'""凤"还比喻有德的人。《微子篇》（18·5）："凤兮凤兮，何德之衰？"

065. 河图

"河图"是指黄河出现龙马，背负八卦图而出。黄河出图，被视为圣王受命治理天下的祥瑞。见"凤鸟"条。

066. 唐棣之华

"唐棣之华"是唐棣树的花。唐棣属蔷薇科，落叶小乔木，小枝细长，花白色。唐棣树花的特点是长在同一枝茎上，方向却相反。诗人以此比喻恋人本来在一处却背对背，不是不思念而是距离遥远。孔子却说：不是真的思念，否则哪里是距离遥远呢？见《子罕篇》（9·31）。孔子的意思有可能是指如果你愿意行仁，哪里会做不到呢？仁离我们并不远，我要仁，仁就来了。《述而篇》（7·30）："子曰：'仁远乎哉？我欲仁，斯仁至矣。'"

067. 天下

"天下"指全中国。地在天之下，故称大地为天下。天下和国、家相连，积家成国，积国成天下，三代统一各国为有天下，分裂则失天下。《八佾篇》（3·24）："天下之无道也久矣，天将以夫子为木铎。"《宪问篇》（14·17）："管仲相桓公，霸诸侯，一匡天下，民到于今受其赐。"

068. 社稷

"社"是土地神，"稷"是谷神，谷生于土。古代国都及各地都设立社稷坛，社、稷合祀，分别由国君和地方长官主祭，故社稷成为国家政权的象征。古人把祭祀土地的地方叫社，凡有土地者皆可以立社，土地不多的普通乡民往往集体立社祭祀，百家以上共立一社，所以社逐渐成为一种聚居单位，"社会"一词即源于此。《先进篇》（11·25）："子路曰：'有民人焉，有社稷焉，何必读书，然后为学？'"

069. 宗族

"宗"是同一姓氏，"族"是凑。"宗族"是同一姓氏世代相传的家族，是直系血缘关系人的聚合，是有凝聚力的亲属集团。古代皇权不下县，乡村自治主要依靠宗法制度的自治。宗族的重要文化是家训。《白虎通·宗教》："族者凑也，聚也，谓恩爱相流凑也。上凑高祖，下至玄孙，一家有吉，百家聚之，合而为亲，生相亲爱，死相哀痛，有会聚之道，故谓之族。"《子路篇》（13·20）："宗族称孝焉，乡党称弟焉。"

070. 太庙

"太庙"是指祭祀太祖的庙。开国之君称为太祖，鲁国的开国之君是周公，所以鲁国的太庙是周公庙。《八佾篇》（3·15）："子入太庙，每事问。"

071. 宗庙

宗庙是帝王、诸侯、大夫、士祭祀祖宗的庙宇，是家族祭祖的专用房屋。宗，同一姓氏；庙，先祖牌位存放的地方。《白虎通·宗庙》："宗者，尊也。庙者，貌也。象先祖尊貌也。"《释名·释宫室》："庙，貌也。先祖形貌所在也。"《先进篇》（11·26）和《宪问篇》（14·19）的"宗庙"，不是指建筑，而是指关于祭祀宗庙的事情。

《中国祠堂通论》（王鹤鸣，王澄著）介绍：周族的习惯，庙和寝造在一起，庙在前，寝在后，制庙以象朝，制寝以象寝，庙以藏主，列昭穆；寝有衣冠、几杖、日常生活用具，总谓之宫。到春秋时还是如此。庙是按照活人住的寝的式样造的，和寝区别不大，只比寝多出了东西厢。宗庙可以住人，在宗庙举行重要典礼前，贵宾就留宿在宗庙。

072. 朝廷

朝廷是国君接受朝见和处理政务的地方。邢《疏》："朝廷，布政之所。"《白虎通·朝觐篇》："朝者，见也。"《乡党篇》（10·1）："其在宗庙朝廷，便便言，唯谨尔。"

073. 邦

"邦"是诸侯的封地，即诸侯国的代称。《阳货篇》（17·1）："怀其宝而迷其邦，可谓仁乎？"

074. 国

"国"是诸侯的封地，大曰邦，小曰国。繁体"國"，从口从戈，以守一地。《季氏篇》（16·1）："丘也闻有国有家者，不患贫而患不均，不患寡而患不安。"

075. 家

"家"是大夫的封地。古代诸侯有国，大夫有家。《颜渊篇》（12·2）："在邦无怨，在家无怨。""邦"和"邦家"后来都泛指国家，邦家与国家同义。《阳货篇》（17·18）："恶利口之覆邦家者。"

由于古代实行辖地或属地分封制，所以天子称"天下"，诸侯称"国"，大夫称"家"。

076. 圣人

"圣人"是儒家所称的道德和智慧最高的理想人物。"圣"的本义是聪明，无所不知，无所不通；后来指道德、才能超出常人以上，是孔子理想的最高品格。百人曰俊，千人曰英，倍英曰贤，万人曰杰，万杰曰圣。孔颖达："圣，通也。""圣者，上智之名。"孔安国："于事无所不通谓之圣。"《述而篇》（7·34）："若圣与仁，则吾岂敢？"《子张篇》（19·12）："有始有卒者，其惟圣人乎！"儒家多以尧、舜、禹、汤、文、武、周、孔为圣人。自儒家定于一尊之后，特指孔子为圣人。

077. 帝

"帝"是天帝、上帝，最高的天神，是古人想象的宇宙万物的主宰。后作为君主的称号。秦始皇以皇帝为君主的称号，秦朝以后"帝"为皇帝的简称。"后帝"即天帝，上天。《尧曰篇》（20·1）："敢昭告于皇皇后帝。"

078. 王

"王"即君主，有天下曰王。夏商周时期，最高统治者称王；周朝衰落后，诸侯僭越，在自己国内也称王，与称君、称公无异。"先王"是指古代贤明的君王，一般指尧、舜、禹、汤、文、武等。《学而篇》（1·12）："先王之道，斯为美。""王者"是以王道治天下的君王，即明君，如周文王、武王、成王。《子路篇》（13·12）："如有王者，必世而后仁。"

079. 天子

"天子"是上天之子，天下的最高统治者。古代认为君权为神所授，帝王接受天命而有天下，故称皇帝或国王为天子。《八佾篇》（3·2）："相维辟公，天子穆穆。"《季氏篇》（16·2）："天下有道，礼乐征伐自天子出。"

080. 君

"君"即君主，古代天子、诸侯都称君。《颜渊篇》（12·11）："信如君不君。"帝、王、天子、君同义，都是指最高统治者。

081. 予一人

"予一人"是古代帝王的自称。见《尧曰篇》（20·1）。

082. 予小子

"予小子"是古代帝王面对先王或长辈的谦称。见《尧曰篇》（20·1）。

083. 诸侯

"诸侯"是西周、春秋时期国王所分封的各小国的国君，源于分封制。"诸"是众，"侯"是爵位名，为五等爵（公、侯、伯、子、男）的第二等。《先进篇》（11·26）："宗庙会同，非诸侯而何？"

西周王朝拥有天下之后，疆域广阔，便实行分土治理，即分封制。但名山大泽不用来分封，而是与百姓共之，不使一国独专。诸侯服从王命，拱卫王室，向王室朝贡、述职、服役、出兵勤王。诸侯世袭拥有封地及其居民，世代掌握辖区军政大权。诸侯受封的疆土面积大小与爵位高低有关。《礼记·王制》："天子之田方千里，公、侯田方百里，伯七十里，子、男五十里。不能五十里者，不合于天子，附于诸侯，曰附庸。"

084. 公卿

春秋时期官员的等级是天子、诸侯、卿、大夫、士。"公"是春秋时期诸侯的通称；"卿"是天子和诸侯所属的高级官员，分上、中、下三等。孔子是大夫，所以出门要侍奉公卿。后来"公卿"泛指高官。《子罕篇》（9·16）："出则事公卿，入则事父兄。"

085. 大夫

"大夫"是古代官名，分上、中、下三等。大夫世袭，有封地。《颜渊篇》（14·11）："孟公绰为赵魏老则优，不可以为滕薛大夫。"大夫的家臣也可称"大夫"。《宪问篇》（14·18）："公叔文子之臣大夫僎与文子同升诸公。"

086. 士

"士"是对有一定社会地位或修养的读书人的通称。学以居位曰士。在周代分封制规定的贵族等级中，士处于贵族的末等，在平民以上。天子、诸侯、大夫皆有土地，逐级分封，而士没有土地。但士佩剑，佩剑是贵族的标志，也体现贵族的尊严。"士"既担任官职管理具体事务，还要执戈冲锋陷阵。孔子给"士"赋予了管理国家的重任。《泰伯篇》（8·7）："士不可以不弘毅，任重而道远。"到了战国时期，士主要分为文士、武士、谋士、辩士等。

"士"还泛指一般人士，如《述而篇》（7·12）："富而可求也，虽执鞭之士，吾亦为之。"

087. 儒

"儒"是读书人、学者，原指熟悉诗书礼乐的知识分子。儒学为孔子首创，自汉武帝起，"罢黜百家，独尊儒术。"古人认为，士乃国之宝，儒为席上珍。《雍也篇》（6·13）："女为君子儒，无为小人儒。"

088. 大人

"大人"其义不一。一是以位言，指官位高的人，所谓王公大人，天子诸侯。《季氏篇》（16·8）："孔子曰：'君子有三畏：畏天命，畏大人，畏圣人之言。小人不知天命而不畏也，狎大人，侮圣人之言。'"二是以德言，指道德很高的人，所谓大人君子。三是兼德位而言，如《易经·乾卦》的"利见大人"。四是后来指父母。

089. 冢宰

"冢宰"是职官名，为百官之长，六卿之首。商代始有"宰"这个官名，也有宰相之义。商朝"宰"是管理家务和家奴的官，周朝有执掌国政的太宰。《宪问篇》（14·40）："君薨，百官总己以听于冢宰三年。"

090. 令尹

"令尹"是楚国宰相的称谓，楚武王时设置，入则领政，出则领军，是楚国的最高官职。楚国子文三次任宰相，三次罢宰相，无喜无愠，孔子称赞他尽忠职守。见《公冶长篇》（5·19）。

091. 大臣

"大臣"一是指具有很高政治修养的士大夫。《先进篇》（11·24）："所谓大臣者。"二是指高官，卿相。《微子篇》（18·10）："不使大臣怨乎不以。"

092. 陪臣

"陪臣"是大夫的家臣。天子以诸侯为臣，诸侯以大夫为臣，大夫又自有家臣。大夫的家臣，是臣的臣，是隔了一层的臣，所以称为"陪臣"。《季氏篇》（16·2）："陪臣执国命。"

093. 具臣

"具臣"是做官充数、不能有作为的臣子。孔子认为具臣虽然有官位无实权，但对长官也不是惟命是从。见《先进篇》（11·24）。

094. 有司

"有司"是大夫家臣之下的各级官员，各司其职，故称有司。《泰伯篇》（8·4）："笾豆之事，则有司存。"《子路篇》（13·2）："子曰：'先有司，赦小过，举贤才。'"《尧曰篇》（20·2）："出纳之吝谓之有司。"

095. 士师

"士师"是古代的司法官、执法官，掌禁令、狱讼、刑罚之事。《子张篇》（19·19）："孟氏使阳肤为士师。"《微子篇》（18·2）："柳下惠为士师，三黜。"

096. 君子

"君子"一是指有道德的人。《里仁篇》（4·16）："君子喻于义，小人喻于利。"二是指在高位的人，是对贵族和统治者的通称，指士以上的贵族。《子罕篇》（9·6）："吾少也贱，故多能鄙事。君子多乎哉？不多也。"三是指君主。《泰伯篇》（8·2）："君子笃于亲，则民兴于仁。"《颜渊篇》（12·19）："君子之德风，小人之德草。"四是特指孔子。《乡党篇》（10·6）："君子不以绀緅饰。"

097. 小人

"小人"一是指无道德的人。《为政篇》（2·14）："君子周而不比，小人比而不周。"二是指老百姓。《颜渊篇》（12·19）："君子之德风，小人之德草。"三是指见识浅陋的人，平庸浅薄的人。《子路篇》（13·4）："樊迟出。子曰：'小人哉！樊须也。'"又《子路篇》（13·20）："曰：'言必信，行必果，硁硁然，小人哉！'"

098. 夫子

"夫子"一是对大夫以上官员的尊称。《宪问篇》（14·13）："信乎，夫子不言、不笑、不取乎？"此"夫子"指公叔文子，因为他是卫国大夫。二是专指孔子。孔子曾做过鲁国的司寇，所以学生尊称他为夫子。三是后来沿袭称呼老师为"夫子"。

君子是道德修养高之人，夫子是读书多、学问高之人，才子是多才多艺之人。

099. 弟子

一是为人弟、为人子的合称，泛指晚辈、年轻人。《学而篇》（1·6）："弟子入则孝，出则弟。"《为政篇》（2·8）："有事，弟子服其劳。"二是门徒、门生、学生。《雍也篇》（6·3）："哀公问：'弟子孰为好学？'"

100. 后生

"后生"是后辈，下一代，年轻人。孔子认为，对年轻人不可低估，他们每每能超越先辈，令人敬重。《子罕篇》（9·23）："后生可畏，焉知来者之不如今也？"

101. 先生

先生，犹先醒。《论语》中的"先生"，一是指父亲兄长，如《为政篇》（2·8）："有酒食，先生馔。"二是指成人，如《宪问篇》（14·44）："吾见其居于位也，见其与先生并行也。"今称老师或尊称别人为先生。

102. 成人

"成人"是全人，完人，德才兼备的人。《宪问篇》（14·12）："子路问成人。"

103. 仁人

"仁人"是具有仁德的人，道德高尚的人。《尧曰篇》（20·1）："虽有周亲，不如仁人。"

104. 善人

"善人"是善良的人，仁善的人。《述而篇》（7·26）："善人，吾不得而见之矣。"

105. 惠人

"惠人"是给人恩惠的人。语出《宪问篇》（14·9）。

106. 丈人

"丈人"是对老头儿的尊称。《微子篇》（18·7）："子路从而后，遇丈人，以杖荷蓧（hè diào）。"

107. 夫人

"夫人"是诸侯之妻。《季氏篇》（16·14）："邦君之妻，君称之曰夫人。""夫人"是尊称对方的妻子，所以除了国君在外交场合可以称自己的妻子为夫人外，一般男性皆不可。

108. 野人

"野人"是乡野之人，不曾做官、没有爵禄的平民。《先进篇》（11·1）："先进于礼乐，野人也。"

109. 庶人

"庶人"是平民，百姓。《季氏篇》（16·2）："天下有道，则庶人不议。"

110. 中人

"中人"是中等智商、中等天赋的人。《雍也篇》（6·21）："子曰：'中人以上，可以语上也；中人以下，不可以语上也。'"

111. 下人

"下人"是下等层次的人。《颜渊篇》（12·20）："虑以下人。"一说"下人"是甘居人下。

112. 斗筲之人

"斗筲（dǒu shāo）之人"是像斗和筲箕那种容量小的人，是孔子所鄙视的人。指器量、识见狭小的人。《子路篇》（13·20）："子曰：'噫！斗筲之人，何足算也？'"

113. 行人

"行人"是掌管外交的官。《宪问篇》（14·8）："行人子羽修饰之。"

114. 封人

"封人"是掌管边疆军事的官。《八佾篇》（3·24）："仪封人请见。"

115. 佞人

"佞人"是巧言谄媚的人。《卫灵公篇》（15·11）："放郑声，远佞人。"

116. 贤人

"贤人"是才德并美的人。《述而篇》（7·15）："曰：'伯夷、叔齐何人也？'曰：'古之贤人也。'"

117. 大师

"大师"是乐官名，又称太师，是大乐官，乐官之长。见《八佾篇》（3·23）和《微子篇》（18·9）。

118. 木铎

"木铎"即木舌金铃。古代官府宣布政令时，摇木铎来召集大家，故用木铎代表宣传教化的人。《八佾篇》（3·24）："天下之无道也久矣，天将以夫子为木铎。"

119. 逸民

"逸民"是节行超俗、遁世隐居的贤人。《微子篇》（18·8）："逸民：伯夷、叔齐、虞仲、夷逸、朱张、柳下惠、少连。"

120. 鄙夫

"鄙夫"一是指见识浅薄的人，见《子罕篇》（9·8）。二是人格卑鄙的人，见《阳货篇》（17·15）。

121. 匹夫

"匹夫"本意是一夫一妻，两相匹配，后泛指普通百姓。《子罕篇》（9·26）："子曰：'三军可夺帅也，匹夫不可夺志也。'"

122. 执鞭之士

"执鞭之士"是手持皮鞭为天子、诸侯等开路的人。《述而篇》（7·12）："富而可求也，虽执鞭之士，吾亦为之。"

123. 束脩

"束脩"是十条肉干，十条为一束，脩是肉干，是古代学生入学敬师的礼物。《述而篇》（7·7）："子曰：'自行束脩以上，吾未尝无诲焉。'"

124. 舞雩

"舞雩"指舞雩台，是鲁国求雨的台子。"舞"是女巫跳舞，"雩"是为求雨而举行的祭祀。舞雩台既是祭祀之地，也是孔子师生休息纳凉之地。《先进篇》（11·26）："浴乎沂，风乎舞雩，咏而归。"《颜渊篇》（12·21）："樊迟从游于舞雩之下。"后指乐道遂志，不求仕进。

125. 汶上

"汶上"即山东汶水以北，后人常用"汶上"为隐居的典故。《雍也篇》（6·9）："闵子骞曰：'善为我辞焉！如有复我者，则吾必在汶上矣。'"

126. 周公

"周公"姓姬名旦，周文王的儿子，武王的弟弟。辅佐武王伐纣，封于鲁。武王崩，又辅佐周成王摄政，东征平定三叔之乱，灭五十国，奠定东南，归而制礼作乐，天下大治。因其封地在周（今陕西岐山北），故称周公，或称为"姬旦""周旦"。典故有"周公吐哺"。《述而篇》（7·5）："甚矣吾衰也！久矣吾不复梦见周公！"

"周公"还泛指周朝的公侯，如《先进篇》（11·17）："季氏富于周公，而求也为之聚敛而附益之。"

127. 三家　三桓　三子

"三家"指当时掌握鲁国政治实权的孟孙、叔孙、季孙三家，都是卿、大夫，皆鲁桓公的后裔，又称"三桓""三子"。其中，季氏权力最大。孟孙之前叫仲孙。三家控制鲁国政权，国君形同虚设。《八佾篇》（3·2）："三家以《雍》彻。"《季氏篇》（16·3）："三桓之子孙微矣。"《宪问篇》（14·21）："告夫三子！"

128. 季氏

"季氏"即春秋时期鲁国季孙氏，是春秋时鲁桓公少子季友的后代，"三桓"之一，史书未确指是何人。鲁宣公十七年（前592年）"三桓"三分公室，三家各得一分。昭公五年（前537年）又四分公室，季氏独得二分。鲁国自文公之后，季文子、季武子、季平子、季桓子、季康子相继为掌握鲁国政权的上卿，与鲁国公室矛盾众多。鲁昭公曾兴兵讨伐季氏，失败后奔齐。后季氏家臣阳虎曾囚禁季桓子，掌握鲁政，季氏始衰。鲁定公九年（前501年），鲁国派军讨伐阳虎，阳虎逃到晋国。季桓子任用孔子，鲁国始兴。后来季桓子接受齐国女乐，不理朝政，孔子出走。季康子之后，季氏无闻焉。《八佾篇》（3·1）："孔子谓季氏。"（3·6）："季氏旅于泰山。"《季氏篇》（16·1）："季氏将伐颛臾。"

129. 正名

"正名"是辨正名称、名分，使名实相符；正，辨正，纠正；名，兼有名称和名分之义。先要确定万物的名称，才能辨别世间万物；依照名称确定上下名分，才能端正人间伦常。《子路篇》（13·3）："名不正则言不顺，言不顺则事不成，事不成则礼乐不兴，礼乐不兴则刑罚不中，刑罚不中则民无所措手足。"

130. 大伦

"大伦"是指君臣之间的大道、大原则，即君礼臣忠，君使臣以礼，臣事君以忠。"伦"是道理，是人与人之间相处的道理，特指尊卑长幼之间相处的道理。《微子篇》（18·7）："子路曰：'不仕无义。长幼之节，不可废也；君臣之义，如之何其废之？欲洁其身，而乱大伦。'"

131. 硁硁

"硁硁"是敲击石头发出的声音，《史记·乐书》："石声硁硁。"引申为浅薄而又固执。《子路篇》（13·20）："言必信，行必果，硁硁然，小人哉！"《宪问篇》（14·39）："鄙哉，硁硁乎！""硁硁之信"是固执而愚顽的信用理念。"硁硁自守"是固执地坚持自己的看法、主张。"硁硁之见"是坚持自己看法的谦辞。

132. 乡愿

"乡愿"是像乡下人那样貌似谨慎忠厚，实际上是是非不分、同流合污的好好先生。愿，谨慎忠厚。《孟子·尽心下》作"乡原"。孔子称"乡愿"是道德的盗贼，《阳货篇》（17·13）："乡愿，德之贼也。"

133. 学习

"学习"是求学的两个阶段,"学"是读书、求知识、学会,"习"是练习、实践,印证所学内容。在孔子时代,既学习知识,如"五经"(《诗》《书》《易》《礼》《春秋》),又学习技能,如"六艺"(礼、乐、射、御、书、数)。后儒把孔子"学、思、习、行"的学习过程加以整理,提出了"博学之,审问之,慎思之,明辨之,笃行之"五个步骤。《学而篇》(1·1):"学而时习之,不亦说乎?"《论语》中有"学者""好学""博学""学而不厌""学文""学《诗》""学《礼》""学《易》""学而不思""思而不学""学以致其道""学之不讲"等。

134. 文质

"文"是文采,文饰;"质"是质地,本质。《雍也篇》(6·18):"质胜文则野,文胜质则史。文质彬彬,然后君子。"《颜渊篇》(12·8):"君子质而已矣,何以文为?""文质彬彬"体现了孔子主张的形式和内容相统一的美学思想。

135. 本末

"本"是根本、主要,指忠孝仁义大道理,是理论教育;"末"是末节、小事,指洒扫应对进退,即洒水打扫卫生、说话应对和迎送客人,是实践教育。子游和子夏都是孔子的学生,皆以文学著称。在孔子门下,颜回、曾子是传道者,子夏、子游是传学者。子游讽刺子夏教出来的学生只会做一些细末小事,扫地跑腿,端茶倒水,子夏反驳说君子的学问,哪些先传授,哪些不传授,比如各种花草树木是有区别的,见《子张篇》(19·12)。

136. 恭敬

"恭"训"肃",指容貌,即容貌端庄严肃。如《学而篇》(1·10):"夫子温良恭俭让以得之。"《阳货篇》(17·6):"恭、宽、信、敏、惠。"《子路篇》(13·19):"居处恭,执事敬,与人忠。""恭"还表示谦恭,待人谦和卑顺。《颜渊篇》(12·5):"与人恭而有礼。"谦恭必须合乎礼,孔子反对过分恭顺。

"敬"也训"肃",指做事,即做事严肃认真。《子路篇》(13·19):"执事敬。"《卫灵公篇》(15·38):"子曰:'事君,敬其事而后其食'。"《学而篇》(1·5):"敬事而信,节用而爱人。""敬"还表示尊敬,以礼待人。《公冶长篇》(5·17):"久而敬之。"

恭在貌,敬在心;貌正曰恭,心警曰敬。古人说恭敬,意在使人不要自我松懈,自我放肆。

137. 忠恕

"忠"是尽心尽力,"恕"是推己及人,将心比心。孔子认为"忠恕"是可以终身行之的美德,是达到仁的途径和方法。《里仁篇》(4·15):"曾子曰:'夫子之道,忠恕而已矣。'"

138. 泰骄

"泰"是安详,安宁,如《子路篇》(13·26):"君子泰而不骄,小人骄而不泰。"泰"还表示骄傲、傲慢,如《子罕篇》(9·3):"今拜乎上,泰也。""泰"还表示奢侈,如《述而篇》(7·26):"约而为泰。""泰伯"是周朝祖先周太王(古公亶父)的长子。

"骄"是骄傲,傲慢。本义是马雄壮,马高六尺为"骄"。《学而篇》(1·15):"贫而无谄,富而无骄,何如?"

139. 狂狷

"狂"是过于激进的人,"狷"是过于保守的人。"狂"是志向极高且行为不加掩饰,"狷"是拘谨、保守。《子路篇》(13·21):"狂者进取,狷者有所不为。""狂"还表示狂妄。《泰伯篇》(8·16):"狂而不直。""狂简"是志向极高但做事粗率。

140. 损益

"损益"是减少和增加。孔子用于指对礼制的减少和增加的内容,认为礼乐代代传承,损益百世可知,见《为政篇》(2·23)。"损"还表示有害,"益"还表示有益,如《季氏篇》(16·4):"益者三友,损者三友。"

141. 谲正

"谲(jué)"是权变,善于变通;"正"是守正,严守规矩。《颜渊篇》(14·15):"晋文公谲而不正,齐桓公正而不谲。"

142. 闻达

"闻"是有名声,有名望,出名;"达"是通达顺利。孔子认为,有的人获取名望的做法,是表面讲仁义,而行动上违背仁义。通达顺利的人,本质上是正直的,又爱好正义,但善于察言观色,时时想着要甘居人后。孔子抑"闻"而扬"达",但二者都以委屈正道为前提,所以孔子不取。语出《子张篇》(12·20)。

143. 善恶

"善"是善良,有道德的。《述而篇》(7·26):"善人,吾不得而见之矣。"《为政篇》(2·20):"举善而教不能。""恶"是坏事,恶行。《颜渊篇》(12·21):"攻其恶,无攻人之恶。"《里仁篇》(4·4):"苟志于仁矣,无恶也。"

144. 名利

"名"是获得名声、名望。孔子主张君子死后留名。《卫灵公篇》(15·20):"君子疾没世而名不称焉。""利"是贪图财富、利益。孔子反对君子争利。《里仁篇》(4·12):"放于利而行,多怨。"《子路篇》(13·17):"见小利,则大事不成。"

145. 富贵

"富"是富裕,财产多;"贵"是显贵,地位高。"富"与"贫"相对,"贵"与"贱"相对。《里仁篇》(4·5):"富与贵是人之所欲也。"《泰伯篇》(8·13):"邦无道,富且贵焉,耻也。"孔子称"富贵浮云",认为"富贵在天"。《述而篇》(7·16):"不义而富且贵,于我如浮云。"

146. 鬼神

"鬼"是人死后的灵魂,"神"是天神,万物之主,包括日月星辰、风雨雷电等古人认为的灵物。《泰伯篇》(8·21):"菲饮食而致孝乎鬼神。"《为政篇》(2·24):"非其鬼而祭之,谄也。"《八佾篇》:"祭神如神在。"

147. 告朔

"告朔"是指周朝天子在每年末把第二年的历书颁发给诸侯,诸侯在每月初一在祖庙宰杀活羊祭庙,以此表示尊君和上告祖先。子贡想废除这种有名无实的仪式,孔子不舍此礼。朔,夏历每月初一日。《八佾篇》(3·17):"子贡欲去告朔之饩羊。子曰:'赐也,尔爱其羊,我爱其礼。'"

148. 玉帛

"玉帛"是玉器和丝织品,是名贵物品,可用于诸侯朝聘或嫁娶行聘、祭祀等。玉帛是礼物,钟鼓是乐器。孔子认为,赠礼物,鸣钟鼓,不是礼乐之本。礼乐之本在敬、在和。礼主敬,玉帛是礼的文饰;乐主和,钟鼓只是乐器而已。当时礼乐重于物而简于敬。《阳货篇》(17·11):"子曰:'礼云礼云,玉帛云乎哉?乐云乐云,钟鼓云乎哉?'"

149. 钟鼓

"钟鼓"是编钟和鼓,是宫廷重要礼乐器。不同的身份等级拥有不同的乐器和乐队规模。孔子认为,乐的精神不只是在于所用器物,更强调行礼乐之人的真实情感。见"玉帛"条。

150. 俎豆

"俎(zǔ)"和"豆"都是祭祀的器具。"俎"用来装牲肉,有四足;"豆"用来盛汤,像高脚盘。"俎豆"合称,泛指礼器。《论语》中,"俎豆"代指祭祀,礼仪。《卫灵公篇》(15·1):"俎豆之事,则尝闻之矣;军旅之事,未之学也。"

151. 瑚琏

"瑚"和"琏"都是贵重的宗庙礼器,比喻人有才能,堪当重任。见《公冶长篇》(5·4)。

152. 秀实

"秀"是庄稼吐穗开花,"实"是庄稼结出果实。庄稼有只长苗而不开花的(苗而不秀),也有开了花而不结果的(秀而不实),比喻虽天资聪慧但早夭或没有成就。《子罕篇》(9·22):"子曰:'苗而不秀者有矣夫!秀而不实者有矣夫!'"

153. 昆弟

"昆弟"即哥哥和弟弟。昆,哥哥。《先进篇》(11·5):"子曰:'孝哉闵子骞!人不间于其父母昆弟之言。'"

154. 衣裳　衣服

"衣"是上衣，"裳"是下裙，男女都穿。衣包括裳，衣、裳皆可泛指衣服。《子罕篇》（9·10）："冕衣裳者与瞽者。"

"衣服"本指衣裳服饰，后泛指各式服装。《泰伯篇》（8·21）："恶衣服而致美乎黻冕。"

另外，古代"常"和"裳"是同一个字，是同源词。《说文》："常，下裙也。"后来，标明意义的形旁"巾"字被"衣"字取代，表示裙子的"常"就被写作"裳"。

155. 异端

"异端"是指不同的学说、观点，不正确的议论。《颜渊篇》（2·16）："攻乎异端，斯害也已。"

156. 专对

"专对"是单独应对，随机应变。古代使节出访"受命不受辞"，只接受任务、使命，可以不受国君具体的令辞，更不能事事请示或提前在国内把一切安排好，要独自交涉应对，随机应答。《春秋公羊传·庄公十九年》："聘礼，大夫受命不受辞。出境，有可以安社稷、利国家者，则专之可也。"《子路篇》（13·5）："使于四方，不能专对。"

157. 和而不同　同而不和

"和而不同"是和谐相处，但又不盲从附和；"同而不和"是彼此盲目苟同，但不能和谐相处。《子路篇》（13·23）："君子和而不同，小人同而不和。"

158. 绘事后素

"绘事后素"是说先有白色底子，然后才能绘画。比喻人先有好的品德，然后才能有好的表现。语出《八佾篇》（3·8）。

159. 性近习远

"性近习远"是说人的本性是相近的，习性却相差甚远。《阳货篇》（17·2）："性相近也，习相远也。""性"是本性，"习"是个性。

160. 穿窬之盗

"穿窬之盗"是打洞和跳墙的小偷。语出《阳货篇》（17·12）。

161. 洁己以进

"洁己以进"是孔子称赞互乡的少年自己改过自新，追求进步。语出《述而篇》（7·29）。

162. 后生可畏

"后生可畏"是年轻人是值得敬畏的。这是孔子对年轻人的期待，也承认后人胜过前人这一规律。语出《子罕篇》（9·23）。

163. 劳而不怨

"劳而不怨"一是劳苦而不埋怨，形容尽力侍奉父母，见《里仁篇》（4.18）。

二是使人辛劳但不引起人民埋怨,见《尧曰篇》(20·2)。

164. 求人不如求己

"求人不如求己"是指求别人不如求自己。《卫灵公篇》(15·21):"君子求诸己,小人求诸人。"

165. 名不正　则言不顺

"名不正,则言不顺"是说名分不正或名实不相符,话就不顺理。语出《子路篇》(13·3)。

166. 恶紫夺朱

"恶紫夺朱"是憎恶紫色取代了红色,比喻异端代替正统,邪恶胜过正义。语出《阳货篇》(17·18)。

167. 恭宽信敏惠

"恭宽信敏惠"是恭敬、宽容、诚信、审慎、给人恩惠。孔子认为,能行此五德于天下的人,可以说是仁人了。《阳货篇》(17·6):"恭、宽、信、敏、惠。恭则不侮,宽则得众,信则人任焉,敏则有功,惠则足以使人。"

168. 温良恭俭让

"温良恭俭让"是温和、善良、恭敬、节俭、谦让,是孔子的五种美德。《学而篇》(1·10):"夫子温良恭俭让以得之。"

169. 往者不可谏　来者不可追

"往者不可谏,来者不可追"是说过去的不能挽回,未来的还能追赶。后多用作鼓励之辞。语出《微子篇》(18·5)。

170. 人无远虑　必有近忧

"人无远虑,必有近忧"是人如果没有长远的考虑,必定会有眼前的忧患。语出《卫灵公篇》(15·12)。

171. 小不忍则乱大谋

"小不忍则乱大谋"是小事情上不能忍耐就会坏了大事。《卫灵公篇》(15·27):"巧言乱德。小不忍则乱大谋。"

172. 兴观群怨

"兴观群怨"是说学习《诗经》可以学会即兴抒情、观察社会、结交朋友、委婉批评。后来泛指诗的社会功能。《阳货篇》(17·9):"《诗》可以兴,可以观,可以群,可以怨。"

173. 乐而不淫　哀而不伤

"乐而不淫"是说快乐但不至于毫无节制。"哀而不伤"是说悲哀但不伤害身心。这两句本是孔子评论《诗经》的首篇《关雎》的,引申为人的行为应该由礼来节制,使不失其正。语出《八佾篇》(3·20)。

174. 义以为质

"义以为质"是把正义作为人生根本。《卫灵公篇》(15·18):"君子义以为质,礼以行之,孙以出之,信以成之,君子哉!"

175. 义以为上

"义以为上"是把正义作为最高标准。《阳货篇》(17·23):"君子义以为上,君子有勇而无义为乱,小人有勇而无义为盗。"

176. 杀身成仁

"杀身成仁"是牺牲自己的生命以成全仁德。《卫灵公篇》(15·9):"志士仁人,无求生以害仁,有杀身以成仁。"

177. 求仁得仁

"求仁得仁"是说求仁德便得到仁德,后用来称如愿以偿。《述而篇》(7·15):"求仁而得仁,又何怨?"

178. 当仁不让

"当仁不让"是面对行仁的事不谦让,泛指遇到应该做的事主动去做而不推诿。《卫灵公篇》(15·36):"当仁,不让于师。"

179. 里仁为美

"里仁为美"是居住的地方要有仁德之风才好。语出《里仁篇》(4·1)。

180. 犯而不校

"犯而不校(jiào)"是被别人触犯了也不计较,是曾子称赞的颜渊的德行。语出《泰伯篇》(8·5)。

181. 贞而不谅

"贞而不谅"是守正但不固执。贞,守正;谅,诚信,引申为固执。《卫灵公篇》(15·37):"君子贞而不谅。"

182. 无可无不可

"无可无不可"是说没有什么可以,也没有什么不可以。形容善于权变。《微子篇》(18·8):"我则异于是,无可无不可。"

183. 直道事人 枉道事人

"直道事人"是说用正直之道对待人。"枉道事人"是说违背正直之道侍奉人。形容不择手段地讨好他人。《微子篇》(18·2):"直道而事人,焉往而不三黜?枉道而事人,何必去父母之邦?"

184. 用之则行 舍之则藏

"用之则行,舍之则藏"是孔子说自己被任用就出来做官,不被任用就隐退。语出《述而篇》(7·11)

185. 天下有道则见 无道则隐

"有道则见,无道则隐"是说国家政治清明就出来做官,政治黑暗就隐藏起来。见,同"现"。语出《泰伯篇》(8·13)。

186. 邦有道则知 邦无道则愚

"邦有道则知,邦无道则愚"是说卫国大夫宁武子在国家政治清明时就发挥聪明才智，在国家政治黑暗时就大智若愚。见"愚不可及"条。

187. 邦有道，不废；邦无道，免于刑戮

"邦有道，不废；邦无道，免于刑戮"是孔子称赞自己的学生也是自己的侄女婿南容言行谨慎，说他在国家政治清明时，不被废弃有官做；国家政治黑暗时，能避开祸患而不遭受刑杀。语出《公冶长篇》（5·2）。

188. 邦有道，如矢；邦无道，如矢

"邦有道，如矢；邦无道，如矢"是孔子称赞卫国大夫史鱼正直敢言，说他在国家政治清明时，像箭一样直；国家政治黑暗时，也像箭一样直。语出《卫灵公篇》（15·7）。

189. 邦有道，则仕；邦无道，则可卷而怀之

"邦有道，则仕；邦无道，则可卷而怀之"是孔子称赞卫国贤大夫蘧伯玉有君子之德，说他在国家政治清明时，就出来做官；国家政治黑暗时，就隐藏起来。见"卷而怀之"条。

190. 邦有道，谷；邦无道，谷，耻也

"邦有道，谷；邦无道，谷，耻也"是孔子对弟子原宪所问"什么叫耻辱"的回答。孔子说：国家政治清明时，可以做官拿俸禄；国家政治黑暗时，还做官拿俸禄，就是耻辱。语出《宪问篇》（14·1）。

191. 邦有道，危言危行；邦无道，危行言孙

"邦有道，危言危行；邦无道，危行言孙"是孔子说的话，是说国家政治清明时，正直说话，正直行事；国家政治黑暗时，正直行事，但说话要谦虚恭顺。孙，谦恭。出自《宪问篇》（14·3）。

192. 怀宝迷邦

"怀宝迷邦"是身怀本领却听任国家迷惑混乱，指有才德而不为国家效力。《阳货篇》（17·1）："怀其宝而迷其邦，可谓仁乎？"

193. 深厉浅揭

"深厉浅揭"是水深就穿着衣服过河，水浅就提起衣服过河，比喻行动要因时因地制宜。厉，穿起衣服过河；揭，提起衣服过河。《宪问篇》（14·39）："深则厉，浅则揭。"

194. 卷而怀之

"卷而怀之"是指在政治黑暗时，把本领收藏起来；指隐退藏身，收心息虑，避开祸患。《卫灵公篇》（15·7）："君子哉蘧伯玉！邦有道，则仕；邦无道，则可卷而怀之。"

195. 愚不可及

"愚不可及"是大智若愚，为常人所不及。原意是说卫国大夫宁武子有文韬武略，他在国家政治黑暗时便装傻装痴，以免除祸患，这一点一般的人赶不上他。后来指愚蠢无比。《公冶长篇》（5·21）："宁武子，邦有道则知，邦无道则愚。其知

可及也，其愚不可及也。"

196. 道不同　不相为谋

"道不同，不相为谋"是说主张不同，不跟他谋划。语出《卫灵公篇》（15·40）。

197. 知者乐水　仁者乐山

"智者乐水，仁者乐山"是说有智慧的人喜爱水，有仁德的人喜爱山。《雍也篇》（6·23）："子曰：'知者乐水，仁者乐山。知者动，仁者静。知者乐，仁者寿。'"

198. 仕而优则学　学而优则仕

"仕而优则学，学而优则仕"是做官有余力就去学习，学习有余力就去做官。语出《子张篇》（19·13）子夏所言。

199. 文子同升

"文子同升"是说家臣奴仆和主人同居官职，比喻不顾忌地位低的人赶上自己。语出《宪问篇》（14·18）。

200. 龟玉毁椟

"龟玉毁椟（dú）"是贵重的龟甲和宝玉藏在柜子里被毁坏了。比喻辅佐君主的大臣失职而使国运毁败。《季氏篇》（16·1）："虎兕出于柙，龟玉毁于椟中，是谁之过与？"

201. 礼之用　和为贵

"礼之用，和为贵"是说礼的运用，恰当为贵。语出《学而篇》（1·12）。

202. 礼坏乐崩

"礼坏乐崩"是说如果久了不习礼奏乐，礼乐将荒废失传。《阳货篇》（17·21）："君子三年不为礼，礼必坏；三年不为乐，乐必崩。"

203. 玉帛钟鼓

"玉帛钟鼓"是说只注重礼乐方面的礼物和乐器，而不注重发挥礼乐的作用。比喻在礼乐方面重末轻本。《阳货篇》（17·11）："礼云礼云，玉帛云乎哉？乐云乐云，钟鼓云乎哉？"

204. 尧天舜日

"尧天舜日"是比喻太平盛世。尧天，谓尧能法天而行教化。后因以"尧天"称颂帝王盛德和太平盛世。《泰伯篇》（8·19）："巍巍乎，唯天为大，唯尧则之。"

205. 祭敬丧哀

"祭敬丧哀"是说祭主敬，丧主哀。祭祀时要恭敬严肃，参加丧事时要哀伤悲痛。《子张篇》（19·1）："士见危致命，见得思义，祭思敬，丧思哀，其可已矣。"

206. 民食丧祭

"民食丧祭"即人民、粮食、丧事、祭祀，是周朝所重视的四件大事。《尧曰篇》（20·1）："所重：民、食、丧、祭。"

207. 父母在　不远游

"父母在，不远游"是说父母在世，不出远门。《里仁篇》(4·19)："父母在，不远游，游必有方。"

208. 犬马之养

"犬马之养"是供养父母的谦辞。形容仅能供养父母而不存孝敬之心。《为政篇》(2·7)："子曰：'今之孝者，是谓能养。至于犬马，皆能有养；不敬，何以别乎？'"

209. 一则以喜　一则以惧

"一则以喜，一则以惧"是说一方面因父母添寿而欢喜，另一方面因父母衰老而忧惧。后来形容那些既使人高兴又使人忧惧的事。《里仁篇》(4·21)："子曰：'父母之年，不可不知也。一则以喜，一则以惧。'"

210. 鸟之将死，其鸣也哀；人之将死，其言也善

"鸟之将死，其鸣也哀；人之将死，其言也善"是说鸟要死了，它的叫声是悲哀的；人要死了，他说的话是善意的。这是鲁国大夫孟敬子去探望病中的曾子时，曾子向他说的话。语出《泰伯篇》(8·4)。

211. 启手启足

"启手启足"是揭开被子看看自己的身体和四肢。儒家认为，身体发肤受之于父母，不敢毁伤，临终时以保全身体不被毁伤为孝。《泰伯篇》(8·3)："曾子有疾，召门弟子曰：'启予足！启予手！'"

212. 慎终追远

"慎终追远"是谨慎地办好父母的丧事，虔诚地祭祀远代的祖先。指父母去世，以及祭祀祖先，都要依礼尽哀；后也指谨慎从事，追念前贤。语出《学而篇》(1·9)。

213. 三年之丧

"三年之丧"是父母去世后守孝三年。《阳货篇》(17·21)："子生三年，然后免于父母之怀。夫三年之丧，天下之通丧也，予也有三年之爱于其父母乎？"

214. 三年不言

"三年不言"是古代君主死了，继位的君主三年不问政治，官员各负其责，听命于宰相。《宪问篇》(14·40)："《书》云'高宗谅阴，三年不言'。"

215. 父为子隐　子为父隐

"父为子隐，子为父隐"是说父亲要为儿子隐瞒劣迹，儿子要为父亲隐瞒劣迹。父子相互隐瞒和包庇。《子路篇》(13·18)："父为子隐，子为父隐，直在其中矣。"

216. 死生有命　富贵在天

"死生有命，富贵在天"是说人的生死由命运主宰，富贵由上天安排，人自身无能为力。这是子夏安慰司马牛的话。语出《颜渊篇》(12·5)。

217. 民可使由之　不可使知之

"民可使由之，不可使知之"是说可以让百姓顺着我们的意志而行，而不必让

他们懂得其中的道理。孔子的意思是，百姓能顺着为政者的意志、照着事物的道理去做就可以了，不必也无法让每个人都能明白为什么。语出《泰伯篇》（8·9）。

218. 唯女子与小人为难养

"唯女子与小人为难养"是说只有女子和小人是难以伺候的。《阳货篇》（17·25）："子曰：'唯女子与小人为难养也，近之则不孙，远之则怨。'"

219. 民无信不立

"民无信不立"是说百姓不信任政府，国家就没法立足。语出《颜渊篇》（12·7）。

220. 出不由户

"出不由户"是走出房屋不经过房门，意思是说不可能。语出《雍也篇》（6·17）。

221. 惠而不费

"惠而不费"是说既给了别人好处，自己也没有耗费什么。《尧曰篇》（20·2）："因民之所利而利之，斯不亦惠而不费乎？"

222. 胜残去杀

"胜残去杀"是说感化残暴的人，使其不再作恶，从而可以废除死刑。语出《子路篇》（13·11）。

223. 不教而杀

"不教而杀"是说事先不进行教育，一旦犯错就置人于死地。《尧曰篇》（20·2）："不教而杀谓之虐。"

224. 不戒视成

"不戒视成"是说事先不告诫就马上要成绩。《尧曰篇》（20·2）："不戒视成谓之暴。"

225. 慢令致期

"慢令致期"是说事先下达了可以缓慢执行的命令，却突然限期。《尧曰篇》（20·2）："慢令致期谓之贼。"

226. 哀矜勿喜

"哀矜勿喜"是说对遭受灾祸的人要怜悯，不要幸灾乐祸。《子张篇》（19·19）："曾子曰：'上失其道，民散久矣。如得其情，则哀矜而勿喜。'"

227. 恶居下流

"恶（wù）居下流"是说指君子厌恶居于卑下的地位，否则就会背上各种骂名。后来表示不甘心居于落后地位。《子张篇》（19·20）："子贡曰：'纣之不善，不如是之甚也。是以君子恶居下流，天下之恶（è）皆归焉。'"

228. 生荣死哀

"生荣死哀"是说活着受人尊敬，死后使人哀痛。这是子贡称颂孔子的话，意思是人们对孔子的尊敬爱戴不以生死而改变。后用以赞誉受人崇敬的死者。《子张篇》（19·25）："立之斯立，道之斯行，绥之斯来，动之斯和。其生也荣，其死也哀。"

229. 患得患失
"患得患失"是说担心得不到，得到了又担心失掉，形容对得失看得很重。语出《阳货篇》（17·15）。

230. 居下讪上
"居下讪上"是处在下位而诽谤上位的人。《阳货篇》（17·24）："恶（wù）称人之恶（è）者，恶居下而讪上者，恶勇而无礼者，恶果敢而窒者。"

231. 勿欺之　而犯之
"勿欺之，而犯之"是说对君主不要阳奉阴违地欺骗他，却可以当面触犯他。《宪问篇》（14·22）："子路问事君。子曰：'勿欺也，而犯之。'"

232. 尽善尽美
"尽善尽美"是形容完美无缺。本是孔子称赞《韶》乐内容好、形式美。《八佾篇》（3·25）。

233. 夫子之墙
"夫子之墙"是子贡形容孔子学问道德高深，不可窥见全貌。后来比喻高不可攀。"夫子"是对孔子的尊称。《子张篇》（19·23）："夫子之墙数仞，不得其门而入，不见宗庙之美，百官之富。得其门者或寡矣。"

234. 仰之弥高　钻之弥坚
"仰之弥高，钻之弥坚"是越往上看越觉得高，越用力钻研越觉得深。这是颜渊对孔子之道的高深、不可穷尽的赞叹。语出《子罕篇》（9·11）。

235. 瞻之在前　忽焉在后
"瞻之在前，忽焉在后"是看见它在前面，可是忽然又到了后面。这是颜渊对孔子之道的无方无体、难以捉摸的赞叹。语出《子罕篇》（9·11）。

236. 逝者如斯夫　不舍昼夜
"逝者如斯夫，不舍昼夜"是说消逝的时光就像这河水，昼夜不停流去。这是孔子感叹时光流逝，一去不复返；感叹万事万物与时变化。语出《子罕篇》（9·17）。

237. 过犹不及
"过犹不及"指事情做过了头，跟做得不够一样，都不好，必须恰如其分。过头和不及同样不得其正。指做事要适得其中，恰到好处。语出《先进篇》（11·16）。

238. 过勿惮改
"过勿惮改"是有了过错不要怕改正。《学而篇》（1·8）："过，则勿惮改。"

239. 过而不改是谓过
"过而不改是谓过"是有了过错而不改正，才真的叫过错。语出《卫灵公篇》

(15·30)。

240. 不迁怒　不贰过

"不迁怒，不贰过"是说不把怒气转移到别人，不重犯同样的错误。这是孔子称赞弟子颜回的话。《雍也篇》(6·3)："有颜回者好学，不迁怒，不贰过。不幸短命死矣。"

241. 观过知仁

"观过知仁"是观察人的过错，就知道他的品德如何。《里仁篇》(4·7)："观过，斯知仁矣。"

242. 五十以学《易》，可以无大过矣

"五十以学《易》，可以无大过矣"是五十岁时去学《易经》，今后就可以没有大的过错了。这是孔子称赞《易经》对人生的指导作用。《述而篇》(7·17)："子曰：'加我数年，五十以学《易》，可以无大过矣。'"

243. 苗而不秀　秀而不实

"苗而不秀"是庄稼长出了苗却不吐穗开化，比喻人早夭或学问未成。"秀而不实"是庄稼只吐穗开花而不结出果实，比喻只是学到了一点儿皮毛，没有实际成就。语出《子罕篇》(9·2)。

244. 一以贯之

"一以贯之"是指孔子的忠恕思想贯穿于他的全部学说和行为之中。泛指某种理论或思想贯穿于事物的始终。尽心尽力谓之忠，推己及人、将心比心谓之恕。《里仁篇》(4·15)："子曰：'参乎，吾道一以贯之。'曾子曰：'唯。'子出，门人问曰：'何谓也？'曾子曰：'夫子之道，忠恕而已矣。'"《卫灵公篇》(15·3)："子曰：'赐也，女以予为多学而识之者与？'对曰：'然，非与？'曰：'非也，予一以贯之。'"

245. 一朝之忿

"一朝之忿"是一时或偶然激发的气忿。《颜渊篇》(12·21)："一朝之忿，忘其身，以及其亲，非惑与？"

246. 色厉内荏

"色厉内荏"是外表强硬，内心怯懦。语出《阳货篇》(17·12)。

247. 孔门四科

"孔门四科"是指孔子将弟子分为德行、言语、政事、文学四种类型，每科各有代表人物。见《先进篇》(11·3)。

248. 孔子四教

"孔子四教"是指孔子以文、行、忠、信四项为教学内容。见《述而篇》(7·25)。

249. 有教无类

"有教无类"是说有来接受教育的，不分类别。指不分贵贱贤愚，皆予以教育。语出《卫灵公篇》(15·39)。

250. 诲人不倦
"诲人不倦"是教导人不知疲倦。见《述而篇》（7·2）和（7·34）。

251. 循循善诱
"循循善诱"是形容有次序、有步骤地引导、教育人。见《子罕篇》（9·11）。

252. 温故而知新
"温故而知新"是在温习学过的知识的基础上，获得新知识，悟出新道理。这是孔子提倡的为师之道和学习之道。语出《为政篇》（2·11）。

253. 欲速则不达
"欲速则不达"是贪图快反而达不到目的。指做事不能急于求成。语出《子路篇》（13·17）。

254. 博我以文　约我以礼
"博我以文，约我以礼"是用文献来丰富我的知识，用礼节来约束我的行为。这是颜渊称述孔子的教学方法。语出《子罕篇》（9·11）。

255. 不愤不启　不悱不发　举一反三
"不愤不启，不悱（fěi）不发"是不到他想弄懂而还没有弄懂的时候不去开导，不到他想说却说不出来的时候不去启发。这是孔子引而不发的启发式教学法。"举一反三"是举出一个方面，就能推知其他三个方面。比喻善于类推，能由此识彼。语出《述而篇》（7·8）。

256. 三人行　必有我师
"三人行必有我师"是说几个人在一起，其中必定有可以做我老师的人（或必定有值得我学习的人）。意思是随处都有老师，要不耻下问，虚心向别人学习。语出《述而篇》（7·22）

257. 敏而好学　不耻下问
"敏而好学"是勤勉好学。"不耻下问"是不以向地位比自己低、学识不如自己的人请教为耻辱。《公冶长篇》（5·15）："敏而好学，不耻下问，是以谓之'文'也。"

258. 学无常师
"学无常师"是子贡对卫国大夫公孙朝问题的回答，说孔子多方请教，没有固定的老师。《子张篇》（19·22）："夫子焉不学？而亦何常师之有？"

259. 以文会友　以友辅仁
"以文会友，以友辅仁"是说君子以文章学问聚会结交朋友，以朋友互助来培养自己的仁德。语出《颜渊篇》（12·24）。

260. 如切如磋　如琢如磨
"如切如磋，如琢如磨"是比喻学习或研究时相互探讨。《学而篇》（1·15）："《诗》云，'如切如磋，如琢如磨。'"

261. 述而不作　信而好古

"述而不作，信而好古"是孔子谦言只传述前人的学说，自己不创新，相信并且爱好古代文化。语出《述而篇》（7·1）。

262. 叩其两端而竭焉

"叩其两端而竭焉"是说从对方所提问题的首尾两端、正反方面去发问，然后把自己所知道的尽量告诉对方。语出《子罕篇》（9·8）。

263. 发愤忘食

"发愤忘食"是勤奋学习，忘记了吃饭。后来泛指学习、工作专心致志到了忘我的程度。《述而篇》（7·19）："其为人也，发愤忘食，乐以忘忧，不知老之将至云尔。"

264. 朽木不可雕

"朽木不可雕"是比喻人资质低劣，不可造就。语出《公冶长篇》（5·10）。

265. 朝闻道　夕死可矣

"朝闻道，夕死可矣"是说早晨得知了真理，当晚死去也可以。形容对真理或某种信仰的迫切追求。语出《里仁篇》（4·8）。

266. 虽小道必有可观者

"虽小道必有可观者"是说虽然是小技艺，但必定有可取之处。子夏认为，小技艺会妨碍成就远大事业，所以君子不从事它。语出《子张篇》（19·4）。

267. 有勇知方

"有勇知方"是有勇气，而且懂得礼义。《先进篇》（11·26）："比及三年，可使有勇，且知方也。"

268. 有耻且格

"有耻且格"是指人有羞耻之心，则能自我检点而归于正道。语出《为政篇》（2·3）。

269. 守死善道

"守死善道"是死守仁道，即坚决守住道德底线。《泰伯篇》（8·13）："笃信好学，守死善道。"

270. 与其媚于奥　宁媚于灶

"与其媚于奥，宁媚于灶"是说与其巴结地位尊贵的奥神，宁可巴结地位低、有实权的灶神。语出《八佾篇》（3·13）。

271. 犁生骍角　犁牛之子

"犁生骍角"是说犁田的耕牛生下毛发红色、牛角周正的小牛。比喻劣父生贤子，劣父无损子之贤明。义同"犁牛骍角"。骍，赤色。语本《雍也篇》（6·6）。

272. 善贾而沽

"善贾而沽"是说等善于识货的商人来才卖出去。比喻孔子身怀才德等待有识之人聘用。语出《子罕篇》（9·13）。

273. 觚不觚

"觚不觚"是说觚不像觚。比喻名不副实。觚，一种酒器。《雍也篇》(6·25)："子曰：'觚不觚，觚哉！觚哉！'"

274. 匏系　系而不食

"匏系"是把匏瓜挂起来不用。比喻不为时用，赋闲；也比喻无用之物。"系而不食"是说像匏瓜一样只挂起来不让人吃。比喻中看不中用，不用于世。《阳货篇》(17·7)："吾岂匏瓜也哉？焉能系而不食？"

275. 韫椟而藏

"韫椟而藏"是把美玉藏在柜子里。比喻怀才待用或怀才隐退。韫椟，收藏在柜子里。语出《子罕篇》(9·13)。

276. 君子三戒

"人生三戒"是指在人的一生中，少年戒色，壮年戒斗，老年戒得。《季氏篇》(16·7)："孔子曰：'君子有三戒：少之时，血气未定，戒之在色；及其壮也，血气方刚，戒之在斗；及其老也，血气既衰，戒之在得。'"

277. 君子三畏

"君子三畏"是指君子要敬畏天命，敬畏大人，敬畏圣人之言。《季氏篇》(16·8)："君子有三畏：畏天命，畏大人，畏圣人之言。"大人，地位在上的人。

278. 君子三变

"君子三变"是指君子给人感觉上的三种变化：远望觉得庄重威严，接近觉得温和可亲，听他讲话严肃认真。《子张篇》(19·9)："子夏曰：'君子有三变：望之俨然，即之也温，听其言也厉。'"

279. 损益三友

"损益三友"指有益、有害的三种朋友。孔子告诫人们要谨慎择友。《季氏篇》(16·4)："孔子曰：'益者三友，损者三友。友直，友谅，友多闻，益矣。友便辟，友善柔，友便佞，损矣。'"

280. 损益三乐

"损益三乐"是指有益的三种快乐、有害的三种快乐。《季氏篇》(16·5)："孔子曰：'益者三乐，损者三乐。乐节礼乐，乐道人之善，乐多贤友，益矣。乐骄乐，乐佚游，乐晏乐，损矣。'"

281. 说话三愆

"说话三愆"是指陪在君子身旁说话容易犯的三种过错，即急躁、隐瞒、盲目。《季氏篇》(16·6)："孔子曰：'侍于君子有三愆：言未及之而言谓之躁，言及之而不言谓之隐，未见颜色而言谓之瞽。'"

282. 古今三疾

"古今三疾"是指古人和今人有狂、矜、愚三种性格上的毛病。矜，骄傲。孔子将古人三疾和今人三疾相比较，认为古人三疾还有可取的一面，而今人三疾已经全部变成了恶疾,感伤世风衰败。语出《阳货篇》(17·16)。

283. 瑚琏之器

"瑚琏之器"是孔子对子贡称赞性的评价,说子贡是珍贵的瑚琏之器。"瑚"和"琏"都是贵重的宗庙礼器,比喻人有才能,堪当重任。语本《公冶长篇》(5·4)。

284. 君子不器

"君子不器"是说君子不像器具那样只局限于某一种用途,而是要尽可能地具备多方面的才能。语出《为政篇》(2·12)。

285. 君子不党

"君子不党"是君子公正而不偏袒。《述而篇》(7·31):"吾闻君子不党,君子亦党乎?"

286. 君子矜而不争 群而不党

"君子矜而不争,群而不党"是说君子庄重而不争强好胜,团结而不拉帮结派。语出《卫灵公》(15·22)。

287. 君子固穷 小人穷斯滥矣

"君子固穷,小人穷斯滥矣"是说君子能固守穷困,不失节操,小人穷困就胡作非为。语出《卫灵公篇》(15·2)。

288. 君子坦荡荡 小人长戚戚

"君子坦荡荡,小人长戚戚"是说君子胸怀宽广,坦荡乐观;小人患得患失,焦虑忧愁。语出《述而篇》(7·37)。

289. 君子喻于义 小人喻于利

"君子喻于义,小人喻于利"是说君子懂得大义,小人只懂得财利。语出《里仁篇》(4·16)。

290. 毋意 毋必 毋固 毋我

"毋意,毋必,毋固,毋我"是不主观猜测,不必然绝对,不固执死板,不唯我独是。孔子毫无意、必、固、我这四种毛病。《子罕篇》(9·4):"子绝四:毋意,毋必,毋固,毋我。"

291. 不忮不求

"不忮(zhì)不求"是不嫉妒,不贪求。《子罕篇》(9·27):"不忮不求,何用不臧。"

292. 不念旧恶

"不念旧恶"是不记过去的冤仇。《公冶长篇》(5·23):"子曰:'伯夷、叔齐不念旧恶,怨是用希。'"

293. 以直报怨 以德报德

"以直报怨,以德报德"是说用正直回报怨恨,用恩德回报恩德。指做人既要重恩德,也要讲原则。语出《宪问篇》(14·34)。

294. 不以言举人　不以人废言

"不以言举人，不以人废言"是说不根据言论来提拔人，也不因为人不好就否定他的言论。《卫灵公篇》（15·23）："君子不以言举人，不以人废言。"

295. 周而不比　比而不周

"周而不比"是说君子彼此团结但不勾结。指团结而有原则，不朋比为奸。"比而不周"是说小人彼此勾结而不团结，指一起做坏事却又各怀鬼胎。语出《为政篇》（2·14）。

296. 人无远虑　必有近忧

"人无远虑，必有近忧"是说一个人没有长远的考虑，一定会有近期的忧患。《卫灵公篇》（15·12）："子曰：'人无远虑，必有近忧。'"

297. 言必信　行必果

"言必信，行必果"是说话一定要守信，做事一定要有结果。原本是贬义词，形容盲目、固执，孔子称这种人为见识狭小的人。《子路篇》（13·20）："言必信，行必果，硁硁然，小人哉！"

298. 人而无信　不知其可

"人而无信，不知其可"是说一个人如果不讲信用，不知道他可以做什么。《为政篇》（2·22）："人而无信，不知其可也。"

299. 工欲善其事　必先利其器

"工欲善其事，必先利其器"是说工匠要想把活做好，一定要先磨利工具。后来泛指要想把事情做好，必须先做好准备工作。语出《卫灵公篇》（15·10）。

300. 暴虎冯河

"暴虎冯（píng）河"是空手搏虎，徒步过河。这是孔子批评子路冒险蛮干，有勇无谋。冯，无舟渡河。语出《述而篇》（7·11）。

301. 陈蔡之厄

"陈蔡之厄"是指孔子和弟子从陈国到蔡国途中，被围困而断绝粮食、陷入困境的事。后来比喻在途中食宿遇困。《卫灵公篇》（15·2）："在陈绝粮，从者病，莫能兴。"

302. 降志辱身

"降志辱身"是降低自己的志向，屈辱自己的身份。指志气节操受委屈，人格尊严遭侮辱。孔子认为，伯夷、叔齐不降其志，不辱其身；柳下惠、少连虽然降志辱身，但说话合乎道理，行动合乎想法。见《微子篇》（18·8）。

303. 大节不夺

"大节不夺"是说在关键时刻，不改变自己的节操和志向。语出《泰伯篇》（8·6）曾子之言。

304. 匹夫不可夺志

"匹夫不可夺志"是说即使是一个普通人，也不能强迫他改变志向。形容意志坚定，不可动摇。《子罕篇》（9・26）："子曰：'三军可夺帅也，匹夫不可夺志也。'"

305．岁寒　然后知松柏之后凋

"岁寒，然后知松柏之后凋"是说到了寒冬时节，才知道松柏是最后落叶的。比喻只有经过严峻的考验，才能检验出一个人的品质。语出《子罕篇》（9・28）。

306．造次必于是　颠沛必于是

"造次必于是，颠沛必于是"是说在仓促匆忙的时候也一定要与仁德同在，在颠沛流离的时候也一定要与仁德同在。这是孔子对君子提出的要求。《里仁篇》（4・5）："君子无终食之间违仁，造次必于是，颠沛必于是。"

307．磨而不磷　涅而不缁

"磨而不磷，涅而不缁"是说极坚之物，磨也磨不薄；极白之物，染也染不黑。比喻不受环境影响，经得起考验。《论语・阳货》（17・7）："不曰坚乎？磨而不磷。不曰白乎？涅而不缁。"

308．泰而不骄

"泰而不骄"是形容安详舒泰而不盛气凌人。《尧曰篇》（20・2）："君子无众寡，无小大，无敢慢，斯不亦泰而不骄乎？"

309．从心所欲　不逾矩

"从心所欲，不逾矩"是形容一个人在各方面十分成熟，无论想什么、做什么都不超越规矩法度。《为政篇》（2・4）："七十而从心所欲，不逾矩。"

310．大德不逾闲　小德出入可也

"大德不逾闲，小德出入可也"是说在大的节操上不能超越界限，在生活小节上有点出入是可以的。《子张篇》（19・11）："曾子曰：'大德不逾闲，小德出入可也。'"

311．是可忍　孰不可忍

"是可忍，孰不可忍"是说这样的事都忍心去做，还有什么事情不忍心去做呢？或者：这都可以容忍，还有什么不可容忍呢？意思是事情已经到了绝不能容忍的地步。语出《八佾篇》（3・1）。

312．从井救人

"从井救人"是说跟着跳到井下去救落井的人。比喻做事方法不当，不仅不能救人，反而危害自己。语出《雍也篇》（6・26）。

313．证父攘羊

"证父攘羊"是说儿子举报父亲偷羊。《子路篇》（13・18）："叶公语孔子曰：'吾党有直躬者，其父攘羊，而子证之。'"

314．成人之美　成人之恶

"成人之美"是成全别人的好事。"成人之恶"是促成别人的坏事。语出《宪问篇》（14・12）。

613

315. 己所不欲　勿施于人

"己所不欲，勿施于人"是说自己不愿意的事，不要强加给别人。语出《颜渊篇》（12·2）和《卫灵公篇》（15·24）。

316. 己欲立而立人　己欲达而达人

"己欲立而立人，己欲达而达人"是说自己想站得住，也要使别人站得住；自己想通达，也要使别人通达。这是孔子恕道之推己及人的重要方面。语出《雍也篇》（6·30）。

317. 为政以德

"为政以德"是用道德感化来治国理政。《为政篇》（2·1）："为政以德，譬如北辰，居其所而众星共之。"

318. 为国以礼

"为国以礼"是用礼制来治理国家。《先进篇》（11·26）："为国以礼，其言不让，是故哂之。"

319. 道之以政　齐之以刑

"道之以政，齐之以刑"是用政令来引导他们，用刑罚来约束他们。语出《为政篇》（2·3）。

320. 道之以德　齐之以礼

"道之以德，齐之以礼"是用道德来引导他们，用礼制来约束他们。孔子认为，为政应以德、礼为主，以政、刑为辅。语出《为政篇》（2·3）。

321. 文武之道

"文武之道"是说周文王、周武王治理国家的方法。泛指宽严相济的治国方针。《子张篇》（19·22）："贤者识其大者，不贤者识其小者，莫不有文武之道焉。"

322. 不在其位，不谋其政

"不在其位，不谋其政"是说不在那个职位上，不谋划那职位上的政事。《宪问篇》（14·26）："子曰：'不在其位，不谋其政。'曾子曰：'君子思不出其位。'"

323. 不患无位　患所以立

"不患无位，患所以立"是说不要忧虑没有职位，而要忧虑没有担任职位的本领。语出《里仁篇》（4·14）。

324. 陈力就列

"陈力就列"是施展能力，就任职位，指在职位上恪尽职守。《季氏篇》（16·1）："陈力就列，不能者止。"

325. 不俟驾

"不俟驾"是说孔子不等驾好车马就先步行赶去，后指急于应召。《乡党篇》（10·20）："君命召，不俟驾行矣。"

326. 君君　臣臣　父父　子子

"君君、臣臣、父父、子子"是说做国君的要像国君，做臣子的要像臣子，做父亲的要像父亲，做儿子的要像儿子。孔子认为，君、臣、父、子要各安其位，各尽其责，各守其道，不能越礼，以此实现天下有道。语出《颜渊篇》(12·11)。

327. 舞佾歌雍

"舞佾歌雍"是鲁国大夫僭越礼制的行为。一是季氏在家庙堂前，举行天子专享的八佾舞，二是鲁国三家大夫在祭祖典礼结束时，唱着只有天子才能用的《诗经》"雍"诗来拆除祭品。见《八佾篇》(3·1和3·2)。

328. 侃侃訚訚

"侃侃"是温和快乐，"訚訚"是恭敬正直。孔子上朝时，对下大夫说话时温和快乐，对上大夫说话时恭敬正直。孔子根据说话对象区别对待，这是礼的要求，也是礼的教化成果。见《乡党篇》(10·2)。

329. 举直错诸枉　举枉错诸直

"举直错诸枉"是提拔正直的人来教化那些不正直的人。"举枉错诸直"是提拔不正直的人来教化那些正直的人。语出《为政篇》(2·19)。

330. 五美四恶

"五美四恶"是孔子提出的君子从政应具备的五种美德和应摒弃的四种恶行。"五美"是惠而不费，劳而不怨，欲而不贪，泰而不骄，威而不猛。"四恶"是虐、暴、贼、有司，即"不教而杀谓之虐，不戒视成谓之暴，慢令致期谓之贼，犹之与人也，出纳之吝，谓之有司"。见《尧曰篇》(20·2)。

331. 无为而治

"无为而治"是国君不用亲自处理政事，就能实现政治清明，天下安定。《卫灵公篇》(15·5)："无为而治者，其舜也与？夫何为哉？恭己正南面而已矣。"

332. 风行草偃

"风行草偃"是说风吹在草上，草随之倒伏。比喻以德化民，民无不化。《颜渊篇》(12·19)："君子之德风，人小之德草。草上之风，必偃。"

333. 天下归心

"天下归心"是形容天下万民心悦诚服。《尧曰篇》(20·1)："天下之民归心焉。"

334. 近悦远来

"近悦远来"是说使近处的人高兴，使远方的人来投奔。这是孔子主张的凝聚民心的仁政之举。语出《子路篇》(13·16)。

335. 远人不服　则修文德以来之

"远人不服，则修文德以来之"是说远方的人还不归服，就修礼乐教化使他们归顺。语出《季氏篇》(16·1)。

336. 既来之　则安之

"既来之，则安之"是说已经使远方的人来了，就要使他们安心定居。后来多表示既然来了，就应当安下心来。语出《季氏篇》(16·1)。

337. 凤鸟不至　河不出图

"凤鸟不至，河不出图"是说凤凰不飞来，黄河不出图。这是孔子对当时政治清明和社会太平无望的感叹以及对太平盛世的向往。语出《子罕篇》（9·9）。

338. 梦见周公

"梦见周公"是梦见西周政治家周公旦。表示孔子对周公等古代圣贤的仰慕和对文、武、周公之治的太平盛世的追求。周公，周公旦，孔子心目中的圣人。后世常用来作为缅怀先贤的典故，或用为瞌睡的代称。《述而篇》（7·5）："子曰：'甚矣吾衰也！久矣吾不复梦见周公！'"

339. 不令而行　虽令不从

"不令而行"是说执政者自身行为端正，即使不发布命令，老百姓也会去做。"虽令不从"是说执政者自身不端正，就是下达命令老百姓也不会听从。意在执政者要以身作则。《子路篇》（13·6）："其身正，不令而行；其身不正，虽令不从。"

340. 老者安之　朋友信之　少者怀之

"老者安之，朋友信之，少者怀之"是使老年人过得安乐，使朋友们相互信任，使年轻人得到关怀。这是孔子的志向，是孔子政治理想的最高境界。语出《公冶长篇》（5·26）。

341. 庶富教

"庶富教"是指人多，富裕，受教育。这是孔子提出的治国纲领，是其政治理想的集中表现。人口众多是国家兴旺的标志，生活富裕是经济发达的标志，人民有教养是教育发达的标志。见《子路篇》（13·9）。

342. 克伐怨欲

"克伐怨欲"是指好胜、自夸、怨恨、贪心四种恶德。《宪问篇》（14·1）："克、伐、怨、欲不行焉，可以为仁矣？"

343. 刚毅木讷

"刚毅木讷"是刚强、果敢、质朴、言语谨慎，被孔子称为近于仁的四种品德。《子路篇》（13·27）："刚、毅、木、讷，近仁。"

344. 视听言动

"视听言动"即看、听、说、做。孔子要求视听言动，非礼不为。《颜渊篇》（12·1）："非礼勿视，非礼勿听，非礼勿言，非礼勿动。"

345. 天何言哉

"天何言哉"是说天说了什么呢？意即圣人之动，无非至德，哪里非要说什么不可呢？《阳货篇》（17·19）："天何言哉？四时行焉，百物生焉，天何言哉？"

346. 辞达而已

"辞达而已"是说言辞能清楚地表达意思就行了。语出《卫灵公篇》（15·41）。

347. 言不及义

"言不及义"是说不到正经的。《卫灵公篇》（15·17）："子曰：'群居终日，言不及义，好行小慧，难矣哉！'"

348. 言必有中

"言必有中"是不说则已，一说就说到点子上。《先进篇》（11·14）："夫人不言，言必有中。"

349. 言过其行

"言过其行"是说话超过了他的行动。意思是说得多，做得少。《宪问篇》（14·27）："君子耻其言而过其行。"

350. 驷不及舌

"驷不及舌"是说四匹马拉的车也追不回说出口的话。比喻话一旦说出口，便难以收回。语出《颜渊篇》（12·8）。

351. 片言折狱

"片言折狱"是说根据单方面的供词，就能判决案件。后来泛指能用几句话来判别双方争论的是非。《颜渊篇》（12·12）："子曰：'片言可以折狱者，其由也与？'子路无宿诺。"

352. 一言兴邦　一言丧邦

"一言兴邦"是一句话使国家兴盛。"一言丧邦"是一句话使国家灭亡。语本《子路篇》（13·15）。

353. 巧言令色

"巧言令色"是说用动听的言辞和谄媚的脸色取悦于人。语出《学而篇》（1·3）。

354. 巧言乱德

"巧言乱德"是说花言巧语败坏道德。语出《卫灵公篇》（15·27）。

355. 色取仁而行违

"色取仁而行违"是说表面上爱好仁德，实际上却相反。语出《颜渊篇》（12·20）。

356. 患得患失

"患得患失"是孔子批评人格卑鄙的人在没有得到时担心得不到，已经得到后又担心会失去。孔子的本义是指担心利禄的得失，后来泛指对个人得失斤斤计较。《阳货篇》（17·15）："其未得之也，患不得之。既得之，患失之。"

357. 萧墙之忧

"萧墙之忧"是指忧患起于内部，即发生内乱。萧墙，古代宫室内当门的小墙，比喻内部。《季氏篇》（16·1）："吾恐季孙之忧，不在颛臾，而在萧墙之内也。"

358. 任重而道远

"任重而道远"是担子沉重，路程遥远。比喻担负的责任重大，需要长期奋斗。这是曾子对读书人提出的要求。《泰伯篇》（8·7）："曾子曰：'士不可以不弘毅，任重而道远。仁以为己任，不亦重乎？死而后已，不亦远乎？'"

359. 克己复礼

"克己复礼"是指战胜自己的私欲，使言行符合礼。克，战胜；己，私欲；复，反，回归。《颜渊篇》（14·1）："克己复礼为仁。一日克己复礼，天下归仁焉。"私欲，包括生活上的奢靡，政治上的僭越。"克己复礼"是孔子主要针对统治者提出的遵行周礼、施行仁政的要求。一说"克己"是约束自己的私欲，如克己奉公，也通。

360. 行不由径

"行不由径"是走路不走小路。这是孔子的学生子游对澹台灭明的评价，说澹台灭明公私分明，光明正大，不投机钻营。见《雍也篇》（6·14）。

361. 内省不疚

"内省不疚"是自我反省没有惭愧不安的事。《颜渊篇》（12·4）："内省不疚，夫何忧何惧？"

362. 先事后得　先难后获

"先事后得"是先工作，后得报酬。语出《颜渊篇》（12·21）。"先难后获"是先辛苦，后收获。语出《雍也篇》（6·22）。

363. 见善如不及　见不善如探汤

"见善如不及，见不善如探汤"是说见到善行好像追赶不上，见到不善的行为好像探试沸水赶快把手缩回，不要沾染。语出《季氏篇》（16·11）。

364. 见小利则大事不成

"见小利则大事不成"是说只看到小利，就办不成大事，见《子路篇》（13·17）。

365. 见利思义　见危授命

"见利思义，见危授命"是说看到利益要考虑是否正当，看到危险要敢于献出生命。见《宪问篇》（14·12）。

366. 见得思义

"见得思义"是看到有利可得要考虑是否正当。《季氏篇》（16·10）："君子有九思……见得思义。"

367. 食无求饱　居无求安

"食无求饱，居无求安"是说君子吃饭不求饱足，居住不求舒适。指不追求物质享受。语出《学而篇》（1·14）。

368. 食不厌精　脍不厌细

"食不厌精，脍不厌细"是说孔子吃饭不追求精，吃肉不追求细。形容生活节俭随意。语出《乡党篇》（10·8）。

369. 箪食瓢饮

"箪食瓢饮"是一竹篮饭，一瓜瓢水。形容生活贫苦。原是孔子称赞弟子颜回安贫乐道、勤奋好学的精神。后也作为自奉俭约之辞。《雍也篇》（6·11）："子曰：

'贤哉,回也!一箪食,一瓢饮,在陋巷,人不堪其忧,回也不改其乐。贤哉,回也!'"

370. 子不语怪力乱神

"子不语怪力乱神"是说孔子不谈怪异、勇力、叛乱和鬼神。语出《述而篇》(7·21)。

371. 未能事人　焉能事鬼

"未能事人,焉能事鬼"是说还没能把人侍奉好,怎能去侍奉鬼呢?《先进篇》(11·12):"季路问事鬼神。子曰:'未能事人,焉能事鬼?'曰:'敢问死。'曰:'未知生,焉知死?'"

372. 未知生　焉知死

"未知生,焉知死"是说还不知道生是怎么一回事,怎么能懂得死呢?语出《先进篇》(11·12)。

373. 敬鬼神而远之

"敬鬼神而远之"是说敬奉鬼神,但又疏远它。《雍也篇》(6·22):"务民之义,敬鬼神而远之,可谓知矣。"

《论语》名句

01. 学而时习之，不亦说乎？(1·1)
02. 有朋自远方来，不亦乐乎？(1·1)
03. 君子务本，本立而道生。(1·2)
04. 吾日三省吾身。(1·4)
05. 慎终追远，民德归厚。(1·9)
06. 温良恭俭让。(1·10)
07. 礼之用，和为贵。(1·12)
08. 君子食无求饱，居无求安，敏于事而慎于言。(1·14)
09. 贫而乐道，富而好礼(1·15)
10. 为政以德，譬如北辰，居其所而众星共之。(2·1)
11. 《诗》三百，一言以蔽之，曰"思无邪"。(2·2)
12. 吾十有五而志于学，三十而立，四十而不惑，五十而知天命，六十而耳顺，七十而从心所欲，不逾矩。(2·4)
13. 今之孝者，是谓能养。至于犬马，皆能有养；不敬，何以别乎？(2·7)
14. 温故而知新，可以为师矣。(2·11)
15. 君子不器。(2·12)
16. 学而不思则罔，思而不学则殆。(2·15)
17. 知之为知之，不知为不知，是知也。(2·17)
18. 人而无信，不知其可也。(2·22)
19. 是可忍也，孰不可忍也？(3·1)
20. 祭如在，祭神如神在。(3·12)
21. 乐而不淫，哀而不伤。(3·20)
22. 成事不说，遂事不谏，既往不咎。(3·21)
23. 君子无终食之间违仁，造次必于是，颠沛必于是。(4·5)
24. 君子怀德，小人怀土；君子怀刑，小人怀惠。(4·11)
25. 夫子之道，忠恕而已矣。(4·15)
26. 君子喻于义，小人喻于利。(4·16)
27. 见贤思齐焉，见不贤而内自省也。(4·17)

28. 父母在，不远游，游必有方。(4·19)
29. 父母之年，不可不知也。一则以喜，一则以惧。(4·21)
30. 君子欲讷于言而敏于行。(4·24)
31. 德不孤，必有邻。(4·25)
32. 朽木不可雕也，粪土之墙不可杇也。(5·10)
33. 敏而好学，不耻下问。(5·15)
34. 有君子之道四焉：其行己也恭，其事上也敬，其养民也惠，其使民也义。(5·16)
35. 三思而后行。(5·20)
36. 不念旧恶，怨是用希。(5·23)
37. 老者安之，朋友信之，少者怀之。(5·26)
38. 不迁怒，不贰过。(6·3)
39. 君子周急不继富。(6·4)
40. 一箪食，一瓢饮，在陋巷，人不堪其忧，回也不改其乐。(6·11)
41. 文质彬彬，然后君子。(6·18)
42. 敬鬼神而远之。(6·22)
43. 知者乐水，仁者乐山。知者动，仁者静。知者乐，仁者寿。(6·23)
44. 中庸之为德也，其至矣乎！(6·29)
45. 己欲立而立人，己欲达而达人。(6·30)
46. 述而不作，信而好古。(7·1)
47. 默而识之，学而不厌，诲人不倦。(7·2)
48. 德之不修，学之不讲，闻义不能徙，不善不能改，是吾忧也！(7·3)
49. 志于道，据于德，依于仁，游于艺。(7·6)
50. 自行束脩以上，吾未尝无诲焉。(7·7)
51. 不愤不启，不悱不发。(7·8)
52. 用之则行，舍之则藏。(7·11)
53. 富而可求也，虽执鞭之士，吾亦为之。(7·12)
54. 三月不知肉味。(7·14)
55. 饭疏食，饮水，曲肱而枕之，乐亦在其中矣。不义而富且贵，于我如浮云。(7·16)
56. 加我数年，五十以学《易》，可以无大过矣。(7·17)
57. 发愤忘食，乐以忘忧，不知老之将至。(7·19)
58. 子不语怪、力、乱、神。(7·21)
59. 三人行，必有我师焉。择其善者而从之，其不善者而改之。(7·22)
60. 子以四教：文、行、忠、信。(7·25)
61. 君子坦荡荡，小人长戚戚。(7·37)

62. 鸟之将死，其鸣也哀；人之将死，其言也善。(8·4)
63. 动容貌，斯远暴慢矣；正颜色，斯近信矣；出辞气，斯远鄙倍矣。(8·4)
64. 可以托六尺之孤，可以寄百里之命，临大节而不可夺也。(8·6)
65. 士不可以不弘毅，任重而道远。(8·7)
66. 民可使由之，不可使知之。(8·9)
67. 危邦不入，乱邦不居。天下有道则见，无道则隐。(8·13)
68. 不在其位，不谋其政。(8·14)
69. 唐虞之际，于斯为盛。(8·20)
70. 三分天下有其二。(8·20)
71. 子绝四：毋意，毋必，毋固，毋我。(9·4)
72. 吾少也贱，故多能鄙事。(9·6)
73. 凤鸟不至，河不出图。(9·9)
74. 仰之弥高，钻之弥坚；瞻之在前，忽焉在后。(9·11)
75. 君子居之，何陋之有？(9·14)
76. 子在川上，曰："逝者如斯夫，不舍昼夜。"(9·17)
77. 后生可畏，焉知来者之不如今也？(9·23)
78. 三军可夺帅也，匹夫不可夺志也。(9·26)
79. 岁寒，然后知松柏之后凋也。(9·28)
80. 知者不惑，仁者不忧，勇者不惧。(9·29)
81. 可与共学，未可与适道；可与适道，未可与立；可与立，未可与权。(9·30)
82. 齐必变食，居必迁坐。(10·7)
83. 食不厌精，脍不厌细。唯酒无量，不及乱。(10·8)
84. 食不语，寝不言。(10·10)
85. 寝不尸，居不客。(10·24)
86. 车中，不内顾，不疾言，不亲指。(10·26)
87. 以吾从大夫之后，不可徒行也。(11·8)
88. 未能事人，焉能事鬼？(11·12)
89. 未知生，焉知死？(11·12)
90. 求也退，故进之；由也兼人，故退之。(11·22)
91. 莫春者，春服既成，冠者五六人，童子六七人，浴乎沂，风乎舞雩，咏而归。(11·26)
92. 赤也为之小，孰能为之大？(11·26)
93. 非礼勿视，非礼勿听，非礼勿言，非礼勿动。(12·1)
94. 出门如见大宾，使民如承大祭；己所不欲，勿施于人；在邦无怨，在家无怨。(12·2)

95. 死生有命，富贵在天。（12·5）
96. 四海之内皆兄弟也。（12·5）
97. 自古皆有死，民无信不立。（12·7）
98. 百姓足，君孰与不足？百姓不足，君孰与足？（12·9）
99. 君君，臣臣，父父，子子。（12·11）
100. 居之无倦，行之以忠。（12·14）
101. 君子成人之美，不成人之恶。（12·16）
102. 政者，正也。子帅以正，孰敢不正？（12·17）
103. 君子之德风，人小之德草。草上之风，必偃。（12·19）
104. 一朝之忿，忘其身，以及其亲，非惑与？（12·21）
105. 以文会友，以友辅仁。（12·24）
106. 名不正则言不顺。（13·3）
107. 其身正，不令而行；其身不正，虽令不从。（13·6）
108. 善人为邦百年，亦可以胜残去杀矣。（13·11）
109. 父为子隐，子为父隐，直在其中矣。（13·18）
110. 居处恭，执事敬，与人忠。（13·19）
111. 斗筲之人，何足算也？（13·20）
112. 君子和而不同，小人同而不和。（13·23）
113. 刚、毅、木、讷，近仁。（13·27）
114. 邦有道，谷；邦无道，谷，耻也。（14·1）
115. 士而怀居，不足以为士矣。（14·2）
116. 邦有道，危言危行；邦无道，危行言孙。（14·3）
117. 为命，裨谌草创之，世叔讨论之，行人子羽修饰之，东里子产润色之。（14·8）
118. 贫而无怨难，富而无骄易。（14·10）
119. 晋文公谲而不正，齐桓公正而不谲。（14·15）
120. 以直报怨，以德报德。（14·34）
121. 贤者辟世，其次辟地，其次辟色，其次辟言。（14·37）
122. 君子固穷，小人穷斯滥矣。（15·2）
123. 邦有道，则仕；邦无道，则可卷而怀之。（15·7）
124. 志士仁人，无求生以害仁，有杀身以成仁。（15·9）
125. 工欲善其事，必先利其器。（15·10）
126. 人无远虑，必有近忧。（15·12）
127. 群居终日，言不及义，好行小慧，难矣哉！（15·17）
128. 君子矜而不争，群而不党。（15·22）
129. 君子不以言举人，不以人废言。（15·23）

130. 小不忍则乱大谋。(15·27)

131. 君子谋道不谋食，君子忧道不忧贫。(15·32)

132. 知及之，仁不能守之，虽得之，必失之。(15·33)

133. 当仁，不让于师。(15·36)

134. 有教无类。(15·39)

135. 道不同，不相为谋。(15·40)

136. 辞达而已矣。(15·41)

137. 不患贫而患不均，不患寡而患不安。(16·1)

138. 益者三友，损者三友。友直，友谅，友多闻，益矣。友便辟，友善柔，友便佞，损矣。(16·4)

139. 言未及之而言谓之躁，言及之而不言谓之隐，未见颜色而言谓之瞽。(16·6)

140. 君子有三戒：少之时，血气未定，戒之在色；及其壮也，血气方刚，戒之在斗；及其老也，血气既衰，戒之在得。(16·7)

141. 君子有九思：视思明，听思聪，色思温，貌思恭，言思忠，事思敬，疑思问，忿思难，见得思义。(16·10)

142. 见善如不及，见不善如探汤。(16·11)

143. 性相近也，习相远也。(17·2)

144. 恭、宽、信、敏、惠。(17·6)

145. 诗可以兴，可以观，可以群，可以怨。(17·9)

146. 乡愿，德之贼也。(17·13)

147. 四时行焉，百物生焉，天何言哉？(17·19)

148. 子生三年，然后免于父母之怀。(17·21)

149. 饱食终日，无所用心，难矣哉！(17·22)

150. 唯女子与小人为难养也，近之则不孙，远之则怨。(17·25)

151. 君子尊贤而容众，嘉善而矜不能。(19·3)

152. 博学而笃志，切问而近思。(19·6)

153. 君子有三变：望之俨然，即之也温，听其言也厉。(19·9)

154. 仕而优则学，学而优则仕。(19·13)

155. 君子之过也，如日月之食焉。过也，人皆见之；更也，人皆仰之。(19·21)

156. 夫子之墙数仞，不得其门而入，不见宗庙之美，百官之富。(19·23)

157. 君子惠而不费，劳而不怨，欲而不贪，泰而不骄，威而不猛。(20·2)

158. 不教而杀谓之虐，不戒视成谓之暴，慢令致期谓之贼，犹之与人也，出纳之吝，谓之有司。(20·2)

《论语》成语

01. 不亦乐乎（1·1）
02. 犯上作乱（1·2）
03. 巧言令色（1·3）
04. 三省吾身（1·4）
05. 一日三省（1·4）
06. 节用爱人（1·5）
07. 入孝出弟（1·6）
08. 贤贤易色（1·7）
09. 言而有信（1·7）
10. 不重不威（1·8）
11. 过勿惮改（1·8）
12. 慎终追远（1·9）
13. 温良恭俭让（1·10）
14. 礼之用，和为贵（1·12）
15. 小大由之（1·12）
16. 食无求饱（1·14）
17. 居无求安（1·14）
18. 敏于事，慎于言（1·14）
19. 就正有道（1·14）
20. 贫而无谄（1·15）
21. 贫而乐道（1·15）
22. 富而好礼（1·15）
23. 如切如磋（1·15）
24. 切磋琢磨（1·15）
25. 告往知来（1·15）
26. 众星拱北（2·1）
27. 一言以蔽之（2·2）
28. 三十而立（2·4）
29. 而立之年（2·4）
30. 不惑之年（2·4）
31. 知命之年（2·4）
32. 耳顺之年（2·4）
33. 从心所欲（2·4）
34. 犬马之养（2·7）
35. 温故知新（2·11）
36. 君子不器（2·12）
37. 周而不比（2·14）
38. 攻乎异端（2·16）
39. 知之为知之，不知为不知（2·17）
40. 多闻阙疑（2·18）
41. 言寡尤，行寡悔（2·18）
42. 举直措枉（2·19）
43. 人而无信，不知其可（2·22）
44. 见义勇为（2·24）
45. 是可忍，孰不可忍（3·1）
46. 礼奢宁俭（3·4）
47. 君子之争（3·7）
48. 绘事后素（3·8）
49. 杞宋无征（3·9）
50. 如指诸掌（3·11）
51. 祭神如神在（3·12）
52. 背奥媚灶（3·13）
53. 力不同科（3·16）
54. 告朔饩羊（3·17）
55. 告朔之礼（3·17）
56. 爱礼存羊（3·17）

625

57. 乐而不淫（3·20）	58. 哀而不伤（3·20）
59. 成事不说（3·21）	60. 既往不咎（3·21）
61. 金口木舌（3·24）	62. 尽善尽美（3·25）
63. 终食之间（4·5）	64. 造次颠沛（4·5）
65. 观过知仁（4·7）	66. 朝闻道，夕死可矣（4·8）
67. 恶衣恶食（4·9）	68. 无适无莫（4·10）
69. 礼让为国（4·13）	70. 一以贯之（4·15）（15·3）
71. 见贤思齐（4·17）	72. 劳而无怨（4·18）
73. 游必有方（4·19）	74. 一则以喜，一则以惧（4·21）
75. 讷言敏行（4·24）	76. 德不孤，必有邻（4·25）
77. 缧绁之忧（5·1）	78. 瑚琏之器（5·4）
79. 无所取材（5·7）	80. 闻一知十（5·9）
81. 朽木不可雕（5·10）	82. 朽木粪墙（5·10）
83. 听其言而观其行（5·10）	84. 敏而好学（5·15）
85. 不耻下问（5·15）	86. 山节藻棁（5·18）
87. 三仕三已（5·19）	88. 三思而行（5·20）
89. 愚不可及（5·21）	90. 斐然成章（5·22）
91. 不念旧恶（5·23）	92. 匿怨友人（5·25）
93. 安老怀少（5·26）	94. 计过自讼（5·27）
95. 迁怒于人（6·3）	96. 行不贰过（6·3）
97. 肥马轻裘（6·4）	98. 周急继乏（6·4）
99. 邻里乡党（6·5）	100. 犁生骍角（6·6）
101. 善为我辞（6·9）	102. 伯牛之疾（6·10）
103. 箪食瓢饮（6·11）	104. 陋巷箪瓢（6·11）
105. 不改其乐（6·11）	106. 中道而废（6·12）
107. 行不由径（6·14）	108. 祝鮀之佞（6·16）
109. 文质彬彬（6·18）	110. 敬而远之（6·22）
111. 先难后获（6·22）	112. 乐山乐水（6·23）
113. 智水仁山（6·23）	114. 从井救人（6·26）
115. 博文约礼（6·27）	116. 中庸之道（6·29）
117. 博施济众（6·30）	118. 立人达人（6·30）
119. 能近取譬（6·30）	120. 述而不作（7·1）
121. 信而好古（7·1）	122. 学而不厌（7·2）
123. 诲人不倦（7·2）	124. 闻义而徙（7·3）
125. 梦见周公（7·5）	126. 不愤不启（7·8）
127. 不悱不发（7·8）	128. 一隅三反（7·8）

129. 举一反三（7·8）	130. 用行舍藏（7·11）
131. 暴虎冯河（7·11）	132. 死而无悔（7·11）
133. 临事而惧（7·11）	134. 好谋而成（7·11）
135. 不知肉味（7·14）	136. 求仁得仁（7·15）
137. 饭疏饮水（7·16）	138. 饮水曲肱（7·16）
139. 曲肱而枕（7·16）	140. 乐在其中（7·16）
141. 富贵浮云（7·16）	142. 发愤忘食（7·19）
143. 乐以忘忧（7·19）	144. 不知老之将至（7·19）
145. 生而知之（7·20）	146. 好古敏求（7·20）
147. 怪力乱神（7·21）	148. 三人行必有我师（7·22）
149. 择善而从（7·22，7·28）	150. 故旧不弃（8·2）
151. 战战兢兢（8·3）	152. 如临深渊（8·3）
153. 如履薄冰（8·3）	154. 如临如履（8·3）
155. 人之将死，其言也善（8·4）	156. 犯而不校（8·5）
157. 六尺之孤（8·6）	158. 托孤寄命（8·6）
159. 大节不夺（8·6）	160. 任重道远（8·7）
161. 死而后已（8·7）	162. 笃信好学（8·13）
163. 守死善道（8·13）	164. 不在其位，不谋其政（8·14）
165. 洋洋盈耳（8·15）	166. 于斯为盛（8·20）
167. 三分天下有其二（8·20）	168. 卑宫菲食（8·21）
169. 斯文扫地（9·5）	170. 空空如也（9·8）
171. 河不出图（9·9）	172. 泣麟悲凤（9·9）
173. 喟然长叹（9·11）	174. 仰之弥高（9·11）
175. 钻坚仰高（9·11）	176. 瞻前忽后（9·11）
177. 循循善诱（9·11）	178. 欲罢不能（9·11）
179. 卓尔不群（9·11）	180. 韫椟而藏（9·13）
181. 善贾而沽（9·13）	182. 何陋之有（9·14）
183. 各得其所（9·15）	184. 川流不息（9·17）
185. 逝者如斯（9·17）	186. 不舍昼夜（9·17）
187. 未成一篑（9·19）	188. 为山止篑（9·19）
189. 苗而不秀（9·22）	190. 秀而不实（9·22）
191. 后生可畏（9·23）	192. 匹夫不可夺志（9·26）
193. 不忮不求（9·27）	194. 岁寒松柏（9·28）
195. 岁寒知松柏（9·28）	196. 松柏后凋（9·28）
197. 智者不惑（9·29）	198. 仁者不忧（9·29）
199. 勇者不惧（9·29）	200. 侃侃而谈（10·2）

201. 侃侃闇闇（10·2）
202. 踧踖不安（10·2）
203. 鞠躬屏气（10·4）
204. 食不厌精（10·8）
205. 脍不厌细（10·8）
206. 鱼馁肉败（10·8）
207. 迅雷烈风（10·25）
208. 一日三复（11·6）
209. 三复斯言（11·6）
210. 不得其死（11·13，14·5）
211. 一仍旧贯（11·14）
212. 言必有中（11·14）
213. 升堂入室（11·15）
214. 过犹不及（11·16）
215. 鸣鼓而攻之（11·17）
216. 兼人之勇（11·22）
217. 兼人之量（11·22）
218. 一日之长（11·26）
219. 有勇知方（11·26）
220. 各言其志（11·26）
221. 春风沂水（11·26）
222. 克己复礼（12·1）
223. 出门如宾（12·2）
224. 承事如祭（12·2）
225. 己所不欲，勿施于人（12·2，15·24）
226. 死生有命，富贵在天（12·5）
227. 四海之内皆兄弟（12·5）
228. 浸润之谮（12·6）
229. 肤受之愬（12·6）
230. 足食足兵（12·7）
231. 必不得已（12·7）
232. 驷不及舌（12·8）
233. 片言折狱（12·12）
234. 成人之美（12·16）
235. 成人之恶（12·16）
236. 风行草偃（12·19）
237. 质直好义（12·20）
238. 察言观色（12·20）
239. 色仁行违（12·20）
240. 居之不疑（12·20）
241. 一朝之忿（12·21）
242. 自取其辱（12·23）
243. 以文会友（12·24）
244. 名正言顺（13·3）
245. 手足无措（13·3）
246. 鲁卫之政（13·7）
247. 先富后教（13·9）
248. 期月有成（13·10）
249. 胜残去杀（13·11）
250. 正人先正己（13·13）
251. 一言兴邦（13·15）
252. 一言丧邦 13·15）
253. 近悦远来（13·16）
254. 欲速则不达（13·17）
255. 证父攘羊（13·18）
256. 父为子隐（13·18）
257. 子为父隐（13·18）
258. 行己有耻（13·20）
259. 言必信，行必果（13·20）
260. 硁硁之信（13·20）
261. 斗筲之人（13·20）
262. 和而不同（13·23）
263. 泰而不骄（13·26）
264. 刚毅木讷（13·27）
265. 切切偲偲（13·28）
266. 克伐怨欲（14·1）
267. 危言危行（14·3）
268. 没齿无怨（14·9）
269. 见利思义（14·12，19·1）
270. 见危授命（14·12，19·1）

628

271. 久要不忘（14•12）	272. 谲而不正（14•15）
273. 九合一匡（14•16）	274. 一匡天下（14•17）
275. 被发左衽（14•17）	276. 匹夫匹妇（14•17）
277. 匹夫小谅（14•17）	278. 匹夫沟渎（14•17）
279. 文子同升（14•18）	280. 大言不惭（14•20）
281. 思不出位（14•26）	282. 思出其位（14•26）
283. 言过其行（14•27）	284. 夫子自道（14•28）
285. 以德报怨（14•34）	286. 以直报怨（14•34）
287. 以德报德（14•34）	288. 怨天尤人（14•35）
289. 下学上达（14•35）	290. 知其不可为而为之（14•38）
291. 深厉浅揭（14•39）	292. 俎豆之事（15•1）
293. 陈蔡之厄（15•2）	294. 君子固穷（15•2）
295. 穷斯滥矣（15•2）	296. 无为而治（15•5）
297. 参前倚衡（15•6）	298. 卷而怀之（15•7）
299. 志士仁人（15•9）	300. 杀身成仁（15•9）
301. 工欲善其事，必先利其器（15•10）	302. 人无远虑，必有近忧（15•12）
303. 厚己薄人（15•15）	304. 言不及义（15•17）
305. 好行小慧（15•17）	306. 群而不党（15•22）
307. 以言举人（15•23）	308. 以人废言（15•23）
309. 直道而行（15•25）	310. 小不忍则乱大谋（15•27）
311. 众好众恶（15•28）	312. 蹈仁而死（15•35）
313. 当仁不让（15•36）	314. 贞而不谅（15•37）
315. 敬事后食（15•38）	316. 有教无类（15•39）
317. 道不同，不相为谋（15•40）	318. 辞达而已（15•41）
319. 陈力就列（16•1）	320. 持危扶颠（16•1）
321. 开柙出虎/虎兕出柙（16•1）	322. 龟玉毁椟（16•1）
323. 既来之，则安之（16•1）	324. 分崩离析（16•1）
325. 季孙之忧（16•1）	326. 祸起萧墙（16•1）
327. 直谅多闻（16•4）	328. 血气方刚（16•7）
329. 生而知之（16•9）	330. 困而不学（16•9）
331. 隐居求志（16•11）	332. 求志达道（16•11）
333. 过庭之训（16•13）	334. 诗礼传家（16•13）
335. 问一得三（16•13）	336. 怀宝迷邦（17•1）
337. 岁不我与（17•1）	338. 性近习远（17•2）
339. 上智下愚（17•3）	340. 下愚不移（17•3）
341. 莞尔一笑（17•4）	342. 割鸡焉用牛刀（17•4）

下编

629

343. 磨而不磷，涅而不缁（17·7）　　344. 不磷不缁（17·7）
345. 系而不食（17·7）　　346. 兴观群怨（17·9）
347. 面墙而立（17·10）　　348. 玉帛钟鼓（17·11）
349. 色厉内荏（17·12）　　350. 穿窬之盗（17·12）
351. 道听途说（17·14）　　352. 患得患失（17·15）
353. 无所不至（17·15）　　354. 恶紫夺朱（17·18）
355. 郑声乱雅（17·18）　　356. 礼坏乐崩（17·21）
357. 钻燧改火（17·21）　　358. 饱食终日，无所用心（17·22）
359. 博弈犹贤（17·22）　　360. 直道事人（18·2）
361. 枉道事人（18·2）　　362. 季孟之间（18·3）
363. 往者不可谏，来者犹可追（18·5）　　364. 无人问津（18·6）
365. 天下滔滔（18·6）　　366. 四体不勤，五谷不分（18·7）
367. 杀鸡为黍（18·7）　　368. 降志辱身（18·8）
369. 故旧不弃（18·10）　　370. 求备于一人（18·10）
371. 致远恐泥（19·4）　　372. 博学笃志（19·6）
373. 切问近思（19·6）　　374. 学以致道（19·7）
375. 即温听厉（19·9）　　376. 有始有卒（19·12）
377. 学而优则仕（19·13）　　378. 难能可贵（19·15）
379. 哀矜勿喜（19·19）　　380. 恶居下流（19·20）
381. 文武之道（19·22）　　382. 学无常师（19·22）
383. 赐墙及肩（19·23）　　384. 夫子之墙（19·23）
385. 不自量力（19·24）　　386. 生荣死哀（19·25）
387. 允执其中（20·1）　　388. 兴灭继绝（20·1）
389. 天下归心（20·1）　　390. 惠而不费（20·2）
391. 望而生畏（20·2）　　392. 不教而杀（20·2）

《论语》中的孔门弟子

兹将《论语》书中孔门弟子作一简介。

01. 颜无繇（yóu）

字路，颜回的父亲，小孔子六岁，鲁国人。颜回和父亲颜无繇先后求学于孔门。颜回去世，颜无繇请求孔子卖掉车子给自己儿子买个外椁，孔子认为自己曾官居大夫，不能步行，不许。《论语》提及一次。

02. 颜回

字子渊，又称颜渊，鲁国人，小孔子三十岁。其天资聪颖，推一知十；好学如愚，不善提问；注重修养，"不迁怒，不贰过"；陋巷简居，箪食瓢饮，安贫乐道；随师周游，事师如父，终身不仕。二十九岁，头发尽白。享年四十一岁。以德行著称，是孔子最得意的弟子。《论语》提及二十一次。

03. 曾点

字子皙，曾参的父亲，鲁国南武城人。思想超脱，自述其志曰"莫春者，春服既成，冠者五六人，童子六七人，浴乎沂，风乎舞雩，咏而归"。这是形容的太平盛世人民甘其食、美其服、安其居、乐其俗的生活场景。孔子很赞赏曾点的志向。曾点、曾参父子同为孔子弟子。《论语》提及一次。

04. 曾参

字子舆，鲁国南武城人，曾点的儿子，小孔子四十六岁，被尊称为曾子。曾参注重修身，提倡"吾日三省吾身"。谨慎谦恭，以孝著称，相传其著《孝经》《大学》，享年七十岁。孔子临终前将其孙子思（孔鲤之遗孤孔伋，字子思）托付给曾参。孔子传道于曾参，曾参传道于子思，子思传道于孟子。颜回四十一岁早逝后，曾参成为孔门重要的传道者，使儒家道统得以延续。《论语》提及十五次，多称曾子。

05. 孔鲤

字伯鱼，孔子的儿子。孔子二十岁时与亓官氏结婚，生下儿子后，鲁昭公赐鲤祝贺，故得名。孔鲤比父亲早两年去世，其子孔伋（子思）相传著有《中庸》。孔子教育他要学诗、学礼，否则"不学诗，无以言""不学礼，无以立"。孔子要求他学习《诗经》里的《周南》《召南》两首诗，否则就像面墙而立，无法前行。《论语》提及两次。

06. 公冶长

复姓公冶名长，字子长，齐国人，孔子的女婿。孔子不因他曾蒙冤入狱而厌弃他。《论语》提及一次。

07. 南宫适（kuò）

复姓南宫名适，字子容，又称南宫括、南容，鲁国人，孔子的侄女婿。孔子喜欢他谨小慎微，注重修养（"南容三复白圭，子以其兄之子妻之"）。孔子称赞他有政治智慧，能在乱世保全自己（"邦有道，不废；邦无道，免于刑戮"）。《论语》提及三次。

08. 有若

字子有，小孔子三十三岁（或曰四十三岁），鲁国人，被尊称为有子。《论语》首篇《学而篇》第二章就是记录的有若的话。在这一章，他提出了孝悌是"为仁之本"的主张，还提出了"礼之用，和为贵"的观点。他希望鲁哀公减轻赋税（"百姓足，君孰与不足；百姓不足，君孰与足"）。有若长相酷似孔子，孔子死后，众弟子曾一度对他特别尊重，言偃、卜商、颛孙师公推有若代替孔子，受弟子拜，遭到曾参反对。《论语》提及四次，其中三次称有子（1·2，1·12，1·13），一次称有若（12·9），从未提及他的字。

09. 端木赐

复姓端木名赐，字子贡，亦作子赣，卫国人，小孔子三十一岁。擅长言语，是孔门培养出来的杰出外交家（"子贡一出，存鲁，乱齐，破吴，强晋而霸越"）。子贡善于经商（"货殖焉，亿则屡中"），有经商奇才，是春秋时期著名的富商。卫国大夫公孙朝、鲁国大夫叔孙武叔以及孔子弟子陈亢都曾当面说子贡胜过孔子，子贡给予坚决否定，忠实地捍卫孔子声誉。子贡和子路一文一武，为孔子左膀右臂，孔子对其之器重仅次于颜回。师生情谊深厚，孔子逝后，由他主持安葬祭祀。其他弟子守丧三年，唯独子贡为老师服丧六年。后死于齐国。《论语》提及三十八次，仅次于仲由。

10. 仲由

字子路，又字季路，鲁国卞（今山东泗水）人，小孔子九岁。为人耿直，性情粗犷，好勇过人，讲信守诺，片言折狱，曾怀疑孔子提出的"正名"主张。有治军之才，孔子评价他"千乘之国可使治其赋（治军）"。孔子仕于鲁定公时，他任季桓子宰。随师周游列国，返鲁之前，任卫国蒲邑宰。孔子回鲁后，他和冉有共事季康子，被任为季孙氏家臣。后仕于卫。六十三岁时，在卫国内讧中被杀，死前不忘结缨正冠。一生忠于孔子。仲由是侍奉孔子最久的弟子，也是孔门中最早做官的弟子。《论语》提及四十一次。

11. 卜商

字子夏，卫国人，小孔子四十四岁。曾任莒（jǔ）父宰，熟读儒家文献，列孔门文学科，讨论问题有深度，孔子叹曰："起予者商也！"他提出了著名的"学而优则仕"的观点。孔子逝后，卜商到魏国西河（今陕西渭南）聚徒讲学，一度担任魏文侯的老师，是唯一担任帝师的孔门弟子。卜商上承孔子，下启荀子，而李斯、韩非子皆是荀子的学生。《论语》提及二十一次。

12. 颛孙师

复姓颛孙名师，字子张，陈国人，小孔子四十八岁。他志向宏大，清流不媚俗，但性格偏激（"师也辟"），勇武张扬，类似子路（"师也过，商也不及"）。同时，他还有献身精神和廉洁意识（"士见危致命，见得思义"），坚守忠信，把孔子告诫他的"忠信笃敬"四个字写在腰带上时时自警。他主张广泛交友，曾请教孔子谋官的事（"子张学干禄"）。孔子死后，儒家分为八派，颛孙师位列八派之首。《论语》提及十八次。

13. 冉求

字子有，又称冉有，鲁国人，小孔子二十九岁。他长于政事，有政治之术。他能带兵打仗，曾打败齐兵。他是鲁国执政上卿季康子的家臣，曾帮助季康子聚敛钱财，遭到孔子严厉批评："非吾徒也，小子鸣鼓而攻之可也。"是他说服季康子迎回孔子，结束了孔子十四年的流亡生涯。《论语》提及十六次，两次称冉子（6·4，13·14）。

14. 冉雍

字仲弓，鲁国人，小孔子二十九岁。他以德行著称，长于政事，是孔子唯一认为可以做行政"一把手"的弟子（"雍也可使南面"）。荀子把他与孔子并列为"大儒"。《论语》提及七次。

15. 冉耕

字伯牛，鲁国人，小孔子七岁。冉耕是孔子门徒中年龄较大的一个，与冉雍（仲弓）同宗。孔子为司寇时，以冉伯牛摄宰事。据说他不幸患麻风病而死，孔子十分痛惜。《论语》提及两次。

16. 司马耕

字子牛，又称司马牛，宋国人，司马桓魋之弟。司马桓魋在宋国作乱，他的几个兄弟都参加了，只有子牛拒绝并流亡至鲁。子牛担忧兄弟叛乱被处死，自己就没有兄弟了，子夏以"死生有命，富贵在天"和"四海之内皆兄弟"安慰他。他反对犯上作乱，维护政治秩序，但他话多性急，"多言而躁"，最后死于鲁国。《论语》提及三次。

17. 闵损（qiān）

字子骞，鲁国人，小孔子十五岁。子骞不屑入仕，父母昆弟都夸他孝顺，有"母在一子寒，母去三子单"的故事，以大孝子著称。他是唯一明确表示不做官的孔门弟子。《论语》提及五次。

18. 宰我

姓宰名予，字子我，又称宰我，鲁国人，小孔子二十九岁。宰我擅长言语，与子贡并列为言语科。他昼寝挨批，被孔子批评为"朽木"和"粪土之墙"。宰我善于独立思考，经常和孔子讨论问题，善于刁钻提问，是唯一对"三年之丧"礼制提出异议的孔门弟子。《论语》提及五次。

19. 言偃

字子游，又称言游，吴国人，小孔子四十五岁（或曰三十五岁），列孔门文学科。子游任鲁国武城宰时，践行孔子礼乐治国的理念，孔子前往视察，闻境内弦歌声。他可能是孔子最晚的弟子，是孔门七十二贤中唯一的来自南方的弟子（今江苏常熟人）。《论语》提及八次。

20. 高柴

字子羔，齐国人，小孔子三十岁。子羔个子较矮，相貌丑陋。子路推荐他担任费邑宰，孔子认为他才不胜任。高柴和子路同仕于卫，卫国发生宫廷政变，高柴赶紧逃回鲁国，并劝子路不要回宫。子路忠于职守，回宫遇害。《论语》提及两次。

21. 樊迟

姓樊名须，字子迟，又称樊迟，鲁国人，小孔子四十六岁（或曰三十六岁）。樊须在拜孔子为师之前，已在季氏宰冉求处任职。子迟有勇武精神，齐师伐鲁，冉求率"左师"御敌，他协助冉求为车右，打败齐军，鲁军大获全胜。他喜欢务农，曾请教孔子种田种菜的事，被孔子骂为"小人"。《论语》提及六次。

22. 公西赤

复姓公西名赤，字子华，又称公西华，鲁国人，小孔子四十二岁。公西华长于祭祀、宾客之礼，自述其志是"在宗庙祭祀和诸侯盟会上，做一个司仪"。他有外交才干，孔子称赞他"束带立于朝，可使与宾客言"，他曾"乘肥马，衣轻裘"出使到齐国。《论语》提及五次。

23. 原宪

字子思，又称原思，鲁国人，小孔子三十六岁。孔子任鲁国司寇时，原宪任孔子的管家。孔子给他九百的薪酬，他认为多了，推辞不要。孔子死后，原宪隐居卫国，茅屋瓦牖，疏食饮水，生活清苦，但不以为然，弹琴自娱。端木赐轻裘白马去看望他，问他是否病了，却遭到原宪的教训（"宪闻之，无财谓之贫，学而不能行谓之病。今宪贫也，非病也"）。端木赐富有，原宪贫穷，战国秦汉的古书常常将二人对比，原宪是"贫而无怨"的典型。《论语》中两次提及。

24. 申枨（chéng）

又名申党，字周，鲁国人。孔子说他欲望太多，不是刚强之人（"枨也欲，焉得刚"）。《论语》中一次提及。

25. 宓（fú）不齐

字子贱，鲁国人，小孔子三十岁。子贱注重修养，有君子之德，孔子夸他是鲁国的君子，称赞他"君子哉若人"。《吕氏春秋·察贤》记载他为单父宰时，无为而治，"身不下堂而单父治"。《论语》提及一次。

26. 漆雕启

复姓漆雕名启，字子开，又称子若，鲁国人，小孔子十一岁。他是受过刑的残疾人，对做官不感兴趣（"习《尚书》，不乐仕"）。孔子鼓励他出去做官，他说自己信心不足（"子使漆雕开仕。对曰：'吾斯之未能信也'"）。《论语》提及一次。

27. 巫马施

复姓巫马名施，字子期或子棋，又称巫马期，鲁国人，小孔子三十岁。他曾把陈司败评价鲁昭公的话"君而知礼，孰不知礼"转告给孔子。他担任过鲁国单父宰，事必躬亲，单父大治。《论语》提及一次。

28. 澹台灭明

复姓澹台名灭明，字子羽，鲁国人，小孔子三十九岁。其貌甚丑，但公正无私，行不由径，品行端正。南游至吴，有从学弟子三百人，名闻于诸侯。《论语》提及一次。

29. 陈亢

字子禽，陈国人，小孔子四十岁。子禽常怀疑或毁谤孔子。陈亢问于子贡："老师来到一个国家，一定知道这个国家的政事。老师是特意去打听的呢？还是人家主动告诉他的呢？"子贡说："夫子温良恭俭让以得之。"陈亢怀疑孔子给了儿子不同于其他弟子的特别教育，认为子贡胜过孔子。《论语》提及三次。

30. 公伯寮

复姓公伯名寮，字子周，生卒年不详，鲁国人，曾任季氏的家臣。公伯寮曾在季孙面前挑拨离间，毁谤子路，背叛孔子。子服景伯气愤地将此事告知孔子，准备让公伯寮陈尸街头（"肆诸市朝"），后被孔子制止。在孔子执行"隳三都"计划过程中，公伯寮暗地里将孔子呈送给鲁定公的简札私自泄密给给季氏，季氏因此与孔子结下深仇。明朝嘉靖年间，这个孔门"学渣"被踢出了孔庙，不再位于孔门弟子之列。《论语》提及一次。

参考书目

何晏著,高华平校释:《论语集解校释》,辽海出版社,2011,简称何晏《集解》。
皇侃撰,高尚榘校点:《论语义疏》,中华书局,2013。简称皇《疏》。
陆德明:《经典释文》,吉林出版社,2005。
程颢、程颐:《二程集》,中华书局,1981。
朱熹:《四书章句集注》,中华书局,2011。简称朱熹《集注》。
朱熹:《朱子语类》,中华书局,1986。
王夫之:《四书训义》(全四册),岳麓书社,2011。
王夫之:《四书稗疏》《四书考异》《四书笺解》《读四书大全说》,岳麓书社,2011。
张居正:《四书直解》,九州出版社,2010。简称张居正《直解》。
刘宝楠:《论语正义》,中华书局,1990。简称刘氏《正义》。
黄式三:《论语后案》,江苏凤凰出版社,2009。简称黄氏《后案》。
纪昀总纂:《日讲四书解义》,华龄出版社,2012。简称《日讲》。
简朝亮:《论语集注补正述疏》,华东师范大学出版社,2013。简称《论语补疏》。
李颙:《四书反身录》,齐鲁书社,1997。
戴望:《论语注》,郭晓东校疏,华东师范大学出版社,2014。
陈立:《白虎通疏证》,中华书局,1994。
陆陇其:《松阳讲义》,华夏出版社,2013。
程树德:《论语集释》,中华书局,2013。简称程树德《集释》。
康有为:《论语注》,中华书局,1984。
杨伯峻:《论语译注》,中华书局,2012。简称杨伯峻《译注》。
杨树达:《论语疏证》,上海古籍出版社,2013。简称杨树达《疏证》。
李泽厚:《论语今读》,生活·读书·新知三联书店,2004。
程石泉:《论语读训》,上海古籍出版社,2005。简称程石泉《读训》。
钱穆:《论语新解》,生活·读书·新知三联书店,2005。简称钱穆《新解》。
南怀瑾:《论语别裁》,复旦大学出版社,2005。简称南怀瑾《别裁》。

李炳南：《论语讲要》，长江文艺出版社，2011。简称李炳南《讲要》。
傅佩荣：《解读论语》，上海三联书店，2007。
马恒君：《论语正宗》，华夏出版社，2007。
毛子水：《论语今注今译》，重庆出版社，2011。
安作璋主编：《论语辞典》，上海古籍出版社，2004。
张岱年主编：《孔子百科辞典》，上海古籍出版社，2010。
傅佩荣主编：《孔子辞典》，东方出版社，2013。
于省吾：《甲骨文字释林》，商务印书馆，2010。
河北文物研究所编：《定州汉墓竹简·论语》，文物出版社，1997。
武汉大学古籍所编：《故训汇纂》，商务印书馆，2003。

后　记

　　七月的川东，大雨有家暴倾向，不作任何铺垫，直接狂扣而来，在山山岭岭间恣意挥洒。未几，雨住风微，彩虹遥挂，天地静谧。此刻，放下《论语》，开窗而望，只见一场暴雨，山洗千重而秀；只觉一册经典，魂涤万遍日新。但是，一个管得短暂，一个持续久远。

　　你如果热爱经典，读千册万卷，都不如认真读一读《论语》。《论语》没有《周易》的深奥玄妙，也没有《尚书》的佶屈聱牙，不像《庄子》那样汪洋恣肆，也不像《老子》那样哲理深邃，它是一部口语化的语录书，是开卷有益的口袋书。《论语》语言是干净清爽的，孔子做人是真诚无伪的。书中的对话生动活泼，朴实亲切，不论是孔子教训弟子还是骂人、发誓，不论是夫子自道还是回答君卿、弟子之问，不论是谈人生修养还是论君臣大道，都既简练精辟，又径情直遂，令人爱不释卷。

　　读《论语》，我们能充分感受到孔颜人格。人格是文化的最后成果。孔子是中华文化的集大成者，孔子的人格力量和精神风骨绵延数千年，深刻地影响着中华儿女。2017年6月底，我到厦门大学培训。午饭后，烈日中天，我提着书袋，去校门口敬拜厦大创始人陈嘉庚先生的铜像，并参观了校史陈列室。回到寝室后，我在手机上一气呵成，写了一首微信体诗《拜陈嘉庚先生》，发到了朋友圈。不揣浅陋，兹录于后：

　　我看见了，是您，是这位老先生，
　　我多么敬重的陈嘉庚！
　　五老峰下，演武场上，群贤楼前，
　　矗立您古铜色的塑像一尊。
　　我一步一步向您走近，
　　澎湃的心绪胜过身后的潮水翻滚。
　　围着您，不是雕像，
　　而是一尊高尚的灵魂。
　　我转了一圈，一圈，一圈，
　　侧面，正面，或远，或近，

我仰望，俯思，沉吟，
我放下书袋，向您肃立致敬。
哦，老先生，老先生，
请接受烈日下我虔诚的膜拜。
我凝视您的伟岸，目不转睛，
西装领带，彰显大学文明，
手杖礼帽，先生亦是士绅，
宽颡垂耳，那是智慧储存。
阳光当顶，汗水雨淋，
我立定的脚根，
传递我烈火燃烧般的崇敬。
让涨潮的海水为我伴音，
让古今同照的日光见证：
一鞠躬，久客南洋不忘本，
再鞠躬，呕心沥血兴庠序，
三鞠躬，无私捐校留令名。

我缓缓地直起身子，
热泪已模糊了我的眼睛，
流吧，流吧，
这是对华侨旗帜、民族英雄久违的礼敬！

英雄，是民族的号令，
爱国，是起码的良心。
胡里山炮台，回荡着击寇的轰隆炮声，
鼓浪屿岛上，穿梭着抗日的渔民身影。
虽然，中国自古就没有穷兵黩武的基因，
但天下虽安，忘战必倾。
我虽一介草民，但已受党隆恩，
只要祖国需要我，我必定毅然出征，
为这一片令我痴爱的山川，
为这一方令我挚爱的乡亲。

啊，老先生，老先生，
明日，我们将向您辞行。
但是，

后记

二十一层的诵恩楼，将把您创办厦大的1921年铭刻在心，
芙蓉湖静影沉璧，倒映着您这位校主的身影，
思源谷泉水叮咚，回响着您提出的"自强不息，止于至善"的校训，
凤凰树花红彤惊艳，那是您一颗赤诚之心。
勤业楼里，晚辈后生勤勉奋进，
凌峰楼上，尖端科技领先欧美东瀛。

再见了，老先生，
我们迟行复迟行。
集美老家安放着您的躯体，
祖国大地无处不有您的灵魂。

这首即兴诗，是在烈日下自己真情实感的表达。在陈嘉庚先生身上，我看到了孔子思想的深深浸润，感受到了仁人志士的家国情怀。在这三皇五帝生息繁衍的中华大地，儒家文化可谓三千载斯文不坠，亿万年源远流长。而今，乾坤朗朗风光霁月，华夏儿女奋发有为，我们进入了图强时代，"士不可以不弘毅，任重而道远。"

"看似寻常最奇崛，成如容易却艰辛。"译解此书历时数载，参阅众多古今文献，一人为之，压力不小。为此，我以极简的生活方式，围捕每一个生活闲暇，反反复复订正删削，挑灯夜战家常饭，书稿撂撂似小山。每次修改后，既有作茧自缚的痛苦，更有羽化成蝶的欣喜，脱稿之际，仍惶恐存焉，故向读者诸君深揖教正。

中共四川省达州市达川区委、区政府十分重视优秀传统文化的传承和发展，大力实施了"文化浸润"工程。本书的出版，得到了区委、区政府的亲切关怀，在此表示最衷心的感谢！同时，感谢我爱人、女儿的全力支持，使我能专注于此书的译解。感谢领导、同事和朋友的真诚帮助，感谢四川大学出版社特别是责编何静老师为我做成嫁衣！

王道正
2021 年夏　傍晚于雨后达州